An understanding of economics and finance

경제금융의 이해

김흥수

박영사

머리말

세계 경제의 상호의존성이 심화되면서 전 세계에서 발생하는 경제금융 현상은 즉각적으로 국가 경제 전체뿐만 아니라 개별 경제주체의 의사 결정에 직간접적으로 막대한 영향을 끼치고 있다. 특히 주요 선진국의 경제정책과 금융시장의 변화추이는 시시각각으로 주요 이슈가 되고 있으며 경제주체들의 의사결정에 중요한 판단기준이 되고 있다. 이에 따라 국내외의 경제금융 현상을 글로벌 시각에서 보다 체계적이고 명확하게 이해해야 할 필요성은 필수적이다.

현대 경제사회의 모든 경제주체들에게 경제금융이 필수적이고 중요함에도 불구하고 실제로 일반 금융소비자들의 경제금융이해력은 부족한 편이다. OECD 산하의 금융교육 국제 협의체인 INFE(International Network on Financial Education)에서는 경제금융이해력 국제비교를 위한 가이드라인을 제시하였는데, 이는 경제금융이해력을 지식(knowledge), 행동(behavior), 태도(attitudes)의 영역에서 평가하기 위한 핵심 설문과 개인의 재무목표 설정이나 금융사기 경험 등에 관한 부가적인 설문을 포함하고 있다. 2022년 한국은행과 금융감독원 조사 결과 한국의 경제금융이해력은 OECD 평균 정도이며, 특히 20대의 경제금융이해력은 평균보다 낮은 수준으로 나타났다.

따라서 경제금융의 중요성을 알게 함으로써 건전한 경제금융 의사 결정을 하는데 필요한 지식 및 행태를 습득하도록 하는 것은 급변하는 현대사회에서 행복한 삶을 유지하기 위한 필수 요소이며, 그 결과로 개개인이 금융적 웰빙을 달성하고 금전적 어려움에 처해도 회복할 수 있는 것은 중요한 요소이다.

경제금융이해력 증진을 위해서는 희소한 자원을 효율적으로 배분하는 방법을 연구하고 시장의 효율성을 평가하는 것을 주 목적으로 하고 있는 경제원리를 습득하는 것이 필수적이다. 본서는 그동안 경제금융시장에서 이루어진 많은 주요 현상들을 기본적인 경제원리를 이용하여 직관적이면서도 실제의 예를 이용하고 있는 경제금융 입문서이다. 금융이나 재무 혹은 투자에 관한 기존의 교과서들이 현상에 머물렀다면, 본서는 이러한 현상을 그 이면에 깔린 경제원리를 사용하여 설명하고 있어, 경제원리를 금융시장에도 적용할 수 있도록 하였다.

본서는 경제금융과 관련된 다양한 주제를 골고루 다루었으며, 실생활에 유용한 금융지식을 효과적으로 전달할 수 있도록 각 주제별 최신 내용을 담았다. 해당 단원에 보다 쉽게 다가갈 수 있도록 단원의 주제와 밀접하게 연관된 최근 언론 기사 및 생각해 볼 사항 등을 제공하였고, 본문에서는 주요 개념 및 필수적인 내용을 기술하였다. 또한 본문에서 확장된 개념이나 주요 사례 등은 '확대보기'로 묶어 편재하였고, 실생활에 유용한 각종 금융서비스를 활용해 볼 수 있는 방법을 제시하였다. 마지막으로 실제적이고 체계적으로 경제금융 지식을 습득할 수 있도록 서술형, 빈칸 채우기, O·X문항을 예시문제로 구성하였고, 정답 및 해설은 부록으로 지원하였다.

본서는 총 14장으로 구성되었다. 제1장에서는 국가 경제, 금융의 역할과 금융지표에 대한 내용을 소개하였다. 제2장, 제3장, 제4장에서는 통화정책, 금융시장, 금융기관에 대한 전반적인 내용을 살펴보았다. 제5장, 제6장은 의사결정과 소비, 저축, 금융투자를 설명하였고, 제7장과 제8장은 신용·부채의 의미 및 관리방법의 중요성을 살펴보았다. 제9장은 다양한 리스크의 개념과 관리방법을 살펴보았고 제10장은 고령화와 각종 연금내용을 소개하였다. 제11장은 개인의 재무설계 및 기업의 재무분석을 제12장은 부동산개발과 투자를 살펴보았다. 제13장은 금융과 디지털 기술의 상호작용과 변화를 제14장은 최근 강조되고 있는 금융소비자보호와 권리에 대해 살펴보았다.

본서는 경제금융 관련 강의 및 연구, 관련기관의 자료들, 선학들의 선행 연구 등이 큰 힘이 되었다. 그리고 본서 기획과 출판에 열정을 쏟아주신 박영사의 정연환 과장, 탁종민 대리께 특히 고마운 마음을 표하고 싶다.

2024년 5월
저자 드림

목차

01 경제금융과 금융지표

02 통화제도

03 금융시스템

04 금융중개기관

목차

05 의사결정과 저축

06 금융 투자

07 신용관리

08 부채 관리

목차

09 리스크와 보험

10 노후와 연금

11
재무설계

12
부동산 금융

13
디지털금융

목차

14 금융소비자보호

※ 이 QR코드를 스캔하시면 참고문헌을 이용할 수 있습니다.

01

경제금융과 금융지표

1 경제의 순환과 금융
2 경제활동과 금융거래
3 금융의 기능
4 주요 금융지표

학습개요

경제가 어떠한 방식으로 순환하는지 살펴보고, 경제활동과 금융거래 간의 관계에 대해 알아본다.
금융의 기능이 무엇인지 알아보고 금리, 주가, 환율, 변동성 지수 등 주요 금융지표에 대해 학습한다.

학습목표

- 실물경제와 금융의 연관성을 통해 금융의 다양한 기능을 이해한다.
- 금리, 환율, 주가, 변동성 지수 등의 금융변수가 내포하고 있는 정보의 의미를 설명할 수 있다.

1 경제의 순환과 금융

한 나라의 경제는 가계, 기업, 정부 등 경제주체들이 재화나 서비스를 생산하고 그 대가로 소득을 얻으며, 다시 그 소득으로 재화나 서비스를 구입하기 위하여 지출하는 과정이 끊임없이 반복되고 있다. 이러한 과정을 국민경제의 순환이라고 한다. 경제주체는 다양하지만 크게 가계, 기업, 정부 등으로 볼 수 있다. 이들은 재화와 서비스를 생산하고 분배하고 지출하는 활동을 한다. 재화는 의복, 식료품, 주택 등 물질적 형태를 가진 상품이며, 서비스는 교육, 문화, 관광 등과 같이 형태가 없지만 경제적 가치를 지니고 있는 사람의 행위이다. 서비스에 는 도소매, 운수, 통신 등 생산활동에 기여하는 행위도 포함된다.

이러한 재화와 서비스를 생산하는 주된 주체는 기업이다. 기업은 이윤을 극대화하기 위해 신제품 개발, 기술혁신, 신시장 개척, 설비투자 등 혁신적인 활동을 하고, 결국 이러한 활동 이 경제성장을 이끌게 된다. 특히 장기성장은 기업의 혁신활동에 의해 주도되므로 기업의 역할은 국민경제의 성장에 매우 중요하다. 무엇보다 다가오고 있는 제4차 산업혁명 시대에 우리 경제가 지속적인 성장을 이루어내기 위해서는 기업의 혁신이 중요하다.

기업이 재화와 서비스를 생산하기 위해서는 노동력, 자본과 같은 생산요소가 필요하다. 이를 투입하기 위해 기업은 생산을 통해 벌어들인 소득을 가계에 배분하는데, 근로자에게는 임금, 급여 등의 형태로 배분하고, 자본가에게는 이자, 배당금, 임대료 등의 형태로 배분한다. 또한 법인세 등의 형태로 정부에 납부하기도 한다. 기업으로부터 임금이나 급여를 받은 가계는 소득세와 보유한 자산에 대한 재산세 등을 정부에 낸다. 각종 세금의 형태로 정부에 이전된 자금 중 일부는 정부보조금, 수혜금의 형태로 가계에 흘러가기도 한다. 이렇게 경제 내에서 생산된 소득은 가계, 기업, 정부 상호간에 순환된다.

기업으로부터 소득을 배분받는 가계와 정부는 재화와 서비스를 소비하기 위한 지출 활동을 한다. 가계는 임금, 배당, 이자 등 소득을 이용하여 자동차, 가구, 주택 등 내구재 또는 음식, 의복 등 비내구재에 대해 지출한다. 또한 영화를 보기도 하고 여행을 떠나거나 학원을 다니면서 서비스를 구매하기도 한다. 정부는 세금을 이용하여 행정, 국방 등의 서비스를 제공하거나 도로, 항만, 공항, 철도 등 공공인프라 건설 및 유지에 지출한다.

이렇게 국민경제활동은 개별적으로 이루어지는 것이 아니라 생산에서 분배로, 분배에서 지출로, 지출에서 생산으로 이어지며 순환을 하게 된다. 기업이 상품을 생산하기 위해서는 그 상품에 대한 충분한 소비 수요가 있어야 하고, 가계와 정부가 상품 등을 소비하기 위해서는 지출을 위한 충분한 소득이 있어야 하는 것이다.

그림 1-1 **국민경제의 순환**

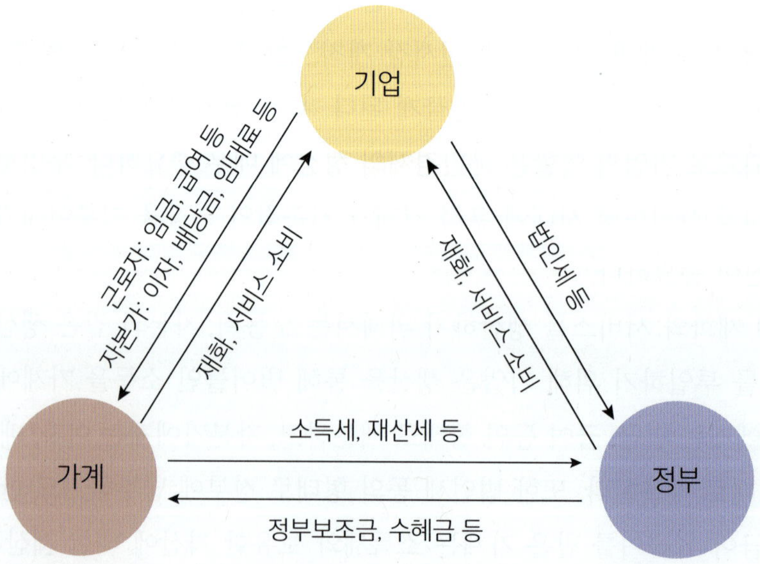

확대보기

경기 순환

경기는 확장과 수축을 거치면서 순환을 하게 된다. 경기순환은 저점에서 확장국면을 지속하다가 고점을 거친 후 수축국면에 들어간 다음 저점에 이르면 한 번의 경기순환을 한 것으로 간주한다.

통계청은 1972년부터 경기 저점과 정점을 기록한 월(기준순환일)을 발표하고 있다. 이에 따르면 우리나라는 1972년 3월부터 2017년 3월까지 11번의 순환을 거쳤고 지금은 2020년 5월에 경기저점으로 잠정 설정한 12 순환기에 있다. 1972년 이래 평균 순환주기는 49개월, 평균 확장국면은 31개월, 평균 수축국면은 18개월이었다. 경기확장은 완만하고 길게 진행되는 반면, 수축국면의 기간은 짧은 경향이 있다. 가장 긴 확장기는 54개월 지속한 제11순환기였으며, 가장 긴 수축기 역시 잠정 설정된 2017년 9월의 정점 이후 32개월간 지속한 제11순환기이다.

-2023년 3.2 통계청 기준-

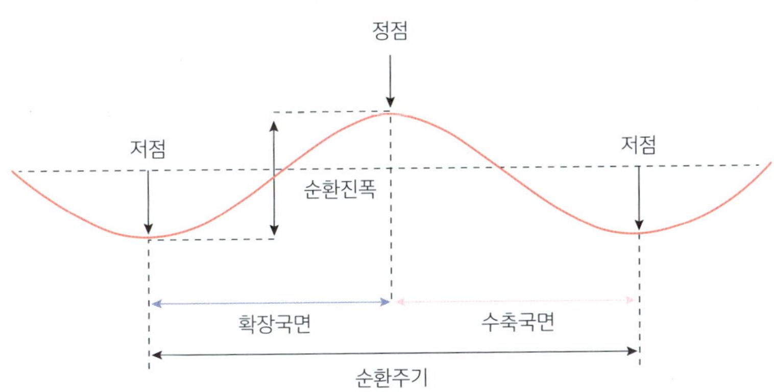

한편 국민경제의 순환은 국내에서만 이루어지는 것은 아니다. 우리나라와 같은 개방경제는 생산, 분배, 지출 활동에 있어서 해외부문의 역할이 매우 크다. 우리나라 기업이 생산한 생산물을 외국으로 수출하고 석유, 식량, 원자재 같은 것들은 외국에서 수입하기 때문이다. 특히 스마트폰, 자동차, 가전제품, 그리고 선박과 같은 상품들은 우리 기업이 생산하였지만 우리 국민이 소비하는 것보다 외국에 수출하는 양이 더 많다. 외국에서 인력이나 자본이 유입되기도 하는데, 중소제조업, 건설업 등의 분야뿐만 아니라 의료, 교육, 경영 등의 분야에 외국인력이 상당수 종사하고 있다. 주식시장, 채권시장은 물론 직접투자의 형태로 외국자본이 유입되기도 한다. 이러한 자본의 유입규모는 금융시장 개방이 확대되면서 점차 늘어나고 있는 양상이다.

"한국 경제 들어 있는 냄비 뜨거워지는 중"

글로벌 컨설팅사 맥킨지의 '개구리 한국경제' 보고서

지난 2013년 "한국 경제가 성장의 한계에 직면했다"는 내용의 보고서를 발간하면서 한국 경제를 서서히 가열되는 '냄비 속 개구리'에 비유해 큰 주목을 받은 글로벌 컨설팅사 맥킨지가 10년 만에 후속 보고서를 냈다. 맥킨지는 11일 '한국의 다음 상승 곡선(Korea's next S-curve)'이라는 보고서에서 "노동 생산성 감소와 국가 기간산업의 글로벌 경쟁 심화 등으로 냄비 속 끓는 물의 온도가 더욱 올라갔다"면서 "끓는 물의 온도가 내려가기만을 기다리지 말고 과감하게 끓는 물 속 개구리를 냄비 밖으로 꺼내야 할 때"라고 주장했다. 한국 경제의 큰 틀을 대대적으로 바꿔야 새로운 도약을 기대할 수 있다는 뜻이다. 맥킨지는 "개구리가 더 큰 무대에서 맘껏 뛰어놀 수 있게 틀을 짜야 한다"면서 "과감한 시도와 변화가 한국을 2040년 1인당 국내총생산(GDP) 7만달러, 세계 7대 경제 대국으로 도약하게 만들 것"이라고 했다.

맥킨지 보고서 주요 내용

문제점

- 노령 인구 증가, 출생아 감소 등으로 인구 구조 불균형 가속화
- 선진국 대비 70% 수준인 노동 생산성
- 대기업 - 중소기업 간 생산성 격차 지속
- 후진적 기업 지배구조로 인해 주식 투자 저조
- 스타트업 발전이 더뎌 벤처 투자 시장도 미성숙

해결책

- 산업구조·비즈니스 모델 개판으로 생산성 향상
- 국가 지원 등으로 원천 기술 확보
- 인공지능(AI) 고급 인력 양성 등 핵심 인재 양성 체제 구축
- 배당·자사주 매입 등 적극적인 주주 환원 정책 도입

▶ **글로벌 선도 기술 8년 만에 36개에서 4개로 급감**

맥킨지는 현재 한국 경제의 문제점을 낮은 노동 생산성과 산업 경쟁력에서 찾았다. 한국의 주당 노동 시간은 36.9시간으로 미국(34.6), 영국(29.3), 독일(25.7) 등 선진국보다 길지만, 근로시간당 GDP는 52.4달러로 독일(87.3), 미국(87.2), 영국(74.3)보다 현저히 낮다. 고용 인력의 20%를 차지하는 상위 10대 그룹이 GDP의 60%를 차지하는 등 대기업과 중소기업 간의 노동 생산성 격차도 경제 성장을 방해하는 요인으로 지적됐다. 맥킨지는 "한국이 다른 선진국보다 덜 생산적인 방식으로 더 오랜 시간 일하거나 한국의 산업 구조가 저부가가치 부문에 치중돼 있음을 뜻하는 것"이라고 진단했다. 한국의 산업 경쟁력도 약화하고 있다. 2012년에는 국가전략기술 120개 중 '초정밀 디스플레이 공정 및 장비 기술' '초고집적 반도체 공정 및 장비 기술' 등 36개 분야에서 한국이 글로벌 시장에서 '선도' 수준으로 평가됐다(한국과학기술평가원). 하지만 2020년엔 '대용량 장수명 이차전지 기술' 등 4개 분야에서만 선도적 수준으로 평가됐다. 반면 '후발'로 평가되는 분야는 같은 기간 1개에서 13개로 증가했다. 맥킨지는 "선진국과의 기술 격차가 좁혀지지 않는 상황에서 중국 등 후발국이 빠르게 역량을 확보하고 있다"면서 "한국이 기술력을 적극적으로 키우지 않는다면 국가 차원의 경쟁력을 잃을 수 있다"고 지적했다.

▶ **AI 고급 인력 5만명 필요한데 5000명뿐**

한국 경제의 재도약을 위해 맥킨지는 우선 대대적인 산업구조 개편 필요성을 강조했다. 조선, 자동차·모빌리티, 소비재 등 한국의 주력 제조업들은 그동안 한 업종에 집중하는 수직 계열화로 글로벌 경쟁력을 확보했다. 하지만 산업 간 경계가 허물어지는 융·복합 시대에는 다른 업종과 협업하는 식으로 구조를 재편해야 한다는 것이다. 예를 들어, 자율 운항 선박은 자율 주행, 사물인터넷, 빅데이터, 첨단 센서 등 다양한 기술이 결합돼야 한다. 조선 업체가 모든 기술을 갖고 있지 않기 때문에 전문 기술을 가진 기업·스타트업과 협력해 생태계를 만들어야 한다는 것이다. 산업구조 개편을 위해서는 정부의 역할도 중요하다고 맥킨지는 강조했다. 소프트웨어, 콘텐츠 및 플랫폼 등 부가가치가 높은 산업을 집중적으로 육성해 새로운 성장 동력으로 삼고, 에너지, 제약·바이오, 패션·섬유 등 우리나라가 경쟁력을 갖고 있으면서 고성장이 기대되는 산업을 적극적으로 지원해 원천 기술을 확보해야 한다는 것이다. 맥킨지는 챗GPT가 촉발한 생성형 AI(인공지능) 경쟁이 치열해지는 상황에서 AI 고급 인력 5만 명을 육성하는 등 인재 육성에도 힘써야 한다고 했다. 고용노동부에 따르면, 2027년까지 AI 인력 수요는 6만 6000명에 달하지만, 공급은 5만 3000명에 그치고, 이 중 고급 인력은 5000명 수준에 불과하다. 맥킨지는 "기술 장벽이 높고 발전 속도가 빠르다는 점을 감안하면 고급 인력을 중심으로 한 AI 핵심 인재 확보 방안이 더욱 중요해졌다"고 밝혔다. 보고서를 총괄한 송승헌 맥킨지 코리아 대표는 "한국 경제는 이제 퇴로가 없다"면서 "대한민국이 살 수 있는 길은 급진적이고, 과감한 변화뿐"이라고 말했다.

[출처: 조선일보, 2023. 12. 12.]
[https://www.chosun.com/economy/economy_general/2023/12/11/JBMYXQJGINBHNEZU35EF2LL22A/?utm_source=naver&utm_medium=referral&utm_campaign=naver-news]

“한국경제, 뜨거워지는 냄비 속 개구리가 반쯤 익은 상태”

“한국 경제는 이제 퇴로가 없다. 세 번째 고속 성장 동력을 키워야 할 절체절명의 순간이다.”

글로벌 컨설팅사 맥킨지는 2013년 ‘한국 경제가 성장의 한계에 직면했다’는 내용의 보고서를 발간하면서 한국 상황을 ‘뜨거워지는 냄비 속 개구리’로 비유해 큰 주목을 받았다. 10년이 지난 지금, 맥킨지는 한국 경제를 어떻게 진단하고 있을까. 송승헌 맥킨지코리아 대표는 지난 10일 조선일보와의 인터뷰에서 “그 개구리가 반쯤 익었다”며 “대한민국이 살 수 있는 길은 급진적이고(radical), 과감한(bold) 변화뿐”이라고 강조했다. 송 대표는 카이스트(KAIST)를 졸업하고 미국 MIT에서 물리학 박사 학위를 받은 뒤 삼성전자 반도체연구소를 거쳐 2002년부터 맥킨지 컨설턴트로 근무 중이다. 다음은 송 대표와의 일문일답.

- 뜨거워지는 냄비 속 개구리로 묘사됐던 한국은 현재 어떤 상태인가?

“반쯤 익었다. 성장하지 않는 조직에선 곪은 폐해가 드러난다. 한국은 1960년대부터 30여 년 동안 거의 매년 약 10%씩 세계에서 유례없는 성장을 했다. 국내총생산(GDP) 세계 순위는 1960년 39위에서 작년 13위로 뛰었고, 1인당 GDP는 79달러에서 3만 2409달러로 410배 급증했다. 같은 기간 글로벌 수출 점유율은 88위에서 6위가 됐다. 하지만, 경제가 급랭하면서 20년 동안의 부작용들이 나타나고 있다. 인구 감소도 성장 정체와 경쟁 심화, 교육 비용 급증에 따라 생긴 부작용이다. 성장을 목표로 삼아야 많은 문제가 해결될 수 있다.”

2000년대 들어 정체 중인 한국 GDP(국내총생산) 세계 순위

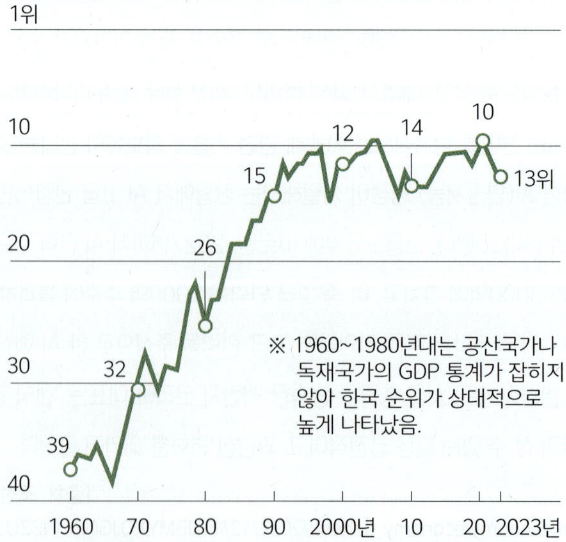

자료=맥킨지

- 냄비 속 물은 100도까지 올라온 것인가?

"서서히 끓고 있다. 급속히 끓으면 당장 뭔가 하겠다는 결심을 하고 뛰쳐나간다. 서서히 끓자 점진적 개선만 모색한다. 국가·기업의 지도자들은 임기 중 파국이 올 것으로 생각하지 않는다. 기업은 모험을 꺼리고 현상 유지와 승계에만 신경 쓴다. 이익유보금만 1000조 원이다. 그 돈을 재투자해 성장으로 연결할 의지가 보이지 않는다. 투자를 해도 수익이 나오지 않으니 외국인들은 한국 시장을 외면한다. 한국에 대한 외국인직접투자(FDI) 규모는 칠레·콜롬비아·말레이시아 수준이다. 증시 외국인 비중도 2005년 40%대에서 최근 20% 중반으로 떨어졌다."

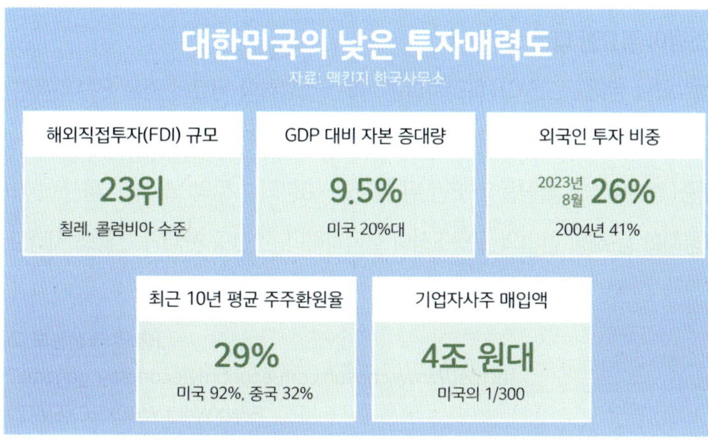

- 한국 경제가 정체돼 있다는 뜻인가.

"1960~1970년대엔 경제개발 5개년계획과 정부 주도 중화학공업화를, 1990년대 이후엔 아시아 외환 위기를 거치며 IT 중심 신경제로 구조 개혁했다. 경제가 두 차례 급성장한 것이다. 하지만 2000년 이후 정체됐다. 2000년 12위였던 세계 GDP 순위는 올해 13위로 20여 년간 변화가 없다. 수출 상위 10품목 변화를 봐도, 1985년과 2005년에는 각각 20년 전과 비교해 6품목이 새로 순위에 올라왔는데 작년엔 2005년과 비교해 고작 한 품목만 바뀌었다. 그만큼 산업 역동성이 사라졌다는 뜻이다. 첨단 산업과 강한 중소기업을 키워야 한다."

- 어디서부터 풀어가야 하나?

"복잡하게 얽힌 방정식이다. 공부 못하는 아이를 윽박지르기만 한다고 갑자기 잘할 순 없다. 선물로 관심을 끌고, 가정교사를 붙이는 등 환경을 개선해 줘야 한다. 한국의 문제도 인센티바이징(동기부여)이 필요하다. 이는 정부가 주도해야 한다. 군사정권 시절이 아니므로 강제는 안 되고 재정과 제도로 접근해야 한다. 예산 집행과 감세 등 2~3가지 수단을 조합해 동기부여해야 한다. 합법적이고 건전한 방식을 찾다 보면 4~5년씩 걸릴 수 있다. 그렇다고 지금까지의 안온한 자세만으로는 위기를 벗어날 수 없다. 전면적인 변화가 절실하다. 어느 순간 빅뱅(대폭발)으로 한꺼번에, 현재보다 더 빠른 속도로 혁신해야 한다."

- 반발이 따르지 않겠나?

"이런 의사 결정을 내리면 특정 그룹은 반발하겠지만 해야 한다. 한 예로 한국에 바이오클러스터가 18~19개 있다. 전국에 산재한 상태로는 경쟁력이 없다. 수도권에 결집시켜 미국 보스턴에 맞먹는 수준으로 키워야 한다. 하지만 과도한 평등 의식과 팽배한 사회적 불신이 문제다. 만약 후보지로 인천 송도를 거론한다면 정책 결정자들이 송도에 땅을 갖고 있는지부터 의심할 것이다. 이런 사회적 분위기를 깨야 한다. 도망갈 퇴로는 없다."

- 구조조정이 필요한 다른 분야는?

"정유·석유화학 분야도 그렇다. 파라자일렌이라는 석유화학 원료의 경우 2018년에는 중국이 자체 필요한 양의 40%만 생산했는데 작년에 70%로 상승했다. 조만간 100%를 넘겨 수출에 나설 것이다. 한국의 대중(對中) 수출 물량은 7~8년 뒤 현재의 10분의 1 토막 날 거다. 울산·여수·서산의 석유화학 공장의 통폐합 등 해당 산업의 구조조정이 불가피하다. 조선도 현재의 호황이 지나고 난 후 어려워질 수 있다."

[출처: 조선일보, 2023. 10. 19]
[https://www.chosun.com/economy/economy_general/2023/10/19/E3NXW4LLWRCXRCXEVKZXGUMBSA/]

헤지펀드 엘리엇 "초인플레·최악의 금융위기 오고 있다"

세계 최대 행동주의 헤지펀드로 알려진 엘리엇매니지먼트(이하 엘리엇)가 세계는 지금 '하이퍼인플레이션'의 길을 가고 있으며, 제2차 세계대전 이후 최악의 금융위기가 일어날 수 있다고 경고했다.

엘리엇은 고객에게 보내는 편지에서 앞으로 다가올 '극히 어려운' 상황에 대해 경고했다. 그는 쉬운 돈의 시대가 끝나고 닥치고 있는 엄청난 재정적 혼란은 세계에 제2차 세계대전이 터진 이후의 충격과 비슷한 충격을 줄 가능성이 있다고 말했다. 특히 엘리엇은 투자자들이 1970년대 약세장과 유가 충격, 1987년 시장 폭락, 닷컴 붕괴, 2008년 금융위기와 같은 경제적 혼란기를 경험했다고 해서 '앞으로의 일들을 다 안다'고 가정하면 안 된다고 지적한다. 지금 올 경제위기가 이전 경제위기보다 더 심각할 가능성이 있다는 것이다.

엘리엇은 또 현재의 금융위기의 원인이 각국의 중앙은행이라고 비판했다. 특히 각국의 중앙은행이 인플레이션의 원인은 '공급망 문제'라고 말한 것에 대해 "그들이 부정직했다"며 비난했다. 인플레이션의 진짜 원인은 코로나19가 가장 심각한 시기 글로벌 국가들이 시행했던 느슨한 통화정책인데 각국의 중앙은행들이 코로나 이후 악화된 공급망 때문이라고 설명했다는 것이다.

엘리엇은 세계는 지금 "초인플레이션의 길"에 있으며, 이는 "글로벌 사회 붕괴와 시민적 또는 국제적 갈등"으로 이어질 수 있다고 밝혔다. 지금으로서는 미래의 일을 알 수 없지만 지금 세계가 나아가는 방향은 바로 초인플레이션이라고 진단했다. 올해 미국의 S&P500지수는 고점 이후 20% 가까이 하락했고 나스닥은 1년 전 고점 대비 3분의 1가량 하락했다.

그러나 엘리엇은 현재 시장에 존재하는 많은 위험 상황을 감안할 때 시장은 아직 충분히 하락하지 않았다고 말한다. 현재 '무섭고 심각한 부정적 가능성들'이 너무 많아서 '거품이 터지지 않을 것이라고 생각하기 어렵다'고 말하면서 앞으로 자산이 더욱 하락할 것으로 내다봤다.

엘리엇은 앞으로 시장에 큰 충격을 줄 수 있는 취약한 부분 몇 개를 지적했다. 많은 부분의 사업영역이 스트레스 징후를 보이고 있지만 그중에서도 레버리지를 사용하는 사모펀드, 담보 대출 시 담보물의 자산 가격 인하, 브리지 파이낸싱을 하는 은행의 손해 등이 잠재적으로 위험하다고 꼽았다.

엘리엇은 미국 대표 주가 지수가 고점에서 약 50%까지 하락할 것이라고 추정하고 있다. 앞으로 주식시장에서 더 큰 하락이 있을 것으로 예상하지만 그게 언제 일어날지는 알 수 없다고 말했다.

또 엘리엇은 앞으로의 시장 하락이 단기적이며 곧 회복할 것으로 믿는 투자자들에게 비판적인 시각을 견지했다. "우리는 금융위기를 지나본 적이 있기 때문에 당황하지 않을 것"이라고 말하는 투자자들에게 "현재 상황은 지나간 금융위기들과 같은 상황이 아니다"고 말했다.

[출처: 글로벌이코노믹, 2022. 11. 03]
[https://news.g-enews.com/ko-kr/news/article/news_all/202211030957064859658ae4d6a0_1/article.html?md=20221103130735_U]

2 경제활동과 금융거래

생산·분배·지출과 같은 경제활동이 원활하게 일어나기 위해서는 각 경제주체 간 거래를 뒷받침할 수 있는 금융시스템이 잘 작동하여야 한다. 이를 위하여 화폐의 양이 충분하고 화폐의 흐름을 원활하게 해주는 금융시장이 잘 발달되어 있어야 하며 정보의 흐름도 원활해야 한다. 선진국들은 생산물의 규모도 크지만 경제활동을 뒷받침하는 금융시장도 잘 발달되어 있는데 비해서, 후진국이나 개발도상국들은 상대적으로 생산성도 낮고 금융시장도 낙후되어 있다.

경제활동은 자금의 융통, 즉 금융을 매개로 이루어진다. 기업이 생산활동을 하기 위해서는 기계를 구입하고 인력을 고용하며 원자재를 구입해야 하는데 이를 위해서는 자금이 필요하기 때문이다. 특히 기업이 사내에 보유하고 있는 자본이 이러한 생산 활동을 뒷받침하기에 충분하지 않다면 부족한 자금을 은행 등의 금융회사로부터 대출을 받거나 주식, 채권 등 유가증권발행을 통하여 조달해야 한다. 기업이 가계와 정부에 소득을 분배하고 가계가 정부에 세금을 납부하는 것도 금융의 도움이 없으면 불가능하다. 경제발전 단계가 낮고 금융시장이 발달하지 않았던 과거에는 현금거래만으로도 거래가 완료될 수 있었지만, 현대사회에서는 수많은 거래나 지급·결제가 금융을 통하지 않으면 완료될 수 없다.

이 문제를 실물거래와 금융거래의 비교를 통해 살펴보자. 실물거래의 경우 재화나 서비스의 제공이 자금의 이전과 동시에 발생하지만, 금융거래의 경우 차입자 또는 투자대상으로부터 미래의 회수를 전제하여 자금이 일방적으로 이전된다. 이때 금융거래가 성사되려면 차입자 또는 투자대상이 채무를 상환하거나 투자수익을 제공할 것이라는 믿음이 전제되어야 하는데 차입자나 투자대상의 능력이나 의지는 외부에 잘 드러나지 않는다. 또한 차입자·투자 대상이 금융계약을 하고 난 뒤에 자금공급자가 생각했던 것과 달리 위험하게 운영하거나 경영을 게을리 할 가능성도 있다. 따라서 차입자·투자대상에 관한 정보가 잘 알려져 있지 않고 채무상환이나 투자수익 회수가 원활히 이루어지도록 유인하는 제도적 장치가 마련되어 있지 않을 경우 금융거래가 위축될 수밖에 없다. 결국 금융시스템에서 정보 흐름이 원활하지 못하면 금융시스템이 제대로 작동할 수 없다.

그림 1-2 **금융거래와 실물거래의 차이**

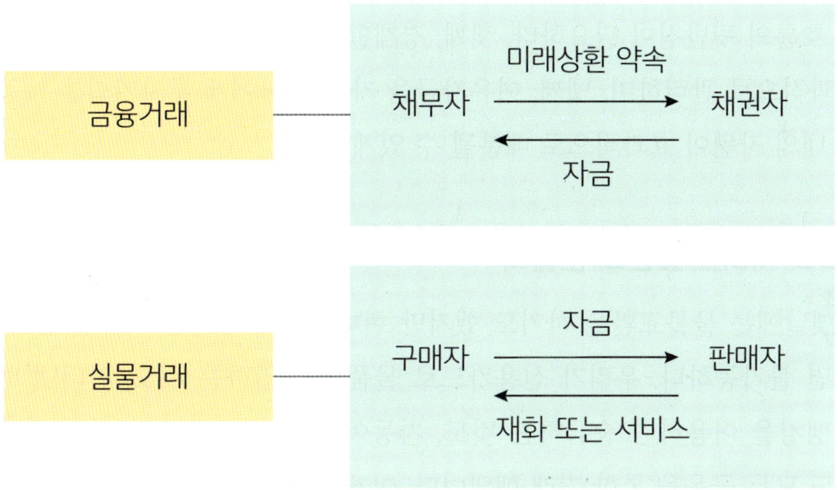

3 금융의 기능

금융의 기능은 금융시스템이 제공하는 기본 서비스로서 네 가지로 구분할 수 있다. 첫째, 거래비용 절감 등을 통해 재화와 서비스 교환을 원활하게 한다. 둘째, 자금의 중개 기능을 수행하며 자금의 효율적 배분을 가능하게 한다. 이를 위해서는 원활한 정보 흐름의 뒷받침이 필요하다. 셋째, 경제활동에서 발생할 수 있는 여러 가지 위험을 효과적으로 관리하며, 넷째, 여유자금을 가진 사람에게 투자기회를 제공함으로써 경제 내의 자원이 효과적으로 배분될 수 있게 한다.

재화와 서비스 교환의 원활화

먼 옛날에는 물물교환을 하기도 했지만 현대사회의 수많은 거래는 금융의 도움이 없으면 불가능하다. 우리가 신용카드로 물품을 구입하는 것도, 인터넷 뱅킹이나 모바일 뱅킹을 이용하여 송금하는 것도, 자동이체 서비스로 매달 아파트 관리비를 내는 것도 모두 금융을 통한 거래 행위이다. 이제는 멀리 떨어진 사람과의 거래, 외국 인터넷 쇼핑몰에서 물건을 직접 구매하는 거래, 사용하는 화폐가 서로 다른 거래에 대한 결제도 가능하게 되었다. 특히 정보통신기술이 발달하면서 현금은 물론이고 신용카드, 체크카드, 전자상거래, 가상통화와 같이 수많은 결제수단이 등장하였다. 금융은 안전하고 편리한 지급·결제 시스템을 구축하여 다양한 재화와 서비스의 거래가 가능하도록 하는 것이다.

개인이나 가계는 실직 등으로 고용상태가 변할 수 있으며 임금상승률도 매년 달라질 수 있다. 특히 자영업자의 경우에는 경기상황에 따른 매출의 증감이 상당하여 임금근로자에 비해 소득변동성이 더 높다. 이러한 소득의 변동성은 소비나 교육 등의 지출 행위를 크게 제약할 수 있는데, 개인이나 가계는 금융을 통해 소득과 지출의 차이를 해소할 수 있다. 지출에 비해 소득이 많을 때에는 저축 등을 이용하고, 소득에 비해 지출이 많을 때에는 대출 등을 이용함으로써 필요한 지출을 할 수 있게 된다.

자금 중개

금융은 여유자금을 가진 사람들의 돈을 모아서 자금이 필요한 사람에게 전달하는 중개기능을 수행한다. 사람들이 금융회사에 저축을 하면, 금융회사는 이 돈을 모아서 돈이 필요한 가계, 기업 그리고 정부에 빌려주고, 대출로부터 발생한 이자수익을 예금자들에게 배분하는 것이 전형적인 자금의 중개이다. 그리고 금융시장이 발달함에 따라서 채권이나 주식을 통한 금융 중개도 활발하다. 정부나 기업이 국채나 회사채를 발행하면 금융회사가 이런 채권을 인수하여 예금자나 투자자에게 판매하는데 이 경우도 흑자 주체로부터 적자 주체로 자금 이동을 중개하는 것이다.

금융회사들은 자금 중개를 위해서 돈을 빌리는 사람의 신용도를 평가하기도 하고 돈을 저축하는 사람들과 돈을 빌리는 사람 사이에서 가격(이자율)을 조정하기도 한다. 또 자금의 만기나 크기를 재조정하여 자금이 원활하게 이동하도록 한다. 따라서 금융의 자금중개 기능은 자금의 효율적인 배분을 가능하게 하여 경제 발전에 기여한다고 볼 수 있다. 이러한 자금의 중개 및 배분 과정에서 원활한 정보의 생성 및 공급이 필요하다.

위험관리 수단 제공

금융시장은 투자 위험을 분산시킬 수 있는 관리수단을 제공한다. 경제학에서 위험(risk)은 경제현상이나 결과가 예상이나 기대와 달라지는 것을 말하는데 금융이 잘 작동하면 불확실성이나 위험을 적절히 분산하거나 해소할 수 있다. 예를 들면, 금융시장에 판매되는 다양한 금융상품에 분산투자하거나 옵션이나 선물과 같은 파생상품을 위험관리수단으로 활용함으로 써 투자위험을 줄일 수 있다. 또한 경제 주체는 보험에 가입함으로써 사고 등으로 인해 경제적 손실이 발생할 경우 보험금을 지급받아 그 충격을 완화할 수 있다.

투자기회 제공

금융은 여유자금을 가진 사람들에게 투자의 기회를 제공한다. 많은 소액 예금자들의 돈을 모아서 대규모 투자를 가능하게 하거나 단기간 저축하는 사람들을 많이 모아서 장기 자금을 필요로 하는 기업에게 돈을 공급해줄 수 있는 것은 모두 금융시장이 있기 때문에 가능한 일이다. 금융시장은 여유자금을 가진 사람에게는 투자의 기회를 제공하고 자금이 필요한 사람에게는 자금을 공급하여 효율적인 자원배분에 기여한다.

확대보기

금융과잉(Too much Finance)

금융의 주요 기능이 경제활동이나 대규모 투자를 원활하게 하는 것이므로 금융부문의 발전은 경제성장을 촉진한다는 것이 그동안 일반적인 견해였다. 여러 학자들은 『금융발전 → 경제성장』을 지지하는 실증분석 결과를 제시하기도 했다. 그러나 글로벌 금융위기를 겪으면서 금융과잉이 경제에 해로울 수도 있다는 시각이 대두되고있다. 즉, 금융부문이 지나치게 팽창하는 경우 경제 발전이 저해될 수도 있다는 것이다.아래 그림은 2008년 금융위기까지 GDP 대비 미국의 금융 중개자산 및 금융산업 이익 등 금융분야의 현저한 성장을 보여주고 있다. 이처럼 금융의 과잉성장이 이뤄진다면, 우수인력이 금융분야에만 집중되는 등 경제자원의 과도한 금융집중이 일어나 다른 분야의 성장을 억제하는 구축효과가 발생할 수 있으며, 경우에 따라 금융자산의 가격이 실질가치를 초과하는 버블이 형성될 가능성도 있다.

<금융중개 자산 및 금융산업 소득의 GPD 대비 비율 추이>

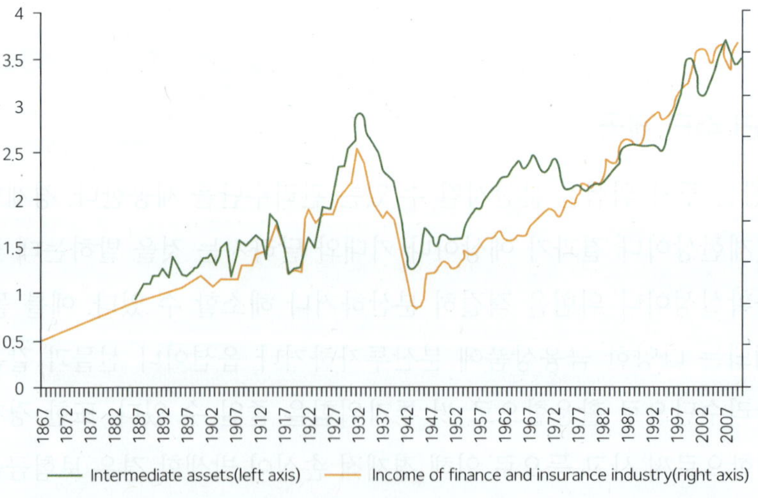

출처: Greenbaum, Thakor and Boot, Contemporary Financial Intermediation, 4th Edition, Academic Press, 2019.

4 주요 금융지표

1 금리(이자율)

일상생활 속에서 우리는 여유자금을 금융회사에 저축하거나 투자하고 반대로 돈이 부족하면 대출을 받기도 한다. 이때 돈을 빌린 사람이 일정기간 돈을 사용한 대가로 돈을 빌려준 금융회사에 지급하는 것을 이자라고 하며, 기간당 원금에 대한 이자의 비율을 이자율 또는 금리라고 한다. 이자의 크기는 기간에 따라 달라지기 때문에 이자율을 표시할 때는 기간을 명시하게 되는데, 보통 1년을 기준으로 한다. 예를 들어, 이자율 5%로 1년간 100만 원을 대출 받는다고 하면, 돈을 빌린 채무자는 채권자에게 5만 원의 이자를 지급해야 한다.

금리의 결정

상품시장에서 상품의 가격이 수요와 공급에의해 결정되는 원리와 마찬가지로 금리도 금융시장에서 자금의 수요와 공급에 의해 결정된다. 자금에 대한 수요는 가계소비, 기업투자 등에 영향을 받고 자금의 공급은 가계의 저축행태, 한국은행의 통화정책 등에 따라서 달라지는데, 자금에 대한 수요와 공급이 변하면 금리가 변동하게 된다. 즉, 자금수요가 증가하면 금리는 상승하고 반대로 자금공급이 늘어나면 금리가 하락한다. 예를 들면, 경기가 상승하면 기업들은 생산과 고용을 늘리고 시설을 확장하기 위하여 자금을 더 많이 필요로 하게 된다. 이때 자금의 공급량이 충분히 늘어나지 않으면 더 높은 금리를 주어야 자금을 확보할 수 있으므로 금리가 상승하게 된다. 반면에 가계와 기업의 자금수요가 크지 않는 상황에서 자금공급이 늘어나면 금리는 하락한다.

그림 1-3 **금리 결정**

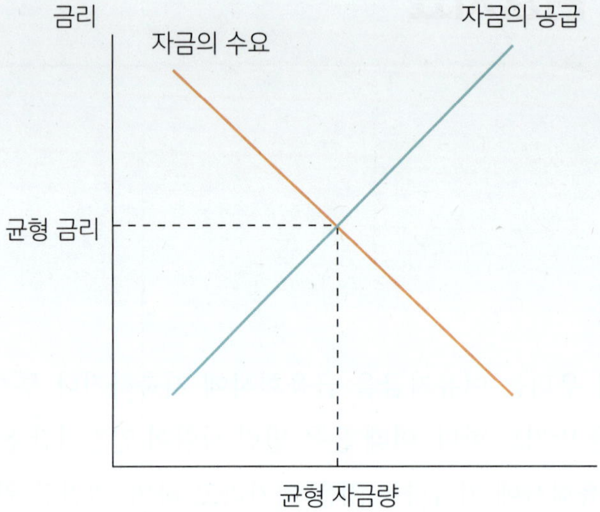

금리의 결정요인에는 물가변동률도 포함된다. 물가가 상승하면 화폐의 실질 구매력이 떨어지기 때문이다. 일반적으로 금융회사가 공시하는 예금 및 대출 금리와 금융시장에서 결정되는 국고채 및 회사채 금리는 이러한 물가 변동을 고려하지 않은 명목금리이다. 명목금리에서 물가상승률을 뺀 금리가 실질금리이다. 실제로 가계가 물가상승분을 반영하지 않는 명목금리만을 감안하여 예금을 하는 경우 실질적으로 손해를 볼 수도 있다. 예를 들어, 연리 1.5%의 1년 만기 정기예금을 가입했으나 물가상승률이 연 2%인 경우, 실질금리는 대략 -0.5%가 되어 오히려 손해를 본 것이다.

신용도 역시 금리에 영향을 준다. 개인 또는 기업마다 신용도가 다르기 때문에 금융회사의 입장에서는 돈을 빌려주는 데에 따른 위험이 신용도에 따라 다르다. 신용위험을 감안하여 금융회사는 같은 금액을 빌려주더라도 신용이 좋은 사람에게는 낮은 이자로 빌려주고, 신용이 좋지 않은 사람에게는 더 높은 이자를 요구한다.

금리의 영향

금리의 변동은 가계 소비, 기업 투자 및 물가수준, 국가 간 자본이동 등 여러 분야에 영향을 미친다. 가계는 경제활동을 통해 벌어들인 소득을 소비하거나 저축하는데, 이때 얼마나 소비하고 저축할지를 결정하는 중요한 요인이 금리이다. 금리가 오르면 저축으로 얻을 수 있는 이자 소득이 증가하므로 가계는 현재의 소비를 줄이고 미래의 소비를 늘리기 위해 저축을 증가시킨다. 반면 금리가 하락하면 미래 소비를 줄이고 현재 소비는 늘리기 위해 저축을 줄이게 된다. 주택, 자동차 등 내구재 구입을 위해 큰 자금이 필요할 때에는 가계는 대출을 통해 자금 을 조달할 수 있는데 이 경우에도 얼마나 대출을 받을지를 결정하는 중요한 요인이 금리이다. 금리는 기업의 투자활동에도 커다란 영향을 미친다. 자금을 빌리는 입장에서 볼 때 금리는 자금조달의 비용이다. 금리가 오르면 기업의 투자자금 조달에 드는 비용 부담이 늘어나는 것이므로 투자활동이 위축될 수 있다.

금리는 물가와도 영향을 주고 받는다. 금리가 상승하면 기업의 생산을 위한 자금 조달비용 이 늘어나 상품가격이 상승할 수도 있지만 금리가 상승하면 가계소비와 기업투자 위축으로 인해 경제의 전체적인 물품수요가 감소하여 물가가 하락할 수 있다.

개방경제하에서 금리는 국가 간 자금흐름에도 영향을 준다. 국내 금리보다 외국 금리가 높을 경우, 국내자금이 외국으로 유출되거나 외국자금의 유입이 줄어든다. 반대로 국내 금리가 높을 경우에는 국내자금의 해외유출이 줄어들거나 외국자금의 국내 유입이 늘어나게 된다.

이처럼 금리는 가계소비, 기업투자, 물가 등 실물부문뿐만 아니라 국가 간 자금흐름에도 영향을 미치기 때문에 각국의 중앙은행은 기준금리를 조정하여 시장금리에 영향을 줌으로써 경제전체의 흐름을 안정화시킨다.

확대보기

신용할당과 금리

앞에서 금리는 금융시장에서 자금의 수요와 공급을 균형시키는 수준에서 결정된다고 설명하였는데 예외적인 경우도 있다. 신용할당이 대표적인 사례인데 금리가 균형 수준보다 낮게 형성되어 자금에대한 초과수요가 발생하게 된다. 아래 그림을 통해 더 자세히 살펴보자.

<자금시장의 수요·공급과 신용할당>

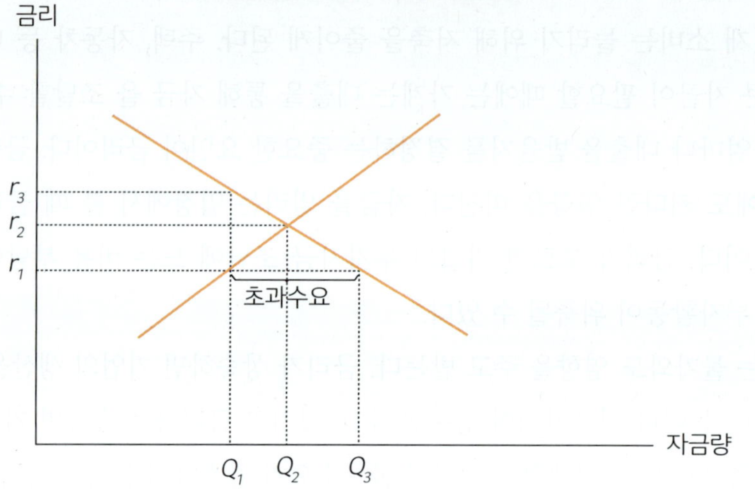

위 그림에서 자금시장의 수요와 공급을 일치시키는 금리와 자금량은 (r2, Q2)이다. 그런데 이 그림에서는 차입자들의 신용위험 차이가 나타나 있지 않다. 현실의 차입자들은 신용위험이 다르다는 것이 일반적인데, 문제는 은행 등 금융회사들도 차입자(대출신청자)의 신용위험을 정확히 파악하기 힘들다는 것이다. 만일 은행이 대출금리를 r2 로 정한다면 신용위험이 높은 차입자들이 주로 신청할 것이다. 상대적으로 신용위험이 낮은 차입자들은 높은 수준의 금리를 지불하지 않으려 하기 때문이다. 여기서 대출금리가 r1 으로 낮아지면 신용위험이 높은 차입자들과 신용위험이 낮은 차입자들이 모두 대출을 신청하게 된다. 이에 따라 대출신청 규모는 Q3로 늘어난다. 은행은 금리가 r1이라면 대출을 Q1만큼만 공급하기 때문에 결국 Q3-Q1 크기의 초과수요가 발생한다. 중요한 점은 대출을 받아간 차입자들 중에는 신용위험이 높거나 낮은 차입자가 섞여 있다는 것이다. (r1, Q1)은 금리도 낮고 자금량도 작아서 은행의 수익이 작을 것으로 보이지만 (r2, Q2) 규모의 대출보다 신용위험이 낮은 수요자를 선별하여 대출할 수 있으므로 신용위험관리 측면에서 은행에 오히려 더 유리할 수도 있다. 이처럼 신용위험을 감안하여 은행들이 (r1, Q1)을 선택하는 현상을 자발적 신용할당(credit rationing)이라고 한다. 신용할당 현상은 실증적으로도 빈번하게 관찰되고 있다.

금리의 종류

① 기준금리

기준금리는 우리나라 중앙은행인 한국은행이 국내 물가, 경기 및 금융·외환시장 상황, 세계경제의 흐름 변화 등을 종합적으로 고려하여 금융통화위원회의 의결을 거쳐 결정하는 정책금리이다. 실제 경제성장률이 잠재성장률 수준을 상회하는 과열양상을 보이면 한국은행은 기준금리를 인상하고, 반대로 실제 경제성장률이 잠재성장률 수준을 하회하는 침체양상을 보이면 기준금리를 인하한다. 한국은행이 기준금리를 변경하면 경제 전반에 다양한 경로로 그 영향이 파급된다. 이러한 파급경로는 경제상황에 따라 다양하게 변할 수 있기 때문에 기준금리 변경이 실물경제 및 물가에 미치는 영향을 정확하게 파악할 수는 없다. 그러나 기준금리 변동은 장단기 시장금리, 예금 및 대출금리 등에 영향을 주거나, 주식, 채권, 부동산, 외환 등 자산의 가격에 영향을 주기도 하고, 경제주체들의 물가상승 기대에 영향을 주어 실물경제 및 물가를 변동시킨다.

그림 1-4 주요국 중앙은행의 정책금리 변동 추이

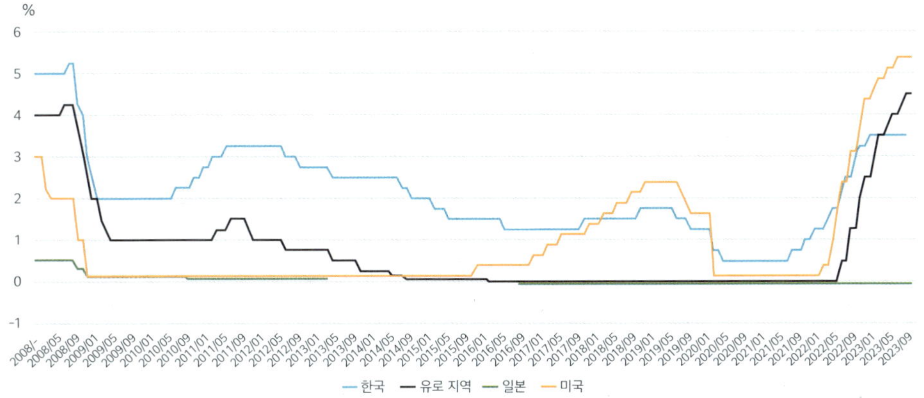

출처: 한국은행 경제통계시스템(http://ecos.bok.or.kr)

확대보기

미국 기준금리 인상이 우리나라 금융시장에 미치는 영향

미국 연방준비제도(Federal Reserve System)는 12개의 지역연준, 연준이사회 및 공개시장위원회로 구성된다. 이 중 공개시장위원회는 7명의 연준이사회 위원, 뉴욕연준 의장 및 투표권이 있는 4개의 지역연준 의장으로 구성되는데, 공개시장위원회(FOMC: Federal Open Market Committee)에서는 미 연준 기준금리(Fed fund rate) 목표 수준을 결정하고, 연방준비제도이사회(Federal Reserve Board)는 공개시장조작을 명령하여 미 연준 기준금리가 목표수준에서 결정될 수 있도록 한다.

만약 미국이 기준금리를 인상하면 신흥국들도 기준금리 인상 압력을 받게 된다. 신흥국과 미국의 기준금리 차이가 줄어들면 신흥국 금융시장의 매력도가 떨어지면서 외화자금이 신흥국에서 이탈할 유인이 커지기 때문이다. 이와 동시에 달러화에 대한 수요가 증가하여 신흥국 화폐가치가 떨어지면서 외국인 자본의 이탈을 가속화하고, 수입물가 상승으로 인플레이션을 촉진시키기도 한다. 신흥국 입장에서는 단기적으로 실물부문에서 수출개선 효과가 나타날 수 있으나, 금융시장 불안이 지속될 경우 장기적으로는 경제여건 악화로 이어질 수 있다.

② 시장금리

시장금리는 금융시장에서 형성되는 금리를 말한다. 금융시장은 거래되는 금융상품의 만기에 따라 단기금리와 장기금리로 나눌 수 있다. 1년 미만의 단기자금을 대상으로 금융회사나 거래금액이 크고 신용도가 높은 사람들이 거래하는 금융시장에서 결정되는 이자율이 단기금리이다. 단기금리의 예로는 금융회사 간에 자금을 빌릴 때 적용되는 콜금리, 판매자가 다시 사는 것을 전제로 한 채권 거래인 환매조건부채권(RP: Repurchasing agreement)과 무기명 예금증서인 양도성예금증서(CD: Certificate of Deposit)의 수익률 등을 들 수 있다. 한편 장기금리는 1년 이상 금융상품의 수익률이다. 1년 이상의 국공채, 회사채 그리고 금융채 등의 수익률이 대표적인 예이다.

장기금리는 현재 및 미래의 단기금리, 기간프리미엄(term premium) 등에 따라 결정된다. 즉, 장기금리는 단기금리의 합성이라고 볼 수 있다. 예를 들어, 1년물 국채를 만기까지 보유했다가 다시 매수하는 것을 다섯 번 반복하면 5년물 국채에 투자하는 것과 흡사하다. 하지만 간과하지 말아야 할 것은 장기 투자는 단기 투자를 반복하는 것보다 불확실성이나 위험이 크다는 점이다. 따라서 현재의 단기금리가 앞으로 똑같은 수준에서 유지되더라도 장기금리는 위험 프리미엄을 반영하여 그보다 높은 수준에서 형성된다고 할 수 있다.

③ 금융회사 여수신금리

은행 등 금융회사의 예금 및 대출 금리는 1980년대 말까지 대부분 정부의 규제를 받아왔으나 1990년대 들어 금리자유화가 이루어지면서 현재는 각 금융회사가 시중자금사정, 고객 신용도 등을 반영하여 자율적으로 결정하고 있다. 금융회사가 고객에게 신용을 제공할 때 적용하는 여신금리는 코픽스(Cost of Funds Index)나 CD 유통수익률과 같은 준거금리를 기준으로 차입자의 신용상태, 차입기간, 담보유무 등을 고려하여 결정된다. 한편 고객으로부터 예금을 받을 때 적용되는 수신금리는 예금의 특성, 규모, 만기 등을 종합적으로 고려하여 결정한다.

확대보기

거시경제정책과 금리

2022년 미국 연방준비제도는 유례없는 물가상승에 대응하여 '자이언트 스텝'(금리를 0.75% 인상하는 결정)을 단행하며 정책금리를 올리고 있다. 미국이 금리를 올릴 때마다, '금리역전'(미국 금리가 우리나라 금리보다 높아지는 현상)의 효과를 우려하는 목소리가 나온다. 2018년과 2019년 금리역전 때도 같은 우려가 제기되었다. 이는 금리가 역전되면 국제자본이 한국에서 빠져나갈 위험 때문이다. 우리나라 물가상승 속도도 매우 급하여 한국은행도 금리를 올리고 있지만, 금리인상이 자칫 경기에 부정적인 영향을 주거나 가계부채 부실화를 초래할 수 있는 위험도 잠재하고 있어 한국은행의 결정은 많은 관심을 받고 있다.

거시경제정책은 성장, 고용, 물가, 국제수지 등을 대상이나 목표로 하는 경제정책을 말한다. 거시경제정책은 크게 재정정책과 통화정책으로 나눈다. 재정정책은 정부가 조세나 정부지출을 바꾸는 정책으로 확장적 재정정책은 조세를 줄이거나 정부지출을 늘린다. 반면 통화정책은 중앙은행이 시중의 통화량과 이자율을 변화시키는 정책으로 '확장적' 통화정책은 통화량을 늘리고 이자율을 낮춘다. 이 두 정책이 경제에 영향을 미치는 경로는 각각 다르지만, 확장적 재정정책과 통화정책은 대체로 경기를 촉진하는 것으로 알려져 있다.

美 금리 4연속 0.75%p 인상…한국과 최대 1%p 차이

[앵커]

물가상승에 시달리고 있는 미국이 기준금리를 또다시 대폭 올렸습니다. 초유의 4연속 '자이언트 스텝'으로 한미 간 금리 격차가 더 벌어짐에 따라 우리 경제에 미칠 피해가 우려됩니다.

미국 중앙은행인 연방준비제도는 연방공개시장위원회 정례회의를 마친 뒤 0.75%p 기준금리 인상을 발표했습니다. [제롬 파월 / 미국 연방준비제도 의장 : 오늘 연방공개시장위원회는 기준금리를 0.75%p 올렸습니다. 지속적인 금리 인상이 적정 수준이기를 계속 기대합니다.]

미국 기준금리는 (현행 3.0~3.25%에서) 이제 3.75~4.0%로 올랐습니다. 한국의 기준금리 3%보다는 최대 1%p가 높아졌습니다. 가파른 금리 인상에도 물가상승이 멈추지 않자 4연속 자이언트 스텝이라는 초유의 결정이 내려졌습니다. 큰 폭의 금리 인상은 이미 예견됐던 결과입니다. 9월 소비자물가지수(CPI)가 지난해 같은 달보다 8.2%나 상승하며 공감대가 형성됐습니다. 연준은 "인플레이션이 여전히 높은 수준을 유지하고 있다"고 배경을 설명했습니다. 제롬 파월 미 연준 의장은 금리 인상은 계속 필요하지만 언젠가는 속도를 늦추는 게 적절할 것이라고 말하며 다음 달에 그렇게 할 가능성도 열어뒀습니다. [제롬 파월 / 미국 연방준비제도 의장 : 물가상승률을 2% 목표까지 끌어내릴 수 있을 정도의 금리 수준에 가까워지면 금리 인상 속도를 늦추는 것이 적절할 것입니다.] 한미 간 금리격차가 더 벌어지면서 경제적 피해도 우려됩니다. 달러 강세로 외국인 자금이 빠져나가고 원화 가치가 떨어질 가능성이 커졌고, 원화 약세는 수입 물가 상승을 부추기게 됩니다. 이에 따라 오는 24일 열리는 금융통화위원회에서 6차례 연속 기준금리가 인상될 것으로 예상됩니다.

[출처: YTN, 2022. 11. 03.]
[https://www.ytn.co.kr/_ln/0104_202211030555408585]

한국과 미국의 기준금리 (단위 : %)

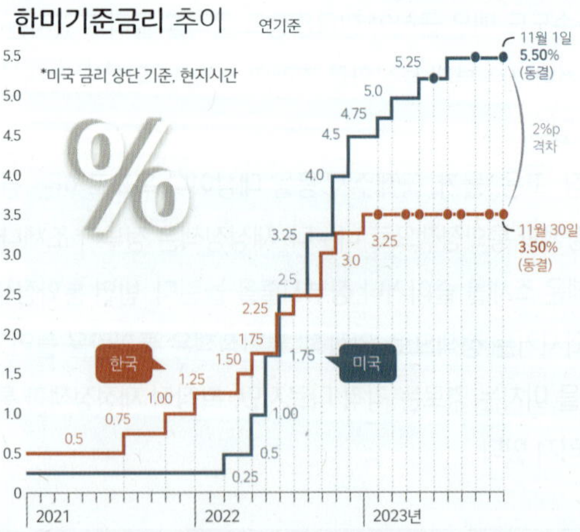

출처: 한국은행(The Bank of Korea), 연방준비제도이사회(The Federal Reserve Board of Governors)

2 환율

세계화 시대에는 국가 간 교류가 활발하여 우리 국민들도 외국으로 여행을 가기도 하고 외국인들도 한국으로 많이 여행을 온다. 또한 우리나라에 있는 많은 제조업체들이 석유 등의 원자재를 수입하여, 완제품 등 상품을 생산하고, 생산된 제품을 해외에 수출하고 있다. 이러 한 외국과의 거래에서 우리나라 화폐인 원화로는 결제가 불가능하기 때문에 국제적으로 통용될 수 있는 화폐로 결제해야 한다.

국가 간 화폐의 교환비율을 환율이라고 한다. 우리나라는 외국 화폐 1단위에 상응하는 원화 가격을 환율로 표시하는 자국통화표시법을 이용하고 있다. 예를 들어, 달러당 환율이 1,000원이라는 것은 1달러를 살 때 지불하는 가격이 1,000원이라는 것이고 유로(euro) 환율이 1,300원이라는 것은 1유로의 가격이 1,300원이라는 것을 의미한다. 외국 돈을 외국 상품과 같은 의미로 이해하면 환율은 다른 상품의 가격처럼 외국 돈 한 단위의 가격으로 이해할 수 있다. 100달러를 환전하는 것, 즉 100달러를 구입하는 것은 개당 1,000원인 상품을 100개 구입하는 것과 같은 것으로 생각할 수 있다. 환율을 표시할 때는 외국 돈 1단위당 원화의 금액으 로 표시한다. 따라서 환율의 단위는 ₩/$, ₩/€와 같은 것이 된다(예: 1,000원/달러, 1,300원/유로).

환율의 결정과 변동

환율은 우리나라 원화와 다른 통화 간의 교환비율로서 외화의 수요와 공급에 따라 외환시장에서 결정된다. 외화의 수요는 상품 및 서비스 수입, 자본유출, 내국인의 해외투자, 내국인의 해외여행 등에 의해 발생하고, 외화 공급은 상품 및 서비스 수출, 자본유입, 외국인의 국내투자, 외국인의 국내여행 등에 의해 발생한다.

먼저 외화의 공급 측면을 살펴보자. 우리나라 금리가 다른 나라에 비해 높게 상승하면 금융자산의 수익률도 높아지기 때문에 외국으로부터 자본이 유입된다. 반대로 외국 금리가 높아지면 우리나라 금융자산의 수익률이 상대적으로 낮아지기 때문에 외국으로 자본이 유출된다. 가령 미국이 금리를 인상하면 국내자본이 미국으로 이동하여 우리나라 외환시장에서 달러화 대비 환율이 상승할 수 있다. 이렇게 우리나라 외환시장에서 외화가 빠져나가면 외화의 공급 감소로 인하여 환율이 올라가게 된다.

반면 수출이 늘어나거나 외국인 관광객이 증가하는 등, 경상수지 흑자가 늘어나면 외화의 공급이 증가하므로 환율은 하락하게 된다. 실제로 우리나라 경상수지는 2012년 이후 크게 늘어났는데, 지속적인 경상수지 흑자는 환율 하락 요인으로 작용하고 있다.

환율 변동에 대한 원인을 외화의 수요 쪽에서도 설명할 수 있다. 한국의 수입 증가, 국민들의 외국여행 증가 그리고 자본의 유출이 일어나면 외화 수요가 증가하기 때문에 환율이 올라간다.

상품의 가격이 올라가면 화폐가치가 떨어지는 것처럼 환율이 상승한다는 것은 화폐, 즉 우리 돈의 가치가 떨어진다는 것을 의미한다. 따라서 환율이 상승하면 원화가치가 하락하고 반대로 환율이 하락하면 원화가치가 올라간다고 생각할 수 있다. 환율 상승을 '원화 약세'라고 하고 환율 하락을 '원화 강세'라고 이해하면 편하다. 따라서 원화가치 하락, 원화 약세, 원화 절하는 모두 우리 돈의 가치가 떨어지는 것이면서 환율이 상승한다는 것을 의미하고 상대적으로 외화의 가치는 올라간 것을 말한다. 외화의 입장에서 보면 외화가치 상승과 환율 상승은 서로 같은 방향으로 움직인다.

확대보기

변동환율제도와 고정환율제도

환율정책은 나라마다 그 결정방식이 다른데, 크게 고정환율제도와 변동환율제도로 나눌 수 있다. 우리나라는 외환시장에서의 수요와 공급에 따라 결정되는 변동환율제도를 채택하고 있다. 고정환율제도는 정부 또는 중앙 은행이 외환시장에 개입하여 환율을 일정한 수준으로 유지시키는 제도로, 우리나라는 과거에는 고정환율제도를 사용하였으나 1997년 외환위기 이후 자유변동환율제도로 변경하여 시행하고 있다. 변동환율제도는 국제수지 불균형이 발생했을 때 고정환율제도보다 빠르게 조정된다는 장점이 있어 최근에는 많은 국가들이 변동환율 제도를 택하고 있다. 변동환율제도하에서는 시장에 의한 환율 결정을 원칙으로 하지만, 대부분의 국가에서 환율의 급격한 변동으로 경제에 충격이 발생할 경우에는 외환당국이 외환시장에 참가하여 환율의 변동 속도를 조정(smoothing operation)하는 역할을 수행하고 있다.

환율의 영향

환율 변화는 경제주체들의 외화수요 또는 공급에 따라 서로 다른 영향을 미친다. 예를 들어, 환율이 상승하면 우리나라 수출품의 외화표시 가격이 하락하여 수출이 증가하지만, 동시에 수입품 가격 상승으로 수입이 감소하여 경상수지가 개선된다. 따라서 환율 상승은 수출 증대를 통해 경제성장이나 경기회복에 도움을 줄 수 있다. 흔히 불경기에서 벗어나기 위해서 이자율을 낮추는 통화정책을 사용하기도 하지만 자국 화폐 가치를 하락시키는 환율정책을 사용하기도 한다. 환율이 상승하면 국제 시장에서 수출품의 가격 경쟁력이 높아지기 때문이다.

그러나 환율 상승이 우리 경제에 반드시 유리한 것만은 아니다. 환율이 상승하면 원자재및 부품 등 수입품의 가격이 오르면서 국내 물가가 상승할 수 있기 때문이다. 또한 수입 기계류 가격도 올라서 투자비용이 상승할 수도 있다. 또한 가계의 경우에는 해외여행 비용이 상승하고, 기업의 경우에도 외화표시 부채의 상환부담이 높아질 수도 있다.

환율이 높거나 낮은 것 중 어느 것이 우리 경제에 더 유리하다거나 불리하다고 말하기는 어렵다. 그러나 환율 변동성이 높은 것은 우리 경제에 부정적인 영향을 미친다. 따라서 정책당국은 환율변동성이 높아질 때에는 외환시장 개입을 통해 환율을 안정시킨다. 예를 들면, 투기세력이 외환시장에서 외화를 대량으로 매도하거나 매수하면 환율은 크게 변동하게 된다. 이때 정책당국은 외환보유액을 이용하여 외환시장을 진정시킨다. 따라서 외환보유액은 외화 지급불능 사태에 대비할 뿐만 아니라 외환시장 교란 시 환율 안정을 위해 각국 중앙은행이 보유하고 있다.

예시) 환율변동과 상품의 가격

수입품과 수출품의 가격을 환율을 이용해 계산하여 아래의 빈칸을 채워보자. 국산품의 수출가격은 국내 가격을 환율로 나누어서 구할 수 있고 반대로 수입 상품의 국내 가격은 국제 시장 가격에 환율을 곱해서 구할 수 있다.

◉ 환율이 $1=1,200원일 때 국내 시장에서 가격이 6만 원인 상품의 수출가격은 ① 이다.
: 수출가격(달러) = 국내가격/환율 ⇒ (60,000₩)/(1,200₩/$) = $ ①

◉ 환율이 $1=1,200원일 때 국제 시장에서 $100인 상품의 국내 시장가격, 즉 수입가격은 ₩ ② 이다.
: 수입가격(원) = 국제가격×환율 = $100×1,200 ₩/$ = ₩ ②

◉ 만약 환율이 $1=1,200원에서 $1=1,250원으로 상승하면 $ ① 의 값은 $ ③ 로 바뀌고, ₩ ② 의 값은 ₩ ④ 로 바뀐다. 이렇게 환율이 상승하면 수출품의 국제시장 가격은 하락하기 때문에 수출경쟁력이 생기고 수입품의 국내가격은 상승하기 때문에 수입이 줄어들게 된다.

(정답: ① 50, ② 120,000, ③ 48, ④ 125,000)

3 주가

주식과 주식시장

주식은 주식회사가 자본금 조달을 위해 발행하는 증권으로, 주식시장은 시장경제의 꽃이라고 할 수 있다. 주식회사인 기업들은 주식시장을 통해서 대규모 자금을 조달할 수 있고 개인들은 여유자금의 투자기회를 찾을 수 있다. 주식시장이 없다면 기업들은 수많은 투자자들로부터 자금을 조달하거나 다른 기업들의 인수합병을 통하여 성장하는 기회를 가질 수 없다.

주식시장은 발행시장과 유통시장으로 구분된다. 발행시장은 기업공개(IPO)나 유상증자를 통해 주식이 발행되는 시장이고, 유통시장은 발행 이후의 거래가 일어나는 시장이다. 일반적으로 주식시장이라 하면 유통시장을 지칭한다. 우리나라의 주식 유통시장은 크게 유가증권시장(KOSPI market), 코스닥시장(KOSDAQ), 코넥스시장(KONEX)이 있다.

주가지수와 경기변동

주식시장에는 다양한 종목의 주식이 거래되기 때문에 어떤 주식은 가격이 올라가고 또 어떤 주식들은 가격이 떨어지기도 한다. 주식시장의 성과를 파악하기 위하여 평균적으로 주식 가격이 올랐는지 떨어졌는지를 판단할 수 있는 지표(index)가 필요하다. 주가지수를 작성하는 원리는 물가지수를 작성하는 것과 같다. 지수 작성의 목적에 맞추어서 특정 종목군의 주식을 대상으로 평균적으로 가격이 상승한 것인지 하락한 것인지를 판단한다.

주가지수 = 비교시점의 시가총액/기준시점의 시가총액 x 100

기업들의 영업실적이 좋아지고 경제활동이 활발해지며 사람들의 경제에 대한 신인도가 높아지면 주가지수가 상승하고 반대로 불경기나 경제에 대한 신인도가 떨어지면 주가는 하락한다. 따라서 주가지수의 변동은 경제상황을 판단하게 해주는 지표가 될 수 있다.

또한 통화 공급이 늘어나거나 이자율이 하락하는 경우에도 소비와 투자가 늘어나서 기업의 이익이 커지기 때문에 주가지수는 상승하게 된다. 외국인들의 주식시장 투자도 주가지수에 큰 영향을 미칠 수 있다. 일반적으로 한국의 주식시장에서 외국인 투자가 늘어나면 주가지수가 올라가고 반대로 외국인 투자가 감소하면 주가지수가 하락한다. 이 밖에도 주가지수는 국내의 정치상황이나 사회변동에 의해서도 큰 영향을 받게 된다.

그림 1-5 주가지수 추이와 경기 변동

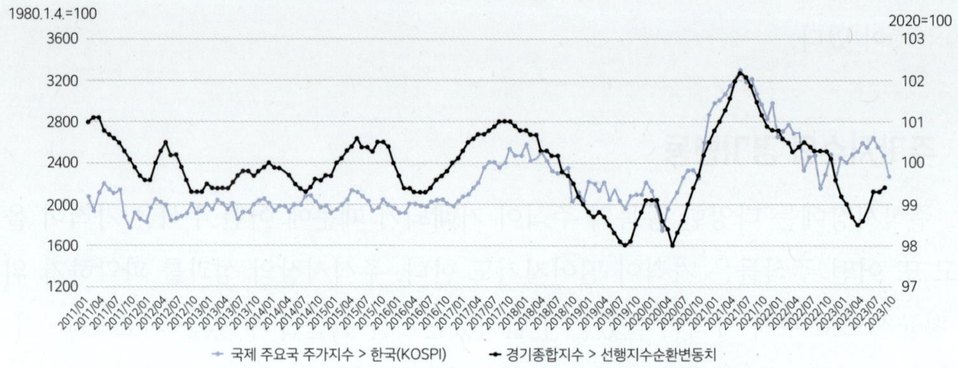

출처: 한국은행 경제통계시스템(http://ecos.bok.or.kr)

우리나라의 주가지수

코스피(KOSPI: Korea Composite Stock Price Index)는 우리나라 한국거래소(KRX: Korea Exchange) 유가증권시장에 상장되어 거래되는 주식의 시가총액을 1980년을 기준지수 100으로 했을 때와 비교한 지수이다. 현재 코스피가 2000이라고 한다면 주식의 시가총액이 1980년보다 20배로 커졌다는 것을 알 수 있다.

한편 한국거래소에서 거래되는 주식 중에서 거래량이 많고 대표성이 있는 주식 200종목을 선정하여 별도로 주가지수를 만든 것이 코스피200(KOSPI 200)이다. 이 지수는 1990년을 기준 시점으로 하여 작성된 지표이다. 코스닥(KOSDAQ Composite Index)은 코스닥시장 상장기업의 주가지수를 나타내는 것으로, 1996년에는 기준지수가 100이었지만 2004년에 기준지수를 1,000으로 변경하여 작성하고 있다.

주요국의 주가지수

18세기에 출범한 미국의 뉴욕증권거래소(NYSE: New York Stock Exchange)는 거래량이나 거래금액 면에서 전 세계에서 가장 큰 주식시장이다. 원래는 미국 기업들의 주식만 거래하였지만 지금은 외국 기업들도 상장되어 있다. 미국의 증권거래소에 상장된 기업을 대상으로 하는 지수는 다우존스 산업평균지수와 S&P500지수 등이 있다.

다우존스 산업평균지수(DJIA: Dow Jones Industrial Average)는 경제전반에 걸친 30개 대형 제조업 기업들의 주식들로 구성되어 있다. 이 지수는 단순가격평균 방식을 사용하고 있으며 세계에서 가장 오래된 주가지수이다. 한편 S&P500지수(Standard & Poor's 500 Index)는 미국의 증권거래소에 상장된 500개 대형주로 구성되며 미국 주식시장 상황을 가장 잘 반영하는 대표적인 지수이다.

미국의 산업기술주를 주로 거래하는 나스닥(NASDAQ: National Association of Securities Dealers Automated Quotation) 시장은 1971년부터 주로 정보통신과 산업 기술 관련 기업들의 주식을 전산으로 매매한다. 나스닥지수(NASDAQ Composite Index)는 나스닥 증권시장에 등록돼 있는 주식을 가중평균하여 구한 지수이다.

아시아 지역에는 일본의 니케이지수(Nikkei Stock Average Index), 홍콩의 항셍지수(Hang Seng Index), 중국의 상하이종합지수(Sanghai Composite Index) 등이 있다.

세계주가지수

세계주가지수는 글로벌 주식시장의 상황을 포괄적으로 나타내는 지수로서 MSCI와 FTSE 지수가 대표적이다. 먼저 MSCI(Morgan Stanley Capital International Index)는 미국 모건스탠리 캐피털 인터내셔널사가 작성·발표하고 있으며 지역별 지수, 산업별 지수 등 다양한 지수가 편제되고 있다. 전세계지수(ACWI: All Country World Index), 선진국지수(WI: World Index)와 신흥국지수(EMI: Emerging Markets Index) 등이 대표적인데 한국은 신흥국지수에 포함되어 있다.

FTSE지수는 FTSE(Financial Times Stock Exchange) International에서 작성·발표한다. 선진지수(Developed Index), 선진신흥지수(Advanced Emerging Index), 신흥지수(Secondary Emerging Index) 및 프런티어지수(Frontier Index)로 구분되는데 한국은 2009년부터 선진지수에 포함되어 있다.

주식시장의 다른 지표

주식시장 상황을 나타내는 지표로는 주가의 변동 상황을 보여주는 주가지수가 가장 중요한 지표이지만 주식시장의 규모나 유동성을 나타내는 다른 지표들도 있다. 주식시장에서 거래되는 주식의 수량인 거래량과 거래금액도 중요한 지표이다.

사람들이 사업실적이나 경제 전망을 낙관적으로 예상하면 주식을 사려는 사람이 늘어나서 거래량이 증가하고 주가가 상승한다. 반대로 기업의 실적이 좋지 않고 경제 상황이 비관적으로 예상되면 주식을 팔려는 사람들이 늘어날 수도 있고 주식을 사려는 사람도 줄어들어 거래량이 감소하고 주가는 하락할 수 있다.

주식시장에서는 주가가 변동하기 전에 거래량이 먼저 변하는 것이 일반적인데 거래량이 증가하면 주가가 상승하는 경향이 있고 거래량이 감소하면 주가가 하락하는 경향이 있다. 즉, 주가가 상승하는 강세장에서는 주가가 지속적으로 상승할 것으로 예상하는 매수 세력이 크게 늘어나 거래량이 증가하나 반대로 주가가 하락하는 약세장에서는 거래량이 감소하는 경향을 보인다.

거래량이나 거래금액은 단기적으로는 시장상황을 반영하는 것이지만 장기적으로는 시장 규모의 증가를 의미하기 때문에 시장 상황을 판단하기 위해서는 적절한 고려가 필요하다.

확대보기

Bull Market과 Bear Market

실업률이 낮고 물가가 안정되어 있어서 경제 상황이 좋을 때 주식시장이 장기적으로 호황을 보이는 시장을 Bull Market 또는 강세장이라고도 부른다. 반대로 주식시장이 침체되어 주가가 하락하는 추세에 있는 상황은 Bear Market 또는 약세장이라고도 한다. 이러한 용어는 두 동물이 공격할 때의 모습을 빗대어 만든 것으로 알려져 있는데, 황소는 싸울 때 뿔을 위로 치받는 반면 곰은 앞발을 위에서 아래로 내려찍기 때문이라고 한다.

▪독일 프랑크푸르트 주식시장 앞에 있는 황소와 곰 동상

4 변동성지수

금융시장의 가격은 끊임없이 변동하며 시장위험의 원천이 된다. 주식, 채권 등 금융상품의 가격이 변동하는 정도를 이용하여 미래의 불확실성을 보여주는 지표가 변동성지수(Volatility Index)이다.

이 지수는 옵션가격결정이론을 토대로 산출된다. 옵션가격을 바탕으로 옵션시장의 투자자들이 예상하는 기초자산가격(주가지수 등)의 미래 변동성을 측정하는 지수이다.

변동성지수는 일반적으로 기초자산 가격과 반대로 움직이는 경향이 있다. 주가지수 상승 시에는 변동성지수가 떨어지고, 반대로 주가지수 하락 시엔 변동성지수가 오른다. 이처럼 변동성지수의 상승은 투자자들의 불안심리가 커지는 것을 나타내기 때문에 '공포지수'로 지칭되기도 한다.

대표적인 변동성지수로 미국의 VIX와 유럽의 VSTOXX 등을 들 수 있다. VIX(Volatility Index) 는 미국 시카고 선물옵션거래소(CBOE: Chicago Board Options Exchange)에 상장되어 있는 S&P500지수 옵션가격에 내재되어 있는 향후 30일간의 변동성에 대한 기대치를 나타내는 지수이다. VSTOXX지수는 유럽의 대표 주가지수인 EuroStoxx의 변동성지수로 EuroStoxx50 지수의 옵션가격으로부터 산출된다.

학습내용정리

▶ 경제활동은 경제주체들이 재화와 서비스를 생산하고 분배하고 지출하는 활동을 말한다.

▶ 한 국가의 경제는 생산·분배·지출의 과정을 반복하며 순환한다. 생산·분배·지출과 같은 경제활동이 원활하게 일어나기 위해서는 각 경제주체 간에 일어나는 거래를 뒷받침할 수 있는 화폐의 양이 충분해야 하고 화폐의 흐름을 원활하게 해주는 금융시장이 잘발달되어 있어야 한다.

▶ 국민경제의 순환은 국내에서만 이루어지는 것은 아니다. 우리나라와 같은 개방경제는 생산, 분배, 지출 활동에 있어서 해외부문의 역할이 매우 크다. 우리나라 기업이 생산한 생산물을 외국으로 수출하고 석유, 식량, 원자재 같은 것들은 외국에서 수입하기 때문이다.

▶ 금융의 기능은 재화와 서비스 교환의 원활화, 자금중개, 위험관리 수단 제공, 투자기회 제공 등이 있다.

▶ 금리는 자금 거래를 중개하는 가격으로서 다양한 역할을 한다. 금리가 상승하면 투자나 소비가 줄어들어서 경기 과열 시에는 물가가 안정될 수 있고 외국자본의 유입이 늘어나서 환율이 하락할 수 있다.

▶ 환율은 외국 돈의 가격이면서 수출상품과 수입상품의 가격을 결정하는 요인이다. 환율(₩/$)이 상승하면 원화 가치가 하락하기 때문에 수출상품의 가격 경쟁력이 생긴다. 반대로 수입상품의 가격은 상승하여 물가 상승 압력이 생길 수 있다. 외국의 금융자산에 투자할 때는 국가 간 수익률 차이뿐만 아니라 만기 시의 환율 변동도 같이 고려해야 한다. 해외 투자의 경우에 만기에 환율이 하락하면 원화로 환산할 때 실제 수익은 감소할 수 있다.

▶ 주식 시장에서 거래되는 주식 가격을 주가라고 하는데 주식의 평균적인 가격수준을 지수화한 것이 주가지수이다. 주가지수는 주식의 평균적인 가격수준이라고 할 수 있다. 우리나라의 대표적인 주가지수에는 코스피(KOSPI)가 있다.

예시문제

서술형

1. 국민경제의 순환 과정에 대해 서술하시오.

2. 실물거래와 금융거래를 비교하시오.

3. 주가지수를 구하는 공식을 쓰시오.

빈칸 채우기

1. 경기순환에서 (　　　　)국면은 완만하고 길게 진행되는 반면, (　　　　)국면의 기간은 짧은 경향이 있다.

2. 우리가 신용카드로 물품을 구입하는 것도, 인터넷 뱅킹이나 모바일 뱅킹을 이용하여 송금하는 것도, 자동이체 서비스로 매달 아파트 관리비를 내는 것도 모두 (　　　　)을 통한 거래 행위이다.

3. 돈을 빌린 사람이 일정기간 동안 돈을 사용한 대가로 돈을 빌려준 금융회사에 지급하는 것을 (　　　　)라고 하며, 기간당 원금에 대한 이자의 비율을 이자율 또는 (　　　　)라고 한다.

O·X 문항

1. 재화와 서비스를 생산하는 주된 주체는 가계이다. ☐

2. 경제활동은 실물을 매개로 이루어진다. ☐

3. 소득의 변동성은 소비나 교육 등의 지출 행위를 크게 제약한다. ☐

02

통화제도

1 화폐
2 화폐수량설
3 인플레이션
4 화폐의 수요와 공급
5 통화정책

학습개요

화폐의 개념을 이해하고, 화폐의 기능에 대해서 알아본다. 또한 화폐의 통화량의 변화의 원인과 그에 따른 현상을 이해한다.

마지막으로 통화정책의 주체 그리고 결정요인을 알아보고 설명한다.

학습목표

- ▶ 화폐의 특성과 기능을 이해한다.
- ▶ 통화량의 개념과 그 측정 방법에 대해 설명할 수 있다.
- ▶ 인플레이션의 개념을 이해하고 특성을 설명할 수 있다.
- ▶ 화폐의 수요와 공급에 대해서 설명할 수 있다.
- ▶ 통화정책의 주체를 알고 통화정책의 수단을 이해한다.

1 화폐

인플레이션은 거시경제 운용 목표 중 하나이며 전통적 견해에 따르면 장기적으로 재화와 서비스 가격이 오르는 인플레이션은 화폐적 현상이라고 정의한다. 화폐적 현상이라는 말은 장기적으로 화폐공급의 증가가 물가상승의 주요 원인이라는 뜻이다. 특정 재화와 서비스의 가격상승이 수요증가나 공급감소에서 비롯되는 것처럼 총수요가 증가하거나 총공급이 감소하면 경제 전체의 물가 수준이 오른다. 그러나 총수요 측면의 가계소비, 기업투자, 정부지출이 계속 증가하거나, 연속적인 생산비용증가로 총공급이 무한히 감소하지는 않기 때문에 총수요·총공급의 움직임이 인플레이션의 장기적 설명요소라고 보기는 어렵다. 반면 화폐는 중앙은행에 의해 장기적으로 확대공급이 가능하다. 즉, 물가가 올랐다면 화폐공급이 늘어 화폐가치가 떨어졌고 상대적으로 재화와 서비스는 귀중해져 물가가 올랐다고 볼 수 있다. 거시경제 운용 목표 중 하나로서 채택될 만큼 중요한 인플레이션이 화폐적인 현상이라면 화폐공급을 관리하거나 조절하는 통화제도와 통화정책도 그에 버금가는 중요성을 가진다고 볼 수 있다.

화폐의 기능

인류가 자급자족으로부터 벗어나 생산물을 다른 재화와 서비스로 교환하지 않으면 안되게 되면서 거래수단이 필요하게 되었다. 기록에 의하면 인류는 물물교환(barter) 같은 원시적인 거래방법으로 시작해 금이나 은 등의 귀금속을 거래수단으로 사용하다 지금은 중앙은행이 발행하는 법정화폐(fiat money)를 사용하고 있다. 법정화폐는 법에 의거하여 정부가 보증하는 화폐이다. 만 원짜리 지폐가 단순히 종이 한 조각이 아니고 재화와 서비스로 교환이 가능하도록 정부가 보증하기 때문에 사람들이 믿고 사용하는 것이다.

가상화폐

최근에 등장한 가상화폐(또는 암호화폐)는 법정화폐가 아니므로 정부가 보증하지 않는다. 그러나 발행방법의 기술적 특수성과 가상화폐가 자산적 가치가 있다고 보는 견해 때문에 단기간에 많은 사람들에게 관심을 받아 가격이 폭등하기도 하였다. 일부 기업들은 가상화폐를 거래수단으로 채택하고 있지만, 가상화폐가 광범위하게 사용될지는 지켜보아야 할 것이다.

그림 2-1 비트코인 가격

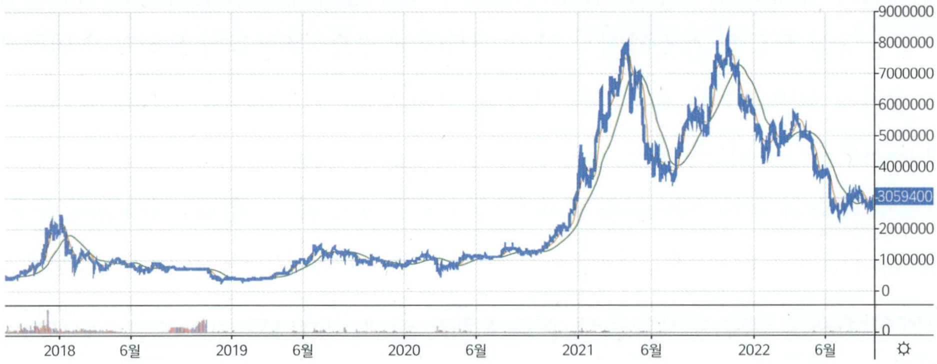

화폐는 거래의 성립을 위해 누가 발명한지도 모를 만큼 자연스럽게 탄생된 것으로 보통 재화와 서비스 거래의 지불수단으로 정의한다. 화폐는 다음과 같은 세 가지 기능을 가지고 있다.

① 교환의 매개(medium of exchange)

② 가치의 저장(store of value)

③ 가치의 척도(unit of account)

첫째, 화폐는 재화와 서비스로 교환할 수 있으므로 교환의 매개 기능을 가지고 있다. 두 번째 화폐의 기능은 가치의 저장 수단이다. 때로는 재화와 서비스를 보유하는 것이 어려울 때가 있다. 예를 들어 오래 보존이 어려운 농수산물은 시간이 가면서 가치가 내려간다. 그러나 농수산물을 팔아 화폐로 보존하고 있으면 그 가치는 보존된다. 마지막 화폐의 기능은 가치의 척도이다. 화폐가 없어서 모든 재화와 서비스를 물물교환으로 거래한다고 가정해 보자. 자동차 한 대를 쌀로 교환하면 몇 포대의 가치가 있을까? 학교 갈 때 이용하는 지하철은 몇 시간의 편의점 근무와 같은 가치를 가질까? 화폐가 없어 모든 교환비율을 계산해야 한다면 생각만 해도 머리가 아프다. 화폐가 있기 때문에 재화와 서비스의 시장가치를 쉽게 계산할 수 있다.

통화량

통화량(money supply)은 시중에 유통되는 화폐 혹은 돈의 양이다. 통화량은 어떻게 측정할까? 언제인지 모르지만 최초 시점으로 거슬러 올라가면 중앙은행이 지폐와 동전을 준비하여 시중으로 내보내기 시작했을 것이다. 그때부터 풀린 돈은 사람들의 용도와 목적에 따라 지갑 속이나 각종 금융계좌에 도착하고 머물게 되었다. 미래의 경제적 어려움에 대한 대비, 자산을 불리기 위한 투자, 재화와 서비스 거래를 위한 지불 등 화폐를 보유하는 목적은 다양하다. 이런 목적을 생각해 보면 통화량에 무엇이 포함될지 쉽게 알 수 있다.

첫째, 현금이다. 현금을 호주머니에 가지고 있다가 가치가 늘어나는 것은 아니지만 혹시 카드 사용이 어려울 수 있으니 일단 보유한다. 사람들이 일상적인 필요 때문에 현금을 보유하므로 시중에 풀린 돈 중에 현금이 가장 먼저 머릿속에 떠오른다.

둘째, 요구불예금이다. 현금과 비슷한 성격을 가진 지불수단이다. 많은 사람이 입출금이 자유로운 예금통장에 돈을 예치해 놓고 사용한다. 이런 예금을 요구불예금이라고 하는데 요구불예금 통장에 잔액이 있으면 수표를 발행하여 재화와 서비스를 구매할 수 있다. 집이나 자동차를 살 때처럼 거래금액이 클 때 용이하다. 장거리 여행을 할 때도 현금 대신 여행자 수표를 쓰면 편리하다.

셋째, 요구불예금 이외에 수많은 다른 계좌들도 포함된다. 예를 들어, 저축성예금,

Money Market Mutual Fund(시장금리에 따라 이자가 지급되는 금융상품) 등이 있다.

현금, 요구불예금, 여행자수표를 합하여 M1이라 부르고, M!에 저축성예금, 정기예금, Money Market Mutual Fund 등을 추가하여 M2라고 칭한다. M2(광의통화량)는 현금, 예금, 적금, 주식, 채권 등의 형태로 표현되는 현재 유통 중이거나 은행에 예치된 국내 통화량의 총합을 의미한다.

M2를 통화공급(money supply)이란 말로 대신하기도 하는데 이는 중앙은행과 시중은행이 공급한 돈이란 의미다.

따라서 M2는 경제의 유동성을 나타낸다.

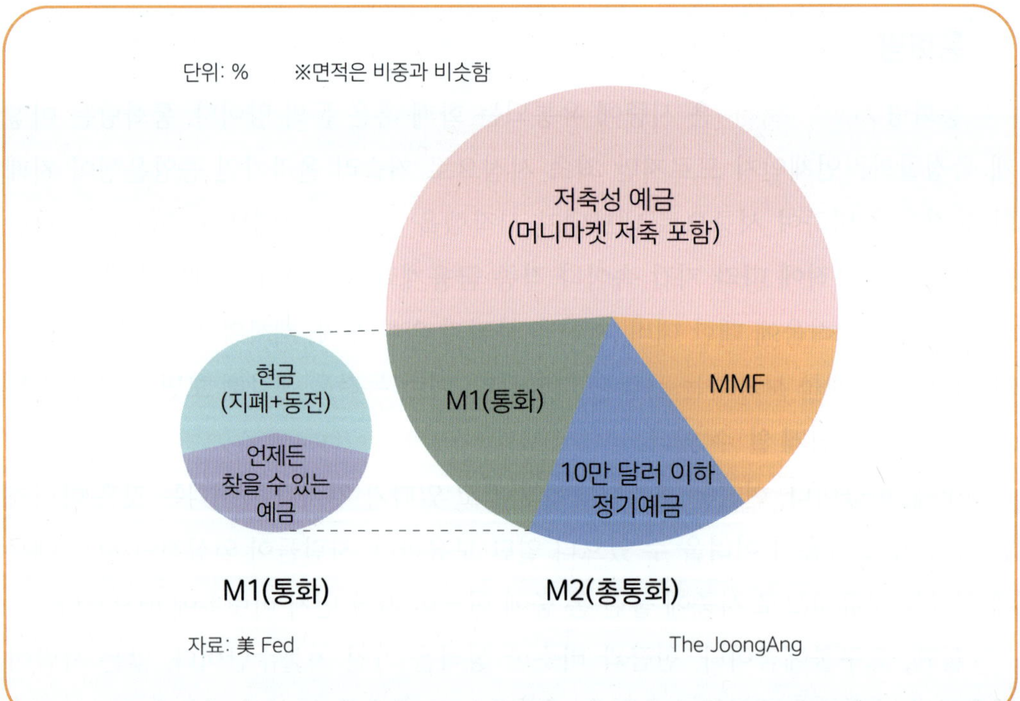

* M1 = 현금 + 요구불예금 + 여행자수표

* M2 = M1 + 저축성예금 + 정기예금 + Money Market Mutual Fund

• GDP 증가율 대비 M2 초과 증가율(M2 growth - Nominal GDP growth)

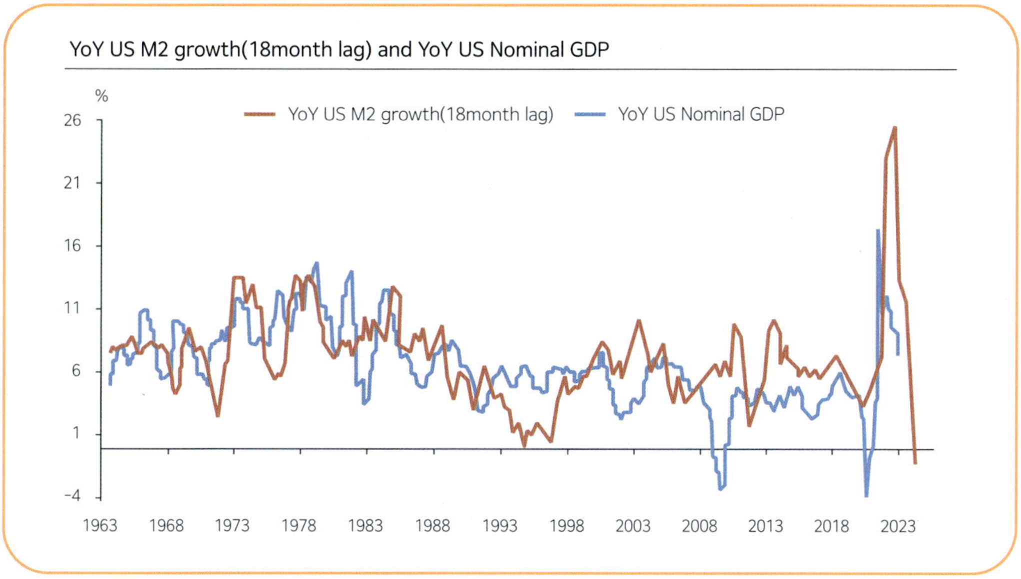

위 그림은 M2 증가율 대비 명목 GDP를 나타낸 것이다.

명목 GDP로 측정한 국가 경제 대비 MW가 얼마나 더 풀렸는가를 확인할 수 있는 지표로 단순한 M2 증가율보다 증시와 연관성이 더 높다.

GDP 증가율보다 M2 증가율이 줄어들게 되면, 예를 들어 GDP가 5% 증가했는데 M2가 3% 증가했다면 GDP 증가율보다 낮은 수준으로 시중에 돈이 공급되고 있다는 뜻이다.

반대로 GDP 증가율보다 M2 증가율이 늘어나게 되면 M2가 초과공급된 만큼을 초과 유동성으로 볼 수 있다.

확대보기

물물교환의 최초 기록은 이집트에서 발견되었고 양, 소, 곡식 등이 물물교환의 대상이었다고 한다. 화폐는 언제쯤 사용되기 시작했을까? 기원전 600년 경 지금은 터키 영토에 자리했던 리디아라는 국가의 왕 알리아테스가 최초의 법정통화로 동전을 주조했던 것으로 알려져 있다. 지폐는 기원후 1661년 경 스웨덴에서 발권되기 시작했고 신용카드는 1946년에 처음 발행되었다. 그리고 처음 송금이 시작된 시기는 기원후 1860년 경 'Wester Union'이 전보 서비스를 시작하면서다. 현재는 가상화폐가 거래수단으로 등장했고 중국을 비롯한 일부 국가는 자국통화의 가상화폐도입을 공식화했다.

2 화폐수량설

통화량/ 명목 GDP의 일정한 것과 깊은 관련이 있는 화폐이론이 있다. 바로 고전학파의 화폐수량설(Quantity Theory of Money)인데 화폐 수요가 안정적이라면 인플레이션율은 통화량 증가율과 경제성장률(실질GDP 성장률)의 차이가 된다는 것이 이 이론의 핵심이다.

화폐수량설을 이해하기 위해 명목 GDP와 실질G DP의 차이점을 기억해 보자. 명목 GDP는 당해 연도에 생산된 재화와 서비스량에 당해 연도 가격을 곱한 수치이다. 커피와 라면만 생산하는 경제의 명목GDP는 다음과 같이 계산된다.

명목 GDP

2020년 명목 GDP = 커피의 2020년 생산량 X 커피의 2020년 가격
+ 라면의 2020년 생산량 X 라면의 2020년 가격

2021년 명목 GDP = 커피의 2021년 생산량 X 커피의 2021년 가격
+ 라면의 2021년 생산량 X 라면의 2021년 가격

2022년 명목 GDP = 커피의 2022년 생산량 X 커피의 2022년 가격
+ 라면의 2022년 생산량 X 라면의 2022년 가격

명목 GDP는 매우 직관적인 생산지표이지만 한 가지 문제점이 있다. 만약 명목 GDP가 상승했다면 생산량은 그대로인데 가격이 올라서 상승한 것인지 알 수가 없다는 점이다. 명목 GDP가 감소할 때도 역시 같은 현상이 발생한다.

반면 실질 GDP는 이 문제로부터 자유롭다. 2020년이 가격 기준연도면 2020년, 2021년, 2022년 실질 GDP는 다음과 같이 계산한다.

실질 GDP

2020년 실질 GDP = 커피의 2020년 생산량 X 커피의 2020년 가격
+ 라면의 2020년 생산량 X 라면의 2020년 가격

2021년 실질 GDP = 커피의 2021년 생산량 X 커피의 2020년 가격
+ 라면의 2021년 생산량 X 라면의 2020년 가격

2022년 실질 GDP = 커피의 2022년 생산량 X 커피의 2020년 가격
+ 라면의 2022년 생산량 X 라면의 2020년 가격

실질 GDP는 고정된 가격을 사용하기 때문에 가격변화의 영향 없이 생산량 변화만을 반영하므로 실질 GDP를 사용하면 경제의 생산능력이 실제로 얼마나 변화했는지 볼 수 있다. 올해 실질 GDP가 작년에 비해 1% 증가했다면 그것은 오직 생산량이 1% 증가했기 때문이다. 요약하면 명목 GDP에는 생산량의 변화와 가격의 변화가 모두 반영되고 실질 GDP에는 생산량 변화만 반영된다.

명목 GDP ⊃ 격변화 + 생산량변화

실질 GDP ⊃ 산량 변화

위 식들을 변화율로 나타내면 명목 GDP 성장률은 가격변화율인 인플레이션율과 생산량 변화율인 실질 GDP 성장률의 합이 되고 인플레이션율은 명목 GDP와 실질 GDP의 차분과 같다는 것을 알 수 있다.

명목 GDP 성장률 = 인플레이션율 + 실질 GDP 성장률

인플레이션율 = 명목 GDP 성장률 - 실질 GDP 성장률

이제 인플레이션, 명목 GDP 성장률, 실질 GDP 성장률 간의 관계에서 통화량/명목 GDP는 시간이 흘러도 대체로 일정함을 유지한다. 이는 사람들이 소득 중 일부를 통화량으로 보유하는 성향이 장기적으로 크게 변하지 않는 것과 비슷한 맥락에서 이해할 수 있다. 그리고 통화량/명목 GDP는 분수라는 점을 생각해 보자. 분수가 증감하지 않고 일정하려면 분자와 분모의 변화율이 같아야 한다. 가령, 분자가 5% 증가하는데 분모가 1% 증가하면 분수는 증가하게 된다. 그러므로 통화량과 명목 GDP

의 변화율은 같다고 볼 수 있다.

통화량 증가율 = 명목 GDP 성장률

이 식을 위에 도출한 인플레이션 식(인플레이션율 = 명목 GDP 성장률 - 실질 GDP 성장률)에 대입하면 아래의 식을 얻을 수 있다.

인플레이션 = 통화량 증가율 - 실질 GDP 성장률

인플레이션율은 통화량 증가율에서 실질 GDP 성장률을 뺀 값이어서 통화량 증가율과 실질 GDP 성장률의 괴에 따라 변하게 된다. 통화량 증가율이 실질 GDP 성장률보다 높으면 인플레이션이 발생하고 반대의 경우 인플레이션은 0보다 작게 되어 물가는 하락한다.

화폐유통속도

통화량/명목 GDP의 역수를 취한 값을 화폐의 유통속도(verlocity of money)라고 하는데 화폐수량설을 화폐의 유통속도 중심으로 설명할 수도 있다. 수식으로 표현하면 명목 GDP는 가격(P)에 생산량(Y)을 곱한 수이다. 통화량/명목 GDP의 역수를 만들기 위해 명목 GDP(PY)를 통화량(M)으로 나누면 바로 화폐유통속도(V)가 된다.

$$V = \frac{(PY)}{M}$$

화폐유통속도는 거래를 통해 화폐가 나의 호주머니에서 다른 사람의 호주머니로 이동하고 거기서 또 다른 사람의 호주머니로 움직이는 속도를 측정한다. 예를 들어, 라면만 생산하는 경제에서 라면 가격(P)은 1,000원, 라면 생산량(Y)은 10개라고 하자. 라면 매출액은 10,000원 임을 알 수 있는데 이것을 명목 GDP로 보면 된다. 중앙은행에서 통화(M)을 2,000원 공급했다면 유통속도(V)는 5이다.

$$V = \frac{(PY)}{M} = \frac{(1{,}000 \times 10)}{2{,}000} = 5$$

시중에서 사람들이 사용할 수 있는 화폐량이 2,000원이기 때문에 2,000원이 5번 반복 사용되어 경제 전체의 라면 매출이 10,000원 만큼 발생했다는 뜻이다. 유통속도식 양변에 M을 곱하여 아래와 같이 표현하여 화폐수량방정식이라고 부른다.

$$MV = PY$$

이 식의 시사점은 다음과 같다. 통화량/명목 GDP의 자료가 시간에 따라 안정적임을 상기하면 그의 역수인 화폐유통속도(V)도 안정적이라고 볼 수 있다. 그렇다면 통화량(M)과 명목 GDP(PY)의 변화율은 같게 되고 중앙은행의 통화정책에 따라 통화량이 변하면 명목 GDP도 같은 비율로 변하게 된다. 따라서 화폐유통속도(V)가 일정하다면 중앙은행이 통화량(M)을 늘릴 때 생산량(Y)이 변하지 않고 오로지 물가(P)만 오른다. 즉, 물가는 화폐에 의존한다는 뜻이다.

이 논리는 밀튼 프리드만을 위시한 고전학파의 주장인데, 이들은 통화량(M)이 늘어날 때 생산량(Y)이 변하지 않는 이유를 다음과 같이 주장했다. 고전학파 경제학자들은 경제변수를 화폐 단위로 측정되는 물가, 임금, 명목 GDP 등의 명목변수(nominal variables)와 실물 단위로 측정되는 실질 GDP, 고용, 실질소비, 실질이자율 등의 실질변수(real variables)로 구분했다. 예를 들어, 라면 매출 10,000원은 명목변수이고 라면 생산량 10개는 실질변수이다. 실질변수는 가격의 영향을 받지 않는다. 이 구분을 **고전학파의 이분법**(classical dichotomy)이라고 한다. 고전학파는 통화량이 변화하면 화폐 단위로 측정되는 명목변수들은 영향을 받지만, 실질변수들은 통화량 변화의 영향을 받지 않는다고 보았다. 이 주장을 **화폐의 중립성**(neutrality of money)이라고 부른다. 역시 실질변수인 생산량(Y)도 생산요소투입에 따라 변할 뿐 통화량(M)과 무관하다고 가정할 수 있기 때문에 화폐수량설에서 통화량(M)이 늘 때 생산량(Y)은 변하지 않고 물가(P)만 오른다고 볼 수 있는 것이다.

그림 2-2 우리나라의 화폐 유통속도

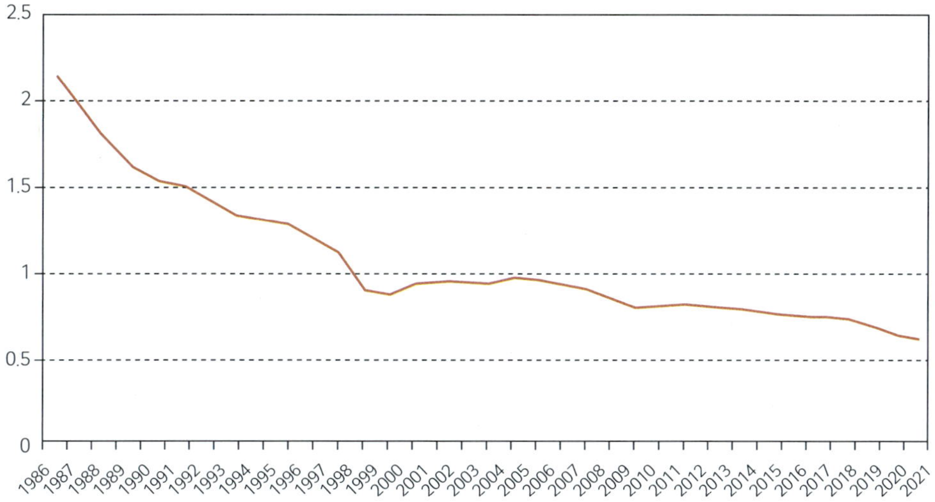

출처: 한국은행

3 인플레이션

화폐수량설은 통화량과 인플레이션이 밀접한 관계를 가지며 구체적으로 통화량 증가율이 실질 GDP 성장률보다 높을 때 인플레이션이 발생한다고 시사한다. 이 시사점은 다수의 연구를 통해 (특히 장기에) 타당한 것으로 밝혀졌다.

그런데 때로는 갑자기 매우 높은 인플레이션을 겪는 나라들이 나타나기도 한다. 이런 현상을 하이퍼인플레이션(Hyperinflation)이라고 하는데 일반적인 정의는 물가가 3년 이내에 두 배 이상으로 오르는 경우이다. 역사적으로 독일, 오스트리아, 중국, 아르헨티나, 볼리비아 등이 하이퍼인플레이션을 경험하였고 최근에는 이란, 베네수엘라에서 발생했다.

하이퍼인플레이션을 경험한 국가들을 살펴보면 재정적자에 대규모 통화발행으로 대응한 공통점이 있다. 역시 인플레이션과 통화량 사이의 관계를 보여주는 사례이다. 또한 통화량을 적절하게 관리하지 못하면 인플레이션 때문에 경제적 후생이 후퇴할 수 있다. 그럼 구체적으로 인플레이션은 어떤 비용을 초래할까?

확대보기

하이퍼인플레이션

1920년대 1차 세계대전 이후 연합국은 독일 에 막대한 배상금을 요구했고 독일은 당시 자국 통화였던 마르크화를 발행해 외화나 금으로 바꾸어 배상금을 지불하였다. 화폐 발행이 반복되자 국제 금융시장에서 마르크화의 가치는 폭락했고 독일은 배상금을 갚을 수 없게 된다.

프랑스는 보복 조치로 독일영토 일부를 장악 했고 그 지역의 독일 노동자들이 파업을 일으켜 경제 상황은 더 어려워졌다. 그러나 독일 정부는 마르크화 발행을 멈추지 않았고 급기야 1923년 11월에는 미화 1달러 가치가 마르크화로 약 4조 2천억까지 가게 된다. 이 과정에서 독일 물가는 5,000억 배 이상 올랐다. 가장 최근의 하이퍼인플레이션 사례로 거론되는 베네수엘라도 기록적인 물가상승률을 경험했다. 2018년 국제 통화기금(International Monetary Fund)은 베네수엘라의 인플레이션을 백만 퍼센트로 추정했다. 물가가 너무 빨리 올라 상인들이 아예 가격표를 사용하지 않기도 했다. 베네수엘라는 세계에서 가장 큰 원유 생산국 중 하나이다. 그런데 유가가 급락하면서 원유생산에 의지하던 경제구조가 큰 타격을 받았고 대응책으로 통화발행을 통해 재정을 간신히 유지해 나갔다. 결과적으로 하이퍼인플레이션이 발생하여 국민 후생이 크게 훼손되었다.

인플레이션의 비용

먼저 염두에 두어야 할 것은 현실에서 모든 재화와 서비스의 가격이 동시에 같은 정도로 변화하는 경우는 드물다는 점이다. 만약 그렇다면 인플레이션은 큰 걱정거리가 아닐 수도 있다. 모든 재화와 서비스 가격이 10% 오르고 노동자의 임금도 똑같이 10% 오른다면 노동자의 후생은 변하지 않기 때문이다. 그러나 임금은 고용계약에 따라 정해지므로 단기에는 고정되어 있다. 임금이 고정된 동안 물가가 오르면 노동자는 손해를 보고 고용주는 물가에 비해 저렴한 임금을 지불하므로 이익을 본다. 계층마다 인플레이션 때문에 경험하는 후생의 변화도 다르다. 임금은 일정한데 부유층이 소비하는 고급승용차나 골프채 같은 사치재는 1% 오르고 저소득층이 소비하는 쌀이나 라면 가격이 5% 오르면 저소득층이 더 많은 피해를 보게 된다. 실질 이자율도 인플레이션과 관련이 깊다. 은행에서 대출을 받은 채무자는 인플레이션이 높으면 낮은 실질 이자율을 지불하게 되므로 이익을 보고 반대로 은행은 손해를 본다. 이 때문에 고용계약, 연금계약, 대출계약 등이 물가상승과 연동되어 있는 경우가 많다.

임금과 물가가 똑같이 올라도 인플레이션은 그 자체로 사회적 비용을 초래할 수 있다. 첫째, **메뉴비용이다**. 물가가 빨리 상승할 때는 생산자가 재화와 서비스의 가격표를 자주 바꾸어야 한다. 가격을 지우고 새로 쓰거나 새로운 가격표를 주문해야 되기 때문에 가격표를 바꾸는데 돈이 든다. 가격을 바꾸는 데 따른 거래 상대방의 불만을 해결해야 하는 부담도 메뉴비용에 포함된다. 위에 언급했던 베네수엘라 사례처럼 인플레이션이 극심하여 메뉴비용이 높을 때 생산자가 아예 가격표시를 포기할 정도로 메뉴비용은 무시할 수 없는 사회적 비용이다.

둘째, **구두창비용**(shoe leather costs)이다. 여러분은 물가가 빨리 상승할 때 화폐를 보유하고 싶은가 아니면 재화와 서비스를 보유하고 싶은가? 인플레이션이 높을 때는 화폐가치가 하락하고 재화와 서비스는 비싸지고 있으니 화폐를 보유할 이유가 없다. 커피와 라면 가격이 천정부지로 오르고 있다면 누구나 빨리 주머니에 있는 현금을 커피와 라면으로 바꿀 것이다. 그런데 이 과정에서 화폐를 재화와 서비스로 바꾸기 위해 상점에까지 가야 되고 현금이 은행에 예치되어 있다면 먼저 은행에 가서 화폐를 출금해야 된다. 이렇게 현금 보유를 줄이기 위해서 은행에 자주 드나들며 시간과 노력 등 거래 비용이 드는데 이것을 구두창비용이라고 한다. 은행에 가느라 구두가 닳아 해어지는 것을 비유한 용어이다.

셋째, **상대가격의 왜곡**이다. 어떤 경제에서 모든 재화와 서비스가 시장에서 응당한 가치를 인정받을 때 그 경제는 효율적이라고 말할 수 있다. 제 가치보다 저렴하게 가격이 매겨진 재화와 서비스를 생산자가 계속 공급할 리가 없기 때문에 그런 재화와 서비스의 공급은 감소한다. 반대로 제 가치보다 비싸게 매겨진 재화와 서비스는 소비자들이 구매하지 않아 수요가 감소할 것이다. 결국 모든 가격은 제값을 찾아가게 될 수밖에 없지만, 일시적으로 인플레이션 때문에 가격조정이 지연되거나 방해를 받는다면 비효율이 발생한다. 현실에서 가격조정이 동시다발적으로 이루어지는 경우는 드물어 똑같은 재회와 서비스라도 가격이 정확히 똑같이 오르거나 내리지는 않기 때문이다.

예를 들어, 먹도날과 버거왕이라는 두 개의 햄버거 가게가 있다고 하자. 이름만 다를 뿐 맛과 재료는 똑같으므로 먹도날과 버거왕 버거 가격은 둘 다 5,000원이다. 그런데, 갑자기 극심한 인플레이션이 발생하여 생산비가 두 배로 증가했다. 먹도날은 전 직원에게 SNS로 가격 인상을 통보하여 바로 가격을 10,000원으로 올렸다. 하지만, 버거왕 직원들은 보통 우편으로 교신하므로 바로 가격을 올리지 못했다. 버거왕 햄버거를 좋아하는 사람은 행복할지 모르지만, 경제 전체적으로는 불행한 일이다. 왜냐하면, 버거왕은 손실을 감수하고 버거를 팔아야 하고 먹도날은 버거왕보다 비싼 가격을 매겨 매출이 줄어들 것이기 때문이다. 시간이 지나면서 두 회사의 버거가격은 수렴하겠지만 일시적이나마 인플레이션이 비효율을 발생시켰다.

넷째, **조세 왜곡**이 초래된다. 인플레이션이 조세에 영향을 주어 사람들의 행동을 변화시키는 경우가 많다. 예를 들어 은행에 현금을 예치하면 이자가 발생하고 정부는 이자소득에 대해 세금을 징수한다. 그런데 인플레이션이 높으면 세후 실질이자율은 낮아지므로 투자자는 손해를 본다. 한국과 미국의 실질이자율이 똑같이 5%이고 두 나라 모두 이자소득에 대해 15%를 과세한다고 하자. 한국에서는 물가가 오르지 않았고 미국에서 5% 올랐다면 명목이자율은 각각 5%와 10%이다.[1] 세후 명목이자율은 얼마인가? 한국의 경우 5%×(1-0.15)=4.25% 미국은 10%×(1-0.15)=8.5%이다. 세후 명목이 자율에서 인플레이션을 빼면 세후 실질이자율이 나온다. 한국은 4.25%-0%=4.25% 미국은 8.5%-5%=3.5%이다. 조세 때문에 한국에서 실질 이자율이 5%에서 4.25%로 다소 감소했으나 미국에서는 인플레이션의 효과로 5% 에서 3.5%로 더 많이 감소했다. 이렇게 되면 상대적으로 미국에서 저축에 대한 투자유인이 약해져 미국 투자자들은 저축을 줄일 것이다.

다섯째, **정책비용**이다. 민주주의 제도를 채택하고 있는 나라에서 인플레이션은 가격통제에 대한 명분을 제공하기도 한다. 물가가 급격히 오르면 정치인들은 유권자의 눈치를 보느라 최저임금인상이나 전기세 인상금지 같은 가격통제정책을 실행한다. 이 때문에 유권자의 후생은 오히려 후퇴할 수 있다.

이 밖에 인플레이션이 야기하는 문제는 많이 있다. 인플레이션은 능력이나 노력과 무관하게 화폐 보유자로부터 재화와 서비스 보유자로 부를 이전시키거나 인플레이션의 변동성이 높으면 채권자와 채무자 사이에 적정한 이자율을 책정하기가 어렵게 만드는 등 수많은 사회적 비용을 초래한다. 따라서 인플레이션 관리자인 중앙은행의 통화정책이 중요하다.

1 명목이자율 = 실질이자율 + 인플레이션

4 화폐의 수요와 공급

통화정책을 공부하기 전에 통화정책의 대상인 화폐시장에 대해서 생각해 보자. 화폐시장도 수요·공급 틀을 응용하면 된다. 재화와 서비스 수요·공급 그래프처럼 x축에는 양, 즉 통화량을 표시한다. y축에는 가격의 역할을 하는 변수를 넣어야 한다. 화폐의 가격은 무엇일까?

고전학파는 화폐 수요가 소득에 의해 결정된다고 보았다. 그러나 케인즈는 화폐가 가진 유동성이라는 특성에 주목했다. 케인즈는 사람들이 재화와 서비스를 취득하기 위한 거래적 동기, 돌발적으로 발생할 비용에 대한 예비적 동기 자산을 사고팔아 이익을 남기기 위한 투기적 동기로 유동성을 확보하기 위하여 화폐를 보유한다고 생각했다. 자산의 형태에는 부동산, 주식, 채권 등 많은 종류가 있는데 화폐는 환금성이 높아 유동성 자산이라고 불린다. 화폐는 재화나 서비스뿐만 아니라 다른 자산으로 바꾸기 쉽다. 반면 부동산을 사거나 팔려면 시간도 많이 걸리고 거래 비용도 만만치 않다. 하지만 화폐를 보유하면 부동산 임대료 같은 수익은 포기해야 한다. 케인즈는 이점에 착안해 **이자율이 화폐 보유의 기회비용**이라고 보았다.

재화와 서비스 수요곡선의 기울기가 우하향하다는 점을 생각해 보자. 재화와 서비스 가격이 낮(높)으면 재화와 서비스 수요량이 높(낮)듯이 이자율이 낮(높)으면 채권 같은 비화폐 자산을 보유할 유인이 약(강)해져 상대적으로 화폐 수요량은 높(낮)아진다. 따라서 이자율은 화폐 수요·공급 곡선에서 가격과 같은 역할을 한다.

따라서 [그림 2-3]처럼 화폐수요곡선을 우하향하는 기울기를 가진 재화와 서비스 수요곡선처럼 그리면 된다. 그러나 화폐공급곡선은 재화와 서비스 공급곡선과 다르다. 중앙은행이 정책적 필요에 따라 통화량을 조절하기 때문에 화폐공급은 이자율과 무관하다. 그래서 [그림 2-3]처럼 화폐공급곡선은 수직선으로 그려야 한다. 화폐 수요·공급곡선이 만나는 점에서 화폐시장의 균형이 발생한다. 케인즈는 화폐 수요가 유동성 선호에 의해 결정되고 화폐 수요와 공급에 따라 이자율이 결정된다고 보았다. 이를 유동성 선호이론(Theory of Liquidity Preference)이라고 한다.

재화와 서비스 수요곡선처럼 화폐수요곡선도 이동할까? 화폐수요곡선도 엄연히 수요곡선이니 이동한다. 화폐수요 이동에 영향을 주는 가장 중요한 요소는 물가이다. 물가가 상승하면 재화와 서비스를 거래하는데 화폐가 많이 필요하므로 주어진 이자율 수준에서 화폐 수요는 증가한다. [그림 2-4]는 물가상승으로 화폐수요곡선이 오른쪽으로 이동하여 균형이자율이 상승하는 현상이 묘사되어 있다. 반대로 물가가 하락하면 화폐수요곡선은 왼쪽으로 이동한다.

화폐공급곡선의 이동은 전적으로 중앙은행의 통화정책에 달렸다. [그림 2-5]는 경기침체에 대한 대응으로 소비와 투자를 진작시키기 위하여 중앙은행이 화폐공급을 늘린 결과 균형이자율이 하락하는 상황을 보여준다.

그림 2-3 **화폐시장의 균형**

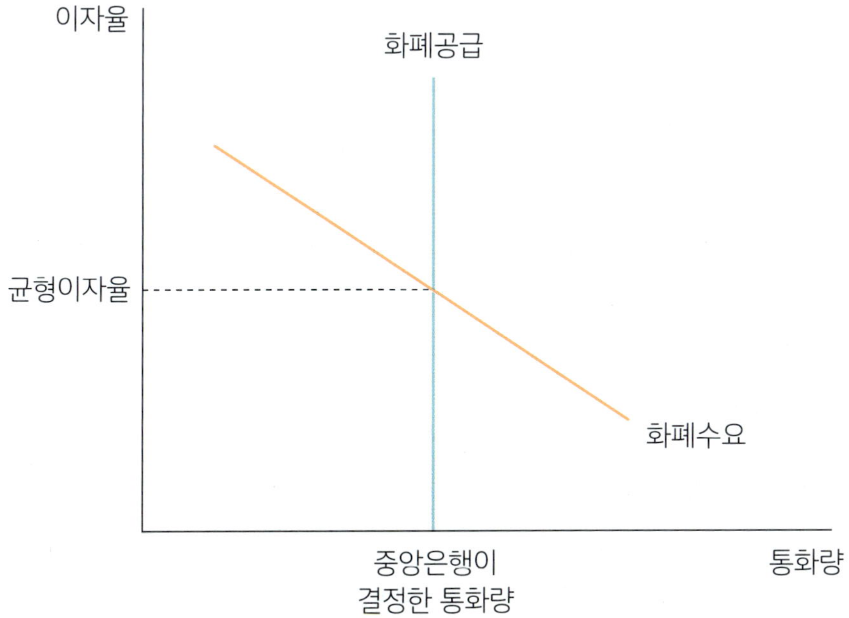

그림 2-4 화폐수요곡선의 이동

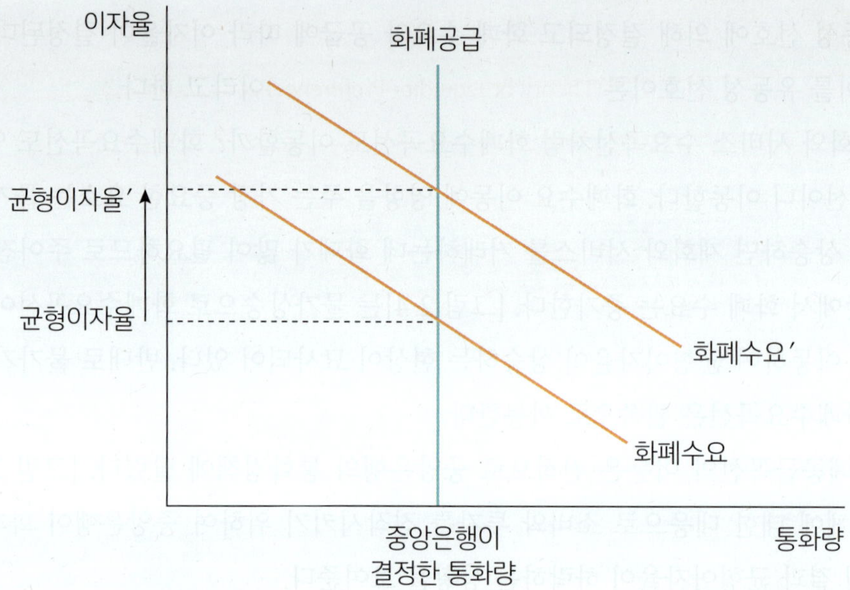

그림 2-5 화폐공급곡선의 이동

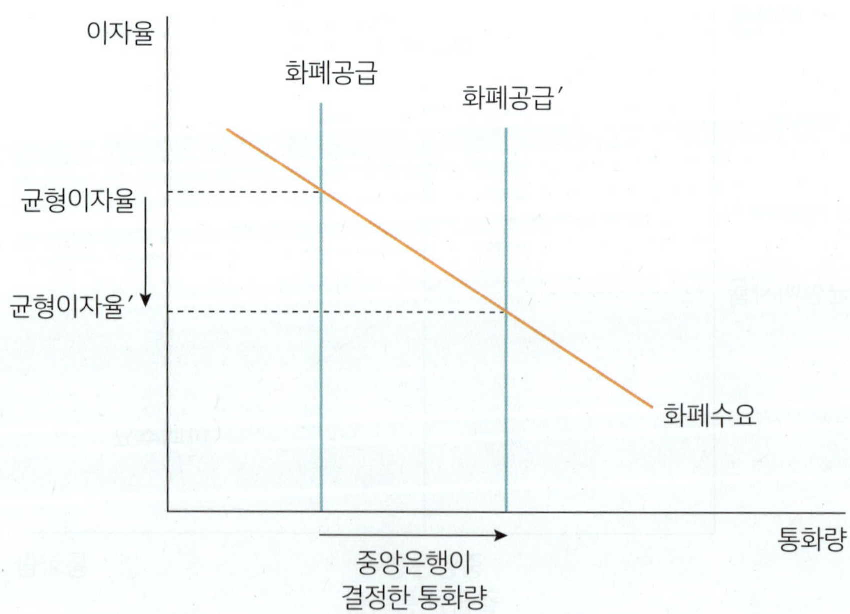

5 통화정책

통화정책의 주체는 중앙은행이다. 국가마다 다소 차이가 있지만, 중앙은행의 주요 업무는 화폐 발행, 통화정책, 금융안정을 위한 금융기관 건전성의 관리·감독 등이다.

미국의 중앙은행은 '은행'이라 부르지 않고 '연방준비제도'(Federal Reserve System)라고 부르는데 이는 미국 금융산업의 특이한 역사 때문이다. 자유를 추구하며 영국으로부터 독립한 역사를 갖고 있는 미국인들에게 중앙은행을 중심으로 금융 권력이 집중된다는 것은 불편한 일이었다. 게다가 농업 중심의 경제에 익숙한 남부인들은 상업이 발달한 뉴욕, 보스톤 등 동부지역의 은행 산업에 대한 경계심을 갖고 있었다. 그러나 미국은 1900년대 초반 반복된 경기침체, 신용 부족, 은행파산에 시달렸고 이에 대한 해결책을 찾는 과정에서 중앙은행이 아닌 연방준비제도(연준)라는 이름으로 통화정책 결정기관을 설립하였다. 연준의 설립목적은 예측 가능한 인플레이션과 지속 가능한 최대 고용 두 가지이다.

연준에 해당하는 우리나라의 중앙은행은 '한국은행'(한은)이다. 한국은행의 가장 중요한 업무는 통화정책의 수립과 집행이고 통화정책의 목표는 물가안정이다."[2] 소비자물가 상승률 2%를 중기간 물가안정 목표 기준으로 정하고 가급적 2%에 근접하도록 통화정책을 운용한다.

그럼 한국은행의 어떤 기구가 통화정책을 결정할까? 통화정책은 주로 장래 경제전망을 기초로 경제안정에 적정한 금리 수준을 결정하는 일이므로 정책 결정을 위해 수많은 경제 동향자료의 연구·조사가 필요하고 균형 있는 판단을 내리는 것이 중요하다. 이를 위해 무엇보다 현 재의 경제 상황 및 장래 전망에 대한 전문가적 시각과

2 미국과는 달리 최내고용은 한국은행의 정책목표에서 명시적으로는 빠져있다.

정책대안에 대한 다양한 견해가 반영되도록 정부, 경제 단체, 금융계 등 각계의 추천을 받은 7인의 경제전문가들이 의사결정기구를 구성한다. 이런 목적을 가지고 한국은행의 통화정책에 관한 주요 사항을 심의하고 의결하는 기구를 금융통화위원회(금통위)라고 한다. '금통위는 한국은행의 운영, 은행권 발권, 지급준비율, 통화안정증권 등에 대한 사항을 결정한다.

금통위는 한국은행과 금융기관의 자금거래에 적용되는 기준금리를 정한다. 기준금리 변화는 금융기관이 취급하는 금융상품의 이자율에 반영되어 시장 이자율 결정에 영향을 주게 된다. 예를 들어 금통위가 인플레이션이 과도하게 높다고 판단하면 기준금리를 높인다. 이자율이 상승하면 가계는 저축을 늘릴 유인이 생기므로 소비를 줄이게 된다. 높은 이자율 때문에 투자비용이 늘어 기업은 투자를 꺼리게 된다. 총수요의 구성요소인 소비와 투자가 감소해 총수요가 위축되어 생산과 물가에 하방 압력이 작동한다.

확장적 통화정책으로 이자율이 낮아지면 개인은 저축에 대한 유인이 약해지고 기업은 돈을 빌릴 때 이자 부담이 줄어든다. 따라서 소비나 투자가 늘어날 수 있다. 또한 이자율이 낮아지면 자산을 운용해서 수익을 내야하는 금융회사나 여유자금이 있는 개인은 예금이나 채권처럼 이자율에 따라 수익이 나는 금융상품보다는 주식 같은 고수익-고위험 상품에 매력을 느끼게 된다. 돈이 풀리고 이자율이 떨어질 때 주가가 전반적으로 올라가는 경향이 나타나는 것은 이 때문이다. 주식시장이 활황이면 주식을 보유한 개인들의 소비가 자극되고, 기업은 주식 발행을 통해 자본을 조달하기 쉬워져 투자가 활성화 될 수 있다. 게다가 통화량이 늘면 외국통화에 비해 원화가치가 떨어 지면서 수출품 가격은 싸지고 수입품 가격은 비싸져 상대적으로 수출이 늘어 무역수지가 개선될 가능성도 높아진다. 물론 한국은행이 목표한 시점에 의도한 만큼 정확히 물가가 조정된다는 보장은 없지만, 통화정책변화는 대체로 거시경제 흐름에 영향을 준다.

확대보기

베르사유 조약과 케인즈

1919년 6월 29일 프랑스 베르사유 궁전, 제1차 세계대전을 끝낼 가장 중요한 조약이 서명된다. 바로 주요 패전국 독일에 대한 처리를 결정한 베르사유 조약이다. 제1차 세계대전은 인류 역사상 가장 큰 전쟁 중 하나로, 4년 3개월 넘게 전쟁이 계속되어 1,600만 명이 넘는 사람들이 죽었다. 독일은 전쟁을 일으킨 국가로서 가장 무거운 책임을 질 터였다.

베르사유 조약의 내용을 결정하는 데에 가장 강경한 입장을 보인 나라는 승전국 중에서도 프랑스였다. 프랑스는 독일과 직접 국경을 접하고 있어 전쟁의 피해가 크기도 했지만, 이웃 나라인 탓에 독일에 쌓인 원한이 많았다. 당시로부터 불과 50년 전 프로이센(지금의 독일)과의 전쟁에서 파리까지 함락당하는 참패를 당한 적도 있었다. 프랑스는 조약을 통해 철저하게 복수하는 동시에, 이웃이어서 더 위험한 독일이 재기 불능 상태에 빠지길 원했다.

이런 배경에서 결정된 조약의 내용은 독일 입장에서는 가혹할 수밖에 없었다. 독일은 영토가 줄고 군대 규모도 축소해야 할 뿐만 아니라, 승전국들이 입은 피해에 대한 배상도 하도록 되어 있었다. 그러나 받아들이지 않으면 전쟁을 재개한다는 연합국 측의 최후통첩에 독일도 굴복하게 된다. 그렇게 마련된 조약의 서명 장소는 베르사유 궁전 안에서도 '거울의 방'이었다. 바닥 길이가 73m, 폭이 10.5m, 높이가 12.3m인 웅장한 규모에 벽면이 거울로 장식되어 화려하기 이를 데 없는 공간이다. 한 때는 연회가 끊임없었을 이곳에서 천 명이 넘는 각국 외교관과 기자들이 지켜보는 가운데 두 명의 독일 대사는 조약에 서명했다. 독일 대사들이 서명할 때에는 숨소리 하나 들리지 않았다고 한다.

베르사유 조약 협상에 참가한 영국의 대표단에는 케인즈라는 사람이 포함되어 있었다. 케인즈는 현대 거시경제학의 창시자로 꼽히고, 후에 케인즈 학파까지 형성된 유명한 경제학자이다. 당시 케인즈는 베르사유 조약 내용 중에서 특히 전쟁 배상금에 관해 강하게 반대했다. 독일이 지불해야 하는 배상금은 1921년 당시 500억 마르크로, 현재 물가와 환율로 200조 원에 달하는 돈이었다. 비록 분할 납부하는 형식이었으나, 케인즈는 이러한 부담이 독일 경제의 생산 능력을 넘어서는 것이어서 궁극적으로 세계경제에 악영향을 미칠 것이라 경고했다.

사실 전쟁 배상금이 아니더라도 독일 재정은 심각한 상태였다. 제1차 세계대전이 시작됐을 때, 전쟁에 필요한 자금을 조달하기 위해 프랑스가 소득세를 걷기 시작한 것과 달리 독일은 빚을 냈다. 독일의 계산이야 이겨서 자원이 풍부한 쪽으로 영토를 넓히고 전쟁 배상금을 받는 것이었지만, 전쟁에 지고 만 것이다. 패전국 독일이 당장 빚을 갚아 나가고 전쟁 배상금을 지불할 방법은 한 가지 밖에 없었다. 돈을 찍어내는 것이다.

돈이 많아지면 돈의 가치는 떨어진다. 물건이 귀해지면 값이 오르고, 흔해지면 값이 내리는 것과 같은 이치이다. 사실 독일 마르크화의 가치는 전쟁 중 독일의 패색이 짙어지면서 떨어지고 있었다. 그러나 본격적으로 마르크화 가치가 급락하기 시작한 것은 첫 번째 전쟁 배상금을 지불하는 1921년

여름부터였다. 전쟁 배상금은 금이나 외국 화폐로 내도록 되어 있었기 때문에, 독일 정부는 환전을 위해 마르크화를 대량으로 찍어냈다. 1921년 상반기까지만 해도 1달러를 살 때 90마르크 정도 필요했는데, 11월에는 330마르크가 필요했고, 2년 후인 1923년 12월에는 4,210,500,000,000마르크를 줘야 했다. 사실상 마르크화는 종이쪼가리가 된 것이다.

마르크화의 가치가 떨어진 것은 단순히 환율 문제만이 아니었다. 돈 가치가 떨어지는 것은 물가가 오른다는 뜻이다. 돈의 가치가 떨어지면 같은 물건을 살 때 전보다 더 많은 돈을 내야 하기 때문이다. 1921년 초부터 1923년 말까지 3년 동안 독일의 물가는 백억 배 뛰었다. 물가가 매달 66% 이상 오른 셈이다. 전쟁은 지고 먹고 살 일이 막연한데 물가까지 폭등하니, 당시 독일 국민의 삶이 얼마나 힘겨웠을지 쉽게 상상이 가지 않는다. 이러한 가운데 히틀러가 등장한다. 히틀러는 베르사유 조약을 비난하고 게르만 민족주의를 내세우며 대중적 인기를 쌓았다.

당시 독일 정부가 돈을 찍어 내는 것 외에 다른 선택을 할 수 있었을까 싶기는 하다. 그러나 분명한 것은 독일 정부가 돈 찍어 내는 권한 을 무리하게 사용하면서 돈의 가치와 함께 국민의 신뢰도 잃었다는 사실이다. 경제적 혼란을 정치적 혼란을 일으켰고, 결국 제2차 세계대전이라는 어마어마한 결과를 낳았다. 이렇게 극단적인 상황이 아니더라도 돈이 돈으로서 역할을 하려면 정부가 함부로 돈을 찍지 않을 것이라는 신뢰가 절대적으로 필요하다. 정부가 매 순간 돈을 찍는데 신중해야 하는 것은 이 때문이다.

현재 우리나라에서 돈 찍는 일을 담당하는 한국은행이 시험대에 서게 됐다. 코로나 감염병 대응으로 기록적인 규모의 돈이 풀리면서 급격한 인플레이션이 발생했다. 예상치 못한 보건위기로 장기간 디플레이션 시대가 인플레이션 시대로 전환된 이 시점에 한국은행은 찍어 낸 돈을 얼마나 많이 그리고 빨리 회수할지 고민하고 있을 것이다.

베르사유 조약에 케인즈의 설득이 통해 독일의 전쟁 배상금이 많지 않았다면 제2차 세계 대전은 일어나지 않았을까? 알 수 없는 일이다. 어느 시점에서 가지 않기로 결정한 길을 다시 돌아가 밟아볼 수는 없으니, 선택이란 그래서 어려운 것이리라. 한국은행이 어떤 결정을 내리든 가지 않은 길에 대한 후회가 결과적으로 가장 적은 선택이기를 바란다.

통화정책 수단

통화정책은 넓은 의미에서 화폐공급을 조절하는 정책을 말한다. 가장 대표적인 정책수단은 공개시장운영(Open Market Operation)[3]이다. 한국은행이 금융기관을 상대로 국채 같은 증권을 거래하여 시중에 유통되는 통화량과 금리에 변화를 꾀하는 방법이다. 예를 들어 한국은행이 금융기관으로부터 국공채를 매입하면 한국은행이 금융기관에게 매입금을 지불하는 만큼 유동성이 시중으로 유출되고 반대로 매도하면 유동성은 환수된다. 시중에 화폐공급이 늘면 이자율은 하락하고 소비와 투자가 상승 압력을 받아 총수요가 증가한다. 한국은행은 금융기관의 자금 사정에 영향을 줌으로써 통화량을 통제하기도 한다. 금융기관이 현금이나 현금에 준하는 자산의 일정 비율(지급준비율)을 한국은행에 예치하는 제도를 지급준비제도[4]라고 한다. 2022년 기준 지급준 비율은 7%로 은행이 1,000만 원의 예금을 보유 중이면 70만 원은 한국은행월 예치하여야 하고 나머지 930만 원만 운용할 수 있다. 만약 한국은행이 지급준비율을 7%에서 8%로 인상한다면 그 의도는 무엇일까? 통화량을 축소하기 위함이다. 지급준비율 상승으로 금융기관은 고객에게 받은 예금 중 더 많은 자금을 한국은행에 예치하게 되어 대출에 쓸 수 있는 자금은 줄어든다. 시중에 유동성도 줄어들고 이자율은 상승압력을 받는다.

전 세계적으로 1980년대를 기점으로 하여 통화정책이 통화량 통제보다는 금리 통제에 의존하는 추세로 바뀌면서 지급준비제도의 중요성이 다소 작아지긴 했다. 그러나 지급준비제도를 이해하는 것은 통화정책뿐만 아니라 금융 기관의 운영을 이해하는 데도 도움이 된다. 금융기관이 매일 지급준비금을 1원도 부족함 없이 정확하게 유지할 수 있을까? 은행이 1,000만 원의 예금을 보유 중이면 70만 원은 예치하고 930만 원은 운용에 사용할 수 있다. 하지만 은행은 매일 크고 작은 자금 수요공급에 맞추어 효율적으로 돈을 운용해야 하므로 930만 원 이상 필요하거나 또는 930만 원이 다 필요하지 않을 수도 있다. 때로 지급준비금이 초과 보유되거나 부족한 경우

---

3 공개시장운영: 한국은행이 금융기관을 상대로 국채 같은 증권을 거래하여 시중에 유통되는 통화량과 금리에 변화를 꾀하는 방법

4 금융기관이 현금이나 현금에 준하는 자산의 일정 비율(지급준비율)을 한국은행에 예치하는 제도

가 생긴다. 그래서 초과 보유한 은행과 준비금이 부족한 은행이 서로 단기자금을 거래하는 시장이 필요하게 되었고 이런 목적으로 미국에는 연방기금시장(Federal Funds Market), 우리나라에는 콜시장(Call Market)이 운영되고 있다. 콜시장에 적용되는 이자율을 **콜금리**(Call Rates)라 부른다.

확대보기

금리인하의 효과

채권을 살 때 기대할 수 있는 수익은 이자 수익과 거래차익 두 가지이다. 채권을 보유하면 이자 수익을 얻을 수도 있고 만기가 도래하지 않은 채권은 시장에서 거래되기 때문에 채권을 사고팔아 돈을 벌 수도 있다. 채권의 가격과 이자율은 반대로 움직인다. 예컨대, 1년 후 100만 원을 지급하는 채권을 오늘 95만 원에 사고 만기 때까지 기다리면 약 5%의 수익을 거두게 된 다. 미래현금 100만 원을 오늘 95만 원 주고 샀기 때문이다. 이 채권의 이자율은 5%이다. 시간이 지나면 채권가격은 어떻게 될까? 만기가 가까워질수록 채권가격은 계속 올라 만기 때는 100만 원이 된다. 만기 때 100만 원을 지급하는 채권을 만기일에 여전히 95만 원에 파는 사람은 없을 것이다. 95만 원짜리 채권이 한 달이 지나 97만 원으로 올랐다고 치자. 이때 채권을 산다면 1년에 약 3% 이자수익을 얻게 된다. 즉, 만기에 가까워질수록 채권가격이 올라 투자금 대비 이자수익은 떨어지는 것이다.

따라서 한국은행이 기준금리를 낮춘다는 것은 환매채 가격이 오르도록 하겠다는 뜻이다. 한국은행이 환매채 가격을 올리기 위해 실제로 하는 행동은 환매채를 사들이는 것이다. 한국은행은 수시로 시중은행과 환매채를 거래하는 한국은행이 환매채를 사들이면 시중은행의 환매채 보유량은 줄고 대신 돈이 들어온다. 결과적으로 한국은행의 기준금리 인하 노력은 민간에 통화를 증가시키는 것이다. 돈이 흔해지면 돈 값도 떨어져서 돈을 꿀 때 적용되는 전반적인 금리 수준이 낮아지게 된다.

공개시장운영, 지급준비제도와 더불어 여·수신제도도 통화정책수단에 포함된다. 자금 사정에 따라 금융기관이 한국은행으로부터 대출을 받을 수 있게 해주는 제도이다. 한국은행의 여·수신제도는 금융기관이 자금수급 과정에서 발생하는 부족분을 지원하는 자금조정대출, 금융기관의 중소기업대출 실적에 따라 지원하는 금융중개지원대출 등이 있고 자금조정대출은 기준금리에서 1%를 더하여 금리를 적용한다. 따라서 기준금리의 변동에 따라 대출규모가 결정된다. 한국은행이 여·수신제도 대출금리를 높이면 금융기관은 대출을 꺼리게 되어 통화량은 감소한다. 반대로 한국은행이 통화량 증가가 필요하다고 판단하면 대출금리를 낮출 것이다.

확대보기

물가안정목표제 inflation targeting

화폐수량설은 화폐 유통속도가 시간에 따라 일정하다는 전제에 의존한다. 화폐 유통속도가 불변하고 화폐가 중립적이면 통화량과 물가가 직접적인 관계를 갖는다는 것이 화폐수량설의 골자이다. 우리나라의 화폐 유통속도를 보자. 1986년부터 하강하는 추세가 명확하다. 앞에서 설명한 미국의 M2/명목GDP 자료도 자세히 보면 명목GDP 1990년대부터 더 이상 일정수준에 머무르지 않고 하강 추세를 보이기 시작한다. 장기에 타당 하다고 알려진 화폐수량설이 현재 통화정책의 근거로 삼아도 될지 의심하게 되는 자료이다.

1980년대 들어 금융혁신 및 금융자유화 때문에 같은 돈의 양으로 중개할 수 있는 경제거래가 늘어나 통화수요가 불안정해짐에 따라 중앙은행이 통화공급의 조절을 통해 통화정책의 목표를 달성하기가 어려워졌다. 더욱이 금융혁신의 진전으로 현금처럼 유동성도 높으면서 저축성 예금에 가까운 예금상품의 등장하여 유동성의 정도를 고려한 통화량 자체의 정의나 측정도 어렵게 되었다. 이런 사정으로 통화량과 인플레이션의 관계도 실증적으로 약해짐에 따 라 1990년대부터 많은 국가들이 통화량 조절을 통한 물가관리 정책 기조에서 물가안정목표 제도로 전환하기 시작하였다. '물가안정목표제'란 통화정책의 목표로서 최종 목표인 '인플레이션율'의 목표치를 설정하고 이를 달성하기 위해 통화량뿐만 아니라 각종 금리, 환율 등의 움직임을 정보변수로 활용하고 최종적으로 기준금리를 정책의 조작변수로서 결정하는 방식이다. 이에 따라 한국은행의 3년간 중기 물가안정목 표는 소비자물가 상승률 기준 2%이며 한국은행의 물가안정목표제의 가장 중요한 조작변수는 통화량이 아닌 기준금리이다.

물가안정 목표제는 1990년 뉴질랜드에서 처음 도입되었고 1991년 캐나다. 1992년 영국, 1993년 스웨덴과 호주 등이 채택했다. 미국은 2012년 벤 버냐키(Ben Bernanke) 연준 의장이 인플레이션 목표치를 2%로 설정하면서 사실상 물가안정제를 운영하는 것으로 알려져 있다. 현재는 우리나라를 포함한 30여 개국이 이 제도를 채택한 것으로 보아 제도의 명시적 목표인 물가안정 효과를 달성하고 있는 것으로 보인다.

확대보기

통화정책 외 한국은행의 업무

① 한국은행은 금융안정을 위해 금융기관의 건전성 경영을 관리·감독한다. 이는 무엇보다 중앙은행과 금융기관 간의 자금거래를 통해 통화정책의 수단이 작동하고 소기의 효과가 파급 되는 구조 하에서 금융기관의 경영이 불안정해지면 시중 자금이 필요한 곳으로 공급되지 못 하고 경제 시스템 전체가 마비될 수 있는 위험을 차단하기 위함이다. 예를 들어 예금자들이 경영상태가 안 좋은 은행을 불신하게 되어 아무도 예금을 하려 하지 않는다면 은행은 대출을 통해 통화 창출을 할 수 없다. 심지어 극단적으로 경제 상황에 대한 불안 때문에 예금주들이 한꺼번에 예금을 전액 출금하여 은행이 파산해 뱅크런(bank run)이 일어날 수도 있다. 은행은 자금 중개인이기 때문에 예금을 받아 자금이 필요한 곳에 대출해 주는 역할을 하는 데 사람들이 돈을 은행에 예금하지 않고 호주머니에 보관하면 아무리 한국은행이 화폐를 찍어내도 돈이 돌지 않는다. 또한, 한국은행은 은행의 대출액을 직접 통제할 수 없다. 한국은행 이 기준금리와 지급준비율을 아무리 낮춰도 은행이 경제 상황에 대해 불안 때문에 예금을 금고에만 넣어 둔다면 통화정책은 무력화된다. 물론 예금자의 은행에 대한 불신과 은행의 보수적 태도는 그 자체로 경제에 타격을 준다.

특히 현대경제에서 금융기법이 발달함에 따라 금융기관 간에 연쇄적인 거래가 많아졌고 자산을 공동으로 보유하는 경우가 흔해져 금융 기관들의 연결성(interconnectedness)이 높아졌다. 연결성이 높아지면 금융시장의 효율성이 높 아지는 장점이 있지만, 일부 금융기관의 파산이 다른 금융기관이나 가계, 기업 심지어 정부까지 번질 수 있어 금융시스템 전체가 위험에 빠질 수 있다. 가령 A은행이 B은행에게 대출을 해주고, B은행도 C은행에게 대출을 해 주며, C은행은 또 다른 은행들과 채무관계를 맺는다면 A은행의 파산은 수많은 은행의 연쇄파산으로 이어진다. 금융시장의 불안은 금융 위기뿐만 아니라 소비자 심리와 투자심리위축을 야기하고 국가적 위기까지 초래할 수 있다. 금융기관의 자산은 국제적으로 연결되어 있어 한 나라의 금융시장의 불안은 다른 나라로 번지기도 한다. 2007년 미국에서 발발하여 전 세계로 파급된 국제금융위기가 금융시장 불안의 파괴력을 보여주는 실례이다.

따라서 금융시장의 안정을 위한 금융기관의 건전성 감독이 매우 중요해지고 있다. 미국, 독일, 영국 등에서는 중앙은행이 금융감독권을 보유하고 있고 우리나라는 한은 이외 '금융감독원' 이라는 별도의 감독기구가 개별 금융기관의 건전성을 감독한다. 예를 들어 금융감독원은 민간 은행들이 충분한 자기자본을 확보하고 적정한 유동성을 유지하고 있는지 관리·감독한다.

반면 한국은행은 금융시스템 안정성 감시, 최종대부자, 지급결제제도 감시 등의 역할을 담당한다. 이를 위해 한국은행은 금융시장보다 폭넓은 개념인 금융시스템을 '금융시장, 금융기관 과 이들을 형성하고 운영하며 원활하게 기능하도록 하는 법규와 관행, 지급결제시스템 등 금 융인프라를 모두 포괄하는 개념'으로 정의하고 금융시스템의 안정적 운영을 위해 여러 가지 정책수단을 활용하고 연구하고 있다. 예를 들어, 한국은행은 금융기관의 건전성을 감시, 감독하고 상시적으로 금융시스템을 모니터한다. 금융시스템이 불안에 빠질 경우 화폐를 발행하는 권한(발권력)을 동원하여 금융위기 가능성에 대응하여 유동성을 공급하기도 한다.

② 한국은행은 은행 간의 지급결제 시스템을 감독한다. 우리가 맘 편하게 편의점에서 천원 권을 내고 컵라면을 살 수 있는 이유는 한국 은행이 천원 권의 공신력을 보장하기 때문이다. 그러나 어음, 수표, 신용카드, 계좌이체 등의 지급수단은 거래은행에 돈을 받을 사람에게 내 돈을 대신 지불해달라고 요청하는 것에 불과하다. 따라서 나의 거래은행과 돈을 받는 사람의 거래은행이 한국은행에 당좌예금계정을 개설하고 서로의 채무 관계를 한국은행 금융 전산망을 통해 청산한다. 쉽게 말해 지급결제를 위한 은행의 은행 역할이다. 우리는 일상생활에서 신용카드결제가 당연히 제공되는 서비스라고 생각하지만, 한국은행이 금융기관에게 지급수단과 결제수단을 제공하고 지급결제 시스템을 관리·감시하고 있기 때문에 가능한 일이다.

③ 한국은행은 외화자금의 보유와 운용을 수행한다. 국가 간 자본이동이 활발해지면서 외화자금의 유출입이 경제에 미치는 영향이 커졌다. 특히 1997년 외환위기 때 갑작스런 외환 유출로 인한 금융 불안이 발생한 이후 외환 정책의 중요성이 현격히 커졌다. 따라서 외환보유액 관리와 운용, 외환시장 모니터링 등 외환업무도 한국은행의 핵심적인 업무로 꼽힌다.

학습내용정리

▶ 화폐는 교환의 매개, 가치저장의 수단, 가치의 척도 기능을 가지고 있다.

▶ 통화량은 시중에 풀려있는 화폐의 양으로 사람들이 재화와 서비스 거래를 위해 바로 가용한 화폐의 양이다. 현금, 예금 등이 통화량에 포함되지만, 현금은 통화량에서 매우 적은 비중을 차지한다.

▶ 화폐수량설에 의하면 인플레이션율은 통화량 증가율에서 실질 GDP 성장률을 뺀 값이어서 통화량 증가율과 실질 GDP 성장률의 괴리에 따라 변한다. 화폐중립성은 통화량 변화가 물가 같은 명목변수에만 영향을 줄 뿐 실질변수에는 영향을 주지 않는다는 주장이다. 따라서 통화량이 변화할 때 생산은 일정하고 가만 변화한다고 볼 수 있다.

▶ 인플레이션은 메뉴비용, 구두창비용, 상대가격 왜곡, 조세 왜곡, 정책비용 등을 초래한다.

▶ 화폐 수요와 공급에 따라 균형이자율과 통화량이 정해지고 화폐공급은 중앙은행의 정책목표에 맞추어 결정된다. 예를 들어 한국은행은 경기침체에 대응하여 총수요를 진작하기 위해 통화량을 늘려 이자율을 낮추는 확장적 통화정책을 집행할 수 있다.

▶ 우리나라의 중앙은행인 한국은행의 주요업무는 통화정책, 금융안정정책, 지급 결제 시스템의 감독, 외화자금 보유와 운용으로 나눌 수 있다.

▶ 우리나라의 중앙은행인 한국은행의 주요업무는 통화정책, 금융안정책, 지급결제 시스템의 감독, 외화자금 보유와 운용으로 나눌 수 있다.

예시문제

서술형

1. 화폐의 세 가지 기능을 서술하시오.

2. 화폐수량설의 요지를 간단히 설명하시오.

3. 통화량에 대해서 설명하고 통화량에 포함되는 요소 세 가지를 서술하시오.

4. 한국의 통화정책 결정 기구의 이름, 역할 그리고 정해지는 방식을 서술하시오.

빈칸 채우기

1. 명목 GDP 성장률 = (A) + (B) (A와 B에 들어갈 단어를 적으시오.)
2. 통화정책은 넓은 의미에서 화폐공급을 조절하는 정책을 말한다. 가장 대표적인 정책수단은 ( ) 이다.
3. 인류는 물물교환(barter) 같은 원시적인 거래방법으로 시작해 금이나 은 등의 귀금속을 거래수단으로 사용하다 지금은 중앙은행이 발행하는 ( )를 사용하고 있다.
4. 고전학파는 통화량이 변화하면 화폐 단위로 측정되는 명목변수들은 영향을 받지만, 실질변수들은 통화량 변화의 영향을 받지 않는다고 보았다. 이 주장을 ( )이라고 부른다.

예시문제

O·X 문항

1. 금융기관이 현금이나 현금에 준하는 자산의 일정 비율을 한국은행에 예치하는 제도를 지급준비제도라고 한다.

2. 금통위가 인플레이션이 과도하게 높다고 판단하면 기준금리를 인하한다.

3. 고전학파는 화폐 수요가 소비에 의해 결정된다고 보았다.

4. 인플레이션이 높을 때는 화폐가치가 하락하고 재화와 서비스는 비싸진다.

03

금융시스템

1 금융과 금융상품

2 주식

3 채권

4 위험관리

5 금융기관

학습개요

본 장에서는 금융과 금융시장의 개념을 이해하고, 금융시장에서 가장 큰 비중을 차지하는 주식과 채권에 대해서 알아본다. 또한 위험관리의 유형에 따른 성향을 알아보고, 위험관리를 위한 보험과 분산투자의 상관관계를 이해한다. 마지막으로 금융기관의 유형을 알아보고 설명한다.

학습목표

- 금융과 금융상품에 대한 개념과 금융시장의 기능을 이해한다.
- 주식과 채권 대한 기본적인 이해와 가치를 판단하고 분석하는 방법을 이해한다.
- 위험관리와 그 성향에 대해 설명할 수 있다.
- 보험과 분산투자 그리고 보험의 기능에 대해 이해한다.
- 금융기관을 구분하고 설명할 수 있다.

1 금융과 금융상품

창업이 활발하면 경제발전도 촉진되지만, 특히 금융위기 이후 부각된 빈부격차 완화나 고용률 제고에 도움이 되리라는 기대가 있다. 해외 창업사례로는 에어비앤비, 인스타그램, 우버 등을 꼽을 수 있고 우리나라에서도 배달의 민족, 토스, 플리토, 야놀자 등 특히 IT기반창업에 성공한 사례가 나오고 있어 IT 강국이라고 불리는 우리나라의 경제발전에 창업이 어떤 역할을 하게 될지 주목된다. 더욱이 창업업종도 다양해 거시경제 전방위적 효과를 미칠 수 잇다는 기대도 높아지고 있다.

창업에 필요한 자금을 조달하는 방법은 크게 두 가지이다. 투자를 받거나 빌리는 것이다. 투자를 받으면 이익이 날 때 나누고 손해가 나더라도 투자원금을 돌려줘야 할 의무가 있는 것이 아니기 때문에 창업자 입장에서는 좋지만, 반대로 투자자로서는 위험 부담이 커서 꺼리게 된다. 반면, 대출을 받으면 경영상태와 관계없이 이자를 꼬박꼬박 내야하고 반드시 원금을 갚아야 하기 때문에 창업자는 부담스럽다. 그러나 투자하는 쪽이나 빌려주는 쪽(주로 은행)도 선뜻 나서지 못하는 이유가 있다. 정보 비대칭에 따른 역선택 가능성 때문이다. 역선택이란, 이해관계로 얽힌 경제추제 간에 어느 한쪽이 다른 한쪽에 비해 더 많은 정보를 갖고 있는 상황에서 계약 전 거래 상대방에 대한 지식 부족으로 불리한 계약이 몰리는 상황을 말한다. 즉, 은행이 창업자에 대한 정보가 상대적으로 매우 부족한 상황에서 이런저런 돈 떼일 위험을 감안해 높은 이자를 물리려 하면 창업자들 중에 고위험, 고수익을 추구하는 사람들이 주로 몰릴 수 있다. 이러한 상황을 미리 짐작하는 은행은 아예 대출을 꺼리는 것이다. 우리나라처럼 금융산업에서 은행의 비중이 큰 경우 대출이 어려운 것은 특히 창업에 큰 장애가 될 수 있다. 유사시에 제3자가 대출 원리금에 대해 책임지게 하는 연대보증제도는 이러한 정보 비대칭의 문제를 완화하는 기능을 하지만, 부작용 때문에 일부 금융기관에서 폐지되었다.

금융시장은 경제가 발전하기 위해 생산성 높은 경제활동에 자금이 조달되도록 하는 통로로서 거시경제에서 매우 중요한 역할을 하고 있다. 따라서 정부는 금융시장이 정보의 비대칭으로 왜곡되지 않고 효율적으로 작동하도록 정책적 수단을 동원하기도 한다. 본장은 이러한 정책 판단을 위해 필요한 금융의 개념, 이론, 실증적 증거를 설명한다.

본래 금융의 정의는 '금전의 융통'이다. 금융시장은 가계, 기업, 정부의 여유자금이 거래되는 시장으로 여유자금을 필요한 사람에게 공급해주는 역할을 한다. 총수요·총공급 항등식을 이용해 금융시장의 기능을 이해해보자. 총수요는 국내총생산(GDP, Y)과 같고 소비(C), 투자(I), 정부지출(G), 순수출(X-M)로 구성되어 있다.

$$Y = C + I + G + X - M$$

분석의 편의를 위해 수출과 수입이 없는 폐쇄경제를 가정해 보자. 이제 항등식은 소비(C), 투자(I), 정부지출(G)로만 구성된다.

$$Y = C + I + G$$

투자의 구성을 보기 위해 우변항에 투자만 남기고 모두 좌변항으로 넘긴다.

$$Y - C - G = I$$

생산에서 소비와 정부지출을 뺀 것이 투자이다. 즉, 국민소득에서 가계소비와 정부지출을 빼고 남은 부분이 투자이다. 그리고 좌변항 (Y-C-G)은 국민소득에서 국가 전체의 소비를 뺀 부분이므로 국가 전체의 저축, 즉 국민저축(national saving)이다. 편의상 저축(S)이라고 부르자.

$$Y - C - G = S$$

무엇이 눈에 뜨이는가? 투자와 저축은 같다.

$$I = S$$

한 국가의 저축은 투자로 연결되는데 그 통로가 바로 금융시장이다.

금융시장에는 매우 다양한 금융상품이 거래되지만, 본서는 시장에서 가장 큰 비중을 차지하는 주식과 채권에 집중한다. 매체나 경제서적에 증권이라는 단어가 자주 등장하는데 증권은 투자하는 사람과 투자를 받는 사람 간의 금융계약을 의미한다. 주식과 채권이 대표적인 증권이다.

확대보기

우리는 위에서 수출과 수입이 없는 폐쇄경제를 가정하였다. 그러나 지구상의 절대다수 국가들은 개방경제를 채택하고 있다. 그럼 여전히 저축·투자 항등식이 성립할까? 수출과 수입이 허용되고 자본의 이동이 자유로운 상태가 되면 우리나라의 저축이 반드시 우리나라의 투자로 투입된다는 보장이 없다. 우리나라보다 외국의 투자 수익률이 더 높다면 우리나라 사람들도 저축을 외국에 투자할 수 있기 때문이다. 이런 저축(S)은 외국의 투자(I)로 기록된다. 따라서 한 국가의 저축과 투자가 같아야 할 필요는 없다. 그러나 하버드대 경제학과 Feldstein교수와 당시 하버드대 경제학과를 막 졸업한 Horioka는 많은 선진국의 국내저축과 국내투자가 통계적으로 높은 상관관계를 갖고 있다는 사실을 밝혀냈다. 개방경제체제에서는 국내저축과 국내투자의 항등관계가 성립하지 않아도 되지만, 실증적으로 성립하는 현상을 펠트슈타인-호리오카 퍼즐(Feldstein-Horioka Puzzle)이라고 부른다.

확대보기

"거시경제학에서 투자란 우리가 일반적으로 말하는 금융투자와 다르다. 금융투자 또는 재무적 투자는 주식, 채권 등의 금융상품에 대한 투자를 의미하고 거시경제학에서 투자란 생산을 증가시키기 위해 생산에 투입할 재화와 서비스를 구입하는 것을 말한다."라고 서술하여 금융투자와 총수요·총공급 항등식의 투자를 구분할 필요가 있다고 강조했다. 이 둘은 다른 의미를 갖고 있지만 서로 밀접한 관계를 갖고 있다. 여유자금을 보유한 사람에게 주식·채권을 구매하는 것은 금융투자이다. 그러나 금융투자는 결국 저축으로 인한 여유자금 때문에 발생하는 것이며 금융투자금은 기업이 생산요소를 구입하는 데에 쓰인다. 그럼 모든 저축액은 금융투자를 위해 사용 되는가? 아니다. 여유자금이 꼭 금융상품에 투입되지 않고 부동산, 에너지, 자동차, 교육, 연구개발, 특허 등 비금융 투자에 쓰이기도 한다. 그런데 따지고 보면 비금융 투자금도 결국 생산에 투입된다. 아파트는 노동자에게 거주를 제공하여 안정적으로 일할 수 있게 해주고 에너지 없이 공장이 돌아가지 못 한다. 여러분이 등록금을 내고 대학에 진학한 이유도 마찬가지다. 미래 소득을 기대하고 교육에 투자하는 것이다.

2 주식

생산 주체는 자영업자를 제외하고 거의 예외 없이 회사의 형태를 띠고 있다. 회사를 설립할 때 설립 주체가 적어도 한 사람은 있어야 한다. 이를 회사의 주인, 주주라고 하는데 회사의 소유권을 나타내기 위해 회사 이름으로 주주에게 발행하는 증서가 주식이다. 기존의 주주가 주식을 팔고 나가면 주식매수자가 새로운 주주가 된다. 이런 거래는 주식시장에서 초 단위로 빈번히 발생한다.

| 표 3-1 | 한국거래소 시가총액 상위 15개 상장기업 주가

순위	종목명	종가	대비	등락률	거래량	거래대금	시가총액	시가총액비중	상장주식수
1	삼성전자	62,900	▲2,500	+4.14	20,037,163	1,257,129,641,861	375,499,322,395,000	19.15	5,969,782,550
2	LG에너지솔류션	624,000	▲19.900	+3.14	447,112	278,189,137,000	146,016,000,000,000	7.45	234,000,000
3	SK하이닉스	93,500	▲4.400	+4.94	5,002,149	468,889,493,882	68,068,221,127,500	3.47	728,002,365
4	삼성바이오로직스	900,000	▼7.000	-0.77	70,747	64,085,170,000	64,056,600,000,000	3.27	71,174,000
5	LG화학	737,000	▲42.000	+6.04	304,326	223,654,762,000	52,026,556,791,000	2.65	70,592,343
6	삼성SDI	747,000	▲22.000	+3.03	308,615	229,006,491,000	51,367,103,910,000	2.62	68,764,530
7	삼성전자우	57,100	▲1.600	+2.88	1,619,910	93,131,943,200	46,986,830,570,000	2.40	822,886,700
8	현대차	172,000	▲2.500	+1.47	980,474	169,239,286,500	36,750,928,164,000	1.87	213,668,187
9	NAVER	193,500	▲17.500	+9.94	3,312709	634,376,445,200	31,743,497,947,500	1.62	164,049,085
10	기아	68,000	▲1.400	+2.10	1,727,900	117,482,568,600	27,564,707,596,000	1.41	405,363,347
11	셀트리온	192,000	▲5.000	+2.67	475,361	91,026,079,000	27,034,600,320,000	1.38	140,805,210
12	카카오	58,700	▲7.900	+15.55	17,375,821	1,002,819,056,700	26,141,222,495,600	1.33	445,335,988
13	POSCO홀딩스	285,500	▲4.500	+1.60	539,139	153,612,875,500	24,145,086,165,000	1.23	84,571,230
14	삼성물산	123,000	▲1.500	+1.23	335,974	41,331,694,000	22,987,110,963,000	1.17	186,887,081
15	현대모비스	219,500	▼1.000	-0.45	298,000	65,787,048,000	20,695,578,133,000	1.06	94,285,094

출처: 정보데이터 시스템 (2022년 11월 11일 종가)

현재가치법

사람들은 소중한 저축을 왜 주식에 투자할까? 주식은 회사에 대한 소유권이고 소유권의 가치는 회사의 가치를 나타내므로 주식의 가격(주가)은 결국 회사의 가치이다. 주식을 사는 사람은 나름의 분석에 따라 기업의 가치가 올라갈 것이라고 판단한다. 그 나름의 분석은

무엇을 의미할까? 가장 기본적으로 쓰이는 방법은 현재가치법이다.

가령 우리가 50,000원을 투자해서 1년 후 5%의 수익률을 달성했다고 하자.

$$50{,}000 + 50{,}000*0.05 = 50{,}000*(1+0.05) = 52{,}500$$

투자가 완료된 시점에 52,500원이 내 호주머니로 돌아온다. 거꾸로 1년 후에 발생할 52,500원의 오늘 가치는 얼마일까? 50,000원이다. 1년 후 52,500원은 오늘 50,000원과 동일한 가치를 가진다.

$$50{,}000 = \frac{52{,}500}{1+0.05}$$

여러분은 오늘 50,000원과 1년 후 52,500원 중 무엇을 선호하는가? 사람마다 선호가 다르겠지만 확실한 건 1년을 참고 기다리면 52,500을 받고 성격이 급한 사람은 오늘 50,000원으로 만족해야 한다는 것이다. 이렇게 돈의 가치는 시간에 따라 달라지기 때문에 시간가치를 염두에 두어야 한다. 예를 들어 52,500원은 50,000원의 미래가치(F)이고, 반대로 50,000원은 52,500원의 현재가치(P)이다. 5%는 50,000원의 미래가치를 계산할 때는 수익률(R), 52,500원의 현재가치를 계산할 때는 할인율(R)이라고 부른다. 이 셈법을 일반화하면 다음과 같다.

$$P(1+R)=F$$

또는

$$P = \frac{F}{1+R}$$

n기간 동안 다 기간(multi-period) 투자라면 위 식은 아래와 같이 바꾸면 된다.

$$P(1+R)^n=F$$

$$P=\frac{F}{(1+R)^n}$$

<table>
<tr><td>단리 수익률</td><td>시간이 지나도 수익이 투자원금에 대해서만 지급된다. 원금이 1원, 단리 수익률이 5%라고 가정하자.
$$1+1\times1\times0.05=1.05$$
$$1+1\times2\times0.05=1.10$$
$$1+1\times3\times0.05=1.15$$
.
.
.
$$P+PnR=P(1+nR)=F$$</td></tr>
<tr><td>복리 수익률</td><td>시간이 지나면서 수익이 투자원금뿐만 아니라 전기의 수익에 대해서도 지급된다. 이번에도 원금이 1원, 복리 수익률이 5%라고 가정하자.
$$1+1\times0.05=1(1+0.05)=1.05$$
$$1.05+1.05\times0.05=1.05(1+0.05)=1(1+0.05)(1+0.05)=1(1+0.05)^2=1.1025$$
$$1.1025+1.1025\times0.05=1.1025(1+0.05)$$
$$=1(1+0.05)(1+0.05)(1+0.05)$$
$$=1(1+0.05)^3=1.157625$$
.
.
.
$$P(1+R)\cdots(1+R)=P(1+R)^n=F$$
미래가치는 복리로 수익을 얻을 때 단리보다 훨씬 빠르게 증가한다.[1]</td></tr>
</table>

1 통상적으로 금융시장에서 적용되는 수익률은 복리이므로 본서도 이 관행을 따른다.

이 공식을 주식 가치평가에 어떻게 응용할까? 2019년 1월 25일 오전 삼성전자 주가는 43,950원이다. 경제학을 배운 투자자는 다음의 과정을 거칠 것이다. 삼성전자가 추진하고 있는 사업계획이 담긴 사업 보고서, 재무제표, 거시경제 동향, 정부규제, 조세, 환율, 반도체 업황, 경쟁업체 정보, 반도체 수요량, 신문기사를 비롯한 각종 정보를 긁어모아 삼성전자가 벌어들일 미래의 현금흐름을 추정한다. 미래 발생할 현금흐름을 받기 위해 오늘 얼마를 내야 정당할까? 미래 현금흐름의 현재가치를 계산하기 위해 할인율(R)fh 국공채 이자율을 쓸 수 있다. 삼성전자 대신 정부가 발행하는 국공채에 투자했을 때 R%를 벌 수 있으므로 삼성전자 주식투자의 기회비용은 최소한 R%이다. 이는 투자자 입장에서 삼성전자의 현재가치를 계산할 때 최소한 R% 수익률을 기대한다는 뜻이기도 하다. 투자기간은 n기이고 미래가치를 할인했더니 44,919원이 나왔다고 하자.

$$P = \frac{F_1}{1+R} + \frac{F_2}{(1+R)^2} + \cdots + \frac{F_n}{(1+R)^n} = 44,919$$

삼성전자 미래수익의 현재가치는 44,919원이다. 오늘 주가는 43,950원이다. 삼성전자 주식은 싼가, 비싼가? 이 투자자의 판단에 따르면 싸다. 시간이 지나면 다른 사람들도 이 사실을 알게 되고 삼성전자 주식 수요가 늘어 주가가 44,919원에 다다를 때까지 상승할 것이다.

그런데 오늘 시장가격이 43,950원이라면 누군가 43,950원에 팔고 있다는 뜻이다. 매도자는 43,950원이 비싸다고 판단했기 때문이다. 누가 틀리고 누가 맞는가? 대단히 어려운 질문이다. 주가는 주식의 수요·공급에 따라 정해지는데 투자자들이 접근할 수 있는 정보도 다를 수 있고 정보를 해석하는 능력도 다를 수 있어 수요·공급이 상호작용하면서 결정된다. 어쨌든 투자자들의 미래에 대한 기대가 이질적이기 때문에 거래가 이루어진다.

또 하나 주지할 점은 지금 추정한 삼성전자의 현재가치가 미래에 대한 정보에 근거하기 때문에 불확실성을 내포하고 있다. 극단적으로, 내일이 되면 달라질 수 있다. 삼성전자가 항상 몇 십조의 영업이익을 낼 수 있다고 누가 장담할 수 있겠는가? 주주입장에서 이 질문은 아주 현실적인 염려거리이다. 이런 불확실성 때문에 주가는 변동이 심하여 주식을 전형적인 위험자산[2]이라고 부른다.

확대보기

기본적 분석과 기술적 분석

시장가격에 비해 저평가된 주식을 사고 고평가된 주식을 판다면 수익을 낼 수 있다. 삼성전자 예처럼 기업 가치분석을 위해 기업의 재무제표와 미래 전망을 분석하는 방법을 기본적 분석(fundamental analysis)이라고 한다. 반면에 기업가치보다는 과거 주가와 주식거래량 등을 이용해 미래의 가격을 예측할 수 있다고 보고 주가예측을 시도하는 방법을 기술적 분석(technical analysis)이라고 한다. 기업 가치분석에 의존하기보다 과거 주가 자료를 이용해 주가예측이 가능하다면 기술적 분석으로 수익을 낼 수 있다.

기술적 분석에는 주가, 거래량, 거래 주체 등에 대한 복잡한 통계량이 사용된다.

2 금융상품은 시장에서 거래된다는 의미를 강조한 용어이고 투자자 입장에서 금융자산이라는 용어가 더 적절하다. 그러나 실질적으로 두 단어의 의미는 크게 다르지 않다.

Financial Summary 주재무제표 검색 IFRS 산식 3

*단위: 억 원, %, 배, 주 *분기: 순액기준

전체 연간 분기

주요재무정보	연간				분기			
	2019/12 (IFRS연결)	2020/12 (IFRS연결)	2021/12(E) (IFRS연결)	2022/12 (IFRS연결)	2021/12 (IFRS연결)	2022/03 (IFRS연결)	2022/06 (IFRS연결)	2022/09(E) (IFRS연결)
매출액	2,304,009	2,368,070	2,796,048	3,095,753	765,665	777,815	772,036	784,422
영업이익	277,685	359,939	516,339	476,380	138,667	141,214	140,970	119,226
영업이익(발표기준)	277,685	359,939	516,339		138,667	141,214	140,970	
세전계속사업이익	304,322	363,451	533,518	500,380	143,629	150,698	144,608	124,305
당기순이익	217,389	264,078	399,074	379,730	108,379	113,246	110,988	90,775
당기순이익(지배)	215,051	260,908	392,438	373,746	106,431	111,291	109,545	90,512
당기순이익(비지배)	2,338	3,170	6,637		1,948	1,955	1,443	
자산총계	3,525,645	3,782,357	4,266,212	4,637,450	4,266,212	4,393,270	4,480,406	
부채총계	896,841	1,022,877	1,217,212	1,262,249	1,217,212	1,240,360	1,201,340	
자본총계	2,628,804	2,759,480	3,048,999	3,375,201	3,048,999	3,152,909	3,279,067	
자본총계(지배)	2,549,155	2,676,703	2,962,377	3,282,570	2,962,377	3,063,919	3,188,306	
자본총계(비지배)	79,649	82,777	86,622		86,622	88,900	90,761	
자본금	8,975	8,975	8,975	8,979	8,975	8,975	8,975	
영업활동현금흐름	453,829	652,870	651,054	680,262	206,345	104,531	141,361	
투자활동현금흐름	-399,482	-536,286	-330,478	-578,098	-103,513	-6,365	-192,928	
재무활동현금흐름	-94,845	-83,278	-239,910	-109,226	-38,003	-4,953	-59,623	
CAPEX	253,678	375,920	471,221	510,207	123,726	87,068	114,509	
FCF	200,152	276,950	179,833	152,621	82,618	17,462	26,851	

기본적 분석에 이용되는 재무제표
출처: 네이버

3 재무제표에는 기업의 회계 정보가 담겨 있다

확대보기

기본적 분석·기술적 분석

주식투자 분석방법

■ **기본적 분석, 기술적 분석**

주식투자 분석 방법	
방법	**내용**
기본적 분석	주식의 내재적 가치를 분석하여 미래를 주가를 예측하는 방법
기술적 분석	주가와 거래량, 이평선 등의 과거 흐름을 분석하여 미래의 주가를 예측하는 방법

출처: 지산114부동산

두 가지 방법의 목적은 주가의 미래를 예측하여 투자를 결정하기 위한 수단이 되는 것으로, 결국 미래의 주가를 예측하기 위한 것이다.

기본적 분석은 종목(투자 회사)의 내제적 가치를 분석하는 방법이고, 기술적 분석은 주가와 거래량, 이동평균선 등의 차트 흐름을 분석하는 방법이다. 주식투자의 방법이 궁극적으로 지향하는 방향은 저평가(싸게)에 사서 고평가(비싸게) 파는 것이다. 바로 저평가를 찾아내는 방법 기본적 분석방법이며, 기술적 분석은 매수, 매도 타이밍을 어떻게 잡는지를 결정하는 것이다.

따라서, 두 가지 방법을 접목하여 투자에 이용한다면 가장 이상적인 방법이 되는 것이다.

주식투자 분석방법

■ **기본적 분석, 기술적 분석 종류**

기본적 분석	기술적 분석
재무재표 분석	차트패턴 분석
경제지표 분석	지표 분석
산업 분석	추세 분석
기업 분석	거래량 분석
가치 평가	

출처: 지산114부동산

효율적 시장가설(Efficient Market Hypothesis)

삼성전자 주식이 43,950원에 거래되고 있다는 사실을 다시 음미해보자. 주식시장의 참여자들은 과거 주가, 실적, 심지어 삼성전자 고위관계자들의 회의내용까지 수많은 정보를 경쟁적으로 실시간 취합하여 삼성전자의 기본가치를 추정한다. 그리고 추정한 가치와 시장가격을 비교하여 삼성전자 주식을 거래한다. 이 정보들이 주식시장에 도달하자마자 순식간에 퍼져 주가에 바로 반영되면 시장은 **효율적**이라고 한다. 여기서 효율적이라는 말은 정보적 효율성을 의미하므로 거래비용이 낮다는 의미의 거래적 효율성과 구분하여야 한다. 바꿔 말하면, 정보가 퍼지는 속도가 너무 빨라 누구도 정보를 선취할 수 없다는 말이다.

시장이 효율적이면 주식을 거래하여 돈을 벌 수 있을까? **주식으로 돈을 벌기 위해서는 저평가된 주식이나 고평가된 주식을 발굴해야 하는데 시장이 효율적이면 그런 주식은 존재하지 않게 된다.**[4] 효율적인 시장에서는 기업에 대한 정보가 빨리 퍼져 즉각 주가에 반영되기 때문이다. 예를 들어 삼성전자에 대한 낙관적인 정보가 시장에 알려지면 시장 참여자들이 이 정보를 지체 없이 인지한다. 즉각 삼성전자 주식 수요가 급증해 주가는 바로 올라간다. 이 과정이 눈 깜짝할 사이에 진행된다면 삼성전자 주식을 사려고 결정한 순간 가격은 이미 올랐으므로 더 이상 주가 상승을 기대할 수 없다.

---

4 수익을 내려면 저평가된 주식을 매수한 후 주가가 기본가치로 올라가면 매도하면 된다. 주식이 고평가된 경우에도 수익을 낼 수 있는데 공매도(Short Selling)를 이용하면 된다. 공매도란 고평가된 주식의 보유자로부터 주식을 빌려 매도한 후에 주가가 기본 가치로 내려갈 때 사서 보유자에게 돌려주고 남은 차익을 얻는 거래 방식이다.

그림 3-1 **주식의 수요·공급**

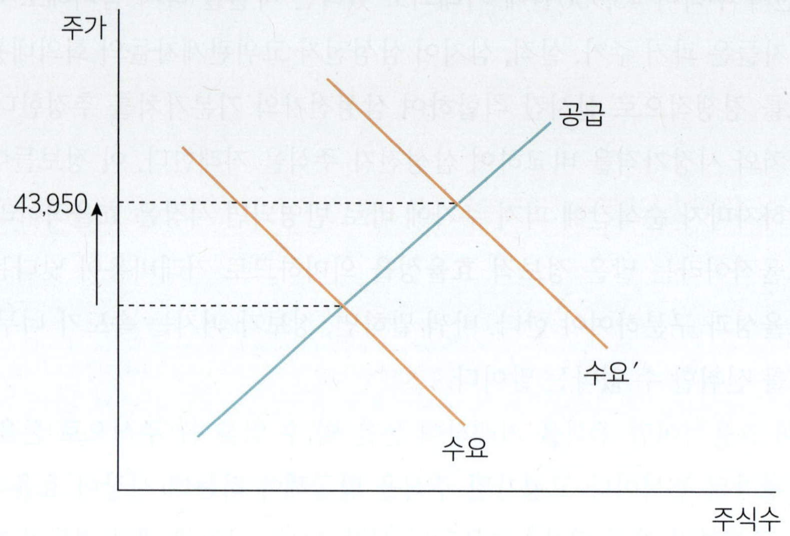

모든 정보가 주식에 즉각 반영된다면 주식은 항상 정당하게 평가될 것이다. 그런데 삼성전자가 시장가격 43,950원에 거래되고 있다. 매도자는 43,950원에 비해 고평가되었다고 판단하고 매수자는 저평가되었다고 생각한다는 뜻이다. 서로 생각이 다르다. 그럼 43,950원은 정당한 가격이 아니란 뜻인가? 그렇지 않다. 여기서 정당하다는 뜻은 매도자와 매수자가 평균적으로 가격이 정당하다고 동의했다는 의미이다. 시장가격 43,950원에서 삼성전자를 거래하는 매도자(고평가자)와 매수자(저평가자)의 수가 일치하여 43,950원은 평균적으로 고평가도 저평가도 아닌 가격인 것이다. 예컨대 매도자 매수자 각각 10명씩 서로 거래한다면 초과수요나 초과공급이 없으므로 43,950원은 균형가격이다. 매수자 한 명이 고평가로 의견을 바꾸어 매수자는 한 명 줄고 매도자가 한 명 늘어났다고 생각해보자. 이제 11명의 매도자가 9명의 매수자와 거래하려 하기 때문에 시장에서 평균적으로 고평가 견해가 우세하여 균형가격은 내려가게 된다.

효율적 시장가설의 **또 다른 시사점은 주가의 예측 불가능성이다.** 미래 주가가 올라갈지 내려갈지 알 수 없어서 무작위로 움직인다는 뜻이다. 이 의미를 살려 효율적 시장 이론가들은 주가를 랜덤워크(Random Walk)라고 부른다. 왜 미래 주가를 알 수 없을까? 주가는 정보에 따라 움직인다. 낙관적인 뉴스가 알려지면 주가는 오르고 비관적인 뉴스는 주가를 떨어뜨린다. 뉴스의 속성은 어떤가? 예측 불가능하다. 삼성전자가 앞으로 출시할 새로운 휴대폰 기종이 잘 팔릴지 안 팔릴지 어떻게 미리 알 수 있겠는가? 오직 출시와 동시에 뉴스가 나와 봐야 알 수 있다. 확률적으로 랜덤워크는 주가가 오를 가능성이 50%, 내릴 가능성도 50%라는 것을 의미한다. 투수가 직구와 변화구 볼 배합을 무작위로 반반씩 섞으면 타자가 공의 방향에 대해 혼란을 느끼는 것과 같은 논리이다.

시장이 효율적이면 주식으로 돈을 벌 수 있는 방법은 아예 없는가? 없다면 아무도 주식을 거래하지 않게 되어 주식시장이 없어지게 될 텐데 건재하다. 주식시장이 효율적이더라도 돈을 벌 수 있는 방법은 있다. **고위험-고수익 저위험-저수익** 전략이다. 주식이 정당하게 평가되어 있더라도 위험이 큰 사업을 추진하는 기업은 대규모 이익을 낼 수도 있기 때문에 주주는 높은 수익을 누릴 수도 있다. 평균적으로 고위험 투자는 고수익을 보상하고 저위험 투자는 그만큼 보상을 해주지 않는다. 평균적이라는 말을 기억하자. 항상 위험한 투자가 높은 수익을 보장해주는 것이 아니고 평균적으로 그렇다는 의미이다. 고(저)위험 투자는 (고)손실을 반하기도 한다.

마지막 시사점은 시장이 효율적일 때 주식을 고르는 데 노력을 들일 필요가 없다는 것이다. 모든 주식이 정당하게 평가되어 있으므로 저평가·고평가 주식이 존재하지 않는다. 따라서 주식을 선정하기 위해 수고할 필요가 없다. 그럼 투자금을 한 주식에 모두 투입할 것인가? 여러분은 '계란을 한 바구니에 담지 마라'는 속담을 들어봤을 것이다. 모든 투자금을 한 자산에 투입하면 위험이 너무 커진다는 말이다. 투자의 가장 일반적인 원칙은 분산화이다. 예를 들어 투자금을 삼성전자에 모두 투입하지 않고 삼성전자와 현대자동차에 나누어 투자하면, 삼성전자 투자에서 손실을 보더라도 현대자동차에서 수익을 낸다면 전체적으로 손실이 날 가능성은 줄어든다. **효율적 시장가설은 주식선정에 몰두하지 말고 분산된 포트폴리오를 구축하는 것이 바람직하다고 시사한다.**

주가와 통화정책의 관계에 대해 잠시 생각해보자. 통화정책의 영향으로 국공채 이자율이 오른다면 삼성전자 주가가 영향을 받을까? 현재가치 계산에서 분모 R이 올라가면 분수 전체는 작아지므로 삼성전자의 기본가치도 44,919원에서 하락한다.

$$P\downarrow = \frac{F_1}{1+R\uparrow} + \frac{F_2}{(1+R\uparrow)^2} + \cdots + \frac{F_n}{(1+R\uparrow)^n} < 44{,}919$$

효율적 시장가설에 따라 시장은 국공채 이자율 상승을 삼성전자 기본가치에 바로 반영하므로 주가는 하락한다. 반대로, 이자율 하락은 주가 상승을 초래한다. 이 원리 때문에 중앙은행의 통화정책에 따라 주식시장이 요동치기도 한다.

그림 3-2 코스피 지수와 연동되게 구성한 KODEX 코스피 지수 펀드의 주가

2022.11.18. 22,470원에 거래되고 있으며 [그림 3-3]의 코스피 지수와 움직임이 동일하다.
출처: 다음

그림 3-3 우리나라 주식시장 지수인 코스피 지수

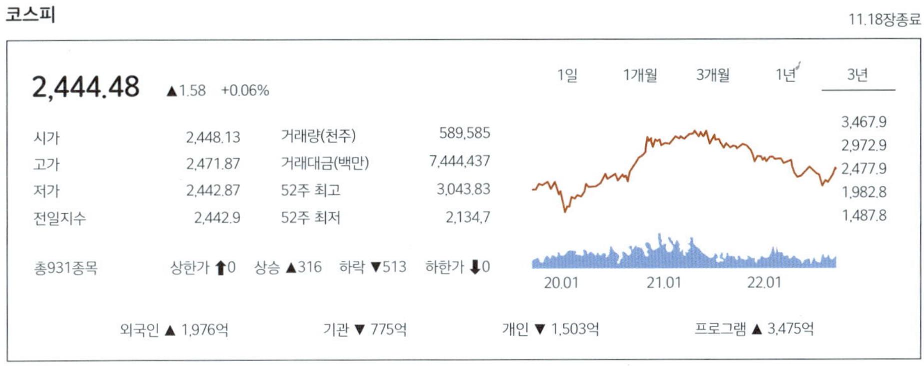

확대보기

분산화된 포트폴리오

효율적 시장가설을 배운 투자자는 분산화를 위해 삼성전자부터 SK하이닉스, 현대자동차 등 각 기업의 주식을 하나씩 추가하면서 포트폴리오를 구성할 것이다. 그런데 분산된 포트폴리오를 만들기 위해 몇 개의 주식을 사야 할까? 주식시장에 모든 주식이 정당한 가격으로 거래되고 있다면 차별 없이 모두 포트폴리오에 포함시키면 될 것이다. 그럼 각 주식의 투자액 비중은 어떻게 정해야 할까? 각 주식의 가치(주식가격×거래주식수량)가 주식시장에서 차지하는 비중을 따르면 된다. 가격이 정당하기 때문에 주식의 가치도 정당하므로 시장에서 각 주식이 차지하는 비중도 정당하다.

그런데 이런 포트폴리오를 만들려면 주식 하나하나를 사는 수고가 필요하다. 다행히 상장지수펀드(exchange traded index fund)가 있어서 분산된 포트폴리오를 쉽게 보유할 수 있다. 지수 펀드란 주식시장 전체를 구성하는 모든 주식이 시장 비중대로 다 포함된 포트폴리오이다. 이 펀드를 사면 다양한 주식을 한꺼번에 살 수 있다.

경제학자들의 연구에 의하면 대개의 지수 펀드 수익률이 전문가들이 적극적으로 주식을 선정해서 구성한 펀드 수익률보다 높다고 한다. 이 현상은 대부분의 국가에서 나타나는데 거래 수수료, 세금, 펀드매니저 수수료 등의 비용이 들어가기 때문인 것으로 추정된다. 간혹 지수펀드보다 높은 수익률을 올리는 펀드매니저들이 보고되기도 하지만 그들마저도 일관성 있게 높은 수익률을 유지하는 경우가 거의 없다.

행동재무학

주류 경제이론은 시장참여자들의 합리성이라는 기본가정에서 출발한다. 효율적 시장가설도 합리성에 기반한 경제이론이다. 그러나 놀랍게도 시장 참여자들의 비합리적 행동이 자주 나타나고 있다.

아래 [그림 3-4]의 그래프를 보자. 미국의 장기이자율과 주가 수익률 자료이다. 주가 수익률(price earnings ratio)은 주가를 주식 1주당 이익[5]으로 나눈 값으로 주가 수익률이 높으면 주가가 이익에 비해 높으므로 주식이 고평가되어 있거나 시장 참여자들이 이익이 높아질 것을 예상하여 높은 가격을 지불하고 있는 상태라고 말할 수 있다.

그림 3-4 미국의 장기 이자율과 주가 수익률

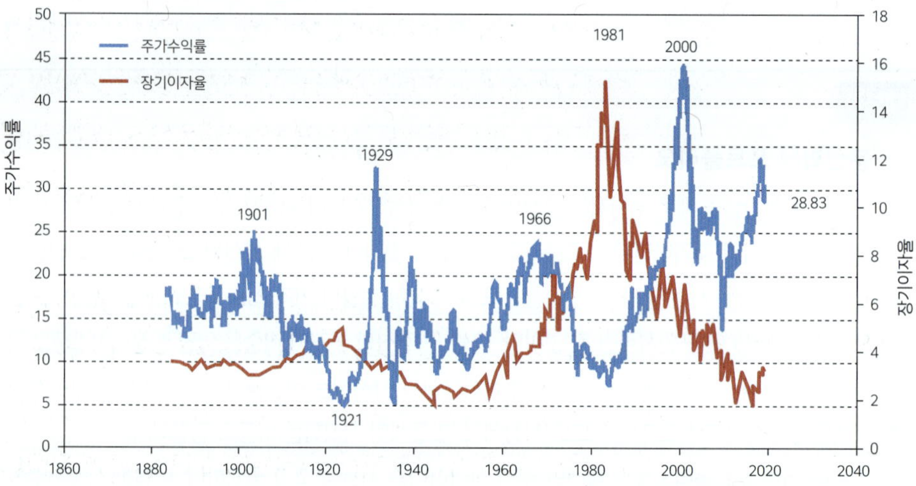

출처: Shiller, Robert J. Irrational exuberance: Revised and expanded third edition. Princeton university press, 2015.

그래프에서 눈에 띄는 점들을 정리해 보자. 첫째, 약 1940년부터 1970년까지 기간을 제외하고 이자율과 주가가 반대 방향으로 움직이는 경향이 보인다. 우리가 배운 대로 이자율과 주가 사이에 음(-)의 상관관계가 있는 것을 확인할 수 있다. 둘째,

5 "이익"은 주식투자 수익률이 아닌 기업이 발생시킨 재무제표상 이익을 의미한다.

1901년, 1929년, 1966년, 2000년에 주가가 급등하고 폭락하는 현상도 뚜렷하다. 기업의 가치인 주가가 단기간에 몇 백 배까지 불어났다가 증발한다는 것이 가능할까? 이 자료는 미국 상장기업 주가의 가중평균을 사용했으므로 이 현상은 일부 기업 때문에 발생한다고 볼 수 없다. 또 많은 국가들이 비슷한 현상을 겪었기 때문에 미국만의 특징이라고 치부하기도 어렵다. 주가는 원래 변동성이 크기 때문인가? 그럼 부동산을 살펴보자. 부동산은 생산요소 중 생산기여도가 일정한 편이고 거래가 빈번하지 않아 변동성이 크지 않을 것이기 때문이다.

그림 3-5 미국의 주택가격, 건축비용, 인구, 이자율

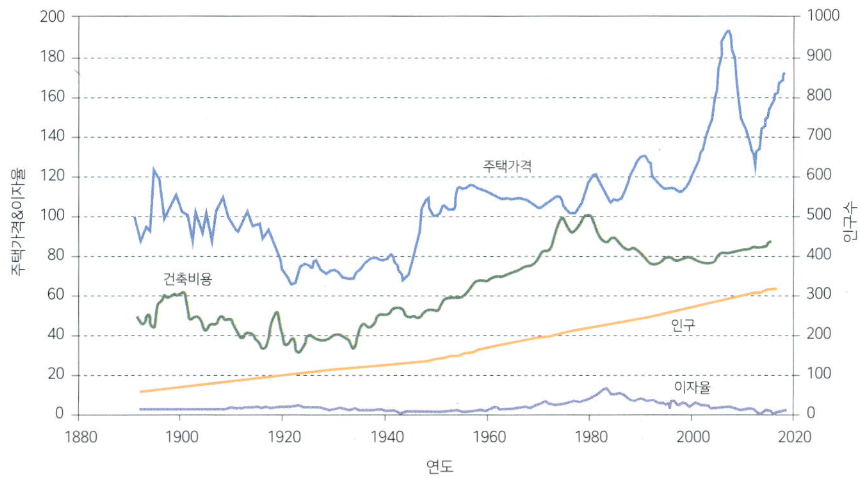

출처: Shiller, Robert J. Irrational exuberance: Revised and expanded third edition. Princeton university press, 2015.

그러나 [그림 3-5]를 보면 놀랍게도 부동산 가격 역시 주가와 마찬가지로 급등·급락이 지속적으로 나타나고 있다. 주택가격은 건축비용의 영향을 받는데 주택가격은 건축비용과 추세적으로 같이 움직이지만, 건축비용보다 변동성이 크다. 인구도 주택가격에 영향을 줌에도 불구하고 급등락하는 모습은 보이지 않는다. 많은 사람들이 대출을 받아 집을 사므로 이자율도 주택가격과 관계가 있다. 그러나 역시 이자율의 변동성은 주택가격의 변동성을 설명해주지 못하는 것으로 보인다.

이렇게 금융시장에서 합리적으로 설명하기 어려운 현상이 종종 관측된다. 이러한 현상을 설명하는 데 주목적을 둔 연구 분야가 행동재무학이다. 행동재무학이 따르면, 시장 참여자들이 정보에 대해 과민반응하여 가격이 폭등·폭락하는 이유는 참여자들이 시장을 지속적으로 관찰하는 능력이 없거나 자신의 능력을 과대평가하기 때문이다. 또, 시장 참여자들이 감정, 욕망, 공포 등에 휩싸여 남들을 따라 거래하는 '군집현상'이 원인일 수도 있다. 즉, 인간의 비합리성 때문에 금융시장의 비효율이 발생한다고 볼 수 있다.

예일대 로버트 쉴러 교수(Robert Schiller)와 시카고대 리차드 세일러(Richard Thaler) 교수가 행동경제학의 응용 분야로서 행동재무학을 발전시킨 공로로 노벨경제학상을 받았으리만큼 행동재무학은 경제학에서 중요한 분야로 자리매김 하고 있다.

3 채권

가계의 저축은 채권의 형태로도 투자되어 기업에게 공급된다. 우리가 은행에 예금하는 돈도 넓은 의미의 채권이다. 채권은 발행 시점에 미래가치와 이자율이 정해져 있어 주식과 대비하여 무위험 자산이라고 부른다.[6]

그림 3-6 대부자금 시장의 균형

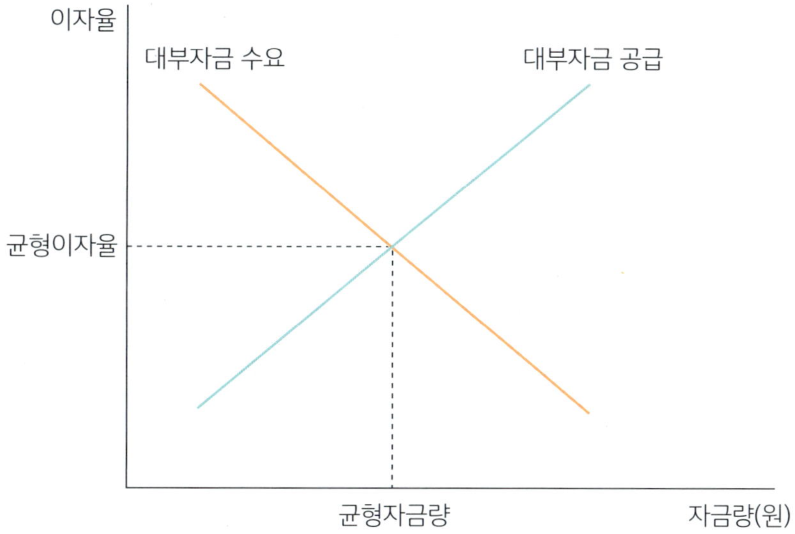

6 현실에서 돈을 빌린 사람이 반드시 돈을 갚는다는 보장이 없으므로 채권에도 위험이 여전히 존재한다. 반면 국가가 발행하는 채권인 국채는 위험 성도가 현저히 낮다. 이런 차이를 포괄하는 의미로 채권을 확정수익 또는 확정소득(fixed income) 자산이라고 부르기도 한다.

채권 가격산정에는 위에서 배운 현재가치법이 이용된다. 가령 액면가 52,000원, 이자율 5%, 만기 3년의 채권가격을 현재가치법으로 계산하면 44,919원이다. 오늘 44,919원을 내고 이 채권을 사면 5% 이자율이 적용되어 3년 후 52,000원을 돌려받게 된다.

$$p = \frac{F}{(1+R)^n} = \frac{52,000}{(1+0.05)^3} = 44,919$$

채권은 주식과 달리 정해진 이자율에 따라 미래가치를 지급하므로 이자율이 가장 중요한 요소이다. 제2장에서 이자율이 화폐의 가격과 같은 역할을 한다고 설명하였다. 같은 논리를 대부자금시장(loanable funds market) 또는 신용시장(credit market)이라고 부르기도 하는데 돈을 빌리고 빌려주는 시장이라는 의미에서 동의어로 사용해도 무방하다.

[그림 3-6]을 보면 대부자금 수요·공급곡선이 그려져 있다. *x*축과 *y*축은 화폐 수요·공급곡선 그림과 흡사하다. *x*축은 자금량(원), *y*축은 이자율(%)이다.[7] 대부자금의 수요곡선은 화폐 수요곡선과 동일하다. 생산시설의 확장을 위해 투자를 늘리려는 기업과 주택구입을 위해 대출이 필요한 가계가 대부자금이 필요하므로 이자율과 대부자금 수요 사이에는 음(-)의 관계가 있다. 대부자금의 공급원은 저축이다. 높은 이자율은 저축을 유인하므로 대부자금 공급과 이자율은 양(+)의 관계를 갖는다. 화폐공급곡선의 기울기는 수직인 데 반해 대부자금 공급곡선의 기울기는 우상향이다. 따라서 대부자금 수요·공급곡선은 재화나 서비스의 수요·공급곡선처럼 그리면 되고 대부자금 시장의 균형이 달성되는 과정도 동일하다고 생각하면 된다. 역시 대부자금시장 균형에도 초과수요나 공급이 존재하지 않는다.

7 제1장에서 배운 대로 경제 주체에게 의미가 있는 이자율은 명목이자율이 아니고 실질이자율이므로 대부자금시장의 이자율도 실질이자율임을 기억하자.

대부자금 수요·공급곡선의 이동

대부자금 수요는 무엇의 영향을 받을까? 각 이자율 수준에서 대출 의사를 강화시키는 요인들을 생각해 보자. **가계**가 주택시장 경기에 대해 낙관하여 주택을 구입하거나, 가계의 **선호**가 변화하여 소비를 늘리면 현재 시장이자율과 상관없이 대출수요가 늘게 된다. 예를 들어 고가의 가전제품이나 고급 승용차 같은 상품의 할부구매는 사실상 대출에 해당한다.

그림 3-7 **대부자금 수요의 증가**

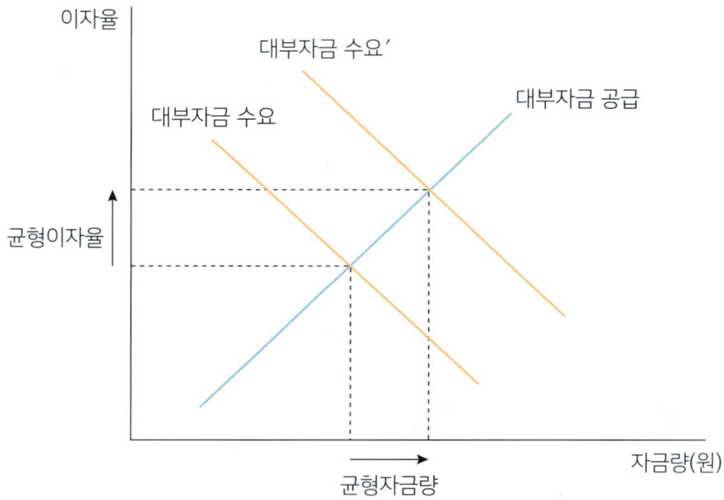

기업이 미래에 대한 **낙관적인 기대**를 하게 되면 투자를 늘리기 위해 차입을 하게 된다. 정부도 차입하기 때문에 **정부정책**도 대부자금 수요곡선에 영향을 줄 수 있다. 정부가 경기침체에 대응하여 확장재정을 시도하거나 선거공약 이행을 위해 복지지출을 증가시켜야 할 때, 만약 세수가 부족하면 채권을 발행하여 민간으로부터 돈을 빌려야 한다. 정부의 재정적자는 대부자금 수요를 증가시킨다. 이 같은 요인들 때문에 [그림 3-7]처럼 대부자금 수요곡선이 오른쪽으로 이동하면 균형이자율이 상승하고 대부자금 양이 증가한다. **조세**와 **보조금**도 대부자금수요에 영향을 미칠 수 있다. 기업이윤에 부과하는 법인세 인하, 기업투자에 대한 보조금 지급 또는 세액 공제는 투자유인을 강화시켜 대부자금 수요를 증가시킨다.

이제 대부자금 공급곡선을 생각해보자. 각 이자율 수준에서 저축의사를 강화시키는 요인들을 생각하면 된다. 가계가 미래 경제 상황에 대해 **비관적인 기대**를 가지면 저축은 증가한다. 이런 종류의 저축을 **예비적 저축**(precautionary saving)이라고 한다. 기업의 이윤 중 주주에게 배당으로 지급되지 않고 사내에 적립된 금액을 유보이익(retained earnings)이라고 한다. 기업은 유망한 사업의 적절한 투자 시기가 올 때까지 유보이익을 가계의 저축처럼 보유한다. 기업이 투자처를 못 찾거나 미래 경제 상황에 대해 비관적인 견해를 갖게 되면, [그림 3-8]에서 보이는 것과 같이 유보이익이 증가하여 공급곡선은 오른쪽으로 이동한다.

정부 정책 역시 대부자금 공급에 영향을 미친다. 이자소득은 과세대상이기 때문에 세율인하는 대부자금 공급에 대한 유인으로 작용한다. 대부자금 수요곡선의 이동을 설명하면서 언급했던 재정적자는 어떤 영향을 미칠까? 위에서 재정적자는 대부자금 수요곡선을 오른쪽으로 이동시킨다고 설명했다. 정부가 재정적자를 만회하기 위해 가계와 기업으로부터 돈을 빌리면 민간이 가진 대부자금 수요에 정부의 수요까지 더해져 대부자금 수요는 증가한다고 보았기 때문이다. 그러나 정부가 재정적자를 메우기 위해 민간으로부터 돈을 빌릴 때 가계와 기업이 빌릴 자금이 줄어들어 대부자금 공급이 축소된다고 볼 수도 있는 것이다([그림 3-9]).

어떻게 해석하든지 정부 차입 때문에 민간투자는 감소한다. 이렇게 정부의 차입으로 민간투자가 감소하는 현상을 **밀어내기**(crowding out)효과라고 한다. 정부가 대부자금시장에서 가계와 기업을 밀어내면 민간투자는 줄어들고 이자율은 상승한다.

그림 3-8 대부자금 공급의 증가

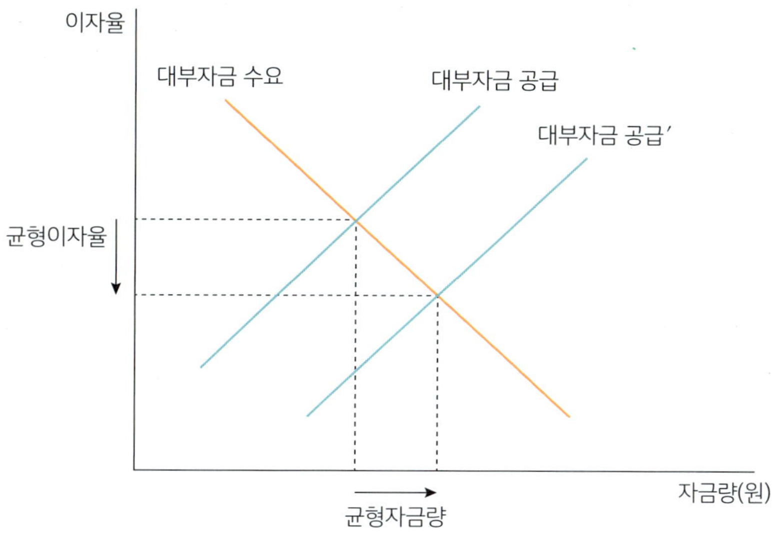

그림 3-9 밀어내기 효과

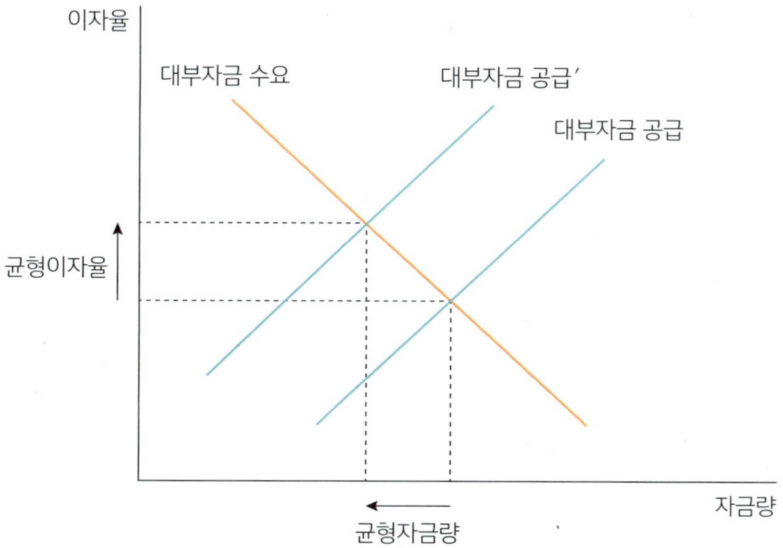

4 위험관리

금융시장의 대표적인 상품인 주식과 채권에 대해서 알아보았다. 이 두 가지 금융자산의 가장 큰 차이점은 위험의 정도이다. 따라서 위험에 대해 좀 더 자세히 생각해 볼 때가 되었다. 강원랜드 같은 카지노에는 수많은 게임 기계, 딜러, 테이블에서 도박을 하는 사람들로 가득 차 있다. 상상만 해도 위험한 곳으로 느껴진다. 그러나 우리는 일상생활에서 이미 불가피하게 수많은 도박을 하고 있다. 슈퍼마켓에서 처음 보는 물건을 사는 것부터 대학이나 직정을 선택하는 것까지 불확실성이 없는 인간의 활동은 거의 없다. 그렇기 때문에 위험관리는 매우 중요한 의사결정이다.

확대보기

도박

도박은 사행성이라는 성격 때문에 정부의 통제를 받는다. 도박은 카지노, 스포츠 배팅, 포커, 로또 등의 종류로 나누는데 2011년 약 3천억 달러였던 전 세계 도박 산업 매출액은 2016년 4천억 달러로 성장했다. 온라인 도박이 가능해졌다는 걸 고려하더라도 도박 산업의 성장세를 보면 사람들은 마냥 위험 기피적이지 않은 것 같다. 2016년 1인당 도박 손해액(단위: 미 달러)은 호주 $1,000, 싱가포르 $900, 아일랜드 $500, 핀란드 $430, 미국 $410 등의 순이다. 반면 도박 사업자들은 고객으로부터 수익을 챙겼다. 1인당 수익은 마카오 $1354, 호주 $736, 싱가포르$446, 필리핀 $404 등이다. 그런데 금융투자와 도박은 모두 수익을 목표로 위험을 감수하는 행위이지만 도박을 장려하는 나라는 없다. 왜일까? 바로 금융투자는 경제의 생산과 직결되기 때문이다. 금융투자는 경제주체의 여유자금을 기업의 생산으로 연결시켜 주지만 도박 수익은 카지노 수익일 뿐 생산성 있는 기업 활동으로 연결된다는 보장이 없다.

출처: casino.org

위험에 대한 성향

위험을 관리하기 위해 사람들이 위험에 대해 보이는 성향의 차이를 먼저 이해해야 한다. 위험 기피부터 살펴보자. 위험이라는 단어가 주는 공포감 때문에 많은 사람들이 자신을 위험 기피적이라고 생각하지만, 위험 기피를 정확하게 이해하지 못한 채 자신을 판단하는 경우가 많다. 위험기피는 어떻게 판단할까?

각각 50%의 확률로 100원을 받거나 100원을 지불해야 하는 게임이 있다고 가정하자. 이 게임으로부터 얼마를 벌 수 있을까? 이 게임을 무한 반복하면 내 호주머니에 얼마가 남을까? 직관적으로 이길 확률이 절반, 질 확률이 절반이고 이겼을 때와 졌을 때 똑같은 금액을 받거나 지불해야 하므로 결국 0원이 남게 된다. 이 0원을 기댓값이라고 부르는데, 기댓값이 0원이 게임을 **공정한 게임**(fair game)이라고 한다.

이렇게 공정한 게임조차도 할 의사가 없는 사람을 위험 기피적(risk averse)이라고 한다. 이 사람이 위험 시피적인 이유는 100원을 잃었을 때 느끼는 고통이 100원을 땄을 때 느끼는 행복보다 크기 때문이다. 이 고통과 행복이 우리가 이미 배운 효용이다. 한계효용이 체감하는 효용함수를 [그림 3-10]에 그려보았다. *X*축은 부(wealth)의 수준이고 *Y*축은 효용이다. [그림 3-10]에서 보다시피 현재 부의 수준 0에서 100원을 잃었을 때 감소하는 효용($U(0)-U(-100)$)이 100원을 얻었을 때 증가하는 효용($U(100)-U(0)$)보다 크다.[8] 위험 기피적인 사람은 괜히 게임을 해서 불확실하게 평균적으로 0원을 얻기보다 확실하게 0원을 보유하는 것을 선호하기 때문에 이 게임을 할 이유가 없다. 위험 기피적인 사람의 효용함수는 한계효용이 체감하는 모양을 갖고 있다.

효용함수를 다르게 그리면 어떻게 될까? 한계효용이 체감하지 않는 효용함수 중 가장 간단한 형태는 [그림 3-11]과 같은 직선이다. 이 효용함수를 가지고 있는 사람에게 100원을 잃었을 때의 고통($U(0)-U(100)$)과 100원을 땄을 때 느끼는 행복($U(100)-U(0)$)은 정확히 일치한다. 이런 사람을 **위험 중립적**(risk neutral)이라고 한다. 위험중립적인 사람은 게임을 해서 불확실하게 평균적으로 0원을 벌거나 확실하게 0원을 보유하거나 효용의 차이를 느끼지 않아 게임을 하든 안 하든 개의치 않는다.

이제 **위험 선호적**(risk loving)인 사람의 효용함수 모양을 짐작할 수 있을 것이다.

---

8 편의상 0원이 X축 가운데 있다고 가정하자.

100원을 땄을 때 느끼는 행복이 100원을 잃었을 때 느끼는 고통보다 크게 효용함수를 그리면 된다. 위험 선호적인 사람은 공정한 게임을 마다하지 않으며 [그림 3-12]처럼 한계효용은 체감하지 않고 체증한다.

그림 3-10 위험 기피적 투자자의 효용 함수

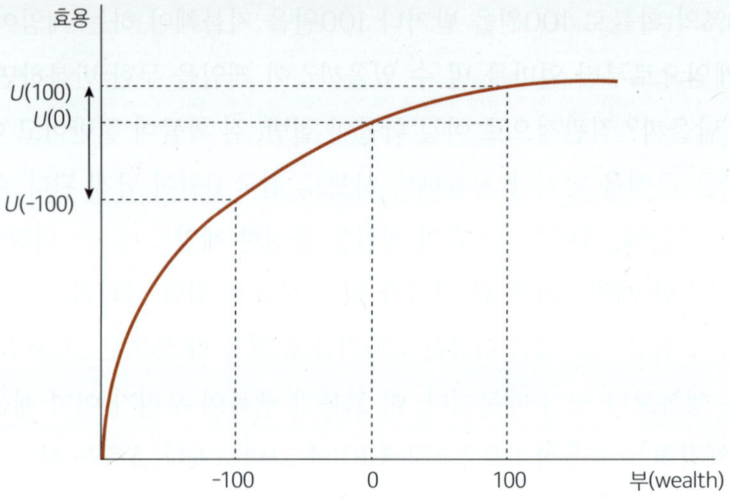

그림 3-11 위험 중립적 투자자의 효용함수

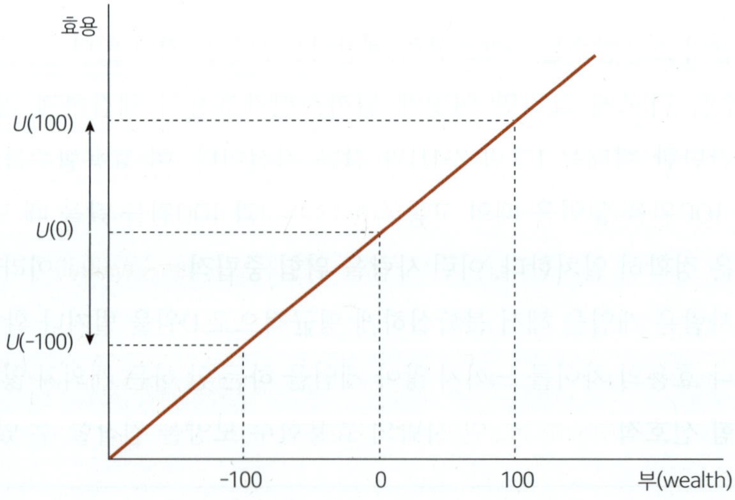

그림 3-12 **위험 선호적 투자자의 효용함수**

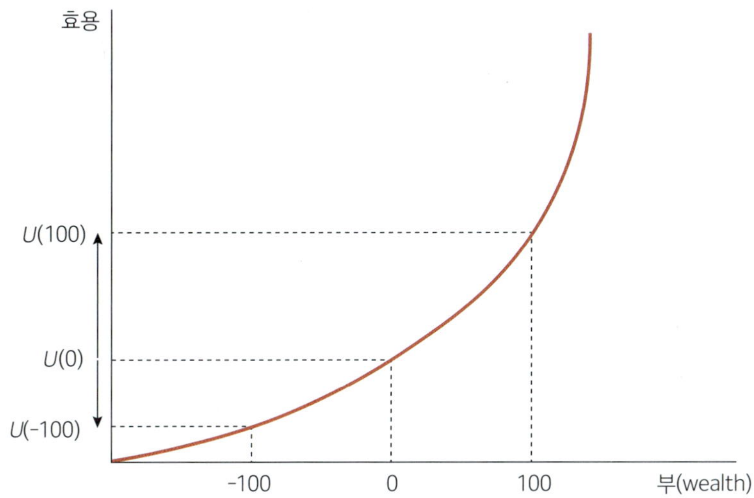

보험

위험 기피적인 사람의 대표적인 위험관리 방법은 보험이다. 보험은 위험을 감수하고 게임을 해서 100원을 딸 수도 있지만 잃었을 때 고통이 너무 크기 때문에 미리 돈을 지불하고 손실될 100원의 일부 내지 전부를 보전 받는 계약이다. 화재보험, 자동차 보험, 사망보험, 의료보험, 여행보험 등 보험의 종류는 다양하다. 대부분의 보험은 자발적으로 가입하는데 정부가 강제하는 보험도 있다. 예를 들어 국민건강보험이나 예금자들이 가입해야 하는 예금보험이다. 이 보험들이 강제적인 이유는 사람들이 보험에 가입하지 않았을 경우 직면해야 할 위험이 개인적으로나 국가적으로 너무 크기 때문이다.

물론 보험을 가입하는 것도 일정의 도박이다. 예를 들어 자동차 보험에 가입하고 무사고 운전을 했으면 괜히 보험에 돈을 썼다는 아쉬움이 든다. 그러나 막상 교통사고가 났을 때는 보험에 가입하길 잘했다고 안도한다. 보험을 판매하는 사람 입장에서도 보험은 도박이다. 그럼 보험가입자는 위험 기피적이기 때문에 보험에 가입하고 보험회사는 위험 선호적이어서 보험을 판매하는 것일까? 그건 아니다. 매일 교통사고를 일으키는 사람은 거의 없기 때문에 수많은 사람들에게 보험을 판매함으로써 사업을 유지한다. 교통사고를 당해 보험금을 청구하는 가입자는 전체 가입자 중 소수에 불과하다. 그리고 사회 전체의 효율성을 위해서 보험은 긍정적인 역할을 한다. 자동차 보험에 가입한다고 해서 사고위험이 낮아지진 않지만, 수많은 사람들이 함께 보험에 가입하고 사고가 났을 때 손실위험을 공동 부담한다. 이것을 위험공유(risk sharing)라고 부른다.[9] 위험공유는 가입자 한 사람의 사고위험을 전체 가입자들이 조금씩 나눠 부담하는 것으로 위험분산으로 볼 수도 있다.

분산투자

'계란을 한 바구니에 담지 마라'는 격언은 투자에도 위험분산이 응용될 수 있다는 점을 시사한다. 주식시장의 예를 들어보자. 개별기업이나 개별산업이 감수하는 불확실성이 제각각이기 때문에 주가도 다르게 움직인다. 개별기업에만 국한되는 위험을 비체계적 위험(unsystematic risk)이라고 한다. 임직원의 경영능력이나 사업 고유의 불확실성을 비체계적 위험의 예로 들 수 있다. 반대로 체계적 위험(systematic risk)은 개별기업뿐만 아니라 모든 기업에 동시에 영향을 미치는 위험이다. 그 어떤 기업도 피해갈 수 없는 위험인데 경기 변동, 인플레이션, 이자율 등 거시경제 불확실성이 대표적인 체계적 위험이다. 투자자의 포트폴리오 전체 위험은 이 두 위험을 더한 값이 된다.

포트폴리오 위험 = 비체계적 위험 + 체계적 위험

고위험 사업을 하는 기업에 투자하더라도 이와 다른 방향으로 주가가 움직이는 기업이나 산업에 분산투자하면 주가 등락이 서로 상쇄되어 비체계적 위험이 감소한다. 투자기업을 다양화할수록 비체계적 위험은 감소하는데 더 이상 포트폴리오 위험이 감소하지 않을 때까지 다양화하면 된다.[10] 그러나 거시경제적 불확실성 같은 체계

9 보험제도가 위험공유의 순기능을 갖고 있음에도 불구하고 역선택(adverse selection)과 도덕적 해이(moral hazard)라는 문제점도 갖고 있다. 자세한 사항은 제6장을 참고하기 바란다.

10 효율적 시장가설에 의하면 가장 우월한 분산투자는 시장에서 거래되는 모든 주식을 포트폴리오에 포함하여 포트

적 위험은 모든 기업에 영향을 주어서 분산투자로 상쇄할 수 없다.

그림 3-13 **위험 선호적 투자자의 효용함수**

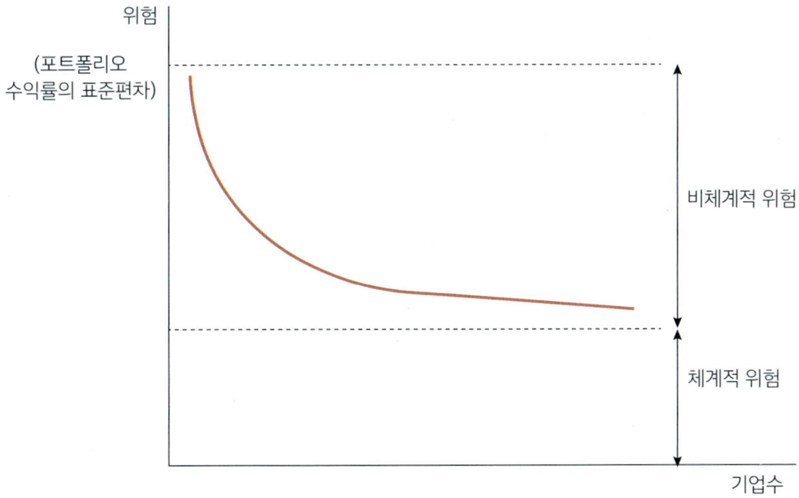

폴리오가 시장 전체를 반영하게 구성하는 것이다.

5 금융기관

금융시장이 작동하려면 자금을 매개해 줄 중개인이 필요하다. 이 중개인을 '금융기관'이라고 한다. 금융기관은 통상 예금 금융기관(depository financial intermediaries)과 비예금 금융기관(non-depository financial intermediaries)으로 나뉘고, 예금 금융기관은 은행과 비은행 금융기관으로 비예금 금융기관은 금융 투자업자, 보험사 등으로 구분한다.

예금 금융기관

대표적으로는 은행이 있다. 은행의 주요기능은 수신과 여신이다. 가계로부터 예금을 받는 행위를 수신, 기업에 자금을 대출하는 행위를 여신이라고 한다. 은행은 이 과정에서 예금 이자율과 대출 이자율의 차이로 수익을 낸다. 또 은행은 예금자들에게 수표와 카드를 발행해주어 재화와 서비스 거래를 활성화해 준다. 은행의 업무를 파악하기 위해 은행 회계가 어떻게 구성되는지 분석해 보자. 회계학적으로 자산은 부채와 자본의 합이다.

자산 = 부채 + 자본

자산 - 부채 = 자본

자산과 부채 및 자본이 기록된 서류를 재무상태표라고 하는데 위 식에서 보다시피 자산은 부채와 자본의 합과 동일해야 한다. 아래 A은행의 재무상태표를 보자. A은행은 예금을 받기 때문에 항상 부채가 있다. 가계가 예치한 요구불예금 100원이 기록되어 있다. 타 금융기관으로부터 자금이 필요할 때 장·단기로 돈을 빌려 30원의 채무가 있다. 따라서 총부채는 130원이다.

이제 A은행이 부채를 일으켜 무엇을 했을지 자산을 보면서 파악해보자. 법률로 강제된 지급준비금부터 예치했을 것이다. 30원이다. 기업이나 다른 금융기관에 70원을 빌려줘 장·단기투자도 했다. 나머지는 현금으로 보유 중인데 50원이다. 자산 총계는 150원이다. '자산=부채+자본'의 항등식이 맞아야 하므로 A은행의 자본금은 20원임을 알 수 있다.

자산		부채 및 자본	
지급준비금	30	요구불예금	100
장·단기 투자	70	장·단기 채무	30
현금	50	부채	130
		자본	20
총계	150	총계	150

비예금 금융기관

비예금 금융기관은 비은행 예금취급 기관(상호저축은행, 신용조합, 우체국 예금), 금융투자업자(투자매매중개업자, 집합투자업자, 투자자문업자), 보험회사 등으로 구분된다. '금융투자업자'라는 용어가 다소 생소하게 들릴 수 있지만 NH투자증권, 삼성증권, KB증권 같이 증권 매매를 중개하는 증권사를 생각하면 된다. 집합투자는 펀드를 말한다. 펀드는 2인 이상의 투자자가 모은 금전을 주식, 채권, 부동산, 파생상품 등의 자산에 투입하여 수익을 내는 투자형태다.

금융시장에서 차지하는 거래액으로 자산관리회사(asset management company)가 매우 큰 비중을 차지하는데, 우리나라에서는 증권사 등이 이 역할을 담당하고 있다.[11] 이들은 주식·채권 등 증권 판매를 주선하고 거래를 중개하며 대표적으로 뮤추얼펀드(mutual funds)[12]같은 상품을 판매한다. 뮤추얼펀드는 증권투자를 목적으로 설

11 본서에서 말하는 자산관리회사는 부실기업의 채권이나 자산을 넘겨받아 관리하는 기관인 '한국자산관리공사'와 구별하여 이해해야 한다.

12 우리나라의 경우 외국과 다르게 뮤추얼펀드보다는 계약형 펀드가 흔하나 경제적 기능은 동일하다.

립된 회사이며 투자자들은 이 회사의 주식을 매수하여 투자금을 공급한다. 투자금은 자산운용사 펀드매니저가 운용하고 수익을 내어 투자자들에게 돌려준다.

사모펀드(private equity)는 일반 대중이 투자할 수 있는 뮤추얼펀드와 달리 소수의 고액 자산가들이 비공개적으로 조성한 펀드이다. 투자금을 공개적으로 모집하는 공모펀드와 다르게 사적으로 모집하기 때문에 사모라고 부른다.

헤지펀드(hedge funds)는 사모펀드의 일종으로 자산가나 여유자금이 있는 재단, 대학 등의 기관이 조성한 펀드이다. '헤지'라는 단어는 사전적으로 위험회피를 의미하지만, 역설적으로 상당히 많은 헤지펀드는 고위험 고수익을 추구하는 투자체이다. 예를 들어 버려진 부동산이나 파산 직전의 회사를 사들이는 등 매우 공격적인 투자 기법을 사용한다.

벤처캐피탈펀드(venture capital funds)는 창업을 계획하고 있거나 이제 막 창업한 기업에 투자하는 사모펀드이다. 구글 같은 성공한 대기업들도 대부분 창업 초기에 벤처캐피탈의 투자를 받았다. 그러나 신생기업은 투자 결정의 근거가 되는 과거 실적이 없기 때문에 벤처캐피탈의 투자도 위험이 높다.

보험사 CEO 71% "물가상승+금리인상에…경기침체 온다"

국내 보험사 최고경영자(CEO) 10명 중 7명은 급격한 금리 인상과 인플레이션(물가상승)으로 인한 경기침체 가능성을 높게 보는 것으로 조사됐다.

12일 보험연구원의 '2022년 보험회사 CEO 설문조사' 결과에 따르면 설문에 응답한 국내 38개 보험사 CEO 중에서 71.1%가 인플레이션과 금리 급등으로 인한 경기침체 가능성이 '높다'고 판단했다. 경기침체 가능성이 '매우 높다'고 응답한 CEO의 비중도 15.8%에 달했다.

설문에 응답한 대부분의 CEO는 올해부터 확대되고 있는 인플레이션 위협이 1~2년 내에 해소 가능한 단기적 현상으로 전망했다. 다만 현재의 높은 인플레이션이 보험산업의 성장성과 수익성을 저해할 것으로 판단했다. 인플레이션 확대가 보험 수요와 보험금 청구액, 사업비 등 다양한 경로를 통해 보험회사 건전성과 수익성에 부정적인 영향을 미칠 수 있다는 것이다.

급격한 금리 상승도 보험회사의 성장성에 부정적으로 작용할 것이라고 분석했다. 금리 상승은 부채비중이 높은 보험사들의 재무 건전성에 악영향을 끼친다.

손해보험사의 CEO들을 중심으로 자동차보험이나 실손의료보험에서 자주 발생하는 보험사기 등 도덕적 해이의 심각성에 대한 우려도 컸다.

보험사기 대응 방안으로는 보험사기 처벌 강화, 의료이용 적정성 심사제도 개선, 보험사기 관련 정보 공유 등이 필요하다는 응답이 높게 나왔다.

신사업영역으로 중점을 두고 있는 분야로는 건강관리서비스, 간병 및 요양 서비스 등 건강과 관련된 사업영역이 주를 이뤘다.

생명보험회사의 향후 2~3년간 주력 상품 전략은 건강보험, 종신보험과 같은 보장성보험 선택 비중이 높은 것으로 나타났으나, 2021년에 비해 연금보험과 변액보험 비중이 확대됐다.

손해보험회사의 주력 상품 전략은 2021년과 거의 동일한 비중(46.2%)으로 장기인보험이 가장 많았으나 2021년에 비해 장기물보험과 배상책임보험에 대한 선호가 상승했다.

내년에 보험업계에 도입되는 새로운 회계제도인 IFRS17과 K-ICS에 대한 준비 수준은 대체적으로 잘 진행되고 있다고 자평했다. 준비 수준이 보통을 넘어선다는 응답 비중이 2021년 77.0%에서 2022년 81.6%로 4.6%포인트 올랐다.

인플레이션, 금리 상승 등 경제환경 변화가 새로운 세노 도입 효과에 어떤 영향을 미칠 것인지에 대한 질문에는 부정적이라는 응답과 긍정적이라는 응답이 비슷한 비율이었다.

보험연구원 관계자는 "올해 설문조사 결과 보험회사 CEO들은 급격한 경제환경 변화와 새로운 회계제도 도입으로 작년보다 단기 현안에 집중하는 모습이었다"며 "과거 경험해보지 못한 고금리, 저성장 환경이라는 부정적인 여건에서 보험회사는 성장성 및 수익성 유지를 위한 상품 전략, 판매채널 전략, 보험금 누수 억제, 사업비 관리 등의 현안에 집중이 필요하다"고 밝혔다.

[출처: 아시아경제, 2022.10.12.]

[https://view.asiae.co.kr/article/2022101116025685907]

학습내용정리

- 금융시장은 가계, 기업, 정부의 여유자금이 거래되는 시장으로 여유자금을 필요한 사람에게 공급해 주는 역할을 한다. 한 경제의 저축은 투자로 연결되는데 그 통로가 바로 금융시장이다.
- 회사의 소유권을 나타내기 위해 회사 이름으로 주주에게 발행하는 증서가 주식이다. 주식은 불확실성이 내재된 기업의 가치를 반영하므로 변동성이 큰 위험자산이다.
- 기업가치 분석을 위해 기업의 재무제표와 미래 전망을 분석하는 방법을 기본적 분석이라고 한다. 과거 주가와 주식거래량 등을 이용해 미래의 가격을 예측할 수 있다고 보고 주가예측을 시도하는 방법을 기술적 분석이라고 한다.
- 자산에 관한 정보가 시장에 도달하자마자 순식간에 퍼져 자산가격에 바로 반영되면 시장은 효율적이라고 한다. 주식시장이 효율적이면 모든 주식은 적정하게 평가되어 있어 주식을 선정하는 데 노력을 들일 필요가 없다.
- 이자율과 대부자금량은 대부자금시장의 수요·공급에 의해 결정된다. 대부자금의 수요·공급은 경제주체의 기대·선호 그리고 정부 정책의 영향을 받는다.
- 수익의 기댓값이 0인 게임을 공정한 게임이라고 한다. 위험 기피적인 사람은 공정한 게임을 할 용의가 없으나, 위험 선호적인 사람은 공정한 게임을 할 용의가 있다.
- 보험은 위험분산과 위험공유의 기능을 갖고 있다.
- 포트폴리오 위험은 비체계적 위험과 체계적 위험으로 구성된다. 비체계적 위험은 분산화를 통해 제거할 수 있지만, 체계적 위험은 제거할 수 없다.
- 금융기관은 은행과 비은행 금융기관으로 구분된다. 은행의 주요업무는 수신과 여신이다. 비은행 금융기관은 비은행 예금취급 기관(상호저축은행, 신용조합, 우체국예금), 금융투자업자(투자매매중개업자, 집합투자업자, 투자자문업자), 보험회사 등이 포함된다.
- 비은행 금융기관 중 자산관리회사, 사모펀드, 헤지펀드, 벤처캐피탈펀드의 역할이 중요해지고 있다.

예시문제

서술형

1. 주식과 채권의 특징과 두 증권의 차이점을 설명하시오.

2. 기본적 분석과 기술적 분석의 특징을 각각 설명하시오.

3. 밀어내기 효과(crowding out) 에 대해서 설명하시오.

4. 체계적 위험과 비체계적 위험의 차이점에 대해 설명하시오.

빈칸 채우기

1. (   )은 가계, 기업, 정부의 여유자금이 거래되는 시장으로 여유자금을 필요한 사람에게 공급해주는 역할을 한다.

2. 가계가 미래 경제 상황에 대해 비관적인 기대를 가지면 저축은 증가한다. 이런 종류의 저축을 (   ) 이라고 한다.

3. (   )는 사모펀드의 일종으로 자산가나 여유자금이 있는 재단, 대학 등의 기관이 조성한 펀드이다.

4. 금융시장에서 차지하는 거래액으로 (   )가 매우 큰 비중을 차지하는데, 우리나라에서는 증권사 등이 이 역할을 담당하고 있다.

예시문제

O·X 문항

1. 국민건강보험, 화재보험, 사망보험은 모두 가입자의 의지로 자발적으로 가입해야 한다.

2. 행동 재무학은 시장 참여자들이 합리적이라는 기본 가정에서 출발한다.

3. 기업이 미래에 대한 비관적인 기대를 하게 되면 투자를 늘리기 위해 차입을 하게 된다.

4. 금융기관은 통상 예금 금융기관과 비예금 금융기관으로 나뉜다.

04

금융중개기관

1 금융상품
2 금융시장
3 금융회사
4 금융유관기관

학습개요

본 장에서는 금융시장에 존재하는 다양한 금융상품의 속성을 살펴본다. 금융상품이 거래되는 금융시장 및 금융자산을 개발·운용·판매하는 금융회사의 역할에 대해서도 검토한다. 그리고 민간 금융회사들이 자발적으로 제공하기 어려운 공공금융서비스를 공급하는 금융유관기관의 특성에 대해 학습한다.

학습목표

- 주요 금융상품의 기본 속성을 구별할 수 있다.
- 금융시장의 종류와 특징을 이해한다.
- 은행, 보험회사, 금융투자회사 등 여러 금융회사들의 역할을 파악하여 설명할 수 있다.
- 금융유관기관의 기능 및 역할을 이해한다.

1 금융상품

일반 시장에서 상품들이 거래되는 것과 마찬가지로 금융시장에서는 금융상품이 거래된다. 금융상품을 구입하는 사람들, 즉 금융소비자들은 자신의 목적에 맞는 상품을 골라서 선택할 수 있다. 자신이 가진 돈을 안전하게 관리하기를 원하는 사람들도 있고 또 자신이 가진 돈의 가치를 크게 키우기를 원하는 사람들도 있으며, 또 어떤 사람들은 위험에 대비하기 위한 보험상품을 원하는 경우도있다. 아래에서는 금융상품의 종류를 살펴본다.

한 가지 유의할 점은 일부 금융상품의 경우 일반적인 재화나 서비스와 달리 해당 금융상 품의 구매자가 누구냐에 따라 가격이나 거래조건이 달라질 수 있다는 것이다. 예를 들어, 대출상품의 경우 차입자의 신용도나 담보로 제시할 자산이 있느냐 등에 따라 대출금리가 달라질 수 있다. 자동차 보험료도 보험 가입자의 사고 경력이나 나이 등 여러 조건에 따라 달라질 수 있는데 이는 일반적인 재화나 서비스에서는 찾기 어려운 점이다.

저축상품

안전성 · 수익성 · 유동성을 기준으로 보면 저축상품은 수익성보다는 안전성과 유동성이 높은 금융상품이다. 저축은 목적에 따라 입출금이 자유로운 보통예금, 목돈마련을 위한 정기 적금, 목돈을 불려나가는 거치식 예금인 정기예금 등 다양한 상품에 가입할 수 있다. 보통예금은 이자가 아주 낮은 대신에 입출금이나 송금이 자유롭고 신용카드나 체크카드의 결제 계좌로 활용될 수 있는 장점이 있다.

대출상품

대출이란 돈이 필요한 가계나 기업 등에 돈을 빌려주고 일정기간 후 상환하도록 하는 금융상품으로 돈을 빌려주는 대가로 이자를 수취한다. 대출상품은 주택이나 자동차, 예금 등을 담보로 저당권·질권을 설정하고 돈을 빌려주는 담보대출과 담보 없이 개인이나 기업의 신용으로 대출을 받는 신용대출로 나눌 수 있다. 담보대출은 금융회사의 입장에서보면 대출받은 사람이 돈을 갚지 못할경우 담보로 잡은 자산을 매각하여 원금을 되찾을 수 있기 때문에 일반적으로 신용대출보다 대출금리가 낮다.

금융투자상품

금융상품은 투자성이 있는 금융투자상품과 투자성이 없는 비금융투자상품으로 나눌 수 있다. 여기서 투자성이란 투자한 원금의 손실 가능성이 있는 경우를 말한다. 금융투자상품은 장래에 이익을 얻거나 손실을 회피할 수 있도록 해주는 금융상품을 말하는데, 투자에 대한 성과를 얻을 수 있지만, 손실을 볼 위험도 있다. 금융투자상품 중 원금까지만 손실이 발생할 가능성이 있는 상품으로는 주식, 채권, 펀드 등이 있고, 원금을 초과하여 손실이 발생할 가능성이 있는 상품으로 파생상품 등이 있다.

그림 4-1 금융투자상품의 분류

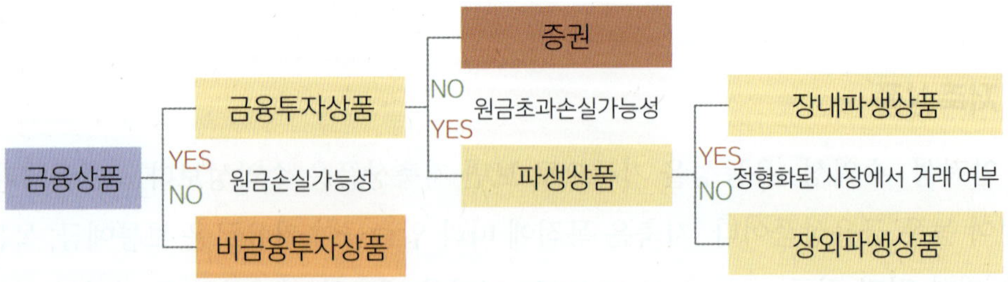

보험상품

보험은 질병, 재해, 사망 등 각종 사고와 같은 위험에 대비한 보장을 받기 위하여 가입하는 금융상품이다. 평소에 보험료를 내고 사고가 발생했을 때 보험회사로부터 약정된 보험금을 받아 경제적 손실을 만회할 수 있는 금융상품이다. 그러나 사고가 발생하지 않으면 낸 보험료는 돌려받지 못하는 것이 일반적이다.

보험상품은 사람의 생존과 사망을 주된 보험사고로 하는 생명보험이 있고 사고로 인한 재 산상의 손해를 보상하는 손해보험이 있다. 또한 사람의 질병이나 상해 또는 이로 인한 간병을 대상으로 하는 질병보험, 상해보험, 간병보험이 있다. 그 외에 보증보험, 재보험 등이 있다. 보험은 일반적으로 장기 계약이 많고 중간에 해지하면 손해를 보기 때문에 특히 신중한 선택이 요구된다.

연금상품

연금상품은 저축이나 투자상품처럼 구조면에서 다른 상품과 구분되는 것이 아니라, 안정적인 노후생활이라는 특정 목적을 위해 만들어진 상품으로 형태가 다양하다. 개인이 금융시장에서 가입할 수 있는 대표적인 연금상품은 세액공제를 받을 수 있는 연금저축과 발생한 이자나 수익에 비과세하는 연금보험이 있는데, 연금저축은 연금저축신탁, 연금저축펀드, 연금저축보험으로 구분된다. 그 밖에도 즉시연금, 월배분형 연금펀드 등 다양한 연금상품이 만들어지고 있으나 공통적인 특성은 유동성이 매우 낮게 설계된다는 점이다. 노후 준비라는 장 기적인 목적을 위해 꾸준히 저축하고 오랫동안 나누어 쓸 수 있도록 유도하는 것이 연금상품의 가장 큰 특성이기 때문이다.

확대보기

새로운 금융서비스 형태

오픈뱅킹(open banking)은 금융회사(정보제공기관)가 보유하는 고객의 금융정보를 고객의 동의를 받아 제3자(정보수취기관)에게 API(Application Programming Interface)를 사용하여 제공하는 것을 의미한다. 제3자 금융회사는 이 정보를 바탕으로 금융상품이나 서비스를 만들거나 판매한다. 우리나라에서는 은행의 송금·결제망을 표준화시키고 개방해서 하나의 애플리케이션으로 모든 은행의 계좌 조회, 결제, 송금 등을 가능하게 했다.

2019년 10월 30일 시범 운영이 시작돼, 같은 해 12월 18일 정식 가동됐다. 이와 같은 오픈뱅킹의 핵심은 API이다. API는 특정 서비스를 제공하는 업체가 자신들의 서비스에 접근할 수 있도록 그 방법을 정하는 것으로 해당 프로그램을 동작하게 할 때 사용하는 명령문, 송수신하는 데이터 형식 등을 정하는 것이다. 오픈뱅킹에 따라 핀테크기업 등 신규 진입업체들이 은행과 고객의 중간에서 고객의 결제지시를 대행하거나 계좌정보를 포함한 금융정보를 고객에게 제공할 수 있게 된다. 나아가 고객의 정보를 바탕으로 고객에게 대출이나 예금 등 금융상품을 소개하거나 자문서비스를 제공할 수도 있다.

<오픈뱅킹의 기본구조>

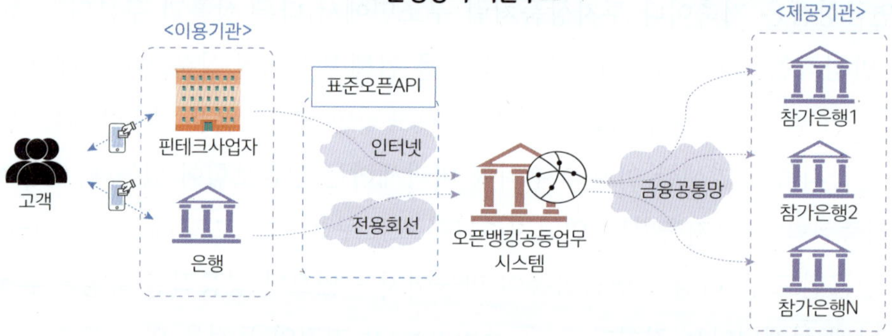

출처: 금융감독원, 은행과 핀테크 기업 모두가 참여하는 오픈뱅킹 서비스가 전면 시행됩니다.
(보도자료, 2019. 12. 18)

오픈뱅킹의 도입에 따라 다양한 경제적인 영향이 기대된다. 우선 고객 관점에서 제3자 신규업체 등과의 정보 공유에 따라 거래 개선, 상품에 대한 접근과 비교가 가능하게 된다. 금융업자의 관점에서는 소비자 친화적인 서비스 제공 및 신규시장 진출 기회가 제공된다. 둘째, 오픈뱅킹은 종래의 은행-고객관계를 근본적으로 변화시켜 고객 중심으로 전환시킬 수 있다. 셋째, API를 통해 금융상품이나 서비스의 '분화'(unbundling) 및 '재결합'(rebundling)이 활발해질 수 있다. 마지막으로 오픈뱅킹은 은행에 대한 접근성 및 경쟁 강화, 금융정보의 신속한 전파 등 다양한 공적 기능을 수행할 것으로 예상된다.

디폴트옵션 금융상품 수익률 5%로 '첫 발'…노후 형편 나아질까

[앵커]

그동안 퇴직연금 수익률은 연 1~2%에 머무르며 '쥐꼬리 수익률'이란 오명이 늘 붙어 다녔죠. 그래서 금융투자업계의 오랜 숙원이었던 사전 지정 운용제도 즉, 디폴트옵션이 본격 도입되는데요.100여 개가 넘는 상품들이 승인을 받았는데, 원리금 보장상품의 수익률은 기존 상품보다 소폭 높은 5%대 수준인 것으로 나타났습니다. 많은 상품들이 승인됐네요. 구체적으로 몇 개나 됩니까.

[기자]

220개의 디폴트옵션 상품이 신청됐고, 금융감독원과 고용노동부가 심의를 통해 165개 상품을 승인했습니다. 4개 중에 3개 꼴로 승인을 받은 겁니다. 대부분의 퇴직연금 사업자들이 근로자의 노후 소득보장 강화와 사전 지정 운용제도의 성공적 안착을 위해 원리금 보장상품의 금리를 기존보다 높게 잡았습니다. 승인 상품의 금리는 11월 원리금 보장상품 기준으로 5.13%입니다. 미국을 비롯해 영국, 호주, 일본 등 주요 국가의 평균 수익률 6~8% 보다는 낮은 편입니다. 하지만 국내 기존 퇴직연금 원리금 보장상품의 평균 수익률보다는 높게 형성됐습니다. 근로자는 퇴직연금사업자로부터 제시받은 디폴트옵션 상품 중 하나의 상품을 고르게 되는데요. 위험자산과 안전 자산의 비중을 자동으로 조절해주는 펀드 상품인 TDF나 밸런스드 펀드, 혹은 이보다 더 안정적인 걸 원하면 원리금 지급형 상품 등 본인의 상황에 맞게 선택을 하면 됩니다. 어떤 상품을 고를지 모르겠을 땐 가입한 금융기관을 통해 도움을 받을 수도 있습니다. 한편 업계에선 디폴트옵션이 도입되면서 2024년까지 국내 주식시장에 최대 25조 원의 자금이 유입될 것으로 기대를 하고 있는데요. 가뜩이나 수급 공백으로 불안했던 국내 증시에 변동성을 줄일 수 있는 요인이 될 것으로 보입니다.

[출처: SBS Biz, 2022. 11. 03]
[https://biz.sbs.co.kr/article/20000087662?division=NAVER]

2 금융시장

1 금융시장

농산물 시장에서는 농산물 생산자인 농부가 공급자가 되고 일반 소비자들이 수요자가 되며, 거래되는 상품은 쌀·콩·채소·과일과 같은 농산물이다. 금융시장도 다른 시장과 마찬가지로 수요자와 공급자 그리고 상품이 있어야 한다. 금융시장이란 기업, 가계, 정부 등 경제주체들이 금융상품을 거래하여 자금을 조달하고 여유자금을 운용할 수 있도록 자금수요자 와 자금공급자가 금융거래를 하는 곳이다.

금융시장에서 중요한 자금수요자의 하나는 기업이다. 기업은 생산을 위해 설비를 갖추어야 하고 근로자를 고용한다. 특히 설비투자를 위해서는 장기간에 상당한 자금을 동원해야 한다. 가계도 자동차나 주택 구입과 같이 일시적으로 대규모 지출이 필요한 경우에는 자신들의 소득만으로 지출을 감당할 수 없기 때문에 자금수요자가 될 수 있다. 정부 역시 조세수입보다 지출이 많은 경우에 자금의 수요자가 된다. 이 밖에 외국도 자금의 공급자나 수요자가 될 수 있다.

자금의 공급자는 본인들의 수입이나 소득이 지출보다 큰 사람들로 단순히 돈을 보관하는 것이 아니라 적극적으로 돈을 증식시키려고 한다. 이들은 저축뿐 아니라 채권이나 주식을 포함한 다양한 금융상품을 구입하여 이자나 배당소득 그리고 매매차익을 얻는다.

2 직접금융과 간접금융

직접금융은 기업과 같이 자금의 수요자가 발행하는 증권을 자금의 공급자가 직접 매수하여 자금을 이동시키는 방법이다. 금융시장에서 회사채나 주식 발행을 통해 자금을 조달하는 것이 대표적인 사례이다. 회사채(채권)는 기업이 일정 기간 후(만기)에 정해진 액면금액과 일정한 이자를 지급할 것을 약속하는 증서를 말하며, 주식은 주식회사의 자본을 이루는 단위로서 주주의 권리와 의무를 나타내는 증권이다.

직접금융은 기업들이 원하는 금액의 자금을 장기로 조달할 수 있는 장점이 있기 때문에 기업의 장기설비 투자를 위한 자금 조달에 용이하다. 그러나 주식의 발행은 기업의 지배구조에 영향을 미치는 측면이 있고, 회사채의 발행은 신용도에 따라서 높은 금리를 지불하거나 발행 자체가 어려운 측면이 있다. 한편 정부도 직접금융시장에서 국채를 발행하여 재정자금을 조달할 수 있다.

간접금융은 직접금융에 대비되는 개념으로서 자금의 공급자와 수요자 사이에 은행 등의 금융회사가 개입하는 형태이다. 은행이 일반인으로부터 예금을 받아 자금이 필요한 기업에게 대출해 주는 것이 대표적인 사례이다. 여기서 간접금융의 자금거래는 두 단계를 거쳐 이루어진다. 첫 번째 단계는 자금의 공급단계로 자금공급자가 금융회사에게 자금을 맡기고 금융회사는 자금공급자에게 예금증서등을 교부하는 단계이다. 두 번째 단계는 자금의 수요단계로 금융회사가 자금을 수요자에게 제공하고 차용증서를 교부받는 단계로 구성된다.

여기서 한 가지 유의할 사항은 간접금융이 이루어지는 과정에서 금융계약의 성격이 변화한다는 점이다.

그림 4-2 **직접금융과 간접금융**

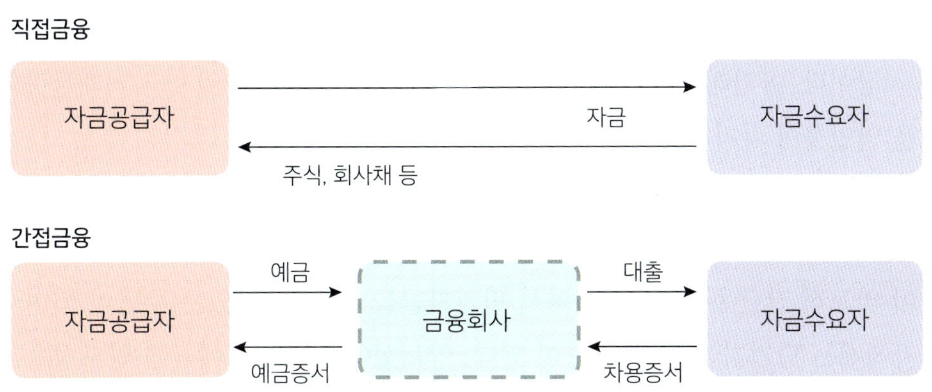

직접금융의 경우에는 기업이 발행한 회사채나 주식이 투자자에게 그대로 전달된다. 반면 은행의 간접금융에서는 예금자와는 예금계약을, 대출자와는 대출계약을 맺게 된다. 예금과 대출이 서로 다른 금융상품인 것은 자명하다. 대출은 일반적으로 예금에 비해 만기가 길며, 유동성이 낮고, 부도위험이 높다. 이처럼 간접금융의 과정에서 금융계약의 성격이 변화되는 것을 자산변환(qualitative asset transformation)이라고 부른다.

은행 등 금융회사는 자산변환 기능을 제공하면서 다양한 위험에 노출될 수 있다. 만기의 차이에 따른 금리위험, 유동성의 차이에 따른 유동성 위험 및 부도위험 등이다. 하지만 이러한 위험을 반영하여 일반적으로 대출금리가 예금금리보다 높은 수준에서 정해지기 때문에 은행의 수익이 된다. 대출금리와 예금금리 간의 차이(NIM: Net Interest Margin)는 은행의 주요 수 입원 중 하나이다.

3 금융시장의 종류

단기금융시장과 장기금융시장

금융시장은 금융상품의 만기에 따라 단기금융시장(자금시장)과 장기금융시장(자본시장)으로 구분할 수 있다. 금융상품의 만기란 금융회사에 맡기거나 금융회사로부터 빌린 자금을 되돌 려 받거나 갚아야 하는 기한이다.

단기금융시장에서는 콜(Call), 기업어음(Commercial Paper), 양도성예금증서(Certificate of Deposit) 등 통상 만기 1년 이내의 금융자산이 거래된다. 콜시장은 금융회사 상호간에 자금과부족을 일시적으로 조절하기 위한 초단기 자금거래가 이루어지는 시장이다. 콜거래는 최장 90일 이 내로 만기가 제한되어 있으나 거래물량의 대부분을 익일물이 차지하고 있다.

기업어음은 신용상태가 일정 수준 이상의 양호한 기업 또는 금융회사가 단기자금을 조달하기 위해 발행한 증권이다. 기업어음은 기업 등 발행자가 자기신용을 이용하여 비교적 간단 한 절차를 거쳐서 단기자금을 조달할 수 있는 수단이 되며 자금 공급자에게는 단기자금 운용 수단이 된다. 양도성예금증서는 예금에 양도성을 부여한 증권으로서 요구불예금증서와 정기 예금증서가 있다. 양도성예금증서는 기업어음과 마찬가지로 할인방식으로 발행되며 발행금 리는 발행금액 및 기간, 발행 금융회사의 신용도, 시장금리 등을 감안하여 결정된다.

장기금융시장은 자금수요자가 장기자금을 조달하기 위해 발행하는 유가증권이 발행 또는 유통되는 시장이다. 장기금융시장은 보통 만기가 1년을 초과하는 회사채, 국채, 통화안정증권 등이 거래되는 채권시장과 만기가 영구적인 것으로 간주되는 주식시장으로 나눌 수 있다.

발행시장과 유통시장

금융시장은 발행시장과 유통시장으로도 분류할 수 있다. 발행시장은 주식이나 채권을 발 행하여 투자자로부터 돈을 빌리는 시장이고, 유통시장은 이미 발행된 채권이나 주식이 투자자들 사이에서 거래되는 시장이다. 유통시장에는 주식시장, 채권시장, 선물시장 등이 있는데, 만기가 정해진 상품일지라도 쉽게 현금화할 수 있고, 시장가격도 이곳에서 결정된다. 유통시장에서 거래가 원활하지 않은 주식이나 채권은 발행시장에서 인기가 없게 마련이다. 마찬가지로 발행시장에서 인기가 없어서 규모가 작고 가격이 낮은 주식이나 채권은 유통시장에서도 인기가 없다. 이와 같이 발행시장과 유통시장은 서로 밀접한 관계를 가지고 있다.

거래소시장과 장외시장

유통시장은 거래소시장과 장외시장으로 구분된다. 거래소시장은 금융상품을 판매하고 구입하는 장소와 거래의 형식이 일정하게 표준화되어있기 때문에 모든 거래가 집중되고 가격 및 거래정보가 누구에게나 잘 알려지며 거래의 익명성이 보장되어 거래 상대방이 누구인지 알려지지 않는다는 특징이 있다. 한편 장외시장은 특정한 규칙 없이 거래 당사자 간에 매매가 이루어지는 시장이다.

우리나라는 한국거래소가 증권과 파생상품의 원활한 거래와 가격형성을 담당하고 있다. 2005년에는 주식·채권 등을 거래하는 증권거래소, 선물 및 옵션을 거래하는 선물거래소, 기술주 중심의 주식을 거래하는 코스닥증권시장 등 3곳을 한국거래소로 통합하였다. 이에 따라 한국거래소에서는 주식, 채권, 상장지수펀드(ETF), 상장

지수증권(ETN) 및 파생상품 등을 모두 거래하고 있다.

장외시장은 주로 증권회사를 매개로 거래가 이루어지는데, 증권회사는 매도 또는 매수를 원하는 투자자와 반대거래를 원하는 상대방을 연결시켜 거래를 중개한다.

3 금융회사

1 금융회사의 종류

금융회사가 오랜 역사를 통해 사회의 요구에 맞춰 발전하게 되면서 점차 금융회사 사이에 분업이 나타나게 되었다. 금융회사는 취급하는 금융서비스의 성격에 따라 은행, 비은행 예금 취급기관, 보험회사, 금융투자회사, 기타 금융회사 등으로 구분할 수 있다.

2 은행

은행은 예금 또는 채무증서 등을 통해 불특정 다수인으로부터 자금을 조달하고 기업, 가계 등에 대출하는 금융회사이다. 은행은 은행법에 의거해 설립되어 운영되는 일반은행, 개별 특수은행법에 의거해 설립되어 운영되는 특수은행, 그리고 외국은행 국내지점으로 구분된다.

은행의 업무는 고유업무, 부수업무 그리고 겸영업무로 구분된다. 은행법에 규정된 은행의 고유업무는 예적금 수입, 유가증권 또는 채무증서 발행, 자금의 대출, 어음할인 및 내·외국 환이다. 부수업무는 이와 같은 은행의 고유업무에 부수하는 업무로서 채무보증, 어음인수, 상호부금, 보호예수 등이 있다. 겸영업무는 다른 업종의 업무 중 은행이 영위할 수 있는 업무로서 「자본시장과 금융투자업에 관한 법률」 상의 집합투자업과 집합투자증권에 대한 투자 매매·중개업 및 투자자문업, 신탁업, 「여신전문금융업법」 상의 신용카드업, 「근로자퇴직급여 보장법」상의 퇴직연금사업 등이 있다.

한편 은행은 영업지역을 기준으로 전국을 영업대상으로 하는 시중은행과 주로 특정지역을 기반으로 하는 지방은행으로 나누어볼 수 있고, 설립목적에 따라 일반은행과 특수은행으로 구분할 수 있다. 특수은행은 수출이나 산업발전이라는 국가의 목표에 부응하기 위해 설립되었지만 이익이 낮아서 일반은행들이 참가하지 않는 영역의 업무를 담당하기도 한다. 특수 은행으로는 한국산업은행, 한국수출입은행, 중소기업은행, 농협은행, 수협은행이 있다. 한국 산업은행은 1954년 전후 복구지원을 중점적으로 지원하기 위해 설립되었으며 기업구조조정, 미래성장동력 발굴, 사회간접자본 확충 등 시장경제를 보완하는 역할을 담당하고 있다. 한국 수출입은행은 수출입·해외투자·해외자원개발 등에 필요한 자금을 공급하며, 중소기업은행은 담보여력이 없거나 신용도가 낮은 중소기업을 지원하기 위하여 설립된 은행이다. 농협은행은 농업인과 농업협동조합에 필요한 금융서비스를 제공하는 역할을 담당하며, 수협은행은 어업인과 수산업협동조합에 필요한 각종 금융서비스를 제공한다.

<table>
<tr><td rowspan="9">은행</td><td rowspan="4">일반은행</td><td>시중은행</td></tr>
<tr><td>지방은행</td></tr>
<tr><td>인터넷전문은행</td></tr>
<tr><td>외국은행 국내지점</td></tr>
<tr><td rowspan="5">특수은행</td><td>한국산업은행</td></tr>
<tr><td>한국수출입은행</td></tr>
<tr><td>중소기업은행</td></tr>
<tr><td>농협은행</td></tr>
<tr><td>수협은행</td></tr>
<tr><td rowspan="5">비은행예금취급기관</td><td colspan="2">상호저축은행</td></tr>
<tr><td colspan="2">우체국예금</td></tr>
<tr><td rowspan="3">상호금융</td><td>신용협동조합</td></tr>
<tr><td>농업협동조합, 수산업협동조합, 산림조합</td></tr>
<tr><td>새마을금고</td></tr>
</table>

보험회사	생명보험회사
	손해보험회사
	우체국보험
금융투자회사	증권회사
	선물회사
	자산운용회사
	투자자문회사
	신탁회사
기타 금융회사	금융지주회사, 여신전문금융회사(신용카드사, 리스사, 할부금융사, 신기술사업금융사)

확대보기

은행의 기원

은행의 기원에 대해서는 여러 가지 설이 있지만, 많은 문헌에서 유럽의 금(金) 세공업자로부터 은행이 탄생했다고 전하고 있다. 과거 금이 돈을 대신하여 거래되던 시기에는 금이 부피와 무게 제약으로 가지고 다니기가 쉽지 않았고 간혹 중량과 순도에 있어서 말썽이 나기도 했다. 이러한 단점을 해결하고자 사람들이 약간의 보관료를 지불하면서 금 세공업자에게 금을 맡겼는데, 이는 금 세공업자가 튼튼한 금고를 가지고 있어 안전한 보관이 가능하고 순도 또한 보증받을 수 있기 때문이었다. 이후 사람들이 금을 직접 주고받는 것보다 금 세공업자가 발행한 보관증을 이용해 상거래를 하게 되면서 맡겨둔 금을 실제로 찾으러 오는 경우가 드물어졌다. 그러자 금 세공업자들은 보관하고 있는 금을 가지고 돈이 필요한 사람에게 대출을 시작했고 그에 대한 이자를 받아 돈을 벌기 시작했다.

금 세공업자가 막대한 부를 축적하게 되면서 금을 맡긴 주인들이 금 세공업자가 자신들의 금을 이용해 돈을번다는 사실을 알아차리고 항의하자, 금 세공업자는 대출로 발생하는 이익의 일부를 금 주인들에게 나누어 주었는데 이것이 오늘날 예금 이자의 개념이 된다.

이처럼 금 세공업자들이 맡아둔 금보다 많은 보관증을 발급하여 대출하는 순간 은행가(banker)가 된 것이라고 할 수 있다. 그럼 어떻게 맡아둔 금보다 더 많이 보관증을 남발할 수 있었을까? 이는 금 세공업자들의 경험에 따라 사람들이 금을 맡긴 후 찾아 쓰는 비율은 통상 맡긴 금의 10% 정도에 불과하다는 사실을 알게 되었기 때문이다. 이 10%라는 수치는 현재 은행이 사용하고 있는 지급준비율의 토대가 된다.

은행들이 지급준비금으로 얼마나 남기느냐에 따라서 예금통화의 크기가 결정된다. 100만 원의 현금이 예금으로 들어올 때 예금 금액의 10%만 현금으로 남겨도 된다면 90만 원을 대출해줄 수 있다. 현금을 대출받은 고객이 다른 은행에 90만 원을 맡기면 다시 예금을 받은 은행은 10%인 9만 원만 남기고 81만 원을 대출해줄 수 있다. 81만 원을 예금으로 받은 세 번째 은행은 8.1만 원만 남기고 나머지를 다시 대출해줄 수 있다. 이런 과정을 반복해서 거치면 최초의 100만 원 현금 예금이 900만 원의 대출을 가능하게 해준다. 예금통화 창조 금액은 지급준비금의 역수가 된다. 지급준비율이 20%면 5배의 통화량이 새로 만들어지고 지급준비율이 10%라면 10배의 통화량이 만들어질 수 있다.

	한국은행	A은행	B은행	C은행	합계
화폐발행	100				100
예금		100	90	81.0	1,000
지급준비금		10	9	81	100
대출		90	81	72.9	900

3 비은행 예금취급기관

상호저축은행은 흔히 저축은행이라고 부르는데 지역 서민들과 기업을 대상으로 여수신 업무를 주로 하고 있다. 신용도가 낮은 개인이나 기업을 대상으로 하기 때문에 대출금리가 은행보다는 높지만 대신에 예금금리도 높다. 상호저축은행은 1972년 사금융 양성화 목적으로 상호신용금고법을 제정하면서 설립되었다. 당시 은행은 제한된 금융자본을 경제성장을 위한 기업부문에 주로 공급하였다. 그 결과 서민들은 사금융기관을 통하여 자금을 빌릴 수 있었다. 그러나 이들 사금융기관은 부실경영 등으로 서민들에게 막대한 피해를 주고 금융 질서를 문란하게 하는 경우가 많았다. 이에 따라 정부는 사금융기관을 양성화하여 전문적 서민 금융 기관으로 육성하기 위하여 상호신용금고법을 제정하였다. 상호저축은행은 전문적 서민 금융 기관으로서 서민들에 대한 금융서비스 확대를 도모한다는 설립 취지에 맞추어 총여신의 일 정비율 이상을 영업구역내 개인 및 중소기업에 운용해야 한다.

직장·지역 단위의 신용협동조합과 새마을금고, 농어민 협동조합인 지역 농·수협, 그리고 산림조합 등은 조합원에 대한 여수신을 통해 조합원 상호간 상호부조를 목적으로 운영되는데 이를 상호금융이라고도 한다.

우체국예금은 농어촌 등 민간 금융 취약지역 주민들의 편의를 도모하기 위해 전국에 고루 분포되어있는 체신관서를 금융창구로 활용하고 있다. 우체국예금은 국가가 경영하는 우정 사업본부가 관리하고 있기 때문에 예금의 원리금을 정부가 지급할 책임을 지고 있다.

확대보기

이자수익과 수수료 수익

은행의 주요 수입원은 이자수익과 비이자수익으로 구분할 수 있다. 이자수익은 은행이 예금고객에게 지불하는 예금이자와 예금으로 받은 돈을 필요한 사람에게 '대출'해주고 받은 대출이자 간의 차이로 벌어들이는 수익이다. 비이자수익은 수수료수익이라고도 하는데 환전할 때 발생하는 환전수수료, 증빙서류를 발급할 때 받는 수수료, 펀드 및 방카슈랑스 판매 수수료, 송금수수료, 문자통지 서비스 수수료 등 이자수익이 아닌 다른 분야에서 발생하는 수익을 통틀어서 일컫는 말이다. 과거에는 은행의 업무 특성상 전통적 업무에 발생하는 이자수익이 은행 수익의 많은 부분을 차지했으나 저금리 기조로 들어서면서 이자수익이 줄어들고 있는 추세이다.

4 보험회사

보험회사는 생명보험, 손해보험 등 보험업을 취급하는 금융회사를 말하는데 생명보험업은 사람의 생존과 사망에 관하여 사건이 발생(사망)했을 때 약정한 보험금을 지급하는 일을 담당한다. 반면 손해보험은 사고로 인하여 발생하는 손해의 보상을 담당한다. 생명보험과 손해보험은 서로 분리된 보험으로 겸영하지 않지만 사람의 질병, 상해 또는 이로 인한 간병을 대상으로 하는 보험인 질병보험, 상해보험, 간병보험은 생명보험회사나 손해보험회사들이 자유롭게 취급할 수 있다.

보험회사 중에 보증보험을 전담하는 회사들도 있는데 보험계약자로부터 보험료를 받고 보험계약자가 피보험자에게 약속을 이행하지 못하거나 피해를 끼쳤을 때 대신 보험금을 지급하는 업무를 담당한다. 서울보증보험은 일반적인 보증보험을 담당하고 있으며, 기술보증 기금은 기술평가시스템에 근거하여 기술혁신형기업의 보증을, 주택도시보증공사는 주택분양 보증, 임대보증금 보증, 조합주택시공 보증, 전세보증금반환 보증, 모기지 보증 등을 담당한다.

재보험은 보험회사가 피보험자로부터 계약한 보험내용의 일부나 전부를 다른 보험회사에 다시 보험을 드는 보험제도이다. 재보험은 대형 사고와 같이 큰 경제적 보상이 필요하여 한 개의 보험회사가 감당하기 어려운 경우에 위험을 분산하는 보험제도로서 우리나라에는 재보험만 전문으로 하는 코리안리재보험(주)가 있다.

5 금융투자회사

2009년부터 시행된 「자본시장과 금융투자업에 관한 법률」(이하 자본시장법)은 금융투자업무를 투자매매업, 투자중개업, 집합투자업, 투자일임업, 투자자문업, 신탁업의 여섯 가지 업무로 구분하고 금융투자업무 전부 또는 일부를 담당하는 회사를 금융투자회사라고 부른다.

| 표 4-1 | 자본시장법상 금융투자업의 종류

종류	내용	예
투자매매업	금융회사가 자기자금으로 금융투자상품으로 금융투자상품을 매도·매수하거나 증권을 발행·인수 또는 권유·청약·승낙하는것	중권회사 선물회사
투자중개업	금융회사가 고객으로 하여금 금융투자상품을 매도·매수하거나 증권을 발행·인수 또는 권유·청약·승낙할 수 있도록 중개하는 것	중권회사 선물회사
집합투자업	2인 이상에게 투자를 권유하여 모은 금전 등을 투자자 등으로부터 일상적인 운영지시를 받지 않으면서 운영하고 그 결과를 투자자에게 배분하여 귀속시키는 것을 영업으로 하는 것	자산운영회사
신탁업	신탁법에 의한 신탁을 영업으로 하는 것	신탁회사 증권회사

투자자문업	금융투자상품의 가치 또는 투자판단에 관하여 자문을 하는 것을 영업으로 하는 것	투자자문회사 증권회사 자산운영회사
투자일임업	투자자로부터 금융상품에 대한 투자판단의 전부 또는 일부를 일임받아 투자자별로 구분하여 자산을 취득 · 처분 그 밖의 방법으로 운영하는 것을 영업으로 하는 것	투자일임회사 증권회사 자산운영회사

금융투자회사 중 가장 쉽게 접할 수 있는 증권회사는 자본시장에서 주식, 채권 등 증권의 발행을 주선하고 발행된 유가증권의 매매를 중개하는 것을 주요 업무로 하고 있다. 은행이 예금자의 예금을 받아서 기업에 대출을 해주는 것과는 달리 증권회사는 기업과

투자자를 직접 연결시킨다는 점에서 은행과는 업무성격이 다르다. 즉, 은행 예금자는 자신의 돈을 대출받아가는 사람이 누구인지 알 수 없으나, 증권회사를 통해서 어떤 기업의 주식을 매입한 투자자는 그 기업의 주주가 되고 그 기업에 대하여 주주의 자격에 근거한 여러 권리를 행사할 수 있게 된다.

자산운용회사는 투자자로부터 자금을 투자받아 펀드를 설정 · 운용하고 그 결과를 투자자 에게 배분하는 것을 주된 업무로 하고 있다. 펀드의 투자수익률은 투자전략과 이를 구현하는 자산운용회사 및 펀드매니저의 역량에 따라 달라질 수 있다. 따라서 투자자들은 펀드 투자에 앞서 투자설명서를 통해 투자전략, 자산운용회사, 펀드매니저 등 펀드 관련 정보를 확인하는 것이 중요하다.

투자자문회사는 투자자로부터 주식, 펀드, 채권 등 금융투자상품 등에 대한 투자일임업이나 투자자문업을 주로 하는 금융회사를 말한다. 하지만 단기간 고수익을 내세우며 정체를 알 수 없는 운용전략으로 투자자를 현혹하는 미등록 투자자문회사들이 적지 않다. 이 경우 금융감독원 금융소비자 정보포털 파인(http://fine.fss.or.kr)에 방문하여 '제도권 금융회사 조회 서비스'를 통해 등록된 금융회사인지 확인해 보고 이 서비스에 이름이 조회되지 않는 회사라면 한 번쯤 의심해 볼 필요가 있다.

6 기타 금융회사

먼저 금융지주회사는 금융과 지주회사를 합한 말로 주식의 보유를 통해 은행, 증권회사, 보험회사 등 1개 이상의 금융회사를 자회사로 소유하고 경영하는 지주회사를 의미한다. 금융지주회사가 되기 위해서는 사업계획, 대주주요건, 재무 및 경영관리 등에 필요한 요건을 갖추고, 금융위원회의 인가를 받아야 한다. 2020년 말 기준 금융지주회사로는 신한금융지주, 하나금융지주, KB금융지주, 농협금융지주, 우리금융지주, BNK금융지주, DGB금융지주, JB 금융지주(이상 은행지주회사), 한국투자금융지주(비은행지주회사), 메리츠금융지주(보험지주회사) 등 10개가 있다.

금융회사 중에서 고객의 예금을 바탕으로 돈을 빌려주거나 투자를 하는 경우도 있지만, 고객으로부터 예금을 수취하지 않고 자체적으로 자금을 조달하여 가계나 기업에 돈을 빌려주는 금융회사들이 있다. 신용카드, 시설대여(리스), 할부금융 그리고 신기술사업금융업을 영위하는 회사가 여신업무를 전문적으로 수행하는 금융회사들이다.

신용카드 회사는 전형적인 여신전문 금융회사인데 소비자가 구입하는 상품의 가격을 미리 지불하고 결제일에 한꺼번에 금액을 받거나 나누어서 갚게 하고, 그 기간 동안에 발생하는 이자소득이나 사용수수료로 수입을 올린다.

리스회사는 건물, 자동차, 기계, 사무기기 등을 구입하여 사용자에게 대여하여 사용료를 받는 일을 한다. 리스 서비스를 이용하는 소비자는 자산관리의 부담이나 한꺼번에 많은 자금 을 마련할 필요가 없는 장점 때문에 리스회사를 이용한다.

할부금융은 판매사나 제조사에서 상품을 구입할 때 할부금융회사가 미리 돈을 내고 소비자는 일정기간 나누어서 갚는 것을 말한다. 따라서 할부금융회사는 상품구매액을 초과하는 자금을 대출할 수 없다. 그리고 할부금융 자금은 상품 구입 목적 이외에 다른 목적으로 대출받는 것을 방지하기 위해 소비자에게 대출하지 않고 판매자에게 직접 지급하도록 되어 있다. 금융 회사 이름에 주로 '○○캐피탈'이라는 이름이 붙은 금융회사들이 전형적인 할부금융회사이다. 한편 대부업은 정식 금융회사로 분류되지는 않으며, 주로 급전이 필요한 사람한테 금전을 대부하거나 대부계약에 따른 채권을 양도받아 이를 추심하는 것을 업으로 한다. 대부업은 1997년 외환위기 이후 가계의 자금수요 증가 등으로 빠르게 성장하였다. 그러나 불법적인 채권추심, 고금리 부과 등이 사회문제가 되면서 대부업의 투명성 확보와 대부금융 이용자 보호가 주요 과제로 제기되었다. 대부업은 2002년 8월 「대부업 등의 등록 및 금융이용자 보호에 관한 법률」이 제정되면서 양성화되었다.

확대보기

전당포의 대출업무

전당포는 역사가 매우 오래된 금융업이라고 할 수 있다. 서기 650년 무렵의 당나라 시대까지 거슬러 올라간다고 한다. 전당포에서는 시계나 반지 등 물건을 담보 잡아 소액의 현금을 빌려주는 담보부 대출업무를 취급하는데 일반적으로 담보물의 가치에 비해 훨씬 낮은 금액을 빌려준다.

흥미로운 것은 이처럼 간단한 업무구조가 전당포 업무의 강점이라는 점이다. 미국 MIT의 홀름스트룀 교수에 따르면 전당포업의 백미는 담보물의 가치보다 훨씬 낮은 금액을 빌려줌으로써 담보물의 정확한 가치를 따지는 수고를 덜어준다는 데 있다. 돈을 빌려오는 입장에서도 약속한 기간 내에 돈을 갚기만 하면 자신의 담보물을 되찾을 수 있기 때문에 문제가 되지 않는다. 만일 담보물 가치를 정확하게 매기기 위해 돈을 빌려주는 쪽과 빌려오는 쪽이 협상을 벌인다면 그 시간과 비용이 간단치 않을 것이다. 홀름스트룀 교수는 이러한 업무구조가 전당포로 하여금 그토록 오랜 시간 동안 존속할 수 있도록 해주었다고 분석한다. 나아가 그는 동일한 분석 이 은행의 담보대출이나 담보부 채권에도 적용될 수 있으며 이 점에서 대출시장이나 채권시장이 주식시장과 크게 다르다고 설명한다.

4 금융유관기관

1 금융감독원

금융감독원의 설립 목적은 금융산업을 선진화하고 금융시장의 안정성을 도모하며, 건전한 신용질서, 공정한 금융거래관행 확립과 예금자 및 투자자 등 금융수요자를 보호함으로써 국민경제에 기여하는데 있다. 금융감독원은 「금융감독기구의 설치 등에 관한 법률」에 따라 은행감독원, 증권감독원, 보험감독원, 신용관리기금 등 기존 4개 감독기관이 통합되어 1999년 1월에 설립되었다. 그 후 2008년 2월에 개정된 「금융위원회의 설치 등에 관한 법률」에 따라 금융감독위원회가 금융위원회로 개편되면서 현재의 금융감독원으로 자리잡게 되었다.

금융감독원은 정부조직과는 독립된 특수법인으로 되어 있는데 이는 금융감독업무와 관련하여 금융감독기구가 정치적 압력 또는 행정부의 영향력에 의해 자율성을 잃지 않고 중립적이고 전문적인 금융감독 기능을 구현하기 위함이다. 금융회사에 대한 감독업무, 이들 회사의 업무 및 재산상황에 대한 검사와 검사결과에 따른 제재업무, 금융분쟁의 조정 등 금융소비자 보호업무 등의 기능을 수행하고 있다.

금융감독을 기능면에서 크게 구분하면 시스템 감독, 건전성 감독 그리고 영업행위 감독으로 구분할 수 있다. 시스템 감독은 경제 전반에 걸친 금융혼란에 대비하여 금융시스템의 안정성을 확보하는 데 주력하는 것이며 건전성 및 영업행위 감독보다 넓은 개념이다. 건전성 감독은 개별 금융회사의 재무제표의 건전성, 자본적정성 및 각종 건전성 지표를 통해 금융회사의 건전성을 감독하는 것이고, 영업행위 감독은 금융회사가 소비자들과의 거래에서 공시(公示), 정직, 성실 및 공정한 영업관행을 유지하고 있는지 감독하는 것으로 소비자 보호 측면에 중점을 둔 것이다.

금융회사의 검사는 금융회사의 취급 업무를 사후 교정적인 측면에서 확인 및 점검하여 감독정책이 시장에서 작동되도록 실효성을 확보하기 위한 것이다. 금융회사의 업무 현장에서 규제준수 여부를 점검하는 현장검사(on-site examination)를 실시한다. 이와 병행하여 금융회사의 임직원과 면담, 조사출장, 영업실태 분석, 재무상태 관련 보고서 심사, 경영실태 계량평가, 기타 각종자료 또는 정보의 수집 분석을 통하여 문제의 소지가 있는 금융회사 또는 취약 부문을 조기에 식별하여 현장검사 실시와 연계하는 상시감시도 수행한다. 또한 자본시장의 공정성 확보를 위한 불공정거래나 보험사기 조사업무도 수행한다.

이 외에도 금융감독원은 소비자가 직접 제기하는 민원의 상담, 조사 및 분쟁조정, 금융교육 등을 통한 금융이해력을 높이기 위한 업무 등을 담당하고 있다.

이러한 금융감독원의 각종 업무는 궁극적으로 금융회사와의 거래 관계에서 금융회사에 비해 협상력, 정보력 등이 부족한 금융소비자를 보호하고, 공정한 금융거래 질서를 확립하는 기능을 수행한다.

2 한국은행

한국은행은 우리나라의 중앙은행으로 화폐를 독점적으로 발행하는 발권 은행이다. 화폐의 발행 외에 한국은행이 하는 가장 중요한 역할은 물가안정을 위해 통화신용정책을 수립하고 집행하는 것이다. 한국은행이 채택하고 있는 통화정책 운영체제는 물가안정목표제이다. 물가안정목표제는 통화량 등의 중간 목표를 두지 않고 정책의 최종 목표인 '물가상승률' 자체를 목표로 설정하고 중기적 시계에서 이를 달성하려 하는 통화정책 운영방식이다.

한국은행의 금융통화위원회는 기준금리(정책금리)를 정하고 여타 통화신용정책에 관한 결정을 내린다. 금융통화위원회는 한국은행의 통화신용정책에 관한 주요 사항을 심의·의결하는 정책결정기구로서 한국은행 총재 및 부총재를 포함하여 총 7인의 위원으로 구성된다.

그림 4-3　물가안정목표 및 대상물가지표 상승률

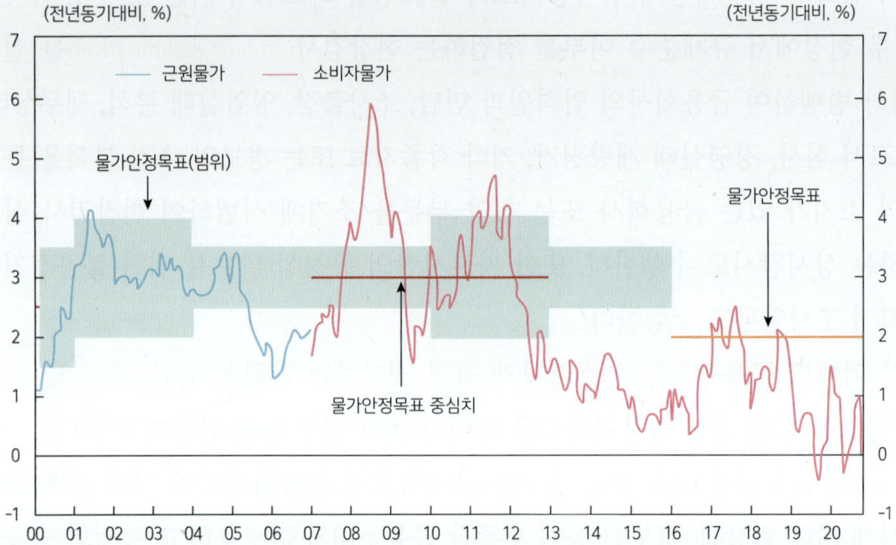

*근원물가(식품·에너지 제외)

출처: 한국은행(http://www.bok.or.kr)

한국은행은 금융안정을 위해서도 노력하고 있다. 금융회사를 상대로 예금을 받아 금융회사 고객의 예금인출에 대비한 지급준비금 등으로 예치하도록 하고 금융회사에 대출을 해주며 자금부족에 직면한 금융회사가 순조롭게 영업을 할 수 있도록 도와주는 등 은행의 은행이며 국민이 정부에 내는 세금 등 정부 수입을 국고금으로 받아 두었다가 정부가 필요로 할 때 자금을 내주는 정부의 은행이기도 하다. 또한 2004년 1월 개정 한국은행법에 의거하여 지급 결제시스템을 안정적이고 효율적으로 운영해야 하는 책무도 부여받았다. 이에 따라 한국은행은 지급결제제도 운영 및 관리규정의 개정, 지급결제시스템에 대한 안정성 및 효율성 평가, 지급결제리스크 감축을 위한 제도 개선 등을 추진해 오고 있다.

3 예금보험공사

예금보험공사는 1996년 예금자보호법에 의거하여 금융회사가 파산 등으로 예금을 지급할 수 없는 경우 예금지급을 보장함으로써 예금자를 보호하고 금융제도의 안정성을 유지할 목적으로 설립된 기관이다. 예금보험제도를 통해 금융회사의 보험료, 정부와 금융회사의 출연금, 예금보험기금채권 등으로 예금보험기금을 조성해두었다가 금융회사가 고객들에게 예금을 지급하지 못하는 경우에 대신 지급해 주는 것이 주요 업무이다.

동 기금의 손실을 최소화하기 위해 금융회사의 경영분석 등을 통해 부실 가능성을 조기에 파악하고 있으며, 부실금융회사에 대한 구조조정을 추진하여 금융시스템을 안정화하는 역할도 담당한다.

다만 예금보험공사에서 보호하는 금융회사는 은행, 증권투자매매·중개업을 인가받은 회사, 보험회사, 상호저축은행, 종합금융회사 등이다. 따라서 농협은행 및 수협은행 본·지점의 예금은 예금자보호법에 따라 예금원금과 소정의 이자를 포함하여 1인당 5천만 원까지 보호되지만 농·수협 지역조합의 예금은 예금자보호법에 따른 보호대상이 아니다. 다만 각 중앙회가 자체적으로 설치, 운영하는 예금자보호기금을 통하여 보호하고 있다. 신용협동조합과 새마을금고도 각 중앙회에 설치된 예금자보호기금 또는 예금자보호준비금을 통해 1인당 5천만 원까지 예금을 보호한다.

외화표시예금은 2008년 11월 3일부터 원화로 환산한 금액 기준으로 예금자 1인당 5천만 원 범위 내에서 보호된다. 또한 기업 등 법인의 예금도 개인예금과 마찬가지로 법인별로 5천만 원까지 보호된다. 다만, 정부·지방자치단체·한국은행·금융감독원·예금보험공사 및 부보금융회사의 예금은 보호대상에서 제외된다.

그림 4-4 **예금보험의 운영구조**

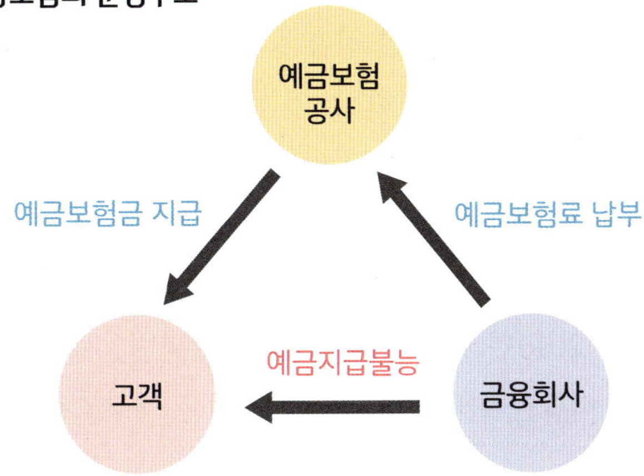

4 한국거래소

한국거래소는 유통시장의 중심으로서 증권 및 장내파생상품의 공정한 가격형성과 매매 등 거래의 안정성 및 효율성을 도모한다. 한국거래소의 설립은 「자본시장법」에 근거하고 있으며 주요 업무로는 유가증권시장, 코스닥시장, 코넥스시장 및 파생상품시장의 개설·운영에 관한 업무, 상품매매, 거래에 따른 청산 및 결제에 관한 업무 등이다.

한국거래소의 조직은 경영지원본부, 3개 시장본부(유가증권, 코스닥, 파생상품) 및 시장감시본 부 등 5개의 본부로 구성되어 있으며, 본사와 파생상품시장본부는 부산에, 유가증권시장본부와 코스닥시장본부는 서울에 설치되어 있다. 또한 한국거래소는 「자본시장법」에 따라 유가 증권시장, 코스닥시장, 코넥스시장, 파생상품시장에서의 불공정거래 행위를 예방·규제하고 회원 및 투자자, 회원 상호간의 분쟁을 조정하기 위해 자율규제 전문기구인 시장감시위원회를 두고 있다.

5 신용회복위원회와 서민금융진흥원

신용회복위원회는 비영리 특수법인으로 신용회복지원의 극대화를 통하여 채무불이행자의 경제적 재기를 지원하고 가계의 파산을 예방하며 서민의 금융상담과 신용교육을 전담하는 신용관리 전문기구로서의 기능을 수행한다. 구체적으로는 빚이 너무 많아 정상적으로 상환하기 어려운 개인들을 대상으로 상환기간 연장, 분할상환, 이자율 조정, 상환유예, 채무감면 등의 방법으로 상환조건을 변경하여 경제적으로 재기할 수 있도록 지원하고 있다. 일대일 심층 상담으로 채무와 신용문제에 대한 종합진단을 해서 정상적으로 채무를 상환할 수 없는 개인에게는 개인워크아웃과 프리워크아웃 제도를 통해 신용회복을 도와주고 있다. 아울러, 법원과의 업무연계로 개인회생, 파산면책 신청도 지원하고 있다. 과중한 채무와 신용문제로 어려움을 겪고 있는 채무자들은 신용회복위원회 웹사이트를 통해 채무재조정 상담을 요청할 수 있다.

서민금융진흥원은 2016년 9월 「서민금융생활지원법」 시행과 함께 설립되어 서민금융의 컨트롤타워 역할을 한다. 서민금융진흥원은 채무조정 및 정책자금지원 정보뿐 아니라 민간 서민 금융상품 정보 등도 서민금융통합지원센터를 통해 원스톱으로 제공한다. 또한 지자체, 고용·복지 센터 등과 연계를 강화하여 금융지원, 취업지원, 복지서비스 안내 등을 결합한 종합상담을 제공한다. 현장 방문이 어려운 서민에 대해서는 1397 통합콜센터 운영, 찾아가는 상담서비스(전통시장, 임대아파트 등) 등을 제공하고 있다. 서민금융진흥원의 서민금융 지원을 위한 주요 재원은 휴면예금인데 이를 효율적이고 공정하게 관리·운용하기 위해 휴면예금관리위원회를 두고 있다.

6 금융업권별 협회

전국은행연합회

전국은행연합회는 시중은행 및 특수은행, 지방은행, 외국은행국내지점을 사원은행으로 하는 비영리 사단법인으로, 금융회사 상호 간의 업무협조와 금융문제의 조사연구 및 은행업무의 개선을 통하여 금융산업의 발전 도모를 목적으로 설립되었다. 주요 업무는 사원은행의 경영 개선 및 현안 과제를 해결하기 위한 정책 제안 등이 있다.

생명보험협회

생명보험협회는 비영리 사단법인으로 생명보험업계와 보험가입자의 권익을 보호하고 건전한 보험문화를 확산하며 합리적인 보험정책 수립을 지원하는 등 생명보험산업의 성장과 발전을 위해 설립되었다. 생명보험 관련 정책지원 및 제도개선, 보험업법 등 생명보험 관련 법령의 연구 및 개정건의, 모집제도의 개선 및 연구, 설계사의 등록 및 말소업무 등을 담당한다.

손해보험협회

손해보험협회는 비영리 사단법인으로 손해보험산업의 건전한 발전을 도모하기 위해 설립 되었다. 손해보험 관련 제도개선 연구 및 건의, 재해방지 및 손해경감에 관한 조사연구 업무 등을 담당한다.

금융투자협회

한국금융투자협회는 비영리 특수법인으로 회원 상호 간의 업무질서 유지 및 공정한 거래를 확립하고 투자자를 보호하며 금융투자업의 건전한 발전을 위하여 설립되었다. 회원의 영업행위와 관련된 분쟁의 자율조정 및 투자자 보호에 관한 업무와 금융투자회사의 약관 검토 및 투자광고의 자율심의, 비상장주권 등의 장외시장을 관리하는 업무를 담당한다.

여신전문금융협회

여신전문금융협회는 신용카드업, 시설대여업, 할부금융업, 신기술사업금융업을 영위하고 있는 여신전문금융회사를 회원으로 하는 비영리 사단법인으로 여신전문금융에 대한 연구개발과 홍보를 통하여 여신전문금융업의 건전한 발전을 도모함을 목적으로 하는 기관으로서 신용카드가맹점에 대한 정보를 관리하고 여신전문금융업무에 대한 교육 등을 담당한다.

저축은행중앙회

저축은행중앙회는 저축은행법 제25조에 의거 설립된 비영리 특별법인으로서 저축은행으로부터 지급준비 예탁금을 받아 이를 운용하는 등 저축은행의 중앙은행으로서의 기능을 수행하고 있다. 이외에도 조사·연구, 저축은행 간의 업무협조와 신용질서 확립 및 거래자 보호를 위한 업무, 저축은행에 대한 대출 및 지급보증, 저축은행 보유·매출 어음의 매입, 내국환업무, 국가·공공단체 또는 금융기관의 대리업무 등을 수행한다.

학습내용정리

▶ 금융시장에서 거래되는 금융상품에는 대출상품, 저축상품, 펀드, 보험 등 다양한 종류가 있다. 금융상품은 투자성이 있는 금융투자상품과 투자성이 없는 비금융투자상품으로 나눌 수 있다. 여기서 투자성이란 투자한 원금의 손실 가능성이 있는 경우를 말한다.

▶ 직접금융은 기업 등 자금의 수요자가 발행하는 증권을 자금의 공급자가 직접 매수하여 자금을 이동시키는 방법이며, 간접금융은 자금의 공급자와 수요자 사이에 은행 등 금융회사가 개입하는 형태이다. 간접금융이 이루어지는 과정에서 자산변환이 발생한다.

▶ 금융시장은 단기와 장기, 발행시장과 유통시장, 거래소시장과 장외시장 등 다양한 분류가 가능하다. 단기금융시장에서는 콜, 기업어음, 양도성예금증서 등이 거래되며, 장기금융시장에서는 회사채, 국채, 통화안정증권, 주식 등이 거래된다.

▶ 금융회사는 취급하는 금융서비스의 성격에 따라 은행, 비은행 예금취급기관, 보험회사, 금융투자 회사, 기타 금융회사 등으로 구분할 수 있다.

▶ 은행은 예금 또는 채무증서 등을 통해 불특정 다수인으로부터 자금을 조달하고 기업, 가계 등에 대출하는 금융회사이다.

▶ 보험회사는 사람의 생존과 사망을 보상하는 생명보험, 사고로 인하여 발생하는 손해를 보상하는 손해보험 등 보험업을 취급하는 금융회사이다.

▶ 금융투자회사는 업무의 종류나 범위에 따라서 다양하게 분류할 수 있다. 투자매매, 투자중개, 집합투자, 투자자문, 신탁업 등의 업무가 있는데 어떤 회사들은 모든 업무를, 어떤 금융회사들은 이 중에 일부만 특화하여 영업을 한다.

▶ 금융회사 중에서는 여신전문 금융회사나 대부업체처럼 예금을 받을 수 없고, 스스로 자본을 조달하거나 대출을 받아서 영업하는 회사들도 있다.

▶ 금융감독원은 금융산업을 선진화하고 금융시장의 안정성을 도모하며, 건전한 신용질서, 공정한 금융거래 관행 확립과 예금자 및 투자자 등 금융소비자를 보호하기 위해 설립된 기관이다.

▶ 금융감독원 외에도 다양한 금융유관기관이 존재하는데 한국은행, 예금보험공사, 한국거래소, 신용회복위원회, 서민금융진흥원, 금융업권별 협회 등이 있다.

예시문제

서술형

1. 금융상품의 종류를 세 가지 이상 나열하시오.

2. 직접금융과 간접금융을 비교하여 서술하시오.

3. 금융감독원의 설립 목적에 대해 서술하시오.

빈칸 채우기

1. ( )은 금융회사(정보제공기관)가 보유하는 고객의 금융정보를 고객의 동의를 받아 제3자(정보수취기관)에게 API(Application Programming Interface)를 사용하여 제공하는 것을 의미한다.

2. 콜(Call), 기업어음(Commercial Paper), 양도성예금증서(Certificate of Deposit) 등은 통상 만기 ( )년 이내에 거래된다.

3. ( )는 사람의 생존과 사망을 보상하는 생명보험, 사고로 인하여 발생하는 손해를 보상하는 손해보험 등 보험업을 취급하는 금융회사이다.

O·X 문항

1. 은행 등 금융회사는 위험에 노출될 위험이 비교적 적은 편이다.

2. 유통시장은 주식이나 채권을 발행하여 투자자로부터 돈을 빌리는 시장이다.

3. 국민은행은 우리나라의 중앙은행으로 화폐를 독점적으로 발행하는 발권 은행이다.

05

의사결정과 저축

1 의사 결정의 기준: 편익과 비용

2 소득, 소비, 저축

3 저축의 가치

4 저축상품

5 저축상품 선택시 고려사항과 예금자 보호 제도

학습개요

본 장에서는 소득, 소비, 저축 간의 관계와 이자, 인플레이션 및 세금이 저축에 미치는 영향에 대한 이해를 바탕으로 저축의 중요성을 학습한다. 금융상품 중 저축상품의 종류별 특징을 학습하고, 저축상품 선택 시 고려사항과 예금자보호제도에 대해 살펴본다.

학습목표

- 저축의 중요성과 소득, 소비, 저축 간의 관계에 대해 이해할 수 있다.
- 이자, 인플레이션 및 세금이 저축에 미치는 영향을 설명할 수 있다.
- 저축상품의 종류별 특징을 비교해서 설명할 수 있다.
- 저축상품 선택 시 고려사항과 예금자보호제도에 대하여 설명할 수 있다.

1 의사 결정의 기준: 편익과 비용

의사 결정 과정을 설명하는 데 가장 중요하고 일관된 분석 방식은 편익(benefit)과 비용(cost)의 비교이다. 의사 결정의 결과는 행동으로 나타날 텐데, 관찰된 행동은 그 행동으로 인한 편익이 비용보다 큰 결과로 해석한다는 뜻이다. 달리 말해 편익에서 비용을 뺀 것을 순편익(net benefit)이라고 정의한다면 순편익이 0보다 큰 경우만 행동으로 나타난다. 일견 당연하고 간단한 설명 방식이라고 느껴질 수 있지만, 몇 가지 주의가 필요한 개념들이 있다.

합리성

경제학에서 편익과 비용의 비교라는 일관된 분석 방식을 사용하는 데 중요한 전제가 있다. 바로 인간의 합리성(rationality)[1]이다. 경제적 합리성이란 최소한 두 가지 개념을 의미한다. 첫째, 모든 개인은 각자 주관적 효용을 극대화하려 한다는 것이다. 애초에 이렇게 지향하는 목표에 대한 동의가 없으면 행동의 일관된 분석이란 불가능하다. 둘째, 모든 개인은 주관적 효용을 극대화하기 위해 선택할 수 있는 대안들을 알고 있으며 각각의 편익과 비용을 따지고 비교하여 그에 따라 그대로 행동할 수 있는 능력을 갖고 있다는 것이다.

인간이 정말 합리적인가? 사실 경제적 합리성은 오랜 시간 동안 논쟁을 해왔다. 자기의 주관적 효용 극대화만 추구하는 인간을 가정하는 것은 바람직하지 않다는 윤리적 공격도 있었고, 모든 사람이 정확하게 대안을 분석할 수 있는 능력을 갖춘 것은 아니라는 현실적인 문제점도 제기되었다. 그럼에도 불구하고 인간의 합리성은 주류

---

1 경제 주체에 대한 경제학적 가정이다.

경제학의 기본적인 전제이자 가정으로 여전히 유효하다. 가장 중요한 이유는 설명력이다. 합리성을 전제로 한 경제학적 분석이 대체로 현실을 잘 설명하고 어느 정도의 예측력을 보여 왔던 것이다. 비교적 최근에는 '행동 경제학' 분야에서 합리성에 어긋나는 사회 현상 설명에 초점을 맞추어 경제학의 외연을 확대하고 있다.

확대보기

행동 경제학 Behavioral Economics

경제학에서 주류 경제학으로 불리는 신고전파 경제학은 경제주체의 합리성을 기반으로 모형을 구축한다. 행동 경제학은 이러한 기본적 가정에 의문을 갖고 경제주체의 합리성에 제한이 있다는 관찰로부터 기존의 경제학이 설명할 수 없었던 현상들을 분석하고 해결책을 내놓는 방향으로 발전하고 있다. 그 과정에서 행동 경제학은 전통적 경제학 외에도 심리학이나 신경과학의 통찰력을 이용하여 의사 결정이 심리, 인지, 감정, 문화, 사회 등의 요소에 어떻게 영향을 받고 그것이 주류 경제학의 결론과 어떻게 다른지 탐구한다.

아담 스미스나 제레미 벤담과 같은 근대 경제학이 태동하던 시기의 학자들은 경제 활동에 대한 설명에 있어 심리적 요소를 배제하지 않았다고 한다. 그럼에도 불구하고 행동 경제학의 본격적 기원은 허버트 사이먼(Herbert A. Simon, 1916~2001)의 '제한적 합리성(bounded rationality)' 개념에서 찾을 수 있다.

제한적 합리성이란 의사 결정 문제의 복잡성이나 개인의 인지적, 시간적 한계 때문에 합리성에 제한이 있다는 것이다. 이로 인해 의사 결정은 최적(optimal)이 아닌 만족스러운(satisficing) 해결책을 찾는 과정이라는 것이 사이먼의 생각이었다. 그에 따르면 대부분의 인간은 매우 부분적으로만 합리적으로 결정을 내리고 그 외 모든 경우에는 '직관적·경험적 결정방법(heuristics)'을 이용해 판단해 버린다.

행동 경제학을 분류하는 것은 쉽지 않다. 연구 방법 차원으로 보면 제한된 환경에서 실시된 실험(experiments)을 비교적 많이 이용한다는 공통적 특징이 있지만, 연구 대상 면에서는 기본적으로 주류 경제학에서 설명하지 못하는 현상들을 주목하기 때문에 범위가 넓다. 여기서는 행동 경제학 분야에서 노벨 경제학상을 받은 학자들의 주요 연구 업적을 소개하기로 한다.

다니엘 캐너먼(Daniel Kahneman, 1934~)은 2002년 수상자이다. 캐너먼은 인간의 합리성에 의문을 던지는 실증적 연구들을 제시하고, 사람들이 흔히 이용하는 직관적 · 경험적 결정 방법들에서 발견되는 인지적 편향과 실수들에 주목하였다. 전망이론(prospect theory)과 닻내림 효과(정박; anchoring effect) 등이 주요 업적으로 꼽힌다.

로버트 쉴러(Robert J. Shiller, 1946~)는 2013년 수상자인데, 유진 파마(Eugene Fama), 라스 한센(Lars P. Hansen)과 함께 자산 가격에 대한 실증적 연구의 공로를 인정받은 것이다. 쉴러는 행동 재무학(behavioral finance)이란 분야를 선도했다고 평가받는다. 행동 재무학에서는 금융 시장에서의 거품 형성과 붕괴 등 시장의 비효율성에 대해 이를 설명할 수 있는 시장 참가자들의 비합리적 행동 요인들을 찾아내고 있다.

리차드 세일러(Richard H. Thaler, 1945~)는 우리나라에서 '넛지'라는 책으로도 유명한 2017년 수상자이다. 의사 결정에 심리학적으로 더 현실적인 가정을 결합함으로써 경제학의 설명력을 확대하고 실제로 더 나은 행동을 이끌어 낼 수 있는 대안을 개발하는 길을 제시했다는 평가를 받았다.

편익

편익 쉽게 말해 '좋음'이다. 구매나 소비로부터의 편익(만족감)[2]은 경제학에서 효용이라고 부른다. 생산 및 판매로부터의 편익은 판매수입으로 나타난다. 앞서 언급했던 의사 결정이 필요한 상황 몇 가지에 대해 편익을 생각해 보면, 대학에서의 전공을 무엇으로 할지 고민할 때 각 전공의 편익은 그 전공을 공부하는 것이 얼마나 즐거울지(적성과 흥미), 졸업을 하고 직장을 구하는 데 얼마나 유리할지(금전적 이득) 등으로 따져볼 수 있을 것이다. 직업의 편익 역시 전공과 비슷하게 접근할 수 있다. 이렇게 편익은 금전적인 것과 비금전적인 것 모두를 포함하지만, 의사 결정 시점에 있어서는 본인도 인식하지 못하는 사이에 비금전적인 것도 금전으로 환산하여 고려하는 경우가 많다. 비용과 비교해야 하기 때문이다.

기회비용

경제학에서 비용은 기회비용(opportunity cost)[3]을 의미한다. 경제학적 사고를 위해서 반드시 이해해야 할 개념이다. 기회비용은 '어떤 것을 선택하기 위해 포기하는 것 중 가장 가치 있는 것의 가치'라고 정의 된다. '포기하는 것'을 '포기하는 기회'라

2 경제 주체가 추구하는 만족감이나 금전적 이득이다.

3 편익을 추구하는 과정에서 발생하는 제반 비용이다.

고 생각하면 기회비용이라는 명칭이 이해가 될 것이다. 왜 이렇게 복잡한 개념이 필요할까? 사실 우리가 흔히 사용하는 비용이라는 단어의 뜻은 편익보다 어려울 것이 없다. '쓰게 되는 돈'이라고 매우 명확하기 때문이다. 기회비용이 이 간단한 뜻과 어떻게 다른지, 왜 필요한지 예를 들어 살펴보자.

명시적 비용

세중은 10,000원짜리 물건 A를 살지 말지 생각 중이다. 세중이 A를 산다면 10,000원의 비용이 확실히 발생한다. 이렇게 명확하게 금전적 지출이 발생하는 비용을 명시적 비용[4]이라고 한다. 그런데 A와 비슷한데 조금 다른 물건 B가 있다. B의 가격도 10,000원이다. 만약 세중이 B를 살 수 있는데도 A를 산다면 A를 사는 데 포기한 것은 단순히 10,000원이 아닌 B를 통해 누릴 편익이 될 수 있다. 그렇다면 재민이 A를 사는 기회비용은 무엇일까? 먼저 세중이 B의 가치(편익)를 10,000원보다 작게 평가한다고 해보자. 이 경우에는 복잡할 것이 없다. B의 편익이 B를 사기 위해 들여야 하는 10,000원보다 작기 때문에 세중은 A가 없더라도 B를 살 리는 없을 것이다. 따라서 이 상황에서 세중이 A를 선택하기 위해 포기해야 하는 것은 10,000원뿐이다.

암묵적 비용

만약 B의 가치가 10,000원보다 크다면? 기회비용의 정의를 적용해 보면 A를 선택하기 위해 포기하는 것 중 가장 가치 있는 것은 이제 B이고, B의 가치가 기회비용이 된다. 세중이 돈으로 환산한 B의 편익이 12,000원이라면 A 구매의 기회비용은 단순히 명시적 비용 10,000원이 아니라 12,000원이 되는 것이다. 그렇다면 금전적으로 발생한 비용 10,000원 외에 추가로 발생한 2,000원을 어떻게 해석할 수 있을까? 이 2,000원은 세중이 B를 10,000원에 산다면 이득을 봤다고 느꼈을 가치이다. 즉, 12,000원의 가치가 있는 물건을 10,000원에 사니 2,000원만큼 남았다고 느낄 것이라는 뜻이다. 그런데 세중이 B가 아닌 A를 산다면, 명시적 비용 10,000원 이외에도

4 금전적 지출이 발생하는 비용이다.

2,000원에 해당하는 이득을 포기하게 된다. 이러한 2,000원을 암묵적 비용[5]이라고 부른다. 명시적으로 금전이 지출된 것은 아니지만 포기한 이득을 비용으로 보는 것이다. 따라서 기회비용은 명시적 비용과 암묵적 비용의 합으로 볼 수 있다.

조금 다른 예를 통해 암묵적 비용을 더 들여다보자. 세중이 선택할 수 있는 A와 비슷한 물건에 C도 있는데, C의 가격은 8,000원이다. C에 대해서 세중이 환산한 편익은 9,000원이라 가정한다. C를 구매하지 않을 때 포기하게 되는 이득을 B와 마찬가지로 계산하면 1,000원이다. 9,000원의 가치가 있는 물건을 8,000원에 산다면 느낄 이득이 1,000원이기 때문이다. 하지만 B를 선택하지 않아 포기하는 이득 2,000원이 C를 선택하지 않아 포기하는 이득 1,000원보다 크기 때문에 A를 선택하는 암묵적 비용은 여전히 2,000원이다. 따라서 A를 선택하는 기회비용은 12,000원이다.

기회비용이 단순히 쓰게 되는 돈, 즉 명시적 비용만이 아닌 것이 이제 분명할 것이다. 그러면 애초에 기회비용의 정의로 배운 '어떤 것을 선택하기 위해 포기하는 것 중 가장 가치 있는 것의 가치'는 '명시적 비용+암묵적 비용'으로 계산한 결과와 같을까? 세중에게 선택할 대안이 A와 B뿐이면 A 선택의 기회비용은 B의 편익이다. 그런데 가격이 다른 C도 대안이 된다면 C를 선택하지 않을 때 포기하는 가치는 얼마인지 언뜻 간단하지 않다. 단순히 C의 편익 9,000원을 포기한다고 하기에는 C의 싼 가격이 마음에 걸린다. C의 가치를 이렇게 접근해 보자. 세중이 환산한 C의 편익 9,000원에 C의 가격이 A나 B보다 싼 2,000원만큼을 더하는 것이다. 이 2,000원으로 다른 재화나 서비스를 구매하여 편익을 얻을 수 있기 때문이다. 따라서 C를 포기하는 대가는 11,000원이다[6]. 이 11,000원이 B를 포기하는 대가 12,000원보다 작으므로 A 선택의 기회비용은 12,000원이다.

---

5 명시적이지 않지만 포기한 이득에 해당하는 비용이다.

6 1) 2,000원으로 이보다 편익이 큰 재화나 서비스를 구매한다면 C를 포기하는 대가는 11,000원보다 클 것이다. 따라서 2,000원의 액면 가치를 C의 편익에 포함한 11,000원은 C를 포기하는 대가의 최솟값이라 볼 수 있다. 다만 여기서는 10,000원을 쓸 수 있는 재민이 비슷한 쓰임새의 물건들 중에 선택하는 상황이므로 2,000원으로 할 수 있는 다른 선택의 가치에 대해서는 더 고려하지 않기로 한다.

순편익

세중이 A를 사는 기회비용이 12,000원인데 A를 산다면 세중이 평가한 A의 가치(편익)는 12,000원을 넘는다고 유추할 수 있다. 즉 기회비용보다 큰 편익이 예상되기 때문에 A를 선택하는 것이다. 순편익[7]을 (편의-기회비용)으로 정의하면 '순편의>0'인 경우에 선택을 한다고 달리 표현할 수 있다. 세중이 느끼는 A의 편익이 14,000원이라고 가정하고, B와 C의 순편익은 0보다 작은지 확인해 보자. 먼저 B의 편익은 12,000원이었다. B의 기회비용은 명시적 비용 10,000원에 암묵적 비용을 더해야 한다. <표 5-1>에 (편의-명시적 비용)으로 계산된 것과 같이 B를 선택한다면 포기할 이득이 A에 대해서는 4,000원, C에 대해서는 1,000원이므로 둘 중에 더 큰 4,000원이 B 선택의 암묵적 비용이다. 따라서 B의 기회비용은 14,000원이 된다. 그렇다면 순편익은 -2,000원(=12,000원 편익-14,000원 기회비용)이다. 순편익이 음(-)의 값인 것을 확인할 수 있다. 마찬가지로 C에 대해서도 순편익을 계산해보면 -3,000원으로 0보다 작다.

표 5-1 세중의 선택에 따른 순편익 계산(1)

(단위: 원)

	A	B	C
편익	14,000	12,000	9,000
명시적 비용	10,000	10,000	8,000
(편익-명시적 비용)	(4,000)㉠	(2,000)㉡	(1,000)㉢
암묵적 비용	2,000(㉡>㉢)	4,000(㉠>㉢)	4,000(㉠>㉡)
기회비용	12,000	14,000	12,000
순편익	2,000	-2,000	-3,000

7 편익에서 기회비용을 제외한 순수 이익이다.

| 표 5-2 | 세중의 선택에 따른 순편익 계산(2)

(단위: 원)

	A	B	C
편익	14,000	12,000	11,000
기회비용	12,000	14,000	14,000
순편익	2,000	-2,000	-3,000

'포기하는 것 중 가장 가치 있는 것의 가치'라는 기회비용의 정의를 이용하여 순편익을 계산해 보자. 이를 계산한 <표 5-2>가 <표 5-1>과 가장 다른 점은 C의 편익이 11,000원으로 표현된 것이다. 이는 앞서 설명한 것처럼 C를 포기하는 대가이다. 각 재화 선택의 기회비용을 다른 재화를 포기하는 대가를 비교하여 바로 찾을 수 있도록 가격이 다른 C에 대해 일종의 조정된 편익을 사용한 것이다. 그러면 A 선택의 기회비용은 12,000원(>11,000원), B 선택의 기회비용은 14,000원(>11,000원), C 선택의 기회비용은 14,000원(> 12,000원)이다. 편익에서 기회비용을 뺀 순편익 결과가 <표 5-1>과 같은 것을 확인할 수 있다.[8]

그러나 이렇게 복잡하게 순편익을 따지지 않고도 어떤 것을 고를지 찾는 방법이 있다. 순편익이 0보다 큰 것을 고른다는 의미를 풀어보면 다음과 같이 전개할 수 있다.

순편익 = 편익-기회비용
= 편익-명시적 비용-암묵적 비용 > 0
→ 편익-명시적 비용 > 암묵적 비용

편익에서 명시적 비용을 뺀 것이 암묵적 비용보다 크면 선택한다는 뜻이다. 그런데 암묵적 비용은 다른 것을 선택한다면 누릴 수 있는 이득 중 가장 큰 것이고, 이 이득은 다른 선택의 편익에서 그 선택의 명시적 비용을 빼고 비교하여 구할 수 있었다.

편익-명시적 비용>다른 선택들의(편익-명시적 비용) 중 가장 큰 값

8 <표 5-1>에서 C의 편익과 명시적 비용에 2,000원씩 더해서 순편익 계산을 접근할 수도 있다. 이는 재화들의 명시적 비용을 맞춰줌으로써 수평비교가 쉽게 되는 장점이 있다. 결과적으로 기회비용=명시적 비용+암묵적 비용 한계도 항상 성립하게 된다.

따라서 순편익이 0보다 큰 선택은 여러 선택 가능한 대안들 중 (편익-명시적 비용)이 가장 큰 것을 고른 결과라는 의미이다. <표 5-1>에서 보면 (편익-명시적 비용)이 가장 큰 물건이 A인 것을 확인할 수 있다. 순편익을 계산하지 않아도 세중민이 A를 선택한 이유를 이해하게 된다. 어떤 물건을 사서 느끼게 될 이득이 가장 큰 선택을 하는 것이다.

합리적 선택

위의 예는 주어진 예산에서 특정 용도 물건에 대한 소비 결정을 하는 경우여서 명시적 비용이 등장했지만, 어떤 선택으로 인해 포기하는 것에 돈이 포함되지 않을 수도 있다. 예를 들어 한 시간의 자유 시간이 있는데 무엇을 할지 선택하는 상황이라면, 선택할 수 있는 활동 각각의 기회비용은 돈이 아닌 다른 활동으로부터의 만족감(편익) 중 가장 큰 것의 가치일 것이다. 이렇게 명시적 비용이 발생하지 않는 경우라도 기회비용은 항상 존재하기 때문에 의사 결정의 기준은 편익에서 기회비용을 뺀 것이 되어야 한다.

의사 결정에 고려되어야 하는 기회비용을 생각할 때 쉽게 빠지기 쉬운 함정 같은 개념이 있다. 바로 매몰 비용(sunk cost)[9]이다. 매몰 비용은 의사 결정 시점 이전에 이미 지출되어 회수할 수 없는 비용을 의미한다. 기회비용과 비교하면 선택으로 인해 앞으로 발생할 것인지 이미 발생한 것인지의 차이가 있다. 매몰 비용은 어떤 선택을 하더라도 바꿀 수 없는 비용이기 때문에 장차 하려는 의사 결정에 고려되어서는 안 된다. 하지만 흔히 말하는 것처럼 '본전 생각'을 접기란 쉽지 않기 때문에 사람들은 종종 매몰 비용에 얽매인다.

편익이 기회비용보다 큰 결정을 경제학에서 합리적 선택이라고 부른다[10]. 이렇게 합리적 선택에는 객관적이고 일관되게 적용될 기준이 존재하지만, 각 경제주체의 합리적 결정 결과가 같아야 할 이유는 없다. 각자가 평가하는 편익이 다르고 이에 따라 선택의 기회비용도 제각각일 것이기 때문이다. 다양한 경제주체의 다양한 경제적 의사 결정 결과는 주로 시장에서 집결된다.

---

9 의사 결정 시점 이전에 이미 지출되어 회수할 수 없는 비용이다.

10 편익이 기회비용보다 큰 결정이다.

확대보기

수요함수·수요곡선
[demand function·demand curve, 需要函數·需要曲線]

수요

경제학에서 수요(需要, demand)란 소비자가 특정 재화나 서비스를 구매하기 위한 의지와 소망을 나타내는 경제원리이다. 기본적으로 수요란 구매자가 원하는 재화나 서비스의 양을 의미한다. 수요량이란 특정 가격 하에 사람들이 구매하고자 하는 양을 의미한다. 가격과 수요량의 관계를 수요의 법칙이라고 부른다. 수요라는 용어는 주어진 시간에 특정 재화를 소비하고자 하는 의사와 능력을 뜻한다. 수요는 다른 모든 조건이 동일할 때(ceteris paribus) 다양한 가격과 시점에서 구매자가 구입할 의사와 능력이 있는 재화의 양을 의미한다. 여기서 수요가 구매의사와는 별개라는 것을 집고 넘어가야 한다. 사실 구매의사는 개인이 충분한 돈이 합쳐져야만 비로소 수요라 부를 수 있다.

경제학자들은 수요를 수요곡선(demand curve) 그래프를 이용하여 나타낸다. 보통 수요곡선은 우하향하는 모습을 보인다. 우하향하는 모습은 가격과 수요량의 관계를 보여주는데, 가격이 하락하면 수요량은 증가한다. 원칙적으로 각 소비자는 자신이 구매하고자 하는 모든 상품에 대해 수요곡선을 가진다. 개인의 수요곡선은 한계효용(이윤)곡선과 일치한다고 말할 수 있다. 개인의 수요곡선을 모두 합하면 제품의 수요곡선이 도출된다. 만약 외부효과(externalities)가 없다면 시장수요곡선은 사회효용(이윤)곡선과 일치하게 된다.

실제 수요는 실수요(實需要)라고 부르며 반의어 가수요(假需要)는 실제 수요가 없음에도 일어나는 예상수요이다.

수요의 법칙의 조건

1. 다른 모든 조건이 동일할 때
2. 특정 기간 내에
3. 사람들이 소비할 의사와 능력이 있고
4. 가격의 상승/하락에 따라 감소/증가하는
5. 잘 정의된 재화나 서비스의 양

수요는 가격과 수요량이라는 두 가지 변수 간의 관계인데, 이 때 수요에 여향을 미칠 수 있는 다른 모든 요인들은 변하지 않는다고 가정한다.

다른 모든 조건이 일정할때: 가격 뿐만 아니라 다른 많은 요인들 역시 수요량에 영향을 미칠 수 있다. 그중 수입과 관련재의 가격, 인구수, 기대, 선호 같은 것들이 있다. 재화의 가격과 수요량의 인과관계를 파악하기 위해서는 이런 다른 모든 조건들이 일정하게 유지되어야 한다.

특정 기간 내에: 수요는 정해진 시간 동안 구매된 물건의 양을 말한다. 예를 들어 65,000원일 때

4,000개의 재화가 팔린다고 말하는 것은 불가능하며, 오직 하루에, 일주일 동안, 한달 동안이라는 조건이 붙어야만 한다.

의사와 능력: 시장에 참여하기 위해서 소비자는 구매할 의사가 있어야 할 뿐만 아니라 소비할 능력 역시 필요하다. 예를 들어 민수가 자동차를 구매하고 싶다고 하자. 하지만 그에게 돈이 없다면 그의 소망은 실현될 수 없는 부적절한 것이다.

수요의 법칙: 이것은 가격과 수요량이 수요곡선 상 음의 관계(역의 관계)를 가짐을 보여준다.

잘 정의된: 마지막 조건 중 중요한 것은 "잘 정의된"이라는 재화나 서비스 라는 것이다. 이 부분은 우리가 한 재화 내에서 가격과 수요량의 관계를 설명한다는 것을 확실시 하기 위한 장치이다. 만약 우리가 한 재화의 수요에 관심이 있다며, 한 재화의 가격과 관련없는 다른 재화의 수요량을 비교할 필요가 없을 것이다. 재화가 잘 정의되었다는 것은 재화의 브랜드나 모델, 노후상태, 양, (서비스의) 질(質)이 동일한 상태임을 뜻한다.

수요량은 가격과 일정한 관계를 가지는데, 일반적으로 가격을 제외하고 수요에 영향을 미치는 다른 모든 조건들이 변하지 않는다고 가정할 때, 재화나 서비스에 대한 가격이 오르면 수요량은 감소하고 가격이 내려가면 수요량은 증가하게 된다. 즉, 상품에 대한 가격과 수요량은 역(逆)의 관계를 가지며, 이를 수요법칙이라고 한다. 상품에 대한 수요량과 가격의 대응관계를 함수로 표현한 것을 수요함수라고 하고, 수요량과 가격의 함수관계를 그래프로 나타낸 것을 수요곡선이라고 한다.

수요법칙은 수요함수나 수요곡선으로 나타낼 수 있다. 수요함수는 상품에 대한 수요량과 가격과의 대응관계를 함수로 표현한 것으로, 예를 들어 어떤 상품의 수요량을 X_D라하고 그 가격을 P_X라고 할 때 $X_D = f(P_X)$의 함수로 나타낼 수 있다. 수요곡선은 수요량과 가격의 함수관계를 그래프로 나타낸 것이며, 일반적으로 그래프의 세로축에는 상품 가격을, 가로축에는 수요량을 나타낸다. 수요곡선은 수요법칙에 따라 상품의 가격이 하락하면 수요량은 증가하고 반대로 가격이 상승하면 수요량은 감소하게 되므로, 왼쪽에서 오른쪽으로 갈수록 아래로 향하는 우하향의 그래프로 나타난다.

수요곡선

가격과 수요량의 관계는 수요곡선으로도 표현할 수 있다. 수요곡선은 우하향하는 모양을 띈다. 일반적으로 2차원 평면에 그리며, 가격과 수요량 단 두 변수사이의 관계를 보여준다. 다른 모든 변수들은 일정하다고 가정하지만 그 변수들 역시 수요곡선의 일부이며 변수들의 변화는 곡선의 위치를 결정한다. 수요곡선을 비롯한 대부분의 경제 그래프에서 독립변수는 세로 축에 표시되고 종속변수는 가로 축에 표현된다. 결과적으로 그래프는 $P = f(Q)$를 그린 꼴이 된다. 여기서 $f(Q)$는 수요함수의 역함수이지만 간편하게 이를 수요곡선이라 부르기도 한다.

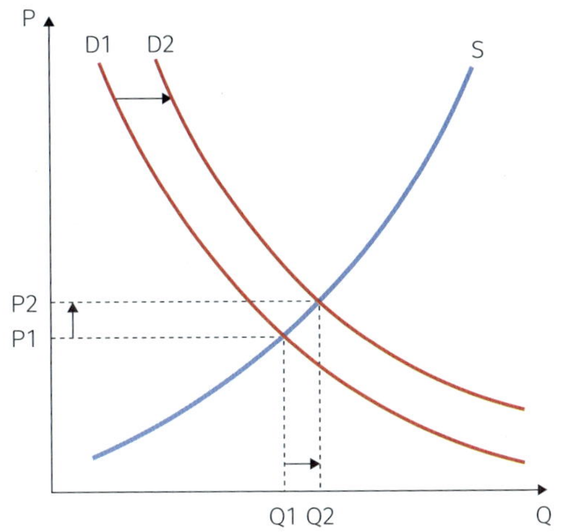

경제학에서 수요곡선(需要曲線, demand curve)는 특정한 부품의 가격(y축)과 해당 가격(x축)으로 수요가 발생하는 물품의 양 사이의 관계를 기술한 그래프이다.

수요에 영향을 미치는 요소

소비자의 구매의사와 구매능력에 영향을 미치는 요소와 상황은 무궁무진하다. 일반적으로 다음과 같은 것들이 있다.

재화의 가격: 기본적인 수요 관계는 재화의 잠재 가격과 그 가격 하에서 소비되는 재화량 사이에 있다. 보통 음의 관계가 성립하는데 이것은 가격의 상승이 곧 수요량의 감소를 가져온다는 것을 의미한다. 이 음의 관계로 수요곡선이 우하향하는 모양을 띈다. 가격과 수요량이 음의 관계를 갖는 것은 매우 타당하고 직관적이다. 만약 새 소설책의 가격이 높다면 사람들은 책을 구매하기 보다는 도서관에서 대여해 보려 할 것이다. 또 만약 새로운 기계의 가격이 높은 경우 기업들은 기계를 대체하기 보다는 기존 기계를 사용하려 할 것이다.

관련재의 가격: 연관재의 가격이라고도 한다. 기본적으로 관련재에는 보완재와 대체재가 있다. 보완재는 본 재화와 같이 사용되는 재화를 말한다. 예를 들어, 핫도그와 머스타드, 맥주와 치킨, 자동차와 기름 등이 있다(완전보완재는 하나의 상품처럼 소비된다). 보완재의 가격이 상승하면 본 재화의 수요는 감소한다. 수학적으로, 수요곡선에서 보완재의 가격을 나타내는 변수는 음의 계수를 갖는다. 예를 들어 $Q_d = a - P - P_g$라는 식을 생각해 보자. 여기서 Q는 자동차의 수요량이고, P는 자동차의 가격, P_g는 기름(gasoline)의 가격이다. 다른 관련재로는 대체재가 있다. 대체재란 본 재화를 대신하여 사용할 수 있는 재화를 말한다. 수학적으로 대체재의 가격과 본 재화의 가격 사이에는 양의 관계가 있다. 만약 대체재의 가격이 상승하면 본 재화의 수요는 증가하고, 대체재의 가격이 하락하면 본 재화의 수요는 감소한다.

가용재산: 대부분 가용재산(세후 재산)이 많을수록 많은 재화를 구매하려 들 것이다.

선호: 재화를 소비하고자 하는 욕구가 강할수록 재화를 더 많이 사려고 할 것이다. 사려는 의지와 수요는 다른데, 의지는 단순히 재화 고유의 성질에 의한 구매욕구이고, 수요란 이런 의지와 함께 구매 능력이 있는 경우를 뜻한다. 보통 개인의 선호는 일정하다고 가정한다.

미래 가격과 소득에 대한 기대: 만약 소비자가 재화의 가격이 높아지리라 예상한다면 현재 더 많이 구매하려고 할 것이다. 만약 소비자가 미래에 더 많은 소득이 있을거라 기대할 경우 마찬가지로 현재 더 많이 소비하려 할 것이다. 다시 말하면 미래 소득에 대한 긍정적인 기대는 현재 소비를 장려할 것이다.

인구: 인구의 증가는 수요의 증가를 가져올 것이다.

재화의 성격: 재화가 기본 원자재라면 더 많이 소비할 것이다.

이 목록만이 전부는 아니다. 소비자의 구매성향과 구매능력에 영향이 있는 모든 조건과 상황들은 수요에 영향을 미칠 수 있다. 예를 들어 갑자기 소나기가 오면 우산을 살 것이다.

수요함수와 수요방정식

수요방정식이란 수요량과 수요량에 영향을 미치는 것 사이의 관계를 수학적으로 나타낸 것이다. 예를 들어 $Q_d = f(P; P_{rg}, Y)$는 Q_d가 수요량, P가 가격, P_{rg}가 관련재의 가격, Y가 소득을 나타내는 수요방정식이라 할 수 있다. 이 식에서 우변을 수요함수라 부른다. 수요함수에서 세미콜론(;)은 그 뒤의 변수들이 일정하게 유지된다는 것을 뜻한다. 이것은 한 공간에 수요곡선을 그리기 위해서다. 단순한 예로 $Q_d = 325 - P - 30P_{rg} + 1.4Y$가 있다. 여기서 325는 수요에 영향을 미치는 모든 다른 요인들로 인한 것이며, P는 가격이다. 수요의 법칙에 따라 P의 계수는 음의 값을 갖는다. 관련재는 보완재일수도 대체재일수도 있다. 보완재라면 P_{rg}의 계수는 예시에서처럼 음의 값을 가질 것이고, 대체재라면 양의 값을 가질 것이다. Y는 소득을 뜻하는데 Y의 계수가 양의 값이라는 것은 이 재화가 정상재라는 것을 알려준다. 만약 소득의 계수가 음의 값일 경우 이 재화는 열등재가 된다. 열등재란 소비자의 소득이 증가함에 따라 수요가 줄어드는 재화를 일컫는다. 가격을 제외한 다른 변수들에 값을 다음과 같이 대입해보자. $P_{rg} = 4.00$, $Y = 50$ 그러면 원래 식은 $Q = 325 - P - 30(4) + 1.4(50)$ 이고, 이를 정리하면 다음 식이 나온다. $Q = 275 - P$ 만약 소득이 55로 상승하면 식은 $Q = 282 - P$가 된다. 이처럼 가격을 제외한 다른 변수들의 변화는 수요곡선 자체의 이동을 발생시킨다.

소득효과와 대체효과

수요곡선이 우하향 하는 것은 소득효과와 대체효과 때문이다. 재화의 상대적 가격이 하락하면 소비자들은 더 비싼 재화 대신 그 재화로 대체하려 들 것이다. 다시 말하면, 상대적으로 가격이 내려간 재화를 더 많이 소비할 것이다. 이것을 바로 대체효과라 부른다.

한편 재화의 상대적 가격이 하락했을 때, 소비자들은 재화 소비를 늘이지 않는다면 여윳돈이 생기게 된다. 소비자는 이 돈으로 어떤 재화든 구매할 수 있다. 이런 구매 능력을 소득효과라 부른다.

수요곡선 상의 이동과 수요곡선 자체의 이동

수요곡선은 가격과 수요량의 관계를 2차원 평면에 나타낸 도형이다. 재화 가격의 변화로 수료량이 변한 경우 수요곡선 상의 이동이 일어난다. 가격 외 수요의 결정요인이 변화한 경우 수요의 변화가 있었다고 말하고, 이 경우 수요곡선 자체의 이동이 일어난다. 예를 들어 보완재의 가격이 상승한다고 하면, 수요가 감소하여 수요곡선이 좌측으로 이동할 것이다. 반대로 수요곡선이 우측으로 이동한다면 수요가 증가했다고 말할 수 있다. 수요곡선의 이동은 수요방정식이 변화한 것임을 나타낸다.

수요곡선 상의 이동은 가격의 변화로 수요량이 변화했을 때 나타난다. 여기서 수요량이 수요가 아님에 유의해야 한다. 수요의 변화는 수요함수에서 다른 요인의 변화로 수요곡선 자체가 이동한 것이기 때문이다.

개인수요곡선과 시장수요곡선

시장수요곡선은 개인수요곡선의 수평합이다. 개인수요곡선의 합은 가격 외 수요결정요인 세 가지를 알려준다. (1) 소비자의 수, (2) "소비자의 선호 분포", (3) "다른 선호를 가진 소비자들의 소득분포". 만약 재화에 대해 강한 선호를 가진 소비자들이 증가한다면, 다른 모든 조건이 일정할 때 제품에 대한 수요는 증가할 것이다. 마지막으로 강한 선호도를 가진 소비자들의 소득분포의 변화는 수요곡선에도 변화를 일으킬 것이다. 개인의 수요에 영향을 미치는 요소들은 시장 수요에도 영향을 미친다. 그러나 순(純)효과 만도 고려해야 한다. 예를 들어 한 개인에게 보완재인 제품이 다른 개인에게도 반드시 보완재는 아니다. 게다가 보완재나 대체재의 강도는 사람에 따라 다를 수 있다. 그러므로 수요를 합할 때, 대체재와 보완재를 고려해야 한다. 마지막으로 기업의 재화나 서비스의 수요는 경쟁사의 가격이나 판매전략에도 영향을 받는다.

수평합과 수직합

개인수요곡선을 합할 때, 중요한 것은 수직합이 아니라 수평합이어야 한다는 것이다. 시장수요곡선을 도출하려면 수량의 합이 필요하기 때문이다. 수학적으로 표현한 그래프는 수요함수의 역함수를 나타내는데, 이 역함수를 합하는 것은 가격의 합을 의미하게 된다. 기하학적으로 수요함수를 정확히 더하기 위해서는 수요함수의 역함수를 수요함수로 바꿔 가격에 대한 수요량 함수로 나타내야 한다. 예를 들어 시장에 두 명의 소비자가 있다고 가정하자. 그리고 소비자 각각의 수요함수가 $P=30-2Q$ 와 $P=30-6Q$ 라 했을 때, 시장수요곡선을 구하기 위해서는 이 두 함수를 더해야 한다. 함수를 더하기 전, 함수의 모양을 정확한 수요함수 모양으로 다음과 같이 바꾸어 주어야 한다. $Q=15-(P/2)$, $Q=5-(P/6)$. Q1 과 Q2를 합하면 $15-(P/2)+5-(P/6)=20-(4P/6)=20-2P/3$ 의 모양이 되어 이가 시장수요곡선임을 알 수 있다.

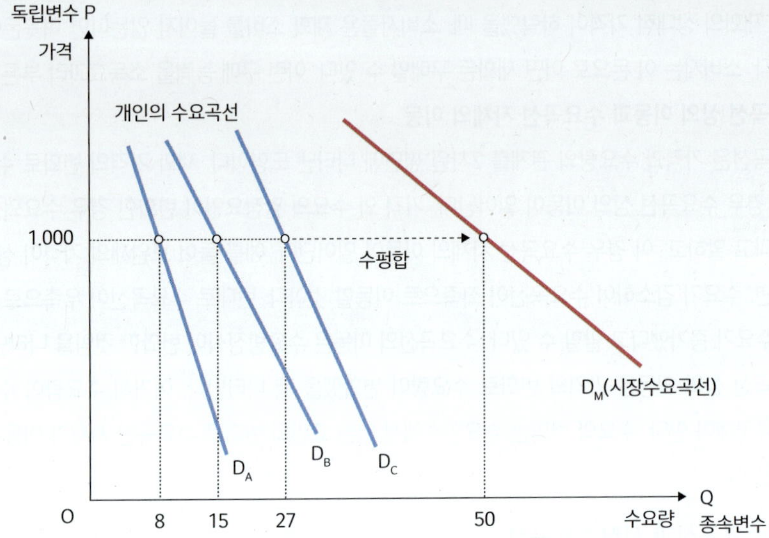

어떤 재화의 가격이 1,000일때, 개인 A는 8개를, 개인 B는 15개, C는 27개를 각각 구매할 의향이 있을 때, 세명의 소비자로 구성된 시장이면 시장 수요곡선은 각각을 다 합친 50이 된다.

수요의 가격 탄력성

수요의 가격탄력성(Price elasticity of demand, PED)이란 가격(P)이 변화함에 따라 수요량(Q)의 변화가 얼마나 민감한지를 측정하는 지표이다. 탄략성은 가격의 변화율이 변함에 따라 수요량의 변화율이 상대적으로 어떻게 변하는지를 알려준다. 가격의 변화가 매우 작다면 수요의 가격탄력성은 $(\partial Q/\partial P)\times(P/Q)$의 절댓값으로 구할 수 있다.

가격탄력성의 결정

(수요의) 가격탄력성을 정의하는 보다 중요한 요인은 가격 변화 시 즉각적인 소비를 연기하고 대체재를 찾는 등의 소비자들의 의사와 능력이다. 소비를 더 늦추고 대체재를 더 많이 찾을수록, 그리고 더 많은 대체재가 존재할수록 수요는 더 탄력적이다. 탄력성을 결정하는 요인들을 나열하면 다음과 같다.

대체재의 유무: 더 많은 선택권이 있다면, 재화에 대한 수요의 가격탄력성은 커지게 된다. 만약 펩시콜라의 가격이 20% 오르면 코카콜라나 사이다 등의 탄산음료를 사면 된다. 펩시콜라를 사지 않고 "더 싼 브랜드"를 사는 소비자의 능력이 펩시의 가격탄력성을 크게 만들기 때문이다.

필수성: 필수적인 재화는 위에서 언급한 소비자의 의사나 능력관 관련이 없다. 적당한 대체재의 수가 적거나 전혀 없기 때문이다. 인슐린을 생각해보면, 이에 대한 대체재는 전혀 없으므로 이에 대한 수요의 탄력성은 제로(0)이다.

소득에서 차지하는 비중: 대부분의 소비자는 비싼 물품을 구매할 때는 신중하게 선택한다. 만약 물건의 값이 재산에서 차지하는 비중이 상당하다면 그것을 대신할 대체재를 찾거나 할 것이다. 소비자는 100원짜리 사탕을 사는 것보다 300만원하는 텔레비전을 살 때 더 많은 시간동안 고민할 것이다. 그렇기에 전자(사탕)보다 후자(텔레비전)의 수요가 더 탄력적이다.

기간: 기간이 길면 소비자가 대체재를 찾을 시간이 늘어난다. 그러므로 기간이 길면 가격탄력성이 커지게 된다.

제품의 정의: 제품이 구체적으로 정의되느냐, 광범위하게 정의되느냐에 따라 탄력성이 변화한다. 예를 들어 자동차 일반에 대한 수요는 현대자동차에 대한 수요보다 비탄력적이고, 현대자동차에 대한 수요는 아반떼에 대한 수요보다 비탄력적이다.

대체재에 대한 정보: 대체재를 쉽게 생각해낼 수 있거나, 대체재를 찾을 의사가 클수록, 수요의 가격탄력성이 증가한다.

가격범위: 해당제품의 가격범위 역시 가격탄력성에 영향을 미친다.

재화의 성질: 재화가 필수재이냐, 사치재이냐, 편리재이느냐에 따라 탄력성이 변화한다. 필수재의 경우 필수적인 물건이기 때문에 재화의 가격이 상승하더라도 소비자들은 수요를 줄이지 않을 것이다. 그러므로 필수재는 비탄력적인 경향이 있다. 사치재나 편리재의 경우에는 탄력적인 경향이 있다. 다시 말하면, 현재 가격에서는 구매할 의사가 있지만 반드시 필요한 물건은 아니기 때문에 가격이 상승하면 구매하지 않을 것이다. 예) 고급자동차, 가전제품 등

확대보기

효용

소비자 선호와 최적 선택을 나타내는 또 다른 방법

우리는 소비자의 선호를 나타내기 위해 무차별곡선을 사용한다. 이것 외에 선호를 나타내는 데 쓰이는 또 다른 방법으로 효용(utility) 개념이 있다. 효용은 소비자가 한 재화 묶음에서 얻는 만족을 나타내는 다소 추상적인 개념이다. 경제학자들은 소비자가 자신에게 더 큰 효용을 주는 묶음을 선호한다고 가정한다.

무차별곡선과 효용은 밀접한 관계가 있다. 왜냐하면 소비자는 더 높은 무차별곡선 상에 있는 묶음을 선호하고, 더 높은 곳에 있는 묶음은 더 큰 효용을 주기 때문이다. 같은 무차별곡선 상에 있는 모든 점에서 소비자는 동일한 수준의 만족을 느끼기 때문에 이 곡선상에 있는 모든 묶음은 그에게 동일한 효용을 준다. 따라서 무차별곡선을 등효용곡선 (equal-utility curve)이라고 할 수 있다.

한계효용(marginal utility)은 소비자가 소비량을 한 단위 늘렸을 때 발생하는 추가적인 효용을 의미한다. 재화는 대부분 소비 과정에서 한계 효용 체감현상(diminishing marginal utility)을 나타낸다. 즉 재화의 소비 량이 증가할수록 그 재화의 한계효용이 감소한다는 것이다.

두 재화의 한계대체율(MRS)은 두 재화의 한계효용에 따라 결정된다. 예를 들어 어떤 사람에게 X재의 한계효용이 Y재 한계효용의 2배라면, 이 사람은 X재 한 단위를 포기하는 대가로 Y재 2단위가 필요할 것이다. 이 경우 두 재화의 한계대체율은 2가 된다. 보다 일반적으로 한계대체율 (즉 무차별곡선의 기울기)은 두 재화의 한계효용의 비율이다. 경제학자에 따라서 소비자의 최적 선택을 다른 방식으로 표현할 것이다.

효용 개념을 이용하여 소비자의 최적 선택을 다른 측면에서 분석할 수 있다. 독자들은 소비자의 최적 선택에서 한계대체율이 두 재화의 가격 비율과 일치해야 한다는 것을 기억할 것이다. 즉 한계대체율은 다음과 같다.

$$MRS = Px/Py$$

그런데 한계대체율은 두 재화의 한계효용의 비율이기 때문에 우리는 이 최적 조건을 다음과 같이 다시 쓸 수 있다.

$$MUx/MUy = Px/Py$$

이것을 다시 정리하면 다음과 같이 표현할 수 있다.

$$MUx/Px = MUy/Py$$

이 등식에 대한 해석은 매우 간단하다. 소비자의 최적 선택에서는 X재 에 지출된 화폐 한 단위의 한계효용이 Y재에 지출된 화폐 한 단위의 한계효용과 같아야 한다는 것이다. 이 등식이 성립하지 않는다면 소비자는 화폐 한 단위의 한계효용이 작은 재화의 소비를 줄이고 다른 재화의 소비를 늘림으로써 효용을 증가시킬 수 있기 때문이다.

경제학자에 따라서 소비자의 최적 선택을 다른 방식으로 표현할 것이다. 어떤 경제학자는 소비자의 목적은 효용을 극대화하는 것이라고 말할 것이다. 어떤 경제학자는 소비자의 목적은 가장 높은 수준의 무차별곡선에 도달하는 것이라고 말할 것이다. 앞의 경제학자는 소비자의 최적 선택에서 화폐 한 단위당 획득하는 한계효용이 그 소비자가 소비하는 모든 재화에 대해 동일해야 한다고 말할 것이고, 뒤의 경제학자는 소비자의 최적 선택에서 무차별곡선이 예산제약선과 접해야 한다고 말할 것이다. 그러나 이는 같은 것을 두 가지 다른 방법으로 표현한 것일 뿐이다.

1 시장

시장의 의미

경제학에서는 구매자와 판매자가 만나 거래가 이루어지는 곳을 시장(市場, market)이라고 한다. '거래가 이루어지는 곳'이라고 하면 우리가 흔히 보게 되는 물리적 공간으로서의 시장을 떠올리게 되지만, 경제학에서 시장은 거래가 발생하는 체계나 기구, 과정, 제반 여건 등을 포괄하는 의미이다. 사실 시장의 한자어에서도 드러나듯이 전통적으로 시장은 물리적 장소(場所)에 국한되는 의미를 갖고 있다. 또한 사회학이나 지리학, 인류학 등에서 시장은 특정 지역이나 문화권의 역사를 반영하는 연구 대상으로서 그 다양성이나 개별성이 강조되는 경향이 있다. 그러나 경제학에서 시장은 재화나 서비스가 거래되면서 가격이 형성되고 거래량이 결정되는 과정 자체를 뜻할 정도로, 역사의 어느 시점이나 어느 지역에도 적용할 수 있는 범용적이고 추상적인 개념이다.

확대보기

완전경쟁시장, 과점시장, 독점시장

시장이란?

동네 슈퍼, 노점상, 할인마트도 시장의 종류이고, 외환시장, 증권거래소나 법률사무소, 은행, 버스도 역시 시장이다. 즉, 재화나 서비스가 수요와 공급에 의해 거래되고 가격이 형성되는 곳은 모두 시장이다.

완전경쟁시장

완전경쟁시장이란 모든 기업이 동질적인 재화를 생산하는 시장을 말한다. 즉 시장에 의한 가격결정에 어떠한 영향도 미칠 수 없는 상태를 완전경쟁이라 한다.

완전경쟁시장의 첫 번째 조건은 시장에서 상품을 생산하여 판매하는 기업이 무수히 많아야 한다. '무수히'라는 기준이 헷갈리지 않게 대부분 10개 이상의 기업이 상품을 생산하는 정도만 돼도 경쟁시장으로 간주한다.

두 번째 조건은 생산자들이 동질적인 상품을 생산해 시장에 공급해야 한다.

세 번째 조건은 진입장벽이 없어서 신규 사업자의 시장 진입과 기존 사업자의 시장 퇴출이 자유롭게 이루어져야 한다.

네 번째 조건은 경제주체들이 가격 등 시장에 관한 완전한 정보를 보유하고 있어야 한다.

즉, 경제주체의 자유로운 시장 진입과 퇴출, 다수의 공급자와 수요자 존재, 거래되는 재화 및 서비스의 동질성, 정보의 완전성이 충족되는 경우에만 완전경쟁시장이 성립한다. 그리고 다수의 소비자와 생산자가 시장 내에 존재하여 소비자와 생산자 모두 가격에 영향력을 행사할 수 없는 가격수용자이다.

과점시장

과점은 독점은 아니나 라면, 아이스크림, 가전제품 시장 등과 같이 시장에 유사하거나 동일한 상품을 공급하는 공급자가 소수에 불과하는 것을 의미한다. 기업들은 의사결정 과정이 서로 연결된 상호의존 관계를 가지게 되며, 과점시장은 시장에 존재하는 기업의 수, 기업 간 관계의 밀접 정도에 따라 독점시장처럼 될 수도 있고 완전경쟁시장처럼 될 수도 있다. 과점은 2개 이상의 소수 기업이 시장의 모든 수요를 담당하는 시장이다.

과점시장의 예를 보면, KT, SKT, LG U+ 등 이동통신시장, 현대차, 기아차, 르노삼성 등의 자동차시장, 현대오일뱅크, GS칼텍스, SK엔크린 등의 정유시장을 들 수 있다.

과점시장은 진입장벽이 높은 편이다. 또한 한 기업이 가격을 올리면 소비자들이 다른 기업의 제품을 선택하는 경향이 있어서 가격 경쟁이 치열하다. 가격 담합은 과점기업들이 서로 짜고 가격이나 생산량 등을 조절해 부당한 이익을 챙기는 행위이다.

독점시장

독점은 완전경쟁의 정반대인 시장형태로 어느 기업이 시장의 유일한 공급자로 그 기업이 공급하는 상품에 밀접한 대체재가 존재하지 않는 경우를 말한다. 즉, 한 기업 또는 협약으로 행동하는 한 기업집단이 제품 또는 용역의 생산과 분배를 지배하는 것을 의미한다. 독점은 법률적으로 금지되어 있고 유사품, 대체품 등과 독점이윤의 분배를 목적으로 하는 새로운 기업들의 출현으로 매우 드물게 나타난다. 독점기업은 시장의 유일한 공급자이기 때문에 가격설정자로서 시장가격을 한계수입보다 높은 수준에 형성하므로 소비자는 결과적으로 비싼 가격을 지불해야 한다. 독점기업은 소비자의 지불용의에 따라 같은 재화에 다른 가격을 부과하여 이윤을 증가시킬 수도 있다. 독점은 생산요소 독점, 정부규제, 생산기술 문제 등이 야기하는 시장에 존재하는 진입장벽 등으로 발생한다.

한국은 가장 큰 기업의 시장점유율이 50%가 넘으면 독점시장으로 본다.

시장점유율은 한 시장의 전체 거래량 중 특정 기업이 차지하는 비율을 말한다.

한국전력공사, 철도공사인 코레일, 담배 제조공사인 KT&G, 대학 내의 구내식당, 스키장의 편의점이나 식당 등이 독점기업이다. 경쟁자도 없고 대체재도 없는 시장이라 가격경쟁을 덜하거나 서비스가 나아지지 않는 등의 단점이 있다.

<정부가 특정산업에 독점 또는 과점시장을 용인하는 경우>

정부가 특정 산업에 독점, 과점시장을 용인하는 경우가 있는데, 이는 규모의 경제 때문이다. 1970년대 한국은 산업구조를 경공업에서 중공업으로 바꾸기 위해 제철소가 필요했다. 정부는 제철소를 포항제철(현 포스코) 하나만 허가했고, 정책적으로 지원했다. 덕분에 포스코는 세계적인 수준의 제철소가 되었다. 현재의 포스코는 사실 정부의 지원이 있었기에 클 수 있었던 것이다. 국가기간산업인 수도, 전력 등도 모두 독점사업이다.

<독과점기업 규제>

독점기업이나 과점기업은 마음대로 가격을 올리거나 생산량을 줄여 소비자들에게 피해를 줄 수 있기 때문에 세계 각국에서는 독점이나 과점을 막기 위해 노력하고 있다. 우리나라에서도 "독점규제 및 공정거래에 관한 법률"을 통하여 기업들이 시장에서 소비자에 대하여 힘을 남용하고 불공정한 거래행위를 하는 것을 규제하여 경제 전반의 공정하고 자유로운 경쟁을 촉진하고 있다.

다음은 독점을 우려하는 기업 관계자들의 목소리와 기업에 관한 기사이다. 위에서 살펴본 완전경쟁시장, 과점, 독점이란 용어는 이렇듯 다양한 경제기사에서 보여진다. 뜻을 알고 기사를 읽으면 노사관계, 정부와 기업의 관계, 기업 간의 관계에 대해 더 쉽게 이해할 수 있다.

아시아나, 대한항공 합병 '분수령'

아시아나항공이 30일 오후 2시 이사회에서 화물사업 매각 여부를 결정하기 위한 이사회를 연다. 이사회 결정에 따라 3년간 이어져 온 대한항공과 아시아나항공의 기업결합 성사 여부가 달려 있어 중대 분수령이 될 전망이다.

29일 업계에 따르면 대한항공과 아시아나항공은 30일 각각 이사회를 열고 아시아나항공 화물사업 분리 매각 문제를 다룬다. 먼저 대한항공이 오전 중 이사회를 열어 아시아나항공의 화물사업 부문을 매각하되, 직원들의 고용을 유지할 수 있도록 지원하겠다는 아시아나항공과의 합의서를 안건으로 올린다.

같은 날 오후 2시에는 아시아나항공 임시 이사회가 열린다. 아시아나항공 이사회가 매각에 동의할 경우, 대한항공은 유럽연합(EU) 경쟁당국인 EU 집행위원회에 관련 내용을 담은 시정조치안을 제출할 계획이다.

앞서 EU집행위원회는 대한항공과 아시아나항공의 합병 시 유럽과 한국 간 주요 여객·화물 노선의 경쟁제한(독점) 가능성을 이유로 슬롯 반납과 화물 사업 매각 등의 시정조치를 요구했다. 항공사 간 합병은 필수승인국가 중 한 곳만 반대해도 성사될 수 없기 때문에 EU 집행위의 요구를 수용한 시정조치안 제출이 심사 통과를 위한 기본 조건이 된 상황이다.

반대로 아시아나 이사진이 동의하지 않을 경우, 시정조치안을 낼 수 없게 되고, 결국 양사 합병이 무산될 수도 있다.

이 안건의 통과를 위해서는 사내이사 2명, 사외이사 4명 등 6명의 이사 중 4명 이상의 찬성이 필요하다. 이사진은 대체로 시정조치안 제출 동의에 뜻을 모았지만, 일부 이사들은 화물사업 매각 시 주주에 대한 배임 소지와 직원 반대 등을 우려해 반대하는 것으로 전해졌다.

이사회의 최종 결정까지는 다소 시간이 걸릴 수 있지만, 장기간 공전할 가능성은 낮은 것으로 전해졌다. 대한항공은 이달 말까지 EU 집행위에 시정조치안을 내기로 했는데, 늦어도 오는 31일까지는 아시아나항공 이사회에서 동의 결론이 내려져야 기한 내에 제출할 수 있기 때문이다.

[출처: 한국경제, 2023. 10. 30]
[hankyung.com)]

시장의 구성 요소

구매자와 판매자가 만나 거래가 이루어지는 곳 시장의 구성 요소 이렇게 추상적으로 시장이 정의되면 거래의 주체나 대상에 따라 구체적인 모습은 다양할 수 있지만, 동시에 일관된 분석틀로 다룰 수 있게 된다. 그대 표적인 분석틀이 바로 수요-공급 모형이다. 수요-공급 모형은 시장에서 관찰되는 가격과 거래량이 왜 그렇게 결정되는지 설명하는 도구로서 경제학에서 가장 오래되고 합의된 분석틀이라고 할 수 있다. 수요-공급 모형에서는 거래의 주체를 시장에서의 역할에 따라 구매자와 판매자로 나누었을 때, 특정 거래 대상 시장에서 관찰되는 가격과 거래량은 그 거래 대상에 대해 구매자가 사고자 하는 양과 판매자가 팔고자 하는 양이 가격을 매개로 맞아떨어진 결과라고 설명한다. 시장 참가자, 거래 대상, 가격, 거래량은 경제학에서 시장을 분석할 때 관찰하게 되는 주요 구성 요소들이다.

시장 참가자는 실제로 거래를 이행하는 사람들뿐만 아니라 잠재적으로 거래에 참여할 수 있는 능력을 갖춘 모두를 포괄한다. 거래 대상을 재화와 서비스로 본다면, 구매자 측면에서는 소득과 같은 구매 능력을 갖춘 가계가, 판매자 측면에서는 생산·판매 능력을 갖춘 기업 모두가 거래의 주체가 될 수 있다. 거래 대상이 생산 요소라면 반대로 생산 능력을 갖춘 기업이 구매자가 노동력 등을 갖춘 가계가 판매자가 될 것이다.

확대보기

가격(price)

가격은 시장의 핵심 요소라고 했다. 무엇이든 가격이 있는 것은 시장에서 거래된다고 보면 된다. 그런데 거래되는 대상에 따라 그 가격이 다른 이름으로 불릴 수 있다. 예를 들어 노동의 가격은 보통 임금(wage)이라 불리고, 빌리는 돈에 대해 치르는 대가는 이자(interest)라 불린다. 어느 정도의 이자가 부과되는 가는 이자율(interest rate)로 표현한다. 토지나 점포 공간, 건물 같은 것을 빌릴 때 부담하는 가격은 임대료(rent)라 불린다. 이렇게 가격은 다양한 용어로 쓰일 수 있지만 대체로 화폐 단위로 표시된다. 예외적으로 화폐 단위로 표시하기 어려운 가격도 있다. 바로 화폐 자체의 가격(가치)이다. 화폐 한 단위로 구매할 수 있는 재화나 서비스의 양, 즉 화폐의 구매력으로 화폐의 가치를 생각해 볼 수 있는데 이때 화폐의 가치는 화폐 단위를 이용해 표시할 수 없다.

거래 대상이 무엇이든 대상의 가치는 시장에서 가격으로 표시되고 가격에 의거해 거래된다. 어떤 것에 가격이 매겨져 있다는 것은 시장에서 거래될 수 있다는 것과 같은 의미일 정도로 가격은 시장 경제의 핵심이다. 시장은 가격이 결정되는 체제라고 정의되기도 한다. 가격은 구매자가 그 대상을 어느 정도의 가치로 평가하는지, 판매자가 얼마큼의 비용을 들여 대상을 생산하는지 등 거래 대상에 대한 정보를 농축하고 있다. 가격이 오르거나 내리는 현상은 시장에서 해당 재화나 서비스가 여러 가지 이유로 인해 더 희소해지거나 덜 희소해진 결과를 압축적으로 보여준다. 시장의 가격과 함께 거래량은 증가하거나 감소할 수 있는데, 거래량이 많으면 더 많은 소비자와 생산자가 거래를 통해 이득을 볼 수 있다는 점에서 의미가 있다.

2 평가의 잣대

한 사회의 경제 상황을 평가하는 데에는 여러 가지 기준이 동원될 수 있지만 경제학에서 사용하는 두 가지 대표적인 잣대는 효율성(efficiency)과 형평성(equity 또는 equality)이다. 효율적인 상태는 모든 자원이 최적의 곳에 사용되어 더 이상 개선의 여지가 없는 상태이다. 달리 표현하면 어느 한쪽을 약간이라도 개선하려면 다른 어느 쪽은 희생해야 하는 때가 효율적인 상태이다. 형평성은 평등이나 공평성과 비슷한 개념으로 기회의 균등으로부터 일정 수준의 재화, 서비스 소비나 소득의 보장까지 사회 구성원이 얼마나 비슷한 생활 수준을 누리고 있는가를 광범위하게 평가하는 개념이다.

배분과 분배

효율성과 형평성을 더 자세하게 표현하면 '배분의 효율성'과 '분배의 형평성'이라고 할 수 있다. 배분(配分, allocation)과 분배(分配, distribution)는 우리말로 글자 앞뒤만 바꾸어 놓은 단어들이지만 경제학에서 의미하는 바는 완전히 다르다. 배분은 보통 '자원 배분'의 맥락으로 쓰고, 자원이 무엇을 생산하는 데 얼마나 동원되는가의 의미이다. 따라서 자원 배분의 효율성은 희소한 자원이 낭비 없이 가장 높은 가치를 창출하는 곳에 제대로 쓰였는지를 평가하는 기준이다. 분배는 보통 '소득 분배'의 맥락으로 쓰고, 생산의 대가가 생산에 참가한 사람들에게 나눠지는 것을 의미한다. 소득 분배의 형평성은 소득이 나누어진 상태가 얼마나 공평하고 균등한지를 평가하는 잣대이다.

효율성

경제학에서는 대체로 시장 경제 체제의 결과가 효율적이라고 본다. 그 근거에는 후생경제학의 제1정리라는 것이 있는데, 일정한 조건이 만족될 때 경쟁적인 시장에 의한 자원 배분 결과가 효율적이라는 내용이다. 후생경제학의 제1정리 내용은 몇 줄로 설명하기에는 너무나 중요한 의미를 갖고 있다. 근대 경제학의 아버지로 불리는 아담 스미스는 그의 저서 「국부론」에서 수많은 개인이 이기심에 의해 행동한 결과 시장을 통해 의도하지 않은 편익이 발생한다고 설명한 바 있다. 그러면서 시장의 작동 원리를 보이지 않는 손(invisible hand)으로 비유했는데, 이를 이론적으로 증명한 것이 후생경제학의 제1정리이다. 그러나 후생경제학의 제1정리가 성립하기 위해 만족되어야 하는 조건들이 깨질 경우 시장의 결과가 어떻게 되는지에 대해서는 분명한 답이 없다.

형평성

한 사회의 형평성을 판단하기 위해서는 여러 측면을 고려해야 한다. 많은 사람들이 공통으로 추구하지만 그 양이 제한된 것이 한 가지가 아니기 때문이다. 그중에서 소득 분배의 형평성을 파악하고 개선하는 것이 특히 중요할 수 있다. 보통 소득과 재산이 경제적 측면에서 형평성 판단 대상인데, 소득 중 소비되지 않고 축적된 결과물이 재산이라는 측면에서 소득이 우선적이다. 또한 소득은 사람들이 추구하는 다른 것들과 연관성이 높기도 하다. 소득 분배 상태를 파악한 후에는 개선의 필요성 및 수단에 대한 합의가 필요하다. 형평성에 대한 인식은 사람마다 가치관에 따라 다르게 마련 이어서 어떤 분배 상태가 바람직하고 어떻게 상황을 개선해야 하는지에 대해 사회적 합의를 도출하는 것은 쉬운 일이 아니다. 형평성과 사회적 합의에 대해서는 제8장에서 다룬다.

효율성 vs. 형평성

시장 경제 체제가 효율성을 증진시키는 데에 강점이 있다는 것은 역사적으로 어느 정도 검증이 되었으나, 형평성은 전혀 보장하지 못한다는 약점이 있다. 특히

2007~2008년의 세계적 금융위기 이후 빈부 격차의 문제는 선진국에서부터 심각하게 부각되고 있다. 효율성과 형평성은 두 마리 토끼로 종종 비유될 정도로 빈번히 충돌한다. 효율성을 추구하다보면 형평성이 저하되고, 형평성을 좇다보면 효율성이 떨어진다는 것이다. 예를 들어 정부가 형평성을 제고하기 위해 다양한 재분배 정책을 쓸 수 있는데, 기본적으로 고소득자로부터 세금을 거두어 저소득자에게 이전하는 것이어서 고소득자가 되려는 의욕을 꺾고 경제의 활력을 떨어뜨릴 가능성이 있다.

효율성과 형평성의 상충관계는 정책 입안자에게 근본적인 딜레마로 인식된다. 민주주의 국가에서 정책 입안자는 다수 국민이 바라는 바를 반영하고자 하므로 국민 각각이 이 문제를 인지하고 입장을 갖는 것이 필요하다. 가장 중요한 것은 어떤 선택에든 기회비용이 따른다는 점을 이해하는 것이다.

2 소득, 소비, 저축

1 소득

소득

소득은 경제활동을 통하여 얻는 대가를 의미한다. 이와 비교할 때 수입은 가계 내로 유입되는 모든 돈을 의미한다. 소득과 수입은 차이가 있다. 예를 들어, 매월 받는 봉급뿐 아니라 만기가 되어 찾은 저축상품의 원금 및 이자, 부동산을 매도하여 받은 돈 등도 모두 수입에 포함된다. 이에 비해 소득은 가계 내로 유입되는 돈을 의미한다는 점에서 수입과 동일하지만, 가계의 순자산을 증가시키지 않는 유입액은 소득에 포함되지 않는다는 차이가 있다. 예를 들어, 수입 중 봉급은 소득에 포함되지만, 만기가 된 적금의 현금수령액이나 부동산 판매 대금 등은 가계의 순자산을 증가시키지 않고 자산의 형태가 금융상품과 부동산에서 현금으로 바뀌었을 뿐이므로, 수입에는 포함되지만 소득에는 포함되지 않는다.

소득의 종류

소득은 소득의 원천, 규칙성, 실질가치 등에 따라 여러 유형으로 구분할 수 있다.

소득은 소득원천에 따라서 근로소득, 재산소득, 사업소득, 이전소득으로 구분할 수 있는 데 근로소득이란 가계의 구성원이 정신적·육체적 노동력을 제공하고 그 대가로 얻는 소득을 의미한다. 봉급, 상여, 수당 등이 근로소득에 해당하며 가계구성원이 노동력을 제공할 수 있는 한 안정적인 소득을 얻을 수 있다.

재산소득은 화폐, 토지, 건물 등의 재화를 생산자본으로 제공하고 그 대가로 받는 이자소득, 배당소득, 임대소득 등이다. 재산소득은 재산의 이용에 대한 대가로 받는 것이므로 재산이 없어지지 않는 한 지속적인 소득의 원천이 된다. 따라서 재산소득은 가족의 노동력에 의존하는 근로소득과는 다른 차원에서 가계의 안정성을 높일 수 있다.

사업소득이란 독립적인 사업자의 지위에서 영리를 목적으로 지속적으로 이루어지는 사업에서 발생하는 소득이다. 사업소득은 사업자의 역량, 생산요소의 성질, 경제변동 등에 따라 큰 이윤을 얻을 수도 있지만, 사업이 실패할 경우에는 손해를 볼 수 있으며 가계에 소득이 들어오는 시기가 일정하지 않다는 점에서 소득의 안정성과 지속성이 낮다.

이전소득은 아무런 대가를 치르지 않고 타인으로부터 일방적으로 주어지는 소득이다. 이전소득에는 빈곤층에 대한 정부의 보조금, 상속이나 증여 또는 선물 등의 형태로 주어지는 소득 등이 포함된다.

① 경상소득과 임시소득

이자, 배당금 등과 같이 정기적으로 확실하게 들어오는 소득을 경상소득이라 한다. 일반적으로 경상소득은 매월 일정하게 들어오는 소득을 말하지만 때로는 주급이나 일당의 형태로 들어오기도 하고 6개월이나 1년을 주기로 들어오기도 한다. 기본적으로 가계는 예측 가능한 정기적 소득인 경상소득을 기반으로 지출과 저축 및 투자계획을 수립하는 것이 바람직하다.

한편 일시적 요인으로 인해 발생하는 소득을 임시소득 또는 비경상소득이라고 한다. 경조 금이나 퇴직금, 어떤 특별한 경우만 지급되는 일회성 보너스 등이 포함될 수 있다. 임시소득은 예측이 어렵고 불확실하기 때문에 가계의 지출과 저축 및 투자계획 수립 시 포함하지 않는 것이 좋다. 예상 밖의 임시소득이 생길 경우에는 부채상환이나 미래를 위한 준비자금 등으로 사용하는 것이 바람직하다.

② 명목소득과 실질소득

물가수준에 따른 실질 구매력을 고려하지 않고 소득을 화폐 액면가치 그대로 나타낸 것을 명목소득이라고 한다. 즉, 월급이 한 달에 100만 원이라고 할 때 이는 명목소득을 말하는 것이다. 명목소득은 물가의 변동에 따라 구매력에 차이가 발생한다.

실질소득은 명목소득을 소비자물가지수(CPI: Consumer Price Index)로 나눈 것으로 물가상승에 따른 화폐가치의 하락을 반영하여 재화나 서비스의 구매력으로 평가한 소득을 말한다. 가령 어떤 가계의 소득이 50만 원에서 60만 원으로 증가하고 같은 기간 물가지수는 100에서 150로 올랐다면 실질소득은 증가했다고 할 수 있을까? 명목소득은 10만 원 증가하였으나, 현재의 실질소득을 계산해보면 40만 원(60만 원/150×100=40만 원)이 되어 결국 명목소득이 늘어났을지라도 물가상승을 감안해보면 오히려 실질소득은 감소했다는 것을 알 수 있다.

③ 가처분소득

가처분소득(DI: Disposable Income)은 처분이 가능한 소득, 즉 개인의 소득 중 개인의 자유의 사에 따라 지출이 가능한 소득을 의미한다. 개별가계의 가처분소득은 가계소득에서 세금, 공적연금, 사회보험과 같은 비소비지출을 뺀 금액을 말하며, 개인이 소비지출이나 저축에 쓸 수 있는 소득을 말한다. 가처분소득은 실제 가계가 소비지출과 저축 및 투자계획을 수립할 때 소득보다는 가처분소득에 기초하여야 한다는 점에서 의미가 있다.

| 표 5-3 | 우리나라 가구의 월평균소득현황

구분	금액(만 원)	구성비
소득(A)	530.5	100.0
경상소득	522.5	98.5
근로소득	347.7	(65.5)
사업소득	99.1	(18.7)
재산소득	4.0	(0.8)
이전소득	71.7	(13.5)
비경상소득	8.0	1.5
지출	398.9	
소비지출	294.5	

비수비지출(B)	104.4	
가처분소득(A-B)	426.1	
가구원 수(명)	3.02	
가구주 연령(세)	52.5	

출처: 통계청, 2020년 3/4분기 가계동향조사 결과(보도자료, 2020. 11. 19.)

우리나라 가계의 소득

통계청에 따르면 2023년 4분기 기준, 우리나라 가구의 월평균 소득은 530.5만원으로 나타났는데 이 중 65.5%가 근로소득, 18.7%가 사업소득, 13.5%가 이전소득이며 재산소득의 비중이 0.8%로 가장 낮았다. 월평균 소득 530.5만 원 중 비소비지출을 뺀 가처분소득은 426.1만 원으로 나타났다.

2 소비

가계는 구성원들의 욕구 충족, 즉 만족의 극대화를 위해 소비를 한다. 넓은 의미에서 소비는 재화와 용역의 획득을 통해 인간의 욕망을 충족시켜 만족감을 얻는 경제행위라 정의할 수 있으며 가계의 소비는 가계경제의 바람직한 운영을 위해서 매우 중요하다.

지출의 종류

지출은 수입의 상대적인 개념으로 재화와 용역을 취득하기 위하여 화폐를 사용하는 것을 의미하며, 가계의 소비를 실질적으로 측정하기 위한 객관적인 값으로 활용된다. 가계는 여러 지출 비목(예: 식비, 의류비, 교통통신비 등) 간에 소득을 분배하여 지출하게 되는데, 지출 비목 간 소득의 분배 구조를 지출구조라고 한다. 이를 분석하기 위해서는 다음과 같은 가계지출의 종류에 대한 이해가 필요하다.

① 경상지출과 임시지출

경상지출은 정기적으로 지출되는 식료품비, 주거비, 광열비, 기타 각종 요금 등을 말한다. 임시지출은 갑자기 예상하지 못한 일로 지출이 생기거나 어느 정도 예상할 수 있는 일로서 규칙적이지 않은 지출을 의미한다. 의료비, 손님접대비, 의류 및 가구 구입비 등이 여기에 속한다.

② 고정지출과 변동지출

월세, 세금, 이자비용 등과 같이 최초의 계약 또는 규정에 따라 미리 그 지출금액이 정해져 있어 가계관리자가 임의로 그 금액을 변경할 수 없는 것을 고정지출 또는 정액지출이라 한다. 또한 식료품비, 교양·오락비 등과 같이 그 지출금액이 고정되어 있지 않고 가계의 의도에 따라 지출금액에 변동이 생길 수 있는 것을 변동지출, 임의지출 또는 부정액지출이라 한다.

가계가 저축을 늘리기 위해서는 지출의 축소가 필수적인데, 고정지출과 변동지출로 구분 한 뒤 변동지출 중 절약할 수 있는 항목을 조정하는 것이 합리적이다.

③ 소비지출과 비소비지출

통계청에서는 가계의 지출을 크게 소비지출과 비소비지출로 구분하고 있으며, 앞서 배운 가처분소득은 이 중 비소비지출을 가계의 소득에서 뺀 금액을 의미한다. 소비지출 비목은 2020년 기준으로 식료품·비주류음료, 주류·담배, 의류·신발, 주거·수도·광열, 가정용품·가사서비스, 보건, 교통, 통신, 오락·문화, 교육, 음식·숙박, 기타 상품·서비스 등 12개 항목으로 구분되고 있다.

우리나라 가계의 소비지출

통계청의 2023년 가계동향조사(지출부문) 자료에 따르면 우리나라 가계의 비목별 소비지출 중 가장 높은 비중을 차지하는 것은 음식·숙박이었고, 그 다음으로 식료품·비주류음료와 교통비, 주거·수도광열비 순으로 나타났다.

그림 5-1 우리나라 가계의 비목별 소비지출 비중

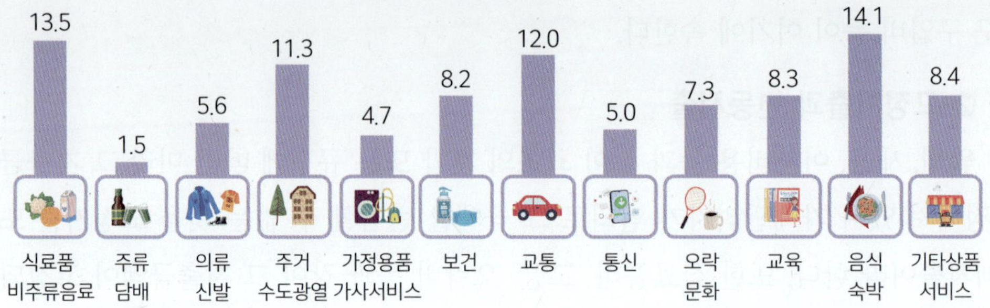

출처: 통계청, 2023년 가계동향조사 결과(연간 지출) 결과

합리적인 소비

가계는 소득을 얻어 일부는 소비하고, 일부는 저축하므로 결국 합리적 소비를 통해 한정된 자원을 잘 관리해야 저축을 하고, 장기적인 목표를 달성할 수 있게 된다.

그림 5-2 합리적인 소비를 위한 구매단계별 전략

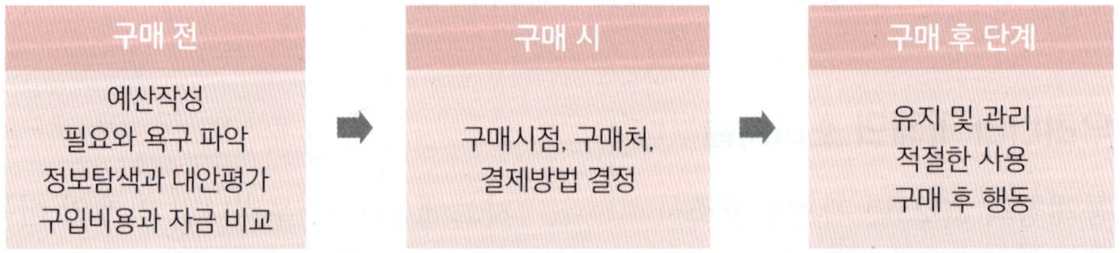

합리적인 소비란 최소의 비용으로 최대의 만족을 얻도록 소비하는 것이다. 일반적으로 소비는 선택과 사용을 포함하는데, 합리적인 선택과 합리적인 사용까지 의미하는 것이다.

합리적인 소비를 위해서는 가장 먼저 우리가 소유하고 있는 자원을 파악하고 활용하는 것이 중요하다. 비이성적이고 비합리적인 소비는 개인이나 가족의 삶의 질을 낮출 수 있으므로 소비 행동이 이루어지는 구매단계별로 합리적인 소비전략을 세워야 한다.

구매 전 단계

구매 전에는 예산을 작성하고 합리적으로 소비지출을 배분해야 한다. 합리적으로 소비지 출을 배분하기 위해서는 우선 필요(need)가 욕구(want)보다 우선시 되어야 한다. 여러 가지 대안을 고려하기 위해 필요한 정보를 수집해야 하는데, 이러한 정보는 가족이나 친구, 각종 매체 등 다양한 경로를 통해서 획득할 수 있다. 정보 원천에 따라 장·단점이 존재하므로 각 정보를 비교하여 보는 것이 좋다. 인터넷을 이용하여 정보를 탐색할 때는 각 인터넷쇼핑몰 간의 상품가격을 비교·정리한 가격비교 사이트, 소비자들의 실제 구매경험을 공유하는 소비 정보사이트를 활용하면 좋다. 마지막으로 각종 대안, 구매비용 및 사용 가능한 자금을 비교해서 최종적으로 소비를 결정해야 한다.

구매 단계

구매 단계에서는 구매시점, 구매장소 및 결제방법을 선택하는데 개인은 상품의 특성과 개인의 상황 등을 고려하여 적절한 것을 선택하게 된다. 구매시점은 계절, 일주일 중 주중, 주말 등을 고려하여 가장 저렴하면서도 가계구성원의 욕구를 충분히 충족시킬 수 있는 시점을 선택한다. 구매장소는 백화점, 일반 소매점, 창고형 대형할인점, 전통시장 등 오프라인과 인터넷, TV 홈쇼핑, 혹은 모바일 등을 통한 온라인 구매가 가능하다. 결제방법은 현금 혹은 신용카드로 결제하는 방법이나 일시불 혹은 할부로 결제하는 방법을 고려할 수 있다. 특히 신용카드로 결제할 경우 현금결제에 비해 충동구매나 과소비의 위험이 있을 수 있으므로 계획적인 구매가 되도록 유의해야 한다.

최근 해외직구를 비롯하여 온라인 구매가 증가하면서 전자상거래 관련 피해사례가 늘고 있다. 전자상거래의 특성상 소비자가 상품을 직접 확인할 수 없다는 점, 일방적인 광고나 판매조건에 현혹될 수 있는 점 등이 문제가 되고 있다. 이외에도 배달된 물품이 광고와 다른 경우, 물품대금의 이중청구, 교환과 환불 관련 문제, 개인정보 유출 등 다양한 문제가 발생하고 있으므로 주의가 필요하다.

구매 후 단계

상품 구매 후 이를 적절하게 유지 및 관리하는 것은 지출의 효율성을 높이고, 가계의 저축과 소비지출 관리에 실질적인 도움을 준다. 또한 구매 후에는 구매한 제품에 대해 심리적으로 불안해지거나 후회하는 등의 '구매 후 부조화'가 발생할 수도 있는데 이를 미리 고려하는 것이 바람직하다.

확대보기

비합리적인 소비

밴드웨건효과(Bandwagon effect)

밴드웨건효과는 미국의 경제학자인 라이벤스타인이 발표한 논문(Bandwagon, Snob, Veblen Effects in the Theory of Consumers' Demand, 1950)에서 처음 사용하면서 유래하였다. 밴드웨건은 미국의 서부 개척 시대에 흔히 사용하던 운송수단인 포장마차를 말하는데, 당시에는 금광이 있다는 말만 믿고 무작정 다른 사람들을 따라 서부로 가는 경우가 많았다고 한다. 즉, 자신의 주관이나 기호에 따라 소비하는 것이 아니라 같은 또래의 친구들이나 모임 등의 소비를 따라하거나, 무조건적으로 새로운 소비트렌드나 유행을 쫓아가거나, 좋아하는 유명 스타가 나오는 광고를 보고 소비하는 등의 행동을 말한다. 모방소비도 여기에 해당한다.

양떼효과(Herd effect)

군중심리에 의한 동조소비를 의미하는 양떼효과(Herd effect)는 밴드웨건 효과와 유사하게 사용되기도 한다. 일반적으로 양떼효과는 무리에서 떨어지거나 뒤처지기 싫어서 자신이 소속된 집단의 소비행동을 따라하는 것을 말한다. 즉, 양들이 우르르 몰려다니는 것처럼 다른 사람들에게 뒤처지거나 소외되기 싫어 그 행동이나 파급효과에 대해서는 생각하지 않고 무작정 다른 사람을 따라 소비하는 것을 말한다.

스놉효과(Snob effect)

스놉효과는 속물효과라고도 하며 밴드웨건 효과와 정반대로 '다른 사람들이 사는 물건은 구입하지 않고 남들과 구별될 수 있는 특별한 물건을 구매하여 다른 사람과 스스로를 차별화시키려는 소비 행동'을 말한다. 즉, 다른 사람과 구별되도록 특별한 의상이나 한정판매하는 상품을 구입하거나 진귀한 예술품이나 희귀한 스포츠카를 소유하고자 하는 소비 행동이 포함된다. 사치스럽더라도 본인만의 개성을 살리기 위한 가치판단에 의한 소비를 하는 것으로 볼 수도 있지만 경제적이고 합리적인 소비 행동은 아니다.

베블렌효과(Veblen effect)

미국의 사회학자 베블렌이 1899년에 출간한 '유한계급론'에서 언급한 용어로 '상류층의 소비는 사회적 지위를 과시하기 위하여 자각 없이 행해진다.'라고 언급한 데서 유래되었다. 베블렌효과는 상류층이 자신의 성공과 부를 과시하고 허영심을 만족시키기 위해 사치품을 소비하는 행동을 말하며, 가격이 오르는 데에도 불구하고 수요는 감소하지 않고 오히려 증가하거나 과시욕구 때문에 상품의 가격이 비쌀수록 수요가 증가하는 것을 말한다. 예를 들어, 명품이나 최고가 제품을 소량 한정판매할 때 오히려 매출이 증가하는 비합리적 소비행동이 포함된다.

매일 쓰는 냉장고도 비싸야 잘 팔린다…가전 '新베블렌 효과'

'베블렌 효과'란 사치품의 경우 비쌀 수록 잘 팔리는 사회 현상을 말한다. 개인의 과시욕과 허영심은 '싸고 질 좋은' 제품보다 '비싸도 질 좋은' 제품을 선호하게 만든다는 의미다. 개인을 '합리적 존재'로 가정했던 당시 미국의 주류경제학은 소스타인 베블렌이 제시한 '개인은 비합리적'이란 가정에 맹폭을 퍼부었지만 '베블렌 효과'는 여전히 경제학 용어로 살아남아 있다.

LG전자가 지난해 말 만든 초(超)프리미엄 가전 브랜드 '시그니처(SIGNATURE)'는 베블렌 효과를 거스른다. 꼭 사치품이 아니더라도 비쌀 수록 잘 팔릴 수 있다는 점이 사회 현상으로 나타나고 있기 때문이다. 들고 다니거나 타고 다니면서 남들에게 보여줄 수 있는 명품이나 사치품이 아니라도 '비싸야 잘 팔린다'는 의미의 '신(新) 베블렌 효과'를 LG전자가 만들어가고 있다.

지난 주말 LG베스트샵 서울 학동점. 한 중년 부부가 77인치 올레드(OLED) TV 앞에서 한참을 서있다. 남편으로 보이는 남성은 "기가 막힌다"고 했고, 여성분은 "좋기는 하네요"라고 말하며 시선을 가격표로 옮겼다. 이 TV의 가격은 4100만 원이다. LG전자는 지난달 19일 이 TV를 출시했다. TV 한 대 가격이 준대형 승용차 가격 보다 비싸다. LG전자 관계자는 "판매 대수를 공개키는 어렵다. 전략 노출 때문이다. 초기 시장 반응은 아주 좋은 편이라고만 말하겠다"고 밝혔다.

LG전자가 '말도 안되는(?) 가격'의 제품을 출시하고 있는 것은 자신감의 반영이다. LG전자는 올해 2분기에 매출 14조 29억 원, 영업이익 5846억 원을 기록했다. 전년 동기 대비 매출은 0.5%, 영업이익은 139.5% 성장한 것이다. 상반기 누적 기준으로는 영업이익 9924억 원을 기록했다. 지난해 상반기(5493억 원)와 비교하면 1년 새 거의 100% 성장했다.

고가 전략이 시장에서 통하자 영업이익률도 큰 폭으로 개선됐다. 올해 2분기 LG전자 생활가전 부문인 H&A사업본부의 영업이익률은 9.2%였다. 전 분기(9.7%)에 이어 두개 분기 연속 9%가 넘는 영업이익률 달성이다. TV부문인 HE사업본부는 분기 사상 최고 영업이익률도 기록했다. 이는 세계 주요 가전기업 가운데 가장 높은 영업이익률 수치다. 미국 월풀의 영업이익률은 6.5%, 스웨덴 일렉트로룩스는 4.5%다. 가전은 여타 제품보다 인건비 비중이 높아 영업이익률이 5%내외에 머무는 것이 통상이다.

LG전자의 초프리미엄 전략이 시장에서 통하는 것은 불황 덕분이란 역설적 설명도 가능하다. 글로벌 경기 침체가 진행되면 소비 시장은 가격을 기준으로 양극화 현상이 빚어진다. 아주 비싼 제품과 아주 싼 제품만이 살아남는다는 설명이다. 다만 아주 싼 제품 시장은 거의 중국산 제품이 잠식 중이다. LG전자의 초프리미엄 전략이 탄생한 배경이자, 초프리미엄 시장을 LG전자가 본격 공략하기 시작한 배경이기도 하다.

초프리미엄 가전 시장은 성장성도 크다. 글로벌 산업분석 전문기업 IHS에 따르면 전세계 가전 시장 규모는 약 500조 원 가량이다. 이 가운데 5% 가량이 초프리미엄 시장으로 분석된다. 또 미국 프렌치도어 냉장고 가운데 3500달러 이상 비중은 2013년대비 올해는 3배 이상 증가할 것이란 전망도 나오고 있다. LG전자 관계자는 "미국의 초프리미엄 빌트인 시장은 일반 빌트인 시장 대비 성장율이 3배 이상 높다"고 말했다.

혁신성도 제품 내에 녹였다. 예컨대 LG 시그니처 냉장고는 사용자가 다가가 발을 가까이 대면 문이 자동으로 열린다. 냉장고 문을 두 번 두드리면 내부 조명이 켜지면서 유리문을 통해 속을 볼 수 있다. 최근 LG전자는 미국 내 빌트인 제품 유통 채널을 600여개까지 늘리고 현지 유명 디자이너와 협업하는 등 프리미엄 마케팅을 강화하며 시장 점유율을 꾸준히 늘려가고 있다.

[출처: 헤럴드경제, 2016. 08.18]

[http://news.heraldcorp.com/view.php?ud=20160818000485]

3 저축

저축의 개념

저축은 현재의 소비를 포기하고 미래로 소득을 이전하는 것이다. 예정된 일자에 이자 및 원금을 확실하게 회수하여 안정적인 미래 소득을 얻는 것이 저축의 목표이다.

저축의 동기는 크게 세 가지로 구분할 수 있다. 첫째, 생애주기의 각 단계에서 소득과 지출의 일시적 불균형을 해소하기 위한 것이다. 미래 자녀 교육 및 결혼, 은퇴 이후 노후의 삶에 대비한 저축 등이 그 예이다. 둘째, 실업, 질병, 사고, 자연재해 등에 대비하기 위한 예비적 동기로 저축을 하기도 한다. 셋째, 상속적 동기에 의한 저축으로 자손에게 물려줄 자산을 축적하기 위해 저축을 하는 경우를 들 수 있다.

저금리 기조가 전 세계적으로 계속되어 저축의 수익률이 낮음에도 불구하고 가계가 저축을 해야 하는 이유는 저축이 안정적으로 목돈을 마련할 수 있는 수단이 될 수 있어 자산형성의 기초가 되기 때문이다. 따라서 가계자산 형성의 기초자금을 마련하기 위해서는 장기적인 관점에서 생애주기 단계에 따라 재무목표를 세워 일정 금액을 꾸준하게 지속적으로 저축하는 것이 바람직하다.

저축과 투자의 차이

본래 '아껴서 쌓아두다'라는 저축(貯蓄)의 개념 속에는 투자도 포함되어 있다. 왜냐하면 투자도 현재의 소비를 포기하고 투자하여 더 많은 수익을 얻어 미래에 소비하려는 것이기 때문이다. 하지만 확정된 이자율을 보장받는 저축과 달리 투자는 미래의 현금흐름에 불확실성이 존재한다. 저축으로 발생하는 이자보다 더 많은 수익이 발생할 수도 있지만 반대로 원금손실을 볼 수도 있으며, 수익이 발생하더라도 얼마가 발생할지 확신할 수 없다. 투자 시점에 예상하는 수익률은 불확실성이 반영된 기대수익률을 의미하며 투자결과에 따른 최종수익률을 실현수익률이라고 한다.

일반적으로 저축을 원금손실이 없는 '예금'과 동일하게 생각하는 경우가 많다. 하지만 저축의 경우에도 예금한 금융회사가 파산하는 경우에는 원금과 이자를 전액 회수하는 데 불확실성이 생길 수도 있으므로 주의해야 한다.

3 저축의 가치

1 저축과 이자

단리와 복리

이자는 기간에 따라서 달라지므로 이자율을 표시할 때 기간을 명시하는데 보통 1년을 기준으로 한다. 기간이 1년인 경우에는 단순히 원금에 이자율을 곱하여 나온 값을 이자금액으로 계산한다. 기간이 1년 이상인 경우에는 이자율을 곱하는 원금을 어떻게 보느냐에 따라 단 리(單利, simple interest)와 복리(複利, compound interest)로 구분할 수 있다.

계산하는 방법이다. 이때 발생하는 이자는 원금에 합산되지 않기 때문에 이자에 대한 이자가 발생하지 않는다. 따라서 원금에만 이자가 발생한다는 가정하에 단리계산은 다음과 같이 하면 된다.

$$FV=PV\times[1+(r\times n)]$$

여기서, FV = 미래가치

PV = 현재가치

r = 수익률(연이율)

n = 투자기간(연 단위)

예 100만원을 연 4%의 이자율로 3년 동안 단리로 저축하면 얼마가 되는가?

1,000,000원×(1+(0.04×3))=1,120,000원

즉, 100만 원의 3년 후 미래가치는 1,120,000원이 된다.

복리란 중복된다는 뜻의 한자어 복(復)과 이자를 의미하는 리(利)가 합쳐 단어로서 말 그대로 이자에 이자가 붙는다는 뜻이다. 저축과 투자를 통한 자산관리에서 가장 중요한 것중 하나가 복리의 위력이다. 따라서 원금과 이자가 재투자된다는 가정하에 복리계산은 다음과 같다.

$$FV=PV\times(1+r)^n$$

여기서, FV = 미래가치

PV = 현재가치

r = 수익률(연이율)

n = 투자기간(연 단위)

예 100만 원을 연 4%의 이자율로 3년 동안 복리로 저축하면 얼마가 되는가?

1,000,000원×(1+(0.04×3)^3=1,124,864원

즉, 100만원의 3년 후 미래가치는 1,124,864이 된다.

같은 금액, 같은 이자율이라도 적용 이자계산법을 단리로 할 것인가 아니면 복리로 할 것인 가에 따라 원리금이 크게 달라지며, 그 기간이 길어질수록 차이가 급격히 벌어지게 된다. <그림 5-3>은 100만 원을 연 4%의 이자율로 저축한 경우, 자산이 10년마다 어떻게 변하는지 보여주고 있다. 단리의 경우는 일정한 비율로 증가하지만 복리의 경우 기간이 길어질수록 기하급수적으로 그 금액이 증가함을 알 수 있다. 즉,

100만 원을 연 4% 이자율의 금융상품에 저축할 때, 50년 후 단리는 300만 원이 되지만 복리는 710만 원이 넘어 2배 이상 차이가 나게 된다.

<그림 5-4>는 100만원을 30년 동안 운용할 경우, 연 이자율이 각각 4%, 8%, 12%일 때, 자산이 어떻게 변하는지를 보여준다. 가장 먼저 눈에 띄는 것은 복리 적용 시 운용결과가 이 자율에 단순 비례하지 않는다는 점이다. 예를 들면, 이자율이 연 4%에서 연 8% 및 연 12%로 되었을 때, 단리의 경우 순이자는 120만 원에서 240만 원 및 360만 원으로 단순 비례하여 증가하지만, 복리의 경우 순이자는 224만 원에서 약 4배인 906만 원, 다시 약 13배인 2,896만 원이 되어 기하급수적으로 증가한다. 따라서 장기로 자금을 운용할 경우에는 단 1%포인트의 이자율 차이도 적지 않은 결과의 차이를 가져오게 됨을 알 수 있다. 즉, 저축기간이 길어질수록 복리의 효과가 더욱 커지므로 표면금리가 동일하다면 복리상품이 실제수익률면에서 단리보다 매우 유리하다.

그림 5-3 저축기간에 따른 단리화 복리 효과 비교(100만 원을 연이자율 4%로 저축)

단위: 천 원

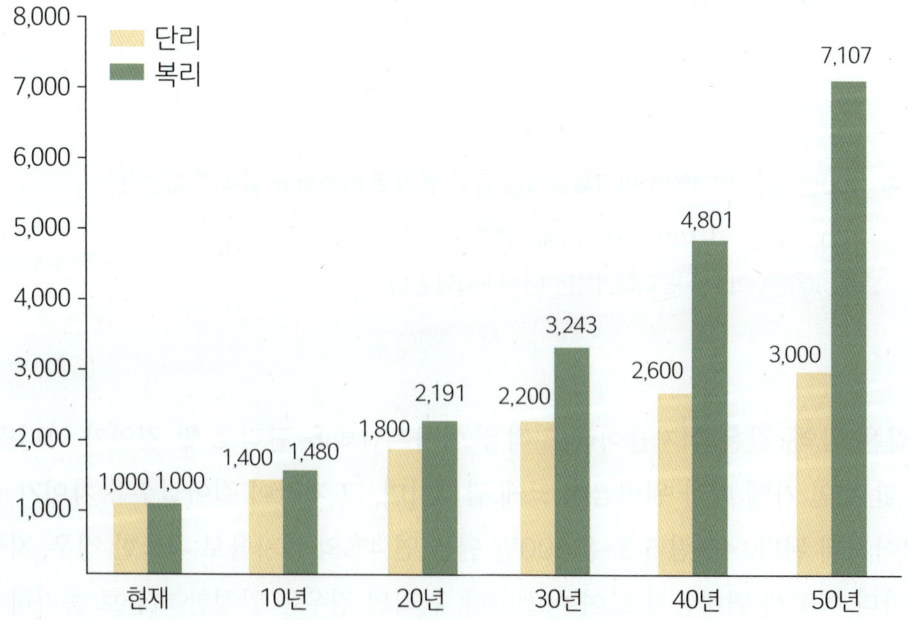

그림 5-4 이자율에 따른 단리와 복리 효과 비교(100만 원을 30년 저축)

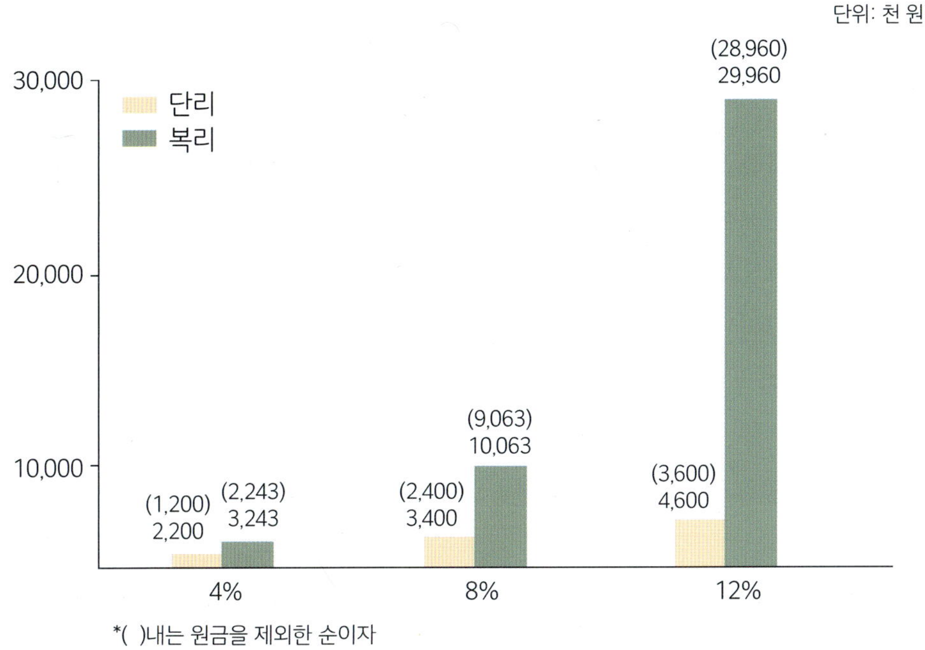

확대보기

72의 법칙

72의 법칙은 복리를 계산해 원금이 두 배가 되는 시기를 손쉽게 알아볼 수 있는 법칙이며, 공식은 다음과 같다.

72/금리 = 원금이 두배가 되는 시기

예를 들어, 100만 원의 돈을 연 5%의 복리상품에 넣는다고 가정하면, 원금의 2배인 200만 원으로 불어나는 시간은 얼마가 걸릴까? 답은 14.4년이다(72/5=14.4).

72의 법칙은 목표수익률을 정할 때도 활용할 수 있다. 만일 10년 안에 원금이 두 배가 되기 위해서는 얼마나 수익을 내야 할까? 답은 연 7.2%이다.(72/10=7.2).

이처럼 72법칙을 이용하면 원하는 목표수익률 및 자금운용기간을 정하는 데 도움이 된다.

이자율이 저축에 미치는 영향

이자율의 변동에 따라 목돈을 마련하기 위해 필요한 저축액은 큰 차이가 난다. 특히 장기간 저축을 할 경우에는 더 큰 영향을 미치게 된다. 만약 30년 후 필요한 노후자금을 5억 원이라고 보고 이를 매달 일정액의 저축을 통해 모으려고 할 경우, 이자율에 따라 저축액이 어떻게 달라져야 하는지 살펴보자. 아래 <표 5-4>에서 보듯이 금리가 1%이면 매월 저축액이 1,191,531원이 되어야 하고 5%라면 거의 반인 600,775원이 필요하며, 과거 우리나라 평균 예금금리였던 12%를 가정하면 매월 저축액이 143,063원으로 크게 감소한다. 결국 30년 동안 동일한 5억 원을 모으는 데 필요한 저축액이 금리가 하락하면 기하급수적으로 증가하는 것을 알 수 있다.

| 표 5-4 | 이자율에 따라 30년 후 5억 원을 모으기 위해 필요한 월 저축액(원)

이자율	1%	2%	3%	5%	7%	10%	12%
월 저축액	1,191,531	1,014,764	858,020	600,775	409,846	221,191	143,063

이번에는 5억 원을 은행에 맡겨두고 20년 동안 원리금을 매월 일정액씩 찾아서 노후생활자금으로 쓴다고 가정하고, 이자율에 따라 매달 쓸 수 있는 돈이 얼마인지 알아보자. <표 5-5>에서 보듯이 금리가 1%이면 매월 인출액이 2,299,472원, 2%라면 2,529,417원이 되고, 5%인 경우는 3,299,779원씩을 찾아 쓸 수 있으며, 과거 우리나라 평균 예금금리였던 12%를 가정하면 5,505,431원으로 월 인출액이 크게 증가한다. 결과적으로 저금리 시대에는 노후대책을 위해 모아두어야 할 자금도 크게 증가하게 된다.

| 표 5-5 | 이자율에 따라 5억 원을 20년간 매월 찾아 쓸 수 있는 금액(원)

이자율	1%	2%	3%	5%	7%	10%	12%
월 인출액	2,299,472	2,529,417	2,772,988	3,299,779	3,876,495	4,825,108	5,505,431

2 저축과 인플레이션

인플레이션이란 지속적으로 물가가 상승하는 것을 말한다. 물가가 상승할 경우, 동일한 화폐로 살 수 있는 물건의 양이 줄어들기 때문에 화폐가치가 하락하는 현상으로 볼 수 있다. 가계 입장에서는 화폐가치가 하락하는 만큼 구매력이 하락하게 되며 실질소득이 감소하게 된다. 따라서 금융상품에 저축하거나 투자해서 얻게 되는 미래의 수익도 같은 기간 동안 물 가가 상승하게 되면 그만큼 실질수익은 감소하게 되는 것이다.

명목금리란 말 그대로 표면상의 금리를 의미하며, 실질금리란 물가상승률을 감안하여 계산하는 금리를 말한다. 단순하게 명목금리에서 물가상승률을 빼면 실질금리가 된다.

실질금리 = 명목금리 - 물가상승률

예를 들어, 연 2.5%의 이자를 지급하는 1년 만기 정기예금의 경우, 1년 동안 물가상승률 이 2%라면 실질수익률은 물가상승률을 제외한 연 0.5%에 불과하게 된다. 금융상품 중에는 수익률이 물가상승률과 연계하여 결정되거나 상품의 특성상 수익률이 물가상승률과 높은 상관관계를 갖는 인플레이션 헤지상품도 있으므로 금융상품 선택 시 확인할 필요가 있다.

또한 인플레이션율이 상당히 높다면 저축한 돈의 가치를 유지하면서 소비를 미래로 이전 하기 어려워진다. 예를 들어, 볼리비아에서는 1984년에 물가가 27배 올랐다. 1월 1일에 100원짜리 연필이 12월 31일에는 2,700원이 되어 있다는 뜻이다. 이런 상황에서 1월 1일에 100만 원을 연이자율 10%로 저축했다면 어떻게 될까? 12월 31일에 저축원리금은 110만 원이 되겠지만 그 돈의 가치는 형편없이 낮아져 있을 것이다. 가령 1월에는 100만 원으로 연필 1만 개를 살 수 있었지만 12월 31일에는 110만 원의 불어난 돈으로도 약 407개의 연필밖에 살 수 없기 때문이다. 이렇게 저축의 가치는 인플레이션에 따라 달라질 수 있다.

3 저축과 세금

금융거래 및 금융상품 매매 시에는 세금이 부과된다. 우리나라에서는 이자소득을 포함한 금융소득에 대해서 분리과세를 통해 금융회사가 일률적으로 14%(지방소득세 포함 15.4%)를 원천징수하고 나머지를 지급한다. 금융상품 중에는 이자 또는 배당에 대해 과세되지 않는 비과세상품과 9.9%의 비교적 낮은 세율이 적용되는 세금우대상품이 있다. 하지만 이러한 상품은 한시적으로 일부 계층에게 제한적으로 허용되는 경우가 대부분이다.

우리나라의 대표적인 비과세 금융상품으로 개인종합자산관리계좌(ISA: Individual Savings Account)가 있다. 19세 이상 거주자면 누구든지 소득에 상관없이 가입이 가능하며 본 계좌를 통해 다양한 금융상품에 가입할 수 있다. 매년 최대 2천만 원씩 누적 한도 1억 원까지 납입이 가능하며 계약 기간은 3년 이상으로 계약기간 연장, 재가입도 가능하다. ISA를 통해 저축· 투자한 금융상품에서 이자나 수익 등이 발생할 경우, 연 200만 원까지 비과세한다. 장기저축성보험도 활용되고 있는데, 5년 이상 납입하고 10년 이상 예치한 경우 발생한 보험차익을 비과세하는 상품이다. 다만 일시납 보험의 경우 1인당 총 보험료 1억 원 이하, 월 적립식 보험의 경우 5년 이상 납입하고 월 보험료 150만 원 이하의 한도 등 일정요건을 충족하여야 한 다. 이와 같이 금융상품별로 서로 다른 과세 기준을 잘 살펴보고 적용 세율을 감안하여 최대한 절세상품을 찾아보는 노력도 중요하다.

확대보기

다양한 비과세 금융상품

이자소득세가 부과되지 않는 대표적인 비과세 금융상품은 다음과 같다.

- ◉ **예탁금**: 상호금융(지역 농·축협, 지구별 수협, 새마을금고, 신용협동조합만이 해당되며, 저축은행은 미해당)에서 취급하며, 비과세 한도는 1인당 3천만 원이다.
- ◉ **개인종합자산관리계좌(ISA)**: 3년 이상 유지 시 비과세된다.
- ◉ **장기저축성보험**: 보험사에서 판매하는 저축성보험 상품 중 저축기간을 10년 이상 유지 등 일정 요건을 충족할 경우
- ◉ **생계형저축**: 기초생활수급자, 장애인, 만 65세 이상 등 일정 요건을 충족하는 가입자가 정기예금 또는 정기적금 가입 시 비과세를 요청하면 일인당 5천만 원까지 비과세된다.

저축 늘어난 美, 금리인상 효과 약하다…5.5%로 올릴 수도

코로나19 팬데믹 기간 미국의 가계 저축액이 크게 늘어나면서 연방준비제도(연준·Fed)의 금리 인상 효과가 약해질 것이라는 전망이 나왔다.

30일(현지시간) 미 일간 월스트리트저널(WSJ)은 연준이 치솟는 물가를 잡기 위해 금리를 내년 초까지 4.6%로 올릴 것이라는 예상이 나오지만, 일부에서는 이보다 더 높아야 할 것으로 본다며 이같이 보도했다.

일반적으로 금리가 올라가면 차입 비용이 커지고 주가가 내려가기 때문에 가계 지출이 줄어들고 이는 나아가 고용·소득·지출의 추가적인 감소를 불러온다. 하지만 2020년 시작된 팬데믹 기간 정부가 가계에 보조금을 지원하고 초저금리를 유지해 차입 비용을 줄이는 등의 재정·통화 부양 정책을 한 덕분에 가계 저축이 늘어 이런 흐름이 돌아가지 않게 됐다는 것이다.

시장은 연준이 이번 주 열리는 연방공개시장위원회(FOMC) 정례회의에서 기준금리를 0.75%포인트 인상할 것을 가장 유력하게 보고 있다. 그렇게 되면 기준금리는 4%대로 올라서게 된다.

그러나 금리 인상에도 민간의 지출이 줄어드는 정도가 저축 증가로 인해 약해졌기 때문에 최종 금리가 4.6%보다 더 높아야 한다는 관측이 나온다.

연준 이코노미스트들에 따르면 작년 중반까지 미국 가계의 저축액은 총 1조 7천억 달러(약 2천 419조 원)에 달했다. 이는 이들이 코로나19 대유행 이전의 소득과 지출 증가 추세에 따라 저축했을 금액을 초과하는 것이다.

미국 가계 소득 하위 50% 가구가 보유한 이 같은 초과 저축액은 지난 6월 현재 총 3천 500억 달러(약 489조 원), 가구당 5천 500달러(약 728만 원)에 이른다.

이는 기업들과 지방정부도 마찬가지다. 2020~2021년 기업들은 초저금리로 인해 낮은 차입 비용을 유지할 수 있었다.

골드만삭스에 따르면 투기등급 회사채(정크본드) 중 앞으로 1년 안에 만기가 도래하는 분량은 3%뿐이며, 2025년 이전에 만기가 되는 분량도 8%에 불과하다.

주 정부와 지방 정부도 현금이 풍부해 세계 금융위기를 전후한 2007~2009년보다 훨씬 상황이 낫다.

금리 인상에 민감한 주택 시장만이 침체를 겪고 있을 뿐 소비자들의 신용카드 잔액도 늘고 있다. 유나이티드항공, 뱅크오브아메리카, 네슬레, 코카콜라, 넷플릭스 등 기업들은 강한 수요 증가와 가격 상승을 지적한다.

실제로 미국의 9월 개인소비지출(PCE) 가격 지수는 전월보다 0.3% 상승해 물가 상승률이 꺾이지 않았음을 나타냈다.

근로자에 대한 급여와 각종 혜택을 측정하는 고용비용지수(ECI)도 3분기에 작년 동기보다 1.2% 올랐다. 이처럼 급여 상승률이 높게 유지된다는 것은 가계가 저축분을 다 써버려도 계속 지출할 수 있다는 것을 의미한다.

이에 따라 연준이 치솟는 물가를 안정시키기 위해 기준금리를 더 올릴 필요가 있다는 것이 전문가들의 의견이다.

버락 오바마 행정부에서 백악관 경제자문위원회(CEA) 위원장을 지낸 제이슨 퍼먼 하버드대 경제학과 교수는 미국 기준금리가 내년에 5.25%까지 이를 것으로 보면서 그보다 높아질 가능성도 있다고 밝혔다.

스티븐 블리츠 TS롬바드 수석 이코노미스트도 "내년에 경기후퇴가 오지만, 연준이 할 일이 많다"며 기준금리가 5.5%까지 올라갈 것으로 예상했다.

[출처: 한국경제, 2022. 10. 31.]
[https://www.wowtv.co.kr/NewsCenter/News/Read?articleId=A202210310157&t=NN]

4 저축상품

1 저축상품의 개요

가장 대표적인 저축상품은 예금으로 우리나라에서는 예금을 취급할 수 있는 금융회사가 은행과 상호저축은행, 신용협동조합, 새마을금고, 농·수협, 종합금융회사, 우체국예금 등으로 정해져 있다.

예금은 크게 요구불예금과 저축성예금으로 구분된다. 요구불예금은 언제든 예금자가 '요구'하면 은행이 바로 돈을 내주어야 하는 예금이라는 뜻에서 이름이 붙여졌다. 예금자는 수시로 사용해야 할 돈을 요구불예금에 저축한다. 예금자 입장에서는 돈을 불리기보다는 보관하겠다는 목적이 강한 저축상품이다. 이러한 점 때문에 요구불예금을 흔히 '입출금이 자유로운 예금'이라고 부르는데 당좌예금, 보통예금, 공공예금, 국고예금 등이 요구불예금에 속한다. 일반적으로 요구불예금은 금리가 낮다. 은행 입장에서는 예금한 사람이 언제 돈을 찾아갈지 몰라 항상 돈을 미리 준비해 놓아야 하기 때문에 이자를 적게 줄 수밖에 없다. 예금자도 언제든 필요할 때마다 예금을 찾아 쓸 수 있는 장점이 있기 때문에 이자를 적게 받더라도 이용한다.

저축성예금은 저축 및 이자수입을 주된 목적으로 하며 예금의 납입 및 인출방법에 대해 특정 조건이 있는 기한부 예금이다. 저축성예금은 금융회사 입장에서 일정 기간은 돈을 미리 준비해 놓지 않아도 되기 때문에 고객에게 이자를 그만큼 더 많이 주게 된다. 저축성예금은 크게 돈을 조금씩 모아서 목돈을 만드는 '적금'과 목돈을 예치하면 이를 운용해서 더 늘어나게 하는 '예금'이 있다. 그 밖에 특정한 목적으로 만들어진 재산형성저축이나 주택청약종합저축 등도 저축성예금으로 간주할 수 있다.

이러한 예금은 일부 특정인 또는 기업에만 허용되는 경우를 제외하면 누구나 예금을 취급하는 금융회사에서 통장을 개설하면 거래할 수 있다. 다만, 우리나라는 「금융실명거래 및 비밀보장에 관한 법률」에 의하여 금융거래는 반드시 실명으로 거래하도록 되어 있다. 따라서 예금통장을 개설할 경우에도 반드시 본인임을 확인하고 거래하도록 되어 있다. 본인 명의 통장을 타인에게 대여하는 소위 '대포통장'은 불법이기 때문에 이를 빌려주는 측과 빌려서 사용하는 측은 모두 처벌을 받게 된다. 특히 최근 취업난, 등록금 부담 등으로 어려움을 겪고 있는 대학생의 현실을 이용하여 통장을 빌려주거나 전달, 또는 제3자에게 운송하는 등의 대가로 금전을 지급한다는 유혹이 많은데 절대로 이에 응해서는 안 된다.

2 요구불예금

보통예금

보통예금은 일반적으로 거래대상, 예치금액, 예치기간, 입출금 횟수 등에 제한없이 누구나 자유롭게 거래할 수 있는 예금이다. 예금자 입장에서는 생활자금과 수시로 사용해야 하는 일시적인 유휴자금을 예치하는 수단이 되고 금융회사의 입장에서는 저리로 자금을 조달할 수 있는 재원이 된다.

당좌예금

당좌예금은 은행과 당좌거래계약을 체결한 자가 일반 상거래로 취득한 자금을 은행에 예치하고 그 예금잔액(또는 당좌대출 한도) 범위 내에서 거래은행을 지급인으로 하는 당좌수표 또는 거래은행을 지급장소로 하는 약속어음을 발행할 수 있는 예금이다. 이자는 없으며 가입 대상은 신용과 자산상태가 양호하다고 인정되는 법인 또는 사업자등록증을 소지한 개인으로 구체적인 거래대상 기준은 각 은행별로 차이가 있다.

가계당좌예금

가계당좌예금은 개인가계수표의 활성화를 통해 국민의 현금사용을 줄이고 신용사회의 정착을 위해 도입된 예금이다. 전 금융회사를 통하여 1인 1계좌만 개설이 가능하며, 무이자인 일반당좌예금과는 달리 은행이 금리를 자율적으로 산정할 수 있다. 가입대상은 신용상태가 양호한 개인이며 구체적인 자격기준은 은행이 자율적으로 결정한다.

MMDA

MMDA(money market deposit account)는 입출금이 자유롭고 각종 이체와 결제도 할 수 있으며, 예금자보호법에 의하여 5,000만 원 한도 내에서 보호를 받을 수 있다. 이 상품은 고객이 은행에 맡긴 자금을 단기금융상품에 투자해 얻은 이익을 이자로 지급하는 구조로 되어 있다. 단, 취급하는 금융회사에 따라 500만 원 미만의 소액이거나 법인의 경우 예치기간이 7일 미만일 때는 이자율이 낮거나 없을 수도 있다. 가입대상에 제한이 없어서 일시적인 목돈을 운용하는 데 적합하다는 장점을 지닌다.

MMDA와 유사한 MMF(money market funds)는 고객의 돈을 모아 주로 금리가 높은 CP(기업어 음), CD(양도성예금증서), RP(환매조건부채권), 콜(call)자금 등 단기금융상품에 집중 투자하여 여기서 얻는 수익을 되돌려주는 실적배당상품이다. MMF는 수익률이 높은 단기금융상품 대신에 수익률은 낮지만 안정적인 국공채 등에 주로 운용된다. MMF는 은행뿐 아니라 증권회사에서도 취급한다. MMF의 최대 장점은 가입 및 환매가 청구 당일에 즉시 이루어지므로 입출금이 자유로우면서 실적에 따라 이자가 붙는다는 점이다. 다만, 계좌의 이체 및 결제 기능이 없고 예금자보호의 대상이 되지 않는다.

또한 유사한 금융상품으로 증권회사나 종합금융회사(일명, 종금사)가 취급하는 CMA(cash management account)가 있다. 자금을 금리가 높은 단기금융상품에 투자하고 실적배당을 한다는 점에서는 MMF와 유사하지만, MMDA처럼 이체와 결제 그리고 자동화기기(ATM)를 통한 입출금 기능을 갖고 있다. 종합금융회사의 CMA는 예금자보호 대상이 되지만 증권회사의 CMA는 그렇지 않다.

|표 5-6| MMDA, MMF, CMA 비교

상품명	취급금융회사	예금자보호	이율	이체 및 결제
MMDA	은행	보호	확정금리(차등)	가능
MMF	은행, 증권사	비보호	실적배당	불가능
CMA	종금사, 증권사	종금사만 보호	실적배당	가능

3 저축성예금

정기예금

정기예금은 예금자가 이자수취를 목적으로 예치기간을 사전에 약정하여 일정 금액을 예치하는 기한부 예금이다. 정기예금은 저축성이 강한 예금으로서 우리나라 전체 예금 가운데 가장 대표적인 예금이다.

한편 정기예금에 양도성을 부여한 특수한 형태의 저축성예금으로서 양도성예금증서(CD: certificate of deposit)가 있다. 양도성예금증서는 최소 발행단위가 1,000만 원이고, 최장 만기는 제한이 없으나 최소 30일 이상이어야 한다. 가입자의 명의가 기재되지 않는 무기명식으로 발행되고, 액면 금액보다 할인되어 발행되는 방식으로 이자가 계산된다. 단, 고객이 요청하는 경우 등록·발행할 수 있으며, 은행의 경우 실물증서는 발행하지 않고 통장을 교부한다. 중도환매는 허용되지 않고 대신 제3자에게 양도할 수 있어 유통시장에서 매매가 가능하다. 이러한 양도성예금증서는 무기명으로 거액의 부동자금을 운용하는 수단으로 자주 활용된다.

또한 실세금리연동 정기예금상품은 가입 후 일정기간(회전기간)마다 시장 실세금리를 적용하는 정기예금으로서 금리상승기에 유리한 금융상품이다. 가입기간은 통상 3년 이내이며, 가입대상은 제한이 없고 이자지급은 만기지급식, 월이자지급식, 회전기간별 이자지급식 등으로 나뉘며 이자율은 은행이 자율적으로 설정할 수 있도록 되어 있다.

정기적금

정기적금은 계약금액과 계약기간을 정하고 예금주가 일정 금액을 정기적으로 납입하면 만기에 계약금액을 지급하는 적립식 예금이다. 정액적립식 상품과 자유적립식 상품으로 나눌 수 있다. 정기적금은 누구에게나 허용되는 반면에 근로자의 주택마련이나 재산형성 등 특별한 목적을 달성하기 위해 특정 계층에게만 가입을 허용하면서 각종 혜택이 주어지는 목적형 정기적금도 있다. 대표적으로 주택청약종합저축과 재산형성저축을 들 수 있다.

또한 정기예금과 정기적금은 예치기간이 정해져 있어서 보통예금보다 이자가 많지만 유동성은 낮다. 또한 만기 이전에 해약을 하게 되면 약정한 이자보다 훨씬 낮은 이자를 지급받거나 경우에 따라서 이자가 없을 수도 있다.

적용하기

금융감독원의 '금융상품한눈에'

금융소비자 정보포털 파인(http://fine.fss.or.kr)의 '금융상품한눈에' 메뉴를 활용해 보자. '저축'을 선택하면 현재 은행에서 판매 중인 각종 정기예금, 적금 상품과 상품별 금리를 비교해 볼 수 있다.

주택청약종합저축

주택청약종합저축은 신규분양 아파트 청약에 필요한 저축으로서 2009년 기존의 청약저축, 청약부금, 청약예금의 기능을 묶어 출시되었다. 전 금융회사를 통해 1인 1계좌만 개설 가능하다. 가입은 주택소유·세대주 여부, 연령 등에 관계없이 누구나 가능하나, 청약 자격은 만 19세 이상이어야 하고 19세 미만인 경우는 세대주만 가능하다.

| 표 5-7 | 주택청약종합저축 약정 이율

기간	금리(세전)
1개월 이내	무이자
1개월 초과 1년 미만	연 2.0%
1년 이상 2년 미만	연 2.5%
2년 이상	연 2.8%

출처: 국토교통부, 주택도시기금(http://nhuf.molit.go.kr)

매월 2만 원에서 50만 원까지 자유롭게 납부할 수 있고, 잔액이 1,500만 원 미만인 경우 월 50만 원을 초과하여 잔액 1,500만 원까지 일시예치도 가능하다. 약정이율은 최대 2.8%이며, 납입기간은 별도의 만기 없이 국민주택이나 민영주택 입주자로 선정될 때까지이다. 중도인출은 불가능하고 예금 보험공사의 예금자보호법에 의하여 보호되지는 않으나, 국민주택기금의 조성 재원으로 정부가 관리한다.

주택청약종합저축의 장점은 연말정산에서 소득공제를 받을 수 있다는 것이다. 연간 소득 7천만 원 이하 근로자인 무주택 세대주는 당해연도 주택청약종합저축 납입금액(연간 300만 원 한도)의 40%(최대 120만 원 한도)까지 소득공제를 받을 수 있다. 청약이 가능한 주택은 국민주택과 민영주택으로 구분된다. 국민주택은 국가, 지방자치단체, 대한주택공사, 지방공사가 건설하는 전용 면적 85m² 이하 주택이고 민영주택은 국민주택을 제외한 주택으로 주거 전용 면적에 따라 청약예치 기준금액이 달라진다.

|표 5-8| 민영주택 청약예치 기준금액(거주지역/전용면적별)

단위: 원

구분	청약가능 전용 면적			
	$85m^2$ 이하	$102m^2$ 이하	$135m^2$ 이하	모든 면적
서울·부산	300	600	1,000	1,500
기타 광역시	250	400	700	1,000
기타 시·군	200	300	400	500

출처: 국토교통부, 주택도시기금(http://nhuf.molit.go.kr)

청년우대형 주택청약종합저축

청년우대형 주택청약종합저축은 청년들이 내 집이나 전셋집을 마련하고자 할 때, 도움을 주기 위해 국토교통부가 2018년에 출시한 상품으로 기존 주택청약종합저축의 청약기능과 소득공제 혜택은 동일하되 재형기능을 강화한 것이 특징이다. 즉, 매월 2만 원에서 50만 원까지 자유롭게 납입할 수 있고, 무주택 세대주에게 납입금액 기준 연 300만 원 한도로 40%까지 소득공제가 된다. 또한 기존 주택청약종합저축의 금리보다 높은 최고 4.3% 금리를 적용한다. 세대원 전원이 무주택인 경우 등 세법상 요구 조건을 만족하면 이자소득에 대해 비과세를 제공한다. 또한 가입한 지 2년 이상 지나면 최대 10년의 이자소득에 대해 500만 원까지 비과세 혜택을 받을 수도 있다.

가입조건은 다음과 같다. 첫째, 만 19~34세이어야 한다. 군복무 2년을 했으면, 만 36세까지 가입 가능하다. 둘째, 직전 연도 신고소득이 있어야 하고 연 3,600만 원 이하여야 한다. 1인 창업가와 프리랜서, 일용직을 비롯한 비근로 소득자의 신고소득도 인정된다. 셋째, 무주택 세대주뿐 아니라 무주택세대 세대원이나 3년 내 무주택세대주가 될 것으로 예정된 무주택자도 가입할 수 있다. 지금은 유주택자인 부모님과 같이 사는 유주택 세대의 세대원이지만, 이직이나 결혼으로 3년 내에 전셋집으로 이사갈 계획에 있다면 가입할 수 있다는 의미이다. 주택청약종합저축에 가입했더라도, 기존 가입기간을 인정받으며 청년우대형 청약통장으로 전환이 가능하다. 가입 가능기간은 2025년 12월 31일까지이다.

확대보기

가로저축 vs 세로저축…나에게 맞는 저축방법은?

가로저축이란 생애 주기별로 목적 자금을 고려해 결혼, 주택, 자녀교육, 노후자금 등 여러 저축 계획을 동시에 수립하고, 자금을 목적별로 분산해 저축하는 방식이다. 단기 · 중기 · 장기로 나눠 상황 및 목적에 맞게 자금을 분산해 저축하기 때문에 효율적인 관리가 가능하고 급한 목돈부터 노후자금까지 대비할 수 있다. 가로저축은 이자에 이자가 붙는 복리효과와 함께 각 목적에 따라 목돈을 차곡차곡 쌓아나갈 수 있다는 장점이 있다. 그러나 단기 · 중기 · 장기 계획을 동시에 진행하는 만큼 저축금액을 무리하게 설정하면 단기자금 목표도 달성하지 못해 결국 중, 장기도 제대로 실현하지 못하게 되는 불상사가 생길 수 있다.

세로저축은 가로저축과 반대로 한 가지 목표를 달성하기 위해 저축금액의 전부를 한 통장에 올인하는 방식을 말한다. 가령, 학자금 대출을 갚기 위해 3년간 매달 100만 원을 모아 대출을 청산해 한 가지 목표를 달성하면 이후에는 결혼자금이라는 새로운 목표를 설정해 몇 년간 다시 돈을 모으는 식이다. 단기간 목표 자금을 모을 때 주로 사용되며 목돈이 갑작스럽게 필요한 경우에도 적합하다. 하나의 목표에 올인하는 방식이기 때문에 가로저축 대비 단기간에 원하는 자금을 모으기 수월하다는 장점이 있다. 다만 세로저축은 목표 금액을 달성하면 모인 금액을 모두 소비하는 사이클이 반복되기 때문에 복리 효과를 기대하기 어렵고, 목표 달성 후 남은 자금을 무계획적으로 써버릴 수 있어서 개인성향에 따라 효과적인 돈 관리가 어려울 수 있다.

이처럼 가로저축과 세로저축은 각기 장단점이 명확한 만큼 어느 한쪽의 방법이 좋다기보다는 자신의 저축 성향과 목표에 따라 적합한 방식을 선택하는 것이 좋다. 단기적으로 돈을 빨리 모으고 싶다면 세로저축을, 미래 계획을 통해 단기 목돈부터 노후자금까지 전략적으로 모으고자 한다면 가로저축을 선택할 것을 추천한다.

[출처: 시사저널e, 2020. 9. 26.]

5 저축상품 선택시 고려사항과 예금자 보호 제도

1 저축상품 선택 시 고려사항

저축상품을 선택할때에는 저축상품의 특성과 거래할 금융회사와의 거래 편리성 등을 다양하게 고려하여 선택하는 것이 좋다. 특히 다음과 같은 정보는 가볍게 생각하고 지나치기 쉽지만 저축상품 선택이나 향후 거래 시 참고하면 경제적으로 도움이 될 수 있다.

주거래은행 정하기

예금액, 대출액, 신용카드 사용액 등 해당 은행과의 거래실적은 고객에 대한 은행의 평가를 높이는 주요 요소로서 예금, 대출, 신용카드 등을 한 은행에 집중하여 거래하면 고객에 대한 은행의 평가가 좋아져 금리 우대, 수수료 면제 등의 각종 혜택을 받을 수 있다.

세금우대 활용하기

비과세종합저축(이자소득세 14% + 지방소득세 1.4% 면제)의 가입대상은 만 65세 이상(2019년 이후), 장애인, 독립유공자(유가족 포함), 기초생활수급자 등이며 가입할 수 있는 한도는 전 금융회사를 합산하여 1인당 5천만 원으로 본인의 잔여한도는 거래은행에서 확인할 수 있다. 참고로 새마을금고, 농협, 신협, 수협, 산림조합 등 상호금융회사의 만 19세 이상 조합원(새마을금고는 회원)은 3천만 원까지의 예탁금에서 발생하는 이자소득에 대해 세제혜택을 받을 수 있다.

만기된 예 · 적금 바로찾기

정기예금이나 정기적금의 약정금리는 원칙적으로 가입 시부터 만기까지만 적용되며, 만기 일 이후부터는 약정금리에 훨씬 못 미치는 만기 후 금리가 적용된다. 예를 들어, 약정금리가 3%인 정기예금은 만기까지는 3%가 적용되는 반면, 만기일 이후부터는 금융회사에서 고시한금리(예:보통예금이자 0.5% 등)가 적용된다. 따라서 만기가 된 정기 예·적금을 그대로둘 경우 정상적인 이자를 받을 수 있는 기회를 포기하는 것이므로 만기에 도달하면 새로운 예금에 가입하는 등 적극적으로 대처해야 한다.

예금금리 변동 내역 통보서비스 활용하기

은행에서는 정기 예·적금의 금리 변동 시 그 변동내역을 고객에게 문자메시지나 이메일 등을 통해 통보해주는 서비스를 제공하고 있다. 예금금리 변동 내역 통보서비스는 변동금리 부정기 예·적금을 가입할 때 또는 가입한 후 언제든지 은행에 신청하면 받을 수 있다.

자동화기기 이용하기

보통예금에서 다른 금융회사의 계좌로 송금하는 경우 일반적으로 창구를 이용할 때 수수료가 가장 높고 인터넷뱅킹이나 자동화기기를 이용할 때 수수료가 낮다. 또한 은행에 따라 급여이체, 휴대전화 요금 이체 등 우대조건에 해당할 때 수수료를 면제해주는 상품(보통예금)이 있으며, 은행별로 수수료 금액에 차이가 있으므로 은행연합회의 은행수수료 비교공시를 통해 확인하면 수수료가 더 저렴한 은행을 찾아 이용할 수 있다.

엉뚱한 계좌로 송금한 경우

간혹 계좌번호를 잘못 입력하는 등의 착오로 엉뚱한 계좌에 송금하거나 이체할 수 있는데 이 경우 일방적으로 거래를 취소할 수는 없다. 대신 신속하게 이체를 실행한 은행에 잘못 송금된 사실을 알려 수취은행 및 수취인에게 동 사실을 알린 후 수취인의 반환을 기다려야 한다. 만약 수취인이 반환을 거부하는 경우 과거에는 송금인이 소송을 통해 돌려받는 수밖에 없어 비용과 시간에 대한 부담으로 포기하는 경우가 많았다.

그러나 2021년 7월부터는 '착오송금 반환지원제도'가 시행됨에 따라 송금인이 예금보험공사에 반환지원제도 이용을 신청하면, 예금보험공사가 수취인에게 착오송금 반환을 안내하고, 필요시 법원의 지급명령 등을 통해 회수하여 관련비용을 차감하고 송금인에게 지급할 수 있게 되었다.

금융꿀팁

알아두면 유용한 은행거래 관련 서비스

① 입출금내역 알림서비스

은행은 고객의 계좌에서 입출금거래가 있으면 그 내역을 즉시 휴대폰 문자 또는 스마트폰 앱 알림 등을 통해 해당 고객에게 알려주는 입출금내역 알림서비스를 제공하고 있다.

② 자동이체 및 예약이체서비스

은행은 월세 등 주기적으로 일정금액을 이체할 필요가 있는 고객을 위해 고객의 계좌에서 일정금액을 특정 계좌로 자동이체해 주는 자동이체 서비스를 제공하고 있다. 또한 특정주기 단위가 아니라 특정일에 한번 자금을 이체해 주는 예약이체서비스도 제공하고 있다.

③ 무통장·무카드 인출서비스

은행들은 통장이나 카드 없이도 계좌개설 은행의 ATM에서 예금인출 및 이체거래를 할 수 있는 인출서비스를 제공하고 있다.

④ 증명서 인터넷 발급서비스

금융거래확인서, 부채증명서 등 각종 증명서는 굳이 은행 영업점을 방문하지 않더라도 인터넷으로 발급이 가능하다.

출처: 금융감독원, 실생활에 유용한 금융꿀팁(2019)에서 발췌

적용하기

계좌정보통합관리서비스

금융결제원이 제공하는 계좌정보통합관리서비스(http://www.payinfo.or.kr)를 이용해 보자. 금융소비자정보포털 파인을 통해서도 접속이 가능하다. 은행, 제2금융권 등에 개설된 계좌 및 잔액 등의 정보를 한번에 조회할 수 있고, 각종 계좌의 자동이체도 통합해서 관리할 수 있다.

2 예금자보호제도

예금자보호제도

기업과 마찬가지로 금융회사도 도산할 수 있다. 금융회사가 도산할 조짐이 보이면 뱅크런(bank-run)이라고 불리는 예금인출 쇄도 현상이 나타나고, 그 결과 금융시스템 전체가 붕괴되는 위험이 발생할 수 있다. 그러나 개별 예금자들은 거래하는 금융회사에 대해 충분한 정보를 수집하기 어려우므로 예금자를 보호하기 위한 제도적 장치가 필요하다. 이 같은 취지에서 만든 사회적 안전망이 바로 예금보험제도(deposit insurance system)이다. 예금보험제도는 예금보험기관이 예금을 취급하는 금융회사로부터 일정한 보험료를 미리 징수해 두었다가 금융회사가 지급불능의 상태에 처했을 때 예금을 대신 지급해 주는 제도이다.

우리나라는 금융회사가 지급불능 상태가 되더라도 대부분의 예금이나 보험, 그리고 일부 투자금에 대해 1인당 최고 5,000만 원(세전)까지 예금보험공사에 의해 대신 지급하도록 하고 있다. 따라서 금융상품을 선택할 때는 예금보험의 대상이 되는지 반드시 확인하는 것이 바람직하다.

예금자보호법상 예금 및 적금의 보장한도는 은행별로 산정되므로 은행당 원금과 이자를 합쳐 5천만 원씩 분산하여 가입할 필요가 있다. 예를 들어, 2% 금리를 제공하는 1년 만기 정기예금에 5,000만 원을 가입한 경우 만기 시 원리금(5,100만 원) 중 원금 5,000만 원만 예금자보호법에 의해 보장되지만, 4,900만 원을 가입한 경우 만기 시 원금(4,900만 원)과 이자(약정이자 98만 원 또는 예금보험공사가 정한 이자 중 작은 금액)가 보장된다.

변액연금보험과 변액종신보험의 경우 예금자보호법 개정으로 2016년 6월부터 예금자보호 대상에 포함되었다. 1인당 5천만 원이 한도이며 운용실적과 상관없이 보험계약자에게 지급해야 하는 최저보장보험금에 대해서만 예금자보호가 된다.

일반적으로 은행에서 가입하는 모든 금융상품이 예금자보호의 대상이 된다고 생각할 수 있는데 그렇지 않다. 펀드나 일부 보험상품은 예금자보호 대상이 아니므로 주의해야 한다.

한편 예금자보호법에 의한 예금자보호 대상은 아니지만 별도의 기금 등을 통해 보호받는 상품도 있다. 주택청약저축과 주택청약종합저축은 주택도시기금의 조성재원으로 사용되는데 이 기금을 정부가 관리하고 있기 때문에 사실상 정부의 보호를 받는 셈이다. 지역단위 농·수협, 새마을금고 및 신용협동조합에서 가입한 예·적금도 예금자보호법에 의한 보호 대상은 아니나, 각 중앙회가 설치·운용하는 예금자보호기금 또는 예금자보호준비금을 통해 1인당 5천만 원까지 보호가 된다.

| 표 5-9 | 예금자보호 금융상품과 비보호 금유상품(2020. 09. 기준)

구분	보호 금융상품	비보호 금융상품
은행	• 보통예금, 기업자유예금, 별단예금, 당좌예금 등 요구불예금 • 정기예금, 저축예금, 주택청약예금, 표지어음 등 저축성예금 • 정기적금, 주택청약부금, 상호부금 등 적립식예금, 외화예금 • 예금보호대상 금융상품으로 운용되는 확정기여형 퇴직연금제도 및 개인형 퇴직연금제도의 적립금 • 개인종합자산관리계좌(ISA)에 편입된 금융상품 중 예금보호 대상으로 운용되는 금융상품 • 원본이 보전되는 금전신탁 등	• 양도성예금증서(CD), 환매조건부채권(RP) • 금융투자상품(수익증권, 뮤추얼펀드, MMF 등) • 은행 발행채권 • 주택청약저축, 주택청약종합저축 등 • 확정급여형 퇴직연금제도의 적립금 • 특정금전신탁 등 실적배당형 신탁 • 개발신탁
증권 (투자매매업자) (투자중개업자)	• 증권의 매수 등에 사용되지 않고 고객계좌에 현금으로 남아있는 금액 • 자기신용대주담보금, 신용거래계좌 설정보증금, 신용공여담보금 등의 현금 잔액 • 예금보호대상 금융상품으로 운용되는 확정기여형 퇴직연금제도 및 개인형퇴직연금제도의 적립금 • 개인종합자산관리계좌(ISA)에 편입된 금융상품 중 예금보호 대상으로 운용되는 금융상품 • 원봉이 보전되는 금전신탁 등 • 증권금융회사가 「자본시장과 금융투자업에 관한 법률」 제330조 제1항에 따라 예탁받은 금전	• 금융투자상품(수익증권, 뮤추얼펀드, MMF 등) • 청약자예수금, 제세금예수금, 유통금융대주담보금 • 환매조건부채권(RP) • 금현물거래예탁금 등 • 확정급여형 퇴직연금제도의 적립금 • 랩어카운트, 주가지수연계증권(ELS), 주가연계파생결합사채(ELB) • 주식워런트증권(ELW) • 증권사 종합자산관리계좌(CMA) • 증권사 발행채권 • 「자본시장과 금융투자업에 관한 법률」 제117조의8에 따라 증권금융회사에 예탁되어 있는 금전 • 「자본시장과 금융투자업에 관한 법률 시행령」 제137조 제1항 제3호의2에 따라 증권금융회사에 예탁되어 있는 금전

보험	• 개인이 가입한 보험계약, 퇴직보험 • 변액보험계약 특약 • 변액보험계약 최저사망보험금·최저연금적립금·최저중도인출금·최저종신중도인출금 등 최저보증 • 예금보호대상 금융상품으로 운용되는 확정기여형 퇴직연금제도 및 개인형 퇴직연금제도의 적립금 • 개인종합자산관리계좌(ISA)에 편입된 금융상품 중 예금보호 대상으로 운용되는 금융상품 • 원본이 보전되는 금전신탁 등	• 보험계약자 및 보험료납부자가 법인인 보험계약 • 보증보험계약, 재보험계약 • 변액보험계약 주계약(최저사망보험금·최저연금적립금·최저중도인출금·최저종신중도인출금 등 최저보증 제외) 등 • 확정급여형 퇴직연금제도의 적립금
종금	• 발행어음, 표지어음, 어음관리계좌(CMA) 등	• 금융투자상품(수익증권, 뮤추얼펀드, MMF 등) • 환매조건부채권(RP), 양도성예금증서(CD), 기업어음(CP), 종금사 발행채권 등
상호저축은행	• 보통예금, 저축예금, 정기예금, 정기적금, 신용부금, 표지어음 • 예금보호대상 금융상품으로 운용되는 확정기여형 퇴직연금제도 및 개인형 퇴직연금제도의 적립금 • 개인종합자산관리계좌(ISA)에 편입된 금융상품 중 예금보호 대상으로 운용되는 금융상품 • 상호저축은행중앙회 발행 자기앞수표 등	• 저축은행 발행채권(후순위 채권 등) 등 • 확정급여형 퇴직연금제도의 적립금

출처: 예금보험공사(http://www.kdic.or.kr)

점점 커지는 예금보험제도 개선 목소리, 효율성·형평성·유연성 따져야 [리스크 관리 ABC]

우리 사회엔 자동차보험이나 생명보험 등의 민영 보험뿐만 아니라 사회보험이나 정책보험 같은 공영 보험이 있다. 공영 보험이 국민 생활에 미치는 영향은 실로 지대하다.

건강보험의 중요함을 우리는 신종 코로나바이러스 감염증(코로나19) 사태를 겪으면서 절실히 깨닫고 있다. 고령화 사회의 기초 보루로서 국민연금의 중요성은 아무리 강조해도 지나치지 않다. 사업장에서 사고를 당한 노동자를 보호하기 위한 산재보험, 졸지에 직장과 수입을 잃은 이들을 위한 고용보험은 최근 사회적 관심 대상으로 부각되고 있다.

정책 보험으로는 무역보험공사에서 운영하는 무역보험과 예금자 보호를 위한 예금보험이 대표적이다. 공사에서 운영하는 정책 보험은 국민의 세금을 바탕으로 살림을 하는 만큼 보다 효율적으로 또 형평성을 유지하면서 운영돼야 마땅하다.

정책 보험 제도에 대한 평가는 다각적인 기준에서 이뤄져야 한다. 크게는 형평성 기준과 효율성 기준으로 나뉜다. 제도의 형평성은 수평적 형평성과 수직적 형평성으로 분석할 수 있다. '같은 처지에 있는 이들은 동등하게 대우'한다는 수평적 형평성과 '다른 처지에 있는 이들은 다르게 또는 더 어려운 처지에 있는 이들을 배려'하는 수직적 형평성이 중요한 기준이 된다. 제도의 효율성 또한 경제적 효율성, 제도 운영상의 효율성, 제도 목적 달성의 효율성 등 여러 기준으로 분석할 수 있다. 우선 경제적 효율성은 정책 보험 제도의 비용·편익 기준에서 한계 비용과 한계 편익을 일치시키는 차원의 시스템을 뜻한다. 제도 운영상의 효율성은 관리 비용 절감, 관료주의 지양, 정치적 리스크 감소 등을 의미한다. 정책 보험 제도가 지향하는 목적 달성 차원에서도 효율성을 평가할 수 있다. 이와 같이 정책 보험은 형평성 제고 노력과 함께 시스템의 비효율성을 타파하면서 지속 가능성을 지향해야 한다.

필자는 1995년 6월 건국대에 부임하기 전 1년간 한 연구소에서 일했다. 당시 대한민국의 사회 분위기는 상승세 그 자체였다. 1960~1970년대의 산업화와 1980~1990년대 초반의 민주화를 거치면서 '우리가 이 짧은 기간에 산업화와 민주화를 이뤄 냈다'는 자부심을 가지고 앞으로 다 잘될 것이라는 기대감이 팽배했던 때로 기억된다. 경제협력개발기구(OECD) 가입을 앞두고 자본 시장 자유화, 금융 시장 개방이 연일 회자됐다.

1994년 말로 기억된다. 당시 재정경제원에서 정책 연구 과제가 연구원에 전달됐는데 바로 예금보험제도 도입 건이었다. 은행·증권·보험권의 박사들이 모여 선진국 제도를 벤치마킹해 대한민국 최초의 예금보험제도 초안을 만들었다. 당시 제도 도입을 연구하면서도 '은행이 망할리 있나', '이렇게 만들어진 예금보험제도가 언제나 쓰일까'하며 연구위원들끼리 농담 반 진담 반으로 대화했던 기억도 있다.

그렇게 예금보험제도가 도입된 후 불과 2년도 되지 않아 외환 위기가 터지고 많은 수의 금융회사들이 망하면서 초보 수준의 예금보험제도가 부랴부랴 운전대를 잡게 됐다.

이후 20여 년이 흐르면서 예금보험제도는 외형적으로 성장했다. 하지만 제도가 급작스레 확대 시행되는 과정에서 적지 않은 문제가 쌓였고 여기저기 파열음이 들려온다. 금융업권 간 형평성 문제, 예금보험료율의 적정성 문제 등이 대표적이다. 특정 업권이 과도하게 큰 부담을 진다면 제도 운영의 형평성에 어긋난다. 부적절하게 높은 보험료율은 결국 금융 소비자에게 부담이 전가될 수 있다.

최근 예금보험제도 개선에 대한 논의가 커지고 있다. 정책 보험제도 운영에 있어서는 효율성과 형평성의 균형 유지가 더없이 중요하고 경제 상황의 변화에 대처하는 유연성 또한 필요하다. 코로나19 사태에 따른 유례없는 경제 불황기에 오히려 금융회사의 예금 보험료 부담이 가중된다면 소위 '경기 순응성(procyclicality)' 문제가 증폭되는 바람직하지 못한 결과를 가져올 수 있다는 의미다.

[출처: 매거진 한경, 2020. 11. 23.]
[https://magazine.hankyung.com/business/article/202012087170b]

예금자보호한도 1억 원 상향 두고 '잡음'…저축은행 속내 복잡한 이유는

여당 예금자한도 현행 5000만 원→1억 원 공약 발표
저축은행 예금보험료 부담 등 고민

예금자보호한도를 현행 5000만 원에서 1억 원 이상으로 올리는 안을 두고 금융권 안팎으로 잡음이 이어지고 있다. 예금자보호한도 상향 시 대형 저축은행 등으로 '머니무브'(자금 이동)가 일어날 것이란 우려가 나오는 가운데 저축은행들은 자금 유입이 활발해질 것으로 기대한다. 다만, 예금보험료 부담이 커질 수 있어 상황을 지켜보고 있다는 입장이다.

8일 금융권과 정치권에 따르면 국민의힘은 지난달 30일 '서민·소상공인 새로 희망' 공약에서 예금자보호한도를 현행 5000만 원에서 1억 원으로 상향 조정하는 총선 공약을 발표했다. 국민의힘은 "현행 예금자보호한도인 5000만 원은 2001년 도입했다"며 "지난 20여년간 1인당 국내총생산(GDP)이 2.7배 상승한 점을 고려해 한도 상향이 필요하다"고 밝혔다.

예금자보호한도는 지난 2001년 이후 23년째 5000만 원에 머물러 있다. 미국은 예금보호 한도가 25만 달러(약 3억 3000만 원)에 달한다. 프랑스나 독일, 영국 등 유럽 주요국들도 10만 달러 이상의 예금을 보호하고 있어 우리나라가 상대적으로 한도가 적다는 지적이 꾸준히 나왔다.

앞서 예금자 보호한도 상향은 지난해 3월 벌어진 미국 실리콘밸리은행(SVB) 파산 사태 이후 정치권에서 필요성이 제기됐으나 금융당국이 부정적 입장을 내비치면서 진전되지 못했다.

지난해 10월 금융위는 예금자보호한도를 5000만 원 현행대로 유지하는 의견을 담은 '예금보험제도 개선 검토 보고서'를 국회에 제출했다. 금융위는 보고서를 통해 제2금융권으로의 자금 쏠림 우려와 예금보험료 인상에 따른 소비자 부담 증가 등을 이유로 꼽았다.

금융위는 예금보험공사 연구용역 결과를 토대로 예금자보호한도를 1억 원으로 상향하면 은행에서 저축은행으로 자금 이동이 발생해 저축은행 예금이 16~25% 증가할 것으로 추정했다.

다만, 한도 상향 시 보호한도 내 예금자 비율은 98.1%에서 99.3%로 1.2%포인트 증가하는 데 그쳐 상향 효과가 크지 않을 것이라는 분석도 있다. 고액 예금자와 저축은행만 이득을 보는 구조라는 것이다. 예금자보호 범위를 넓히면 예금보험료도 덩달아 늘어 소비자 부담이 커질 수 있다는 지적도 따른다.

금융위는 "한도를 1억 원으로 하면 금융사의 예보료는 최대 27.3% 상승한다"며 "보호 효과가 다소 강화되지만 기금의 위험노출액 증가로 장기적으로는 예보료가 인상돼 금융소비자에게 부담이 될 수 있다"고 지적했다. 또 "창출되는 이익은 5000만 원을 초과해 예금할 수 있는 소수(1.9%)에만 국한될 수 있다"고 말했다.

금융권에서는 여당이 예금자보호한도 상향에 목소리를 낸 만큼 적정성 논란을 두고 상당한 진통이 있을 것으로 보고 있다.

금융권 일각에서는 금융사들의 예보료율 부담 여력 문제를 언급하며 2027년에 예금자보호한도를 늘리는 것이 적합하다는 주장도 나왔다. 유재훈 예금보험공사 사장은 지난해 10월 국회 정무위 국정감사에서 "예금보호 한도를 높이려면 예보료율을 높여야 하는데 과거 외환위기, 저축은행 사태에 들어간 구조조정 비용을 충분히 다 상각한 상태가 아니다"며 "금융사들은 0.1%의 특별기여금을 내고 있어 추가 예보료율 인상 부담 여력이 많지 않다"고 설명했다.

저축은행들의 반응도 뜨뜻미지근하다. 자금 유입이 활발해질 것이라는 점에서 긍정적으로 보고 있으나 중·소형 저축은행을 중심으로 예금보험료 부담이 커질 수 있다는 시각도 있다. 현재 예보료율 상한은 0.5%이며, 저축은행은 0.4%로 설정돼 있다. 시중은행 0.08%, 보험과 증권 0.15%, 상호금융 0.2%인 것과 비교하면 저축은행의 예보료율은 높은 수준이다.

저축은행 관계자는 "예금자 보호한도가 상향되면 저축은행 업권에 대한 전반적인 인식 개선을 기대해 볼 수 있을 것으로 예상한다"며 "고객 유입 가능성이 높아지면 저축은행도 자금 조달에 있어 보다 용이해질 것으로 예상한다"고 말했다.

다만 "예보료는 절대적인 금액은 은행이 더 많이 낼 수 있으나, 예보요율을 살펴보면 저축은행이 상대적으로 비율이 높은 것으로 알고 있다"며 "예보요율에 대한 조정 없이 예금자보호한도만 높아진다면 예금자보호한도에 대해 저축은행의 부담도 상당할 수 있을 것 같다"고 덧붙였다.

[출처: 더팩트, 2024. 02. 08.]

[https://news.tf.co.kr/read/economy/2074448.htm]

학습내용정리

- 소득, 소비, 저축은 상호 연결되어 있으며, 합리적인 소비는 현재와 미래의 생활수준을 결정하는 매우 중요한 경제행위이다.
- 이자의 계산방법은 단리와 복리로 구분할 수 있으며, 복리는 운용기간이 길어질수록 원리금이 기하급수적으로 증가하므로 장기저축이 필요한 노후대비는 일찍 시작할수록 유리하다.
- 인플레이션과 세금은 저축 원리금의 가치를 낮추는 역할을 한다.
- 대표적인 저축상품은 예금이고, 예금은 요구불예금과 저축성예금(정기예금, 정기적금, 주택청약 종합저축) 등으로 구분할 수 있다.
- 저축상품을 선택할 때는 저축상품의 특성과 거래할 금융회사와의 거래 편리성 등을 다양하게 고려하여 선택하는 것이 좋다. 주거래은행을 정하고, 세금우대상품을 활용하며, 만기된 예금이나 적금은 바로 찾아야 한다.
- 예금자보호제도는 예금보험기관이 예금을 취급하는 금융회사로부터 일정한 보험료를 미리 징수해 두었다가 금융회사가 지급불능의 상태에 처했을 때 예금을 대신 지급해주는 제도이다. 우리나라의 경우 금융회사별로 1인당 최고 5,000만 원(세전)의 원리금까지 예금보험공사가 대신 지급하도록 하고 있다.

예시문제

서술형

1. 임시소득(비경상소득)에 대해 서술하시오.

2. 어떤 가계의 소득이 50만 원에서 60만 원으로 증가하고, 같은 기간 물가지수는 100에서 150으로 올랐다면, 실질소득은 증가했다고 할 수 있는가?

3. 확정된 이자율을 보장받는 저축과 달리 투자는 어떤 특징을 가지고 있는가? 저축과 투자의 차이점에 대해 서술하시오.

4. 가로저축에 대해 서술하시오.

빈칸 채우기

1. (　　　　　　)은/는 다른 사람들이 사는 물건은 구입하지 않고 남들과 구별될 수 있는 특별한 물건을 구매하여 다른 사람과 스스로를 차별화시키려는 소비행동이다.

2. 100만 원을 연 3%의 이자율로 5년 동안 단리로 저축하면, 100만 원의 5년 후 미래가치는 얼마가 되는가?

3. 우리나라의 대표적인 비과세 금융상품으로 (　　　　　　)이/가 있다. 19세 이상 거주자면 누구든지 소득에 상관없이 가입이 가능하며, 본 계좌를 통해 다양한 금융상품에 가입할 수 있다.

4 (　　　　　　)은/는 보험계약에 따라 만기 또는 보험의 계약기간 중에 받는 보험금 또는 계약기간 중도에 해당 보험계약이 해지됨에 따라 받는 환급금이 납입한 보험료 총액을 초과하는 금액을 말한다.

예시문제

O·X 문항

1. 100만원의 돈을 연 5%의 복리상품에 넣는다고 가정하자. 원금의 2배인 200만 원으로 불어나는 시간은 10년이다.

2. 개인종합자산관리계좌(ISA)는 5년 이상 유지 시 비과세된다.

3. CMA의 최대 장점은 가입 및 환매가 청구 당일에 즉시 이루어지므로 입출금이 자유로우면서 실적에 따라 이자가 붙는다는 점이다.

4. 양도성예금증서는 최소 발행단위가 1,000만원이고, 최장 만기는 제한이 없으나 최소 10일 이상이어야 한다.

5. 주택청약종합저축의 장점은 연말정산에서 소득공제를 받을 수 있다는 것이다. 연간 소득 5천만원 이하 근로자인 무주택 세대주는 당해연도 주택청약종합저축 납입금액의 40%를 연 300만 원 한도로 소득공제를 받을 수 있다.

06

금융 투자

1 투자의 기초
2 금융투자상품
3 주식 투자
4 채권 투자
5 재무제표 및 감사보고서
6 증권분석

학습개요

본 장에서는 투자 수익률과 위험(risk) 등 투자에 대한 기초 개념을 학습하고, 금융투자상품 투자과정에 대해 살펴본다. 또한 대표적인 투자상품인 주식과 채권의 거래방법 및 투자 가치 분석방법을 정리해 본다.

학습목표

- 투자의 수익과 위험의 개념을 설명할 수 있다.
- 투자수익률을 계산하고 레버리지의 개념을 설명할 수 있다.
- 투자자정보 확인서 등을 통해 자신의 투자성향을 파악할 수 있다.
- 주식과 채권의 개념을 설명할 수 있다.
- 재무제표의 개념과 투자가치 분석방법을 설명할 수 있다.

재무제표에 들어오는 가상자산… 투명성 강화 취지, 업계 "환영" [가상자산 회계·공시 지침 제정]

① 가상자산 '수익' 인식 까다로워진다… 회계지침 제정, 주석 의무화

가상자산 회계처리 감독지침

가상자산 발행자	판매 목적이면 가상자산 보유자에 대한 의무 모두 완료 후 수익 인식 가상자산·플랫폼 개발 과정에서 지출된 원가, 명확한 근거 없으면 비용 처리 발행 후 발행 유보한 가상자산도 자산으로 계상하지 않아야
가상자산 보유자	토큰증권이 금융상품 정의를 충족하면 금융자산·부채로 분류
가상자산 사업자	가상자산 '경제적 통제권' 고려해 자산·부채 인식 여부 결정

가상자산 주석공시 의무화

가상자산 발행자	가상자산 수량·특성 등 일반정보, 수익 인식 등 회계정책, 의무이행 경과 등 기재자체 유보 가상자산 보유정보·사용내역도 공시
가상자산 보유자	가상자산 분류기준 회계정책, 장부금액 및 시장가치 정보(물량 포함) 기재
가상자산 사업자	고객위탁 가상자산 물량, 시장가치 정보 가상자산별 공시 가상자산 보유에 따른 물리적 위험(해킹 등), 보호수준 정보 제공

*자료: 금융위원회

정부가 가상자산(암호화폐) 회계·공시 투명성 제고에 나섰다. 가상자산 발행사가 프로젝트를 완료하기 전까지 가상자산 매각 대가를 부채로 인식하도록 강제한다. 지난해 초 발생한 위메이드의 위믹스 유동화 사태 재발을 막기 위한 조치다. 가상자산거래소가 투자자 위탁 가상자산을 재무제표에 반영하는 회계처리기준도 신설해 해킹, 전산장애 등으로 가상자산 유출 사고 발생 시 거래소의 보상 책임을 명확하게 부과하는 효과가 기대된다.

금융위원회는 11일 가상자산 회계처리 감독지침과 주석공시 의무화 공개초안을 발표했다. 최근 가상자산이용자보호법 제정에 발맞춰 가상자산 거래와 관련한 기업 회계투명성을 제고하자는 취지다. 감독지침은 올해 10~11월 중, 주석 의무화는 2024 회계연도부터 시행될 예정이다.

금융위의 회계지침에 따르면 발행사는 보유자에 대한 의무를 다하기 전까지 가상자산 매각 대가를 부채로 인식해야 한다. 발행사가 플랫폼 구현이나 재화·용역 이전 등 의무를 다하면 매각 대가를 수익으로 인식할 수 있다. 그동안 수익인식 시기에 대한 구체적인 지침이 없어 판단 기준이 주체마다 달랐던 문제점을 보완하는 조치다.

또 가상자산과 가상자산 플랫폼을 무형자산으로 인식할 수 없거나 관련 개발 활동이 무형자산 기준서의 지침에 맞지 않으면 비용으로 회계 처리하도록 했다. 만약 회계 기준상 엄격한 요건을 충족해 무형자산으로 인식하는 경우에는 본질적 가치 손상 여부를 회계연도마다 검토해야 한다.

가상자산사업자는 경제적 통제권을 고려해 고객이 위탁한 가상자산의 자산·부채인식 여부를 결정해야 한다. 고객위탁 가상자산 인식 여부 결정을 위한 고려 요소가 불분명한 문제점을 보완했다.

가상자산의 공정가치 측정을 위한 통일된 기준과 절차도 마련된다. 그동안 가상자산의 공정가치는 회사나 감사인의 통일된 기준이 없어 단순히 기준서만으로는 실무에 적용하기 어려웠다. 금융당국은 공정가치 등의 개념에 대한 구체적 조건을 사례와 함께 제공해 회사와 감사인이 재무제표 작성과 감사 절차 수행 시에 참고할 수 있도록 한다는 방침이다.

가상자산 주석공시 의무화 조치도 이뤄진다. 가상자산 발행사는 가상자산의 수량과 특성 등 일반 정보를 포함해 가상자산 매각 대가에 대한 수익 인식 등 회계정책과 의무이행 경과에 대한 회사의 판단까지 상세하게 기재해야 한다. 특히 가상자산 발행 이후 자체 유보한 가상자산에 대해 보유정보와 기중 사용내역까지 공시가 의무화된다.

② 위믹스 유령매출 논란 없어진다…게임화폐, 실제 사용돼야 매출로 인식

지난해 초 발생한 위메이드의 가상자산 위믹스 유동화 논란은 금융당국이 가상자산 회계·공시 투명성 제고를 단행한 핵심 배경으로 꼽힌다. 당시 위메이드는 2021년 4분기 매출이 전년 동기보다 656% 증가했다고 밝혔다. 게임 매출도 있었지만 게임에서 채굴해 게임에서 아이템을 구매하는 데 쓸 수 있도록 하겠다는 위믹스를 발행해 투자자들에게 판매한 게 결정적인 영향을 미쳤다. 위믹스 유동화 매출만 2255억 원에 달했다. 매출 중 상당액을 이익으로 잡아 주당 650원의 배당금 지급도 결정했다.

위메이드는 이듬해 3월 2021년 연간 매출의 40%에 달하는 2234억 원을 매출에서 제외한다고 공시를 번복했다. 회계법인에서 해당 실적을 당해 매출로 볼 수 없다고 판단해서다. 당초 위메이드는 위믹스를 게임에서 쓸 수 있도록 하겠다고 했는데, 위믹스가 적용된 게임이 별로 없었다. 상품권은 팔았는데 물건을 살 매장이 없었던 셈이다. 이에 따라 위메이드의 2021년 영업이익도 기존 3259억 원에서 1009억 원으로 변경되면서 3분의 1토막 났다.

위믹스라는 가상자산을 판매한 대금을 매출이 아닌 선수수익(일종의 선매출, 회계상부채)으로 바꿔야 한다는 게 회계법인의 판단이었다. 위믹스 사용자들이 가상화폐를 사용하고 나면 선수수익은 본래의 매출로 인식하면 된다.

발행사 의무 모두 완수해야 '수익'

금융당국이 정비에 착수한 가상자산 회계기준 변경도 위메이드 회계법인의 입장과 비슷하다. 한국채택국제회계기준(K-IFRS)에도 이런 원칙(제1115호)이 있는데 '판매→가상화폐를 사용할 수 있는 플랫폼 마련→가상화폐 사용'이라는 단계를 제시하고, 기업이 어느 단계에서 매출을 잡을 지 기준을 명확히 하도록 하고 있다. 예컨대 구두 상품권을 팔았을 때 매출을 잡을 것인지, 상품권이 돌아와 실제 구두가 팔렸을 때 매출을 인식할지 객관적인 기준을 마련해야 한다는 것이다.

송병관 금융위 기업회계팀 과장은 "게임상의 유틸리티 토큰을 개발하는 회사가 개발하고 (이용자에게) 넘겨주면 끝이라고 생각한다면 매출로 처리할 수 있다"며 "그러나 (사용처가 없는) 토큰에 과연 투자자가 투자할지 의문"이라고 말했다. 구두 상품권이 구두로 교환돼야 매출로 잡는게 맞다는 뜻이다. 송 팀장은 "(토큰) 개발비 역시 자산이 아니라 원칙적으로 모두 다 비용으로 회계처리해야 한다"고 말했다.

다만 가상자산이나 플랫폼이 무형자산 정의를 충족하고 개발 활동에 해당한다는 6가지 요건을 충족하면 개발비 자산으로 처리할 수 있도록 한다는 게 당국의 방침이다. 개발된 가상자산이 향후 시장에서 거래돼 가치가 충분히 형성될 수 있다는 등의 객관적 증거를 제시해야 하는 어려움이 있긴 하다.

"국제회계기준 제정 속도, 시장 변화 못 따라가"

금융당국이 가상자산 회계처리 지침을 만든 건 정확한 정보가 제공되지 않고 있다고 판단해서다. 법률적 측면에서 소유권이 명확하게 확립돼야 하는데 그동안에는 가상자산 관련 법적 지위도 확립되지 못했다.

국제적으로 보면 독자적 회계기준을 사용하는 미국과 일본은 가상자산 사업자의 고객위탁 가상자산 회계처리 지침을 내놨지만 국제회계기준위원회(IASB)는 회계처리기준 제정에 상대적으로 미온적인 상태다. IASB는 향후 5개년(2022~2026년) 업무계획 수립에서도 가상자산 거래를 제외했다.

IFRS 제정속도가 시장 변화를 따라가지 못하는 상황에서 지난달 '가상자산 이용자 보호 등에 관한 법률'이 국회 본회의를 통과했다. 가상자산 관련 규율체계가 마련된 만큼 국제회계기준과 상충하지 않는 범위에서 현실적인 대안을 마련하자는 취지다.

다만 송 팀장은 "가상자산 회계처리기준이 마련됐다고 해서 가상자산 자체가 지닌 변동성이나 불확실성이 줄어드는 건 아니다"라며 "가상자산 투자는 본인 책임하에 신중하게 판단해야 한다"고 강조했다.

③ 가상자산거래소, 투자자가 맡긴 코인도 재무제표에 반영한다

고객위탁 가상자산을 가상자산사업자 재무제표에 반영하는 회계처리기준이 신설되는 배경에는 해킹, 전산장애 등 사고에 대한 사업자의 대비를 강화하려는 금융당국의 의도가 깔렸다. 가상자산거래소가 자산으로 인식한 자체 보유 가상자산과 달리 고객위탁 가상자산의 경우 재무제표에서 빠져 있는 문제를 해결하려는 조치이기도 하다. 당국은 고객위탁 가상자산의 거래소 재무제표 반영은 탈취 사고 발생 시 보상 근거로 활용될 수 있다는 해석을 내놨다.

가상자산 회계기준 제정으로 거래소 등 가상자산사업자는 고객위탁 가상자산을 재무제표에 반영해야 한다. 고객위탁 가상자산을 자산·부채로 잡을지 여부는 가상자산에 대한 경제적 통제권을 고려해 사업자가 판단하다. 금융위는 고객위탁 가상자산의 자산·부채 여부 판단을 위한 구체적인 기준을 제정할 방침이다.

감사인이 금융위가 제시한 기준을 고려해 자체적으로 자산·부채 여부를 결정하고, 당국 판단이 다를 경우 회계처리 수정을 요구할 방침이다. 다만 개별 가상자산의 소유자를 식별할 수 없다면 사업자 재무제표에 반영해야 한다는 게 금융당국의 입장이다.

금융위 관계자는 "비트코인 100개 중 5개가 탈취됐으면 누구 것인지 식별할 수 있어야 한다. 그래야 고객 자산으로 인정할 수 있고 구분이 안 되면 사업자 것으로 잡아야 한다"며 "고객위탁 가상자산이 사업자 재무제표에 들어가면 탈취될 경우 무조건 사업자가 물어줘야 한다"고 설명했다. 그러면서 "(사업자가) 고객 지시에 의해서만 운용된다고 주장하나 사업자가 마음대로 이체하고 교환할 수 있다"며 "그렇게 보인다면 사업자 자산으로 처리하란 것"이라고 했다.

지금까지 국내 5대 원화거래소들은 재무제표 주석에 고객위탁 가상자산 내역을 공시하면서도 재무제표 계정과목에 반영하진 않았다. 고객위탁 가상자산이 자산 정의와 인식기준을 충족하지 않는다고 판단한 데 따른 것이다. 자체보유 가상자산의 경우 무형자산 또는 유형자산으로 반영했다. 금융위에 따르면 2022년 말 기준 5대 거래소의 고객위탁, 자체보유 가상자산은 각각 18조 3067억 원, 3710억 원으로 집계됐다. 고객위탁 가상자산은 비트코인 3조 6484억 원(19.9%), 리플 3조 2244억 원(17.6%), 이더리움 2조 3902억 원(13.1%) 등 순으로 비중이 크다.

고객위탁 가상자산에 대한 재무제표 주석공시도 의무화된다. 가상자산별 물량과 시장가치, 가상자산 보유에 따른 물리적 위험과 예방을 위한 보호수준 등 정보를 기재해야 한다. 그동안 5대 거래소의 가상자산 보유 내역 공개는 회계처리 의무에 따른 정보 공개 차원에서 자발적으로 이뤄졌다. 일부 거래소의 경우 비트코인 등 주요 가상자산 내역만 기재하는 사례가 있었다.

주석공시 의무화로 상세한 정보 공개가 이뤄질 전망이다. 금융위 관계자는 "원칙적으로 사업자가 보유한 모든 가상자산 정보를 공개해야 한다"며 "사업자들이 실무적 어려움이 있다고 하면 투자자에게 제대로 정보가 제공될 수 있는 수준에서 조정될 여지가 있다"고 말했다.

④ '코인 러그풀' 사라질까…가상자산 회계지침에 업계는 "환영"

가상자산 업계에서는 금융당국의 회계지침으로 비용 부담이 커질 수 있으나 가상자산 시장의 투명성이 강화되는 계기가 될 수 있을 것이란 반응을 내놨다.

업계 관계자 A씨는 "그동안 가상자산 관련 회계 공시가 다소 불명확해 투자자들에게 혼란을 초래한 부분이 있었다"라며 "이번 방안에 따라 시장 참여자들에게 보다 일관적이고 명확한 정보가 제공돼 투명한 시장환경 조성에 도움이 될 것"이라고 했다.

업계 관계자 B씨는 "최근 통과된 가상자산 이용자 보호법과 마찬가지로 업계에 긍정적"이라며 "회계 지침이 명확하게 정해지면 업계 내 다른 업체의 리스크를 판단정하기도 쉬워지기 때문에 불안 요소를 제거하는 것이나 마찬가지"라고 말했다.

이번 회계처리 감독지침은 오는 10~11월 중, 주석 의무화는 2024 회계연도부터 시행된다. 시행이 얼마 남지 않은 만큼 일부 업계 관계자는 준비기간이 필요하다는 반응이다. 업계 관계자 C씨는 "준비 시간 부족이 가장 우려된다"라며 "소수 최상위 사업자를 제외하고는 회계 인력이 부족해 새로운 지침을 분석하고 적용하기 위한 시스템 개편에 착수하는 데 부담이 있다"고 토로했다.

B씨도 "국내 가상자산 거래소는 은행이나 증권사처럼 거래를 정산할 수 있는 중간 허브가 있는 게 아니"라며 "지침에 따르기 위해 자료를 정리하면 시스템과 연동을 하더라도 수기로 확인해야 하는 요소들이 있을 텐데 금융당국이 제시한 방안의 완전한 적용은 예정보다 더 시간이 걸리지 않을까 싶다"고 말했다.

금융당국이 혼란을 최소화하기 위해 조속하게 구체적인 기준을 내놔야 한다는 의견도 있었다. 업계 관계자 D씨는 "초안에선 고객이 위탁한 가상자산을 어떻게 분류할 것인지에 대한 판단 기준에 모호한 측면이 있다"며 "이외에도 가상자산의 시장 가치 산정 관련 사항 등이 더 명확해져야 시행 초기의 혼란이 덜할 것"이라고 봤다.

이번 지침으로 가상자산 발행사는 보유자에 대한 의무를 다하기 전까지 매각대금을 부채로 인식하게 됐다. 발행사가 가상자산을 통한 플랫폼 구현이나 재화·용역 이전 등 의무를 다하면 매각 대가를 수익으로 인식할 수 있다. 그동안 수익 인식 시기에 대한 판단 기준이 주체마다 달랐던 문제점을 보완하기 위해서다.

업계에서는 해당 지침이 가상자산 발행사의 러그풀(rug pull·가상자산 개발자의 투자 회수 사기 행위) 예방에 도움이 될 것이라는 평도 나왔다. A씨는 "그동안 코인 업계에서 러그풀하는 업체가 많았기 때문에 발행사에 대한 관리가 필요했다"라며 "코인 매각대금을 부채로 관리하면 비용 집행에 좀 더 신중해지지 않을까 싶다"고 했다.

[출처 : 머니투데이, 2023.07.11.
https://news.mt.co.kr/mtview.php?no=2023071111145373485]

1 투자의 기초

1 투자의 개념

투자란 미래에 긍정적인 이익이 발생하길 바라며, 불확실성을 무릅쓰고 경제적 가치가 있는 자산을 운용하는 것을 말한다. 최근 전 세계적으로 저금리가 고착화되기 시작하면서 낮은 수익률을 보이는 저축보다는 어느 정도 리스크를 부담하더라도 수익률을 높일 수 있는 투자에 대해 관심이 모아지고 있다. 우리나라의 경우도 2000년대에 들어서기 전까지는 은행의 정기예금 금리가 평균 12% 전후였으나, 이후 지속적으로 하락하면서 1%대로 떨어졌다. 이러한 저금리는 저축(예금)을 통해 목돈을 모으는 것을 어렵게 하고, 모은 돈으로 노후생활을 유지하는 것을 힘들게 만든다. 이 때문에 자금운용 수익률을 조금이라도 높이기 위해 개인들도 투자에 관심을 기울이고 있다.

투자와 투기

투자는 개인이 경제적 이익을 얻기 위해 자산을 다양하게 운용하고 관리하는 행위이다. 개인이 자신의 상황에 맞게 적절한 상품을 합리적으로 활용할 때, 투자는 그 가치를 발휘한다. 이러한 개인의 합리적인 투자 선택은 자금이 필요한 사회 곳곳에 적절히 자금을 공급하는 역할을 하므로 경제 및 사회의 발전에도 크게 기여할 수 있다.

그러나 종종 과도한 이익을 목표로 비합리적인 자금 운용을 하는 경우도 볼 수 있다. 우리는 이러한 행위를 투기라고 부르며 건전한 투자와 구별한다. 투기란 요행을 바라고 과도한 리스크를 떠안으면서 비교적 단기간에 비정상적인 이득을 취하려는 경우를 말하는데, 개인과 가계의 재정을 커다란 위험에 빠뜨릴 수 있을 뿐만 아니라, 우리 경제와 사회에도 큰 해악을 미칠 수 있다. 투기는 경제활동을 위한 정상적인 자금의 흐름을 방해하며, 경제 곳곳에 가격 거품을 형성하여 사회의 경제적 안정성을 해칠 수 있다. 올바른 투자자라면 개인의 자산 증식에만 몰두할 것이 아니라, 우리가 함께 살아가고 있는 사회에 어떤 영향을 미칠 수 있는지 투자의 결과까지 생각하는 것이 바람직할 것이다.

확대보기

투기와 튤립

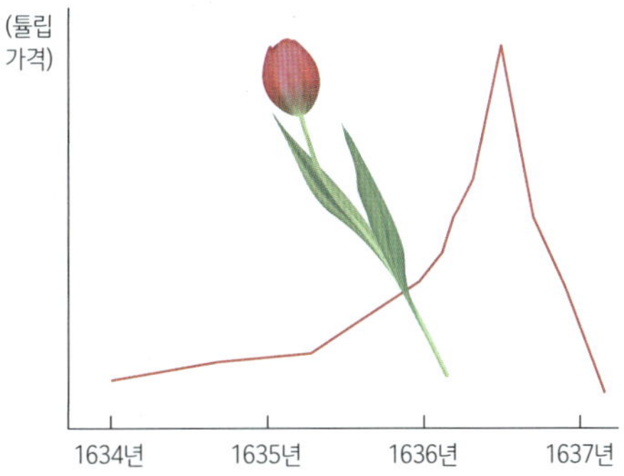

튤립은 중세 터키의 사원이나 궁정에서 재배되었으 며, 꽃 모양이 터번과 비슷하여 "터번 꽃"이라는 의미로 유럽에서는 "튤립"이라고 불리게 되었다. 그런데 17세기 네덜란드 사람들에게는 튤립이 그냥 아름답고 평범한 꽃은 아니었다. 17세기 네덜란드인들은 꽃의 색깔에 따라 튤립을 다양하게 분류했는데 최상급 꽃은 잎에 황실을 상징하는 붉은 줄무늬가 있어 '황제'라고 불렀고,이어 '총독'과 '제독', '장군' 순으로 이름을 붙였다. 1634년 당시 황제 튤립은 암스테르담 시내의 집 한 채 값과 맞먹는 1,200플로린(florin, 당시의 금화)에 거래되었다. 튤립은 조그마한 텃밭에서도 재배할 수 있었고, 꽃이 활짝 필 때까지 무늬와 색깔을 아무도 예상할 수 없었기 때문에 사람들은 일확천금을 노리고 튤립을 사들이기 시작했다. 그 결과 튤립 가격은 거침없이 올라갔고, 1635년 'Semper Augustus'라는 희귀종 튤립 한송이가 6,000플로린이라는 최고가에 매매되었다. 이 금액은 당시 네덜란드 사람의 평균 연간 수입 150플로린의 40배에 해당하는 엄청난 액수이다.

그러나 튤립에 대한 네덜란드인의 뜨거운 열정은 오래가지 못했다. 더 비싼 가격으로 튤립을 구입할 만한 새로운 사람이 나타나지 않는다면, 튤립은 평범한 식물 하나에 지나지 않기 때문이다. 마침내 1637년 2월 3일 튤립시장이 무너졌다. 튤립 거래의 중심지였던 하를렘에는 더 이상 튤립을 살 사람이 없다는 소문이 나돌았다. 매매는 이루어지지 않았고 튤립의 가격은 곤두박질치기 시작했다. 많은 사람들에게 장밋빛 미래를 약속했던 튤립은 더 이상 희망의 상징이 아니라 재앙의 근원이 되었다.

비트코인에 대해 알아야 할 5가지 진실

"블록체인 기술 의미 있지만 화폐도 금융상품도 아냐" 2017년 대미를 장식할 최고의 화제는 단연 가상화폐다. 하지만 비트코인의 정체에 대한 논란은 여전히 뜨겁다. 무용지물이라는 혹평부터 미래 디지털경제 혁명의 신호탄이라는 찬사가 동시에 존재한다. 각국 정부 대응도 다르다. 미국, 유럽, 일본 등에서는 대체로 거래의 대상으로 인정하는 반면 우리나라를 비롯해 중국, 러시아 등은 강력 규제에 나서고 있다. 비트코인의 정체는 무엇일까.

▶ 통화인가? 아직은 아니다=비트코인(Bitcoin) 등은 암호화폐(cryptocurrency)로 불린다. 블록체인(block chain) 기술로 철벽보안을 자랑하니 '암호(cypto-)'라는 접두어는 어울린다. 디지털 환경에서 화폐 역할을 한다고 '코인(coin)'이 붙었다. 하지만 사전적으로 통화가 될 수 없다. 최흥식 금융감독원장은 "블록체인 기술은 의미 있지만, 비트코인은 화폐도 금융상품도 아니다"라고 잘라 말했다.

▶ 금은과 닮았다?… 공급·신뢰도 부족=통화는 안정적인 공급이 중요하다. 중앙은행이 통화 정책을 펼치는 이유다. 시중에 통화가 지나치게 많거나 모자라지 않도록 적절히 유동성을 관리하는 방식이다. 비트코인 등은 이른바 '채굴'이라는 작업을 통해 신규 공급이 이뤄진다. 이 '채굴'이 원활하지 않다면, 반대로 너무 활발하다면 가치가 크게 흔들릴 수 없다. 인류 역사에서 금이나 은 본위제가 사라진 이유다.

이 때문에 결국 지금 '암호화폐'라고 불리는 비트코인과 이더리움 등을 통화라기보다 금이나 은에 비유하기도 한다. 미국 시카고상품거래소(CME)와 시카고옵션거래소(CBOE) 등에서도 비트코인 등이 선물거래를 시작했다. CME와 CBOE는 가상화폐를 통화가 아니라 원자재로 분류했다.

▶ 광풍?… 열풍일수도=영국 <파이낸셜타임스(FT)>는 "블록체인 기술은 미래학자, 자유주의자, 컴퓨터 괴짜들의 열광을 받았고, 정부와 은행 등 기존의 기관들에 신뢰를 잃은 이들의 지지를 얻었다"고 평가했다.

노벨경제학상 수상자인 로버트 실러 예일대 교수는 한 언론과 인터뷰에서 "도널드 트럼프를 미국 대통령으로 뽑은 것과 같은 현대생활에 대한 걱정부터 비트코인에 대한 수요가 촉발됐다"고 풀이했다. 또 "사람들은 비트코인에 대한 이해를 일종의 권한처럼 인식하고 있다. 새로운 것을 이해했고, 투자를 통해 큰돈을 벌 수도 있다는 자신감을 갖게 됐다"고 덧붙였다.

▶ 제도권에서 받아들였다?…아직은=불과 몇 년 전만 해도 암호화폐 투자도 주로 개인이나 소액 투자자가 많았다. 최근에는 가상화폐 투자에 특화된 펀드들이 등장하기 시작했다. 지난 8월 55개이던 암호화폐 투자 헤지펀드는 11월 말 169개로 급증했다. 집단으로 투자를 하다 보면 위험관리가 필요하다. 선물과 옵션 등 파생상품은 가장 대표적인 위험 회피 수단이다.

CME와 CBOE가 가상화폐를 받아들인 것은 수익이 되기 때문이다. 가상화폐 투자자들의 수요 덕분에 선물거래 초반 출발은 나쁘지 않았다는 평가다. 상당한 거래가 몰린 데다 선물가격이 현물가격보다 높은 '콘탱고'가 뚜렷했다. 사설(私設) 수준인 비트코인 거래소와 달리 이들 상품거래소는 높은 공신력을 자랑하는 만큼 현물 대신 선물에 투자하는 게 좀 더 '안정적'(?)일 수 있다는 인식도 작용한 결과라는 분석이다. 하지만 글로벌 원자재 선물펀드나 대형 헤지펀드 같은 큰손들이 그들의 포트폴리오에 암호화폐를 포함시킬지는 아직 미지수다.

▶ 끝이 보인다? 4만 달러 전망도=현재의 비트코인 열풍은 17세기 '튤립버블'에 자주 비유된다. 당시 튤립 투자는 소상공인 등이 시작했다. 하지만 인기가 높아지고, 가치가 급등하자 '큰손'들이 뛰어들었다. 이어 현물 튤립이나 튤립 구근이 아닌 일정 시점에 현물 인도를 약속하는 '선물'거래가 등장한다. 펀드가 등장하고, 선물거래가 활발해지는 점에서 과거 튤립 버블의 막바지와 비슷한 양상이다.

하지만 튤립과 달리 암호화폐는 '블록체인'이라는 가치 있는 기술이 존재한다. 미래 금융거래에서 상당히 유용할 기술이라는 게 일반적인 평가다. 블록체인을 활용한 제도금융권의 새로운 서비스도 상당한 수준으로 개발된 상태다. 화폐는 아니지만 심미적 가치만 가진 튤립과도 다르다.

다만 단기간에 급등한 자산 가격은 일단 차익실현이 시작되면 걷잡을 수 없다. 단기간에 급등한 암호화폐도 가격 하락이 예상되면 투매의 방아쇠(trigger)가 당겨질 수 있다. 늦게 팔수록 불리하니 혼란이 불가피하다. 내재가치 평가가 불가능해 저항선 설정도 쉽지 않다. 현재로서는 상당히 위험한 투자인 셈이다.

2 투자 수익률

수익률이란?

일반적으로 수익률이란 투자자가 자산을 보유한 기간 동안 얻은 모든 금액을 고려한 총 수익률 개념인 보유기간수익률로 나타낼 수 있다. 보유기간수익률은 먼저 매도금액에서 매입금액을 뺀 매매차익에 투자기간 동안 발생한 현금흐름을 합산 또는 차감한다. 그런 다음 이 값을 매입금액으로 나누고 100을 곱해서 %로 환산하여 구한다.

$$\text{수익률} = \frac{\text{매도금액} - \text{매입금액} \pm \text{보유기간 중 현금흐름}}{\text{매입금액}} \times 100$$

예 **3개월 전에 10,000원에 매입한 주식을 오늘 10,900원에 매도하고 이 주식을 보유하는 동안 200원의 배당금을 받았다면, 3개월 동안의 투자수익률은 얼마인가?**

$$\frac{10,900-10,000+200}{10,000} \times 100 = 11\%$$

즉, 3개월간의 투자수익률은 11%이다.

그러나 이렇게 구한 수익률은 투자기간이 서로 다른 경우 비교가 불가능하기 때문에 통상 1년을 기준으로 표준화하여 표시하는 것이 일반적이다. 즉, 기간 수익률을 연수익률로 바꾸어 연율화(annualization)한다. 연율화 과정에서도 재투자를 가정한 복리를 적용해서 계산하는 것이 원칙이다. 예를 들면, 3개월 동안 11%의 수익률을 연율화할 때, 1년이 3개월의 4배이므로 보통은 11%의 4배인 44%를 연율로 간주하는데, 이는 복리를 무시한 계산 방법이다. 매 3개월마다 11%의 수익률로 계속 재투자된다고 가정하면, 복리 계산법에 의해 $(1+ 0.11)^4-1= 0.5181$, 즉 51.81%가 된다.

확대보기

화폐의 시간가치

화폐의 가치는 시간에 따라 변화한다. 현재 특정 금액을 투자하는 투자자 입장에서 시간이 흐름에 따라 하락 할 수 있는 화폐의 가치를 유지하는 방법은 이자를 받는 것이다. 예를 들어, 100만 원을 투자하여 1년 후에 110만 원을 받을 경우 현재 100만원의 가치와 1년 후 110만 원의 가치는 동일하며, 이자 10만 원은 화폐의 시간가치에 해당하고 명목이자율은 10%이다. 즉, 이자율은 미래의 화폐가치를 동일한 가치의 현재의 화폐가치로 전환 하거나, 현재의 화폐가치를 동일한 가치의 미래의 화폐가치로 전환할 때 사용되며, 할인율 또는 수익률이라는 명칭으로 통용되기도 한다.

수익률 계산 시 고려할 사항

수익률 계산 시 수익을 획득하기 위해 발생한 비용을 고려해야 한다. 우선 명시적 비용으로서 거래비용이 발생한다. 예를 들면, 증권거래 시 증권회사에 지급하는 거래수수료나 부동산거래에서 중개업자에게 지급하는 중개수수료 등이 거래비용에 속한다. 결국 총수익에서 거래비용을 제외한 나머지가 실질적인 투자수익이 되기 때문에 거래횟수가 빈번할수록 비용 대비 수익은 낮아지게 되고, 따라서 장기투자가 유리한 이유가 된다.

또한 저축 또는 투자를 통해 발생한 수익에 세금이 부과되는 경우 세금을 제외한 나머지가 실질적인 수익이 된다. 따라서 세전(before-tax) 수익률과 세후(after-tax) 수익률을 구분할 필요가 있다.

거래비용 및 세금과 같이 명시적으로 정해져 있는 비용 외에도 암묵적으로 발생하는 비용이 있다. 가장 대표적인 것으로 기회비용(opportunity cost)을 들 수 있다. 어떤 행위를 하기 위해 포기해야 하는 다른 기회의 가치를 의미하는 기회비용은 투자에도 적용될 수 있다. 예를 들어, 주식투자를 위해 많은 시간과 노력을 들였다면 명시적으로 계산하기는 어렵지만 분명히 기회비용이 발생한 것이다. 또한 투자를 하기 위해 필요한 정보를 수집하려면 적지 않은 시간과 비용이 발생하게 되는데 이러한 정보수집 비용도 암묵적 비용의 일부로 볼 수 있다. 이처럼 투자에 수반되는 기회비용 및 정보비용을 줄이는 방법의 하나로 직접투자 대신에 펀드와 같은 간접투자를 이용하기도 한다. 물론 이 경우에도 투자결정 및 운용을 대신 해주는 대가로 운용보수와 같은 비용이 발생하게 된다.

3 투자의 위험(risk)

우리는 실생활에서 리스크(risk)라는 말을 자주 접하지만, 정확한 의미를 이해하지 못하고 사용하는 경우가 많다. 리스크란 불확실성에 노출(exposure to uncertainty)된 정도를 의미하며 부정적 상황 외에 긍정적 가능성도 내포하게 된다. 예를 들어, 수출기업의 경우 앞으로 환율이 어떻게 변할지 모르는 상황을 가리켜 환리스크가 있다고 하고, 이 기업은 이후 환율이 상승하면 결과적으로 유리하고 하락하면 불리해진다.

수익률과 투자위험(risk)의 관계

확정된 수익률이 보장되는 저축과 달리, 투자의 경우는 앞으로 어떤 결과가 발생할지 모르는 불확실성 때문에 필연적으로 리스크가 수반된다. 리스크가 크다는 것은 투자 결과의 변동 폭이 크다는 의미로, 일반적으로 리스크가 클수록 기대수익률도 높다. 이런 투자의 특성을 'high risk high return(고수익 고위험)'이라고 한다. 기대수익률(expected return)이란 미래에 평균적으로 예상되는 수익률을 의미하므로, 실제 투자 결과로 발생하는 사후적 수익률, 즉 실현수익률을 의미하지는 않는다. 따라서 리스크가 큰 투자가 높은 수익률을 보장한다고 이해해서는 절대 안 되며, 기대수익률이 높아야만 투자자들이 기꺼이 리스크를 부담하여 투자를 하게 된다는 의미이다.

예를 들어, 안전한 저축 대신에 주식투자를 선택하는 투자자는 저축 이자율보다는 높은 수익을 기대하고 주식투자를 선택한 것이지만, 주식투자 결과 이자율보다 높은 수익을 얻는다는 보장은 없다. 결과적으로 주식투자를 통해 큰 수익을 얻을 수도 있고 아니면 큰 손실을 입을 수도 있는 것이며, 그중 어떤 결과가 발생할지를 투자 시점에서는 알 수 없다는 것이 바로 리스크인 것이다.

보통 리스크가 전혀 없는 상태에서의 수익률을 무위험 수익률(risk-free rate of return)이라고 하고, 리스크에 대한 보상으로 증가하는 기대수익률 부분을 리스크 프리미엄(risk premium)이 라고 한다. 투자의 기대수익률은 무위험 수익률에 리스크 프리미엄을 합한 값이다.

그리고 투자자는 각자의 투자목적과 리스크 선호도에 따라 높은 수익을 기대하면서 리스크를 부담할 것인지 아니면 낮지만 안정적인 수익을 선택할지를 결정하면 된다.

기대수익률=무위험 수익률+리스크 프리미엄

투자위험의 관리와 분산투자

투자의 본래적 속성에 리스크가 포함된다고 해서, 손실 위험에 아무런 대처를 하지 않은 채 무방비 상태로 투자를 하는 것은 바람직하지 않다. 다양한 투자위험 관리 방법이 있는데, 대표적인 것이 자산분산을 통한 분산투자이다. "모든 달걀을 한 바구니에 담지 말라"는 표현 으로 분산투자를 강조하는 말을 자주 듣는다. 투자에 있어서 여러 가지 자산, 즉 포트폴리오(portfolio)를 구성하여 투자할 것을 권고하는 말이다. 포트폴리오란 여러 가지의 모음을 의미 하는데, 특히 금융에서는 두 개 이상의 자산들로 구성된 투자대상의 집합을 의미한다. 포트 폴리오를 구성하게 되면 여러 금융상품이나 자산에 돈을 분산시키는 효과가 발생하여 리스크가 감소한다. 예를 들어, 우산 가게와 아이스크림 가게가 각각 있다고 하면 두 가게는 날씨에 따라 매출액의 변동성이 심하게 나타나 리스크가 크게 발생하게 된다. 그러나 같은 가게에서 우산과 아이스크림을 함께 판매한다면 날씨에 따른 총매출액의 변동성 폭은 크게 감 소할 것이다. 이와 같이 개별자산별로 보면 상당한 리스크가 있더라도 여러 가지 개별자산에 나누어 투자하게 되면 전체 리스크, 즉 포트폴리오의 리스크는 감소하게 된다.

그러나 분산투자를 한다고 해서 모든 위험의 크기가 줄어드는 것은 아니다. <그림 6-1> 과 같이 편입자산의 수가 증가하면 포트폴리오의 위험은 완전히 제거되지 않고 일정한 수준까지만 하락한다. 포트폴리오의 편입자산을 증가시켜 다각화를 통한 분산투자효과를 추구하여도 시장 전반에 기인하는 위험은 제거할 수 없는데 이를 체계적 위험, 시장위험, 또는 분산 불가능위험 등으로 지칭한다. 체계적 위험은 세계경제위기나 천재지변, 전쟁 등과 같이 모든 자산이나 투자 대상의 가치에 영향을 미치는 위험을 의미한다. 반면 분산투자에 의하여 제거 가능한 위험을 비체계적 위험, 개별위험, 분산가능위험 등으로 지칭한다. 비체계적 위험은 경영자의 횡령, 산업재해, 근로자의 파업 등 특정 기업이나 산업의 가치에만 고유하게 미치는 위험으로 자산을 분산함으로써 이러한 위험을 회피하거나 그 크기를 줄일 수 있다. 또한, 분산투자는 투자대상자산, 시기, 지역, 통화 등을 통한 분산이 가능하다. 즉, 기대 수익률의 상관관계가 낮은 자산으로 포트폴리오를 구성하거나, 투자 대상 지역을 여러 나라에 분산할 수 있다. 또한 외환리스크를 줄이기 위해 달러화, 유로화 등 다양한 통화에 분산투자하는 방법이 있다. 이와 더불어 동일한 투자대상에 투자하지만 투자하는 시기를 달리하여 분산투자하는 방법도 있는데, 적립식 펀드 투자 등이 이에 해당한다. 즉, 시장상황에 관계없이 일정 금액을 일정 기간마다 정기적으로 적립하여 투자한다면, 변동성이 상대적으로 높은 자산인 주식형 펀드 등에 일시에 투자하는 것보다 매입 평균단가를 낮추는 투자가 가능할 수 있다.

그림 6-1 분산투자와 투자위험

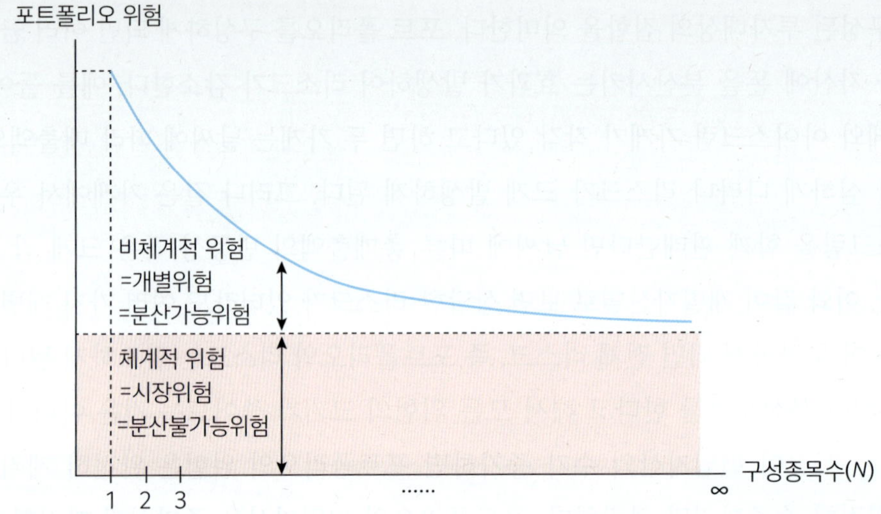

레버리지 효과와 투자위험

분산투자와 같이 투자위험을 줄이는 전략도 있지만 기대수익률을 더욱 높이기 위해 투자위험을 오히려 늘리는 전략도 존재한다. 대표적인 것이 레버리지(leverage) 투자이다. 영어로 'leverage'란 지렛대를 의미한다. 지렛대를 이용하면 실제 힘보다 몇 배 무거운 물건을 움직일 수 있는데, 금융에서는 실제 가격변동률보다 몇 배 많은 투자수익률이 발생하는 현상을 지렛대에 비유하여 레버리지로 표현한다.

투자에 있어 가격변동률보다 몇 배 많은 투자수익률이 발생하려면, 즉 레버리지 효과가 발생하려면 투자액의 일부를 자신의 자본이 아닌 부채로 조달하여야 한다. 예를 들어, 자신의 자금 100만 원으로 10,000원인 주식을 100주 매입한 뒤 주가가 20% 상승한 12,000원에 매도하였다면 거래비용은 무시하고 자기자본 100만 원에 대한 투자수익률은 주가변동률과 같은 20%가 될 것이다. 그러나 투자자금 100만 원 중에서 60%인 60만 원은 대출자금을 사용하였고 나머지 40만 원만 자기자본이라고 가정하면 투자수익률은 20%의 2.5배인 50%로 크게 높아진다. 발생한 총수익은 20만 원으로 동일하지만 투자에 사용한 자기자금은 40만 원밖에 안되기 때문이다(50%=20만 원/40만 원×100%). 물론 거래비용과 대출이자 등을 감안한다면 수익률이 좀 더 줄어들 것이다.

가격이 하락하는 경우에도 동일한 논리가 성립한다. 위의 예에서 만일 주가가 10,000원에서 9,000원으로 10% 하락했다고 가정하면, 자기 자금 40만 원에 대출자금 60만원을 보태서 투자한 경우 총투자액 100만 원에 대한 손실액은 10만 원이고 따라서 자기 자금 40만 원에 대한 투자수익률은 -25%가 되어 실제 가격변동률 -10%의 2.5배가 된다. 결과적으로 투자의 레버리지는 총투자액 중 부채의 비중이 커지면(동일한 의미로, 자기자본의 비중이 작아지면)、증가하게 된다. 다음 공식에 따라 투자의 레버리지를 계산하면 된다.

투자 레버리지 = 총 투자액/자기자본

앞의 예시를 공식에 대입해 보자. 총 투자액 100만 원 중 40%인 40만 원만 자기자본으로 사용하여 투자를 했기 때문에 레버리지는 2.5배(=100만 원/40만 원)로서 실제 주가가 20% 상승해도 실제 투자수익률은 2.5배인 50%가 되고 10% 하락해도 투자수익률은 2.5배인 -25%가 된 것이다. 결국 레버리지가 커질수록 투자수익률은 가격변동률의 몇 배로 증가하여 리스크가 커지게 된다. 이러한 이유로 레버리지를 '양날의 칼'에 비유하기도 한다.

레버리지는 부채를 사용함으로써 발생하게 되는데, 정상적인 기업이 부채 없이 자기자본만으로 사업을 하는 것은 불가능할 뿐 아니라 재무적으로도 적절하지 못한 전략이다. 따라서 기업의 경우 감내할 만한 수준 이내에서 적절한 부채를 사용하는 것은 바람직하다. 그러나 개인이 부채를 사용하여 레버리지가 높은 투자를 하는 것은 결코 바람직하지 못하다. 특히 주식과 같이 리스크가 큰 투자에서 레버리지를 통해 리스크를 더욱 확대한다는 것은 건전한 투자를 넘어 사실상 투기라고 할 수 있다. 개인의 투자는 부채 없이 여유자금으로 하는 것이 원칙이다. 또한 레버리지를 높이기 위해 사용한 부채에는 이자부담이 수반된다는 점도 기억해야 한다.

확대보기

레버리지와 깡통전세

우리나라에서는 전세제도를 이용한 레버리지 부동산 투자가 상당히 많이 이루어지고 있다. 5억 원인 아파트를 4억 원의 전세를 끼고 자기자본 1억원으로 매입하는 경우인데, 이때 투자 레버리지는 5배(=5억 원/1억 원)가 된다. 만약 집값이 30% 상승하여 6억 5천만 원이 되면 자기자본 1억 원에 대한 투자수익률은 실제 집값의 상승률인 30%의 5배인 150%가 되고, 만일 집값이 30% 하락하여 3억 5천만 원이 되면 투자수익률은 손실률인 -30%의 5배인 -150%가 된다. 이렇게 되면, 부채나 마찬가지인 전셋값 4억보다 집값이 낮아지게 된다. 이렇게 실제 주택의 가치보다 부채인 전셋값이 더 높은 경우를 '깡통전세'라고 부르기도 한다.

투자리스크 관리, 학교에서 가르치자

올해 우리나라의 주식투자 자금은 100조 원 증가했다. 가계 주식자산은 800조 원까지 늘어났다. 특히 '서학개미'라고 불리는 해외시장에 투자하는 개인들이 해외 주식에 집중적으로 투자하고 있다. 연간 해외 순매수 18조 원 중에서 80% 이상이 미국의 우량한 디지털 선도기업에 투자한다. 이 중심에는 20~30대 디지털 세대인 밀레니엄 세대가 있다고 한다.

밀레니엄 세대가 4차 혁명 시대의 변화에 발 빠르게 대응하면서 글로벌 주식투자를 할 수 있게 된 것은 환경의 변화 덕분이다. 과거 정보독점을 통한 전문가가 주도하는 시장에서 모든 사람이 정보를 실시간으로 공유하는 글로벌 일반 투자시대로 변화했다. 디지털 세대가 전문가들보다 빠르게 글로벌 상장기업의 정보를 실시간으로 분석하고 유통하는 유튜브 등의 디지털 모바일 네트워크라는 투자환경이 조성되자, 서학 개미들은 IT 강국의 면모를 발휘하여 자산관리의 필요조건인 성공적인 종목을 선택할 수 있었다.

이제는 성공적인 자산관리의 충분조건인 위험 관리를 위한 중요한 타이밍이 다가오고 있다. 증시 격언에 "네가 아는 호재는 더이상 호재가 아니다"라는 말이 있듯이, 호재는 다 반영되고 악재가 노출되는 시기가 다가오고 있다. 기업의 미래기업 실적은 주가에 이미 반영되었으며 글로벌 증권시장의 거래 규모 증가에 따라 위험의 영향력과 다양성이 비례해서 커지고 있다. 기하급수적으로 증가한 글로벌 부채 규모가 더 이상 증가할 수 없는 상태에 있으며 자본시장의 위험은 우리가 상상하는 것보다 더 커질 수 있다는 사실이다.

국민들의 주식투자 문제를 개인의 문제로만 볼 것이 아니라 자본시장 전체의 위험 관점에서 관리해야 한다. 그동안 금융기관들에 투자위험의 업무를 일임하여 왔으나 이제는 더 불가능한 시대가 도래하고 있다. 예대금리 차이에 의존하는 천수답 수익구조인 금융기관들은 생존을 걱정해야 하는 상황이다. 투자자의 투자위험을 적극적으로 관리하기를 기대한다는 것은 사실상 불가능하다. 그 단면이 현재의 라임·옵티머스 사태로 나타난 것이다. 이제는 전 국민의 노후 자산관리 차원에서 국가에서 더 증권시장의 위험을 버려둬서는 안 된다.

이제는 금융기관의 신뢰만으로 증권시장이 작동되는 시대가 아니라 투자자 각자가 투자상품의 상품구조와 투자위험을 이해하고 스스로 책임져야 한다. 상승과 하락을 반복하는 시장 변동성이 자본시장의 기본적인 속성이라는 점을 이해하고, 투자위험에 대한 학교교육, 시장 인프라, 금융정책 및 세제정책까지 국민자산 관리시장으로서 자본시장의 전반적인 시스템 변화가 필요하다.

학교 교육은 경제원리와 투자 위험 교육을 의무화시켜 취업 후 기본적인 자산관리 개념을 습득한 후 사회생활을 시작하도록 준비시켜야 한다. 불공정거래 가능성이 없고 자본시장의 메커니즘을 이해할 수 있는 최적의 투자상품인 ETF 적립식 투자를 통한 분산투자 경험을 통하여 투자위험을 경험하고 스스로 투자위험을 관리하는 방법을 터득하게 하는 방법도 좋을 것이다.투자상품의 상품구조와 투자위험을 이해하지 못한 직원들은 투자상품을 판매하지 못하도록 해야 하고 단순 판매수수료를 인하하고 위험 관련 서비스제공에 대한 서비스 수수료를 신설해야 한다. 투자상품 판매 시 투자수익률과 투자 위험을 가장 쉽게 그림으로 도식화하여 제공하도록 의무화시켜 투자자 스스로 위험에 대해 판단을 할 수 있도록 투자위험 자료제공을 의무화해야 한다. 투자자는 투자기간 동안 투자위험에 의구심이 발생할 경우 자료 요구권을 행사하여 투자기간중 리스크를 관리할 수 있어야 한다.

투자자산은 투자자가 스스로 판단하고 책임질 수 있도록 퇴직연금의 자산별 편입비율도 투자자 위험등급별로 자율적으로 설정할 수 있도록 해야 하며, 장기투자를 통한 위험관리 능력을 배양시키도록 장기투자에 대한 세제혜택을 부여해 주식시장을 통한 노후 자산관리를 할 수 있는 증시여건을 조성해야 한다. 부동산투자 위험을 헤지할 수 있도록 부동산지수 파생상품을 신규 상장하고, 글로벌 투자시대에 맞추어 글로벌 파생상품을 더 많이 상장시켜 리스크를 관리할 수 있는 위험관리시장으로 육성시켜야 한다.

서학개미가 변동성 관리를 통해 위험 관리능력을 배양하고, 이를 통해 장기적인 해외투자의 자본이득이 증가하면 국부가 늘어난다. 이 자금은 다시 국내 자본시장으로 유입될 수 있다. 그러면 우리나라 자본시장도 선진국시장 도약의 발판을 마련할 수 있는 기회가 된다. 밀레니엄 세대가 주도하는 우리나라 자본시장이 국민 자산관리 중심시장으로서 성장하길 소망해 본다.

[출처: 이데일리, 2020. 12. 08]
[https://www.edaily.co.kr/news/read?newsId=01400566625996552&mediaCodeNo=257&OutLnkChk=Y]

2 금융투자상품

1 금융투자상품의 분류

금융상품은 원금손실 가능성 여부에 따라 원금손실이 가능한 금융투자상품과 원금손실이 없는 비금융투자상품으로 구분된다. 비금융투자상품으로는 예금상품, 대부분의 보험상품 등이 이에 해당된다. 반면에 금융투자상품은 원금손실을 초과하는 추가손실가능성 여부에 따라 추가손실가능성이 없는 증권과 추가손실가능성이 있는 파생상품으로 구분된다. 증권은 주식(지분증권), 채권(채무증권), 수익증권, 파생결합증권 등으로 분류되며, 파생상품은 기초자산의 가치변동에 따라 가격이 결정되는 금융상품으로서 장내파생상품과 장외파생상품으로 분류된다. 금융투자상품의 분류는 <그림 6-2>와 같이 정리할 수 있다.

그림 6-2 **금융투자상품의 세부 분류**

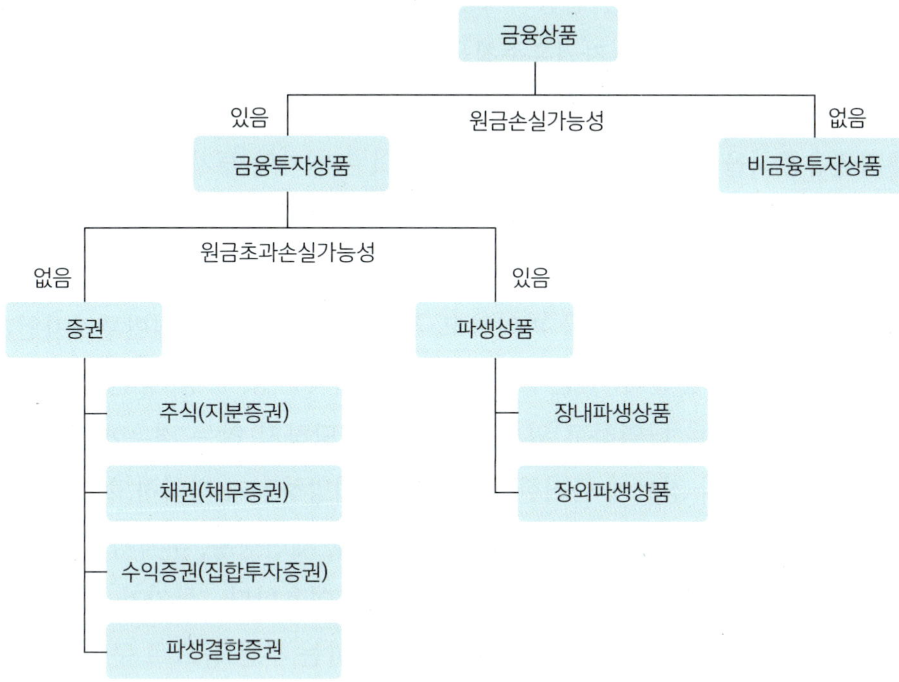

2 금융투자상품 투자 과정

금융투자상품은 위험성이 있는 금융상품이기 때문에 신중하게 투자가 이루어져야 한다.

「자본시장과 금융투자업에 관한 법률(이하 '자본시장법')」에서는 금융투자자를 전문투자자와 일반투자자로 나누고 있는데, 일반투자자란 쉽게 말해 전문적인 금융지식을 보유하지 않은 개인이나 기업으로, 금융회사가 일반투자자에게 금융투자상품을 판매할 경우 투자권유준칙을 지키며 판매할 것을 규정하고 있다. 이는 전문성이 상대적으로 부족한 금융소비자를 보호하기 위함이다. 금융투자상품은 복잡한 구조를 통해 수익의 기회를 만들기도 하지만, 해당 상품에 내재된 투자위험을 이해하는데 어려움을 겪을 수 있어 판매자와 투자자 모두에게 상당한 주의가 필요하다.

표준투자권유준칙

금융투자상품의 판매자인 금융회사는 투자권유를 함에 있어서 준수하여야 할 구체적인 기준 및 절차, 즉 투자권유준칙을 정해야 한다. 금융투자협회는 이 투자권유준칙과 관련하여 금융투자상품을 판매하는 금융회사가 공통으로 사용할 수 있는 표준투자권유준칙을 제정하였다. 금융투자상품의 구매자인 투자자도 숙지할 필요가 있으므로 그 내용을 정리해 보자.

투자상품의 매입과정을 표준투자권유준칙에 따라 단계별로 확인해 보면 먼저 금융회사는 투자자의 방문 목적을 파악하고, 투자를 희망할 경우 일반투자자인지 혹은 전문투자자인지 구분한다. 전문투자자는 국가, 한국은행, 은행, 증권회사 등 자본시장법에서 구체적으로 나열하고 있으며 여기에 해당하지 않는 경우에는 일반투자자이다. 다음은 투자자 정보에 근거한 투자권유를 희망하는지 파악하고 희망할 경우 투자자에 대한 정보가 필요하다. 판매자는 투자목적, 재산상황, 투자경험 등의 투자자 정보를 파악하기 위하여 "투자자 정보 확인서"를 이용한다. "투자자 정보 확인서"는 기초정보를 수집하는 부분과 위험선호도를 파악하는 부분 등으로 구성되어 있다.

그다음 금융회사는 파악한 투자자 정보에 근거하여 투자자의 유형을 분류하고, 그에 알맞은 적합한 금융투자상품을 선정하여 추천한다. 금융회사는 추천한 투자상품의 중요한 내용을 충분히 설명할 의무가 있으므로, 해당 상품의 투자설명서나 상품소개서 등을 이용한 상담을 통해 자세한 내용을 들을 수 있다.

충분한 설명을 들은 투자자는 최종적으로 투자 여부를 결정하게 된다. 각종 필요한 서명을 하고 반드시 교부받아야 하는 투자설명서 등을 전달받게 되는데, 금융회사 직원에게 상품에 대한 설명을 들었다 하더라도, 서명하는 내용을 꼼꼼히 재확인하고 투자설명서의 내용과 직원의 설명, 그리고 서명하는 서류의 내용을 비교하여 모두 일치하는지 확인해야 한다.

마지막으로 표준투자권유준칙에는 없지만, 투자자는 금융투자상품의 구매 후, 정기적으로 상품의 성과, 현황 및 자신의 상황(자신의 가치관, 재정상황, 가족 등)을 고려하여 계속 투자할지 여부를 판단해야 한다. 투자의 목표(목적)에 알맞은 수단인지, 다른 대안은 없는지 등을 자신의 상황에 비추어 판단할 필요가 있다. 투자는 한 번의 의사

결정으로 끝나는 것이 아니라, 투자를 하고 있는 동안은 매순간 해당 투자상품을 구매하기로 결정한 것과 마찬가지라는 사실을 기억해야 하겠다.

그림 6-3 표준투자권유준칙상의 프로세스

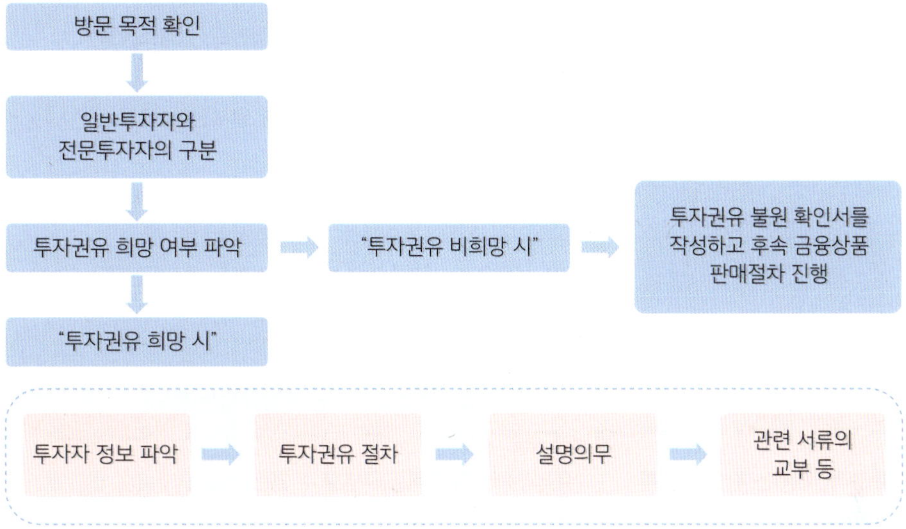

확대보기

나는 어떤 투자자일까?

아래의 표는 금융회사가 투자자의 특성을 파악하여 투자자 유형을 분류하기 위해 조사하는 항목의 예시이다. 각 내용에 체크하여 자신은 어떤 투자자로 분류될지 확인해 보자.

문항		배점
1. 고객님의 연령대는 어떻게 되십니까?	① 19세 이하 ② 20세 ~ 40세 ③ 41세 ~ 50세 ④ 51세 ~ 60세 ⑤ 61세 이상	1~4

2. 고객님께서 투자하고자 하는 자금의 투자 가능 기간은 얼마나 되십니까?	① 6개월 미만 ② 6개월 이상 ~ 1년 미만 ③ 1년 이상 ~ 2년 미만 ④ 2년 이상 ~ 3년 미만 ⑤ 3년 이상	1~5
3. 다음 중 고객님의 투자경험과 가장 가까운 금융상품은 어느 것입니까? (중복응답 가능)	① 은행 예·적금, 국채, 지방채, 보증채, MMF, CMA 등 ② 금융채, 신용도가 높은 회사채, 채권형펀드, 원금보장형 ELS 등 ③ 신용도 중간 등급의 회사채, 원금의 일부만 보장되는 ELS, 혼합형 펀드 등 ④ 신용도가 낮은 회사채, 주식, 원금이 보장되지 않는 ELS, 시장수익률 수준의 수익을 추구하는 주식형펀드 등 ⑤ ELW, 선물옵션, 시장수익률 이상의 수익을 추구하는 주식형펀드, 파생상품펀드, 주식 신용거래 등	1~5
4. 고객님께서는 금융상품 투자에 대한 본인의 지식수준이 어느 정도라고 생각하십니까?	① 매우 낮은 수준 : 투자의사결정을 스스로 내려본 경험이 없는 정도 ② 낮은 수준 : 주식과 채권의 차이를 구별할 수 있는 정도 ③ 높은 수준 : 투자할 수 있는 대부분의 금융상품의 차이를 구별할 수 있는 정도 ④ 매우 높은 수준 : 금융상품을 비롯하여 모든 투자대상 상품의 차이를 이해할 수 있 는 정도	1~4
5. 고객님께서 투자하고자 하는 자금은 고객님의 전체 금융자산(부동산 등을 제외) 중 어느 정도의 비중을 차지합니까?	① 10% 이하 ② 10% 초과 ~ 20% 이하 ③ 20% 초과 ~ 30% 이하 ④ 30% 초과 ~ 40% 이하 ⑤ 40% 초과	1~5
6. 다음 중 고객님의 수입원을 가장 잘 나타내는 것은 어느 것입니까?	① 현재 일정한 수입이 발생하고 있으며, 향후 현재 수준을 유지하거나 증가할 것으로 예상 ② 현재 일정한 수입이 발생하고 있으나, 향후 감소하거나 불안정할 것으로 예상 ③ 현재 일정한 수입이 없으며, 연금이 주 수입원임	1~3

7. 고객님의 투자원금에 손실이 발생할 경우 다음 중 고객님이 감내할 수 있는 손실 수준은 어느 수준입니까?	① 무슨 일이 있어도 투자 원금은 보전되어야 한다. ② 투자원금에서 최소한의 손실만을 감수할 수 있다. ③ 투자원금 중 일부의 손실을 감수할 수 있다. ④ 기대수익이 높다면 위험이 높아도 상관하지 않겠다.	-2~6

각자 위의 투자자 정보를 실제로 한 번 확인해 보도록 한다. 이 투자자 정보 확인서는 항목별로 배점이 있으며, 배점을 합계하여 투자성향을 5단계로 분류한다. 문항별 배점은 다음과 같다.

1번: ① 또는 ②로 응답한 경우 4점, ③으로 응답한 경우 3점, ④로 응답한 경우 2점, ⑤로 응답한 경우 1점

2번: ①로 응답한 경우 1점, ②로 응답한 경우 2점, ③으로 응답한 경우 3점, ④로 응답한 경우 4점, ⑤로 응답한 경우 5점

3번: ①로 응답한 경우 1점, ②로 응답한 경우 2점, ③으로 응답한 경우 3점, ④로 응답한 경우 4점, ⑤로 응답한 경우 5점(중복응답한 경우 가장 높은 점수로 배점)

4번: ①로 응답한 경우 1점, ②로 응답한 경우 2점, ③으로 응답한 경우 3점, ④로 응답한 경우 4점

5번: ①로 응답한 경우 5점, ②로 응답한 경우 4점, ③으로 응답한 경우 3점, ④로 응답한 경우 2점, ⑤로 응답한 경우 1점

6번: ①로 응답한 경우 3점, ②로 응답한 경우 2점, ③으로 응답한 경우 1점

7번: ①로 응답한 경우 -2점, ②로 응답한 경우 2점, ③으로 응답한 경우 4점, ④로 응답한 경우 6점

1번부터 7번까지의 응답결과에 따른 점수를 합산(총점 32점)하고 이를 100점으로 환산하는데 예를 들어, 1번부터 7번까지의 합이 26점이라면 (26점/32점)×100=81.3점과 같이 계산한다. 이러한 점수결과에 따라 자신의 투자성향을 다음과 같이 5단계로 파악할 수 있다.

20점 이하: 안정형

20점 초과 ~ 40점 이하: 안정추구형

40점 초과 ~ 60점 이하: 위험중립형

60점 초과 ~ 80점 이하: 적극투자형

80점 초과: 공격투자형

3 주식 투자

1 주식의 개념

주식(stock 또는 share)은 주식회사가 발행한 출자증권으로서 주식회사는 주주들에게 자본금 명목으로 돈을 받고 그 대가로 주식을 발행한다. 주식은 기업에 대한 소유지분권을 나타내는 증권이므로 주식 소유자는 주주로서 회사의 중요사항에 대하여 의사결정에 참여할 수 있다. 주식을 보유한 주주는 주식 보유수에 따라 회사의 순이익과 순자산에 대한 지분청구권을 갖는데, 만약 회사에 순이익이 발생하면 '내 몫을 주시오' 할 수 있는 이익배당청구권이 생기며, 혹시 회사가 망하는 경우에는 남은 재산 중 '내 몫을 주시오' 할 수 있는 잔여재산 분배청구권이 생긴다. 또한 회사가 유상 또는 무상으로 신주를 발행할 경우 우선적으로 신주를 인수할 수 있는 신주인수권 등을 갖는다. 주주는 주주평등의 원칙에 따라 주주가 갖는 주식 수에 따라 평등하게 취급되므로 보유한 주식 지분만큼의 권리와 책임을 갖게 된다.

주식회사 주주는 유한책임을 원칙으로 하므로 출자한 자본액의 한도 내에서만 경제적 책임을 지게 된다. 따라서 출자한 회사가 파산하여 갚아야 할 부채가 주주 지분 이상이 되더라도 주주는 지분가치를 초과한 부채에 대해 책임을 지지 않는다.

주주가 출자한 회사에 대한 권리는 크게 자신의 이익을 위한 자익권과 회사 전체의 이익과 관련된 공익권으로 나뉜다. 앞에서 설명한 이익배당청구권이나 잔여재산분배청구권, 신주인 수권 등은 자익권에 속한다. 한편, 주주의 공익권으로는 주주총회에서 이사 선임 등 주요 안건에 대한 의결에 지분 수에 비례하여 참여할 수 있는 의결권, 회계장부와 관련된 주요 정보의 열람을 청구할 수 있는 회계장부 열람청구권, 이미 선임된 이사를 임기 전이라도 일정 수 이상의 주주 동의를 얻어 해임을 요구할 수 있는 이사해임요구권, 그리고 일정 수 이상의 주주 동의로 임시 주주총회 소집을 요구할 수 있는 주주총회 소집요구권 등이 포함된다.

이와 같이 일반적인 자익권과 공익권을 갖는 주식을 보통주(common stock)라고 하고, 이러한 보통주와 구별되는 몇 가지 특징을 갖는 주식으로 우선주(preferred stock)라는 것이 있다. 우선주는 이익배당이나 잔여재산 분배에 관해 우선적 지위가 인정된다. 즉, 보통주에 앞서 우선적으로 회사 이익에 대해 배당을 받고, 회사가 청산될 경우에도 부채를 제외한 잔여재산에 대해서 보통주보다 우선적으로 분배를 받게 된다. 그러나 우선주는 보통주에 있는 의결권이 없다.

주식투자의 이익

주식투자를 통해 얻을 수 있는 수익에는 자본이득과 배당금이 있다. 자본이득은 주식의 매매차익으로 주식의 가격이 변동하여 차익이 발생하는 것을 말한다. 소위 싸게 사서 비싸게 팔면 매매차익이 발생한다. 배당금은 기업에 이익이 발생할 경우 주주에게 나누어 주는 돈으로, 주식회사는 보통 사업연도가 끝나고 결산을 한 후에 이익이 남으면 주주들에게 배당금을 분배한다. 배당금을 받기 위해서는 기업에서 정하는 배당기준일까지 주식을 보유하고 있어야 한다.

주식투자의 위험

유명한 미국의 소설가 마크 트웨인은 “10월은 주식투자를 하기에 매우 위험한 달이다. 다른 위험한 달로는 7월, 1월, 9월, 4월, 11월, 5월, 3월, 6월, 12월, 8월, 그리고 2월이 있다.” 고 말했다. 이는 주식투자의 위험을 빗대어 표현한 것이다. 주식의 가격은 매매체결에 따라 매순간 바뀌므로 가격 변동에 의해 원금손실을 볼 수 있는데, 가격 변동에 부정적인 영향을 미치는 요인으로는 경제 및 경기의 침체, 해당 주식이 속한 산업의 위축, 기업의 경영 부실, 해당 기업이 취급하는 상품이나 서비스의 부실 등으로 매우 다양하다. 극단적으로는 주식이 상장 폐지되거나 기업이 도산하여 주식이 휴지조각이 되는 경우도 종종 발생한다. 또한 주식 중에는 거래 물량이 적어 주식을 사거나 파는 것이 어려운 종목도 있으므로 환금성의 위험 또한 존재할 수 있다.

2 주식의 발행과 유통

주식은 주식시장에서 발행되어 거래가 이루어진다. 주식시장이란 주식회사가 주식을 매개로 자금을 조달하고 발행된 주식이 거래되는 시장이다. 주식시장은 주식이 발행기관을 통하여 최초로 투자자에게 이전되는 발행시장과 이미 발행된 주식이 투자자들 간에 거래되는 유통시장으로 구분된다.

발행시장

창업 초기의 기업은 소수의 특정인에게 주식을 발행하여 자금을 조달하게 된다. 기업이 성장하고 보다 많은 자금이 필요해지면 불특정다수인을 대상으로 주식을 모집(또는 매출)하는 최초기업공개(IPO : Initial Public Offering)를 하게 되고 거래소에 상장하게 된다. 이때부터 누구나 이 기업의 주식을 자유롭게 매매할 수 있으며, 기업은 자금이 필요해지면 유상증자를 통해 추가적으로 주식을 발행할 수 있게 된다. 기업이 새로운 주식을 발행하여 장기적으로 자기자 본을 조달하는 시장을 주식 발행시장(primary market)이라고 한다.

주식을 발행하는 방법에는 직접발행과 간접발행 두 가지가 있다. 직접발행은 발행기업이 중개기관을 거치지 않고 투자자에게 직접 주식을 팔아서 자금을 조달하는 방식으로 유상증자를 통해 기존 주주 또는 제3자에게 주식을 배정하는 경우에 주로 사용된다. 반면에 간접발행은 전문성과 판매망을 갖춘 중개기관을 거쳐 주식을 발행하는 방식으로 최초기업공개 시에는 대부분 이 방식이 사용된다.

유통시장

발행된 주식의 거래가 이루어지는 시장을 주식 유통시장(secondary market)이라고 한다. 우리나라의 주식 유통시장은 유가증권시장, 코스닥시장, 코넥스시장, K-OTC 시장 등으로 구분된다. 유가증권시장이란 한국거래소(KRX)가 개설·운영하는 시장으로서 엄격한 상장 요건을 충족하는 주식이 상장(listing)되어 거래되는 시장이다. 반면에 코스닥시장은 원래는 미국의 나스닥(NASDAQ)과 유사하게 장외거래 대상 종목으로 등록된 주식을 전자거래시스템인 코스닥(KOSDAQ: Korea Securities Dealers Automated Quotation)을 통해 매매하는 시장으로 출발하였으나, 2005년 1월 기존의 증권거래소와 코스닥시장, 선물거래소가 통합거래소 체제로 일원화 되면서 지금은 또 다른 장내시장의 하나가 되었다. 다만, 유가증권시장보다는 상장 기준이 덜 엄격한 편이어서 중소기업이나 벤처기업이 많이 상장되는 것이 특징이다.

코넥스(KONEX: Korea New Exchange)는 코스닥 상장 전 단계의 기업들이 상장된 주식시장으로 창업 초기의 중소기업을 위해 2013년 7월 개장했다. 코넥스는 기존 주식시장인 유가증권 시장이나 코스닥시장에 비해 상장요건, 공시의무를 완화하여 창업 초기 중소기업의 자금조달을 위해 설립되었다. 하지만, 투자자격은 까다로워 투자주체는 증권사, 펀드, 정책금융기관, 은행, 보험사 및 각종 연기금 등 자본시장법상 전문투자자 또는 기본예탁금이 3천만 원 이상인 일반투자자 등 위험감수능력이 있는 경우로 제한하고 있다.

끝으로 K-OTC(Korea Over-the-Counter)시장은 유가증권시장, 코스닥시장, 코넥스시장에서 거래되지 못하는 비상장주식 가운데 일정 요건을 갖추어 지정된 주식의 매매를 위해 한국금융투자협회가 개설·운영하는 시장으로서 경쟁매매방식 대신에 지정가 호가에 의한 상대매매로 거래가 이루어진다. K-OTC시장은 기존의 프리보드시장을 확대·개편한 장외주식시장으로 2014년 8월 개설되었다.

확대보기

대형주와 중소형주, 가치주와 성장주

주식을 구분하는 다양한 용어가 있는데, 대표적인 것이 대형주와 중소형주이다. 일반적으로 대형주라고 하면 시가총액이 큰 주식을 말하는데, 시가총액이란 현재의 주식의 가격과 주식의 수를 곱한 값으로 현재 기업의 가치가 얼마인지를 나타낸다고 볼 수 있다. 보통 유가증권시장에서 시가총액 순서로 1~100위의 기업의 주식을 대형주라고 한다. 대형주는 대기업의 주식일 확률이 높고 거래규모가 크므로 안정적으로 주식에 투자하고자 하 는 사람들이 선호하는 주식이다. 반면, 중소형주는 시가총액이 101위 이하의 기업을 말한다. 101~300위를 중형주, 301위 이하를 소형주로 나누기도 하는데, 기업규모가 작고, 경제나 경기변동에 따라 가격의 등락 폭이 큰 경우가 많으므로 투자의 위험이 상대적으로 크지만 수익의 기회도 큰 경향이 있다.

가치주와 성장주의 구분도 자주 쓰이는데, 가치주(value stock)란 기업의 매출액, 이익 등으로 평가한 본질가치에 비해 상대적으로 낮은 가격으로 거래되어 향후 가격이 상승할 것으로 예상되는 주식이다. 성장주(growth stock)는 동종 업종 또는 시장 평균에 비해 성장이 빠를 것으로 예상되는 주식으로, 현재의 이익보다 미래에 발생할 이익이 더욱 클 것으로 예상되는 주식이다.

3 주식 거래 방법

주식을 거래하기 위해서는 우선 증권회사 계좌를 개설한 다음, 영업점 방문 또는 전화를 통해 주문하거나 인터넷 등의 전자주문매체를 이용하여 주문을 하면 된다. 최근에는 온라인 발달로 인해 집이나 사무실에서 컴퓨터를 이용하여 주식을 거래하는 HTS(Home Trading System)가 보편화되었고, 모바일 스마트기기를 이용하여 어디서나 주식을 거래할 수 있는 MTS(Mobile Trading System)의 보급이 점차 확대되고 있다. 주식을 거래할 때 부과되는 매매수수료는 증권사별로 다르므로 비교해 볼 필요가 있으며, 비대면 계좌 개설에 따른 수수료 면제 또는 할인을 활용할 수도 있다.

| 표 6-1 | **거래소 주식 매매거래 시간**

체결방식	시간
장 전 종가매매	08:30~08:40
단일가매매	08:30~09:00, 15:20~15:30
정규시장매매	09:00~15:30
장 후 종가매매	15:30~16:00(체결은 15:40부터, 10분간 접수)
시간외 단일가매매	16:00~18:00(10분 단위, 총 12회 체결)

확대보기

온라인 주식거래

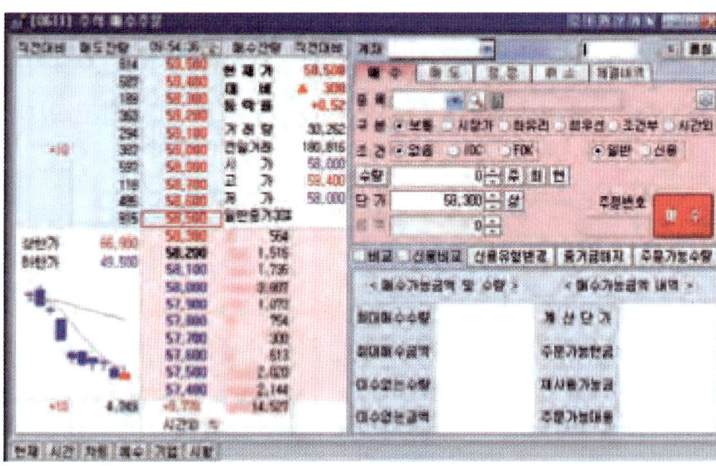

주식거래를 하기 위해서는 증권회사에 개설한 증권계좌에 투자할 자금을 입금해야 한다. 그 후 증권회사 홈페이지에서 HTS(Home Trading System) 프로그램을 다운로드 받거나 스마트폰에서 증권회사의 거래용 앱을 다운로드 받아서 접속한다. '주식매수' 메뉴에서 원하는 주식을 검색하여 매수할 수량과 가격을 입력하고 매수를 누르면 주식을 구입할 수 있다. 반대로 매도를 원할 경우 '주식매도' 메뉴에서 주문하면 된다.

매매체결방법

한국거래소의 주식 매매시간은 오전 9시부터 오후 3시 30분까지이고, 매매체결 방식은 가격우선원칙과 시간우선원칙을 적용하여 개별 경쟁으로 매매거래가 체결된다. 즉, 매수주문의 경우 가장 높은 가격을, 매도주문의 경우 가장 낮은 가격을 우선적으로 체결하고, 동일한 가격의 주문 간에는 시간상 먼저 접수된 주문을 체결하게 된다.

다만, 시초가와 종가의 경우는 시간의 선후에 상관없이 일정 시간 동안 주문을 받아 제시된 가격을 모아 단일가격으로 가격이 결정되는 단일가매매제도를 채택하고 있다. 따라서 오전 8시 30분부터 주문을 내는 것이 가능하고 여기에서 제시된 가격과 수량을 통해 오전 9시에 단일가로 매매가 체결되면서 시초가가 결정되고, 폐장 10분 전인 오후 3시 20분부터는 매매 없이 주문만 받다가 오후 3시 30분에 단일가로 매매가 체결되면서 종가가 결정된다.

이러한 정규주문 거래 외에도 장이 끝난 오후 4시부터 오후 6시까지 시간외거래가 가능하며 기관투자자들 간의 시간외 대량매매에 주로 활용되고 있다.

주문방법

주문가격은 원하는 매수 또는 매도가격을 지정하여 주문하는 지정가 주문(limit order)과 가격을 지정하지 않고 주문시점에서 가장 유리한 가격에 우선적으로 거래될 수 있도록 주문하는 시장가 주문(market order)이 있다. 대부분의 주식거래는 지정가 주문에 의해 이루어지고 시장가 주문은 거래량이 갑자기 증가하면서 주가가 급등하는 종목을 매수하고자 할 때 종종 이용된다.

일반적으로 유가증권시장의 주식매매 단위는 1주이다. 최소호가 단위, 즉 최소 가격변동폭(minimum tick)은 주가 수준에 따라 차이가 있어 일천 원 미만 1원, 오천 원 미만 5원, 일만 원 미만 10원, 오만 원 미만 50원, 십만 원 미만 100원, 오십만 원 미만 500원, 오십만 원 이상 1,000원으로 되어있다.

한편, 우리나라 주식시장에는 단기간 주가 급등락으로 인한 주식시장의 불안정을 예방하고 개인투자자 보호를 위해 일일 최대가격변동폭을 제한하는 가격제한

(price limit)제도를 두고 있으며, 이는 전일 종가 대비 ±30% 이내에서 가격 변동이 허용되어 상한가 및 하한가가 결정된다.

매매가 체결된 주식의 결제시점은 체결일을 포함하여 3영업일(T+2)이다. 예를 들면, 목요일에 매매가 체결된 주식은 토요일과 일요일 외에 다른 휴장일이 없다면 다음 주 월요일이 결제일이 되어 개장 시점에 매입의 경우는 증권계좌에서 매입대금이 출금되면서 주식이 입고되고, 매도의 경우는 증권계좌에 매도대금이 입금되면서 주식이 출고된다.

거래비용

주식거래에도 필연적으로 과세문제와 거래비용이 발생한다. 개인투자자의 경우 보유한 주식으로부터 배당금을 받게 되면 금융소득으로 간주하여 소득세가 과세된다. 일반적으로 개인의 모든 소득은 합산하여 종합과세되는 것이 원칙이나, 이자나 배당과 같은 금융소득은 연간 총액이 2,000만 원 초과인 경우에만 종합과세하고 2,000만 원 이하인 경우에는 분리과세되어 기존 소득에 상관없이 일률적으로 14%의 소득세와 1.4%의 지방소득세를 합한 15.4%의 세금이 원천징수된다.

반면에, 우리나라는 현재 한국거래소에 상장된 주식의 매매에 의해 발생하는 자본이득에 대해 소액개인투자자에게는 과세를 하고있지 않다. 한편, 주식거래를 할 때마다 발생하는 세금이 있다. 유가증권시장에서 거래되는 종목의 경우는 매도 시 거래세와 농어촌특별세가 매도가격의 0.08% 및 0.15%씩 부과되고, 코스닥 종목의 경우는 매도 시 매도가격의 0.23%가 거래세로 부과되어 결국 두 시장 모두 매도 시 매도가격의 0.23%가 세금으로 나가게 된다. 그리고 매매를 하게 되면 중개기관인 증권회사에 거래수수료를 지급해야 하는데 증권회 사별로 온라인 거래 여부, 거래금액 규모 등에 따라 매입 및 매도 시 거래대금의 0.001%에서 0.5%까지 부담하게 된다.

핀테크 혁신 성장…미래 주목할 ETF는

'현금 없는 세상(cashless society)' 다소 해묵은 구호처럼 느껴지는 이 문구가 먼 미래의 일로만 느껴지지 않는 이유는 이 같은 현상이 우리 일상생활 속에 자리 잡고 있기 때문이다. '현금 없는 매장'을 어렵지 않게 찾을 수 있으며, 지갑에 더 이상 현금을 소지하지 않는 경우가 다반사가 된 세상에서 살아가고 있다.

현금을 대체하는 다양한 모바일 결제 수단들이 지폐, 동전의 자리를 위협하고 있는 시대가 도래한 가운데 핀테크는 이미 우리의 삶에 깊숙이 들어와 있다.

'핀테크(fintech)'는 금융(finance)과 기술(technology)의 합성어로, 인터넷과 모바일 환경에 맞춘 다양한 금융 플랫폼 및 관련 서비스를 의미한다. 2000년대 초반 인터넷의 발달 및 보급과 함께 본격적으로 등장하게 된 이후, 정보통신기술(ICT)의 비약적인 발전과 함께 급격한 성장세를 보였다.

전자상거래 내 결제 수단의 발달이 핀테크의 시작이었다고 한다면 이제는 그 영역을 확장해 모바일, 온라인 결제뿐만 아니라 스마트 기기를 이용한 자산관리, 투자 자문, 신용평가와 온라인 대출, 스마트폰 송금 등 다양한 금융 서비스도 핀테크에 해당한다고 할 수 있다.

핀테크 산업의 비약적인 발전에 가장 크게 기여한 2가지 사건을 꼽는다면, 본격적인 스마트폰의 보급과 소위 4차 산업혁명으로 일컬어지는 급진적인 패러다임의 변화를 들 수 있다. 2007년 애플의 아이폰 개발을 필두로 본격적인 스마트폰 시대가 열림에 따라 모바일 결제 시장이 팽창했고, 2016년 이후 데이터 분석(Data & Analytics, D&A), 인공지능(AI), 블록체인, 생체인증기술, 사물인터넷(IoT) 등 4차 산업혁명의 다양한 기술들이 접목되고 융화하면서 핀테크는 '파괴적 혁신(disruptive innovation)'으로서 한층 더 도약할 수 있는 기반을 마련하게 됐다.

코로나19 팬데믹이 초래한 디지털로의 전환은 핀테크에 대한 인식과 활용 범위를 180도 바꾸는 계기가 됐다. 코로나19 바이러스의 확산과 그에 따른 각종 봉쇄조치는 전 세계인의 생활을 기존의 대면 방식에서 비대면·온라인 위주의 방식으로 바꾸는 구조적 변화를 가져왔고, 새로운 핀테크의 혁신은 이전의 금융 서비스의 행태를 변모시키거나 많은 측면에서 대체되기에 이른다.

이 같은 일련의 과정을 거치면서 핀테크는 지속적인 진화를 거듭하고 있다. 이제 핀테크는 수년 내 종료될 이벤트가 아닌 멈출 수 없는 미래의 트렌드로 자리매김했다. 기존의 핀테크 기업들이 디지털 상거래, 모바일 판매시점정보관리시스템(POS), 디지털 송금, 온라인투자연계(P2P) 대출 등의 분야에서 지속적인 성장을 견인하는 한편, 새롭게 생겨나는 핀테크 기업들은 기존 기업들이 큰 관심을 두지 않았던 외환, 선결제후지불(BNPL) 등의 영역에서 입지를 구축하고 있다.

또 핀테크는 금융 생태계를 어떻게 바꿨을까. 보통 사람들은 더 효율적이면서 편리하게 거래하기를 원한다. 또한 자신의 돈에 쉽게 접근할 수 있기를 원하며 그 돈을 소비, 저축, 투자하는 방법에 관한 다양한 정보를 쉽게 얻을 수 있기를 원한다. 그러한 사용자 요구 및 경험은 핀테크의 기술들을 개발하고 발전시키고 활성화하기 위한 주된 동력이 돼 금융소비자, 기업, 정부에 이르기까지 다방면에 있어 기회와 혜택을 제공한다.

[출처: 매거진한경, 2022. 10. 31]
[https://magazine.hankyung.com/money/article/202210161241c]

4 채권 투자

1 채권의 개념

채권은 정부, 공공기관, 특수법인 등과 주식회사가 비교적 거액의 장기자금을 일시에 대량으로 조달하기 위하여 발행하는 일종의 차용증서이다. 한국거래소에 가장 많은 종목이 상장되어있는 유가증권이 채권이다. 채권은 확정이자부 증권(fixed income securities)의 형태가 일반적이며 발행시 발행회사가 지급해야 하는 이자와 상환금액이 확정되어 있거나 또는 그 기준이 확정되어 있는 것이 특징이다. 이때 발행된 채권 1장의 가치를 액면가(par value)라고 하고, 이것이 채무자가 만기 시점에 채권 보유자에게 상환해야 할 금액이 된다.

또한 주식과 달리 채권은 발행기관의 순이익 발생 여부와 관계없이 이자를 지급해야 한다. 주식의 경우 발행회사의 순이익 발생 여부에 따라 배당정책이 달라질 수 있으나, 채권은 발행회사에 손실이 발생하더라도 이미 확정되어 있는 이자를 지급해야 한다는 점에서 주식과 차이가 있다. 채권의 액면가에 대해 약정한 이자율을 연율로 표시한 것을 표면금리(coupon rate)라고 한다. 또한, 채권은 원리금의 상환기간이 미리 정해져 있는 기한부 증권(term-limited securities)이다. 따라서 채권에는 만기(maturity)가 사전에 정해져 있고, 만기까지 매 단위기간에 정기적으로 이자를 지급하고 만기시점에 표시된 액면가를 상환하는 것이 일반적이다.

채권투자의 이익

채권투자는 수익성, 안전성, 유동성이란 측면에서 다음과 같은 장점을 갖는다. 첫째, 채권의 수익성이란 투자자가 채권을 보유하고 매매함으로써 얻을 수 있는 수익으로 이자소득과 자본소득이 있다. 이자소득은 발행시 정해진 이율에 따라 이자를 지급받는 것을 말하며, 자본소득은 채권의 유통가격이 변동되면서 발생될 수 있는 매매차익을 의미한다. 둘째, 채권은 정부, 공공기관, 특수법인, 금융회사, 상장법인 등이 주로 발행한다. 각 발행기관의 특성에 따라 원리금 상환능력은 다르다. 정부 및 공공기관이 발행한 국채와 공채는 일반 회사가 발 행한 회사채에 비하여 안전하다. 셋째, 채권은 만기까지 보유함으로써 확정된 원금과 이자를 지급받을 수도 있으며 만기 도래 전에 유통시장에서 매도하여 현금화할 수 있다.

채권투자의 위험

한편, 채권투자에는 다음과 같은 투자위험이 내재되어 있다. 첫째, 채권가격의 변화로 인해 발생하는 시장위험이 존재한다. 일반적으로 채권의 가격은 시장금리 및 발행기관의 신용 변화에 따라 변동하게 된다. 따라서 시장가격이 매입가격보다 낮아졌을 때에는 자본손실의 가능성이 있다. 둘째, 발행기관의 경영 및 재무상태가 악화될 경우 약정한 이자 및 원금의 지급이 지연되거나 지급불능 상태가 되는 채무불이행 위험이 발생할 수 있다. 셋째, 채권의 발행물량이 적고 유통시장이 발달되지 못한 경우는 채권을 현금화하기 어려운 유동성 위험이 존재할 수 있다.

채권의 분류

채권은 발행주체, 상환기간, 이자 지급방법, 보증유무 등에 따라 다양하게 분류될 수 있다.

① 발행주체별

- 국채: 국가가 재정정책의 일환으로 발행하는 채권으로 정부가 원리금의 지급을 보증한다. 국채에는 일반재정적자를 보전하거나 재정자금의 수급조절을 위하여 발행되는 일반 국채, 특정사업의 재원조달을 위한 사업국채, 국가의 보상재원을 마련하기 위한 보상채권 등이 있다.
- 지방채: 지방정부 및 지방공공기관 등이 지방재정법의 규정에 따라 특수목적 달성에 필요한 자금을 조달하기 위해 발행하는 채권이다.

- 특수채: 특별한 법률에 의해서 설립된 기관이 특별법에 의하여 발행하는 채권으로서 정부가 원리금의 지급을 보증하는 것이 일반적이다.
- 금융채: 금융회사가 발행하는 채권으로서 금융회사의 중요한 자금조달 수단의 하나이고, 이렇게 조달된 자금은 주로 장기 산업자금에 사용된다.
- 회사채: 상법상의 주식회사가 발행하는 채권으로서 채권자는 주주들의 배당에 우선하여 이자를 지급받게 되며 발행회사가 도산하거나 청산할 경우 주주들에 우선하여 회사 자산에 대한 청구권을 갖는다.

② 상환기간별

- 단기채: 통상적으로 상환기간이 1년 이하의 채권을 단기채권이라 하고, 우리나라에는 통화안정증권, 금융채 중 일부가 여기에 속한다.
- 중기채: 상환기간이 1년 초과 5년 이하의 채권을 말한다. 우리나라에서는 대부분의 회 사채 및 금융채가 만기 3년으로 발행되고 있다.
- 장기채: 상환기간이 5년 초과인 채권이며, 우리나라에서는 주로 국채가 만기 5년 또는 10년으로 발행되고 있다.

③ 이자 지급방법별

- 이표채: 이자 지급일에 정기적으로 이자를 지급받는 채권으로서 가장 일반적인 형태이다.
- 할인채: 표면상 이자가 지급되지 않는 대신에 액면금액에서 상환일까지의 이자를 공제한 금액으로 매출되는 채권으로서 이자가 선급되는 효과가 있다. 이자를 지급하지 않기 때문에 무이표채(zero-coupon bond)라고 불리기도 한다.
- 복리채: 정기적으로 이자가 지급되는 대신에 복리로 재투자되어 만기상환 시에 원금과 이자를 동시에 지급하는 채권을 말한다.

④ 보증유무별

- 보증채: 원리금의 상환을 발행회사 이외의 제3자가 보증하는 채권으로서 보증의 주체가 정부인 정부보증채와 시중은행이나 보증기관 등이 보증하는 일반보증채로 나뉜다.

• 무보증채: 제3자의 보증없이 발행회사의 신용에 의해 발행·유통되는 채권이다. 우리나라에서는 과거에 보증채가 많이 발행되었으나, 외환위기 이후부터 무보증채의 발행이 급속히 증가하였고, 현재에는 대부분이 무보증채로 발행되고 있다.

채권의 발행과 유통

채권시장도 주식시장과 동일하게 발행시장과 유통시장으로 구분할 수 있다. 국가 등의 발행자가 처음 채권을 발행하는 시장이 발행시장이며, 이미 발행된 채권이 거래되는 시장이 유통시장이다. 발행시장에는 기관투자자를 중심으로 거래가 이루어지고, 일반 개인투자자는 채권형펀드 또는 채권ETF 등에 투자할 수 있다.

확대보기

채권가격의 특성

일반적으로 채권가격은 시장이자율, 만기, 표면이자율에 의하여 결정된다.

① 채권가격과 시장이자율: 채권가격은 시장이자율과 역의 관계에 있으며 시장이자율이 하락하면 채권가격은 상승하고 시장이자율이 상승하면 채권가격은 하락한다. 따라서 시장이자율이 하락할 것으로 예상되면채권을 매입하고 시장이자율이 상승할 것으로 예상되면 채권을 매도하는 것이 유리하다.

② 채권가격과 만기: 다른 조건이 일정하다면 채권의 만기가 길수록 일정한 이자율변동에 따른 채권가격의 변동폭이 크다. 따라서 이자율이 하락할 것으로 예상되면 장기채에 대한 투자를 증가시켜 시세차익을 확대하고 이자율이 상승할 것으로 예상되면 보유 채권 포트폴리오의 만기를 줄여서 손실을 최소화할 수 있다.

③ 채권가격과 표면이자율: 다른 조건이 동일하다면 일정한 이자율변동에 대해서 표면이자율이 낮을수록 채권가격의 변동폭이 크게 나타난다. 따라서 채권에 투자하여 높은 매매차익을 얻기 위해서는 표면이자율이 낮은 채권이 유리하다. 다른 조건이 동일하다면 표면이자율이 0%인 순수할인채의 가격변동폭이 가장 크다.

|표 6-2| 주식과 채권의 비교

구분	주식	채권
발행주체	주식회사	중앙정부, 지방정부, 공공기관, 특수법인, 주식회사
수익형태	배당금, 주식매매 차익	이자수익, 채권매매 차익
원금보장	원금보장 안됨	발행자의 파산 시를 제외하고 법적으로 원리금상황 보장
자본조달형태	자기자본	타인자본
증권소유자 지위	주주	채권자
증권소유자 경영참가	가능	불가능
투자위험	비교적 높음	비교적 낮음
증권의 존속기간	발행회사의 존속을 같이 하는 영구증권	한정적인 만기가 사전에 특정

2 특수한 형태의 채권

일반적인 형태의 채권, 즉 일반사채와는 달리 계약 조건이 다양하게 변형된 특수한 형태의 채권이 등장하여 다양한 목적으로 발행되고 있다. 이는 전환사채, 신주인수권부사채, 교환사채 등 다양하다. 여기에서는 주로 많이 발행되고 있는 전환사채, 신주인수권부사채, 교환사채에 대해 살펴보고자 한다.

전환사채(CB: Convertible Bond)

전환사채는 발행 당시에는 순수한 회사채의 형태로 발행되지만 일정 기간이 경과된 후 보유자의 청구에 의하여 발행회사의 주식으로 전환될 수 있는 권리가 붙어 있는 사채이다. 따라서 전환사채는 사실상 주식과 채권의 중간적 성격을 갖고 있다. 전환사채에는 발행조건으로 전환할 때 받게 되는 주식의 수를 나타내는 전환비율이 정해져 있다. 따라서 전환사채 발행회사의 주가가 어느 수준 이상으로 상승하게 되면 채권 보유자는 전환권을 행사하여 채권을 포기하고 주식을 취득함으로써 추가적인 수익을 추구하고, 그렇지 않을 때는 전환하지 않고 사채로 계속 보유하게 된다. 전환사채는 보유자가 자신에게 유리할 때만 전환권을 행사하여 추가적인 수익을 꾀할 수 있는 선택권이 주어지기 때문에 다른 조건이 같다면 일반사채에 비해 낮은 금리로 발행된다.

신주인수권부사채(BW: Bond with Warrant)

신주인수권부사채란 채권자에게 일정기간이 경과한 후에 일정한 가격(행사가격)으로 발행회사의 일정 수의 신주를 인수할 수 있는 권리, 즉 신주인수권이 부여된 사채이다. 신주인수권부사채는 전환사채와는 달리 발행된 채권은 그대로 존속하는 상태에서 부가적으로 신주인 수권이라는 옵션이 부여되어 있다. 신주인수권부사채의 발행조건에는 몇 주를 어느 가격에 인수할 수 있는지가 정해져 있어 전환사채와 마찬가지로 회사 주가가 행사가격보다 상승하게 되면 신주인수권을 행사하여 당시 주가보다 낮은 가격에 주식을 보유할 수 있게 된다. 이와 같이 신주인수권부사채는 보유자에게 유리한 선택권이 주어지기 때문에 다른 조건이 같다면 일반사채에 비해 낮은 금리로 발행된다.

전환사채의 경우 전환권이 행사되면 사채는 소멸되는 데 반하여 신주인수권부사채의 경우 신주인수권(warrant)을 행사하더라도 현금납입형의 경우 채권은 계속 존속한다. 전환사채의 경우 투자자가 전환권을 행사하더라도 발행회사에 현금유입이 발생하지 않는다. 반면 신주인수권부사채의 경우 현금납입형과 대용납입형이 있다. 현금납입형의 경우 신주인수권을 행사하면 투자자는 주식매입대금을 현금으로 납입해야 하므로 발행회사에 현금유입이 발생한다. 대용납입형의 경우 사채의 발행가격으로 신주의 발행가격 전액의 납입에 충당하므로 사 실상 사채가 주식으로 전환되는 효과가 발생한다.

교환사채(EB: Exchangeable Bond)

교환사채란 회사채의 형태로 발행되지만 일정기간이 경과된 후 보유자의 청구에 의하여 발행회사가 보유 중인 다른 주식으로의 교환을 청구할 수 있는 권리가 부여된 사채이다. 교환사채에는 발행조건으로 교환할 때 받게 되는 주식의 수를 나타내는 교환비율이 정해져 있다. 따라서 교환권을 행사하게 되면 사채권자로서의 지위를 상실한다는 점에서는 전환사채와 동일하지만, 전환사채의 경우에는 전환을 통해 발행회사의 주식을 보유하게 되는 반면에 교환사채의 경우는 발행회사가 보유 중인 타 주식(자기주식 포함)을 보유하게 된다는 점에서 차이가 있다.

| 표 6-3 | 특수한 형태의 채권의 비교

구분	전환사채(CB)	신주인수권부사채(BW)	교환사채(EB)
발행목적	일반 회사채보다 낮은 이자비용으로 자금조달 등		
권리	전환권	신주인수권	교환권
대상주식	발행회사의 신주	발행회사의 신주	발행회사 보유 상장법인 주식 또는 자기주식
권리 행사 시 대금 납입	사채금액과 대체	별도 대금납입(현금납입형) 사채금액과 대체(대용납입형)	사채금액과 대체
사채권	사채권 소멸	사채권 유지(현금납입형) 사채권 소멸(대용납입형)	사채권 소멸
취득가격	전환가격	행사가격	교환가격

금융꿀팁

주식·채권 투자에 실패하지 않으려면

1. 최대주주가 자주 바뀌는 회사는 유의한다.

최대주주 변경은 신규자금 유입과 사업 확대 등에 따른 기대감으로 주가에 호재로 작용하는 경우도 있지만, 최대주주 변경이 잦은 회사는 지배구조 변경으로 인한 경영불안 가능성이 있음에 유의해야 한다.

2. 임직원의 횡령 배임 발생 여부를 확인한다.

경영진 등의 횡령 배임 등이 적발된 사실이 있는 경우 기업에 대한 신뢰도 저하, 내부통제 취약에 따른 경영악화 등으로 이어질 가능성이 높다.

3. 사모방식의 자금조달 비중이 큰 회사는 유의한다.

50인 미만의 개인, 법인 등에게 자금을 조달하는 사모방식의 자금조달 비중이 늘어난다면 회사가 재무상태 악화 등으로 절차가 상대적으로 까다로운 일반투자자 대상의 자금조달(공모)에 어려움을 겪고 있다는 징후일 수도 있다.

출처: 금융감독원, 「실생활에 유용한 금융꿀팁」(2019)에서 발췌

5 재무제표 및 감사보고서

주식과 채권 등에 투자하기 위해서는 발행 기업에 대한 재무상태와 경영성과 등을 나타낸 재무제표와 외부감사인인 공인회계사의 감사의견 등이 표명된 감사보고서에 대한 이해가 필요하다.

1 재무제표

재무제표란 기업이 경영활동을 수행한 결과로 나타난 특정시점의 재무상태와 일정기간 동안의 경영성과 등 각종 재무정보를 표시하고 있는 회계보고서를 말하며, 재무상태표, 포괄 손익계산서, 자본변동표, 현금흐름표, 주석으로 구성된다. 각 재무제표는 서로 긴밀한 연관 관계를 맺고 다양한 정보를 제공하므로 유기적인 분석이 중요하다. 한국채택국제회계기준 (K-IFRS)에서는 지배기업의 기본재무제표를 연결재무제표로 규정하고 있다.

상장기업을 포함한 외부감사대상 기업은 반드시 정기적으로 재무제표를 작성하고 회계감사를 받아 공개해야 하며, 만일 실수나 고의로 잘못된 회계정보를 제공할 경우에는 법적인 책임을 지게 된다. 기업과 관련된 이해관계자들은 재무제표를 통해서 기업의 경제적 실체를 파악하고 경영의사결정, 투자의사결정 등에 반영한다.

재무제표는 기업에 관한 가장 중요한 정보로서 널리 활용되지만, 재무제표에 나타난 장부 가치(book value)는 미래의 경제적 이익을 반영하는 주식시장의 시장가치(market value)와 괴리될 수밖에 없다는 점을 인식해야 한다. 가장 근본적인 이유로 회계정보는 과거의 결과를 정리한 것이고 주가는 미래의 가능성을 반영하고 있기 때문이다. 또한, 재무제표에 표시된 값은 시가보다 보수적으로 평가되어 작성될 수밖에 없고, 특히 화폐단위로 표시할 수 없는 항목, 즉 경영자의 능력, 기술개발력, 브랜드 가치와 같은 질적 정보를 고려하지 못한다는 한계를 갖고 있기 때문이다.

재무제표는 기업이 어떤 자산을 활용하여 어떻게 수익을 창출하고 있는지, 자산을 구입한 자금은 어떻게 조달하였는지 등 기업 경영상의 주요 문제들에 대한 정보를 제공해준다. 또한, 재무제표의 구체적인 항목들은 산업의 특성에 따라 조금씩 달라지기는 하지만 서로 비슷한 형식으로 작성되기 때문에 서로 다른 기업 간의 비교를 가능하게 한다. 따라서 경영진과 주주 및 외부 투자자들은 기업의 현 경영 상태를 재무제표의 분석을 통해 파악한다. 재무제표를 통해 제공하는 기업정보가 왜곡될 경우 금융시장에서 형성되는 기업가치도 함께 왜곡되고 이는 투자자들의 손해로 연결된다.

재무상태표

재무상태표는 특정시점의 기업의 재무상태를 나타내는 보고서로서 기업이 보유하고 있는 자산(경제적 자원)과 부채(경제적 의무), 자본으로 구성되어 있다. 자산이란 우리가 일상생활에서 사용하는 재산과 같은 개념으로 기업이 과거 사건의 결과로서 현재 지배하고 있는 미래에 경제적 효익을 창출할 것으로 기대되는 자원으로 정의된다. 자산은 1년 기준에 의하여 유동자산과 비유동자산으로 구분한다. 즉, 유동자산은 보고기간 종료일로부터 1년 이내에 현금화하거나 사용할 목적으로 보유하는 자산을 말하며, 비유동자산은 1년 이상에 걸쳐 현금화하거나 사용할 목적으로 보유하는 자산을 말한다. 다만, 기업의 정상적인 영업주기 내에 판매되거나 사용되는 자산은 보고기간 종료일로부터 1년 이내에 실현되지 않더라도 유동자산으로 분류한다. 통상 유동자산은 당좌자산과 재고자산으로 나누는데, 당좌자산은 현금 및 현금성자산, 단기금융상품, 단기매매증권 등을 말하며, 재고자산은 상품, 제품 등을 말한다. 비유동자산은 유형자산, 무형자산, 투자자산 등으로 구분한다.

재무상태표는 어느 한 시점에 기업의 자산과 그 자산에 대한 자금조달 방법에 의해 결정된 소유권을 보여주는 것이다. 따라서 재무상태표에는 반드시 어느 시점에 작성되었는지가 표시되며 보통 분기 말 또는 회계연도 말 등에 주기적으로 작성된다. <표 6-4>는 ㈜X의 2023년도 기말의 재무상태표이다. 재무상태표는 대차대조

표라고도 부르는데 이 명칭은 자산은 왼쪽인 차변에 표시가 되고 소유권은 오른쪽인 대변에 표시가 됨에 따른 것이다. 자산은 크게 구분했을 때 채권자 또는 주주에게 귀속되며 소유권 없이 존재하는 자산이란 없다. 달리 표현하자면 모든 자산은 반드시 채권자로부터 빌린 부채 또는 주주가 납입한 자본으로 매입한다. 이를 회계의 기초가 되는 다음의 회계 등식으로 표현할 수 있다.

자산=부채+자본

<표 6-4>의 재무상태표에서 (주)X의 자산은 1억 5,000만 원, 부채는 5,000만 원, 자본은 1억 원으로 위의 등식이 성립한다. 기업의 자산은 기업이 영업활동을 할 때 투입되는 요소들로 현금, 단기금융상품, 재고자산, 외상매출금인 매출채권, 토지, 건물, 설비 등을 포함한다. 부채는 외상매입금인 매입채무와 채권자에게서 차입한 금액을 포함한다. 회계 등식에 의거하여 주주의 몫인 자본은 자산에서 부채를 뺀 나머지 금액이 된다.

| 표 6-4 | 재무상태표

(주)X
2023년 재무상태표

(단위: 만 원)

자산:		부채:	
현금 및 현금성자산	800	매입채무	1,200
매출채권	1,500	단기차입금	800
재고자산	1,200	총유동부채	2,000
총유동자산	3,500		
		장기차입금	3,000
		부채총계	5,000
		자본:	
		자본금	2,500
		자본잉여금	6,000
		이익잉여금	1,500
순고정자산	11,500	자본총계	10,000
자산총계	15,000	부채와 자본총계	15,000

재무상태표를 보면 회사가 어느 자산에 얼마를 투자하고 있는지 회사의 규모와 투자처를 알 수 있다. 또한 투자된 금액 중 얼마가 채권자로부터 차입되었고 얼마가 주주로부터 조달되었는지를 알 수 있으며 부채의 규모가 적정한지 판단할 수 있다. 그리고 여러 기간에 걸쳐 한 기업의 재무상태표를 비교해 봄으로써 그 전과 대비하여 그 기업의 규모가 얼마나 성장하였는지, 부채비율은 적정한지와 같은 기업의 경영성과를 파악할 수 있다.

재무상태표에서 자산은 왼쪽에 유동성이 높은 자산에서 낮은 자산의 순으로 기록한다. 유동성은 자산이 얼마나 빠르게 원래 가치로 현금화될 수 있는지를 나타낸다. 자산은 크게 유동성이 높은 유동자산과 유동성이 낮은 고정자산으로 나눌 수 있다. 유동자산과 고정자산을 나누는 기준은 1년 안에 현금화가 가능한지의 여부이다. 유동자산에는 현금및현금성자산, 매출채권, 재고자산 등이 포함된다. 고정자산에는 대표적으로 토지, 건물, 설비와 같은 유형자산과 영업권이나 특허권과 같은 무형자산이 있다. <표 6-4>에서 ㈜X의 유동자산은 3,500만 원이고 고정자산은 1억 1,500만 원이다.

토지를 제외한 건물이나 설비 등의 다른 고정자산들은 시간이 지남에 따라 유지 및 보수를 위한 비용이 들며 차차 그 가치가 떨어지게 된다. 이러한 가치의 하락을 자산에 대한 비용으로 보아 감가상각비라고 부르며 감가상각누계액으로 매기마다 발생한 감가상각비를 누적 합산하여 고정자산 취득 당시의 가치에서 차감한다. 이 차감된 가치가 고정자산의 장부상 현재가치가 된다.

기업의 영업권이나 특허권 같은 무형자산은 보통 다른 기업의 인수합병 과정에서 발생하는데 어떤 기업을 인수할 때 공정시장가액 이상으로 매입하였을 경우 그 차액을 영업권으로 표시하여 자산에 기록하게 된다.

마지막으로 유동자산과 고정자산의 합계를 자산 총계라고 한다. <표 6-4>에서 ㈜X의 자산총계는 1억 5,000만 원이다.

재무상태표의 오른쪽 대변은 왼쪽 차변에 기록된 자산의 소유권을 자산의 청산 순서에 따라 부채를 먼저, 그 다음 자본을 기록한다. 기업의 자산은 우선적으로 채권자의 몫으로 채무를 갚는 데 쓰이며 채무를 갚은 후 남는 것들은 모두 주주의 몫이 되어 자본에 귀속된다. 예를 들어 <표 6-4>의 ㈜X와 같이 기업의 채무가 5,000만 원이 있을 경우 기업 자산의 가치가 5,000만 원이 될 때까지는 기업 청산 시 모든 자산이 채권자에게 귀속되며 주주의 몫인 자본은 0원이 된다. 그러나 기업 자산의 가치가 5,000만 원을 초과하게 되면 기업 자산의 가치에 상관없이 부채의 가치는 계속 5,000만 원이 되고 채무 5,000만 원을 제한 나머지는 모두 주주에게 귀속되어 자본의 가치는(기업 자산의 가치 -5,000만 원)이 된다. <그림 6-4>은 (주)X의 예에서 기업 자산의 가치가 증가함에 따라 부채 및 자본의 가치가 어떻게 변하는지를 그래프를 통해 보여 준다.

정상적으로 운영되는 성숙 기업의 자산 가치는 대부분 부채보다 충분히 크다. 이러한 경우 기업이 영업활동을 통해 이익을 창출하여 자산을 증가시키면 그 증가분은 주주의 몫으로 주주에게 귀속된다. 반면에 영업활동에서 손해가 발생하여 자산이 감소할 경우 손실 역시 주주에게 귀속된다. 자본의 이러한 속성 때문에 자본을 잔여청구권(residual claim)이라고 한다.

부채 중에서는 1년 이내에 채권자에게 상환해야 하는 유동부채가 제일 먼저 기록된다. 유동부채에는 단기차입금, 매입채무, 미지급비용, 장기차입금 중 1년 내 만기가 도래하는 부분이 포함된다. 유동자산과 유동부채의 차이를 순운전자본이라고 한다.

순운전자본=유동자산-유동부채

그림 6-4 기업자산의 가치와 부채 및 자본의 가치

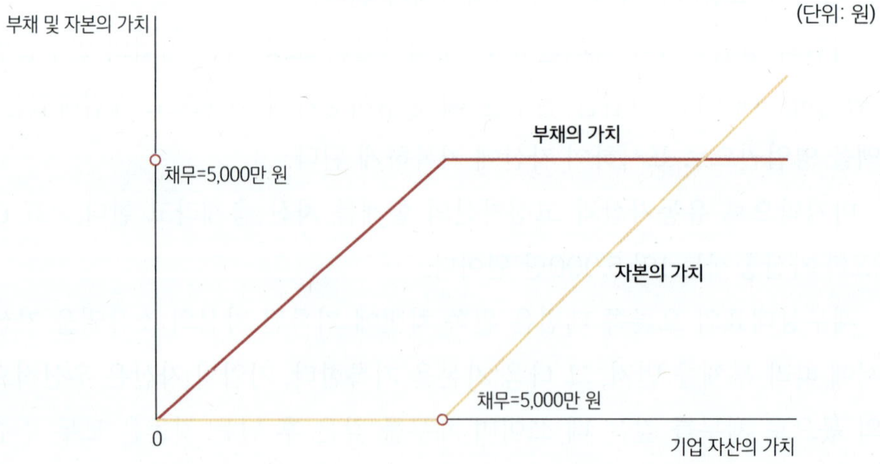

순운전자본은 기업의 단기적 영업활동에 소요되는 자금을 보여주며 영업의 규모가 커질수록 순운전자본은 함께 커지고 폐업할 때는 회수된다.

고정부채로는 회사채, 장기차입금, 장기성 매입채무가 있다. <표 6-4>의 ㈜X의 경우 유동부채는 2,000만 원, 고정부채는 3,000만 원으로 부채총계는 5,000만 원이다. 총자산에서 부채를 제한 나머지는 자본이다. ㈜X의 경우 자본총계는 1억 원으로 이는 자산총계 1억 5,000만 원에서 부채 총계 5,000만 원을 제한 금액과 일치한다. 자본은 크게 기업이 주식을 발행하여 조달한 납입자본금과 기업의 영업활동으로 축적되고 배당되지 않은 순이익인 이익잉여금으로 구성된다.

㈜X의 자본금은 2,500만 원이다. 주식 발행 당시 액면가가 500원이었다고 가정하면 발행 주식 수는 5만 주이다. 주식 발행 당시 주식은 주당 1,700원으로 발행되어 실제 조달한 금액은 8,500만 원이었다. 이 중 실제 조달한 금액(8,500만 원)과 자본금(2,500만 원)의 차액 6,000만 원{(1,700원-500원)×5만 주}은 자본잉여금으로 인식하였다. ㈜X가 그동안 배당하지 않고 누적한 순이익인 이익잉여금은 1,500만 원이다.

부채는 기업이 미래에 상환해야 할 빚을 말하는 것으로서 과거 사건의 결과 기업이 부담하고 있고, 미래에 자원의 유출이 예상되는 의무로 정의된다. 부채 또한 1년 기준에 의하여 유동부채와 비유동부채로 구분한다. 다만, 기업의 정상적인 영업주기내에 소멸할 것으로 예상되는 부채는 보고 기간 종료일로부터 1년 이내에 결제되지 않더라도 유동부채로 분류한다. 즉, 유동부채는 보고 기간 종료일로부터 1년 이내에 상환하여야 할 채무로서 외상매입금, 지급어음, 단기차입금 등을 말하며, 비유동부채는 1년 이상에 걸쳐 상환하여야 할 채무로서 사채, 장기차입금 등을 말한다.

자본은 소유주 지분 또는 주주지분이라고도 하는데, 자산에서 부채를 차감하여 계산한다. 따라서 자산은 부채와 자본을 합한 값과 같다.

손익계산서

손익계산서란 일정기간 동안 기업이 달성한 경영성과를 나타내는 보고서이며, 한국채택국제회계기준(K-IFRS)에서 요구하는 재무제표로 총포괄손익인 당기손익과 기타포괄손익 정보를 제공한다. 기업의 손익은 당기 실현 여부에 따라 당기손익과 기타포괄손익으로 구분되는데, K-IFRS가 도입되기 전 회계기준인 일반기업회계기준 (이하 'K-GAAP')에서는 당기손익 정보만 표시하는 손익계산서를 작성하도록 요구하였으나, K-IFRS에서는 당기손익정보와 기타 포괄손익 모두를 포함하는 포괄손익계산서를 작성할 것을 요구한다. 손익계산서는 일정기간 동안 발생한 기업의 수익과 비용 정보를 제공하고, 수익에서 비용을 차감한 순손익을 통해 기업의 경영성과를 보여주는데, 포괄손익계산서는 이러한 기업의 경영성과를 당기손익 관점에서 그치지 않고 총포괄손익 관점에서 보여준다. 손익계산서를 살펴봄으로써 어느 특정 기간 동안의 기업의 성과를 살펴볼 수 있다. 손익계산서는 기업이 어느 기간 동안 수익을 발생시키기 위해 얼마나 많은 비용을 지출하였는지를 보여 주며 그 결과 기업이 이익을 창출하고 있는지의 여부를 알 수 있다. 손익계산서의 중요 공식은 다음과 같다.

수익-비용=순이익(또는 순손실)

<표 6-5>는 2023 동안 발생한 수익과 비용을 기록한 (주)X의 손익계산서이다.

표 6-5 손익계산서

(주)X 2023년 손익계산서	(단위: 만 원)
매출액	23,000
매출원가	14,950
매출총이익	8,050
판매비	5,200
감가상각비	1,300
영업이익(EBIT)	1,550
이자비용	240
법인세비용차감전순이익(EBT)	1,310
법인세비용	460
당기순이익(NI: Net Income)	850
[주당순이익(EPS: Earnings per Share) 170원]	
배당	300
유보이익	550

손익계산서는 기업의 주된 영업활동과 관련된 수익과 비용을 제일 먼저 보여 주고 그 다음 금융활동과 관련한 수익과 비용을, 마지막으로는 세금을 기록한다. 이러한 순서에 따라서 기업이 제품이나 서비스를 판매하여 생긴 매출액은 손익계산서의 제일 위에 위치한다. <표 6-5>에서 2023년에 발생한 기업 ㈜X의 매출액은 2억 3,000만 원이다. 그 다음에는 매출을 발생시키기 위해 소요된 매출원가와 각종 비용이 기록된다. 제품의 원자재비에 해당하는 매출원가와 판매비, 임금과 소요된 고정자산의 감가상각비 등과 같은 관리비가 여기에 해당하며 매출액에서 영업 관련 비용을 차감하면 영업이익(EBIT: Earnings before Interest and Tax, 또는 이자 및 법인세비용차감전순이익)이 된다. <표 6-5>에서 기업 ㈜X의 매출원가는 1억 4,950만 원이며 매출액에서 매출원가를 차감한 매출총이익은 8,050만 원이다. 매출총이익에서 판매비 5,200만 원과 감가상각비 1,300만 원을 차감한 영업이익은 1,550만 원이다.

감가상각비는 직접적인 현금유출이 있는 항목은 아니지만 고정자산의 수명을 고려하여 차차 손실이 되어가는 고정자산의 가치를 반영하고 있다. 여기에는 고정자산의 유지 보수나 대체에 필요한 비용을 미리 설정해 놓으려는 의도가 있다.

영업이익에서 기업이 투자로 얻은 이자수익이 있으면 이자수익을 더하고 차입에 대한 이자비용을 차감하여 법인세비용차감전순이익(EBT: Earnings before Tax)을 구한다. 기업 ㈜X는 2023년도에 이자비용으로 240만 원을 지급하였고 영업이익에서 이자비용을 차감한 법인세비용차감전순이익은 1,310만 원이다.

마지막으로 법인세비용차감전순이익에서 법인세비용을 차감하면 당기순이익(NI: Net Income)을 얻는다. 손익계산서의 가장 마지막 항목은 당기순이익이다. 당기순이익은 한 주당 순이익으로 표시하여 주당순이익(EPS: Earnings per Share)으로 표시하기도 한다. ㈜X의 경우 법인세비용은 460만 원이 발생하였고, 법인세 비용차감전순이익에서 법인세비용을 차감한 당기순이익은 850만 원이다. ㈜X의 발행주식수는 5만 주이므로 주당순이익은 170원이다. 당기순이익의 일부는 배당금으로 사용되고 나머지는 유보되어 재무상태표의 이익잉여금에 더해진다. ㈜X의 경우 2023년에 발생한 당기순이익 850만 원 중 300만 원은 배당하였고 550만 원은 유보하였다.

손익계산서 역시 재무상태표를 분석할 때와 마찬가지로 다기간의 손익계산서를 비교해 봄으로써 회사의 경영 상태를 평가할 수 있다. 매출액의 성장률과 각종 비용의 크기 그리고 순이익의 규모를 비교해 봄으로써 기업의 성과를 측정할 수 있다.

삼성전자 13조 4000억 원… 전년보다 3조 5000억 원 증가

삼성전자의 2021년 귀속 법인세액이 13조 원을 넘어섰다. 이는 2020년 귀속 법인세 9조 9000억 원에 비해 3조 5000억 원(35%) 늘어난 수치다.

지난 8일 발표된 삼성전자의 제53기 사업보고서(사업연도 2021년 1월 1일~12월 31일)에 따르면 지난해 삼성전자는 연결재무제표 기준 13조 4000억 원의 법인세를 공시했다. 2018년 16조 8000억 원을 기록한 뒤 2년 연속 10조 원을 하회했는데, 지난해 어느 정도 회복된 수치다.

연도별 법인세를 보면 2016년 8조 원에서 2017년 14조 원으로 훌쩍 늘어난 뒤, 2018년 16조 8000억 원으로 최고점을 찍었다. 이후 2019년에는 8조 7000억 원으로 줄었는데, 2020년 9조 9000억 원, 지난해 13조 4000억 원으로 점차 증가세를 보이고 있다.

지난해 법인세 유효세율은 25.2%를 기록했다. 삼성전자는 매년 25% 안팎의 법인세 유효세율을 기록하고 있다. 최근 6년 간 가장 유효세율이 가장 높았던 해는 2019년으로 28.57%였다. 가장 낮은 해는 2017년으로 24.93%였다.

삼성전자의 매출은 연결 기준 역간 최대인 280조 원, 영업이익은 52조 원을 달성했다. 별도 기준은 매출 200조 원, 영업이익 32조 원이다.

매출액은 Neo QLED TV, 비스포크(BESPOKE) 등 프리미엄 제품과 플래그십 휴대폰, 고용량 메모리와 OLED 패널 등의 판매 확대로 전년 대비 42조 7978억 원(18.1%) 증가했다. 영업이익은 전년 대비 15조 6400억 원(43.5%) 증가했다.

법인세비용차감전순이익은 전년 대비 17조 67억 원(46.8%) 증가한 53조 3518억 원, 당기순이익은 전년 대비 13조 4996억 원(51.1%) 증가한 39조 9075억 원을 기록했다.

삼성전자는 "글로벌 업계의 리더로서 선제적으로 대응하고, 소비자들의 새로운 경험을 창출하려는 노력을 지속해 나가기 위해 2021년 연말 조직개편을 단행, 기존 CE(Consumer Electronics), IM(Information technology & Mobile communications) 부문을 통합해 DX(Device eXperience) 부문으로 새롭게 출범했다"고 밝혔다.

이어 "이를 통해 TV, 가전, 스마트폰, 통신장비 등 다양한 제품은 물론 고객 니즈(Needs)를 반영한 서비스와 솔루션을 제공해 소비자들이 최적화된 경험을 편하게 즐길 수 있도록 하고, 제품 간 시너지 창출은 물론 차별화된 제품과 서비스 기반을 구축하기 위해 총력을 기울이겠다"고 강조했다.

자산은 전년 대비 48조 3854억 원(12.8%) 증가한 426조 6212억 원을 기록했다. 부채는 전년 대비 19조 4335억 원(19%) 증가한 121조 7212억 원, 자본은 전년 대비 28조 9519억 원(10.5%) 증가한 304조 8999억 원을 기록했다.

삼성전자는 "재무비율 측면에서는 자기자본비율이 전년 대비 1.5%p 감소한 71.5%, 부채비율이 전년 대비 2.8%p 증가한 39.9%로 견실한 재무구조를 지속적으로 유지했다"고 설명했다.

한편 지난해 삼성전자 감사를 맡은 안진회계법인은 삼성전자의 모든 종속회사에 대해 '적정'의견을 내놓았다. 안진은 분·반기 재무제표 검토, 별도 및 연결 재무제표에 대한 감사, 내부회계관리제도 감사 등에 총 7만 6999시간을 투입해 79억 원을 감사보수로 받았다.

개인별 보수 지급액은 대표이사에서 고문으로 물러난 고동진 전 사장이 118억 원으로 가장 많은 보수를 받은 것으로 나타났다. 역시 지난해부터 고문을 맡고 있는 김현석 전 사장이 103억 원으로 뒤를 이었으며, 현직 중엔 김기남 삼성전자종합기술원 회장이 86억 원으로 가장 높은 보수를 받았다.

[출처: 조세일보, 2022.3.21.]
[http://www.joseilbo.com/news/htmls/2022/03/20220321449427.html,]

자본변동표, 현금흐름표 및 주석

자본변동표는 자본의 변동사항을 확인할 수 있는 재무제표로 일정 회계기간 동안의 자본 변동내역을 기록한 표이다. 자본은 기업의 자산에서 부채를 제외한 순자산을 뜻하며 자본을 구성하는 요소에는 자본금, 자본잉여금, 이익잉여금, 기타포괄손익누계액, 기타 자본구성요소 등이 있다.

현금흐름표는 기업이 현금을 어떻게 창출하고 사용하였는지를 보여주는 역할을 한다. 어떤 사업을 하든 기업은 영업활동, 채무상환, 투자자에게 수익을 분배하기 위해 현금이 필요하며, 이러한 현금의 변동내역은 기업은 물론 채권자나 투자자 모두에게 중요한 정보이다. 즉, 현금흐름표는 기업의 현금창출 능력에 관한 정보를 제공함으로써 재무제표의 이용자로 하여금 미래 현금흐름의 추정이 가능하게 하는 것은 물론, 기업의 부채 상환 및 배당금 지급 능력과 자금의 유동성을 평가하는 데 유용한 정보를 제공한다.

현금흐름표는 어느 특정 기간 동안 재무상태표상의 현금및현금성자산 항목의 변화분을 설명해준다. 이는 회계상의 현금으로 기업이 실제로 보유하고 있는 현금

보유고나 기업의 가치 평가에 쓰이는 현금흐름과는 다소 차이가 있다.

<표 6-6>은 ㈜X의 2023년 기초와 기말의 현금잔액 차이를 설명해주는 현금흐름표이다. 현금흐름표는 기업이 어느 항목에서 현금의 유입이 있었고 어느 항목에서 현금의 지출이 발생하였는지를 크게 기업의 영업활동, 투자활동, 재무활동에 의한 현금흐름으로 나누어 순차적으로 기록한다. 그리고 이러한 활동에 의한 현금의 증감액을 기초의 재무상태표상의 현금및현금성자산 금액과 합산하여 기말(즉, 다음 기초) 재무상태표상의 현금및현금성자산 금액이 얼마가 되는지를 알려 준다. 현금의 유입은 양(+)으로 현금의 유출은 음(-)으로 표기한다. 성숙 기업의 경우에도 현금흐름표는 다음 기 예산 작성에 참고가 되는 유용한 자료이지만 자금 압박에 시달리는 벤처창업기업의 경우 현금흐름표의 의미는 그 이상이다. 현금흐름표는 기업이 매출채권을 얼마나 효과적으로 현금화할 수 있는지를 보여 주며 이는 기업의 지불능력과 직결된다.

먼저 영업활동에서 발생한 현금흐름의 시작은 손익계산서의 제일 하단에 위치한 당기순이익이다. 어떤 기간에 이익이나 손실이 발생하더라도 현금의 유출입이 없으면 현금흐름표에는 반영되지 않는다. 따라서 현금흐름표는 이 당기순이익을 몇 단계에 거쳐서 현금 기준으로 전환하게 된다. 우선 손익계산서에서 비용으로 잡혔지만 현금의 유출이 없는 비현금 항목은 차감한다. <표 6-6>에서 ㈜X의 경우 당기순이익 850만 원과 손익계산서에서 비용으로 잡혔지만 현금의 유출이 없는 비현금 항목인 감가상각비 1,300만 원을 더해 주었다. 다음으로 현금및현금성자산을 제외한 영업활동으로 인한 자산과 부채의 변동에 따른 현금의 유출입을 더한다. 기업은 현금을 지급하고 자산을 매입하므로 자산의 증가는 현금의 유출을 의미한다. 기업은 채권자에게 현금을 지급하고 부채를 상환하므로 부채의 감소는 현금의 유출을 의미한다. 따라서 영업활동으로 인한 자산과 부채의 변동 중 매출채권의 감소, 재고자산의 감소와 매입채무의 증가는 현금의 유입이므로 더해 주고 매출채권의 증가, 재고자산의 증가와 매입채무의 감소는 현금의 유출이므로 차감한다. ㈜X의 경우 매출채권은 1,000만 원 증가하였으므로 차감해 주고 재고자산의 경우 60만 원 감소하였으므로 더해 주며 매입채무의 경우 110만 원 감소하였으므로 차감해 주었다. 당기순이익에서 시작하여 이 모든 조정을 거친 ㈜X의 영업활동에 의한 순현금흐름은 1,100만 원이다.

| 표 6-6 | 현금흐름표

(주)X 2023년 현금흐름표	(단위: 만 원)
영업활동으로 인한 현금흐름	
당기순이익	850
영업활동으로 인한 자산, 부채의 변동	
현금의 유출이 없는 비용의 가산 : 감가상각비	1,300
매출채권의 증가	-1,000
재고자산의 감소	60
매입채무의 감소	-110
영업활동에 의한 순현금흐름	1,100
투자활동에 의한 현금흐름	
고정자산의 매입	-200
투자활동에 의한 순현금흐름	-200
재무활동으로 인한 현금흐름	
장기차입금의 상환	-210
배당금의 지급	-300
재무활동에 의한 순현금흐름	-510
현금의 증감	390
기초의 현금	410
기말의 현금	800

그 다음은 고정자산의 매입과 매각으로 인한 투자활동에 따른 현금흐름이다. 고정자산을 매입하면 현금의 유출이 있고 고정자산을 매각하면 현금의 유입이 있다. (주)X의 경우 2023년 고정자산을 매입하여 200만 원의 현금유출이 있었다.

마지막으로 재무활동에 따른 현금흐름의 경우 회사가 금융자산에 투자를 하거나 투자자들에게 현금을 돌려주는 경우 현금의 유출이 있고 금융시장을 통해 자본을 조달할 경우 현금의 유입이 있다. 즉, 부채를 상환하거나 자사주를 매입하거나 배당을 하는 행위는 기업의 입장에서 현금의 유출이며 단기차입금이나 장기부채, 보통주가 증가하는 것은 현금의 유입에 해당한다. ㈜X는 2023년 장기차입금을 상환하여 210만 원의 현금유출이 있었으며 배당금을 300만 원 지급하여 300만 원의 현금유출이 있었다. 따라서 재무활동에 의한 순현금흐름은 총 510만 원의 현금유출이다.

영업활동, 투자활동, 재무활동에 의한 순현금흐름을 합산한 현금의 증감액을 기초의 현금에 더해 주면 기말의 현금을 도출할 수 있다. ㈜X의 경우 영업활동, 투자활동, 재무활동에 의한 순현금흐름을 합산하면 2023년 동안 현금이 390만 원 증가하였고 이를 기초의 현금 410만 원에 더해 주면 기말의 현금 800만 원을 구할 수 있다. 이는 <표 6-6>의 2023년 말 현재 재무상태표의 현금및현금성자산 800만 원과 일치한다.

주석은 재무제표를 작성할 때 재무상태표, 포괄손익계산서, 자본변동표, 현금흐름표에 나 타내지 못했던 사항을 각주 형식으로 번호를 매겨 제공하는 추가적인 정보를 말한다. 회사의 개황, 회사가 채택한 회계정책, 자산과 부채의 측정기준이나 계정과목의 산출 근거 등을 주석사항으로 기재한다.

2 감사보고서

감사보고서란 외부감사인(이하 '감사인'이라 한다)이 회사가 작성한 재무제표를 회계감사기준에 따라 감사하고 그에 따른 의견을 표명한 보고서를 말한다. 감사보고서는 감사의견, 감사 의견 근거, 핵심감사사항, 재무제표에 대한 경영진 등의 책임, 재무제표 감사에 대한 감사인의 책임 등으로 구성된다. 해당 사항이 있으면 계속기업 관련 중요한 불확실성, 강조사항과 기타사항이 추가된다. 또한, 감사보고서에는 회사가 작성한 재무제표와 외부감사참여 인원 수, 감사내용 및 소요시간 등 외부감사 내용을 적은 서류가 첨부되어야 한다.

감사보고서는 감사인이 전문가로서 재무제표에 대해 감사의견을 표명함으로써 재무정보의 신뢰성을 높이고, 핵심감사사항이나 강조사항 등을 기술함으로써 정보이용자들에게 독립적인 정보전달 기능을 갖고 있다. 이와 같이 감사보고서는 감사대상 기업에 대한 유용한 정보를 담고 있기 때문에 투자자의 투자의사결정, 금융기관의 대출심사, 주식상장 때 기준가격 결정, M&A 관련 기업평가 등 기업과 관련된 의사결정에 있어서 매우 중요하게 활용되고 있다. 감사보고서는 금융감독원 전자공시 시스템(DART)에서 조회가 가능하다.

감사인의 감사의견

감사인의 감사의견은 감사인이 회사의 재무제표가 중요성의 관점에서 공정하게 표시되었는지 의견을 표명하는 것으로, 감사인은 감사보고서 작성 시에 감사의견을 표명하도록 「주식 회사 등의 외부감사에 관한 법률」에 규정되어 있다. 감사인이 표명하는 감사의견에는 감사범위 제한여부, 회계처리기준 위배여부 등에 따라 적정의견, 한정의견, 부적정의견, 의견거절 등 4가지가 있다. 다만, 감사보고서상 적정의견은 당해 기업의 재무상태나 경영성과가 양호하다는 것을 의미하는 것이 아님에 유의해야 한다.

| 표 6-7 | 감사인의 감사의견

감사의견	내용
적정의견	재무제표가 회계처리기준에 따라 중요성의 관점에서 적정하게 표시되고 있다고 판단될 때 표명하는 의견
한정의견	재무제표의 왜곡표시나 감사범위 제한에 따른 영향이 중요하여 적정의견을 표명할 수 없지만 부적정의견을 표명하거나 의견거절을 표명할 정도로 중요하지 않거나 전반적이지 않을 경우에 표명하는 의견
부적정의견	재무제표의 왜곡표시, 즉 회계처리기준위반으로 인한 영향이 중요하고 전반적이어서 한정의견으로는 재무제표의 오도나 불완전성을 나타내기에 부적절하다고 판단한 경우이거나, 재무제표 작성의 기추가 되는 계속기업의 가정이 타당하지 않다고 판단되는 경우에 표명하는 의견
의견거절	감사범위 제한에 따른 영향이 매우 중요하고 전반적이어서 감사인이 충분하고 적합한 감사증거를 획득할 수 없어 재무제표에 대한 감사의견을 표명하지 않음

유가증권시장 상장기업의 경우 감사보고서상 감사의견이 감사범위 제한으로 '한정의견'을 받으면 해당 기업은 관리종목으로 지정되고, 감사범위 제한으로 2년 연속 '한정의견'을 받을 경우 상장이 폐지된다. 또한, '의견거절'이나 '부적정의견'을 받

은 기업은 곧바로 상장이 폐지 된다. 코스닥시장 상장기업의 경우 감사보고서상 감사의견이 감사범위 제한으로 '한정의견'을 받거나 '부적정의견', '의견거절'을 받은 경우 곧바로 상장이 폐지된다. 다만, 계속기업 불확실성에 의한 경우는 사유해소 확인 시 반기말까지 상장폐지를 유예한다.

확대보기

감사의견에 대한 예시

1. 적정의견 예시

(적정의견) 우리의 의견으로는 별첨된 재무제표는 회사의 20××년 ××월 ××일 현재의 재무상태와 동일로 종료되는 보고기간의 재무성과 및 현금흐름을 한국채택국제회계기준에 따라 중요성의 관점에서 공정하게 표시하고 있다.

2. 한정의견 예시

한정의견 근거 : 감사범위 제한 또는 재무제표의 중요한 왜곡표시에 대한 근거 서술

(한정의견) 우리의 의견으로는 별첨된 회사의 재무제표는 이 감사보고서의 한정의견 근거 단락에서 기술된 사항이 미치는 영향을 제외하고는 회사의 20××년 ××월 ××일 현재의 재무상태와 동일로 종료되는 보고기간의 재무성과 및 현금흐름을 한국채택국제회계기준에 따라 중요성의 관점에서 공정하게 표시하고 있다.

3. 부적정의견 예시

부적정의견 근거 : 중요하고 전반적인 재무제표의 왜곡표시에 대한 근거 서술

(부적정의견) 우리의 의견으로는 별첨된 회사의 재무제표는 이 감사보고서의 부적정의견 근거단락에서 기술된 사항의 유의성 때문에 회사의 20××년 ××월 ××일 현재의 재무상태와 동일로 종료되는 보고기간의 재무성 과 및 현금흐름을 한국채택국제회계기준에 따라 중요성의 관점에서 공정하게 표시하고 있지 않다.

4. 의견거절 예시

의견거절 근거 : 중요하고 전반적인 감사범위제한에 대한 근거 서술

(의견거절) 우리는 별첨된 회사의 재무제표에 대하여 의견을 표명하지 않는다. 우리는 이 감사보고서의 의견거절 근거 단락에서 기술된 사항의 유의성 때문에 재무제표에 대한 감사의견의 근거를 제공하는 충분 하고 적합한 감사증거를 입수할 수 없었다.

11 이익을 창출하는 기업이 왜 부도날까요

이익이 많은데 어느 날 갑자기 부도나는 기업이 있다. 이를 흑자도산이라고 한다. 분명히 영업이익이 좋고 몇 년 연속 흑자였는데 왜 이런 일이 생기는 걸까. 이 기업에 투자한 투자자나 자금을 빌려준 채권자는 이런 일을 미리 알 수 없을까.

Q. 흑자도산이란 무엇인가

A. 흑자도산이란 기업이 이익을 창출하고 있어서 장부상에는 흑자로 기록되어 있는데, 빌린 돈을 갚지 못하는 상태인 것을 말한다. 여기서 빌린 돈을 채무라고 하며, 이 채무는 다양한 형태로 존재한다. 예를 들어 은행이나 개인으로부터 빌린 돈, 외상으로 물건을 사고 갚기로 한 돈, 납부해야 할 세금 등이다. 이러한 채무는 모두 만기가 존재한다. 이달에 외상으로 물건을 사면서 12월 31일까지 대금을 주겠다고 약속했다면 그날이 만기일이다. 이날에 채무를 갚지 못하면 채무를 이행하지 못했다는 뜻으로 채무불이행이라고 하며 이를 도산했다고 한다. 채무를 못 갚은 이유는 '돈이 없어서'이다. 이 말은 곧 기업 내에 현금이 없다는 뜻이다.

재무제표를 보면 매년 이익이 발생하고 있어서 은행이나 거래처에서 이 기업이 만기일에 당연히 채무를 상환할 수 있을 것이라고 생각하고 돈을 빌려주거나 외상거래를 한 것인데, 만기일에 갚을 수 있는 돈이 없다고 하니 은행이나 거래처는 황당할 수밖에 없다. 왜 이런 일이 일어나는 것일까.

Q. 흑자도산은 왜 발생하나

A. 지난 호에서 회사의 자산상태를 보여주는 재무상태표, 영업실적을 보여주는 손익계산서는 발생주의에 의해서 작성한다고 했다. 즉 현금흐름과 관계없이 수익이 실현되었다고 보면 수익으로 작성하고, 비용은 수익비용대응의 원칙에 의해 작성한다. 그러므로 장부상 수익이 발생했다고 해서 실제 현금이 들어온 것은 아니다. 이 차이에 의해서 흑자도산이 발생한다. 현실에서 흑자도산의 이유는 매우 다양하지만 대표적인 사례를 살펴보자.

스마트폰 액정을 판매하는 B기업은 A기업에 매일 액정을 납품하는데 두 기업은 서로 합의하에 매년 2월에 대금을 결제하기로 하였다. B기업은 2021년에 100억 원어치 액정을 판매하고, 이 대금은 2022년 2월에 받는 것이다. 그리고 B기업은 액정을 만들기 위한 원재료를 C기업으로부터 구입하는데 C기업과는 매년 1월에 대금을 결제하기로 하였으며, 2021년에 C기업으로부터 원재료를 80억 원어치 구입했다. 이와 별도로 B기업은 은행으로부터 빌린 돈이 50억 원 있는데 이 채무의 만기가 2021년 12월이다.

B기업이 2021년 12월에 현금을 60억 원 보유하고 있다면 은행의 채무를 갚는 데에는 문제가 없다. 그러나 다음 해 1월에 C기업으로부터 매입한 원재료의 대금 80억 원은 지불할 현금이 없다. 이런 상황을 부도가 났다고 한다.

그러면 장부에는 어떻게 기록되어 있을까. 발생주의로 작성하는 손익계산서는 2021년 매출 100억 원, 매입 80억 원으로 이익 20억 원이 발생한 것으로 기록되어 있다. 즉 B기업의 장부를 보면, 이익이 20억원이나 발생한 안전한 기업으로 판단할 수 있다.

이렇게 장부는 발생주의로 작성하지만 모든 거래는 최종적으로 현금이 있어야 하니 장부의 이익과 현금보유액의 차이로 흑자도산이 생길 가능성이 있다.

Q. 흑자도산의 위험성을 미리 알 수는 없나

A. 기업은 경영 활동을 통해 이익(또는 손실)이 발생하였는지 보여주는 것도 중요하지만 위의 사례처럼 현금흐름과 보유액을 알려주는 것도 매우 중요하다. 그래야 투자자나 채권자가 이 기업에 돈을 투자하거나 빌려줘도 되는지 판단할 수 있기 때문이다. 그래서 재무제표 중에는 '현금흐름표'가 있다. 현금흐름표(statement of cash flow)는 말 그대로 현금의 흐름을 보여주는 표로, 현금의 유입·유출과 이를 통해 연말의 현금이 연초에 비해 증가했는지 감소했는지 보여준다.

기업은 여러 가지 이유로 현금흐름이 발생하는데 이를 세 가지로 분류한다. 영업활동, 투자활동, 재무활동으로 나누어 어떤 활동을 통해 현금흐름이 생겼는지 보여준다.

영업활동(operating activities)은 기업의 주요 수익창출 활동이다. 영업활동 현금흐름의 대표적인 예는 제품을 판매하여 받는 대금, 원재료 구입이나 종업원 급여로 지출한 현금 등이다. 영업활동에서 발생하는 현금흐름은 기업의 주요 활동을 통해 현금을 창출하는 정도에 대한 중요한 지표가 된다.

투자활동(investing activities)은 미래수익을 창출할 자산의 구입과 처분에 관련된 활동이다. 예를 들어 새로운 기계 구입, 중고차 판매 등의 활동이다.

재무활동(financing activities)은 투자금이나 차입금의 변동을 말한다. 주식을 새로 발행하여 유입된 현금, 은행에서 돈을 차입하거나 상환하여 현금이 들어오거나 나가는 활동을 말한다. 현금흐름표의 숫자가 모두 양수(+)이어야 하는 것은 아니다. 기업이 새로운 기계를 사는 것은 향후 영업활동의 현금 유입을 위한 것이므로 투자활동 현금흐름이 음수(-)여도 나쁜 것으로 보지 않는다.

현금흐름표는 기업의 현금 유입, 유출 정보를 알려줌으로써 현금 창출 능력을 평가하는 데 유용한 재무제표이다.

[출처 : 매일경제, 2021. 9. 17.]

[https://www.mk.co.kr/news/economy/view/2021/09/897872/]

6 증권분석

1 증권의 투자가치 분석

주식은 예측하기 어려운 여러 요인의 영향을 받기 때문에 앞으로 가격이 어떻게 변할지 모르나 투자에 성공하기 위해서는 자신이 투자하는 증권이 어떤 가치를 가지고 있는지 파악할 필요가 있다. 증권분석(securities analysis)이란 개별증권의 투자와 관련하여 일체의 유용한 자료와 정보를 수집하고 분석하는 것으로서 분석기법은 크게 기본적 분석과 기술적 분석으로 나뉜다.

기본적 분석(fundamental analysis)

기본적 분석이란 시장에서 증권에 대한 수요와 공급에 의해서 결정되는 시장가격이 그 증권의 내재가치(intrinsic value)와 동일하지 않을 수 있다는 전제하에 증권의 내재가치를 중점적으로 분석하는 방법이다. 따라서 내재가치가 추정되면 이를 시장가격과 비교함으로써 과소 또는 과대평가된 증권을 발견하고, 이에 따라 매입 또는 매도 투자결정을 하여 초과수익을 추구한다. 기본적 분석은 경제분석, 산업분석, 기업분석으로 이어지는 환경적 분석과 재무제표를 중심으로 기업의 재무상태와 경영성과를 평가하는 재무적 분석이 포함된다.

기술적 분석(technical analysis)

기술적 분석은 과거의 증권가격 및 거래량의 추세와 변동패턴에 관한 역사적 정보를 이용하여 미래 증권가격의 움직임을 예측하는 분석기법이다. 즉, 증권시장의 시황이 약세시장이나 강세시장으로 전환하는 시점과 시장동향을 미리 포착하여 초과

수익을 얻는 데 분석의 초점을 두고 있다. 기술적 분석은 과거 증권가격 움직임의 양상이 미래에도 반복된다고 가정하고 있고, 증권가격의 패턴을 결정짓는 증권의 수요와 공급이 이성적 요인뿐 아니라 비이성적 요인이나 심리적 요인에 의해서도 결정된다는 것을 전제하고 있다. 기술적 분석은 주로 과거 주가흐름을 보여주는 주가 차트(chart)를 분석하여 단기적인 매매 타이밍을 잡는 방법으로 주로 이용된다.

개인투자자의 입장에서는 증권분석을 통해 지속적으로 초과수익을 얻는다는 것이 결코 쉬 운 일은 아니다. 사실 성공적인 증권분석은 전문적 지식을 바탕으로 적극적인 정보 수집 및 예리한 분석 능력을 갖추고 정확하게 판단하여 민첩하게 실행할 때 가능하다. 따라서 개인투자자는 증권분석을 전업으로 하는 전문가에 비해 항상 열위에 있을 수밖에 없다. 이러한 이유로 개인투자자의 경우는 직접 주식투자 대신에 전문가를 통해 위탁매매를 하거나 전문가가 대신 운용하는 펀드와 같은 간접투자 상품에 투자하기도 한다. 그렇다고 개인투자자가 모든 것을 전문가에게 맡기는 것만이 능사는 아니다. 결국 금융상품 투자에 대한 모든 책임은 본인에게 있다는 자기책임원칙을 인식한다면, 개인투자자의 경우도 기본적인 증권분석 방법은 반드시 알고 있어야 할 것이다.

확대보기

효율적 시장가설과 증권분석

증권분석을 통해 초과수익률을 달성하는 것이 가능한가에 대해서는 많은 논란이 있다. 효율적 시장가설(efficient market hypothesis)에 따르면 효율적인 금융시장에서 현재의 주가는 이용가능한 모든 정보를 즉각적으로 완벽하게 반영하고 있기 때문에 증권분석 을 통해 지속적으로 초과수익을 얻는 것이 불가능하다고 주장한다. 즉, 과거 주가변동과 미래 주가변동이 독립적이고 규칙적인 패턴이 없기 때문에 기술적 분석에 의해서 초과수익을 획득할 수 없고, 공개된 모든 정보가 주가에 이미 반영되어 있어 주가가 내재가치에서 벗어나기 어렵기 때문에 기본적 분석에 의해 과소 또는 과대평가된 주식을 식별하는 것이 불가능하다는 것이다.

그러나 현실적으로 인간은 감정의 지배를 받아 비합리적인 투자행태를 보이는 경우가 많고, 모든 시장참여자들이 다양한 분야에서 완전한 정보를 갖고 있는 것은 불가능하다. 따라서 잘못 평가된 증권을 식별해내고, 일반에게 알려지지 않은 정보를 발굴하며, 새로운 투자기법을 개발하는 증권분석이 유효하다는 것이 일반적인 시 장의 입장이다. 실제로 주식시장에는 민첩하고 창의적인 증권분석과 효과적인 투자전략으로 성공한 투자자들이 수없이 많이 존재한다. 대표적인 예로 워렌 버핏(Warren Buffett) 버크셔 헤더웨이 회장, 피터 린치(Peter Lynch) 피델리티 펀드 매니저, 템플턴 투자그룹 설립자인 존 템플턴(John Templeton), 조지 소로스(Gerge Soros) 퀀텀펀드 회장 등을 들 수 있다.

2 기업정보

효율적 금융시장에서 개별 증권의 가격에 영향을 미치는 가장 중요한 요인은 기업에 대한 정보이다. 공시정보, 경영실적정보, 지배구조 및 경영권 등에 대한 기업정보는 결과적으로 주가 등에 반영되어 나타난다. 그러나 증권의 가격은 종종 시장의 수급, 경영권에 관련된 정보, 일시적인 유행 등에 따라서도 움직이게 된다.

기업공시 정보

상장기업은 기업공시제도(corporate disclosure system)에 따라 발행한 증권의 투자판단에 중대 한 영향을 미칠 수 있는 중요한 기업 내용에 관한 정보를 반드시 공시하도록되어 있다. 이를 통해 투자자가 기업의 실체를 정확히 파악하여 투자결정을 할 수 있도록 함으로써 증권시장 내의 정보의 불균형을 해소하고 증권거래의 공정성을 확보하여 투자자를 보호하는 기능을 하게 된다. 따라서 투자자 입장에서는 기업공시 내용이 중요한 투자정보가 되고, 공시내용의 중요성에 따라 증권의 가격에도 적지 않은 영향을 미치게 된다. 그러나 공시정보의 사전유출은 불법이기 때문에 사전정보를 이용한 투자는 사실상 어렵고, 발표된 공시정보는 비 교적 효율적으로 증권의 가격에 반영되기 때문에 사후에 공시정보를 활용한 투자는 별로 이익이 되지 못한다는 견해도 있다.

경영실적 정보

아무리 경쟁력 높은 제품군을 보유하고 있고 경영능력이 뛰어난 기업이라고 하더라도 결국 실적이 뒷받침되어야만 주가는 상승하게 된다. 따라서 주식시장에서 가장 중요한 정보는 역시 기업의 실적 발표이다. 일반적으로 상장기업의 경우에는 매 분기마다 매출액, 영업 이익, 당기순이익 등의 주요한 재무정보를 발표하도록 되어 있다. 이러한 실적 발표는 실제로 주가에 커다란 영향을 미치므로 증권회사의 애널리스트를 비롯한 수많은 전문가들이 사전에 주요 기업의 실적을 예측하여 발표하게 된다. 이러한 실적 예상치가 어느 정도 주가에 미리 반영되기 때문에 실제로 발표일의 주가는 절대적인 실적의 증감보다는 예상을 상회 또는 하회하는지에 따라 변동하게 된다. 특히, 예상을 크게 상회하는 경우는 '어닝 서프라이즈(earning surprise)'라고 하여 주가가 크게 상승하고, 예상에 크게 못 미치는 경우는 '어닝 쇼크(earning shock)'라고 하며 주가는 폭락하게 된다.

지배구조 및 경영권 정보

우리나라에서는 여러 기업들이 복잡한 지분 관계로 묶여 재벌을 만들고 있거나 계열회사 그룹을 형성하는 경우가 보편적인 기업의 소유지배구조이다. 기업의 주주분포와 경영권의 소재를 나타내는 소유지배구조가 기업가치에 미치는 영향에 관해서는 다양한 주장이 있어 일률적인 판단은 어렵다. 다만, 투자자의 입장에서는 자신이 투자한 기업의 가치가 해당 기업의 영업이익뿐 아니라 같은 그룹 내에 있는 계열회사의 실적과도 밀접하게 연관되게 된다. 따라서 기업가치를 평가할 때는 그 기업이 원래 영위하는 사업뿐 아니라 관계회사 및 자회사의 가치와 지분법 평가이익 또는 평가손실로 인해 수익에 미치는 영향을 함께 고려하는 것이 반드시 필요하다. 특히, 자회사 지분보유를 목적으로 설립된 지주회사(holding company)의 경우는 자회사의 실적이 중요하다.

기업의 경영권과 관련된 정보도 주가에 상당한 영향을 미친다. 우선 기업의 인수합병 (M&A)은 인수기업 및 피인수기업의 주가를 크게 움직이는 대표적인 테마이다. 특히, 적대적 M&A 시도로 인한 지분경쟁의 경우는 피인수기업의 주가가 급등하지만 실패로 끝날 경우에는 주가가 폭락할 수 있다. 또한, 대주주 사이에 경영권 분쟁이 발생하는 경우는 지분확보를 위한 경쟁으로 인해 주가가 급등하게 되나, 기업가치와 상관없이 변동한 주가는 결국은 제자리로 되돌아오거나 분쟁으로 오히려 기업가치가 훼손된다는 점에서 투자에 유의해야 한다.

유행성 정보

주식시장에서는 갑자기 출현한 이슈에 따라 주가가 급등락하는 경우가 있고, 특히 비슷한 이슈를 가진 여러 종목의 주가가 동반 상승하는 '테마주'를 형성하기도 한다. 그러나 이러한 유행성 정보는 일시적 현상에 그치는 경우가 대부분이고, 대부분 실적이 뒷받침되지 않으면서 루머에 따라 급등락하기 때문에 일반투자자는 조심해야 한다. 때로는 이러한 현상이 특정 업종 전반에 널리 퍼지면서 거품(bubble)을 형성하기도 한다. 실제로 주식시장에는 수없이 많은 버블의 역사가 있어 왔고, 이때마다 거품은 오래지 않아 꺼지면서 수많은 개인투자자들을 파멸로 몰고 갔다. 비교적 최근 예로 2000년도를 전후해서 전 세계 주식시장에서 인터넷 주식에 불었던 '닷컴 버블'과 첨단 기술주에 대한 'IT 버블'을 들 수 있다.

적용하기

전자공시시스템(DART: Data Analysis, Retrieval and Tranfer System)

DART는 상장법인 등이 공시서류를 인터넷에 제출하면 투자자 등이 인터넷을 통해 관련 정보를 조회할 수 있도록 마련한 종합적 기업공시시스템이다. 기업의 사업내용, 재무상황, 경영실적 등 전반에 대한 정보를 담고 있는 사업보고서 등을 열람할 수 있고, 증권의 공모발행을 위한 증권신고서, 투자설명서, 증권발행실적보고서 등을 검색할 수 있다.

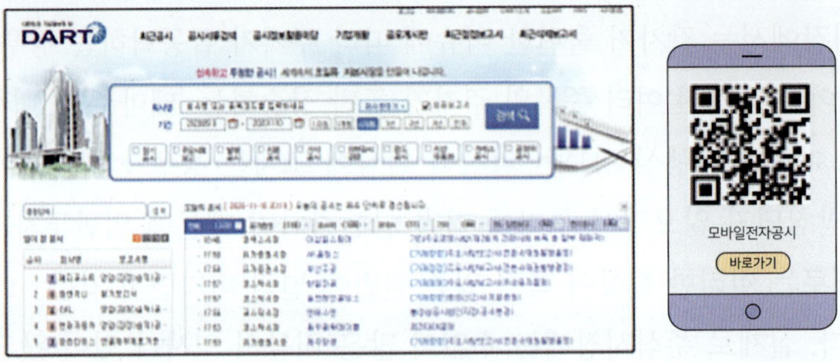

또한 DART 홈페이지와 달리 공시서류를 일일이 열람하지 않고도 주요 공시정보를 쉽게 파악할 수 있도록 지원하는 공시정보 개방 전용서비스인 'Open DART(opendart.fss.or.kr)'도 이용 가능하다. Open DART의 '공시정보활용마당'에서는 여러 회사의 재무·비재무 정보를 한 화면에서 직접 비교하고 다운로드하여 활용할 수도 있다.

3 재무비율 분석

재무비율 분석이란 재무제표의 중요한 정보만을 정리하여 간결한 수치로 나타내서 분석하는 기업분석 방법이다. 재무비율은 일반적으로 부채비율, 유동성비율, 활동성비율, 수익성비율로 분류되며, 재무비율 분석을 통해 동종 산업 내 다른 기업들과 특정 기업의 재무적 특성을 비교분석하거나 특정 기업의 재무비율을 시계열로 분석할 수 있다.

재무비율은 손쉽게 계산할 수 있고 이해하기 쉽기 때문에 널리 사용되고 있으나, 여러가지 한계가 있기 때문에 결과를 해석하고 활용하는 데 신중해야 한다. 우선 기업마다 회계처리방법이 달라서 재무비율의 단순 비교가 부적절한 경우가 많다. 그리고 비율분석의 기준이 되는 표준비율의 선정이 어렵다. 이를 극복하기 위해 산업평균을 비교 기준으로 삼고 있으나, 많은 기업들이 다각화된 제품구조를 가지고 있어 산업군을 구분하기 애매한 경우가 적지않다. 결국 재무비율의 해석에는 분석자의 주관성이 크게 작용할 수밖에 없다.

재무제표상에 나타나는 항목 간의 관계를 살펴보거나 규모가 서로 다른 기업 간에 비교를 할 때는 비율분석을 많이 사용한다. 재무비율분석을 통해 경영상에서 나타나는 약점이나 강점을 파악할 수 있다. 재무비율은 내부적으로는 운영의 효율성을 높이는 경영 통제의 지표로 사용되며 외부적으로는 경영자와 투자자 사이의 중요한 의사소통수단이 된다.

재무비율로써 알아보고자 하는 바는 크게 다섯 가지로 구분된다.

① 기업의 유동성(단기지불능력)

② 장기지불능력(재무레버리지)

③ 기업의 활동성(회전율)

④ 기업의 수익성

⑤ 기업의 시장가치

여기서는 특히 자주 사용되는 재무비율들을 위주로 하여 각 비율이 어떻게 계산되며 무엇을 측정하려고 하는지, 비율의 변화가 기업의 경영상태에 대해 어떠한 정보를 알려 주는지를 소개한다. 그리고 앞서 나온 ㈜X의 재무제표 정보에 기반하여 각 비율 계산의 예를 살펴보려 한다. 비율분석에 있어서 유의할 점은 어떤 비율이 좋고 나쁜지를 가르는 절대적 기준치는 존재하지 않는다는 것이다. 재무비율은 다만 기업의 특성에 따라 어떠한 방향성을 제시해준다. 또한 같은 명칭의 재무비율이라도 여기서 소개하는 방식과 정확하게 같은 방식으로 구해지는 것은 아니기 때문에 재무비율 정보를 활용할 때는 항상 그것이 어떠한 정의에 따라 도출되었는지를 확인해야 한다.

기업의 유동성(단기지불능력)

기업은 채무를 이행하지 못하면 파산을 하게 된다. 따라서 투자자와 채권자는 기업의 채무불이행 위험을 철저하게 관리한다. 유동비율과 당좌비율이 기업의 단기 채무 지불능력을 측정한다. ㈜X는 유동자산이 3,000만 원이고 유동부채가 2,000만 원이므로 유동비율은 다음과 같이 계산된다.

유동비율=유동자산/유동부채=3,000/2,000=1.75

㈜X의 유동비율은 1.75로 '유동자산이 유동부채의 1.75배다' 또는 '유동부채 1원당 1.75원의 유동자산을 보유하고 있다'고 표현한다. 기업은 어느 정도의 유동비율을 유지하는 것이 바람직할까? 우선 일반적으로 유동자산이 유동부채보다 많아서 유동비율이 1보다 크기를 기대한다.

유동비율보다 기업 자산의 현금화 능력에 대한 더 엄격한 척도는 당좌비율이다. 이것은 유동자산에서 단기적으로 현금화할 수 없는 요소를 모두 제거한 당좌자산을 유동부채와 비교한 수치이다. ㈜X의 경우 유동자산은 3,000만 원, 재고자산은 1,200만 원, 그리고 유동부채는 2,000만 원이므로 당좌비율은 다음과 같이 계산된다.

당좌비율=당좌자산/유동부채 또는 (유동자산-재고)/유동부채

=(3,000-1,200)/2,000=1.15

유동자산 중에서 특히 재고자산은 유동성이 떨어지고 그 질이 반영되지 않기 때문에 장부가치와 시장가치의 차이가 있을 수 있다. 따라서 당좌비율을 구할 때에는 이를 제외하고 계산한다. 재고자산이 많은 기업의 경우 유동비율과 당좌비율의 차이가 많이 날 수 있다.

장기지불능력(재무레버리지)

기업의 자금 중 주주의 자본금이 아닌 장기부채에 의해 조달되는 비율을 재무레버리지라고 하며 재무레버리지는 기업의 장기지불능력에 대한 척도로 활용된다. 재무레버리지는 부채 대비 총자산의 비율 또는 부채 대비 자본의 비율로 측정한다. ㈜X의 경우 장기부채는 3,000만 원, 총자산 1억 5,000만 원, 그리고 총자본은 1억 원이

므로 부채비율과 부채대자본비율은 각각 다음과 같이 계산된다.

부채비율=장기부채/총자산=3,000/15,000=0.2

부채대자본비율=장기부채/총자본=3,000/10,000=0.3

부채비율이나 부채대자본비율을 이야기할 때 부채나 자기자본의 정의가 다양하기 때문에 주의를 요한다. 재무레버리지는 장기지불능력을 측정하기 때문에 여기서의 부채는 보통 유동부채를 제외하고 장기부채만을 대상으로 한다. 여기서는 간략한 재무제표를 예로 들어서 장기부채가 명확해 보이지만 실제 기업의 재무제표를 분석할 때는 장기부채에 해당하는 항목에 대한 정의가 다양하다. 재무레버리지가 늘어나면 주주의 입장에서는 투자한 돈에 비해 수익성이 커진다. 그러나 이는 그만큼 파산의 위험성이 커진 대가이다. 예를 들어, 어떠한 자산에 4,000만 원을 투자하면 이 자산의 가치가 50%의 확률로 1년 후 5,000만 원으로 늘어나고 나머지 50%의 확률로는 3,000만 원이 된다고 하자. 이때, 4,000만 원을 모두 자기자본으로 투자(부채비율=0%)한다면 기대수익률은 {50%×1,000+50%(-1,000)}/4,000=0%이다. 이번에는 4,000만 원 중 3,000만 원을 부채로 조달하고 1,000만 원을 자기자본으로 투자(부채비율=75%)한다고 하자. 주주의 입장에서는 자산의 가치가 5,000만 원이 되면 부채인 3,000만 원을 상환한 나머지 2,000만 원을 받지만 자산의 가치가 3,000만 원이 되면 부채를 상환하고 나면 0원을 받게 되어 처음에 투자한 1,000만 원 모두를 잃게 된다. 따라서 기대수익률은 {50%×2,000+50%×0}/1,000=100%가 된다. 재무레버리지가 높아짐에 따라 기대수익률이 높아졌지만 주주가 부담하는 위험도 커졌다. 부채비율이 0%였을 때는 각 경우의 수익률이 25%와 -25%였는 데 반해 부채비율이 75%가 되면 각 경우의 수익률이 200%와 0%가 되기 때문이다.

또한 재무레버리지가 높아지면 이자비용의 부담이 커지며 채무불이행의 위험성이 높아진다. 이자를 지급하지 못하는 채무불이행이 발생하게 되면 채권자는 기업의 청산을 요구할 수 있다. 따라서 현금흐름이 불확실한 벤처창업기업의 경우 되도록 재무레버리지를 낮게 가져갈수록 좋다.

재무레버리지와 관련하여 기업이 이자비용을 감당할 만큼 충분한 이익을 창출하는지를 측정하는 재무비율로는 이자보상비율이 있다. (주)X의 경우 영업이익은

1,550만 원이고 이자비용은 240만 원이므로 이자보상비율은 다음과 같이 계산된다.

이자보상비율=영업이익(EBIT)/이자비용=1,550/240=6.46

영업이익이 이자비용의 몇 배인지를 측정하는 이자보상비율을 통해서 이익이 하락하는 위기가 닥쳤을 경우 어느 정도까지 지불능력을 유지할 수 있는지 알 수 있다.

확대보기

'영업 레버리지 효과를 아시나요? 플랫폼만 돈 벌면 역풍…고객과 이익 나눠야'

• IBK투자증권은 최근 보고서에서 상장사 '디어유'에 대해 외형 확대에 따른 영업 레버리지 효과가 발생할 것이라고 예상하며 올해 영업이익률은 39%에 달할 것으로 내다봤다. 보고서를 쓴 이환욱 애널리스트는 "입점된 아티스트 IP의 신규 팬덤 확장과 신규 아티스트의 추가 입점, 1인당 구독 아티스트 수의 지속적인 증가가 예상된다"고 분석했다.

• 엔비티의 100% 자회사인 엔씨티타마케팅은 최근 메타버스 부동산 플랫폼 '세컨서울'을 선보였다. 세컨서울은 실제 서울 지역을 수만 개의 타일로 나눈 뒤 NFT(대체불가능토큰) 형태로 소유하고 사고팔 수도 있다. 이상헌 하이투자증권 애널리스트는 "내년에는 B2B 부문 매출 상승으로 인한 영업 레버리지 효과 본격화로 수익성 개선이 가속화될 수 있을 뿐 아니라 메타버스 플랫폼으로서의 성장성 가시화 등으로 기업가치가 올라갈 것"이라고 분석했다.

두 증권사 보고서에 공통점이 있다면?

'영업 레버리지 효과'를 거론했다는 점이다. 영업 레버리지 효과란 인건비나 상각비 같은 고정비에 따라 매출액보다 영업이익 변동폭이 더 확대되는 현상을 뜻한다. 레버리지는 지렛대라는 뜻인데 이 용어에서 지렛대 역할을 하는 것은 결국 고정비로 볼 수 있다. 이 용어는 제조업에서 주로 써왔다. 예를 들어 현대차가 제네시스를 수천억원을 들여 개발했다고 치자. 손익분기점은 3만대. 그런데 시장에서 반응이 뜨거워지면서 연간 5만대 이상 주문이 들어온다면? 고정비는 그대로인데 판매량이 늘어나니 영업이익은 껑충 뛸 수밖에 없다. 최근에는 이 용어를 IT·플랫폼 기업에서 자주 쓰기 시작했다.

플랫폼 스타트업은 초기에 사람들을 끌어모으고 거래액을 늘리기 위해 IT 기획, 개발자를 채용하고 마케팅비를 쏟아붓는다. 이런 상황에서 운영자금이 바닥을 보일 즈음에는 외부 투자를 유치한다. 그러면서 외형 성장을 꾀하다 흑자전환에 성공한다. 이후 이익 증가 속도가 가팔라지고 이익 규모도 커지는 사례가 많아지고 있다. 이 과정을 통틀어 '영업 레버리지 효과'라고 한다.

원티드랩이 대표적인 예다. 지난해까지만 해도 원티드랩의 매출액은 147억 원, 영업손실만 52억 원이었다. 그런데 올해 1분기 매출액 57억 원, 영업이익 4억 원으로 흑자전환했다. 이후 실적이 확연히 개선되는 모양새다. 2분기 매출 78억 원, 영업이익 20억 원, 3분기에는 매출액 90억 원, 영업이익 25억 원으로 분기 영업이익률이 28%가 됐다.

원티드랩 관계자는 "2015년 채용 플랫폼 '원티드(Wanted)'를 선보였다. 가입비를 따로 받지 않고 기업이 원티드가 추천한 구직자를 채용하면 연봉의 7%를 가져가는 단순한 구조다. 올해 10월 말 기준 한국을 비롯해 일본, 싱가포르, 홍콩, 대만 등 아시아 5개국의 1만 기업, 200만 회원을 220만회 이상 매칭에 성공했다. 회원 수가 쌓였고 데이터에 기반해 AI(인공지능)가 자동으로 인재를 추천하는 시스템이 본격 가동되면서 인건비 외에는 따로 고정비가 발생하지 않다 보니 영업 레버리지 효과가 가동됐다"고 설명했다.

신한금융투자는 최근 보고서에서 영업 레버리지 효과 덕분에 원티드랩의 내년 매출액은 올해보다 49% 증가한 496억 원, 영업이익은 111% 증가한 129억 원을 기록할 것으로 예상했다.

바비톡 사례도 마찬가지다. 바비톡은 국내 최초 미용의료 정보 플랫폼으로 2012년 첫선을 보였다. 지금은 앱 이용자 수 430만 명, 월간 순 이용자 수(MAU) 25만 명(10월 기준)이 즐겨 찾는 플랫폼으로 성장했다. 주요 수익 모델은 수수료다. 고객이 바비톡을 통해 병원을 골라 수술을 받으면 병원이 바비톡에 수수료를 지급한다. 눈길을 끄는 것은 영업이익률이다. 바비톡은 IT 플랫폼에서는 잘 볼 수 없는 39%대 영업이익률을 기록하고 있다.

신호택 바비톡 대표는 "전통적인 제조·서비스업은 매출이 발생하면 원가가 반드시 발생한다. 그래서 매출 규모가 커지더라도 매출총이익의 증가는 제한적이다. 반면 바비톡 같은 플랫폼은 매출에 대한 원가(변동비)가 없어서 매출 증가분 대부분이 이익 증가로 이어진다. 바비톡의 지난 5년간 연평균 매출 성장률은 26%인데 영업이익 성장률은 이의 2배인 51.2%에 달하는 것이 이를 방증한다"고 설명했다.

박동흠 인터밸류 대표(공인회계사)는 "IT·플랫폼 기업에서는 인건비나 각종 경비가 고정비 성격을 띤다. 판매량, 회원 수 증가로 추가 지출이 더 발생되지 않는다면 매출이 늘어날 경우 영업 레버리지 효과가 발생한다"고 설명했다.

[출처 : 매경이코노미 제2138호, 2021. 12. 15]

기업의 활동성(회전율)

기업의 활동성과 관련된 재무비율은 기업이 매출을 창출하기 위해 자산을 얼마나 효율적으로 사용하는지의 척도이다. 동일한 매출에 대해 자산을 효율적으로 활용할수록 자금조달의 필요성이 적어지기 때문에 기업의 활동성 관련 재무비율은 자금

부족에 시달리는 초기 벤처창업기업이 중요하게 관리해야 할 지표이다. 활동성 지표는 어떤 자산이 정해진 기간(통상적으로 1년) 동안 몇 번 회전하는지를 측정하는 회전율 또는 어떤 자산이 한 번 회전하는 데 얼마나 걸리는지를 표시하는 회수기간으로 표현된다.

우선 매출채권과 관련하여 매출이 발생한 후 외상매출금인 매출채권을 얼마나 빨리 현금으로 회수할 수 있는지 측정하는 매출채권평균회수기간(ACP: Average Collection Period)이 있다. 회수기간이 길수록 더 많은 운전자본이 소요되고 운전자본 조달비용은 수익에 악영향을 미친다. 매출채권평균회수기간은 다음과 같이 구할 수 있다. 먼저 모든 매출이 외상 판매되었다는 가정하에 (주)X의 매출액은 2억 3,000만 원이고 매출채권은 1,500만 원이므로 매출채권회전율은 다음과 같다.

매출채권회전율=매출액/매출채권=23,000/1,500=15.33

매출채권회전율은 기업이 1년에 총 몇 번 외상매출금을 회수하여 다시 외상을 주었는지를 측정한다. 이를 활용하여 매출채권평균회수기간을 구하면 다음과 같다.

매출채권평균회수기간=365일/매출채권회전율

=매출채권/일일평균매출액

=365/15.33=1,500/63.01=23.8일

일일평균매출액=매출액/365일=23,000/365=63.01

매출채권평균회수기간을 동종업계의 다른 기업과 비교하거나 한 기업의 추세를 살펴봄으로써 기업의 경영상태를 진단할 수 있다.

다음으로 재고자산회전율과 평균재고일이 있다. (주)X의 매출원가는 1억 4,950만 원이고 재고자산은 1,200만 원이므로 재고자산회전율은 다음과 같다.

재고자산회전율=매출원가/재고자산=14,950/1,200=12.46

재고자산회전율은 한 해 동안 몇 번이나 재고자산이 다 팔리고 새로운 재고자산으로 대체되는지를 나타낸다. 이 비율이 높을수록 재고를 현금화하는 능력이 커서 보다 적은 자본이 재고에 묶여 있음을 나타낸다. 재고자산회전율을 계산할 때 만약 재고자산이 기초와 기말에 큰 차이를 보인다면 그 기간의 평균재고자산(통상적으로 기초와 기말의 재고자산의 합계액의 1/2로 계산)을 사용하는 것이 좋다. 만약 현재 재고의 회전율이 주된 관심사라면 가장 큰 최근의 매출원가와 기말 재고 자산을 활용하는 것이 좋다.

평균재고일=365일/재고자산회전율=재고자산/일일평균매출원가

=365/12.46=1,200/40.96=29.3일

일일평균매출원가=매출원가/365일=14,950/365=40.96

평균재고일은 전체 재고자산이 한 번 판매되기까지 얼마나 걸리는지를 측정한다. 잘 팔리는 상품일수록 평균재고일이 짧고 잘 안 팔리는 상품일수록 평균재고일이 길게 나타난다. 평균재고일은 산업별로 다르기 때문에 동종업계의 비슷한 제품이나 서비스를 기준으로 서로 비교하거나 같은 제품 및 서비스의 평균재고일 추세를 살펴보며 경영상태를 점검할 수 있다.

㈜X의 매출액은 2억 3,000만 원이고 총자산은 1억 5,000만 원이므로 총자산회전율(total asset turnover ratio)은 다음과 같다.

총자산회전율=매출액/총자산=23,000/15,000=1.53

총자산회전율은 자산 1원당 매출을 얼마나 발생시켰는지 측정한다. 참고로 총자산회전율의 역수인 자본집중도(capital intensity ratio)도 자주 사용되는 개념이다. 자본집중도는 다음과 같다.

자본집중도=총자산/매출액=15,000/23,000=0.65

자본집중도는 매출액을 1원 발생시키기 위해 필요한 자산이 얼마인지를 측정한다.

기업의 수익성

수익성 관련 비율은 기업이 얼마나 효율적으로 투자를 사용하여 수익을 창출하는지 나타낸다. 대표적인 수익성 관련 비율로는 투자한 자산 대비 이익이 얼마나 나는지를 측정하는 총자산수익률(ROA), 주주의 입장에서 투자한 자본 대비 이익이 얼

마나 발생하였는지를 측정하는 자기자본수익률(ROE), 매출액 대비 순이익의 비율을 측정하는 매출액순이익률이 있다.

(주)X의 당기순이익은 850만 원이고 총자산은 1억 5,000만 원이므로 총자산수익률은 다음과 같이 구할 수 있다.

총자산수익률(ROA)=당기순이익/총자산=850/15,000
=0.056 또는 5.6%

총자산수익률은 자금의 조달 방법(부채 또는 자본)에 관계없이 투자한 자산이 얼마나 효율적으로 순이익을 발생시키는지 살펴본다. (주)X의 당기순이익은 850만 원이고 총자본은 1억 원이므로 자기자본수익률(ROE)의 정의에 따라 다음과 같이 구할 수 있다.

자기자본수익률(ROE)=순이익/총자본=850/10,000
=0.085 또는 8.5%

자기자본수익률은 주주의 입장에서 투자한 자본이 얼마의 순이익을 발생시켰는지 알려준다.

기업의 수익성과 관련하여 많이 쓰이는 용어로 투자수익률(ROI: Return on Investment)이 있다. 투자수익률은 개념적으로 투자에 대한 수익을 투자로 나누는 것으로 정의할 수 있는데 문제는 용어를 쓰는 사람마다 '투자'에 대한 정의와 '투자에 대한 수익'의 정의가 다르다는 것이다. 예를 들어, 어떤 프로젝트를 대상으로 투자수익률을 구할 경우 '투자'는 그 프로젝트에 투입된 자산을 지칭할 수도 있고 주주 입장에서는 투입된 자산으로부터 프로젝트를 위해 조달한 부채를 차감한 금액을 지칭할 수도 있다.

(주)X의 당기순이익은 850만 원이고, 매출액은 2억 3,000만 원이므로 매출액순이익률은 다음과 같다.

매출액순이익률=당기순이익/매출액=850/23,000=0.04

매출액순이익률은 매출액 1원당 얼마의 순이익이 발생하는지를 측정하는 것으로 기업 영업활동에 대한 수익성을 측정한다.

기업의 시장가치

기업의 시장가치 비율은 재무제표 장부상의 가치가 주식시장에서는 어떻게 받아들여지는지를 보여 준다. ㈜X의 2023년 말 현재 주가가 2,200원이라고 가정한다. ㈜X의 경우 2023년 말 현재 주가는 2,200원이고 당기순이익이 850만 원, 발행 주식 수가 5만 주이므로 주가순이익비율(PER: Price Earnings Ratio)은 다음과 같이 계산된다.

주가순이익비율=주가/주당순이익=2,200/170=12.9

주당순이익=순이익/발행 주식 수=850만 원/5만주=170원

주가순이익비율이 높을수록 주식시장이 기업의 현재 순이익 대비 주가를 높이 평가하고 있다는 것을 의미한다. 이는 투자자들이 기업의 성장성을 높게 평가하여 미래에 더 높은 순이익이 발생할 것을 기대한다는 것을 의미하거나 그렇지 않을 경우 기업이 고평가되었을 가능성을 의미한다.

의미 있는 주가순이익비율을 계산하기 위해서는 양(+)의 순이익이 필요하다. 그러나 벤처창업기업의 경우 양(+)의 순이익에 이르기까지 상당히 오랜 시간이 필요하다. 매출액은 순이익보다 먼저 발생하기 때문에 주가매출액비율(PSR: Price-Sales Ratio)이 벤처창업기업에게는 더 유용할 수 있다. ㈜X의 경우 2023 말 현재 주가가 2,200원이고, 매출액이 2억 3,000만 원, 발행 주식수가 5만 주이므로 주가매출액비율은 다음과 같이 계산된다.

주가매출액비율(PSR)=주가/주당매출액=2,200/4,600=0.48

주당매출액=매출액/발행 주식 수=2억 3,000만 원/5만 주=4,600원

시장가치 대 장부가치비율(M/B: Market-to-Book Ratio 또는 PBR: Price on Book-value Ratio)은 주식의 시장가치 대비 장부가치의 비율을 살펴본다. ㈜X의 경우 2023년 말 현재 주가가 2,200원이고, 자본이 1억 원, 발행 주식수가 5만 주이므로 시장가치 대 장부가치비율은 다음과 같다.

시장가치 대 장부가치비율(M/B)=주가/주당장부가치

=2,200/2,000=1.1

주당장부가치=자본/발행 주식 수=1억 원/5만 주=2,000원

시장가치 대 장부가치비율이 높은 기업의 주식은 성장성이 높다고 해석하여 성장주(growth stock)라고 하고 시장가치 대 장부가치비율이 낮은 기업의 주식은 가치주(value stock)라고 한다.

기업가치(EV: Enterprice Value) 대 이자, 법인세비용 및 감가상각비 차감 전 순이익(EBITDA: Earnings before Interest, Tax, Deprecation, and Amortization) 비율(EV/EBITDA)은 다음과 같이 구한다. ㈜X의 영업이익(EBIT)은 1,550만 원, 감가상각비는 1,300만 원, 2017년 말 현재 주가는 2,200원, 발행 주식수는 5만 주, 부채총계는 5,000만 원, 그리고 현금은 800만 원이므로 EV 대 EBITDA 비율은 다음과 같다.

EV 대 EBITDA 비율=15,200/2,850=5.33

EV=주식의 시가총액+모든 부채의 장부가치-현금

=주식의 시가총액+순부채

=(2,200원×5만 주)+5,000만 원-800만 원=1억 5,200만 원

EBITDA=영업이익(EBIT)+감가상각비=1,550만 원+1,300만 원 =2,850만 원

EV 대 EBITDA 비율은 기업 영업자산의 시장가치인 EV가 기업의 영업현금흐름의 지표인 EBITDA의 몇 배로 형성되는지를 보여준다.

'렌털 연매출 3조' 코웨이, 재무건전성·실적 '파란불'

국내 렌털 1위 기업인 코웨이는 넷마블에 인수된 후 꾸준히 부채를 줄이고 사상 최대 실적을 경신하고 있다. 해외 매출도 덩달아 오름세다. 현재 이해선 대표는 경영 전반을 총괄하고 서장원 대표는 미래전략과 해외 경쟁력 강화에 적극 나서며 두 대표의 협업이 회사 성장에 기여했다는 평가다. 이처럼 각자대표 체제로 이뤄진 코웨이는 넷마블을 업고 상품, 서비스, 디자인 등의 혁신과 디지털 전환을 시도해 국내는 물론 해외 시장까지 선도하겠다는 방침이다.

24일 금융감독원 전자공시시스템에 따르면 코웨이의 지난해 부채비율은 99.5%로 나타났다. 이는 전년 대비 3.2%포인트 감소한 수치다. 최근 코웨이의 부채비율을 살펴보면 2017년 119.8%, 2018년 118.7%. 2019년 165.0%, 2020년 103.2%으로 집계됐다. 특히 코웨이가 넷마블에 인수된 2020년부터 부채가 크게 줄면서 안정적인 재무건전성을 확보했다는 평가를 받는다.

실적도 매년 증가하고 있다. 코웨이의 지난해 매출은 3조 6643억 원, 영업이익은 6402억 원을 기록했다. 이는 전년 대비 각각 13.2%, 5.6% 늘어난 규모다. 한 해 실적 추이를 보면 2018년 매출과 영업이익은 2조 7073억 원·4514억 원, 2019년은 3조 189억 원·6476억 원, 2020년은 3조 2374억 원·8961억 원으로 증가했다. 총 계정수도 2019년 779만 개에서 지난해 908만 개로 올랐다. 올해는 1000만 계정을 달성할 것으로 전망된다.

코웨이가 준수한 성적을 거둘 수 있던 것은 대표들의 공이 컸다는 분석이다. 이해선 대표는 2016년 9월부터 코웨이의 수장을 맡아 히트 제품 마케팅으로 꾸준히 성과를 올려 '매출 3조원'이라는 포문을 열었다. 이러한 공로를 인정받아 이 대표는 지난달 3일 회사 정기 임원인사에서 부회장으로 승진했다. 코웨이에 부회장 임원이 탄생한 건 10년 만이다.

서장원 대표도 코웨이 정기 임원인사에서 사장에 올랐다. 서 대표는 지난해 코웨이 각자 대표로 선임된 이후 회사의 미래 전략을 발굴하고 해외시장 공략에 집중해 왔다. 그 결과 말레이시아 법인의 경우 매출이 2020년 8961억 원에서 지난해 1조 2151억 원으로 35% 이상 뛰었다. 해외사업은 코웨이 전체 매출의 25%를 차지하는 만큼 그의 역할이 막중하다.

실적 상승에 힘입은 코웨이는 올해 넷마블과 함께 디지털 전환에도 나서고 있다. 코웨이는 정보통신기술(IT) 전담조직인 DX센터를 출범했고 인력을 2배 확충했으며 '온라인 자사몰 코웨이닷컴'과 '가상현실(AR) 카탈로그 앱 서비스' 등 혁신 서비스 강화에 집중했다. 코웨이닷컴은 제품 렌털 및 구매를 돕는 커머스 기능을 높인 온라인 공식 자사몰이다. AR 카탈로그는 휴대전화 앱을 통해 상품을 미리 배치해 볼 수 있는 3D 체험형 서비스다.

디지털 전환과 함께 '아이콘 정수기', 환경가전 '노블 컬렉션' 등 혁신 제품 개발에도 매진했다. 특히 노블 정수기, 노블 공기청정기 등의 노블 컬렉션은 감각적인 디자인 및 혁신 기술 등을 통해 주력 제품군으로 자리를 잡았다.

코웨이 관계자는 "넷마블에 인수된 이후 국내는 물론 해외로 보폭을 넓히며 확고한 글로벌 환경가전 리더로 성장 중"이라며 "안정적인 매출구조에 머물지 않고 혁신 제품 개발을 늘리고 다양한 분야에서 디지털 전환을 지속 추진할 것"이라고 말했다.

[출처: 아시아투데이, 2022.2.24.]
[https://www.asiatoday.co.kr/view.php?key=20220224010013583]

4 주가배수 평가

주식투자를 위한 기본적 분석의 핵심은 기업의 가치와 현재 주가를 비교하여 주가가 기업 가치에 비해 낮은 저평가 주식은 매입하고 주가가 기업가치에 비해 높은 고평가 주식은 매도 하는 것이라고 할 수 있다. 그러나 주가는 언제든 시장에서 알 수 있지만 기업의 가치를 정확하게 측정한다는 것은 불가능하다. 결국 기업의 가치를 알아내기 위한 다양한 노력이 기본적 분석에 의한 성공적인 투자의 관건이 된다. 비교적 간단한 방법으로 기업가치와 주가를 비교해서 주식투자에 활용하는 방법으로 주가이익비율과 주가장부가치비율이 있다. 즉, 이는 기업의 가치를 각각 수익수준과 장부가치로 측정하여 현재 주가와 비교하는 방법이다.

주가이익비율(PER: price earnings ratio)

주식가격을 1주당 순이익(EPS: earnings per share)으로 나눈 값이며 기업이 벌어들이는 주당 순이익에 대해 증권시장의 투자자들이 어느 정도의 가격을 지불하고 있는가를 뜻한다. 기업의 순이익 한 단위에 대한 시장의 평가를 상대적으로 보여준다고 볼 수 있다. 주가이익비율은 기업의 본질적인 가치에 비해 주가가 고평가되어 있는지 또는 저평가되어 있는지를 판단 하는 기준으로 사용된다. 주가이익비율이 상대적으로 높으면 주가가 순이익에 비해 고평가되어 있다는 것을 의미하며, 반대로 낮으면 주가가 순이익에 비해 저평가되어 있다는 것을 의미한다. 이때 비교하는 기준은 유사한 위험을 지닌 주식들의 PER을 이용하는 방법이나 동 종 산업의 평균 PER을 이용하는 방법, 그리고 해당 기업의 과거 수년간의 평균 PER을 이용하는 방법 등을 사용한다.

$$PER = \frac{주가}{주당순이익(EPS)}$$

그러나 PER 계산에서 분모로 사용되는 주당순이익(EPS)은 해당 기업의 최근 실적을 의미하는 반면에 분자가 되는 주가는 기업의 미래가치를 반영하여 결정되기 때문에 두 값 사이에 괴리가 발생할 수 있다. 예를 들면, 최근 실적은 좋았으나 향후 기업 전망이 좋지 못하면 PER이 낮을 수 있고, 반대로 최근 실적은 부진하지만 향후 기업의 성장 가능성이 높으면 PER이 높게 형성된다. 일반적으로 높은 성장은 기대되지 않지만 안정적인 수익을 창출하는 산업의 경우는 PER이 낮고, 현재 수익은 작지만 성장성이 높은 산업은 PER이 높게 형성되는 경향이 있다. 예를 들면, 기술집약적인 산업이나 신생 벤처기업의 경우는 시장에서 PER이 높게 형성된다. 따라서 PER의 절대적인 수준에 의해 수익 대비 주가의 고평가 또는 저평가를 판단하는 것은 바람직하지 못하다. 다만, 해당 기업의 과거 수년 동안의 평균값이나 기업이 속한 산업의 평균값과 비교하여 수익 대비 현재 주가수준을 판단하는 기준으로는 자주 사용된다.

주가장부가치비율(PBR: price book value ratio)

PER과 함께 주식투자에서 널리 사용되는 주가장부가치비율(PBR: price book value ratio)은 시장가치(market value)를 나타내는 주가를 장부가치(book value)를 보여주는 주당순자산(BPS: book value per share)으로 나눈 비율로서 주당 가치를 평가함에 있어서 시장가격과 장부가치의 괴리정도를 평가하는 지표이다.

$$PBR = \frac{\text{주가}}{\text{주당순자산}(BPS)} = \frac{\text{주당시장가격}}{\text{주당장부가치}}$$

주당순자산이란 기업 청산 시 장부상으로 주주가 가져갈 수 있는 몫을 나타내므로 PBR이 낮을수록 투자자는 낮은 가격에 주당순자산을 확보하게 된다. 만일 PBR이 1보다 작다면 해당 기업이 지금 장부가치로 청산한다고 가정해도 보통주 1주에 귀속되는 몫이 현재 주가보다 많다는 의미가 된다. 그러나 앞서 언급된 바와 같이 회계원칙의 보수성으로 인해 장부상의 자산은 시장가격보다 낮은 가격으로 작성될 수밖에 없고, 경영자의 능력, 기술개발력, 브랜드 가치와 같이 화폐단위로 표시할 수 없는 항목은 순자산에 반영되지 못하고 있기 때문에 대부분 주식의 PBR은 1보다 큰 값을 갖는 것이 일반적이다. 다만, PBR이 지나치게 높은 경우는 현재 주가가 고평가되었다고 판단할 수 있다. 그런데 미래 성장성이 큰 기업의 PBR은 높은 경향이 있으므로 PER과 마찬가지로 PBR도 해당 기업의 과거 수년 동안의 평균값이나 기업이 속한 산업의 평균값과 비교하여 자산가치 대비 현재 주가수준을 판단하는 기준으로 사용하는 것이 바람직하다.

학습내용정리

▶ 투자란 미래의 긍정적인 이익을 바라고 불확실성을 무릅쓰고 자신의 상황에 맞게 적절한 금융상품을 합리적으로 활용하는 행위를 말하며, 과도한 이익을 목표로 비합리적으로 자금을 운용하는 투기와 구분된다.

▶ 투자위험(risk)은 불확실한 상황에 처하게 되는 정도를 의미하며 미래 결과에 따라 좋을 수도 있고 나쁠 수도 있다. 기대수익률이 높은 경우 위험은 높아지며, 기대수익률이 낮은 경우 위험은 낮아지는데, 이를 '고수익 고위험'(high risk high return)이라고 한다.

▶ 위험관리 방법에는 여러 가지가 있지만 대표적인 것이 여러 위험자산에 나누어 투자하는 분산투자이다.

▶ 금융투자상품은 원금손실의 위험이 있는 투자상품이므로 자신의 위험성향에 대한 파악이 반드시 필요하다. 자본시장법에 따른 표준투자권유준칙은 투자자정보 확인서를 통해 투자자의 투자목적, 재산상황, 투자경험, 위험성향 등을 파악한 후 금융투자상품을 매매하도록 하고 있다.

▶ 주식은 주식회사가 발행한 출자증권으로 이를 보유한 주주는 주식 보유수에 따라 회사의 순이익과 순자산에 대한 지분청구권을 갖는다. 주주는 주주평등의 원칙에 따라 주주가 갖는 주식 수에 따라 평등하게 취급되므로 보유한 주식 지분만큼의 권리와 책임을 갖게 된다. 주식회사 주주는 유한책임을 원칙으로 하므로 출자한 자본액의 한도 내에서만 경제적 책임을 지게 된다.

▶ 채권은 정부, 공공기관, 특수법인 등과 주식회사가 비교적 거액의 장기자금을 일시에 조달하기 위하여 발행하는 일종의 차용증서로서 수익성, 안전성, 유동성 측면에서 장점을 갖고 있는 반면, 시장이자율의 변동에 따른 시장위험, 채무불이행위험, 유동성위험 등이 있다. 또한 특수한 형태의 채권으로 전환사채, 신주인수권부사채, 교환사채 등이 있다.

▶ 재무제표란 기업의 특정시점의 재무상태와 일정기간 동안의 경영성과 등 각종 재무정보를 표시하고 있는 회계보고서를 말하며, 재무상태표, 포괄손익계산서, 자본변동표, 현금흐름표, 주석으로 구성된다. 감사보고서란 기업이 작성한 재무제표를 외부감사인이 회계감사기준에 따라 감사한 의견을 표명한 보고서이며, 감사의견은 적정의견, 한정의견, 부적정의견, 의견거절로 나눌 수 있다.

▶ 주식과 채권 등 증권의 투자가치를 분석하기 위한 기법은 크게 기본적 분석과 기술적 분석으로 나뉘며, 전자공시시스템을 통해 기업의 다양한 정보를 파악할 수 있고, 각종 재무비율을 이용하여 투자전략을 세울 수도 있다.

예시문제

서술형

1. 1년전 10만 원에 구입한 주식이 오늘 11만 5천원에 매도하고 이 주식을 보유하는 동안 2,000원의 배당금을 받았다면, 1년 동안의 투자수익률은 얼마인가? (거래수수료 1,000원, 그 외의 비용은 고려하지 않는다.)

2. 기대수익률에 대해 설명하시오.

3. 비체계적 위험과 체계적 위험을 설명하시오.

4. 주식과 채권을 설명하고, 이 둘의 차이를 설명하시오.

5. 투자의 개념과 투자에 대한 관심이 높아지고 있는 이유에 대하여 서술하시오.

6. 기회비용의 개념에 대해 서술하고, 예시를 하나 적으시오.

7. 주식투자를 통해 얻을 수 있는 수익에 대하여 서술하시오.

빈칸 채우기

1. (   )란 국가가 재정정책의 일환으로 발행하는 채권으로 정부가 원리금의 지급을 보증한다.
2. (   )란 일정기간 동안 기업이 달성한 경영성과를 나타내는 보고서이다.

예시문제

3. 주식 거래체결방식 중 단일가 매매는 08:30~09:00와 (   )에 거래한다.

4. 금융투자상품은 원금초과손실가능성 유무에 따라 증권과 (   )으로 구분된다.

5. 보유기간수익률 = (매도금액 - 매입금액 보유기간 중 현금흐름) / (   ) x 100

6. 기대수익률 = 무위험 수익률 + (   )

7. 기업이 성장하고 보다 많은 자금이 필요해지면 불특정다수인을 대상으로 주식을 모집(또는 매출)하는 (   )를 하게 되고 거래소에 상장하게 된다.

O·X 문항

1. 채권은 발행자의 파산 시 법적으로 원리금 상환을 보장받는다.

2. 주가이익비율은 주가를 주당순자산으로 나눈 값이다.

3. 기본적 분석이란 시장에서 증권에 대한 수요와 공급에 의해서 결정되는 시장가격이 그 증권의 내재가치와 동일하지 않을 수 있다는 전제하에 증권의 내재가치를 중점적으로 분석하는 방법이다.

4. 투자는 과도한 이익을 목표로 비합리적인 자금 운용을 하는 것도 해당한다.

5. 투자는 경제활동을 위한 정상적인 자금의 흐름을 방해하며, 경제 곳곳에 가격 거품을 형성하여 사회의 경제적 안정성을 해칠 수 있다.

6. 리스크란 불확실성에 노출된 정도를 의미하며 부정적 상황 외에 긍정적 가능성도 내포한다.

7. 주식은 기업에 대한 소유지분권을 나타내는 증권이므로 주식 소유자는 주주로서 회사의 중요사항에 대하여 의사결정에 참여할 수 있다.

07

신용관리

1 신용의 개념과 신용관리의 중요성

2 개인신용정보와 신용평가

3 신용관리 및 연체시 대처방법

4 신용카드 활용법

학습개요

본 장에서는 개인과 가계의 건전한 소비생활을 위해 필요한 신용의 개념과 신용관리의 중요성을 이해하고, 신용정보와 신용평가 등 개인신용정보 관리의 핵심적인 내용에 대해 알아본다. 또한 현명한 신용 관리 방법과 올바른 신용카드 관리 방법에 대해 살펴보고자 한다.

학습목표

- 신용의 의미와 중요성에 대해 이해한다.
- 신용정보에 기초하여 개인신용평가의 중요성을 이해하고 개인신용평가 결정요인을 설명할 수 있다.
- 신용등급제와 신용점수제의 차이에 대해 설명할 수 있다.
- 바람직한 신용관리 방법을 설명할 수 있다.
- 신용카드의 기능과 종류 및 올바른 사용방법에 대하여 설명할 수 있다.

1 신용의 개념과 신용관리의 중요성

1 신용의 개념

신용이란 미래 어느 시점에 돈을 갚겠다고 약속하고 현재 돈을 빌릴 수 있는 능력으로 개인의 경제활동에 대한 사회적 평가를 의미한다. 그런데 돈을 빌리는 행위는 상대방이 있어야만 가능하므로 신용은 돈을 빌리거나 외상으로 물건을 사고 언제까지 갚겠다는 약속을 잘 지키겠다는 신뢰를 담보로 이루어지게 된다. 우리가 살아가는 일상 경제생활은 신용, 즉 신뢰를 기반으로 한 거래가 대부분이다. 현대 사회에서 신용이 없다면 학자금 대출, 휴대전화 개통은 물론 자동차 할부 구입, 해외여행 등 대부분의 경제 활동이 매우 제한될 것이다. 또한 신용카드 발급이 어려워 일상적인 소비지출 시 반드시 현금을 가지고 다녀야 하고, 돈을 빌릴 때에도 높은 이자나 수수료를 지불해야 하는 등 불편함과 어려움이 발생하게 된다. 이처럼 신용은 우리 사회가 원활하게 움직이는 데 매우 중요한 역할을 하고 있어 현 사회를 신용 사회라고 부르기도 한다.

그러나 금융소비자 입장에서 신용은 미래의 소득을 담보로 현재의 화폐 또는 상품 및 서비스를 교환하여 사용하는 것이므로 나중에 갚아야 할 빚 또는 채무라고도 할 수 있다. 즉, 현재 시점에서는 소득이 증가한 것처럼 여겨지지만, 미래 시점에서는 갚아야 할 빚이 증가된 것이므로 신용을 이용하는 데에는 돈의 시간가치에 따른 비용을 지불해야 한다는 점을 잊지 말아야 한다.

2 신용관리의 중요성

신용은 잘 사용하면 우리 생활에 꼭 필요한 유용한 도구가 될 수 있지만, 잘못 사용하게 되면 과도한 빚이나 채무로 인해 심할 경우 파산에 이르게 되는 양면성을 가지고 있다. 개인과 가계는 신용을 잘 이용하면 지금 현금이 없어도 나의 신용도만큼 미래의 소득을 앞당겨 사용하여 구매력을 증가시킬 수 있다는 장점이 있다. 사용한 후에 비용을 납부하는 휴대전화사용료, 전기요금, 수도요금 등 공과금, 대학등록금을 위한 학자금 대출 등을 예로 들 수 있다. 또한 신용을 적절히 잘 이용하면 금리변동이나 인플레이션 상황에서 개인과 가계의 소득 과 자산을 보호할 수 있다. 예를 들어, 금리상승 시에는 현재의 낮은 고정금리가 적용된 장 기대출상품을 이용할 수 있고, 인플레이션 시에는 대출을 받아 미리 물건을 구매하여 이익을 얻을 수도 있다. 마지막으로 신용카드 등을 이용하여 신용을 잘 사용하는 것은 개인의 신용도를 높일 수 있는 방법이 된다.

그러나 신용을 담보로 돈을 빌리거나, 현금 없이 물건이나 서비스를 구매하기 위해서는 신용사용에 대한 대가로 이자 또는 수수료를 지불해야 한다. 특히 이자의 경우 대출을 이용 하는 사람의 신용에 따라 차등을 두어 높은 신용점수를 보유할수록 이자비용이 저렴해진다. 또 금융회사는 신용이 낮은 경우 신용 이용을 제한하거나 대출을 거절하기도 한다. 따라서 평소 신용관리에 대한 관심과 노력이 필요하다.

신용 사용은 이자 또는 수수료 부담 뿐만 아니라 신용카드를 통해 현금 없이 물건을 살 수 있으므로 개인적으로는 과소비나 충동구매 등 비합리적인 소비행동의 원인이 될 수 있고, 가계측면에서는 부채부담이 증가하여 가계건전성이 하락할 수도 있다. 또한 소득에 비해 과도한 신용을 사용한다면 연체, 채무불이행 더 나아가 파산에 이르게 되는 원인이 될 수 있으므로 올바른 신용관리가 매우 중요하다.

2 개인신용정보와 신용평가

1 개인신용정보

개인신용정보의 개념

개인신용정보란 금융거래 등 상거래에 있어서 거래상대방에 대한 신용도와 신용거래능력 등을 판단할 때 필요한 정보로서 식별정보, 신용거래정보, 신용도 판단정보, 신용능력정보 등을 말한다. 개인의 신용에 대한 평가는 개인신용정보를 수집하여 이를 바탕으로 이루어진다. 금융회사들은 돈을 빌려주기 위해 돈을 빌리는 사람의 신용도를 먼저 조사하고, 이를 바탕으로 신용이 좋은 사람에게는 더 낮은 이자율을 적용하고 돈을 빌려주며, 신용이 좋지 않거나 신용정보가 없는 사람에게는 높은 이자율을 적용하거나 대출을 거절하기도 하는데, 이때 평가에 활용하는 자료가 개인신용정보인 것이다. 개인신용정보는 금융회사에서 돈을 빌릴 때 뿐만 아니라, 백화점에서 고객 카드를 신청하거나 결혼정보업체에 등록할 때, 그리고 여러 공 공기관의 취업 시에도 개인의 신뢰도를 측정하기 위한 목적으로 다양하게 사용된다.

개인신용정보의 종류

개인신용정보에는 이름, 주민등록번호, 주소 등 개인이 누구인가를 알 수 있는 식별정보 와 금융거래 등 상거래와 관련하여 개인의 거래내용을 판단할 수 있는 신용거래정보가 있다. 식별정보는 개인을 식별하기 위한 활용보다는 주로 다른 신용정보들과 결합하여 이용되고 있고, 신용거래정보는 신용정보주체의 거래내용을 판단할 수 있는 정보로서 대출, 보증, 담보 제공, (가계)당좌거래, 신용카드, 할부금융 등 상거래와 관련하여 거래의 종류, 기간, 금액 및 한도 등에 관한 사항이 포함된다. 또한 대출정보, 채무보증정보 등 돈을 빌리고 물품을 구매하면서 생성된 신용도 판단정보와 개인의 소득 및 자산, 재산세 혹은 소득세 납부실적 등으로 평가하는 신용능력정보, 그리고 금융회사가 보유한 경제 관련 법령 위반정보 및 국세·지방세 체납 정보, 신용회복지원정보, 법원의 심판 및 결정정보 등이 포함된 공공정보가 개인신용정보에 포함된다.

| 표 7-1 | 개인신용정보의 종류

종류	내용
식별정보	성명, 주소, 주민등록번호, 성별, 국적 등 개인을 식별할 수 있는 정보
신용거래정보	금융거래 내용을 판단할 수 있는 정보로서 대출, 보증, 담보제공, 신용카드, 할부금융 등의 종류, 기간, 금액 등에 관한 정보
신용도판단정보	금융거래 등 상거래와 관련하여 개인의 거래내용 및 신용도를 판단할 수 있는 정보로서 대출금 및 신용카드대금 등의 연체 정보
신용능력정보	돈을 빌리거나 신용카드 등으로 물품을 구매하고 이를 잘 갚을 수 있는 능력으로서 소득 및 재산, 소득세 및 재산세 납부 실적 등
공공정보	법원의 재판 결과 관련 정보, 세금 또는 공공요금 등의 체납 정보

출처: 신용회복위원회, 「신용상담을 위한 재무관리」(2020), 금융소비자 정보포털 파인(http://fine.fss.or.kr)

2 개인신용정보의 수집과 관리

개인신용정보의 수집

개인신용정보는 CB(Credit Bureau)라고 하는 신용정보집중기관 또는 신용평가회사에서 모아 집중적으로 관리한다. CB는 공공 CB와 민간 CB로 구분되는데 공공 CB에는 한국신용정보원이 있고, 민간 CB의 대표적인 회사로는 코리아크레딧뷰로(KCB)와 NICE평가정보가 있다. 공공 CB는 개인신용정보만을 수집하는 데 비해, 민간 CB는 신용정보를 기초로 개인의 신용수 준을 평가하는 동시에 개인 대출심사 등 신용평가 결과를 필요로 하는 금융회사 등에 제공하는 등 신용정보 수집과 신용평가를 같이 담당한다.

한국신용정보원은 은행연합회 등 5개 금융협회와 보험개발원에서 분산, 관리해 오던 신용정보를 안전하고 집중적으로 관리하기 위해 설립된 국내 유일의 종합 신용정보집중기관이다. 각 금융회사는 한국신용정보원에 자신의 고객정보를 제공하고, 개인이 대출을 신청하여 신용평가를 하기 위해 신용정보를 활용해야 할 때, 한국신용정보원이 각 금융회사로부터 수집 해 놓은 개인정보를 요청하여 이용하게 된다. 한국신용정보원이 수집하는 주요 정보에는 채무불이행정보(연체 90일 이상), 대출 및 채무보증정보, 카드개설정보, 국세청으로부터 받은 세금체납정보, 법원으로부터 파산정보, 소송정보 등의 공공정보 등이 포함된다. 민간 CB인 신용평가회사는 은행, 카드사, 보험사, 캐피탈, 저축은행 등의 금융회사와 백화점, 통신사, 전기/가스회사 등 비금융회사 그리고 공공기관이 제공하는 신용거래 내역과 관련 신용정보를 수집한 후, 이를 평가하고 가공하여 신용정보이용자에게 제공하는 회사를 말한다.

| 표 7-2 | 개인신용정보관리

<table>
<tr><th colspan="2">관리 기관</th><th>등록 신용정보</th><th>신용정보 제공</th><th>신용정보 이용</th></tr>
<tr><td rowspan="4">공적 CB</td><td rowspan="4">한국신용
정보원</td><td>채무불이행 정보
(연체 90일 이상)</td><td rowspan="4">금융회사,
국세청, 법원 등 공공기관</td><td rowspan="4">금융회사</td></tr>
<tr><td>대출 및 채무보증 정보</td></tr>
<tr><td>카드개설 정보</td></tr>
<tr><td>세금체납 등 공공정보</td></tr>
<tr><td rowspan="2">민간 CB</td><td rowspan="2">KCB,
NICE평가
정보</td><td>한국신용정보원에서
받은 정보</td><td>한국신용정보원</td><td rowspan="2">금융회사 및
비금융회사</td></tr>
<tr><td>비금융회사에서 받은 정보</td><td>비금융회사: 대부업체, 통신회사, 유통회사, 소매회사 등</td></tr>
</table>

개인신용정보의 활용

KCB, NICE평가정보와 같은 신용평가회사에서 관리하고 제공하는 개인신용정보를 CB정보라고 한다. CB정보는 한국신용정보원에서 수집한 일반적인 신용정보뿐만 아니라 금융거래자의 현황(재산 소유, 직업, 소득 등) 및 거래 이력(상환 이력, 금융거래 횟수) 등 금융거래와 관련한 다양한 정보도 포함하여 개인의 신용도를 수치화하여 제공하므로 보다 상세한 정보를 제공한다. 예를 들어, 연체정보도 연체기간 90일 이상이 아닌 5일 이상의 연체정보를 수집하고 대출, 채무보증, 카드 정보 등도 좀 더 상세한 정보를 수집하여 제공한다.

또한 대부업체와 백화점, 통신회사 등 비금융회사와 개별 계약에 의해 연체정보를 수집하고 수집된 자료를 정제, 가공하여 신용평점을 산출하고 이를 필요한 개인과 기관에 제공한다. 금융회사 등 신용정보를 이용하는 회사는 신용평가회사로부터 얻은 신용보고서(credit report)와 신용평점(credit score)을 이용하여 거래 여부 및 금리, 대출 조건 등을 결정하게 된다. 그리고 신용정보를 이용하는 회사에서 발생한 거래 고객의 신용정보는 다시 신용평가회사에 전달되어 개인의 신용도를 평가할 수 있는 중요한 자료로 이용된다.

개인신용정보의 확인과 정정

개인신용정보는 개인의 경우 연 3회(4개월에 1회)까지 무료로 자신의 신용정보를 확인할 수 있다. KCB에서 운영하는 올크레딧이나 NICE평가정보에서 운영하는 나이스지키미에 접속하여 자신의 신용정보를 조회할 수 있다. 특히 주민등록증이나 운전면허증 등을 분실한 경험이 있다면 분실한 신분증을 다른 사람이 신용거래에 부정 사용하지 않았는지 확인하는 차원에서 자신의 신용정보를 점검해 볼 필요가 있다.

2011년 10월 이전에는 신용정보 조회횟수 혹은 조회한 기관 등의 정보가 개인의 신용도에 영향을 미치는 정보로 작용했으나 지금은 개인의 신용평가를 위한 정보에 포함시키지 않고 있으므로 신용관리 차원에서 신용정보를 확인하는 것이 좋다. 만약 개인신용정보를 확인하였는데 정보가 잘못되어 있다면 신용정보를 등록한 금융회사가 한국신용정보원과 신용평가회사 등에 자신의 정보를 정정할 수 있도록 해당 금융회사에 우선적으로 정정요청을 해야 한다. 만일 신용정보 정정 처리결과에 이의가 있으면 금융위원회에 신용정보 시정요청을 할 수 있다. 금융회사와 한국신용정보원, 신용평가회사 등은 신용정보 오류 정정 신청 처리결과를 7일 이내에 본인에게 통지

해야 하며, 신용정보가 정정·삭제된 경우에는 최근 6개월 이내에 해당 신용정보를 제공받은 거래처 및 본인(신용정보 정정신청자)이 요구한 곳에 이를 통보해야 한다.

3 개인신용평가

개인신용평가제도

개인에 대한 신용평가는 신용평가점수제(1~1,000점)로 운영되고 있다. 개인신용평가점수는 CB사가 개인에 대하여 향후 1년 이내에 90일 이상 연체 등이 발생할 가능성을 수치화한 지표이다. 기존의 신용등급제(1~10등급) 적용에 따른 문제점을 해소하고 체계적인 대출심사를 위해 2021년부터 시행되었다. 신용등급제는 신용등급 구간별 점수 폭이 너무 커서 금융회사는 신용위험을 관리하기가 쉽지 않았다. 금융소비자 입장에서는 신용등급에 따라 금융회사가 제공하는 획일적인 금융서비스를 받아왔으며 1~2점에 따라 등급이 달라져서 다른 대출 기준을 적용받는 등의 불이익이 발생했었다.

예를 들어, 신용점수 665점과 662점은 점수 차이가 크지 않고 신용도가 유사하지만 이를 등급제에 적용하면 각각 6등급과 7등급으로 분류되어 대출심사 시 큰 차이가 있었다. 하지만 신용평가점수제 시행으로 은행별로 차별화된 대출가능 판단 기준을 마련하여 운영하게 되면서 신용등급 미달로 대출심사가 거절되었던 금융소비자도 다른 은행에서는 대출심사를 통 과하여 대출을 받을 수 있게 되게 된다. 또한 신용이력이 부족하여 신용등급이 좋지 않았던 대학생이나 20대 사회초년생의 경우 더욱 상세한 신용평가를 받을 수 있는 기회가 생기는 등 금융소비자의 불이익이 줄어들 것으로 예상된다.

개인신용평가점수 평가요소

개인신용을 평가하는 요소에는 신용행동, 신용여력 그리고 신용성향이 있다.

먼저 신용행동은 대출이나 신용카드 사용 등 부채를 빌리고 갚는 신용거래 이력을 뜻하는 데 상환이력정보, 현재부채수준, 신용거래기간, 신용거래형태로 구분할 수 있다. 상환이력 정보란 채무의 기한 내 상환 여부, 과거 연체경험 정보이며, 현재부채 수준은 현재 보유한 대출, 보증 등 상환이 필요한 채무 정보, 신용거래 기간은 대출, 보증 등 신용거래활동을 시작한 후 거래기간에 대한 정보, 신용거래형태는 신용거래 종류(신용카드, 체크카드)에 따른 채무정보를 의미한다.

이 밖에도 입증된 소득에서 지출수준을 고려한 미래 가처분소득을 의미하는 신용여력과소비자 개인의 신용개선을 위한 노력 정도를 의미하는 신용성향도 반영된다.

한편, 정교한 신용평가를 위해 CB사가 자체적으로 수집하기 어려운 세금, 건강보험, 국민연금, 통신요금, 공공요금 등의 성실 납부 내역을 개인이 스스로 CB사에 제출하면 이를 개인의 신용평가에 반영해주고 있다. 이는 금융거래가 거의 없거나 신용정보 등이 부족한 사회초년생이나 현금거래가 많은 자영업자 등의 신용평가에 유리하다.

개인신용평가 결과는 금융회사의 대출가능 여부 또는 카드발급 여부 및 대출한도와 대출 금리 결정에 있어서 중요한 기준이 되기 때문에 사회초년기부터 꾸준한 신용정보 관리가 필요하다.

확대보기

신용평가에도 이용되는 비금융거래 이력

신용평가회사들은 신용평가 시 일정한 가점을 부여하는 신용평가 가점제를 운용하고 있는데, 대표적인 것이 통신 · 공공요금 성실 납부실적을 꾸준히 제출하면 가점을 받을 수 있는 제도이다. 사회초년생처럼 금융거래 실적이 많지 않은 경우에는 학자금대출 상환 실적, 체크카드 이용 기록 등을 이용하여 신용점수를 올릴 수 있다.

최근에는 교통법규 미준수 등 사회공익을 해치는 행위나 SNS 등의 온라인 활동과 온라인 쇼핑 내역, 공공요금 등 비금융거래 정보를 신용평가에 이용하기도 한다. 우리나라에서도 비금융정보를 전문으로 다루는 민간 CB가 도입되면서 비금융정보에 대한 중요성이 커지고 있다.

그림 7-1 개인신용평가점수 평가요소

신용행동		신용여력		신용성향
• 상환이력정보 • 현재부채수준 • 신용거래기간 • 신용거래형태	+		+	

※ 신용조회정보는 신용평가점수에 반영되지 않음.

"내 신용점수를 제대로 알아야 재테크가 가능하다?" 현명한 신용점수 관리법

"고객님은 신용점수가 낮아서 신용카드 발급이 안됩니다. 신용점수를 관리하시고 다시 신청해 주세요."

신용점수는 개인신용평가회사에서 개인의 신용도를 평가한 점수를 말한다. 신용점수가 낮으면 카드 발급이나 대출이 어려울 수 있다. 심지어 신용점수가 낮으면 대출 시 금리가 높아 이자 부담도 더 크다.

그만큼 신용점수 관리는 자신의 효율적인 자산 관리를 위해서라도 중요하다. 2020년까지는 신용등급제로 개인신용등급이 1~10등급으로 분류돼 있었다. 1~2등급은 우량, 3~6등급은 일반, 7~8등급은 주의, 9~10등급은 위험군으로 나뉜다.

사실 이 등급도 신용점수에 기반해 책정됐다. 2021년부터는 신용등급제가 폐지되면서 신용점수만으로 평가하기 시작했다. 신용점수제에서는 신용을 1~1000점까지로 분류하는데 신용이 아주 좋거나 몹시 나쁘면 1~2점 단위는 큰 영향이 없겠지만, 신용점수가 중간 지점이면 1점 단위로도 대출 여부가 갈리거나 신용카드 발급 여부도 달라질 수 있다.

이처럼 개인 신용점수는 모든 경제활동의 지표가 되기 때문에 중요하다. 하지만 많은 사람은 자신의 신용점수를 제대로 파악하지 못한다.

개인 신용점수는 금융거래 이력 및 기간, 부채 및 성실상환 이력, 신용·체크카드 사용 내역, 연체 정보, 연간소득 등 종합적으로 평가해 매겨진다.

그렇다면 개인 신용점수 관리를 어떻게 해야 할까. 우선 자신의 신용점수를 확실하게 알 필요가 있다. 자신의 신용점수는 카카오페이, 토스, 뱅크샐러드, 케이뱅크, 페이코, 핀크, 네이버 등 다양한 앱을 통해 무료로 확인할 수 있다. 사이렌24, 나이스 지키미, 올크레딧 등 신용평가사 홈페이지나 앱을 이용해서도 무료로 확인이 가능하다. 신용점수 조회를 한다고 해서 신용점수 변동에는 영향이 없으니 무료로 자신의 신용점수를 확인해 관리하는 것이 중요하다.

자신의 신용점수를 확인했다면 이제 점수를 높이기 위한 관리도 필요하다. 신용카드가 있다면 한도 내에서 매달 30~50% 수준으로 사용하는 것이 좋다. 신용카드를 과도하게 사용하거나 저조하게 사용하면 신용점수가 낮아질 수 있다. 반면 적당한 수준으로 신용카드를 사용하고 카드값을 잘 낸다면 신용점수가 오르는 것을 확인할 수 있다.

주기적인 결제대금은 자동이체를 이용하는 것이 좋다. 카드 이용대금, 통신요금, 가스비, 아파트 관리비 등 성실납부기간이 길수록 가점 폭과 가점받는 기간이 늘어 신용점수 상승에 영향을 준다.

반면 현금서비스(단기카드대출)나 카드론(장기카드대출)을 이용하면 신용점수가 급격히 낮아질 수 있다. 그만큼 신용카드를 사용할 때는 이 부분을 유의해야 한다.

과다한 채무를 보유하게 되는 것도 연체위험이 상승한 것으로 평가돼 개인 신용점수 하락에 영향을 끼친다. 새로운 대출을 받게 될 때도 개인 신용점수 하락에 따른 대출 금리 상승 등으로 인해 이자 부담 등이 증가할 수 있다.

무엇보다 연체는 소액이라도 절대 하지 말아야 한다. 연체정보는 개인의 신용평가에 가장 부정적으로 영향을 끼친다. 일단 소액이라도 연체가 발생하면 이를 상환하더라도 그 후 오랫동안(3~5년) 본인의 개인 신용점수 평가에 불이익 정보로 반영되므로 유의할 필요가 있다.

[출처: 이투데이, 2022. 10. 09.]
[https://www.etoday.co.kr/news/view/2179763]

3 신용관리 및 연체시 대처방법

1 신용관리방법

신용을 좋게 만든다는 것은 좋은 신용기록을 쌓는다는 의미이므로 단기간에 신용을 좋게 만들기는 어렵기 때문에 꾸준한 신용관리가 중요하다. 가장 주의해야 할 점은 연체하지 않도록 조심하는 것이다. 금융회사 등에서 신용평가를 할 때 가장 큰 비중을 차지하는 것이 연체 정보인데, 결제일을 깜박하거나 청구서가 도착하지 않아 발생할 수 있는 연체를 예방하기 위해서는 자동이체 납부를 하는 것이 바람직하다. 그 밖에 금융감독원이 제시한 '현명한 신용 관리를 위한 팁'을 알아두자.

① 갚을 능력을 고려해 적정한 채무 규모 설정하기

대출이나 신용카드 사용액은 언젠가 자신이 갚아야 할 빚이다. 상환능력에 비해 과도한 채무는 가계 운영이나 개인의 삶을 힘들게 할 뿐만 아니라, CB 또는 금융회사에서도 채무가 많은 채무자에 대해 연체 위험이 상승한 것으로 평가하고 있어 신용도가 하락하게 될 가능성이 높다. 따라서 본인의 소득 규모나 지출 등을 감안해 감당할 수 있는 수준의 채무 규모를 설정하고 정해진 규모 안에서 대출과 신용카드 등을 이용하는 것이 좋다.

② 인터넷, 전화 등을 통한 대출은 신중하게 결정하기

대부분 긴급자금이 필요한 상황에 해당하겠지만, 단지 신속하고 편리하다는 이유로 인터 넷이나 전화 등을 통해 대출을 받거나 현금서비스를 이용하는 경우가 있다. 그러나 이러한 대출을 이용할 경우 연체 위험도가 높게 평가되므로 실제 연체가 발생하지 않았더라도 신용도가 하락하게 될 가능성이 크다. 다소 불편하더라도 금융회사를 직접 방문해 대출을 받는 것이 좋다. 특히, 최근에는 전화로 낮은 금리로 전환 대출해 줄 수 있다고 안내하는 보이스 피싱이 많이 발생하고 있어 각별한 주의가 필요하다.

③ 소액이라도 절대 연체하지 않기

연체정보는 개인의 신용평가에 가장 부정적인 영향을 미치는 요소다. 일단 소액이라도 연체가 발생하면 연체금액을 상환한 이후에도 일정 기간 신용평가 시 불이익 정보로 반영된다. 따라서 소액이라도 계획적이고 합리적인 소비습관을 통해 연체가 발생하지 않도록 유의해야 한다. 소액연체는 대부분 개인의 관리 부주의 등으로 발생하는 경우가 많기 때문에 자동이체 서비스를 적극적으로 활용하고 미리 통장잔액을 확인해 소액 연체가 발생하지 않도록 미연 에 방지할 필요가 있다.

④ 연체를 상환할 때에는 오래된 것부터 상환하기

연체는 기간이 길수록 개인의 신용평가에 불리하게 작용하므로 여러 건의 연체를 보유하고있을 경우에는 가장 오래된 연체 건부터 상환하여 연체정보로 인한 불이익을 최소화해야 한다.

⑤ 주거래 금융회사를 정해 이용하기

금융회사는 거래기간이 길거나 거래량이 많은 고객에 대한 신용도를 높게 평가하기 때문에 주거래 금융회사를 정해서 이용하면 신용평가에 긍정적인 영향을 미칠 수 있다. 최근에는 오픈뱅킹이 등장하면서 주거래 은행의 의미가 줄어든 것으로 평가하기도 하지만, 주거래 은행에서 단골고객에게 금리우대를 적용하거나 수수료 면제 등의 혜택을 제공할 수 있다.

⑥ 연락처가 변경되면 반드시 거래 금융회사에 통보하기

금융회사에서는 대출 금액이 연체될 경우 이를 고객에게 안내하고 있다. 그러나 만일 주소나 이메일, 전화번호가 변경되었는데 거래 금융회사에 알리지 않으면 연체가 발생하더라도 금융회사로부터 안내를 받지 못하는 상황이 발생할 수 있다. 따라서 주소, 전화번호 등 주요 연락처가 변경되는 경우 이를 반드시 거래 금융회사에 통보해야 한다.

⑦ 건전한 신용거래 이력을 꾸준히 쌓아가기

개인의 신용은 과거 신용거래 실적과 현재 신용거래 내용에 대한 평가를 바탕으로 평가되기 때문에 신용거래가 거의 없는 개인은 평가 근거가 부족해 좋은 신용점수를 받기 어렵다. 따라서 신용도를 적절히 유지·관리하기 위해서는 연체 없는 대출거래, 신용카드 이용 등 신용거래 실적을 꾸준히 관리해야 한다.

⑧ 자신의 신용정보 현황을 확인하기

본인의 신용정보는 CB에서 제공하는 서비스를 통해 1년에 3회(4개월마다 1회)를 무료로 확인할 수 있다. 이를 활용해 자신의 신용정보가 정확한지 정기적으로 점검할 필요가 있다.

적용하기

'전국민 신용교육' 및 무료 신용조회서비스

금융감독원의 금융소비자 정보포털 파인(http://fine.fss.or.kr)을 통해 제공되는 '전국민 신용교육'을 활용해 보자. 신용평가회사(KCB, NICE평가정보)에서 제공하는 신용교육 프로그램을 별도의 로그인을 하지 않고도 활용할 수 있다.

아울러 1년에 3번, 4개월에 1회씩 무료로 개인신용정보를 확인할 수 있으며, KCB에서 운영하는 올크래딧(www.allcredit.co.kr)이나 NICE 평가정보에서 운영하는 나이스지키미(www.credit.co.kr)에 접속하여 이용할 수 있다. 만약 오류가 있을 경우 신용평가회사에 연락하여 신용점수 산출 근거에 대해 설명을 들을 수 있고, 금융감독원 민원센터(☎1332)를 통해 이의제기가 가능하다.

2 연체 시 대처방법

연체정보 등록 및 해제

채무불이행, 즉 연체는 신용평점 하락에 결정적인 영향을 미친다. 연체정보는 금융회사 채무를 3개월 이상 연체한 경우 한국신용정보원에 등록하도록 되어 있지만, 해당 금융회사에서는 3개월 미만의 연체정보도 보유하고 있기 때문에 민간 CB의 신용평가를 기초로 최종 신용서비스 제공을 결정하게 된다. 따라서 연체를 하지 않는 것이 가장 바람직하지만, 만일 연체를 하였다면 가능한 빨리 연체를 해결하는 것이 좋다. 특히, 교육과학기술부 지원 학자금대출의 대출금, 이자 등이 연체된 경우는 6개월 이상 연체 시(단, 만기 경과 시에는 3개월 이후) 등록된다.

일반적으로 연체정보는 연체금 완납 시 해제된다. 하지만 경우에 따라서는 연체정보 해제 후 기록보존기간이 남아 있기 때문에 해제와 동시에 삭제되지 않는 경우도 있다. 예를 들어 연체금액에 상관없이 연체정보 등록일로부터 90일 이내에 연체금액을 갚거나 대출연체금액이 1,000만 원 이하인 경우 그리고, 신용카드연체금액이 500만 원 이하인 경우에는 해제와 동시에 연체정보가 삭제된다. 그 이외의 연체정보는 상환일로부터 연체기간 동안 기록이 남아 있으며, 최장 1년간 기록이 관리된 후 삭제된다.

3 채무조정제도

소득원이 없거나 소득에 비해 빚이 너무 많거나 또는 소득이 불안정하여 정상적으로 채무 상환이 어려울 경우에는 채무조정제도를 이용하는 것을 고려해 볼 수 있다. 채무조정제도는 상환기간 연장, 분할상환, 이자율 조정, 상환유예, 채무감면 등의 방법으로 상환조건을 변경 하여 경제적으로 재기할 수 있도록 지원하는 제도이다. 채무조정제도에는 신용회복위원회의 연체 전 채무조정과 프리워크아웃, 개인워크아웃, 법원의 개인회생과 개인파산, 국민행복기 금의 채무조정 등이 있다. 채무조정제도에 대한 자세한 사항은 각 기관(신용회복위원회, 법원, 국 민행복기금) 홈페이지를 통해 확인할 수 있다.

신용회복위원회 채무조정제도

신용회복위원회에서는 신속채무조정을 하는 연체전 채무조정, 이자율 채무조정인 프리워 크아웃, 일반 채무조정인 개인워크아웃을 통해 채무자의 부채상환과 경제적 재기를 지원한 다. 여기에 해당하는 대상 채권은 신용회복위원회와 신용회복지원 협약을 체결한 채권금융회 사 채무만 조정 대상이 된다.

연체전 채무조정(신속채무조정)은 채무를 정상적으로 상환하기 어려운 채무자를 대상으로 일정 기간 채무상환을 유예하거나 상환기간을 연장하는 등의 채무조정을 지원한다. 프리워크아웃(이자율채무조정)은 1~3개월 미만 단기연체 채무자가 연체 기간이 장기화되는 것을 방지 하기 위해 선제적으로 지원하는 것이다. 개인워크아웃(채무조정)은 3개월 이상 장기연체 채무자에 대한 채무조정 프로그램으로 신용회복과 경제적 회생을 지원한다.

법원 개인회생 및 개인파산면책제도

법원의 개인회생 및 개인파산면책제도는 사채를 포함하여 채무조정을 하기 때문에 사채가 많은 경우 등 신용회복위원회의 채무조정서비스를 받기 어려운 개인이 이용하기에 적합한 신용회복지원제도이다.

그림 7-2 채무조정프로그램

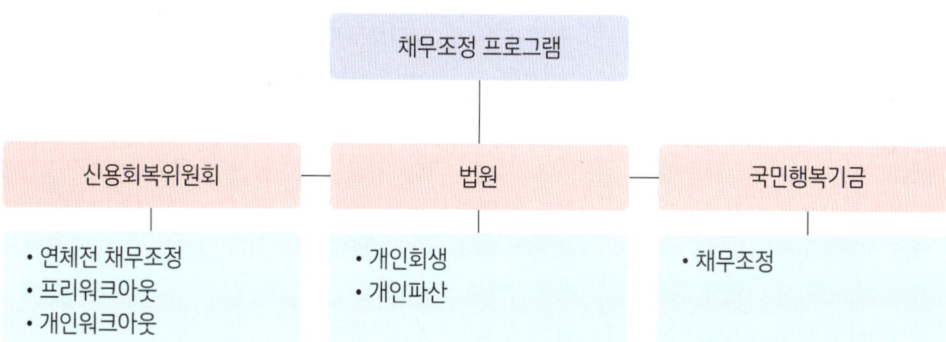

출처: 금융소비자 정보포털 파인(http://fine.fss.or.kr)

개인회생제도는 재정적 어려움으로 인하여 파탄에 직면하였으나 장래에 안정적이고 정기적인 수입을 얻을 수 있는 개인채무자 구제를 목적으로 한다. 법원이 허가한 변제 계획에 따라 최대 5년간 채무를 분할변제하고 남은 채무는 면책받을 수 있도록 한 제도이다. 신청 자격은 총 채무액이 무담보채무 5억 원, 담보채무 10억 원 이하인 개인채무자로서, 일정한 수입이 있는 급여소득자와 영업소득자가 가능하다. 개인파산면책제도는 채무상환능력이 없는 한 계채무자에 대해 파산면책 결정을 통해 남아 있는 채무에 대한 채무상환책임을 면제하는 제도이다. 채무자가 보유하고 있는 모든 자산을 현금화하여 모든 채권자가 평등하게 채권을 변제받도록 한다. 다만 낭비 또는 사기행위 등으로 파산한 경우에는 면책이 허가되지 않으며 부채규모로 신청 자격을 제한하지 않는다.

| 표 7-3 | 채무조정제도 종류

구분	연체 전 채무조정	프리워크아웃	개인워크아웃	개인회생	개인파산	국민행복기금 채무조정
운영	신용회복위원회			법원		한국자산관리공사
대상 채권	협약가입 금융회사 채권(6,100여 개)			제한 없음(사채 포함)		국민행복기금 인수채권
채무 범위	담보채무(10억) 무담보채무(5억)				제한없음	인수채권
대상	연체기간이 30일 이하이거나 연체가능자	연체기간 31~89일 사이인 연체자	연체기간 3개월 이상인 자	과다채무자인 급여소득자, 영업소득자	파산원인 해당자	국민행복기금에서 매입한 채권의 채무자
채무 조정 내용	무담보채권 최장 10년 분할상황, 최장 3년이내 채무상황유예, 연체이자 감면	• 무담보채권: 약정이자율의 1/2까지 인하, 최장 10년 이내 분할 상황 • 담보채권: 연체이자만 감면, 최장 20년 이내 분할 상환	• 무담보채권: 이자, 연체이자 전액, 원금은 상각채권 중 최대 70%까지 감면, 최장 8년 분할 상환 • 담보채권: 연체이자만 감면, 최장 20년 이내 분할 상환	변제기간 5년 이내 • 무담보채무 5억 원 • 담보채무 10억 원 이하	청산 후 면책	• 최장 10년까지 연장 • 일반감면: 20~70% • 특수채무관계자 감면: 감면율 표에 의해 70~90% • 장기연체채무자 추가감면: 10~30%

출처: 신용회복위원회(2020)

국민행복기금 채무조정제도

국민행복기금 채무조정은 금융소외계층의 과도한 채무 부담을 줄여 경제적 회생의 기회를 제공하고 새로운 자활지원프로그램을 통해 정상적인 경제활동의 주체로 복귀할 수 있도록 지원하는 통합 신용 회복 지원제도이다. 제도권 금융회사 및 대부업체가 보유한 연체채권에 대하여 채무자의 신청, 동의에 따라 채무조정을 시행한다. 신청자의 상환능력이 부족한 경우 채무자의 연령, 연체기간, 소득 등을 고려하여 최대 70%(기초수급자, 만 70세 이상 고령자 등의 특수 채무자의 경우 최대 90%)까지 채무를 감면해 주고 최장 10년까지 매월 분할상환할 수 있도록 상환기간이 조정된다.

4 대학생 및 사회초년생을 위한 채무조정제도

한국장학재단 신용회복지원서비스

한국장학재단은 학자금대출 상환을 장기연체하고 있는 사람이 신용유의자로 등록되어 취업을 하지 못하고 있는 등 정상적인 경제생활을 하지 못하는 문제점을 해결해주기 위해 신용 회복지원서비스를 제공하고 있다. 한국장학재단이 제공하는 신용회복지원서비스에는 분할상 환제도, 신용도판단정보 회복제도, 정상화(기한이익회복)제도 등이 있다.

① 분할상환제도

분할상환제도는 학자금대출 장기연체로 대위변제나 기한이익상실 시, 채무를 분납할 수 있도록 상환기간을 조정해주는 제도이다. 상환기간은 대출금을 10년까지 나누어 상환할 수 있도록 분할상환을 허용하고, 채무가 2천만 원 이상인 경우 20년까지 허용한다. 분할상환 시 신용유의정보를 해제해 준다. 채무가 10만 원 미만 소액인 경우에는 분할상환이 불가하며, 분할상환금을 3개월 이상 연체할 때에는 분할상환서비스가 중지되며 신용유의자로 등록된다.

② 신용도판단정보 회복제도

신용도판단정보 회복제도는 학자금 대출 연체로 한국신용정보원에 신용도판단정보가 등록된 자로서 대학 재학, 휴학, 또는 졸업 후 2년 이내이거나 대학원 입학 후

2년 이내, 또는 중소기업에 재직 중일 경우 신용도판단정보를 해제하고, 재등록을 유예하여 금융거래 및 취업에 불이익이 없도록 지원하는 제도이다. 졸업 후 2년까지 신용유의정보 등록 유예('중소기업 재직자' 유예를 포함하여 최장 3년간 등록 유예 가능)가 가능하다.

③정상화(기한이익회복) 제도

정상화(기한이익회복) 제도는 학자금 대출 연체로 기한이익이 상실된 채무자가 연체금액 전액 상환 시 당초 대출조건으로 회복하는 제도이다. 일반 상환 학자금대출, 유예대출, 취업후 상환 학자금대출, 생활비대출, 농어촌융자 학자금대출 등의 대출 연체로 기한이익이 상실된 채무자가 연체금액 전액을 상환하면 초기 대출 조건으로 정상화되어 기한이익이 회복되는 것이다.

신용회복위원회 신용회복서비스

부채의 규모가 이미 감당할 수 없을 정도로 커져서 스스로 채무상환이 어렵다고 판단되면 하루라도 빨리 신용회복위원회에 도움을 요청하는 것이 바람직하다. 신용회복위원회에서 지 원하고 있는 신용회복서비스에는 개인워크아웃과 프리워크아웃 및 연체전 채무조정이 있으며, 대학생 등 청년의 채무를 면제해주는 서비스는 대학생 및 미취업청년지원 프로그램과 소 액금융 신용보증지원 프로그램이 해당된다(2020년 기준).

① 대학생 및 미취업청년 지원제도

대학생 및 미취업청년지원 프로그램은 금융회사 채무를 3개월 이상 연체하고 있는 만 29세 이하의 대학생 및 미취업청년을 대상으로 채무감면, 상환유예, 최장 10년 이내 분할상환 지원 등의 서비스를 지원한다. 채무감면은 개인워크아웃 기준에 따라 결정되고, 상환유예는 대학 졸업 시까지, 그리고 졸업 후 취업 시까지 최장 4년 이내에서 추가 상환이 유예된다. 신용회복위원회 전국 지부 또는 서민금융통합지원센터를 방문 신청하거나 신용회복위원회 사이버지부(cyber.ccrs.or.kr)를 통해 인터넷으로 상담 및 신청할 수 있다.

② 소액금융제도

소액금융제도는 소득이 부족하거나 신용이 낮은 저신용자를 대상으로 생활안정자금, 학자금 등 긴급자금을 직접 신청인에게 대출해줘서 경제적 재기를 지원목적으로 하는 제도이다. 신용회복지원을 신청하여 미납없이 6개월 이상 성실하게 변제중이거나, 개인회생을 18개월 이상 성실하게 갚고 있거나 완제 후 3년 이내인 저소득 저신용자(대학생 및 미취업청년 해당)가 신청할 수 있다. 긴급생활안정자금, 대학학자금, 고금리 대출 상환자금, 영세자영업자의 시설개선자금과 운영자금 지원이 있으며, 대출한도는 최대 1,500만 원 이내, 최대 5년 이내 원리금균등분할 상환방식이 적용된다. 2020년 12월 기준으로 지원상품에는 희망사다리론, LH 공사 행복론, 미소금융론, 새출발 마중물론, 사회복지공동모금회론, 개인회생론 등이 있다.

"금융감독원, 신용등급 관리법 소개 ... "성실하게 쌓아야"

'개인신용등급' 한 마디로 개인의 신용도를 나타내는 말이다. 처음 들었을 때 직관적으로 알겠지만 구체적으로 개인신용등급이 무엇인지 누가 어떻게 이용하고 있는지 또, 어떻게 하면 개인신용등급을 올릴 수 있을 것인지는 알기 쉽지 않다.

금융감독원이 개인신용등급이란 무엇인지, 또 신용등급을 올리려면 어떻게 해야 하는지 설명했다. 금융감독원에 따르면 개인신용등급이란 흔히 개인CB회사라고도 하는 개인신용평가회사에서 '향후 1년간 개인이 90일 이상 연체할 가능성'을 평가한 결과라고 한다.

개인CB회사는 개인신용도를 평가해서 금융회사에 제공하고, 금융회사는 이러한 평가 결과를 활용해 대출 한도나 금리 등을 결정하고 있다.

과거에는 개인신용등급을 1~10등급으로 구분했다. 이런 상황에 소위 '절벽효과'라는 게 생겨서 금융소비자에게 의도치 않은 불이익이 발생하게 됐다. 예를 들어, 6등급 후반에 있는 사람들과 7등급 초반에 있는 사람들이 사실상 유사한 신용도임에도 등급이 달라 대출이 거절되는 불이익이 있었다.

이러한 점을 개선하기 위해 최근에는 개인신용등급을 개인신용평점으로 대체하게 됐다고 한다. 본인의 신용평점을 먼저 확인하는 것이 중요하다. 신용평점은 나이스평가정보 또는 코리아크레딧뷰로(KCB) 등 개인CB회사를 통해서 본인 신용정보와 신용평점 등을 확인할 수 있다.

온라인 홈페이지, 전화 또는 직접 방문 등을 통해 가능하다, 제공하는 정보로는 대출이나 연체 현황, 신용카드 발급 현황 등과 같은 개인신용정보 뿐만 아니라 개인신용평점도 백분위 수치로 확인할 수 있다.

금융감독원에 따르면 개인신용평점에 대해 관리 방법이 중요하다고 한다. 금감원은 소액이라도 연체를 해서는 안 된다고 전했다. 연체정보는 개인의 신용상태에 가장 부정적인 영향을 미치는 요인이고, 일단 소액이라도 연체가 발생하면 이를 상환하더라도 그 후 최장 5년까지는 영향을 미치기 때문에 이 점을 반드시 유의해야 한다는 설명이다.

또한, 본인의 상환능력을 넘어서는 과도한 대출을 받지 않도록 채무관리를 해야하고, 주거래 금융회사를 정해서 대출이나 신용카드 대금을 연체 없이 상환해서 신용거래 이력을 성실하게 쌓아가는 것이 중요하다고 한다.

이와 함께 통신요금, 국민연금, 건강보험료 등을 성실히 납부 했다면 그 납부 내역을 개인CB회사의 인터넷 사이트 등을 통해 제출하면 개인신용평점이 상승될 수 있다.

금융감독원 측은 "개인의 신용도는 단기간이 아니라 티끌모아 태산이 되듯이 장기간에 걸쳐 꾸준히 형성된다는 것을 명심해야 한다"고 전했다.

[출처: 인천일보, 2020. 12. 09.]
[http://www.incheonilbo.com/news/articleView.html?idxno=1070503]

4 신용카드 활용법

1 신용카드에 대한 이해

신용카드의 기능

화폐경제가 발달하여 점점 더 편리한 지불수단을 추구함에 따라 다양한 종류의 신용카드(credit card)와 각종 체크카드(check card)가 사용되고 있다. 현금 대신 신용카드를 이용하여 일상에 필요한 재화나 서비스를 구입하고 한 달에 한 번 결제일에 카드대금을 한꺼번에 지불할 수도 있고 월별로 대금을 나누어 지불할 수도 있다. 신용카드는 현금이 없어도 필요한 상품을 구입할 수 있고 불편한 잔돈 발생을 막으며 거래기록을 쉽게 남길 수 있기 때문에 매우 편리한 지불 수단이다.

신용카드는 지불의 편리성 외에 신용을 제공하는 기능을 갖고 있다. 즉, 신용카드 고객의 계좌에 지불에 필요한 금액이 당장 없더라도 결제일까지 신용카드사로부터 신용을 제공받아 재화나 서비스를 구입할 수 있고 경우에 따라서는 할부도 가능하다. 이외에도 개인의 신용이나 신분을 나타내거나 외환거래를 할 수도 있고 현금이나 다른 결제 수단에 비해 우대 받을수 있는 다양한 부가서비스(결제 연기, 제휴 할인, 무이자 할부, 포인트 제공, 마일리지 적립 등) 혜택을 받을 수 있는 반면, 신용카드회사 입장에서는 개인정보수집의 수단으로 활용하기도 한다.

신용카드의 장단점

신용카드를 사용하는 경우 다음과 같은 여러 장점이 있다. 첫째, 신용을 이용하여 현재의 구매력을 증가시킬 수 있다. 소비자의 소득과 지출은 항상 일치하지 않기 때문에 미래의 소득을 미리 당겨서 사용하여 현재의 구매력을 증가시킬 수 있는 장점이 있다. 둘째, 신용을 사용하면 필요한 물품을 즉시 구입하도록 도와주어 만족을 높이는 효과가 있다. 셋째, 신용 사용으로 현재와 미래의 소득과 소비지출 규모를 원활하게 조절할 수 있으므로 개인 및 가계의 재무관리에 융통성을 제공할 수 있다. 넷째, 올바른 신용 사용은 개인의 신용도를 높이는 효과를 가져오기도 한다.

하지만 이러한 장점뿐만 아니라 단점도 있으므로 다음 사항을 유념해야 한다. 첫째, 신용은 미래의 구매력을 감소시킨다. 둘째, 신용을 사용함으로써 그에 상응하는 이자나 수수료 등의 비용을 지불해야 한다. 셋째, 신용을 이용하면 당장의 구매력이 증가하기 때문에 과소비나 충동구매의 가능성을 높인다. 이로 인해 사용자가 조심하지 않으면 과소비나 과다부채가 발생하여 가계재무건전성이 위험해질 우려가 있다. 넷째, 무분별하고 계획성 없는 신용의 사용은 개인과 가계의 재정을 파산에 이르게 하여 경제활동에 제한을 줄 수 있다.

2 신용카드의 종류

신용카드와 체크카드

신용카드는 통장에 잔액이 없어도 물품을 구매할 수 있는 기능이 있다. 즉, 신용카드로 물품을 구매하면 구매하는 시점보다 약 한 달 뒤 정해진 결제일에 사용한 모든 물품대금을 갚게 된다. 이에 비해 체크카드는 통장에 남은 잔액 내에서만 물품구매가 가능하며, 물품 구매를 위해 체크카드로 대금을 결제하는 순간 통장에서 결제금액이 빠져나간다. 신용카드는 소득이 없거나, 만 19세 미만인 미성년자에게는 발급되지 않지만 체크카드는 금융회사에 계좌가 있으면 발급이 가능하다. 최근 신용카드로 인한 과소비 방지를 위해 체크카드로 결제한 금액에 대해 신용카드보다 연말정산 시 소득공제 혜택을 더 주고 있다. 또 다른 유사 지불수단으로 선불카드가 있다. 선불카드는 돈을 미리 충전하여 사용하는 카드로 구매보다 먼저 결제가 이루어진다는 점에서 체크카드 및 신용카드와 차이가 있으며, 충전해 놓은 금액 내에서만 사용이 가능하다.

국내전용카드와 국제카드

국내전용카드는 국내에서만 통용되는 카드이고, 국제카드는 국내를 비롯하여 해외에서도 함께 사용할 수 있는 카드이다. 신용카드를 발급받을 때 국내전용카드와 국제카드 중 선택할 수 있으며, 국제카드를 발급받은 경우 해외에서도 국내에서 발급받은 신용카드로 결제할 수 있다. 이처럼 국제카드를 국내에서도 함께 사용할 수 있는 이유는 비자, 마스터카드, 유니온페이, 아메리카익스프레스(아멕스), JCB 등 해외카드사와 제휴를 맺은 국내카드사가 국제카드를 발행하기 때문이다. 이 때문에 국제카드를 보면 우리나라 신용카드사에서 발급한 신용카드 한쪽 귀퉁이에 국제 신용카드사의 로고가 표시되어 있다.

3 신용카드의 주요 서비스

할부거래

할부거래는 구매금액을 정해진 기간 동안 나누어낼 수 있는 신용카드의 주요 서비스 중 하나이다. 할부를 이용하면 냉장고, 자동차와 같은 고가의 내구재 구입이 편리해질 수 있으나, 충동구매나 과소비로 이어질 수 있으므로 유의해야 한다. 또한 할부거래를 하면 신용카드사에 할부수수료를 내야 하는데, 보통 대출이자보다 높은 경향이 있다. 한편 할부수수료율은 모든 소비자에게 동일하게 적용되는 것이 아니라 개인의 해당 신용카드 사용실적이 많을수록, 그리고 할부기간이 짧을수록 낮아진다

확대보기

할부거래법과 금융소비자보호

할부거래법에서는 할부를 이용한 충동구매로부터 소비자를 보호하기 위해 청약철회권, 항변권, 기한전지급권을 명시하고 있다. 청약철회권은 충동구매 등으로 구매결정을 잘못하여 구매한 물품을 판매자에게 반납하고 이미 납부한 돈을 받을 수 있는 소비자권리이다. 청약철회권은 구매한 물품의 하자로 수리나 교환을 요구하는 것과는 전혀 다른 경우이며, 수리나 교환 등 판매자가 계약 시 약속한 내용을 지키지 않으면 소비자는 매월 납부하는 할부금을 지급하지 않을 권리를 갖는데 이것이 항변권이다. 청약철회를 할 수 있는 기간은 물품을 전달받은 날로부터 7일 이내이며, 만일 청약철회 마

지막 날이 주말 혹은 국경일이면 그 다음 영업일까지 청약철회를 하면 된다. 이에 비해 항변권 행사는 할부기간 동안 계속 가능하다.

소비자가 청약철회와 항변권을 행사할 수 있는 물품에는 일정한 제한(예: 비닐로 포장된 CD의 경우 비닐포장이 벗겨진 것은 복사를 하였다고 간주하여 청약철회가 안 됨)이 있는데, 이는 소비자의 무분별한 권리행사로 상거래 질서를 어지럽힐 수 있기 때문이다. 특히 거래금액이 20만 원 이상이고 할부기간이 3개월 이상이어야만 청약철회와 항변권 행사가 가능하다.

소비자의 기한전지급권은 물품 구매 시점에서는 돈이 부족하여 할부로 구매하였지만 할부기간이 끝나기 전에 경제적 사정이 나아져서 할부 잔액을 한꺼번에 납부할 수 있는 경우, 소비자로 하여금 불필요한 할부수수료를 부담하지 않도록 하기 위한 목적으로 시행되고 있다. 신용카드 대금 청구서를 살펴보면 이번 달에 지급할 할부금과 앞으로 갚아야 할 잔액이 명시되어 있으며 이를 참고로 신용카드사에 기한 전 지급을 요청하면 된다.

일부결제금액이월약정

일부결제금액이월약정(리볼빙)은 신용카드로 물건을 구매하고 결제일에 결제금액의 일정 비율만 상환하고 나머지 금액은 다음 결제일로 이월하는 결제방식이다. 일부결제금액이월 약정은 카드이용대금을 전액 결제하지 않아도 연체상태를 피할 수 있다는 점에서 유용하다. 하지만 사실상 단기대출상품으로 이월되는 잔액에 대해 일반대출상품보다 높은 이자(수수료)를 부담해야 한다. 따라서 습관적으로 이를 이용하게 되면 이자와 원금에 대한 경제적 부담이 커지게 되므로 자신의 재무상태를 고려하여 신중하게 이용해야 한다.

단기카드대출

단기카드대출이란 소액의 현금이 급하게 필요할 경우, 신용카드를 이용하여 대출을 받는 것으로 흔히 말하는 신용카드 현금서비스를 말한다. 단기카드대출의 사용 한도액과 현금서비스 수수료(이자)는 신용카드회사별로 회원의 신용도, 카드 사용 실적 등에 따라 다르다. 한도액은 일반적으로 50만 원~300만 원 정도이며, 수수료는 카드사 평균 약 19%(2020년 기준)에 이르는 고금리이다. 따라서 단기카드대출을 이용하는 경우 가능한 빨리 갚는 것이 좋다.

장기카드대출

신용카드사들은 회원에게 담보나 보증 없이 간편한 절차를 거쳐 대출받을 수 있는 장기카드대출을 제공하며, 이는 기존의 카드론을 말한다. 카드사는 회원의 신용도와 카드 이용실적 등을 고려하여 개인별 대출한도와 대출이자율을 결정하게 되는데, 대출이자율은 카드사 평균 약 13.6%(2020년 기준)에 이른다.

그러나 편리하다고 단기카드대출이나 장기카드대출을 자주 사용하면 신용에 안 좋은 영향을 미칠 수 있다. 앞서 살펴본 바와 같이 단기카드대출이나 장기카드대출은 고금리이고, 계획적으로 사용하는 것이 아니라 급하게 자금이 필요할 때 사용하게 되므로 연체위험이 높다고 여겨지기 때문이다. 따라서 이용의 편리성뿐만 아니라 신용에 미치는 영향을 고려하여 신 중히 활용하는 것이 좋다.

신용카드 포인트와 선포인트 서비스

신용카드 가맹점에서 회원이 카드를 사용할 때 결제금액의 일부가 포인트로 적립되는 카드가 있다. 카드회원은 적립된 포인트를 카드이용대금 결제, 물품구입, 연회비 납부 등 현금처럼 사용할 수 있다. 그런데 신용카드 포인트는 적립된 지 일정기간이 지나면 소멸되므로 꼼꼼히 확인해서 사용해야 한다.

선포인트서비스는 카드사가 상품 금액의 일부를 포인트로 먼저 지급해 주고, 이후 회원은 동 금액을 일정기간 동안 카드이용금액에 따라 적립되는 포인트로 상환하는 제도이다. 자동차나 TV, 가구 등의 고가품을 구매할 때 유용할 수 있다. 하지만 선포인트서비스는 할인이 아닌 부채이다. 신용카드 이용실적이 부족하여 상환할 만큼의 포인트가 적립되지 못하면 현금으로 상환해야 하며, 미상환 시 연체이자까지 부담해야 한다. 따라서 평소 카드 이용실적을 감안해서 상환 가능한 범위 내에서 포인트를 선지급 받는 것이 좋다.

금융꿀팁

카드 포인트 활용방법

1. 카드포인트는 현금화가 가능하다.

단 1포인트라도 현금으로 전환해 본인의 계좌로 입금 받을 수 있으며, 카드 이용대금 결제나 연회비 납부, 국세 납부, 기부 등 다양한 곳에 쓸 수 있다. 카드를 해지할 때에도 잔여 포인트를 입금받는 것이 가능하다.

2. 포인트를 현금화하려면 카드사 홈페이지, 카드사 앱, 카드 뒷면에 표기된 콜센터에 신청하면 된다.

시중은행 계열 카드사 고객은 ATM기기에서 포인트를 1만 원 단위로 출금할 수 있다. 휴대폰 앱으로 ATM 출금을 신청하고, 출금 시 이용할 1회용 비밀번호를 생성한 후 받을 수 있다.

3. 카드포인트는 일반적으로 소멸시효가 5년이므로 확인해서 사용해야 한다.

카드사들은 카드 포인트가 소멸되기 6개월 전부터 매월 카드이용대금 명세서 등을 통해 포인트와 소멸 시기를 안내한다.

4. 세금, 공과금, 등록금, 선불카드 충전, 무이자 할부 등의 결제에는 포인트가 적립되지 않는다.

다만, 구체적인 포인트 결제 방침은 카드 상품별로 다를 수 있으므로 카드사 홈페이지 등에서 내용을 미리 확인할 필요가 있다.

출처: 금융감독원, 「실생활에 유용한 금융꿀팁」(2019)에서 발췌

적용하기

여신금융협회의 '카드 포인트 통합조회' 서비스

여신금융협회의 카드 포인트 통합조회서비스(https://www.cardpoint.or.kr)를 활용하면 간편한 카드인증/아이핀 인증 절차를 걸쳐 전체 카드 포인트 통합조회가 가능하다. 모든 카드사의 카드 포인트를 한번에 조회하여 현금으로 환급받을 수 있다.

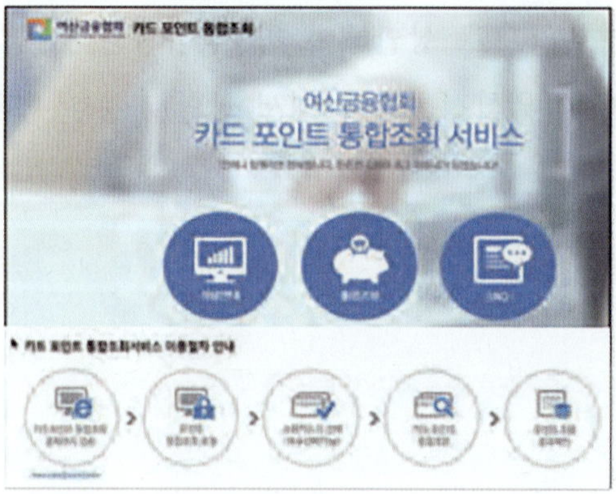

4 해외에서 신용카드 사용

해외에서 신용카드를 사용하는 것은 해외여행시 현금 소지의 위험을 없애고 환전에 따른 수수료를 절약할 수 있고, 여행 후 외국 잔돈이 남지 않는 등의 장점이 있다. 그러나 해외에서 신용카드를 사용할 때 다음 사항에 주의해야 한다.

첫째, 여권의 영문이름과 신용카드의 영문이름이 다를 경우 카드 결제가 거부될 수 있으므로 영문이름이 다를 경우 출국 전에 신용카드와 여권상 영문이름을 일치하도록 교체 발급받는 것이 좋다.

둘째, 출국 전에 '출입국정보 활용서비스'와 문자메시지 서비스(SMS: Short Message Service)를 신청하면 해외에서 신용카드 부정 사용으로 인한 피해 예방에 도움이 된다. 소비자가 신용카드사 홈페이지 등을 통해 출입국정보 활용에 동의하면, 소비자가 국내에 있는 경우 해외에서 매출 승인이 제한되어 해외 부정 사용을 예방할 수 있다. 또한 신용카드 사용 내역에 대한 SMS를 신청하면 카드사용내역은 즉시 휴대폰으로 확인할 수 있어 부정 사용되는 경우 빠르게 신고할 수 있다.

셋째, 해외에서 사용한 신용카드 매출전표(영수증)는 보관하는 것이 좋다. 매출전표 보관은 만약에 있을 매출전표 변조, 과다 청구 등에 대비하여 이의를 제기할 때 증거자료로 매우 중요하다. 해외사용 실적의 거래취소나 환급에 걸리는 기간은 국내보다 길기 때문에 최소한 6개월 정도는 보관하는 것이 좋다.

넷째, 해외에서 신용카드를 분실하거나 도난당한 경우, 그 사실을 인지한 즉시 국내 카드사에 신고해야 한다. 또한 카드 분실이나 도난 시 체류 국가의 '긴급 대체카드 서비스'를 이용하면 편리하다. 각 나라의 긴급서비스센터를 이용하면 2일 이내 새 카드를 현지에서 발급받을 수 있다.

금융꿀팁

해외에서 카드 이용 시 '현지 통화'로 결제하기

해외 원화결제서비스(DCC, Dynamic Currency Conversion)란 해외에서 물품 등의 구매 시 현지 통화가 아닌 원화로 결제하는 것을 의미한다.

해외에서 카드 이용 시 현지 통화로 결제하면 '현지통화 결제 → 미화(USD)'로 변환하여 국제카드사(비자, 마스터 등)로 청구된다. 이때 한국 카드사에서는 미화(USD)를 접수일자의 환율을 적용하고 원화로 변환한 후 소비자에게 청구하는 단계를 거치게 된다.

반면, 원화(KRW)로 결제할 경우 '원화(KRW) → 현지통화 → 미화(USD)'의 단계를 거치게 되면서 추가 수수료(3~8%)가 부과되어 소비자가 결제할 금액이 현재통화로 결제할 때보다 커지게 된다. 따라서 해외에서 카드 사용 시에는 현지 통화 기준으로 결제하는 것이 유리하다. 전표에 서명하기 전에 결제통화를 반드시 확인하며, 가맹점에서 원화로 표기된 전표를 제시할 경우 거절하고 현지통화로 결제를 요청해야 한다. 한편 카드사에 해외원화결제서비스 차단신청을 하는 방법도 있는데, 이 서비스를 신청하게 되면 해외에서 원화결제가 전면 차단(카드승인거절)되어 불필요한 수수료 부담을 방지할 수 있다. 또한 해외에서 긴급한 사정이 발생할 경우 카드사 홈페이지, 콜센터 등을 통해 실시간 해제(신청취소)도 가능하다.

5 신용카드 피해 예방 및 구제

신용카드 관리

신용카드는 그 자체가 자산이 되고 관리를 소홀히 하면 상당한 피해를 입을 수 있으므로 잘 관리하며 사용하는 것이 중요하다. 신용카드 관리 방법은 다음과 같다.

① 신용카드 회원가입 시 약관을 잘 읽어보고 카드 이용방법, 회원의 책임, 도난 및 분실 시 보상제도 등을 확인한다.

② 신용카드를 수령한 즉시 카드 뒷면의 서명란에 서명을 한다. 서명하지 않은 채 분실하거나 도난당한 경우 카드사로부터 보상받기 어렵다.

③ 신용카드 비밀번호 및 CVC번호를 주의하여 관리한다.

④ 신용카드 영수증은 잘게 찢어서 버리고, 사용 내역 관리는 SMS 서비스를 활용한다.

⑤ 사용하지 않는 신용카드는 바로 해지한다.

⑥ 연체를 하게 되면 신용도는 점점 떨어지고, 카드 사용과 발급에도 제한이 생기기 때문에 연체가 발생한 후 5일 이내에 최대한 갚을 수 있도록 노력한다.
⑦ 신용카드는 현금과 같이 통용되는 것이므로 절대 타인에게 빌려주지 않는다.
⑧ 가능한 하나의 카드만 집중적으로 사용하면 관리하기 편하고 혜택을 많이 받을 수 있다.
⑨ 주소가 변경되면 즉시 카드회사에 주소변경을 요청한다.

신용카드 분실 및 도난 시 대처방법

신용카드를 분실 또는 도난 당했을 때는 지체 없이 신고하는 것이 부정사용 피해를 줄이는 최선의 방법이다. 신용카드 분실 또는 도난을 인지한 즉시 전화 또는 서면으로 카드사에 신고하고, 접수번호 등 접수내용을 확인하여야 한다. 만약 제3자가 카드를 부정 사용한 경우, 신고 접수일로부터 60일 전까지(다만 현금을 부정 인출한 경우는 신고시점 이후부터) 발생한 제3자의 신용카드 부정 사용 금액에 대하여는 신용카드회사에 보상을 신청할 수 있다. 하지만 다음의 경우에는 소비자(회원)가 전부 또는 일부에 대해 책임을 질 수 있으므로 주의해야 한다.

① 회원의 고의로 부정 사용이 발생한 경우(자신이 사용한 카드대금을 카드분실로 기망하는 경우 등)
② 가맹점이 본인확인을 하려 하였으나 회원 본인의 카드 미서명으로 본인확인을 하지 못한 경우
③ 회원이 서명을 하였다고 거짓으로 신고한 경우
④ 회원이 고의 또는 과실로 비밀번호를 누설하는 경우(자기 또는 친족의 생명·신체에 대한 위해 때문에 비밀번호를 누설한 경우 등 회원의 고의·과실이 없는 경우는 제외한다)
⑤ 회원이 카드를 타인(가족, 동거인을 포함한다)에게 양도 또는 담보의 목적으로 제공하는 경우
⑥ 회원이 과실로 카드를 노출·방치한 경우(회원의 카드 노출·방치로 인해 가족, 동거인이 카드를 사용한 경우도 포함한다)
⑦ 회원이 합리적인 이유 없이 고의로 카드사에 분실·도난 신고를 지연한 경우

학습내용정리

▶ 신용이란 일반적으로 사람에 대한 신뢰를 의미하며, 돈 거래에 있어서 신용은 돈을 빌리거나 외상으로 물건을 사고 언제까지 갚겠다는 약속을 잘 지킬 것이라는 신뢰를 의미한다. 신용사회에서 신용이 낮은 사람은 신용카드 사용이 제한되어 금융생활이 불편해질 수 있다.

▶ 개인의 신용평가는 개인신용정보에 기초하여 이루어지는데, 개인신용정보에는 식별정보, 신용거래정보, 신용도 판단정보, 신용능력정보 등이 포함된다. 민간 CB는 이러한 개인신용정보를 금융 회사 및 비금융회사, 공공기관 등으로부터 제공받아 평가 및 가공하여 개인의 신용수준을 평가하 는 동시에 신용평가 결과를 필요로 하는 금융회사에 제공하는 역할을 한다.

▶ 개인신용평가점수는 상환이력정보, 현재부채수준, 신용거래기간, 신용거래형태 등을 반영하여 평 가한다.

▶ 개인의 연체정보는 신용평점 하락에 결정적인 역할을 한다. 연체정보는 금융회사 채무를 3개월 이상 연체한 경우 한국신용정보원에 등록하도록 되어 있으며, 연체금을 완납하면 일반적으로 연체정보는 해제된다. 그러나 연체정보가 해제되더라도 삭제가 동시에 이루어지지는 않을 수 있으 며, 등록일로부터 90일 이내에 연체금액을 갚거나 대출연체금액이 1,000만 원 이하인 경우 그리고 신용카드 연체금액이 500만 원 이하인 경우를 제외하고는 최장 1년간 기록이 관리된 후 삭제된다.

▶ 연체가 발생하면, 학자금대출금의 경우 한국장학재단의 재정지원 및 신용회복 프로그램을 이용하고, 금융부채의 경우 신용회복위원회의 신용회복지원 프로그램을 이용하거나 법원의 개인회생제도 혹은 개인파산면책제도를 고려한다.

▶ 신용카드는 당장 필요금액을 보유하고 있지 않더라도 재화나 서비스를 구매할 수 있도록 지불 기능뿐 아니라 신용을 제공하는 기능을 가진다. 그 밖에도 개인의 신분을 나타내거나 외환거래, 다양한 부가서비스 혜택을 받을 수 있는 기능도 있으며 신용카드회사 입장에서는 개인정보수집의 수단으로 활용되기도 한다.

▶ 신용카드는 현재의 구매력을 증가시켜서 소비자의 만족도를 상승시키며, 올바른 신용사용을 통해 신용도를 높일 수 있는 등의 장점을 갖는다. 반면에 미래의 구매력을 감소시키고, 신용 사용에 대한 비용을 지불해야 하며, 과소비나 충동구매의 가능성을 높일 수 있고, 가계 재정에 어려움을 줄 수 있는 단점도 있다.

▶ 신용카드의 분실 또는 도난 사고를 당했을 때는 지체없이 신고하는 것이 피해를 줄이는 최선의 방 법이다. 제3자가 분실한 신용카드로 물품을 구매한 경우, 신고 접수일로부터 60일 전까지(다만 현금을 부정인출한 경우는 신고시점 이후부터) 발생한 제3자의 신용카드 부정 사용 금액에 대하 여는 신용카드회사에 보상을 신청할 수 있다.

예시문제

서술형

1. 개인신용평가점수 평가요소에 대해 서술하시오.

2. 신용관리방법에 대해 세 가지 이상 서술하시오.

3. 한국장학재단이 제공하는 신용회복지원서비스에는 무엇이 있는지 쓰시오.

빈칸 채우기

1. (   )이란 미래 어느 시점에 돈을 갚겠다고 약속하고 현재 돈을 빌릴 수 있는 능력으로 개인의 경제활동에 대한 사회적 평가를 의미한다.

2. 개인신용정보는 개인의 경우 연 (   )회까지 무료로 자신의 신용정보를 확인할 수 있다.

3. 법인의 (   )는 사채를 포함하여 채무조정을 하기 때문에 사채가 많은 경우 등 신용회복위원회의 채무조정서비스를 받기 어려운 개인이 이용하기에 적합한 신용회복지원제도이다.

O·X 문항

1. 개인신용정보의 종류 중 공공정보는 성명, 주소, 주민등록번호, 성별, 국적 등 개인을 식별할 수 있는 정보를 포함한다.

예시문제

2. 신용평가회사들은 신용평가 시 일정한 가점을 부여하는 신용평가 가점제를 운용하고 있는데, 대표적인 것이 통신, 공공요금 성실 납부 실적을 꾸준히 제출하면 가점을 받을 수 있는 제도이다.

3. 일반적으로 연체정보는 연체금 완납 시 해제된다. 하지만 동시에 삭제되지 않는 경우도 있다.

08

부채 관리

1 부채의 개념과 영향

2 대출의 활용

3 부채관리와 대출상환

4 불법채권추심에 대한 대응

08

학습개요

본 장에서는 가계의 부채 발생원인과 영향에 대한 학습을 통해 부채관리의 중요성을 이해하고, 각종 대출상품의 종류와 특징 및 대출 시 고려사항을 살펴본다. 또한 부채관리 방법과 불법채권추심 대응방법 등을 학습한다.

학습목표

- 부채 발생요인과 영향에 대한 학습을 통해 부채관리의 중요성을 이해한다.
- 대출상품의 종류, 대출금리, 대출상환방식 등 대출을 받거나, 부채상환계획을 세울 때 고려사항을 설명할 수 있다.
- 서민과 대학생 · 청년을 위한 대출제도를 이해한다.
- 부채관리와 대출상환 방법, 불법채권추심에 대한 대응방법을 설명할 수 있다.

1 부채의 개념과 영향

1 부채의 개념

부채는 다른 사람 혹은 금융회사로부터 빌린 돈, 즉 차입금이나 외상으로 구입한 재화나 서비스 상당액을 말한다. 이 중 금융회사가 빌려주는 돈을 보통 대출이라고 한다. 개인은 일반적으로 자신의 소득 내에서 필요한 지출을 하고 나머지는 저축을 하게 된다. 그러나 소득 보다 지출이 더 많이 필요한 상황일 때에는 다른 사람이나 금융회사로부터 돈을 빌리게 되며, 그 결과물로 부채를 갖게 된다.

부채는 관리만 잘하면 일생 동안 발생하는 소득과 지출의 불균형을 해소시키는 매우 중요한 돈 관리 수단이다. 예를 들어, 주택구입을 위한 대출은 안정적인 생활공간 마련에 도움이 되고, 학업을 위한 학자금 대출은 미래를 위한 발전 기회를 마련해 준다. 그러나 상환능력을 벗어난 과도한 부채는 개인을 채무불이행자로 전락시키거나 상환에 대한 경제적·심리적 부 담으로 정상적인 사회 및 가정생활을 어렵게 만들기도 한다.

개인의 과도한 부채는 개인 스스로에게도 불행한 일이지만 국가경제에도 큰 위협요인이 된다. 금융시장에서 개인의 부채비율이 높아서 부도나 채무불이행률이 높아지면 연쇄적인 파급효과를 일으켜 금융위기로 발전할 수 있기 때문이다.

확대보기

우리나라 가계부채 현황

국내 가계부채 규모의 증가는 경제의 잠재적인 위험요소로 꾸준히 부각되고 있다. 한국은행 자료에 따르면 2022년 6월말 기준 우리나라 가계부채 잔액은 1,868조 원으로 2020년말 잔액인 1,726조 원 대비 약 142조 원 증가하였다. 빠른 속도로 증가하는 가계부채는 경제회복에 부정적인 요인으로 작용할 수 있으며, 가계부채 건전성이 위협받게 되면 금융시장 전체의 위기로 이어질 수 있기 때문에, 가계대출 규모 관리의 중요성이 계속 강조되고 있다.

| 그림 8-1 | 가계부채 증가 추이

2 부채 발생 요인

개인 및 가계 특성

① 시간선호

부채의 발생에는 현재의 소비와 미래의 소비 중 어떤 것을 더 선호하는지를 의미하는 시간선호요인이 작용한다. 동일한 조건을 가진 개인 혹은 가계라도 미래보다는 현재소비를 중시하는 경우 현재소비를 위해 부채를 가질 가능성이 높다.

② 소득부진

기본적으로 개인 혹은 가계가 대출을 받는 이유는 소득부족에서 비롯된다고 할 수 있다. 우리나라의 경우 가계의 소득부족이 지속되면서 생활비 등을 위한 신용대출 수요가 증가했을 것으로 판단된다. 우리나라 가계소득 증가율은 2010년 이후 낮아지고 있으며, 2015년 3분기 이후로는 0%대의 증가율을 나타내고 있다. 반면, 신용대출을 포함한 예금취급기관의 기타대출(담보대출을 제외한 가계대출) 증가율은 2013년 이후 지속적으로 상승하는 추세를 보였다. 이는 가계소득의 부진이 생활비 등을 위한 대출 수요 확대로 이어졌을 가능성을 시사한다.

외적 환경요인

① 이자율

돈은 다른 물품처럼 돈의 가격이라고 할 수 있는 이자율에 따라 그 수요의 규모가 변하게 된다. 예를 들어 저금리는 가계의 금융비용을 낮추어 가계의 대출수요가 늘어나게 하고 저축 의지의 감소 및 소비의 촉진으로 가계부채를 증가시킬 수 있다. 또한 예금 등의 자산에 비해 부동산, 주식 등과 같은 투자자산의 가치가 상대적으로 높아지므로 돈을 빌려서라도 투자하려는 경향이 나타나면서 부채가 증가할 가능성이 커진다.

② 물가상승률

일정기간동안 물가가 상승한 비율을 나타내는 물가상승률도 가계부채에 영향을 미친다. 향후 물가가 지속적으로 오를 것으로 기대되면 보유한 화폐의 가치가 감소하기 때문이다.

따라서 자산을 돈으로 갖고 있는 것보다 금이나 부동산 등의 실물을 보유하려는 경향이 강하게 나타날 수 있다. 또한 물가상승으로 인한 화폐가치의 하락은 채무자에게는 유리하게 작용하므로 개인이나 가계가 물가상승이 지속되리라 생각할 경우 부채를 져서라도 실물을 더 많이 보유하려고 하기 때문에 부채가 증가할 수 있다.

③ 부동산 정책

부동산 관련 세금 정책이나 대출규제의 변화 등도 가계부채에 큰 영향을 미칠 수 있다. 예를 들어, 과거 정부는 2013년 각종 정책을 통해 취득세 인하, 다주택자 양도세 중과 폐지, 최초 주택구입자 자금지원 확대 등을 추진하여 가계의 부동산 매매를 적극적으로 장려하였고, 2014년에는 주택담보대출 규제를 완화하였는데 이는 가계가 부채를 적극적으로 활용하는 요인이 되었을 것이다.

한편 부동산 시장이 과열됨에 따라 2017년 6월 이후 2020년까지 발표한 정책은 가계부채 및 부동산 가격 안정화를 도모할 목적으로 이루어졌다. 이에 부동산 관련 취득세, 양도소득세, 종합부동산세 등 각종 세금을 인상하였다. 또한 주택담보대출 관련 대출 목적, 규제지역 해당 여부, 보유주택 수, 실수요 여부, 고가주택 여부 등에 따라 대출 규제를 대폭 강화하였데 이는 가계의 부채 활용을 제한하는 요인으로 작용할 수 있다.

가계부채 비율 1위, 기업 빚 증가 2위… 국가채무도 전철 밟나

한국 기업들의 빚 증가 속도가 세계 주요국 중 2위인 것으로 조사됐다. 국내총생산(GDP) 대비 가계부채 비율은 1년 전보다 줄었는데도 여전히 부동의 1위다. 게다가 정부부채 증가속도도 빨라지고 있다. 기업·가계·정부 모든 경제주체가 부채에 짓눌려 가는 모습이다.

국제금융협회(IIF)의 세계 부채 보고서에 따르면 6월 말 한국의 GDP 대비 가계부채 비율은 102.2%로 35개 조사 대상 주요국 가운데 1위였다. 1년 전 105.2%보다 낮아졌지만 가계가 국가경제 크기보다 많은 빚을 진 나라는 한국뿐이다. 주택담보대출, 전세대출, 신용대출 최고금리가 모두 7%를 넘어서면서 이자부담 증가에 따른 소비위축, 가계파산 우려도 커지고 있다.

IIF 조사에서 한국 비금융 기업들의 GDP 대비 부채 비율은 홍콩 싱가포르 중국에 이어 35개국 중 4위지만 비율은 117.9%로 역시 GDP보다 많고, 1년 전보다 증가한 폭은 베트남에 이어 2위다. 기업들이 코로나19를 거치면서 빚으로 연명하고 있다는 뜻이다. 더욱이 최근 레고랜드 사태로 채권시장이 얼어붙어 새로 채권, 기업어음을 발행해 만기가 된 빚을 갚는 것조차 힘들어지고 있다.

가계, 기업 부채 문제 대응에는 재정의 역할이 필수적인데 나라 곳간 사정도 나빠지고 있다. 국제통화기금(IMF)에 따르면 올해 말 한국의 GDP 대비 일반정부 부채비율은 54.1%로 사상 처음 비기축통화 선진 11개국 평균(53.5%)을 넘어서고, 5년 뒤 격차가 7.5%포인트로 벌어질 전망이다. 미국, 일본 등 기축통화국과 달리 비기축통화 선진국들은 국가신용도 등을 고려해 50% 안팎에서 부채비율을 관리하는데 한국만 급속히 비율이 높아지는 것이다.

상황이 이런데도 여야 정치권은 나랏빚을 늘리지 않으면 실행할 수 없는 정책들을 내놓고 선심성

돈 풀기 경쟁을 벌이고 있다. 가계, 기업 부채 해결 과정에서 수반될 고통을 국민들에게 납득시키려면 정부부터 먼저 허리띠를 졸라매야 한다.

[출처: 동아일보, 2022. 11. 01.]
[https://www.donga.com/news/article/all/20221031/116250791/1]

3 부채의 영향

가계에 미치는 영향

가계대출이 증가하면 가계의 현금흐름과 실물자산(주로 주택)의 가치가 외부충격에 쉽게 노 출된다. 즉, 부채상환단계에서 가계소득에 외부충격이 발생하면 소비 또는 저축에 악영향을 주어 삶의 질을 악화시킬 뿐만 아니라, 부채상환의 불이행으로 이어질 가능성이 높다. 나아 가 담보자산의 경매 등으로 자산 가치가 급락할 수도 있다.

이러한 위험에 대한 노출은 개별 가계의 원리금 상환에 대한 부담의 정도와 보유자산 등 에 따라 다르며, 사회초년생, 고령층, 저소득층에 대한 부채의 부정적인 영향은 매우 크다고 할 수 있다. 현재 우리나라 자영업자의 경우 가처분소득 대비 금융부채가 상용근로자의 2배에 이르고 자영업자 수가 지속적으로 증가하고 있어, 시장환경 변화에 따라 자영업자의 사업성이 악화될 경우 현금흐름 충격에 노출될 위험이 매우 높다.

금융회사에 미치는 영향

지나친 가계대출 증가는 건전성 악화와 부실채권 증가를 통해 금융회사 수익성을 악화시킬 수 있다. 저축은행 및 신협 등 상호금융조합 가계대출이 최근 들어 높은 증가세를 보이고 있어 외부충격에 대비한 건전성 관리 강화가 필요한 상황이다. 나아가 금융회사의 가계대출 경쟁은 수익기반을 약화시키는 요인으로 작용할 수 있다.

거시경제에 미치는 영향

가계부채는 소비에 단기적으로 긍정적인 효과를 나타내는 반면 투자에는 부정적인 효과를 유발할 가능성이 높다. 즉, 가계는 차입을 통하여 단기적으로 소비를 증가시킬 수 있으나, 원리금 상환의 부담이 가중될 경우 소비증가 효과는 상당 부분 사라진다. 특히 차입한 자금을 활용하여 수익성 자산에 투자한 경우, 수익발생이 급격한 소비증가 효과를 유발하고, 수익감소 시 급격한 소비감소 효과를 유발하게 된다. 또한 가계부채의 증가는 저축감소를 통하여 투자재원 감소 및 장기 성장 잠재력 약화로 연결된다.

또한 가계부채가 확대되면 통화정책의 유효성이 제약되고, 재정정책 활용 가능성이 줄어들 수 있다. 즉, 가계부채가 일정 수준 이상으로 증가하면 금리하락에도 불구하고 가계는 추가적인 차입 여력이 줄어들기 때문에 기존의 부의 효과가 발생하지 않을 가능성이 높다. 또한 가계 부채의 증가는 대외신뢰도를 악화시킬 우려가 있다.

확대보기

LTV와 DSR

정부는 LTV와 DSR에 대한 규제를 통해 담보가치와 고객의 상환능력에 비해 과도한 주택담보대출을 억제하고 있다.

- LTV(Loan to Value ratio): 담보인정비율을 의미하는데, 주택을 담보로 금융회사에서 대출을 받을 때 해당 주택의 담보가치에 대한 대출 취급가능 금액의 비율이다.

LTV 비율 = (대출 취급 가능금액 / 주택의 담보가치) × 100

- DSR(Debt Service ratio): 총부채상환비율을 의미하는데 주택을 담보로 돈을 빌리려 할 때 고객의 부채부담능력을 측정하는 지표이다. 즉, 고객의 연소득에 대한 금융회사 대출의 연간 원리금 상환액의 비율이다. 이때 주택담보대출은 물론 기타대출(신용대출, 마이너스통장, 비주택담보대출 등)의 원금과 이자를 모두 반영하여 산출한다.

DSR 비율 = (금융회사 대출의 연간 대출 원리금 상환액 / 연소득) × 100

2 대출의 활용

1 대출 시 고려사항

대출로 인하여 경제적인 어려움을 겪지 않으려면 대출하기 전에 대출의 필요성과 목적, 상환능력을 충분히 검토해야 한다. 또한 이자율, 상환방법 및 대출기간, 대출비용 등을 고려해야 한다.

첫째, 이자율과 대출한도는 대출의 조건 중 가장 우선적으로 고려해야 할 사항이다. 금융 회사들은 각자 원칙에 의해 신용한도를 정해 놓고 그 범위 내에서 대출을 해주게 된다. 따라서 금융회사에 따라 이자율과 대출한도가 달라질 수 있으며 아무리 이자율이 낮다고 해도 필요한 만큼의 대출을 받을 수 없다면 다시 한 번 생각해 보아야 한다. 둘째, 대출상환방식을 고려해야 한다. 상환방법은 크게 만기일시상환방식과 분할상환방식이 있으며, 이에 따라서 총이자 부담액과 월 상환액이 달라진다. 셋째, 대출기간 역시 중요한 고려 대상이다. 대출 기간은 보통 1~3년이지만 주택담보대출의 경우에는 최장 30년이다. 대출기간이 길어질수록 분할 상환을 할 경우 월 상환액이 줄어들겠지만 내야하는 이자는 많아진다. 따라서 무조건 대출기간을 길게 하지 말고 상환능력을 고려해서 대출기간을 정하는 것이 좋다. 또한 대출금을 일찍 상환하는 것에 대한 중도상환수수료가 있다는 것도 고려하여 대출기간을 결정한다. 금융회사는 대출기간보다 빨리 상환이 이루어질 경우 자금운용에 공백이 생길 수 있으므로 이에 대한 보상으로 조기 상환에 대해 중도상환수수료를 요구하게 된다. 넷째, 대출조건으로 담보를 요구하는 경우 신용대출로 차입하는 경우보다 일반적으로 금리가 낮게 적용된다. 또한 대출 관련 각종 수수료는 실질적으로 대출이자를 상승시키는 효과가 있다.

2 대출기관

대출을 해주는 기관은 제1금융권, 제2금융권, 그리고 제3금융권으로 나눌 수 있다. 제1금융권은 은행을 말하며 대출기관 중에서 대출이자가 가장 싸다. 그러나 대출심사가 까다로워 신용대출의 경우 신용도가 낮으면 대출 받기가 힘들다. 제2금융권은 신협 등 상호금융조합, 카드회사, 캐피탈회사, 보험회사, 상호저축은행 등을 말하며 보통 은행보다 대출이자율이 높은 편이나 대출심사가 덜 까다로워서 신용도가 다소 낮은 사람들이 이용하고 있다. 제3금융권은 주로 대부업자를 의미하는데, 연체가 있거나 신용이 좋지 않아 제1, 2금융권에서 대출이 어려운 경우 이용하게 된다. 참고로 우리나라는 「대부업법」 및 「이자제한법」에 따라 2018년에 법정 최고금리를 연 24%로 제한하였으며, 2021년 하반기부터는 법정 최고금리가 20%로 인하된다. 이를 초과하는 이자율은 불법이다.

3 대출상품 종류

신용대출

신용대출은 금융회사가 고객의 신용도를 판단하여 대출금액과 금리를 결정하는 대출이다. 금융회사는 신용조회회사(CB: Credit Bureau)로부터 고객의 신용평가 결과와 금융회사의 자체적인 신용도 평가기준(예: 해당 금융회사와의 거래기간, 거래실적 등)을 적용하여 대출금액과 금리를 결정한다. 그러나 개인의 신용이 불충분할 경우 신용보증회사의 보증을 기초로 신용대출이 이루어지기도 한다. 신용대출을 좀 더 구체적으로 살펴보면 다음과 같다.

소비자금융과 판매신용

신용대출의 경우 현금을 매개로 이루어지는지의 여부에 따라 소비자금융과 판매신용으로 나눌 수 있다. 소비자금융은 현금을 직접 대출하여 주는 형태를 말하며 현금대출이라고도 한다. 이에 비해 판매신용은 물건을 구입하거나 서비스를 이용하고 그 값을 나중에 일시불로 지불하거나 할부로 지불함으로써 발생하는 부채이다. 판매

신용으로는 할부금융회사, 신용카드회사 등이 물품 판매와 관련하여 제공하는 신용을 들 수 있다. 한편 개인휴대전화 통신비용과 같은 서비스신용도 판매신용에 포함된다. 서비스신용이란 서비스를 미리 공급받고 지속적으로 사용하는 개인이 사용료를 후지급하는 것으로 전화, 전기, 상수도, 도시가스 등의 공과금이 대표적인 예이다.

할부신용과 비할부신용

부채액을 일정 기간 일정 횟수에 걸쳐 상환하는 부채를 할부신용이라고 한다. 할부신용은 소비자가 일시불로 구입하기 어려운 자동차, 가전제품 등 고가의 내구소비재를 구입하고자 할 때, 할부금융회사 혹은 신용카드회사가 소비자를 대신하여 판매자에게 물품대금을 일시 불로 지불해 주고, 이를 일정 기간 동안 할부금(분할한 원금 + 할부수수료)으로 받는 형식을 갖는다. 주로 원금을 매월 균등하게 분할하여 정해진 기간 동안 상환한다. 이에 비해 비할부신용은 일시불로 갚거나 신용카드의 일부결제금액 이월약정(리볼빙)서비스처럼 여러 회에 걸쳐 원하는 만큼씩 갚아 나가는 부채이다.

개별계약형대출과 포괄계약형대출

개별계약형은 매번 거래마다 대출금액, 대출이자, 대출기간, 상환방법 등에 대해 계약을 체결해야 하는 것으로 일반 대출상품이 이에 속한다. 이에 비해 포괄계약형은 미리 대출한도액, 대출기간, 대출조건 등을 정해 놓고 대출기간 동안 대출한도액 내에서 자유롭게 돈을 인출해서 사용하고 상환할 수 있도록 하는 대출상품이다. 마이너스 통장대출은 포괄계약형 대출의 대표적인 예로, 가령 월급이 들어오는 통장에 1천만 원을 마이너스 한도액으로 설정해 놓으면 통장에 예금잔액이 없더라도 1천만 원 내에서 수시로 필요할 때마다 돈을 인출하고 상환할 수 있다. 대출 사용이 매우 편리해지는 장점이 있으나 개인신용정보상으로는 실제로 돈을 대출하여 사용하고 있지 않더라도 마이너스 한도액 전체가 대출로 기록되므로 신용에 영향을 미칠 수 있으며, 담보대출보다 금리가 다소 높다.

담보대출

금융회사는 빌려준 돈을 돌려받지 못할때에 대비하여 채무자의 부동산이나 경제적 가치가 있는 자산을 담보로 설정하고 담보물의 경제적 가치이내에서 대출을 해주는데, 이를 담보대출이라고 한다. 담보대출은 채무자가 빌린 돈을 상환하지 않더라도 담보물을 처분하여 대출금액을 회수할 수 있어 일반적으로 신용대출보다 대출금리가 낮다.

금융회사의 담보대출상품으로 대표적인 것은 주택담보대출로 모기지론(Mortgage Loan)이라고 한다. 집을 구매하기 위해서는 최소한 몇억 원 이상의 목돈이 필요할 뿐 아니라 집값이 계속 오를 것이라는 기대 때문에 집값을 모두 모은 후 구입하기보다는 일부 자금을 은행에서 빌려 집을 장만하는 것이 일반적이다. 모기지론은 대체로 상환기간이 10년~30년까지로 매우 길며 대부분의 금융회사에서 취급하고 있다.

4 대출금리 및 대출상환방식

대출금리의 결정

대출금리는 대출 시 기준이 되는 금리(이하 기준금리)에 가산금리를 더하고 금융회사마다 우수고객에게 적용하는 우대금리를 차감하여 결정된다. 먼저 기준금리는 개별 금융회사가 결정하는 것이 아니며, 시장 전체의 자금조달비용 등이 반영되어 결정된 것이다. 기준금리로는 금융회사 간 단기자금거래에 이용되는 금리인 콜금리, 3개월 만기인 양도성예금증서(CD) 금리, 그리고 8개 은행의 자금조달 가중평균금리인 코픽스(COFIX)가 많이 사용된다. 대출금의 원천은 은행들이 예금이나 차입 등으로 조달한 자금이기 때문에 기준금리에 금융회사의 자금조달비용을 반영하는 것이다.

한편 가산금리는 금융회사가 직접 결정하며 고객별로 다르게 적용된다. 가산금리는 고객의 신용도, 담보 여부, 대출기간 등 개인적인 요소와 금융회사의 영업비용 등에 의해서 결정되는데 금융회사가 개별 고객에게 돈을 빌려줌에 따라 감수해야 할 위험비용이 반영되어 있다. 또한 우대금리는 금융회사에 따라 금융회사와의 거래실적 등에 의해 결정되는데 대출상품에 따라 우대금리 폭이 다르거나 없을 수도 있다.

| 표 8-1 | 은행대출 시 사용하는 주요 기준금리

구분	발표기관	내용
COFIX(코픽스)	은행연합회	주요 은행의 자금조달비용을 고려한 금리
CD금리	한국금융투자협회	은행이 발행하는 무기명 유가증권인 양도성예금증서의 금리
금융채	채권평가회사	시중은행 및 금융회사가 발행하는 무담보 채권금리
KORIBOR(코리보)	은행연합회	국내 은행간 대차시장에서의 단기기준금리

대출금리 = 기준금리 + 가산금리 - 우대금리

확대보기

고정금리와 변동금리

대출을 받을 때 금리적용 방식을 결정하게 되는데 크게 고정금리와 변동금리로 나눌 수 있다. 고정금리는 대출기간 동안 약정한 금리가 일정하게 유지되며, 변동금리는 대출기간 동안 적용 금리가 시장 상황에 따라서 달라지는데 통상 3개월이나 6개월의 주기로 조정되는 방식이다. 따라서 일반적으로 앞으로 금리가 하락할 것으로 예상된다면 변동금리로 대출을 받는 것이 유리할 수 있으나, 금리가 상승할 것으로 예상되는 경우에는 고정금리로 대출을 받는 것이 유리하다.

금융꿀팁

고정금리와 변동금리

1. 대출 받은 후 신용상태가 개선되면 누구나 신청가능하다.

개인이 대출을 받은 후 취업, 승진, 재산 증가 또는 신용평가점수 상승 등 신용상태의 개선이 나타났다고 인정되는 경우 금융회사에 본인 대출에 대한 대출금리 인하를 요구할 수 있다. 단, 금융회사별로 적용조건이 다르며, 대출 시 고객의 신용상태가 금리산정에 영향을 미치지 않는 대출상품(정책자금대출, 예적금담보대출 등)은 제외된다.

2. 금리인하 신청 및 약정은 모두 비대면으로 처리할 수 있다.

각 은행별로 제공되는 비대면채널(모바일 인터넷뱅킹 또는 콜센터 등)을 통해 자료를 제출하면 영업점을 방문하지 않고도 금리인하 신청 및 약정까지 처리할 수 있다.

출처: 금융감독원, 「실생활에 유용한 금융꿀팁」(2019)에서 발췌
금융감독원, 금리인하요구권 신청·약정절차 전면 비대면화(보도참고자료, 2019. 11. 26.)

대출상환방식

대출금리가 같더라도 대출상환방식에 따라 실제 납부하는 대출 이자액은 달라진다. 대출 상환방식은 크게 일시상환과 분할상환으로 구분한다. 일시상환이란 대출기간 중에는 이자만 내고 원금은 만기에 일시에 갚는 방식으로 만기일시상환이라고도 한다.

한편 분할상환이란 빌린 돈을 조금씩 나누어 갚는 방식으로 원리금 균등분할 상환과 원금 균등분할 상환으로 나눌 수 있다. 원리금 균등분할 상환은 매월 원금과 이자를 합해 동일한 금액을 갚는 방식인데, 이자는 남아있는 원금에 대해 부과되기 때문에 결국 원금 균등분할 상환에 비해 많은 이자를 부담하게 된다. 반면 원금 균등분할 상환은 원금을 대출기간으로 나누어 매월 일정한 금액의 원금을 갚고 이자는 대출잔액에 대해 계산하는 방식이다. 대출기간 뒤로 갈수록 남아있는 원금이 줄어들기 때문에 이자도 점점 줄어든다.

이처럼 대출기간과 대출금리가 동일하더라도, 원금이 먼저 상환되는 방식이 이자가 먼저 상환되는 방식보다 총이자부담액이 적다. 따라서 일시상환보다 분할상환이 유리하며, 같은 분할상환이라도 원리금균등분할 상환보다 원금 균등분할 상환이 이자상환 금액이 적다.

| 표 8-2 | 대출 상환방식에 따른 상환총액의 차이

상환방법	대출금액(원)	대출금리	대출기간	대출이자 합계(원)
만기일시상환	10,000,000	10%	5년	5,000,000
원리금 균등분할 상환				2,748,227
원금 균등분할 상환				2,541,667

적용하기

금융감독원 금융소비자 정보포털 파인의 금융거래계산기

금융소비자 정보포털 파인에서 '금융거래계산기' 메뉴를 활용해 보자. '대출계산기'를 선택하여 대출금액, 대출이자율, 대출기간을 입력하고 대출상환방식(만기일시상환, 원리금 균등상환, 원금균등상환 등)을 선택하면, 대출상환방식별 대출이자합계, 평월 납부금액, 만기 월납부금액을 쉽게 확인하고 비교할 수 있다.

5 대출제도

서민을 위한 대출제도

정부와 금융회사 등은 경제적인 어려움을 겪고 있는 서민에게 다양한 대출제도를 지원하고 있다. '새희망홀씨'는 대표적인 생활안정자금 대출로서 소득이 적거나 신용이 낮아서 제도권 금융을 이용하기 어려운 서민을 위해 은행이 제공하는 맞춤형 상품이다. 연소득 3천 5백만 원 이하이거나, 신용평가회사의 개인신용평점이 하위 20%인 경우 연소득 4천 5백만 원 이하이면 지원이 가능하다. 대출기간은 최대 10년이며, 대출한도는 3천만원, 금리는 은행별로 상이하나 연 10.5% 수준이다. 또한 '햇살론 생계자금'은 서민금융진흥원의 보증을 통해 지원하는 소액대출 상품이며 지원대상은 '새희망홀씨' 상품과 유사하나, 대출기간은 최대 5년이며 대출한도는 1천 5백만 원이다.

한편 신용이 낮아 대부업 등 고금리 대출로 내몰리는 서민들을 지원하기 위한 고금리 대안상품으로 '햇살론17'이 2019년에 출시되었다. 연소득 3천 5백만 원 이하이거나, 신용평가회사의 개인신용평점이 하위 20%이면서 연소득 4천 5백만 원 이하, 근로자뿐만 아니라 프리랜서, 자영업자, 농어민 등도 지원이 가능하다. '햇살론17'은 기존 서민금융상품과 달리 신용도에 따라 금리나 한도를 차등화하지 않으며, 금리 17.9%, 한도는 700만 원으로 모두에게 동일하게 적용된다. 또한 자금용도를 특정하지 않고 대환자금, 일반 생활자금 등에 대해 포괄적으로 지원하는 것이 주요 특징이다.

이 외에도 창업자금, 사업운영자금 대출, 주거안정자금대출 등 다양한 서민금융상품이 있으며, 서민금융진흥원의 홈페이지(www.kinfa.or.kr) 또는 서민금융콜센터(☎ 1397) 등을 통해 관련 정보를 확인할 수 있다.

학자금 대출제도

한국장학재단은 대학 및 대학원생의 경제적 부담을 해소하고 학업에 전념할 수 있도록 돕기 위하여 정부의 지원하에 다양한 학자금 대출 프로그램을 운영하고 있다. 학자금은 대학(원) 등록금 및 생활비로 구분되며 대표적인 제도는 '취업 후 상환 학자금대출', '일반 상환 학자금대출', '농촌출신대학생 학자금 융자'가 있다.

'취업 후 상환 학자금대출'은 일정 소득구간 이하에 속하는 만 35세 이하 대학생에게 학자금을 대출해 주고, 추후 취업 등으로 인해 상환기준소득을 초과하는 연간 소득이 발생하면 소득수준에 따라 원리금을 상환하는 제도이다. 대출을 받기 위해서는 성적 및 이수학점 등 일정 기준을 충족해야 하며, 등록금 전액과 더불어 학기당 150만 원 한도까지 생활비도 대출이 가능하다.

'일반 상환 학자금대출'은 모든 소득구간의 대학생이나 대학원생에게 학자금대출을 지원하고, 대출기간(거치기간 및 상환기간) 동안 원금과 이자를 분할하여 상환하도록하는 제도이다. 개인의 신용도에 따라 대출 제한이 있을 수 있으며, 최장 대출기간은 20년이다.

또한 '농촌출신대학생 학자금 융자'는 농어촌출신 학부생에게 등록금 전액을 무이자로 대출해줌으로써 농어업인 자녀들의 고등교육기회를 보장하는 대출제도이다. 재학 중에는 상환 부담이 없고 졸업 또는 수료 후 2년 뒤부터 상환하게 된다. 이 밖에도 한국장학재단은 다양한 학자금 대출제도를 운영하므로 홈페이지(www.kosaf.go.kr) 또는 상담센터(☎1599-2000)를 통해 적합한 제도를 살펴볼 수 있다.

대학생 · 청년 대상 기타 대출제도

경제적 상황이 곤란한 대학생·청년을 지원하는 대표적인 소액대출상품으로는 서민금융진흥원의 '햇살론Youth'가 있다. 만 19세~34세이며 연소득 3,500만 원 이하인 대학(원)생, 취업준비생, 중소기업에 1년 이하 재직 중인 사람이 신청할 수 있다. 대출한도는 연간 600만 원 이내, 최대 1,200만 원까지이며, 상환기간은 최장 15년, 금리는 연 3.5%로 고정금리이다. 관련 상담은 서민금융콜센터(☎1397) 또는 전국 서민금융통합지원센터를 통해 가능하다.

3 부채관리와 대출상환

부채로 인한 경제적 및 심리적 부담을 줄이기 위해서는 부채상환계획을 세워서 이를 효율적으로 관리하는 것이 중요하다. 부채관리는 우선 부채현황을 파악하고 부채상환계획을 수립한 뒤, 이를 위한 실질적 행동계획을 마련하여 실행하는 순으로 이루어진다.

1 부채현황 파악하기

부채상환을 위해서는 우선 어떤 채무가 얼마나 있는지 파악하는 것이 필요하다. 이때 다음 <표 8-3>의 서식을 활용해 볼 수 있다. 서식을 작성해 보면 부채별로 만기가 언제인지, 월상환 총액이 얼마인지 등을 일목요연하게 알 수 있어서 쉽게 부채를 관리할 수 있다.

|표 8-3| 부채현황

(단위: 원, %)

번호	금융회사명		대출일자	대출원금	연 이자율	상환방법		대출기간	월 상환액	대출잔액	상환목표 (만기일자)
						분할	일시				
	1	OO은행		20,000,000	7.5	X		3년	597,220	16,102,500	
	2										
	3										

<table>
<tr><td></td><td colspan="2">합계</td><td></td><td></td><td></td><td></td><td></td><td></td><td></td><td></td><td></td></tr>
<tr><td rowspan="3">사
채</td><td>1</td><td></td><td></td><td></td><td></td><td></td><td></td><td></td><td></td><td></td><td></td></tr>
<tr><td>2</td><td></td><td></td><td></td><td></td><td></td><td></td><td></td><td></td><td></td><td></td></tr>
<tr><td colspan="2">합계</td><td></td><td></td><td></td><td></td><td></td><td></td><td></td><td></td><td></td></tr>
<tr><td colspan="3">총계</td><td colspan="6">대출원금</td><td>월
상환액</td><td colspan="2">대출잔액</td></tr>
</table>

2 부채상환계획 수립하기

보유자산 현금화

개인의 상황에 따라 차이는 있겠지만, 일반적으로 부채상환계획을 세우기 위하여 가장 먼저 고려해야 할 것은 현금화가 가능한 자산을 파악한 후 이에 맞추어 일시불로 변제할 수 있는 채무와 매월 변제할 수 있는 채무로 나누어 계획을 세우는 것이다. 이때 일시불로 반드시 변제해야 하는 부채는 변제기일이 지나 연체이자를 내고 있거나 곧 변제하지 않으면 연체할 가능성이 있는 부채 등이다.

먼저 현금화가 비교적 쉬운 금융자산(예금, 적금 등)을 이용하거나 혹은 주식·채권을 현금화한다. 그리고 자동차를 고려해 볼 수 있는데 이는 자산의 현금화라는 측면과 아울러 자동차 유지에 필요한 세금, 유류비, 보험료 등을 절약할 수 있다는 점에서 생계수단으로 반드시 필요한 것이 아니면 처분하는 것이 바람직하다. 또한, 자동차 이외에 소유하고 있는 동산중에서는 어떠한 것을 현금화할 수 있는지 결정하여 현금화한다.

한편 주택을 담보로 한 부동산담보대출이 없다면 주택담보대출을 통해 신용대출 등의 채무를 정리할 수도 있다. 일반적으로 담보가 제공되는 대출은 이자율이 더 낮으며, 대출의 연장이나 상환기간 등이 더 유리하기 때문이다.

불필요한 소비지출 줄이기

지출감소를 통한 부채상환을 위해서는 월 지출 항목을 정리해 보고 변동 지출비목 중 불필요한 지출을 줄여 채무를 상환할 수 있는 여력은 얼마나 되는지 계산해 보도록 한다. 식비는 외식비를 중점적으로 줄이도록 한다. 그리고 통신비의 경우, 가족 모두의 휴대전화, 초고속 인터넷서비스, 유선전화 이용요금 등을 체크한다. 의류비는 필수적인 것 외에는 모두 줄여도 좋다. 생계유지를 위해 자동차가 반드시 필요한 경우 차량유지비를 고려해서 중고 경차 이용을 고려하며 가능한 공공교통수단도 함께 이용했을 때 줄일 수 있는 부분을 확인한다. 이외 체련단련, 오락·유흥비, 경조사비, 개인 용돈 등도 줄일 수 있는 여지가 있다.

소득증대 방안 모색

소득의 경우 고용조건이 있으므로 원한다고 해서 갑자기 늘릴 수 있는 것은 아니며 직종, 교육, 연령, 성별, 거주지역 등의 영향을 받기 때문에 짧은 시간에 이러한 조건들을 바꾸어소득을 증대시키기도 어렵다. 하지만 직업을 갖고 있지 않은 가족구성원 중 노동시장으로 진출할 수 있는 구성원이 직업을 가지거나 부업 등을 통해 소득을 증대시킬 수 있다.

이때, 새롭게 노동시장으로 진출하는 가족구성원의 추가적인 소득과 취업에 따르는 비 용을 고려해야 한다. 즉, 취업에 따른 비용에는 가사 시간의 감소로 가계생산을 시장 재화나 서비스로 대체하는 비용과 취업을 유지하기 위한 교통비, 외식비, 의복비 등 취업을 하지 않았다면 발생하지 않을 비용이 포함된다. 예를 들어, 주부로 지내던 배우자가 취업을 하게 되면 취업으로 발생하게 되는 소득 전부가 가처분소득이 되는 것은 아니다. 취업을 함으로써 추가로 발생하게 되는 교통비, 중식비, 의복비, 탁아비 등을 따져보아야 한다.

3 부채상환원칙

부채는 합리적으로 상환계획을 세워 계획대로 상환하는 것이 중요하다. 각 대출상환방식의 특징을 이해하고 자신의 상황에 맞는 상환계획을 세울 수 있도록 하며, 구체적인 방법은 다음과 같다.

첫째, 대출상환방식을 빚을 갚기 쉬운 구조로 변경한다. 원금은 그냥 둔 채 이자만 갚아나 가는 만기일시상환방식은 상환이 어려운 구조라고 할 수 있다. 가장 빚을 갚기 쉬운 대출조건은 원금과 이자를 함께 상환해가는 것이다. 즉, 원리금 균등분할상환 또는 원금 균등분할상환 방식으로 전환하는 것이 좋으며, 이는 대출원금상환에 대해 스스로에게 강제성을 부여하기 때문에 좋은 방법이라고 할 수 있다. 간혹 저축을 통해 대출금을 갚으려는 경우가 종종 있는데 대부분의 경우 예금이자는 대출이자보다 낮고 세금이 있어 수익률이 떨어진다.

둘째, 대출의 수를 줄여 대출관리가 쉽도록 한다. 채무가 커지다 보면 여러 종류의 대출을 이용하는 경우가 있다. 부동산담보대출, 보험대출, 신용대출, 직장의 직원대출, 카드대출 등 그때그때 사정에 따라 여러 대출방법을 사용하는 경우가 많다. 물론 불가피하게 여기저기서 대출을 받게 된 경우도 있겠지만 사람들이 자세히 알아보지 않고 가장 받기 편한 대출을 받다 보니 대출의 수가 늘어난 경우가 많다. 대출의 수가 많으면 상환일을 놓치는 등 부채관리가 어려우며 신용에도 부정적인 영향을 미칠 수 있으므로, 소액 또는 고액 대출을 먼저 상환 하여 대출의 수를 줄이는 것이 좋다. 이 때 중도상환 수수료 및 인지세 등의 추가 비용 부담이 있을 수 있으므로 이러한 추가비용까지 함께 고려하여 의사결정을 하도록 한다.

가계부채 위기와 위험천만한 역주행

경제상황이 심상치 않다. 7월 들어 달러 환율은 1300원을 넘어 고공행진 중이고 코스피 지수는 한때 2300 밑으로 떨어졌다. 6%대 물가상승률에 상반기 무역적자 103억 달러. 그러나 수출 전망은 하반기에 더 어둡고 급기야 내년 상반기는 마이너스 성장 가능성까지 거론된다. 최근 발표된 OECD의 한국 경기선행지수는 눈앞에 닥친 리세션(침체)의 위험을 6개월째 예고하고 있다. 외환위기를 경험한 우리로서는 미국 연방준비제도이사회의 긴축 선회 이후 세계 곳곳에서 전해져오는 신흥국 금융불안 소식도 불편하다. 그러나 최악의 시나리오는 따로 있다. 가계부채와 주택가격이 역대 최고 수준까지 부풀어 오른 상태에서 진행되는 한국은행의 속도 조절 없는 기준금리 인상과 8%를 향해 뜀박질하는 시중 담보대출 금리가 가져올지도 모를 파급효과가 그것이다. 지금 한국경제는 가계부채 위기와 마주하고 있다.

지난달 금융위원회는 가계대출 관리방안을 발표했다. 그런데 막상 내용을 들여다보면 주로 현행 대출규제가 과도해 향후 단계적으로 완화하겠다는 '빨간색 청개구리' 같은 이야기다. 총부채원리금상환비율(DSR)을 계산할 때 더 많은 예외를 허용하고 이미 집이 있는 사람한테도 담보인정비율(LTV)을 올려 대출을 더 많이 받을 수 있게 해준다고 한다. 이런 위험천만한 역주행이 없다. 사실 이렇게 '빚내서 집 사라'는 정책이 처음은 아니다. 한국사회는 국가가 제공하는 공적 복지가 미약해 시민들이 복지 욕구를 각자도생의 '내 집 마련' 실현으로 충족시켜야 했다. 부동산은 사적 복지의 기반이었다. 역대 정부는 재정을 아끼면서 중산층을 육성하는 가장 손쉬운 길로 집값 부양에 나섰다. 금융적 수단이 단골손님처럼 등장했다. 이명박 정부의 전세자금대출 활성화나 박근혜 정부의 노골적인 대출 확대가 그랬다. 그 귀결은 천정부지로 치솟은 주택가격과 그만큼 늘어난 가계부채였다.

기실 가계부채 누증은 한국경제의 가장 취약한 단면을 드러내는 현상이다. 저성장과 양극화의 그늘은 960조 원 넘게 급증한 자영업 대출에 고스란히 흔적을 남기고 있다. 필수적 지출을 대출에 의존해야 하는 저소득층의 고단한 삶에도, 닫힌 기회의 창을 '영끌'과 '빚투'로 열어보려는 청년세대의 상실감에도 같은 그늘이 깃들어 있다. 위험은 아래로 흘러들고 약탈적 대출이 그들을 노린다. 당장 9월 이후 만기연장이 안 되고 대출금리가 오르면 저소득 자영업자들을 중심으로 연쇄부도가 덮쳐올지 모른다. 위험은 다시 취약계층에 120조 원을 빌려준 저축은행과 여신전문금융회사로, 그리고 부동산 PF 관련 유동화증권 차환 물량의 인수로 보증채무가 늘어난 증권회사들로 향한다. 재벌 대기업과 건물주들이 모든 경제적 가치를 빨아들이면서 좋은 일자리가 너무나 귀해진 이 나라의 현실이 이렇다. 결국 가계부채 위기의 양상도 한국경제의 가장 취약한 부문에 의해 결정될 것이다.

해법은 근본적이어야 하고 멀리 내다보는 것이어야 한다. 궁극적으로는 노동소득과 자산가치의 격차가 문제다. 양질의 일자리를 늘려 가계소득 기반을 튼튼히 하고 공적 복지의 확충으로 '자산기반 복지'를 대체할 수 있어야 제대로 된 가계부채 대책이다. 하지만 시급히 해야 할 일도 있다. 한계차주의 이자부담 완화라는 당면과제를 위해 한시적으로나마 대출금리에 상한을 두고 변동금리 대출의 고정금리 대출로의 전환을 유도하는 방안부터 강구할 필요가 있다. LH공사 등을 통해 한계차주의 주택을 매입한 다음 재매입 옵션과 함께 임대해 주거권을 보장하는 방안에 대해서도, 그리고 기존의 거치 후 만기 일시상환 방식을 분할상환 방식으로 바꾸는 대출관행상의 개선에 대해서도 논의가 필요하다.

[출처: 경향신문, 2022. 07. 27.]

[https://www.khan.co.kr/opinion/column/article/202207270300065]

4 불법채권추심에 대한 대응

채권추심은 금융거래나 상거래과정에서 발생한 금전채권에 대하여 정당한 사유 없이 채무 계약대로 돈을 변제하지 않는 경우 채권자가 채무자에게 상환할 것을 촉구하는 행위이다. 우리나라가 외환위기를 맞은 이후 부실채권이 증가하자 채권자로부터 채권추심을 위임받아 채무자에 대해 상환을 요구하는 채권추심 전문회사가 많이 생기게 되었다.

채무자 입장에서는 열심히 벌어서 빚을 갚으려고 하지만, 경제적 어려움으로 그렇지 못하는 경우가 많다. 이럴 때 채권자의 불법적인 채권추심이 채무자를 더욱 힘들게 만든다. 채권자가 채무상환을 독촉하는 과정에서 「채권의 공정한 추심에 관한 법률」을 위반하는 행위를 불법채권추심이라고 한다. 채무자는 채권자 특히, 채권 금융회사의 불법채권추심에 대하여 스스로 보호할 수 있도록 불법채권추심 주요 유형과 대응요령을 알아둘 필요가 있다. 또한 불법추심행위에 대한 형사처벌이 가능한 경우 수사기관에 고소할 수 있으며, 분쟁에 대해서는 민사소송을 통한 피해구제가 가능하다.

금융꿀팁

주요 불법채권추심 유형 및 대응요령

1. 채권추심자의 신분을 밝히지 않고 추심

채권추심자가 신분을 밝히지 않거나 신분이 의심스러울 경우 신분을 확인할 수 있는 증표를 제시하도록 요구한다.

2. 무효이거나 존재하지 않는 채권의 추심

채무의 존재 여부 및 금액에 대해 의구심이 드는 경우 채권추심자에게 채무확인서 교부를 요청하여 상세 내역을 확인하다.

3. 정당한 사유 없이 야간 또는 반복적 전화 방문

필요 시 증거자료(녹취, 사진, 목격자 진술 등)를 확보하여 금융감독원 또는 관할경찰서에 신고하면 도움을 받을 수 있다.

4. 관계인 등 제3자에게 채무사실을 고지하거나 채무변제를 요구

채권추심자가 채무자의 관계인에게 채무내용을 알리는 것은 불법행위이며, 관계인에게 대신 갚으라고 요구하는 행위도 불법이므로 응할 필요가 없다.

출처: 금융감독원, 「실생활에 유용한 금융꿀팁」(2019)에서 발췌

학습내용정리

▶ 대출이란 개인이 금융회사 등으로부터 돈을 빌리는 행동을 의미하며, 부채는 대출로 인해 발생한 금융회사에 갚아야 할 빚을 의미한다.

▶ 대출은 신용대출과 담보대출로 구분되며, 신용대출은 개인의 신용도에 기초하여 대출금액과 대출금리가 결정되는 것에 비해, 담보대출은 경제적 가치가 있는 부동산 등 담보자산의 경제적 가치 내에서 대출금액이 결정된다.

▶ 서민을 위한 대표적인 대출상품은 '새희망홀씨', '햇살론17' 등이 있으며, 대학생을 위한 대출제도는 한국장학재단의 학자금대출과 서민금융진흥원의 '햇살론Youth' 등이 있다.

▶ 대출 결정 시 먼저 대출이 꼭 필요한지, 원금과 이자를 갚을 수 있는지를 고려하고, 대출금리 및 대출상환방식을 비교한다. 또한 대출을 받은 이후에는 부채상환계획을 수립하고 실행한다.

예시문제

서술형

1. 부채 발생 요인을 두 가지 이상 서술하시오.
2. 고정금리와 변동금리에 대하여 서술하시오.
3. 대출 상황방식 두 가지에 대하여 서술하시오.
4. 부채가 가계에 미치는 영향에 대하여 서술하시오.

빈칸 채우기

1. LTV 비율 = (A   )/(B   )*100
2. DSR 비율 = (A   )/(B   )*100
3. 대출금리 = (A   ) + (B   ) - (C   )
4. 신용대출의 경우 현금을 매개로 이루어지는지의 여부에 따라 (A   )과 (B   )로 나눌 수 있다.

O·X 문항

1. 부채액을 일정기간 일정 횟수에 걸쳐 상환하는 부채를 비할부신용이라고 한다.
2. 포괄계약형은 매번 거래마다 대출금액, 대출이자, 대출기간, 상환방법 등에 대해 계약을 체결해야 하는 것으로 일반 대출상품이 이에 속한다.
3. 기준금리와 가산금리는 개별 금융회사가 직접 결정하며 고객별로 다르게 결정된다.
4. 금리인하요구권은 대출을 받은 후 신용상태가 개선되지 않아도 누구나 신청가능하다.

09

리스크와 보험

1. 리스크의 이해
2. 리스크의 관리
3. 보험의 이해
4. 보험의 주요 요소
5. 생활과 보험

학습개요

본 장에서는 일상생활을 영위하면서 겪게 되는 리스크의 개념을 이해하고, 리스크를 관리하는 방법에 대해 알아본다. 또한 보험의 기본 원리와 기능, 주요 용어에 대해 알아보고, 사회보험과 민영보험의 차이와 역할 및 상호 보완관계를 이해한다. 다양한 민영보험 종류에 대해 학습하고 경제생활 속에서 자주 접하게 되는 주요 보험 상품들을 살펴본다. 마지막으로 보험판매채널에 대한 이해의 폭을 넓힌다.

학습목표

- 일상생활에서 겪게 되는 대표적인 리스크중 보험상품으로 관리가능한 리스크를 설명할 수 있다.
- 사회보험의 종류 및 특성을 살펴보고 주요 내용을 이해한다.
- 민영보험의 주요 특성을 파악하고 대표적인 보험상품을 이해한다.
- 보험 가입 시 확인할 사항에 대하여 설명할 수 있다.

1 리스크의 이해

1 리스크의 개념과 구분

리스크의 개념

우리의 생활은 현실에서 미래를 탐색하고 걱정하며 또한 지속가능한 발전을 위한 투자의 결과에 대해서 불안해하는 일련의 리스크와 같이 생활하고 있다고 해도 과언이 아니다. 이러한 미래에 발생할 결과에 대한 불안함은 모두 미래에 대한 인간의 예측 능력의 불안정성에 기인한 바가 크다.

앞서 제4장에서 살펴보았듯이, 투자에서 말하는 리스크 하에서는 미래의 불확실한 상황에서 예측한 결과보다 좋은 성과의 가능성(upside risk)과 좋지 못한 성과의 가능성(downside risk) 모두를 포함한다. 이와 같이 투자에서의 리스크는 미래 경제적 활동의 결과로 이익과 손실의 발생가능성이 모두 존재하는 리스크이다.

한편, 보험에서 사용하는 리스크는 매우 제한적으로 적용되는데, 어떤 상황이 발생할지 여부가 불확실하며 동시에 발생결과가 부정적인 것을 말한다. 결론적으로 미래의 경제적 결과가 손실로 연계되는 사건의 발생 가능성에 대해서만 보험으로 보호할 수 있다. 따라서 투자관련 리스크는 보험의 대상이 될 수 있는 리스크가 아니다. 왜냐하면 보험제도는 다수의 경제주체가 직면하고 있는 경세적 손실가능성을 보험계약을 통하여 보험사업자에게 전가하는 상호부조 금융제도로서 보험급여 지급을 통한 손실 보전을 주된 목적으로 하기 때문이다. 일상에서 접하게 되는 교통사고를 살펴보면, 자동차 운행 시에 교통사고가 언제 발생할지 여부도 불확실하지만 교통사고가 발생하면 사람이 다치거나 차가 손상되는 등 그 사고결과가 부정적일 수밖에 없으므로 자동차운행 중 교통사고는 보험대상사건이며 그 경제적 손실가능성은 보험대상리스크에 해당한다.

리스크의 구분

리스크를 구분하는 방법은 매우 다양하며, 대표적으로 리스크에 대한 인지주체 및 통계에 근거한 측정가능 여부에 따라 주관적 리스크와 객관적 리스크로 구분한다. 주관적 리스크는 특정 개인이나 조직에 의해 인지된 리스크를 말한다. 따라서 리스크를 인지하는 상황과 인지주체의 성향에 따라 다양하게 표출되므로 통계적 신뢰성이 부족하고 리스크를 객관적으로 측정하기 어려워 보험의 대상이 될 수 없다. 반면에 객관적 리스크는 누적된 경험 자료를 근거로 통계적 방법에 의해 객관적으로 측정이 가능한 리스크를 말한다. 예를 들어, 사망리스크, 화재리스크, 자동차사고리스크 등은 모두 통계자료에 근거하여 손실발생가능성을 객관 적으로 산출할 수 있다. 따라서 투자 관련 리스크를 제외한 대부분의 객관적 리스크는 보험대상리스크에 해당한다.

2 보험대상리스크의 요건

보험대상리스크(insurable risk)로 분류되기 위해서는 일반적으로 다음의 요건들을 모두 만족 하여야 한다. 첫째, 화재리스크처럼 경제적 손실을 야기하는 해당 리스크에 직면한 다수의 경제주체가 있어야 한다. 이를 리스크의 동질성 및 대량성 요건이라 한다. 둘째, 해당 리스크가 발생하면 그 사고로 인한 경제적 손실규모를 확정할 수 있어야 한다. 물론 사람의 사망 사고, 질병사고 등 인적손실의 정도를 경제적 손실규모로 산정하는 것은 현실적으로 매우 어렵다. 이에 인적손실은 예외적으로 사전에 보험회사와 보험가입자 양자 간 협약한 금액으로 손실규모를 추정한다. 셋째, 해당 리스크는 통계적 신뢰성에 근거하여 경제적 손실 가능성을 산출할 수 있어야 한다. 최근에는 빅데이터의 집적 및 분석기법의 발전으로 과거에 비해 통계적 신뢰성을 제고할 수 있는 환경이 조성되고 있다. 넷째, 화재사고처럼 해당 리스크의 발생은 우발적이어야 한다. 따라서 방화 등과 같은 고의성이 있는 사건으로 인한 경제적 손실은 보험대상리스크에 해당하지 않는다.

3 생활 속의 보험대상리스크

인적손실리스크(personal risk)

일상에서 자주 경험하는 경제적 손실은 인적손실이다. 인적손실리스크는 질병이나 사고로 사람의 생명이나 신체에 중대한 손실이 발생할 가능성을 말한다. 사람은 유전적 또는 환경적 요인에 의해 유발되는 질병으로 고통을 받을 수 있으며, 심각한 경우에는 사망에 이르기도한다. 우리나라에서 사망원인 1위는 단연코 '악성신생물(암)'이다. 암이 발생할 경우 심리적인 충격이 상당할 뿐만 아니라 실직, 고액의 의료비 등으로 금전적 부담이 실제로 크다. 최근에는 치매로 불리는 알츠하이머병에 대한 우려도 커지고 있으며 2018년에 처음으로 10대 사망원인으로 등장하였다. 또한 우리는 교통사고와 같이 신체가 손상되거나 심한 경우는 사망에 이를 수도 있는 다양한 사고의 위험 속에서 살고 있다. 이에 인적손실리스크는 우리 생활 속에 상존하는 대표적 리스크라 할 수 있다. 인적손실리스크를 중점적으로 다루는 대표적 보험상품은 사망보장을 목적으로 하는 종신보험, 질병입원치료의 보장을 주된 목적으로 하는 질병보험, 치매간병급여의 보장을 주된 목적으로 하는 치매간병보험 등이 있으며 공적제도에는 국민건강보험이 있다.

| 표 9-1 | 2022년 10대 사망원인

(단위: 인구 10만 명당 명)

순위	사망원인	사망률	'18년 순위 대비
1	악성신생물(암)	162.7	-
2	심장 질환	65.8	-
3	코로나19	61.0	↑(+9)
4	폐렴	52.1	↓(-1)
5	뇌혈관 질환	49.6	↓(-1)
6	고의적 자해(자살)	25.2	↓(-1)
7	알츠하이머병	22.7	

8	당뇨병	21.8	⬇(-2)
9	고혈압성 질환	15.1	⬆(+1)
10	간 질환	14.7	⬇(-2)

출처: 통계청, 2022년 사망원인 순위

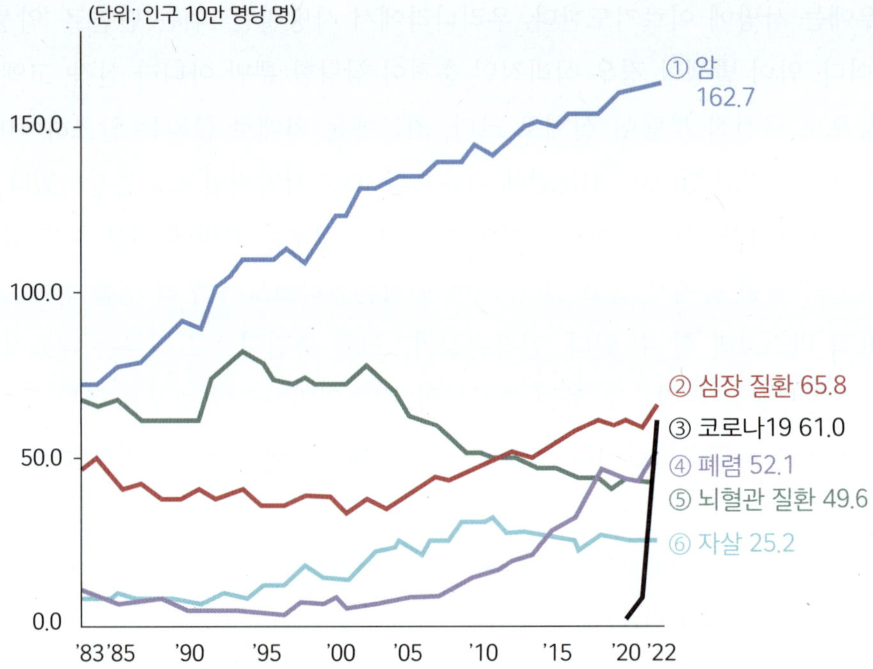

장수리스크(longevity risk)

통계청이 발표한 장래인구추계에 따르면 우리나라는 1970년부터 2018년까지 매년 약 0.43년씩 평균수명이 증가한 반면에 OECD 국가의 평균수명은 약 0.23년씩 증가한 것으로 조사되었다. 평균수명이 증가하면 노후생활자금을 더 많이 준비하여야 하고, 그러하지 못할 경우에는 장수가 축복이 아니라 고난이 될 수 있다. 이와 같이 개인이 마련한 은퇴자산의 소 진시점이 자신의 사망시점보다 빨리 발생할 가능성을 장수리스크라고 한다. 최근 OECD 보고서에 의하면 한국의 노인빈곤율은 43.8%

로 OECD 평균 13.5%의 약 3.2배 수준이다. 노인빈곤율과 함께 더욱 심각한 것은 노인자살률도 OECD 회원국 중에서 1위라는 사실이다. 이러한 장수리스크에 미리 대비하는 목적으로 도입된 민영상품이 연금보험이고 공적제도는 국민연금보험이다.

재산손실리스크(property risk)

재산손실리스크는 우발적 사고에 의해 재산의 경제적 가치가 훼손될 가능성을 말한다. 대 표적인 재산손실리스크는 주택, 건물, 창고 등에 대한 화재리스크이다. 주택은 대부분 개인 재산의 가장 높은 비중을 차지하기 때문에 화재사고가 발생한다면 재산상의 치명적인 손실을 입을 수 있다. 자동차사고, 선박사고, 도난사고 등도 마찬가지이다. 이러한 재산손실은 직접손실(direct loss)과 간접손실(indirect loss)로 구분할 수 있다. 직접손실은 사고의 직접적인 결과로 입은 1차적 재산상의 피해를 말하며, 간접손실은 직접손실에 부수되는 금전적 손실이다. 가령 물류창고에 대형 화재사고가 발생하게 되면 물류창고 건물과 그 보관물품의 피해액이 직접손실에 해당하고, 창고를 정상화하기 전까지는 일정 기간 창고업을 수행하기 어렵기 때문에 수반되는 경영상의 손실액이 간접손실에 해당한다. 이와 같은 재산손실리스크로 인한 경제적 손실을 보장하는 것을 주요 목적으로 도입된 금융상품이 재산보험이며, 대표적으로 화재보험, 자동차보험, 해상보험, 항공보험 등이 있다.

배상책임리스크(liability risk)

운전자가 교통사고로 보행자를 친 경우 어떻게 해야 할까? 아파트 화재사고로 위층에 화재 피해를 입힌 경우에 어떻게 책임을 지게 되는가? 대형 쇼핑몰에서 냉·온방 장치의 고장으로 상당 기간 영업을 하지 못하는 경우 건물관리책임자는 각 매장에 대하여 어떠한 책임을 지게 되는가? 유조선 침몰로 양식장에 경제적 피해를 입힌 경우 선주는 어떠한 책임을 지게 되는가? 의사가 오진 혹은 수술 부주의로 환자가 사망에 이르게 되면 유가족에 대하여 어떻게 하여야 하는가? 회사 임직원의 경영상 과실, 부주의로 주주에게 경제적 피해를 입힌 경우에 어떻게 하여야 하는가? 민법 제750조는 고의 또는 과실로 인한 위법행위로 타인에게 손해를 가한 자는 그 손해를 배상할 책임이 있다고 명시하고 있다. 이와 같이 인적손실 혹은 재산손실 등 경제적 손실을 입은 피해자에게 손해배상을 해야 할 가능성을 배상책임리스크라고 한다. 실제로 배상책임은 의사의 의료과실, 회계사의 감사부실 등 전문가가 의무를 제대로 수행하지 못한 경우부터 공산품 설계·제조 하자, 건축물의 설계·시공·감리 하자, 전시회 물품파손 등 일상생활 속에서 매우 다양하게 발생한다. 이러한 배상책임리스크로 인한 경제적 손실을 보장하는 것을 주요 목적으로 하는 금융상품이 책임보험이며, 대표적으로는 전문직배상책임보험, 제조물배상책임보험, 개인배상책임보험, 환경배상책임보험 등이 있다.

4 보험대상리스크의 측정

우리 주변에 상존하는 다양한 보험대상리스크를 어떻게 측정해야 하는 것일까? 암과 같은 큰 질병은 평생에 몇 번 발생할까 말까 하지만 발병 시 삶에 큰 영향을 미친다. 반면 감기와 같은 경미한 질병은 자주 발생하지만 그로 인한 고통은 미미할 수 있다. 따라서 리스크의 크기를 측정하기 위해서는 일정기간 동안 얼마나 자주 발생하는지를 의미하는 손실빈도와 한 번 발생 시에 끼치는 경제적 손실의 크기를 나타내는 손실심도를 모두 고려해야 한다.

손실빈도(loss frequency)

손실빈도는 일정 기간 동안 특정 사건의 발생으로 손실이 발생하는 횟수를 의미한다. 가령 사람의 사망은 한번 발생하기 때문에 손실빈도는 1회로 측정될 수 있으나, 소지하고 있던 물건을 잃어버리는 것은 빈번할 수 있으므로 수차례로 측정될 것이다. 손실빈도는 일정 기간 사고가 얼마나 자주 발생하느냐를 측정하여 사고 발생 확률을 계산하는 데 중요한 지표가 된다.

손실심도(loss severity)

손실심도는 사고가 발생한 경우의 손실액의 크기를 나타내는 것으로 경제적 손실의 규모를 의미한다. 사람이 사망하게 되면 모든 것을 잃는 것이므로 손실의 심도는 매우 큰 반면, 볼펜을 잃어버릴 경우의 손실은 볼펜을 다시 재구입하는 데 소요되는 소액의 비용이므로 손실의 심도는 매우 작다.

보험대상리스크의 크기

보험대상리스크의 크기는 손실빈도와 손실심도의 곱으로 표현할 수 있다.

보험대상리스크의 크기=F(손실빈도)×S(손실심도)

2 리스크의 관리

1 리스크관리 방법

리스크관리는 개인이나 조직이 직면한 다양한 종류의 리스크를 효율적으로 통제하여 경제적 부담을 제거하거나 경감하는 일련의 행위이다. 리스크관리 방법은 다양하지만, 손실빈도와 손실심도에 따라 리스크보유, 리스크회피, 리스크감소, 리스크전가 등 네 가지 방법으로 분류할 수 있다.

리스크보유(risk retention)

리스크보유는 손실빈도와 손실심도가 모두 낮은 경우에 적용하는 가장 보편적인 리스크관리 방법이다. 가령 연필을 잃어버릴 위험에 대비하기 위하여 우리는 별도의 대책을 강구하지는 않는데, 이는 연필을 잃어버리는 경우가 자주 발생하는 것도 아니고, 설사 연필을 잃어버린다 하더라도 다시 구입하는 데 드는 비용도 매우 낮기 때문이다. 이렇게 특정 리스크에 대해 아무런 조치를 취하지 않는 것을 리스크보유라고 한다.

리스크보유는 발생 가능한 리스크를 확인하고 그 정도를 평가하여 능동적으로 대처하는 적극적 리스크보유와 관련 리스크에 대한 무지, 무관심, 태만 등으로 수동적으로 떠안게 되는 소극적 리스크보유로 구분할 수 있다. 적극적 리스크보유의 대표적 유형에는 자체적으로 리스크를 산출하여 합당한 자금을 정기적으로 적립하는 자가보험(self insurance)이 있다.

| 표 9-2 | 리스크 속성에 따른 리스크관리 방법

구분		손실빈도	
		낮은 빈도	높은 빈도
손실심도	낮은 심도	리스크보유	리스크감소
	높은 심도	리스크전가	리스크회피

리스크회피(risk avoidance)

리스크회피는 손실빈도와 손실심도가 모두 높아서 그 리스크를 회피하는 것을 말하며, "피할 수 있으면 피하는 것이 상책"이라는 표현과 잘 맞는 리스크관리 방법이다. 가령 전쟁 지역에 가면 포탄이나 총탄에 맞을 확률이 매우 높고 한 번 피해를 입으면 큰 부상을 입거나 사망하는 등 그 피해 또한 심각하다. 이렇게 인적손실의 리스크빈도와 심도가 매우 높은 지역에는 여행을 가지 않는 것이 합리적이다. 실제로 리스크빈도가 높지는 않지만 심리적인 영향으로 리스크심도가 높은 상황을 회피하는 경우도 있다. 가령 항공기 추락 가능성을 회피하기 위하여 항공기를 탑승하지 않는 것을 예로 들 수 있다. 이에 리스크회피는 리스크관리 방법 중 가장 소극적이지만, 가장 확실한 결과를 예측할 수 있는 방법이다.

리스크감소(risk reduction)

리스크감소는 손실빈도 또는 손실심도를 줄이는 방법을 말하며, 손실통제(loss control)라고도 한다. 이 방법은 손실방지, 손실경감, 리스크분산 등 세 가지 방법으로 구분할 수 있다.

손실방지(loss prevention)는 가장 근본적인 방법으로 손실빈도를 감소시키는 조치이다. 예를 들어, 독감예방 접종을 실시하여 겨울철에 독감에 걸릴 가능성을 줄이는 행위, 다중 이용시설에 CCTV를 설치하여 도난 범죄를 예방하는 등의 조치이다. 또한 화재사고 예방을 위해 정기적으로 화재예방교육을 실시하거나 화재경보장치를 설치하는 것도 이에 해당한다.

손실경감(loss reduction)은 사고의 발생을 사전에 예방하는 차원이 아니라 이미 발생한 사고에 대하여 손실이 확대되는 것을 방지하기 위한 조치를 말한다. 예를 들어, 건물 내의 스프링쿨러 장치나 방화벽은 화재가 발생한 경우에 주변으로 화재피해가 확산되는 것을 방지하기 위한 시설물이다. 실제로 손해보험계약에서는 자동차의 에어백장치 설치, 소화설비 설치 등 손실경감 노력에 대한 보상으로 보험료 할인 혜택이 주어지고 있다.

리스크분산(risk diversification)은 분실, 파손, 해킹 등으로부터 관리해야 할 대상을 시간, 장소, 기술 등을 통해 분산하여 리스크를 관리하는 방법이다. 예를 들면, 금융회사는 중요 정보를 다수 서버에 정기적으로 업데이트하여 분산 보관함으로써 서버 가동 중단 등 각종 사고에 대비할 수 있다.

리스크전가(risk transfer)

리스크전가란 개인이나 조직의 리스크를 제3자에게 전가시키는 것을 말한다. 이는 손실 심도 또는 손실빈도에 영향을 주지 않고, 스스로 부담해야 할 경제적 손실을 제3자에게 넘기는 방법이다. 리스크를 전가할 때에는 손실빈도 및 손실심도를 합리적으로 평가하여 적정 비용을 지불하여야 거래가 성립할 것이다. 대표적인 예로는 보험 가입을 꼽을 수 있다. 암으로 진단될 것을 우려하는 사람이 보험료를 부담하고 암보험에 가입함으로써 암 관련 치료비 부담 등 경제적 리스크를 리스크집단 전체에 전가할 수 있다. 또한 주채무자가 채권자에 대한 채무불이행리스크를 보증인에게 전가하는 보증계약도 리스크전가의 한 예이며, 보증계약을 보험형식으로 전환한 것이 보증보험이다.

2 리스크관리 절차

개인이나 조직 등 경제주체는 리스크를 효율적으로 관리하기 위하여 다음의 절차를 거쳐야 한다. 첫째, 리스크를 발견하고 확인하는 단계로 어떤 리스크가 존재할 수 있는지 살펴봐야 한다. 둘째, 리스크를 분석하고 평가하는 단계로 각 리스크의 손실빈도 및 손실심도를 분석하고 그 경제적 손실을 예측하여 해당 리스크별로 중요도를 평가한다. 리스크관리는 인 적·물적 비용이 발생되어 예산이라는 제약이 있기 때문이다. 셋째, 각 리스크에 대처하기 위해 어떠한 리스크관리 방법을 선택할 것인지를 합리적으로 결정해야 한다. 마지막으로 리스크관리 방법을 실행하고 정기적으로 사후평가를 실시하여, 현행 방법을 계속 적용할지 아니면 더욱 합리적인 방법을 모색할지 여부를 결정한다.

3 보험의 이해

1 보험의 기본 원리

보험이란 동질의 리스크에 직면한 다수의 독립적 경제주체가 보험계약을 통해 리스크단체를 형성하여 보험료 납입을 통해 보험기금을 마련하고, 약정된 우발사고로 경제적 손실을 입은 해당 경제주체에게 약정한 보험금을 지급하는 금융제도이다. 보험제도는 무상으로 거래가 이루어지는 보증과는 달리, 보험가입자가 보험료를 내고 보험회사에 위험을 전가하는 대신 사고가 발생하면 보험회사로부터 보험금을 지급받는 계약이다. 리스크에 직면한 경제주체의 가입을 확대하기 위해 보험회사는 사전적으로 약정된 보험상품을 판매하게 된다.

각종 리스크에 대하여 공동으로 대응하는 보험과 유사한 제도는 고대사회에서부터 존재하였으나, 오늘날의 보험제도는 화폐경제 및 다양한 리스크에 대하여 스스로 책임지는 시장경제가 발전한 이후에 등장하였다. 보험은 손실을 평가하고 보상할 공통의 수단이 있어야 하는 데 물물교환기반의 경제에서는 이러한 평가나 보상이 불가능했기 때문이다. 또한 보험은 리스크에 대한 계산을 기초로 하기에, 대수의 법칙(law of large numbers)과 통계확률론의 발전과 더불어 성장하였다.

확대보기

근대적 보험의 탄생, 로이즈(Lloyd's) 커피하우스

근대적 보험의 시작인 해상보험이 탄생한 영국 런던의 로이즈 커피하우스는 1687년경 사무엘 로이드(Samuel Lloyd)가 처음 문을 열었고, 그의 아들 에드워드 로이드(Edward Lloyd)가 물려받으면서 항해와 관련된 사람들의 모임장소로 발전하였다.

에드워드는 해상무역 과정에서 여러 손실 리스크에 공동으로 노출되어 있던 선원들의 위험보장의 필요성이 제기되자 리스크를 공동 인수하기 시작하면서 리스크를 공식적으로 인수하는 보험사업자가 되었는데, 바로 이것이 영국 해상보험의 시작이다. 에드워드는 정식 보험약관은 아니지만 종이 한 장(slip)에 보상내용을 약속한 뒤 하단에 서명(underwriting)을 했다. '작은 종잇조각'이라는 뜻의 slip은 오늘날 보험을 가입할 때 쓰는 '청약서'란 용어로 사용되고, 현재 증권사나 보험사 등이 '리스크 심사 및 인수'라는 의미로 사용하는 '언더라이팅(underwriting)'이라는 금융용어 역시 에드워드가 보험료를 받고 리스크를 인수하면서 계약서의 합의조항 아래(under)에 그의 이름을 써주고(writing) 약속 이행을 확약한 데서 유래되었다고 한다. 한편, 로이즈 커피하우스의 고객 중 상업이나 선박업에 대한 정보를 교환하는 보험회사 대리인 그룹이 눈에 띄게 불어났다. 1771년에는 재력과 신뢰를 갖춘 79명의 언더라이터들이 입회비 100파운드를 납부하고 로이즈 협회(Society of Lloyd's)를 결성하였고, 18세기를 지나면서 로이즈 커피하우스는 세계 최대의 해상보험 거래가 이루어지는 런던로이즈(Lloyd's of London) 보험시장이 되었다. 현재 런던로이즈는 세계 최대의 재보험시장으로 성장하여 바늘부터 인공위성까지 담보한다는 말이 있을 정도로 위험인수 종목이 확대되었다.

2 보험의 기능

보험은 경제적 손실 발생 시 보상을 통해 복구를 지원하므로, 자본주의 경제에서 중요시되는 지속가능한 발전을 지원하는 제도로서 다양한 기능을 수행한다. 첫째, 보험은 개인의 경제생활이나 기업의 경영상 안정에 기여한다. 경제활동 주체는 보험료를 지급하고 직면한 리스크를 보험사업자에게 전가시키고, 실제 손실이 발생하였을 때에는 보험금을 수령하여 비교적 어려움이 없이 사고 전 상태로 회복할 수 있다. 둘째, 보험료로 구성된 보험기금은 주식, 채권 등에 장기적으로 투자되어 자본시장의 안정적 성장에 기여한다. 또한 산업자본으로 활용되어 국가 경제발전에 기여하기도 한다. 셋째, 보험은 가입자의 신용을 높여 경제주체 간의 상거래를 활성화시킨다. 예를 들어, 보증보험을 통하여 계약상 채무이행을 보증하여 거래의 신용리스크를 감소시키거나 제조물배상책임보험을 통해 소비자의 피해를 신속하게 보상할 수 있어 제조자와 소비자 간의 신뢰를 제고하는 측면도 있다. 넷째, 보험은 국가 주도 사회보장정책의 보완재로서 역할을 수행한다. 예를 들어, 실손의료보험은 국민건강보험 제도의 보완재로서 국민건강보장체계를 한층 더 강화하고 있다. 마지막으로 보험은 보험가입자가 리스크관리에 노력을 기울이도록 하여 손실을 사전적으로 예방하는 기능을 한다. 즉, 보험가입자가 사고방지시설 설치 등과 같이 리스크관리를 충실히 한 경우에는 보험료 부담을 줄일 수 있으므로 리스크관리에 노력을 하게 되며, 이에 따라 사고발생 가능성 및 손실규 모도 작아지게 된다.

이러한 순기능이 있는 한편, 보험은 보험금 편취목적으로 고의로 사고를 유발하거나 허위 치료비를 청구하는 보험사기 등의 도덕적 해이를 유발한다. 이러한 보험사기로 인한 증대된 비용은 보험가입자가 부담하는 보험료 상승을 초래하여, 다수의 선의의 보험가입자에게 피해를 주는 등 사회 전체의 부담으로 돌아온다.

4 보험의 주요 요소

1 보험료의 구성과 해지환급금

보험사업자와 보험계약자 간의 금전적 약속인 보험계약에서 보험료는 보험계약자가 보험 사업자에게 지급하는 약정 금액이고, 이에 대한 반대급부로 보험사업자가 보험사고에 대해 보험계약자에게 보상하는 지급금을 보험금이라고 한다.

보험료는 영업보험료라고도 하며, 순보험료와 부가보험료로 구분된다. 또한 순보험료는 사망, 암 발생 등 보험계약에서 보장하는 보험사고 발생 시 보험금을 지급하기 위한 재원으로 사용되는 위험보험료와 보험계약의 만기 시에 지급하는 보험금을 지급하기 위한 재원으로 사용되는 저축보험료로 구분된다. 부가보험료는 보험영업에 필요한 판매수수료 등 사업비를 충당하기 위한 재원으로 사용된다.

> 영업보험료 = 순보험료 + 부가보험료
> = 위험보험료 + 저축보험료 + 부가보험료

보험사고 발생빈도가 높아지거나 보험금을 지급하는 규모가 커지면 위험보험료가 증가하여 보험계약자가 납입하는 보험료는 증가한다. 흔히 자동차 사고발생률이나 암 발병률이 높아져서 관련 보험의 보험료가 올랐다는 소식을 접하게 되는데, 바로 이러한 이유이다.

보험계약자가 보험료 납입이 곤란하게 되거나 보험의 필요성이 없어지면 보험계약을 해 지할 수 있으며, 이 경우 보험회사가 지급하는 금액을 해지환급금이라고 한다. 해지환급금은 납입한 보험료 합계에서 각종 사업비, 해지 시까지의 사고보장을 위한 위험보험료 등이 차감되므로, 가입 초기(예 : 7년 이내)에 해지 시 보험계약자가 납입한 보험료 합계보다 작을 수 있어 금전적 손실을 볼 수 있다.

2 보험계약자, 피보험자, 보험수익자

보험계약자는 보험사업자와 보험계약을 하고 보험료를 납부할 의무를 가진 주체이며 자 연인 또는 법인 모두 가능하다. 그리고 보험계약자는 보험수익자를 지정하거나 변경할 수 있다. 보험수익자는 생명보험 계약에서만 존재하며 보험사고가 발생하면 보험금을 청구할 권한을 가진 자이다. 보험수익자는 한 명일 필요는 없고 생명보험 계약 체결시점에 반드시 보험수익자를 지정할 필요도 없다.

피보험자는 생명보험계약과 손해보험계약에서 그 의미가 다르다. 생명보험계약에서 피보험자는 사람의 생명이나 신체에 관하여 보험사고의 대상이 되는 자연인을 말하며, 피보험자로 지정된 사람에게 보험사고가 발생해야 보험금의 지급이 이루어진다. 생명보험계약에서 보험계약자와 피보험자, 보험수익자는 모두 같을 수도 있고, 각각 다를 수도 있다. 예를 들어, 남편이 아내를 위하여 암보험을 가입하고 보험수익자를 자녀로 지정하였다면, 남편은 보험계약자, 아내는 피보험자, 자녀는 보험수익자가 된다. 보험계약자인 남편은 보험료를 납입할 의무가 있으며, 피보험자인 아내에게 암이 진단되어 수술비 등이 발생하면 수익자인 자녀가 보험금을 청구하여 지급받는다. 반면 손해보험계약에서 피보험자는 보험사고로 인하여 손해를 입은 자를 말하는데, 보험의 목적(subject matter of insurance)에 대하여 경제적 이해관계를 가진 자로서 약정한 보험사고 발생 시에 보험금을 청구하여 보상받을 수 있는 권리를 가 진 자이며 법인도 가능하다. 예를 들어, 남편이 부인을 위하여 본인 명의의 자동차를 구입하고 자동차보험에 가입한 경우, 남편은 보험계약자이면서 피보험자이고 자동차는 보험의 목적이 된다. 이처럼 보험계약의 다양한 이해관계자는 <그림 9-1>과 같이 보험사업자를 중심으로 보험계약을 통해 상호 연결되어 있다.

그림 9-1 보험계약의 이해관계자

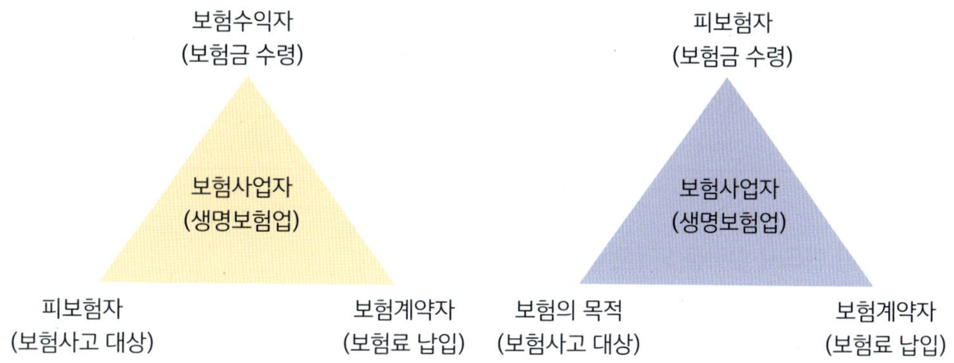

3 보험금

보험금은 보험계약에서 약정한 보험사고가 발생하여 지급받은 일시금, 분할금 등 일체의 보험급여(benefits)이다. 보험금을 지급받는 방법은 정액보상(fixed-sum plan)과 실손보상(indemnity plan)으로 구분된다. 정액보상이란 약정한 보험사고로 손실이 발생한 경우 보험계약 체결 시에 정한 금액을 보상하는 것이고, 실손보상은 실제 손해액을 보상한다. 생명보험계약은 주로 정액보상을, 손해보험은 실손보상을 원칙으로 한다. 이는 생명과 관련된 인적 손실은 그 가치를 측정하기 어렵기 때문이다.

따라서 유사한 생명보험상품에 여러 개 가입하더라도 약정한 보험사고가 발생하면 약정한 금액 모두를 보험금으로 지급받을 수 있다. 반면 실손보상을 하는 보험의 경우 실제 발생한 손실액만 보상하므로 여러 보험에 가입한다고 보험금이 늘어나지 않는다. 이 사실을 모르고 유사한 실손보험에 중복하여 가입하면 불필요하게 보험료만 많이 납부하게 된다.

4 보험기간

보험기간은 약정한 보험사고가 발생하면 보험사업자의 보험금 지급 책임이 있는 기간이다. 보험사업자의 책임은 일시납 또는 제1회 보험료를 받은 시점부터 시작된다. 보험료납입 기간은 보험에 가입하여 보험료를 내는 기간이다. 보험료는 일시납과 분할납이 가능하지만, 보험기간이 장기인 보험계약은 일시에 보험료를 납부하는 경우 부담이 상당하기 때문에 보통 매월 보험료를 납부하는 방법을 선택하고 납입기간을 최대한 길게 설정하는 경우도 많다.

금융꿀팁

보험자가 반드시 알아둘 5대 권리

1. 청약철회권리

보험계약자는 불필요한 보험에 가입한 경우 보험증권을 받은 날로부터 15일 이내에 보험계약의 청약을 철회할 수 있다. 다만, 청약을 한 날로부터 30일 이내인 경우에만 청약철회를 할 수 있다.

*보험계약을 체결할 때 건강진단을 실시한 계약, 보험기간이 1년 미만인 계약 등은 청약철회가 불가

2. 청약철회 후에도 보장받을 권리

보험계약자와 피보험자가 다른 사람인 경우, 보험계약자가 사고 발생 사실을 모르고 청약철회한 경우에는 청약철회를 신청했더라도 보험계약이 그대로 유지되어 보험약관에서 정한 바에 따라 보장을 받을 수 있다.

3. 품질보증해지권리

보험 가입 시 약관 및 계약자 보관용 청약서가 계약자에게 전달되지 않았거나, 약관의 중요 내용 설명이 없었거나, 보험계약자가 청약서에 자필(전자)서명을 하지 않는 등 불완전판매행위가 발생한 경우, 보험계약이 성립된 날로부터 3개월 이내에 그 계약을 취소할 수 있다.

4. 기존 계약 부활권리

보험설계사 등의 부당한 권유로 기존 보험을 해지하고 동일한 보험회사의 유사한 보험에 신규 가입한 경우, 보험계약자는 보험계약이 해지된 날로부터 6개월 이내에 소멸된 기존 계약을 부활하고 새로운 계약을 취소할 수 있다.

5. 승낙전 보장받을 권리

보험계약이 체결되지 않아 보험증권을 받기 이전에 발생한 보험사고라 할지라도, 보험계약자가 청약 시 최초 보험료를 이미 낸 경우에는 보험계약이 성립된 것과 동일하게 보장받을 수 있다.

출처: 금융감독원, 「실생활에 유용한 금융꿀팁」(2019)에서 발췌

5 생활과 보험

세상에는 사람의 수명과 연관된 다섯 가지 리스크가 있다고 한다. 바로 전쟁, 자연재난, 인적재난, 질병, 범죄를 말한다. 한편 기업을 경영하면서 파산할 수 있는 치명적인 리스크는 화재와 손해배상책임이라고 한다. 우리의 경제활동 전반은 이러한 리스크로 둘러싸여 있는 생활환경이므로 이에 대한 대비와 예방 노력을 지속적으로 하여야 한다.

1 사회보험의 개념과 특성

사회보험은 국민이 미래에 직면할 수 있는 사회적 위험에 대비하여 국가 또는 공법인이 관리하는 사회보장제도이다. 이는 노령, 질병, 상해, 실업 또는 사망과 같은 일정한 사고의 발생에 의한 생활의 불안을 보장하는 것을 목적으로 국민의 기본적인 생활의 안정을 위해 국가 차원에서 리스크관리가 필요하다고 판단되는 영역에 제공되는 공적보험이다.

사회보험은 일반적으로 보험가입자 소득수준의 일정비율 형식으로 보험료율이 책정되어 소득이 상승하면 자연히 보험료도 체증하는 구조이며, 소득수준에 따라 보험료를 차등 부과하고 보험급여를 지급함으로써 소득재분배효과를 가진다. 사회보험은 일정한 법적요건이 충족되면 본인의 의사와 관계없이 가입이 강제되며 보험료 납입의무가 부여된다. 우리나라 사회보험제도에는 국민건강보험, 산업재해보상보험, 고용보험, 노인장기요양보험, 국민연금보험이 있다.

2 사회보험의 종류

국민연금보험은 제10장(노후와 연금)에서 설명하기로 하고 여기에서는 나머지 사회보험을 다룬다.

|표 9-3| 사회보험과 민영보험의 주요 차이점

구분	사회보험	민영보험
운영 원리	독점시장 원리	자유경쟁시장 원리
운영 주체	비영리 공단(준정부기관)	보험회사
보험 가입	의무가입	임의가입
운영 목적	• 국가 복지정책의 실현 • 소득 재분배 및 공공선 강조	• 보험영업이익(기업가치) 제고 • 경제주체에 리스크관리 수단 제공
보험료 부과	• 임금 등의 일정비율로 부과 • 보험가입자와 사용자가 부담 • 사용자가 100% 부담하는 경우 있음	• 개별 보험계약의 급여수준 등에 따라 보험료 결정 • 보험가입자가 부담
보험급여	• 관련 법률로 규정	• 개별 보험계약에 의해 결정
보험종류	국민건강보험, 산업재해보상보험, 국민연금보험, 고용보험, 노인장기요양보험	실손의료보험, 암보험, 종신보험, 연금보험, 자동차보험, 화재보험, 배상책임보험 등

국민건강보험

국민건강보험은 질병이나 부상으로 인해 발생한 고액의 진료비가 가계에 과도한 부담이 되는 것을 방지하기 위하여 국민들이 보험료를 내고, 국민건강보험공단이 이를 관리, 운영하다가 필요 시 보험급여를 제공함으로써 국민상호간 리스크를 분담하고 필요한 의료서비스를 받을 수 있도록 하는 사회보장제도이다.

국민건강보험 가입자는 국내에 거주하는 국민으로서 직장가입자(피부양자 포함)와 지역가입자(세대원 포함)로 구분된다. 직장가입자의 보험료는 보수월액에 단일 건강보험요율을 곱하며 가입자와 사업주가 각 50%씩 부담한다. 지역가입자는 세대원 전체의 소득과 재산(자동차 포함)에 기준하여 보험료부과점수를 책정하고 점수당 일정금액을 적용한 보험료를 납입한다. 그리고 퇴직이나 실직 등으로 소득이 감소함에도 전에 내던 직장보험료보다 더 많은 지역보험료를 부담하는 경우 임의계속가입제도에 의해 사용관계 종료 후 최대 36개월 동안 전에 내던 직장보험료 수준의 보험료를 납부함으로써 경제적 부담을 완화할 수 있다. 한편 소득수준이 낮은 사람들은 공적부조제도에 의해 무상으로 의료혜택이 주어지며, 독립유공자 등은 특별법에 의해 무상으로 의료급여가 제공된다.

산업재해보상보험

산업재해보상보험(이하 '산재보험')은 근로자의 업무상의 재해를 보상하기 위해서 사업주로부터 보험료를 징수하여 그 재원으로 사업주를 대신하여 산재근로자에게 보상해주는 제도로서 근로자를 사용하는 모든 사업장을 적용대상으로 하고 있다. 우리나라 산업재해보상보험에서 보험사업자 역할은 근로복지공단이 담당하며, 보험가입자는 사업주(기업), 피보험자는 기업이 고용한 근로자이다. 그리고 보험수익자는 산재근로자이지만 산재 사망사고의 경우에는 그 유가족이 된다.

산재근로자로 판정받기 위해서는 사고가 반드시 업무연관성이 있어야 하며, 보상책임은 사업주에게 과실이 없어도 연대책임을 지는 무과실책임주의를 원칙으로 한다. 업무와 관련하여 사고를 목격하고 생긴 불안장애 등 업무상 스트레스로 정신건강이 손상된 경우에도 산 재신청을 통해 업무상 재해를 인정받을 수 있다. 그리고 2016년 9월 29일 이후 근로자가 자 가용, 대중교통, 자전거, 도보 등 통상적인 경로와 방법을 이용하여 출퇴근하는 중에 발생하는 사고도 산재보상이 가능하도록 하는 '출퇴근재해 보상제도'가 시행되고 있다.

보험급여에는 휴업급여 및 상병보상연금, 장해 및 간병급여, 유족급여 및 장의비가 있으며, 원칙적으로 재해 당시의 평균임금에 기초하여 일정 비율을 지급하는 정률지급방식을 채 택하고 있다. 산재보험의 보험료는 보험가입자인 사업주가 전액 부담한다.

고용보험

고용보험은 근로자가 실직한 경우에 생활안정을 위하여 일정기간 급여를 지급하는 실업급여사업뿐만 아니라 적극적으로 고용안정사업 및 직업능력개발사업 등을 실시하는 사회보험이다. 영국, 미국, 일본, 독일 등에서는 실업보험(unemployment insurance)이라고 하지만 우리는 고용안정과 재취업을 강조하기 위해 고용보험(employment insurance)이라고 한다. 적용사업장은 근로자를 사용하는 모든 사업장이며 자영업자를 포함한다. 또한 2020년에 문화예술용역을 직접 수행하는 문화예술인도 고용보험의 가입자가 되었다. 근로자는 사업장에 고용된 날로부터 자격을 얻게 되며, 사업주가 근로복지공단에 자격취득 신고를 함으로써 고용보험에 가입이 된다. 보험가입자는 사업주와 근로자이며 사업주는 신규 및 퇴직 등 고용관계의 변화 를 근로복지공단에 신고하여야 한다. 근로자는 피보험자이면서 보험수익자이다. 다만, 자영업자는 본인이 보험가입자이면서 피보험자, 보험수익자이다. 고용보험료는 근로자와 사업주가 반반씩 부담하는 실업급여의 보험료와 사업주가 부담하는 고용안정·직업능력개발사업의 보험료로 구분된다.

실업급여는 구직급여와 취업촉진수당으로 구분된다. 구직급여 수급요건은 이직의 횟수와 상관없이 합산하여 180일 이상 가입하여야 하고 비자발적 퇴사 이후에 적극적으로 구직활동을 하여야 한다. 다만, 자영업자는 1년 이상 가입하여 보험료를 납부하고 매출감소, 적자 지속, 자연재해 등 불가피한 사유로 폐업한 경우에 실업급여를 받을 수 있다. 매월 지급되는 구직급여는 상한과 하한이 있고 퇴직 직전 월평균보수의 60% 수준이며, 퇴사 당시의 연령과 고용보험 누적가입기간에 따라 지급기간이 결정되며 최대 270일이다. 또한 고용보험에서는 출산휴가급여와 육아휴직급여를 지급하고 있다.

노인장기요양보험

노인장기요양보험은 고령이나 노인성 질병 등의 사유로 6개월 이상 일상생활을 혼자서 수행하기 어려운 노인 등에게 요양시설이나 재가기관을 통한 신체활동 또는 가사활동 지원 등 장기요양급여를 제공하는 사회보험제도이다. 건강보험가입자는 장기요양보험의 가입자가 되며, 국민건강보험공단에서 운영하고 있다. 노인장기요양보험의 재원은 가입자가 납부하는 장기요양보험료와 국가지방단체 부담금, 장기요양급여이용자가 부담하는 본인일부부담금이다. 장기요양보험료는 건강보험료에 장기요양보험료율을 곱하여 산정한다.

3 민영보험의 종류

민영보험은 개인이나 기업이 리스크에 대비하여 자유로이 가입하는 보험으로 보험설계사, 홈쇼핑, 은행창구, 증권사창구, 보험대리점 등에서 손쉽게 접하는 보험회사 등의 다양한 보험상품이다.

보험업의 구분과 보험종목

보험업법에서는 보험업을 생명보험업, 손해보험업, 제3보험업으로 구분하고 있으며, 보험회사는 생명보험업과 손해보험업을 겸영할 수 없다. 하지만 제3보험업은 생명보험업 또는 손해보험업의 허가를 받으면 취급할 수 있는 공통 보험영역이다.

| 표 9-4 | 보험업별 보험종목

구분	생명보험업	손해보험업	제3보험업
정의	사람의 생존 또는 사망에 관하여 약정한 급여의 제공을 약속하고 금전을 수수하는 것을 업으로 하는 것	우연한 사고로 인하여 발생하는 손해의 보상을 약속하고 금전을 수수하는 것을 업으로 행하는 것	사람의 질병·상해 또는 이로 인한 간병에 관하여 약정한 급여를 제공하거나 손해의 보상을 약속하고 금전을 수수하는 것을 업으로 행하는 것
보험종목	생명보험, 연금보험(퇴직보험 포함)	화재보험, 해상보험(항공운송보험 포함), 자동차보험, 보증보험, 재보험, 책임보험 등	상해보험, 질병보험, 간병보험

보험가입 목적에 따른 구분

보험은 보험가입의 주목적에 따라 보장성보험과 저축성보험으로 구분한다. 보장성보험은 보험의 본래 기능인 사망, 질병 등 각종 위험보장에 중점을 둔 보험으로서 생존 시 지급되는 보험금의 합계액이 이미 납입한 보험료 합계액을 초과하지 않는 보험을 말한다. 보장성 보험의 대표상품으로 종신보험, 정기보험, 상해보험, 질병보험, 자동차보험, 화재보험 등이 있다. 보장성보험에 가입하면 해당연도에 납입한 보험료(100만 원 한도)의 12%(지방소득세 포함 시 13.2%)에 해당하는 금액을 세액공제 받을 수 있다.

반면 저축성보험은 목돈마련, 노후대비 등을 위해 저축기능이 강화된 상품으로 생존 시 지급되는 보험금의 합계액이 이미 납입한 보험료 합계액을 초과하는 보험을 말한다. 대부분의 저축성보험은 보험회사의 자산운용수익률 및 시장금리 등에 따라 일정기간마다 적용이율(예: 공시이율)을 변동하여 이자를 적립하는 금리연동형보험이다. 저축성보험의 대표상품으로 연금보험, 교육보험, 저축보험 등이 있다. 저축성보험에 가입하면 은행 저축상품의 이자수익에 해당하는 보험차익에 대해 소득세가 부과되나, 10년 이상 계약유지 등 일정 조건을 충족하면 보험차익에 대해서는 비과세 혜택이 주어진다.

4 생명보험

생명보험은 사람의 사망과 생존을 주된 보험사고로 하는 보험이며, 생명보험회사가 판매할 수 있는 보험종목은 생명보험과 연금보험이다. 이들은 보험기간이 비교적 긴 장기성계약의 속성을 가진다.

종신보험, 정기보험

종신보험은 가장 대표적인 생명보험상품이며, 종신(終身)이란 '목숨이 다하기까지의 동안'이란 뜻으로 보험기간을 확정적으로 정할 수 없어 피보험자가 사망할 때까지를 보험기간으로 하고 사망하면 약정한 사망보험금이 지급되는 상품이다. 사람은 누구나 언젠가는 사망하기에 보험계약을 유지하면 사망보험금을 수령할 수 있다. 종신보험은 주로 집안의 가장이 자신의 조기사망 등으로 가족의 생활권, 자녀의 교육권 등이 위협받는 것을 예방할 목적으로 가입하는 경향이 강하다. 따라서 종신보험은 일반적으로 가장인 본인이 보험계약자이면서 피보험자이고 보험수익자를 유가족으로 지정하는 계약구조를 가진다. 정기보험은 사망을 보장하는 보험 중 보험기간이 15년, 20년 또는 80세 등 일정기간으로 확정되어있는 생명보험이다. 피보험자가 보험기간 중 사망한 경우에 보험금을 지급하나, 보험계약의 만기까지 피보험자가 생존하면 사망보험금은 없고 보험계약이 소멸한다. 정기보험은 종신보험에 비해 상대적으로 저렴한 보험료로 동일한 보장을 받을 수 있다는 장점이 있다.

연금보험

연금보험은 은퇴 이후의 생활보장을 주된 목적으로 근로기간에는 체계적으로 은퇴자산을 축적하고 은퇴시점에는 축적된 은퇴자금으로 연금을 받아 단절된 소득을 보완하는 상품이다. 이는 평균수명이 길어지고 핵가족화가 보편화되고 있는 현실세계에서 자신의 여생을 재정적으로 지원해 주는 역할을 수행한다. 일반적 상품구성은 근로소득 등이 있어 보험료를 납입하는 기간인 제1보험기간과 퇴직 이후에 연금을 수령하는 기간인 제2보험기간으로 구분된다. 연금의 지급방식은 종신연금형, 확정연금형, 상속연금형 등으로 구분할 수 있다. 종신연금형은 연금수령자가 생존하면 평생 동안 연금급여를 지급하는 방식으로 가장 보편적이다. 확정연금형은 연금지급기간(예: 10년)을 확정하여 지급하고, 상속연금형은 생존기간에 적립금의 이자만을 지급하고 연금수령자가 사망 시에 적립금 잔액을 배우자나 자녀 등 상속인에게 지급하는 방식이다.

변액보험

생명보험회사에서 판매되는 대부분의 상품은 보험계약 시점에서 약정한 보험사고 발생 시에 미리 정한 보험(가입)금액 전액을 보험금으로 지급하는 정액보험상품이다. 그러나 이러한 정액보험은 생명보험이나 연금보험과 같은 장기성계약에서는 물가상승률 효과를 상쇄하지 못하는 한계가 있다.

이러한 단점을 보완하기 위해 개발된 상품이 변액보험(variable life insurance)이며, 이는 생명 보험회사만이 판매가 가능하고 손해보험회사는 판매가 불가하다. 변액보험은 보험계약자의 납입보험료 중에서 저축보험료 등 일부를 주식이나 채권 등으로 구성된 투자펀드에 직접 투자해 운용수익을 해약환급금 또는 보험금에 직접 반영하는 실적배당형 보험이다.

<그림 9-2>와 같이 보험계약자가 자신의 투자성향을 감안하여 투자펀드를 선택하면 그 운용실적에 따른 이익과 손실은 모두 보험계약자가 책임을 지게 된다. 투자성과에 따라 보험금과 해지환급금이 매일 변동되고 보험기간 중에 해지한다면 극단적인 경우 해지환급금이 없는 등 납입원금 손실이 발생할 수 있다. 물론 사망보험금, 연금개시시점의 계약자적립금에 대한 최저보증 옵션이 있는 경우도 있으나 이 경우에는 보증비용의 추가 부담이 발생한다.

그림 9-2 변액보험상품의 보험료 흐름

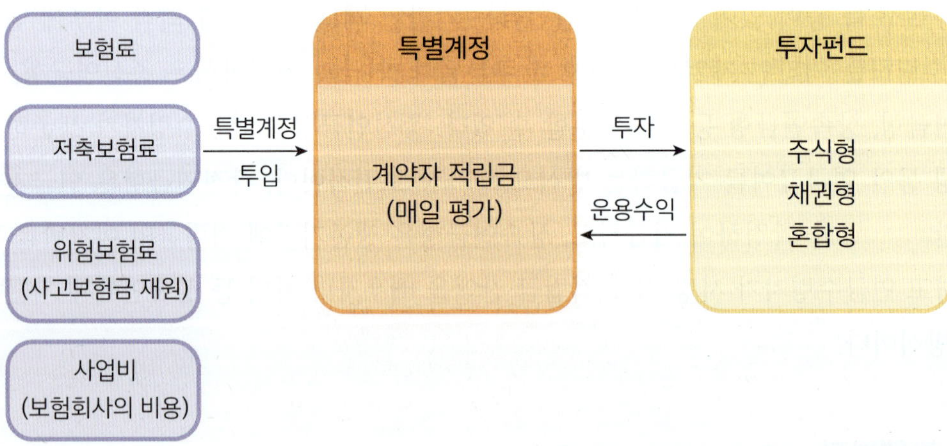

변액보험에는 변액종신보험, 변액연금보험 그리고, 보험료의 입출금이 자유로운 변액유 니버설보험 등 다양한 형태가 있다. 다만 변액보험은 계약에서 최저보증을

하는 부분(예: 최저사망보험금, 최저연금적립금 등)과 특별약관(rider)을 제외하고는 예금자 보호제도에서 보호받지 못한다.

5 손해보험

손해보험은 '실제 발생한 손해를 보상하는 보험'이라는 의미로 우리나라와 일본에서 사용되고 있지만 미국에서는 생명보험산업의 상대적인 의미로 'non-life insurance'로 표현하고 있다. 영국에서는 보험업이 해상보험에서 시작되었다는 점을 강조하여 보험업의 시작이고 표준이라는 의미로 'general insurance'라고 표기한다. 손해보험에는 화재보험, 책임보험, 자동차보험 등 14개 종목이 있다.

화재보험

화재보험은 공장, 주택, 발전소 등 피보험자의 보험목적에 화재사고가 발생한 경우에 보험회사가 화재로 인한 손해를 보상하는 보험이다. 보상하는 보험기간이나 운용하는 방식에 따라 일반화재보험, 주택화재보험, 장기화재보험 등으로 구분한다. 화재보험이 보상하는 손해에는 화재로 인한 직접 손해, 화재진압과정에서 발생하는 소방손해, 피난손해이다. 그리고 최근에는 화재로 인한 이웃집 손해, 화재발생 벌금, 도난손해 등도 다양한 특별약관을 통해 보장받을 수 있다.

책임보험

책임보험은 보험계약상 피보험자가 보험기간 중에 일상생활, 직업 활동 혹은 경영 활동 등을 하면서 제3자에 대하여 신체를 손상시키거나 재산상의 손해를 입혀 법률상의 배상책임이 발생한 경우에 그 경제적 손실을 보상하는 것을 주된 목적으로 하는 손해보험이다. 책임보험은 고액의 손해배상청구를 받게 된 피보험자를 보호하는 역할도 수행하지만 피해자를 보호하는 역할도 수행한다. 상법에서는 가해자가 피해자의 손해배상을 거부하는 경우 피해자가 직접청구권을 통해 피해자는 가해자가 가입한 보험회사에 직접 손해배상을 청구할 수 있는 권리를 보장하고 있다. 책임보험은 의무보험인 자동차손해배상책임보험을 비롯하여 전문직배상책임보험, 제조물배상책임보험, 의료인의 의료분쟁에 대비한 의료배상책임보험 그리고 항공, 선박, 원자력 발전소 등의 특수한 사고에 의한 환경배상책임보험 등 다양한 영역으로 확대되고 있다.

자동차종합보험

우리나라는 2019년 말 차량등록대수가 2,360만대를 넘어섰고 그중 약 94%가 개인용 자동차이다. 이러한 자동차생활문화 속에서 자동차사고 또한 끊임없이 발생하고 있다. 현재 우리나라는 연간 22만 건 정도의 교통사고가 발생하고 있다. 18세 미만 미성년자, 음주운전 정지자 등 무면허 운전에 의한 사고가 줄지 않고 있어 2019년 교통사고로 인한 부상자는 34만여 명에 달하며 사망자도 3,300여 명으로 상당하다. 교통사고로 인한 사망자수는 감소추세이 지만 교통사고 발생건수나 부상자수는 줄지 않고 있다.

자동차 운행 중에 교통사고를 내면 어떤 일이 일어날까? 우선 가해 운전자는 피해차량의 운전자와 탑승자에 대하여 치료비, 위자료, 휴업손해 등 대인배상책임손해가 발생하고 상대방 차량의 수리비 등 대물배상책임손해가 발생하게 된다. 자동차보험은 피해자와 가해자 모두의 재산권과 생명권을 보장할 수 있는 패키지종합보험으로 개발되어 판매되고 있다. <표 9-5>와 같이 자동차종합보험은 상대방의 손해배상을 위한 '대인배상 I & II', '대물배상'과 자동차 사고로 인한 피보험자가 입은 자신의 손해를 보상하는 '자기신체 상해', '자기차량 손해', '무보험자동차 상해' 등 총 6개의 차별화되고 독립된 보장종목으로 구성되어 있다. 이 중 대인배상 I과 대물배상(2천만 원 한도)은 자동차손해배상보장법에 의거하여 자동차를 소유한 사람이 의무적으로 가입을 해야 하는 강제보험이다. 만약 미가입 시에는 과태료가 부과되며, 미가입 상태로 운행할 때에는 1년 이하의 징역 또는 1천만 원 이하의 벌금을 내야 한다.

| 표 9-5 | 자동차종합보험의 보장내용

보장종목	보장내용
대인배상 Ⅰ	피보험자동차의 대인사고로 제3자에게 「자동차손해배상보장법(이하 자배법)」에서 정한 대인배상액을 보상하는 의무배상책임보험(강제보험). 예시) 사망·후유장애(1.5억 원), 상해 1급(3천만 원)
대인배상 Ⅱ	대인배상 Ⅰ을 초과하는 대인사고를 보상하는 임의배상책임보험(비강제보험)으로 일반적으로 보험금액은 무한대로 설정
대물배상	피보험자동차의 대물사고로 제3자에게 자배법에서 정한 2천만 원 한도의 대물배상책임보험과 2천만 원을 초과한 배상액을 보상하는 임의배상책임보험으로 구성
자기신체 사고	피보험자동차의 사고로 피보험자가 죽거나 다친 경우에 보상받는 임의보험
무보험자동차에 의한 상해	무보험자동차에 의해 피보험자가 죽거나 다친 경우에 보상받는 임의보험
자기차량 손해	피보험자동차의 파손이나 도난 등에 의한 손해를 보상받는 임의보험(단, 피보험자의 음주운전사고, 뺑소니사고, 무면허운전사고는 보험회사 면책)

한편, '자동차사고를 매일 접하는 일상에서 사고자를 범죄자로 기소할 필요성이 있는가?'라는 의문이 들 수 있다. 이에 따라 「교통사고처리특례법」에는 가해자가 자동차종합보험(단, 대인배상 II가 무한)에 가입한 경우 12대 중과실(신호위반, 과속, 음주운전 등) 교통사고, 뺑소니사고 등을 제외하고 가해자를 형사 처벌할 수 없도록 하는 특례 규정을 두고 있다.

반면에 음주운전을 하다 교통사고를 일으키면 형사처벌 이외에도 자동차보험에서 큰 불이익을 받게 된다. 음주운전 시 자동차보험처리를 하는 경우에 운전자 본인이 최대 1억 6,500만 원(대인 1억 1,000만 원, 대물 5,500만 원)의 사고부담금을 보험회사에 직접 납부하여야 한다. 또한 자기차량손해 담보의 보험처리가 불가하여 자신이 차량 수리비용을 전액 부담하여야 하며, 음주운전 차량 동승자가 피해를 입은 경우에는 보험금이 40% 이상 감액 지급될 수 있고, 자동차보험 갱신 시에 보험료가 크게 할증되는 등의 불이익이 있다.

👍 금융꿀팁

자동차보험 과실비율

자동차사고의 과실비율은 교통사고 가해자와 피해자 간의 책임 정도를 나타내는 비율이다. 사고 운전자는 본인의 과실비율만큼 사고책임을 부담하기 때문에 과실비율만큼 상계한 금액을 상대방으로부터 보상받게 된다. 따라서 과실비율이 커지면 보험금이 줄어들게 되며, 자동차보험계약을 갱신할 때 보험료가 더 많이 할증될 수 있다.

1. 음주·무면허·과로·과속 운전 시 과실비율이 20%p 가중된다.
2. 어린이·노인·장애인 보호구역내 사고 시 과실비율이 15%p 가중된다.
3. 운전 중 휴대폰, DMB 시청 시 과실비율이 10%p 가중된다.

출처: 금융감독원, 「실생활에 유용한 금융꿀팁」(2019)에서 발췌

6 제3보험

제3보험은 신체의 상해, 질병이나 이로 인한 간병이 필요한 상태를 보험사고로 보며, 상해보험(accident insurance), 질병보험(sickness insurance), 간병보험(long-term care insurance)으로 구분된다.

|표 9-6| 보험업종별 특성 비교

구분	생명보험업	손해보험업	제3보험업
보험사고	사망, 생존	금전적(재산, 배상책임) 손해	신체 상해, 질병, 간병
보험금 청구권자	보험수익자	피보험자	보험수익자
보험금 지급	정액보상	실손보상	정액, 실손 모두 존재
중복보험 & 연대비례보상책임	없음	있음	실손보상보험은 있음
보험기간	장기(3년 초과)	단기(3년 이하)	단기, 장기 모두 존재

상해보험

상해보험은 피보험자가 보험기간 중에 급격하고도 우연한 외래의 사고로 신체에 상해(상해 사망 포함)가 발생한 경우에 보험금이 지급되는 보험이다. 상해보험에서 보장하는 보험사고는 상해사고이며 우연성, 외래성 그리고 급격성 요건을 모두 충족하여야 하므로 피보험자의 신체 내부에서 기인한 사고는 보장되지 않는다. 상해보험에는 사고의 종류나 담보하는 보장항목에 따라 일반상해보험, 교통상해보험, 여행보험, 운전자보험 등이 있다.

① 여행보험

여행기간 동안에 발생 가능한 인적·물적 손해사고에 대비하는 종합보험이다. 보험기간은 여행기간 중으로 단기이지만 여행 중 발생한 상해사고로 인한 사망이나 장해 등 후유증상까지 집중적으로 보장한다. 이 밖에도 피보험자가 여행 중에 발생한 질병으로 인한 질병사망, 실손의료비 그리고 여행 중 발생한 개인배상책임손해, 휴대물품손해 등도 선별적으로 특별약관을 통해 보장할 수 있다. 가령 여행 중에 호텔의 물품을 훼손, 파손하는 경우에 '개인배상책임 특별약관'의 보험가입금액 범위 이내에서 보상받을 수 있다. 또한 여행기간 동안 가지고 다니던 고가의 카메라나 휴대품이 파손되거나 도난당하는 경우 특약가입금액 범위에서 보상받을 수 있다. 여행기간 동안 휴대품을 도난당한 경우에는 현지 경찰관서 등에서 확인서를 받아오는 것을 잊지 말아야 한다.

② 운전자보험

운전을 하다가 운전자의 잘못으로 인적·물적 손해를 입혔다면 어떻게 해야 할까? 운전자는 상대방 차량 및 운전자나 승객의 입원치료비와 위자료를 물어주어야 할 민사적 책임뿐만 아니라, 아무 잘못이 없는 상대방을 죽거나 다치게 했으므로 그에 따른 형사적 책임도 져야 한다. 앞서 설명한 자동차보험이 피보험자의 교통사고로 인한 민사적 책임손해를 보상하는 보험이라면 운전자보험은 형사적 책임손해를 보상하는 보험이다. 운전자보험은 교통사고에서 파생하는 형사상 책임손해, 행정상 책임손해 및 기타 비용손해를 보상한다. 운전자보험의 보편적 보장내용은 법원의 판결에 따른 벌금, 형사적 책임을 감경시키기 위해 피해자와 형사합의에 필요한 비용,

자동차 사고로 공소가 제기되어 변호사를 선임하는 경우 변호사 선임비용, 자동차 사고로 면허가 정지되거나 취소되는 경우의 위로금, 자동차사고로 인한 기타 비용 등을 포괄적으로 포함한다.

|표 9-7| 자동차합보험과 운전자보험의 보장내용 비교

자동차사고 기준	자동차종합보험	운전자보험
가입 대상	자동차 및 그 소유자	운전을 하는 모든 사람
의무가입	대인배상 I, 대물배상 (2천만 원 한도)	임의보험
대인 및 대물 민사적 배상책임	보상	무보상
피보험자의 형사적 책임	무보상	보상: 사망/부상의 형사합의금, 변호사비용, 벌금 등
피보험자의 행정적 책임	무보상	보상: 면허취소 위로금 등
피보험자의 기타 비용손해	무보상	보상: 긴급견인비용, 렌트카 비용, 차량손해위로금, 자동차보험료 할증지원금 등
무면허, 뺑소니, 음주운전 사고의 대인·대물 배상책임	보상. 단, 사고부담금 부담 대인배상 I: 1천만 원 대인배상 II: 1억 원 대물배상(의무): 5백만 원 대물배상(임의): 5천만 원	무보상

질병보험

우리는 살아가면서 가벼운 감기에서부터 심각한 중증질환까지 다양한 유형의 질병에 노출될 수 있다. 질병은 상해사고와는 달리 유전적 요인이나 환경적 요인, 연령, 성별 등에 따라 그 발병률이 다르다. 질병에 걸리게 되면 질병으로 인한 진단, 수술, 입원, 통원 등에 대하여 보상하는 보험이 질병보험이다. 대표적 질병보험은 실손의료보험, 암보험 등이 있다.

① 실손의료보험

실손의료보험은 국민건강보험의 보완재로서 피보험자가 질병 또는 상해로 의료기관(약국 포함)에서 입원 또는 통원치료를 받은 경우 실제 부담한 의료비를 보상하는 보험이다. 현재 판매되고 있는 대부분 실손의료보험은 갱신주기가 1년으로 매년 보험료가 갱신되며, 재가입 주기 15년으로 15년마다 보장내용이 변경될 수 있다. 실손의료보험은 과잉치료, 의료쇼핑 등의 도덕적 해이를 방지하기 위해 실제 지출한 의료비의 일부를 본인이 부담하도록 운영하고 있다. 예를 들어, 표준형 실손의료보험의 경우, 입원의료비의 80%를 보험회사가 보상하고 20%는 보험가입자가 부담한다.

| 표 9-8 | 표준형(상해, 질병) 실손의료보험 보장내용

<table>
<tr><th colspan="3">구분</th><th>보장내용</th><th colspan="2">보험가입금액</th></tr>
<tr><td rowspan="3">기본형</td><td colspan="2">입원</td><td>보상대상의료비의 80% 해당액 보상</td><td colspan="2">1/3/5천만 원</td></tr>
<tr><td rowspan="2">통원</td><td>외래(1회당)</td><td rowspan="2">보상대상의료비에서 외래병원 규모별 1~2만원(약제비는 8천원)과 보상대상의료비 20% 중 큰 금액 공제 후 보상</td><td>5/10/15/20/25만 원</td><td rowspan="2">합산 30만 원 한도</td></tr>
<tr><td>약제비(1건당)</td><td>5/10/15만 원</td></tr>
<tr><td rowspan="3">특약
(3종)</td><td colspan="2">도수치료·체외충격파 치료·증식치료</td><td rowspan="3">각 특약별 보상대상의료비에서 2만 원과 보상대상의료비의 30% 중 큰 금액을 차감한 금액</td><td colspan="2">350만 원(합산 50회 한도)</td></tr>
<tr><td colspan="2">비급여 주사료</td><td colspan="2">250만 원(합산 50회 한도)</td></tr>
<tr><td colspan="2">비급여 자기공명영상 진단
(MRI/MRA)</td><td colspan="2">300만 원</td></tr>
</table>

그리고 여러 개의 실손의료보험을 가입했다고 하여도 정액보험이 아니므로 실제 부담한 의료비를 초과하여 보상받지 못하게 되어 불필요한 보험료 지출을 야기한다. 따라서 보험계약체결 전에 중복가입 여부를 반드시 확인할 필요가 있다. 실손의료보험의 중복가입 여부는 한국신용정보원(https://credit4u.or.kr:2443) 보험신용정보에서 확인할 수 있으며, 중복계약은 해당 보험회사 콜센터 등을 통해 언제든지 해지할 수 있다.

또한 가입가능 나이가 50~75세로 65세 이상의 고령자도 심사를 거쳐 가입이 가능한 '노후 실손의료보험'과 치료이력이 있거나 경증만성질환을 가진 유병력자를 대상으로 자기부담금 범위를 상향 조정한 '유병력자실손보험' 등이 있다.

> 금융꿀팁
>
> **실손의료보험 가입자가 알아둘 필수정보**
>
> **1. 보험 회사별로 보험료는 상이**
>
> 실손의료보험의 보장내용은 동일하지만 보험회사별로 보험료는 상이하므로, 가입 전에 회사별로 보험료를 비교해 보고 가입하는 것이 좋다. 또한 온라인으로 가입하는 경우 모집수수료 등이 적어 대면채널을 통해 가입할 때보다 보험료가 저렴하다.
>
> **2. 해외 장기 체류 시에는 보험료 납입중지제도 활용**
>
> 해외 근무, 유학 등으로 3개월 이상 국외에서 거주하게 되는 경우 그 기간 동안 국내 실손의료보험의 보험료를 납입중지 또는 사후환급 받을 수 있다.
>
> **3. 모바일 앱을 통한 보험금 청구도 가능**
>
> 회사별로 상이하나 일정금액 이하의 보험금은 진료비 영수증 등 관련 서류를 스마트폰으로 촬영하고 보험 회사별 모바일 앱 등을 이용하여 보험회사에 직접 방문하지 않고도 간편하게 청구할 수 있다.
>
> **4.간병비, 예방접종비, 의약외품 구입비, 외모개선 목적 의료비, 일반 건강검진비는 비보장**
>
> 병원 입·통원 시 치료와 무관하게 발생되는 간병비, 증명서 발급비, 예방접종비 등이나 의사의 처방이 없는 의약외품 구입비는 보장되지 않는다. 또한 성형수술과 같은 외모개선 목적의 의료비, 일반 건강검진비는 실손의료보험 보장 대상이 아니다.
>
> 출처: 금융감독원, 「실생활에 유용한 금융꿀팁」(2019)에서 발췌

② 암보험

암보험은 암으로 인한 치료자금을 중점적으로 보장하는 보험으로 대표적인 질병보험이다. 이는 암이 우리나라 사망원인 1위인 점이 반영된 것이다. 암보험은 일반적으로 암진단비, 암 수술비, 암입원비 등을 보장하고 있다. 암보험의 핵심보장은 암진단비이며 치료비 경중에 따라 고액암, 소액암 등으로 구분하여 암진단비를 차등적으로 지급하고 있다. 암보험은 도덕적 해이를 방지하기 위해 일반적으로 계약일로부

터 90일이 지난 다음날부터 보장을 시작하고, 1년 시점을 기준으로 보험금을 차등화하고 있다.

암보험은 다른 질병보험과 마찬가지로 일정주기로 보험료를 재산정하는 갱신형과 보험기간 동안 보험료가 일정한 비갱신형이 판매되고 있다. 암보험은 연령이 증가하면서 암에 걸릴 확률이 높아짐에 따라 보험료가 증가하므로 갱신형 암보험을 가입한 경우에는 갱신 시에 보험료가 크게 상승할 수 있음에 주의해야 한다.

| 표 9-9 | 암보험상품의 주요 보장내용

보험금	보장내용
암 진단비	암보장 개시일 이후 암으로 진단이 확정되었을 때 지급(최초 1회에 한함)
암 입원비	암보장 개시일 이후 암으로 진단이 확정되고, 암의 직접적인 치료를 목적으로 입원하였을 때 지급(3일 초과 입원일수 기준으로 총 120일 한도)
암 수술비	암보장 개시일 이후 암으로 진단이 확정되고, 그 암의 직접적인 치료를 목적으로 수술을 받았을 때 지급(수술 1회당)

확대보기

갱신형과 비갱신형 보험

일반적인 보험상품은 사망, 진단 등에 대한 과거 통계자료를 이용하여 위험률(발생빈도)을 예측하고 이를 근거로 보험기간 전체에 동일한 보험료를 산출, 적용한다. 이를 비갱신형 보험이라 한다. 그러나 보험기간이 장기이며 위험률 변동이 큰 경우에는 향후 만기까지 위험률을 예측하기는 쉽지 않다. 이 문제를 해결하기 위한 하나의 방안이 보험 가입 후 일정기간 단위로 최근 통계자료를 활용하여 예측한 위험률과 연령을 적용하여 보험료를 재산정하는 '갱신형' 보험상품이다. '갱신형' 보험은 보험가입 당시의 초기보험료는 저렴하지만 일정주기마다 위험률의 변동 및 연령 증가에 따라 보험료가 지속적으로 인상될 수도 있다. 특히 갱신주기가 지속되어 60세 이후의 고령기에는 퇴직 이후 안정적인 소득이 없는 경우에 보험료 부담이 가중되어 결국 보험계약을 유지할 수 없는 상황에 이를 수도 있다. 따라서 '갱신형' 보험상품을 가입할 때는 상품안내자료에 명시된 가입당시의 보험료뿐만 아니라 고령기의 보험료도 꼭 비교해보아야 한다. 반면에 '비갱신형' 보험은 계약 초기 '갱신형' 보험에 비해 보험료는 비싸지만 보험기간 동안 위험률의 변동이 있더라도 만기까지 처음 보험료가 동일하게 유지되는 장점이 있다.

| 표 9-10 | **갱신형 보험상품과 비갱신형 보험상품의 비교**

구분	갱신형	비갱신형
보험기간과 보험료 납입 기간	일정주기(1년, 3년, 5년 등)로 보험료를 새로이 재산정하여 계약갱신 단, 보험기간=보험료납입기간	계약 시 약정한 보험료가 보험기간 동안 변경없이 동일 단, 보험기간 ≥ 보험료납입기간
적용요율	갱신시점의 위험율, 이자율, 사업비율	계약시점의 위험율, 이자율, 사업비율
보험사 적용 상품	위험률 변동성이 예상범위를 초과하거나 확대될 것으로 예상되는 보험상품(예: 실손의료보험)	위험률 변동성이 예상범위 이내이거나 축소될 것으로 예상되는 보험상품(예: 종신보험)
장점	가입 당시 초기보험료는 저렴	위험률이 상승해도 보험기간 중 보험료는 동일하게 유지
단점	갱신 시 급격한 보험료 인상 또는 일부 보장내용 축소, 가입거절될 수 있음	가입초기에 갱신형에 비해 높은 보험료 부담

간병보험

간병보험은 질병이나 상해 등으로 더 이상 일상생활(ADL)을 할 수 없게 된 상태에 도달하여 타인의 간병 없이는 일상생활을 할 수 없는 상태를 보험사고로 정의하고 매일매일 발생하는 일상간병비를 보장하는 보험이다. 최근 건강보험심사평가원의 65세 이상 고령자 분기별 입원진료비 통계에 의하면 치매입원진료비가 가장 높다. 또한 65세 이상 노인의 치매유병률은 2012년 9.18%에서 2020년 10.39%, 2040년 11.9%, 2050년 15.06%로 급등할 것이라는 암울한 전망과 함께 '치매국가책임제'가 시행되면서 치매상태가 되었을 때 진단비와 간병비를 지급하는 치매간병보험에 대한 국민적 관심이 증가하고 있다.

앞에서 살펴본 바와 같이 제3보험은 국민건강보험과 노인장기요양보험의 국가적 건강보장을 보완하고 있다. 실손의료보험, 질병보험 및 상해보험은 국민건강보험의 보완재, 치매간병보험은 노인장기요양보험의 보완재로 활용되고 있다.

그림 9-3 공사연계 건강보험체계

목적	사회보험	민영보험	
건강 보장	노인장기요양보험	치매간병보험	
	국민건강보험	실손의료보험	질병 및 상해보험

"국민건강보험 보장성 강화 위해 실손보험 비급여 관리해야"

실손보험의 지속성 제고 및 국민건강보험의 보장성 강화를 위해 체계적인 비급여 관리가 필요하다는 제언이 나왔다. 실손보험의 급여본인부담금 보장이 건강보험 재정을 악화시킨다는 우려가 제기되고 있으나, 현재 건강보험의 보장성 보완을 위해 '실손보험의 급여본인부담금 보장'은 필요하다는 지적도 나왔다.

'초고령사회 대비 국민건강보험 보완을 위한 민영건강보험의 활용과 과제'를 주제로 발표를 맡은 정성희 실장은 실손보험의 지속성 위기를 극복하기 위한 비급여 관리 강화, 국민건강보험의 보완을 위한 역할 정립 방안을 제시했다. 정 실장은 "실손보험의 손해율 급증으로 공급의 지속성에 심각한 우려가 제기되고 있으며, 손해율 상승에 따른 보험료 증가가 가입자의 계약유지를 어렵게 한다"고 지적했다.

그러면서 "올해 상반기 실손보험 손해율은 132.3%로, 코로나19에도 전년 동기 대비 0.6%포인트(p) 증가했으며, 시장 정상화의 기대감 약화가 보험회사의 판매 중지로 이어졌다"며 "최근 실손보험 청구는 비급여 비중이 높은 근골격계·안과 질환에 집중되고 있으며, 특히 백내장 수술의 실손보험금이 올해 1조 원을 상회할 것으로 예상된다. 실손보험의 지속성 제고 및 국민건강보험의 보장성 강화를 위해 체계적인 비급여 관리가 요구된다"고 강조했다.

정 실장은 "급여본인부담금 설정이 도덕적 해이 방지가 목적이기는 하나, 건강험의 재정 부담으로 인해 최소 이상으로 높게 설정돼 있다"며 "2019년 전체 진료비에서 급여 본인부담률은 20% 수준, 환자 본인부담률에서 절반 이상 차지한다. 현재 4세대 실손보험은 급여본인부담금 중 20%를 실손가입자가 부담하고 있다"고 설명했다.

이어 "건강보험의 본인부담상한액 초과금을 실손보험에서도 중복 보장해야 한다는 의견이 제기되고 있으나, 본인부담상한액 초과금의 경제적 실질은 급여공단부담금과 동일하다"며 "현행 실손보험 표준약관에서 국민건강보험공단으로부터 사전·사후 환급이 가능한 금액(본인부담금 상한제)은 보상하지 않는 사항(표준약관 제4조)이다. 다만 보장공백 해소를 위해 진료비 발생과 상한액 초과금 지급간 시차를 줄일 필요가 있다"고 짚었다.

정 실장은 초고령사회 대비 국민건강보험의 보완을 위한 실손보험의 활용을 위해 비급여 관리 강화와 함께 공·사 건강보험의 역할 정립을 제안했다. 이진용 건강보험심사평가원 연구소장도 '건강 보장성 강화'라는 국민건강보험 정책의 변화를 맞아 건강보험과 민간보험의 협력방안을 제시했다.

이 소장은 "건강보험이 보장하지 않았던 또는 보장하지 못했던 의료서비스를 보장하는 역할로 발전해 온 민간보험은 건강보험과 상호 연관성과 동기화의 특징을 보이므로 국민의료보장 목적 측면에서 협력을 요한다"며 "국민의료보장과 재정건전성이라는 공통의 목표를 달성하기 위해 민간보험 가입자의 의료서비스 이용과 관련된 정확한 규모, 내용 등을 건강보험자료와 연계해 분석할 필요가 있다"고 했다.

홍석철 서울대 경제학부 교수는 국민건강보험과 민영건강보험이 직면한 문제와 위기의 원인을 진단하고 초고령사회를 대비한 상생 전략을 제시했다. 홍 교수는 "인구 고령화는 의료수요와 의료비를 증가시킬 뿐만 아니라 수명연장으로 의료지출의 재무적 위험과 불확실성이 확대되고, 요양·간병·건강관리 등 새로운 보장 수요의 증가가 예상된다"며 "지난 20년간 국민건강보험은 의료보장기능에 충실했으나, 이제는 사회적으로 적정한 보장성 수준에 대한 고민이 필요한 시점"이라고 진단했다. 그러면서 "코로나 시기 개인위생 개선, 병원방문 감소로 의료비 지출이 감소했으나 코로나 이후 건강보험재정은 빠르게 취약해질 것으로 예상된다"고 했다.

홍 교수는 "국민건강보험은 코로나로 낮아진 국민건강을 회복하고 계층간 건강 격차를 줄이는 등 공보험의 역할에 집중하고, 치료 중심의 진료비 지원에서 벗어나 건강관리 등 본질적인 건강 리스크 관리 지원을 늘려야 한다"며 "민영건강보험은 국민건강보험 급여 법정본인부담에 대한 보장을 재고하고, 인구고령화 시대를 대비해 요양·돌봄·간병·건강관리·신의료기술 등 새로운 건강보험 수요에 대응해야 한다"고 조언했다.

[출처: 뉴시스, 2021. 10. 29.]
[https://newsis.com/view/?id=NISX20211029_0001632608&cID=15001&pID=15000]

7 보험가입채널

보험상품의 판매는 흔히 모집이라고 정의되기도 하는데, "모집"이란 보험계약의 체결을 중개하거나 대리하는 것이다. 그러면 미래지향적이고 무형적인 보험상품을 모집할 수 있는 자는 누구인가? 「보험업법」 제83조에서 보험상품의 모집을 할 수 있는 자(모집종사자)를 보험설계사, 보험대리점, 보험중개사, 보험회사의 임원(대표이사, 사외이사, 감사 및 감사위원 제외) 또는 직원 그리고 금융기관보험대리점으로 제한하고 있다. 이들 모집종사자들은 보험회사 관점에 서 보면 모두 보험상품의 판매 통로에 해당하므로 보험판매채널이라 하며 보험소비자 관점에서 보면 보험가입채널이 된다.

보험설계사

우리나라의 전통적인 보험판매채널은 보험설계사이다. 보험설계사란 보험회사, 보험대리 점 또는 보험중개사에 소속되어 보험계약의 체결을 중개하는 자로 「보험업법」 제84조에 따라 금융위원회에 등록된 자를 말한다.

방카슈랑스(금융기관보험대리점)

은행, 증권사 등에서 보험상품을 판매하는 것을 방카슈랑스라 한다. 방카슈랑스는 은행의 'Bank'와 보험의 'Assurance'를 합성한 단어로 법률상의 명칭은 금융기관보험대리점이다.

텔레마케팅

텔레마케팅은 전화 등을 이용한 통신판매수단으로 보험상품판매를 위해 보험회사가 확보한 고객데이터 베이스자료를 토대로 직접 고객에게 전화를 걸어 보험상품의 가입을 권장하는 아웃바운드(Out-bound) 채널과 인터넷, 신문을 통해 보험을 가입하려는 자발적 가입자의 전화 유입을 통해 보험계약 체결을 진행하는 인바운드(In-bound) 채널로 나누어진다.

홈쇼핑채널

최근 TV채널이 다양화되면서 홈쇼핑 채널에서도 보험상품을 판매하고 있다. 홈쇼핑채널을 통한 보험상품의 판매는 해당 채널이 진행되는 동안 보험상품에 대한 상세한 설명을 통해 보험상품의 가입을 유도할 수 있다.

온라인 보험슈퍼마켓

적용하기

온라인 보험슈퍼마켓 '보험다모아'

온라인 보험슈퍼마켓 '보험다모아'(http://www.e-insmarket.or.kr)는 자동차보험, 실손의료보험, 여행자보험, 암보험, 보장성보험, 저축성보험 등으로 구분되어 있으며, 가입자의 기본정보를 입력하면 보험회사별 보험료 및 보장내용 등을 편리하게 비교해 볼 수 있다.

온라인 보험슈퍼마켓은 보험소비자가 온라인상에서 여러 보험회사 상품을 비교, 검색한 뒤 가입할 수 있는 온라인 판매채널이다. 온라인 전용상품 등에 대한 소비자 접근성 및 선택 가능성을 제고하고 회사별 보험료 및 보장내용 등을 비교하여 가입경로를 안내할 목적으로 생명보험협회 및 손해보험협회가 '보험다모아(www.e-insmarket.or.kr)'를 운영 중이다.

독립보험대리점

독립보험대리점(GA : general agency)이란 보험시장에서 특정보험사의 상품만을 판매하는 전속보험대리점(exclusive agency)의 상대개념으로서 다수의 보험사와 판매제휴를 통하여 보험계약의 체결을 대리하는 비전속보험대리점이다. 최근 보험가입 유형이 보험설계사를 활용한 전통적인 지점영업소 중심에서 GA 중심으로 변화되고 있다.

8 보험 가입 시 확인사항

리스크 인식 및 가입목적 명확화

자신 및 그 주변에 있는 리스크를 인식하고, 우선순위를 부여하여 가장 크고 위협적인 리스크부터 대비하는 것이 바람직하다. 보험 가입목적이 명확해져야 이에 적합한 보험상품을 선택할 수 있다. 예를 들어, 상해 또는 질병에 따른 치료비용을 위해서는 실손의료보험, 30~40대 가장의 경우에는 본인 사망 시 생계유지가 어려워질 수 있는 가족을 위한 종신보험 등 사망을 보장하는 보험의 가입을 우선적으로 고려할 수 있다.

보험료 수준 및 변동 여부 확인

보험료는 보험계약 체결 시 일괄 납부하는 경우도 있지만, 일반적으로 매월 납입한다. 보험은 장기상품으로 보통 10년 이상 보험료를 납부하는 경우가 일반적이므로 총 납입한 보험료합계는 상당한 금액이 되고, 보험 납입기간 중 실직 등 예기치 않은 일로 약정한 보험료가 부담이 되어 납입하지 못하면 보험계약이 중도 해지되어 손해를 볼 수 있다. 또한 갱신형 보험상품을 가입한 경우에는 갱신 시마다 보험료가 상승될 수 있다. 따라서 가입을 고려하는 보험계약의 보험료수준이 보험가입 당시뿐만 아니라 향후 보험료납입기간에도 지속적으로 보험료 납입을 할 수 있는지를 신중하게 생각하고 보험에 가입할 필요가 있다. 또한 보험 회사는 비흡연자 등 보험회사가 정한 건강상태 요건을 충족할 경우 보험료 할인혜택을 부여 하는 건강인할인특약, 20세 이상의 보험계약자가 50세 이상인 부모를 피보험자 및 보험수익자로 하여 정기적으로 보험료를 납입하는 경우 보험료 할인혜택을 주는 효도특약, 다자녀가 정 우대특약 등을 제공하고 있으므로 이를 활용할 수도 있다. 한편 보험계약 해지 시 해지환급금이 없거나 적은 보험상품(무(저)해지환급금 보험상품)은 만기까지 보험계약을 유지한다면 상대적으로 타 보험상품에 비해 낮은 보험료로 동일한 보장을 받을 수 있는 장점이 있다. 그러나 보험료 납입완료 이진에 계약 해지 시에 납입한 보험료를 전혀 돌려받지 못할 수 있으므로 동일보장의 일반상품 대비 보험료, 경과기간별 해지환급금 수준 등을 확인하고, 보험가입자의 경제상황을 충분히 고려하여 가입하여야 한다.

보장내용 및 보험금 지급방식 확인

많은 보험가입자가 가입한 상품의 보장내용을 잘 알고 있는 경우가 드문데, 보험가입 시에는 주요 보험사고 발생 시 얼마의 보험금을 받을 수 있는지, 보험금을 지급하지 않는 사유를 꼼꼼히 확인하여야 한다. 또한 보험금의 지급 방식이 정액인지, 실손인지도 확인해야 한다. 만약 실손상품이면 2개 이상의 동일한 실손상품을 가입할 경우에 실제 발생한 손실액 이상의 보험금을 중복 수령할 수 없고 실제 손실액 한도로 각 계약의 보상책임액에 비례하여 분담한 금액을 보험금으로 받을 수 있으므로 불필요한 보험료 납입이 발생함에 유의하여야 한다. 따라서 실손상품 가입 시에는 중복가입 여부를 확인하여야 한다.

적용하기

한국신용정보원 보험계약현황

한국신용정보(http://credit4u.or.kr:2443)이 운영 중인 '보험계약현황' 조회서비스를 통해 본인이 가입한 모든 보험상품 관련 정보를 조회해 보자. 금융소비자 정보포털 파인을 통해서도 바로 연결이 가능하다. 본인인증절차를 거치면 본인이 계약자로 된 전체 보험계약 건수와 그중 유효한 보험계약 건수, 보험료 납부현황을 한눈에 확인할 수 있다. 또한 가입한 보험의 유사 연령대 대비 과부족 보장 등을 확인하는 등 맞춤형 정보를 제공받을 수 있다.

비용, 수수료 등 공제금액 확인

많은 보험소비자는 저축성보험에 가입할 경우 본인이 납입한 보험료 전액이 적립 또는 투자된다고 생각하지만, 사실은 납입한 보험료 중에서 보험모집 등에 활용되는 비용과 각종 수수료, 사망보장을 위한 위험보험료 등이 차감된 금액만이 적립 또는 투자된다. 따라서 저축성보험은 은행의 예·적금과 달리 가입초기에 상대적으로 납입보험료 대비 만기 또는 해지 시점에서 돌려받는 금액인 환급률(환급금÷납입보험료 합계)이 낮다. 따라서 보험가입 시에 제공되는 상품설명서 등에 기재되어 있는 수수료 등 공제금액을 보험가입 전에 정확히 확인하고 저축성보험의 가입 여부를 결정하여야 한다.

계약 전 알릴의무(고지의무) 및 계약 후 알릴의무(통지의무) 준수

보험가입 시에는 보험계약자 또는 피보험자가 보험계약에 영향을 미칠 수 있는 직업, 현재 및 과거의 병력 등 중요한 사실을 보험회사에 알려야 할 의무가 있다. 이를 계약전 알릴 의무(고지의무)라고 한다. 이는 보험계약 시에 작성하는 청약서의 질문사항에 대하여 사실대로 기재하고 자필서명(전자서명 포함)하여야 성실히 이행하게 된다. 따라서 보험계약자가 보험설계사에게 구두로 알린 사항은 효력이 없음에 유의해야 한다. 만일, 고의 또는 중대한 과실로 중요한 사항에 대하여 사실과 다르게 알린 경우, 보험회사는 계약을 해지하거나 보장을 제한할 수 있다.

계약 전 알릴의무와 별개로 계약체결 후에 사고발생위험이 현저하게 변경 또는 증가된 사실을 안 때에는 지체없이 그 내용을 알릴 의무가 있다. 이를 계약 후 알릴의무(통지의무)라고 한다. 가령 상해보험에 가입한 후에 일반사무직원에서 운전기사 등으로 직업이나 직무가 변경된 경우에 자동차사고 확률 등이 높아지므로 그 사실을 보험회사에 알려야 한다. 계약 후 알릴의무를 이행하지 않은 상태에서 보험사고 발생 시에 변경 전후의 보험료비율에 따라 보험금이 삭감 지급될 수 있다.

보험정보 비교

보험가입 시 다양한 상품을 직접 비교해 보면 많은 도움이 된다. 금융소비자 정보포털 파인에서 바로 연결이 가능한 생명보험협회 및 손해보험협회 공시실의 '상품비교공시' 메뉴에서는 상품별로 보장내용, 보험료, 보험가격지수 등 주요 특징을 비교해 볼 수 있다. 단, 비교 공시 사항은 표준조건에 따른 예시이므로 실제 가입 조건에 따라 달라질 수 있음에 유의해야 한다. 또한 보험회사의 재무 및 경영상태, 불완전판매비율, 보험금 부지급률, 소송, 지급여력비율 등의 지표를 확인하면 보험회사 선택에 활용할 수 있다.

금융꿀팁

보험가입 시 체크해 보면 유익한 5가지 지표

1. 보험가격지수

보험가격지수는 각 보험회사별 동일유형 상품의 평균적인 가격을 100으로 해서 이를 기준으로 해당 보험회사 상품의 가격수준을 나타낸 지표이다. 보험가격지수가 80인 상품은 동일 유형 상품의 평균가격 대비 20% 저렴하다는 것을 의미한다.

2. 불완전판매비율

불완전판매비율은 새로 체결된 보험계약 중 보험설계사 등이 보험상품에 대해 충분히 설명하지 않거나 사실과 다르게 설명하는 등 판매과정에서 발생한 문제로 계약이 해지되거나 무효가 된 비율이다. 보험상품을 제대로 판매하는지 확인하기 위해 불완전판매비율을 살펴볼 필요가 있다.

3. 보험금 부지급률

보험금 부지급률이란 보험회사에 보험금을 청구한 건 중 보험금이 지급되지 않은 비율이다. 이 비율이 높은 보험회사는 그렇지 않은 보험회사에 비해 보험금을 제대로 지급하지 않았을 가능성이 높을 수 있다.

4. 소송공시

보험회사별 보험금 청구·지급 관련 소송제기 횟수, 결과 등을 확인할 수 있다.

5. 지급여력비율

지급여력비율이란 보험회사가 보험금을 지급할 여력을 충분히 갖추고 있는지를 숫자로 나타낸 것으로, 모든 보험회사는 지급여력비율을 100% 이상으로 유지해야 한다.

출처: 금융감독원, 「실생활에 유용한 금융꿀팁」(2019)에서 발췌

학습내용정리

▶ 보험에서의 리스크란 경제적 손실이 발생할 가능성을 말한다. 생명보험업은 인적손실리스크, 손해 보험업은 재산손실리스크 그리고 배상책임리스크를 각각 인수하는 것을 주된 영업 목표로 한다.

▶ 손실의 빈도와 심도가 모두 낮으면 리스크를 보유하고, 손실의 빈도와 심도가 모두 크면 리스크 자체를 회피하는 전략 수립이 최선의 리스크관리이다. 그러나 손실의 빈도는 낮으나 심도가 크면 예산 허용 범위에서 보험계약을 통하여 보험사업자에게 리스크를 전가하는 것이 최선이다.

▶ 보험은 크게 사회보험과 민영보험으로 나뉘며, 사회보험으로 국민건강보험, 산업재해보상보험, 고용보험, 국민연금보험, 노인장기요양보험이 있다.

▶ 민영보험은 보험업법에 의해 사람의 생존과 사망을 보험사고로 하는 '생명보험업'과 우연한 사고로 인한 손해를 보상하는 '손해보험업', 그리고 사람의 신체에 상해 또는 질병, 그리고 간병에 대한 위험을 보장하는 '제3보험업'으로 보험업을 구분하고 있다.

▶ 고령화에 따라 은퇴 이후에 생활보장을 주된 목적으로 하는 연금보험과 치매로 인한 간병비 등을 보장하는 치매간병보험의 관심이 높아지고 있다.

▶ 자동차종합보험은 상대방의 손해배상을 위한 '대인배상 Ⅰ & Ⅱ', '대물배상'과 자신의 손해를 보상하는 '자기신체 상해', '자기차량 손해', '무보험자동차 상해' 등 총 6개의 보장종목으로 구성되며, 운전자의 민사상 책임을 보전하는 것을 주된 목적으로 한다. 반면, 운전자보험은 형사합의금, 변호사 선임비용 등 운전자 자신의 형사상의 책임을 보전함에 있다.

▶ 실손의료보험은 국민건강보험의 보완재로서 피보험자가 질병 또는 상해로 의료기관(약국 포함)에서 입원 또는 통원치료를 받은 경우 실제 부담한 의료비를 보상하는 보험이며, 여러 개의 실손의료보험을 중복 가입하여도 실제 부담한 의료비를 초과하여 보상받을 수 없다.

▶ 보험업법에 따라 보험 모집을 할 수 있는 자는 보험설계사, 보험대리점, 보험중개사, 보험회사의 임직원 그리고 금융기관보험대리점이다.

▶ 보험에 가입할 경우 먼저 자신에게 발생할 수 있는 리스크를 파악해 보고 그에 알맞은 보험을 찾아야 한다. 보험의 보장종목과 보장내용, 보험료 갱신 여부, 보험금의 지급방식(정액 또는 실손), 보험기간 등을 확인하고, 계약 전 알릴의무(고지의무)를 준수해야 한다. 아울러 '보험 다모아', 생명 보험협회 및 손해보험 협회의 보험료비교 공시자료를 참조할 필요가 있다.

예시문제

서술형

1. 리스크관리 방법을 두 가지 이상 서술하시오.

2. 보험가입자의 5대 권리 중 두 가지 이상을 서술하시오.

3. 제3보험에 대하여 두 가지 이상 서술하시오.

4. 보험 가입 시 확인사항 세 가지 이상을 서술하시오.

빈칸 채우기

1. 영업보험료 = (A   ) + (B   ) = (C   )+(D   )+(B   )

2. 실손의료보험은 국민건강보험의 보완재로서 피보험자가 질병 또는 상해로 의료기관에서 입원 또는 통원치료를 받은 경우 실제 부담한 의료비를 보상하는 보험이다. 현재 판매되고 있는 대부분의 실손의료보험은 갱신주기가 (A   )년으로 (A   )년마다 보험료가 갱신되며, 재가입 주기 (B   )년으로 (B   )년마다 보장내용이 변경될 수 있다.

3. 우리나라 사회보험제도에는 (A   ), (B   ), (C   ), (D   ), (E   ) 이/가 있다.

4. 생명보험회사가 판매할 수 있는 보험종목은 (A   )과/와 (B   )이다.

예시문제

O·X 문항

1. 여러 개의 실손의료보험을 가입하면 실제 부담한 의료비를 초과하여 보상을 받을 수 있다.

2. 순보험료는 보험영업에 필요한 판매수수료 등 사업비를 충당하기 위한 재원으로 사용된다.

3. 보험사고 발생빈도가 높아지거나 보험금을 지급하는 규모가 커지면 위험보험료가 감소하여 보험계약자가 납입하는 보험료는 감소한다.

4. 자동차보험은 형사합의금, 변호사 선임비용 등 운전자 자신의 형사상의 책임을 보전함에 있다.

10

노후와 연금

1 고령사회

2 노후에 직면할 수 있는 주요위험

3 노후준비와 연금

학습개요

본 장에서는 급속히 진행되는 고령화와 이로 인한 노인빈곤문제 등 사회적 문제를 살펴보고, 노후준비를 위한 다양한 연금제도를 알아본다.

학습목표

- 고령사회로 진입하면서 고령자가 노출되기 쉬운 제반 위험을 설명할 수 있다.
- 국민연금, 퇴직연금 그리고 개인연금의 도입취지와 특성을 설명할 수 있다.
- 합리적인 노후준비를 위한 연금제도 활용방법을 설명할 수 있다.

1 고령사회

1 고령화

우리나라는 평균수명의 비약적 증가와 급격한 출산율 저하로 인구 고령화 속도가 매우 빠르게 진행되고 있다. 이로 인해 발생하는 경제·사회적 이슈를 고령화 이슈라고 하며, 이는 우리 사회가 해결해야 할 정책과제이다. 통계청의 2022년 출생 통계에 따르면 합계출산율[1]은 1970년 4.53명에서 꾸준히 감소하여 2022년 0.78명으로 출생 통계 작성 이래 최저치를 기록하였다. 또한 남녀 평균수명은 1970년에 62.3세였으나 2022년에는 83.6세에 달해 49년 동안 약 20년이 증가하였다. 연 평균 약 0.43년씩 평균수명이 증가한 것이다. 이처럼 출산율 악화와 평균수명 증가에 따라 우리나라의 인구자산(population asset) 변화 또한 가속화되고 있다. 평균수명과 출산율은 연령 측면에서 미래에 어떤 사람들이 그 사회를 구성하게 될지 예측할 수 있는 중요한 지표가 된다. 인구자산의 연령별 구성은 아래와 같이 구분할 수 있다.

총 인구 = 유소년인구(0~14세 범위의 사람 수) + 생산연령인구(15~64세 범위의 사람 수)
+ 고령인구(65세 이상 사람 수)

이때 총 인구 중 65세 이상의 고령인구가 차지하는 비율을 고령인구 구성비(고령인구 비중)라고 하며, 고령인구 구성비가 7% 이상인 사회를 고령화 사회(aging society), 14% 이상이면 고령사회(aged society), 20% 이상인 경우 초고령 사회(super-aged society)라고 한다.

이미 우리나라는 2000년에 고령화 사회를 거쳐 2017년에는 고령사회로 진입하

1 가임여성(15~49세) 1명이 평생 동안 낳을 것으로 예상되는 평균 자녀 수를 말한다.

였으며, 2020년 65세 이상 고령인구는 우리나라 인구의 15.7%이다.[2] 또한 고령인구 구성비는 2025년에 20.3%에 이르러 초고령 사회에 진입하고, 2036년에 30%, 2051년에는 40%를 초과할 것으로 예측된다. 선진국은 고령사회에서 초고령 사회로 진입하는 데 약 30년이 걸린 반면에 우리나라는 8년 만에 초고령 사회가 될 것으로 예상된다. 뿐만 아니라 중위연령(median age)[3]도 2017년 42.0세에서 2031년 50.0세를 넘어 2067년 62.2세까지 증가할 것으로 추정된다.

이러한 고령화의 속도로 인하여 2017년에 처음으로 고령인구가 유소년인구를 넘어섰고 2067년에는 고령인구가 유소년인구의 5.7배에 이를 것으로 전망된다. 우리나라의 인구 피라미드 구조는 이러한 추세에 따라 점차적으로 60세 이상이 두터워지는 역삼각형 구조로 변화하고 있다.[4]

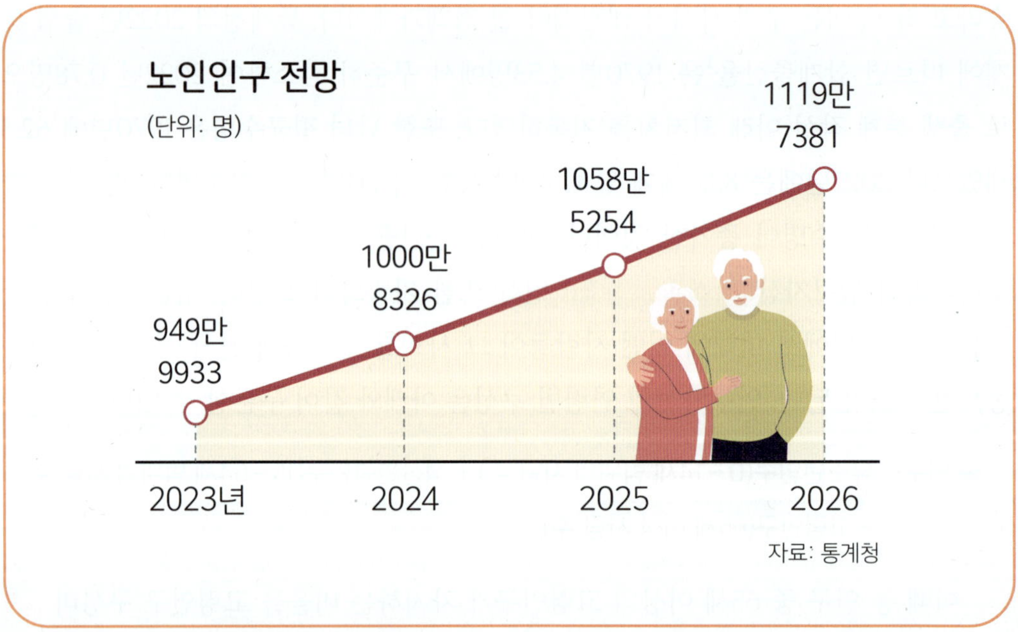

2 통계청, 2020 고령자 통계(보도자료, 2020. 9. 28.)

3 특정집단의 전체 인구를 연령 순서로 나열할 때에 한가운데 있게 되는 사람의 연령을 말한다.

4 통계청, 장래인구특별추계: 2017~2067년(보도자료, 2019. 3. 28.)

인구구조 변화에 따른 GDP 변화 추정

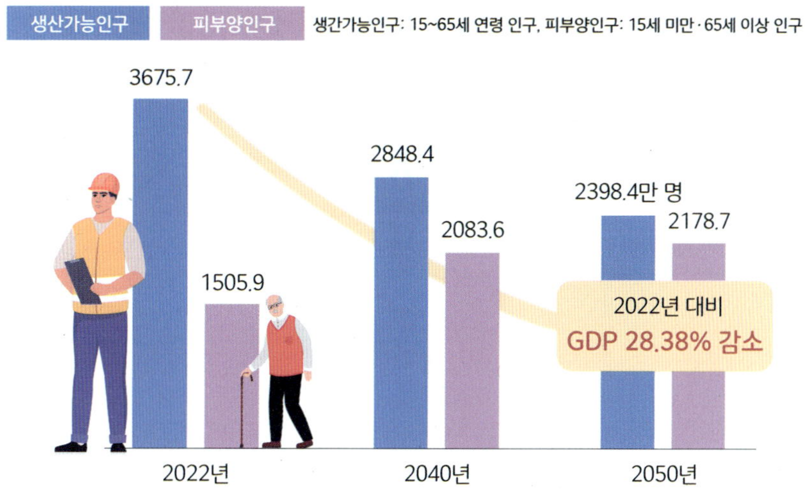

자료: 세계 인구전망 2022(UN), 실증분석 결과 바탕으로 한국경제연구원 계산

국내총가구·총인구추이

2022년 11월 1일 0시 기준,
등록센서스 방식(통계적 목적으로 각종 행정자료를 활용하여 총조사 결과를 생산하는 방식) 결과

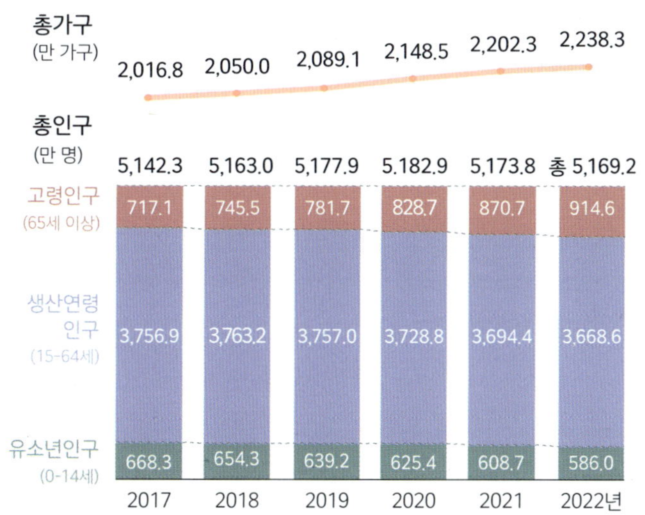

출처 : 통계청 '2022년 인구주택총조사 결과(등록센서스 방식)'

노령화 속도에 비해 노후대비 형편없어

한국사회의 노령화 속도는 눈에 띄게 빠른 속도로 진행되고 있지만 국민 대다수의 노후대비는 턱없이 부족하다는 지적이 있다. 이에 따라 연금 가입에 따른 세제 혜택을 강화해 연금 가입률을 높여야 한다는 주장이 제기됐다.

27일 하나금융경영연구소의 '국내 노후준비의 실태와 시사점' 연구 보고서에 따르면 한국의 고령화 속도는 독일, 미국, 프랑스 등 선진국에 비춰 3~6배가량 빠르다. 하지만 이에 비해 노후 대책은 부실한 상태다. 65세 이상 노인 빈곤율은 2007년 44.6%에서 2013년 49.6%로 증가했다. 이는 경제협력개발기구(OECD) 평균 노인 빈곤율의 3배가 넘는 수준이다.

공적연금과 사적연금이 노령화 속도를 따라가지 못하면서 '노후 안전망'이 헐거워진 탓이 크다. 공적연금을 대표하는 국민연금은 가입률이 저조한 데다 수령 금액도 많지 않다.

경제활동인구(18~59세) 중 국민연금 가입비중은 절반인 50.6%에 불과하다. 더욱이 수령자의 국민연금 가입 기간이 길지 않아 월평균 수령액은 지난해 7월을 기준으로 34만 6000원에 불과하다. 이는 개인별 최소생활비 월 136만 원의 4분의 1 수준에 해당하는 금액이다.

사적연금 역시 사정은 비슷하다. 개인연금과 퇴직연금을 포함한 국내 사적연금 가입률은 23.4%로 독일(71.3%), 미국(47.1%), 영국(43.3%)에 비춰 크게 낮다. 퇴직연금제도를 도입한 사업장도 전체 사업장의 16.7%에 불과하며 퇴직자의 퇴직금 연금전환 비율은 6.2% 수준이다.

특히 전문가들은 소득이 낮을수록 대체로 가입률이 떨어진다고 지적했다. 소득계층별 연금저축 가입현황을 보면 연간 소득 2000만 원 이하 3.8%, 2000만~3000만 원 7.3%, 3000만~5000만 원 24.5%, 5000만~8000만 원 38.7%, 8000만 원 초과 25.7%다.

문제는 연금 가입률을 높이기 위한 정부의 세제 혜택이 미미한 편이라는 것이다. 우리나라의 사적연금 세제지원 비율은 15.7%로, OECD 34개국 중 23위에 불과하다. 독일(36.2%), 프랑스(30.5%) 같은 선진국은 물론 평균(21.5%)에도 크게 미치지 못한다.

김지현 수석연구원은 "사적연금은 가입비중이 작고 일시금으로 수령하는 것이 보편화해 노후자금원 역할을 하지 못하고 있다"며 "세제 인센티브를 강화하는 등 사적연금을 활성화할 수 있는 조치를 강구해야 한다"고 말했다.

[출처 : 매일일보, 2022.09.27.]
[http://www.m-i.kr/news/articleView.html?idxno=255584]

2 기대수명, 건강수명, 행복수명

우리나라는 과거 40년 동안 압축 성장하였다. 경제성장의 결과로 생활환경이 개선되고 수명 또한 빠르게 연장되었다. 앞서 설명한 바와 같이 고령화 이슈는 출산율 감소와 더불어 수명연장과 연계되어 나타난다. 현재는 막연하게 오래 생존한다는 것보다는 건강하고 풍족하게 오래 살아간다는 것에 더 큰 의미를 두고 있다. 이와 관련된 수명을 세 가지로 구분하여설명한다. 기대수명(life expectancy at birth)이란 특정 연도의 0세 신생아가 앞으로 생존할 것으로 기대되는 평균 생존연수를 말한다. 이는 국가별 수명을 비교할 때 일반적으로 사용되는 국민의 평균수명 개념이다. 예컨대, 2025년도 우리나라의 기대수명이 84.2년이라고 하면 이는 2025년 출생자가 앞으로 생존할 평균기간이 84.2년이라는 의미이다. 한편 기대여명(life expectancy)은 특정 연도에 특정 연령의 사람이 앞으로 생존할 것으로 기대되는 평균 생존연수를 말한다.

특정집단의 기대수명과 기대여명은 그 특정집단에 대해 작성한 생명표(life table)[5]에서 확인할 수 있다. 우리가 실생활에서 자주 접하는 생명표는 국가 보건 및

5 과거 특정집단의 연령별 사망 경험데이터를 기초로 하여 연령별 사망확률 그리고 생존확률을 산출하여 작성한 통계표로서 일반적으로 남녀로 구분하여 제공된다.

의료정책 등에 활용할 목적으로 통계청에서 매년 작성하고 있으며, 이를 통해 성별·연령별 기대여명이 발표된다.

2021년 생명표 주요 내용

단위: 년

기대수명 추이

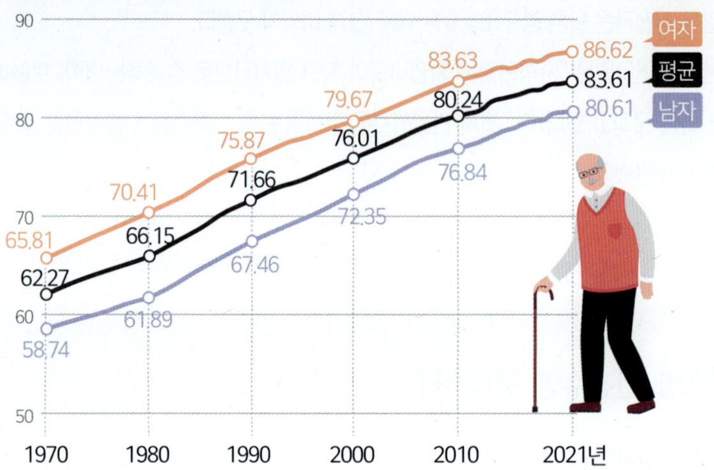

0세에서 특정 연령까지의 생존확률

1970년 2021년 단위: %

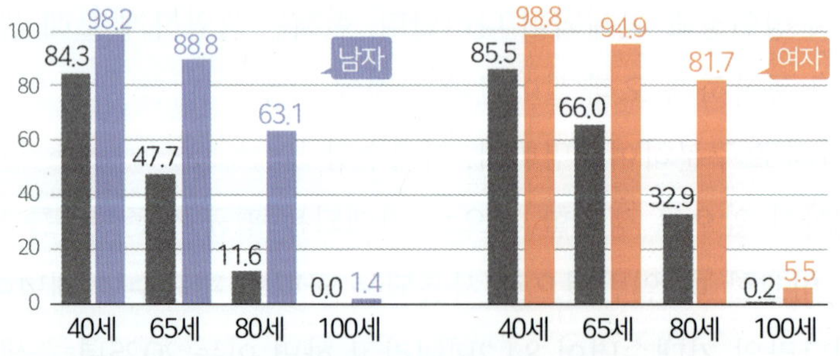

OECD 회원국 평균 성별 기대수명

*자료 이용 가능한 38개국 가장 최근 자료 이용해 계산

출처 : 통계청 '2021년 생명표'

2021년 기대수명은 83.6년이며, 기대수명의 남녀격차는 1985년을 정점으로 하여 감소하는 추세이다.[6]

또한 통계청은 장래 기대수명을 격년마다 정기적으로 추정하여 발표하고 있다. 아래 <표 10-1>은 고위(낙관적 관점), 중위(중간수준 관점), 저위(비관적 관점)의 세 가지 시나리오의 분석결과 중에서 예측의 정확도가 가장 높을 것으로 사료되는 중간수준 관점의 값을 제시한 것이다. 실제로 이러한 자료는 미래 인구정책, 복지정책 등을 수립할 때 활용성이 매우 높다.

| 표 10-1 | 기대수명 추계 결과(2017~2067년)

(단위: 년)

		2017	2020	2025	2030	2035	2040	2045	2050	2055	2060	2065	2067
중위	계	82.7	83.2	84.2	85.2	86.0	86.8	87.5	88.2	88.8	89.4	89.9	90.1
	남자	79.7	80.3	81.5	82.6	83.6	84.6	85.4	86.2	87.0	87.7	88.3	88.5
	여자	85.7	86.1	86.9	87.7	88.4	89.0	89.5	90.1	90.6	91.0	91.5	91.7
	남녀 차이	6.0	5.8	5.4	5.1	4.8	4.4	4.1	3.9	3.6	3.4	3.2	3.2

출처: 통계청, 장래인구특별추계: 2017~2067년(보도자료, 2019. 03. 28.)

최근에는 웰빙 문화의 확산으로 기대수명 외에 '건강수명'이나 '행복수명'에 대한 관심이 높아지고 있다. 단순한 생존보다 건강하고 행복하게 오래 사는 것이 중요하기 때문이다. '건강수명(disability adjusted life expectancy)'이란 기대수명에서 질병이나 부상으로 인하여 활동하지 못하는 기간을 뺀 기간으로, 삶의 질을 반영하여 실제 일상생활 등을 영위하며 건강하게 생존해 있는 기간을 나타내는 지표이다. 일반적으로 건강수명은 기대수명보다 10년가량 더 짧은 것으로 조사되고 있다.

마지막으로 '행복수명'이란 행복한 노후생활을 지표화한 것으로, 노후생활에 필요한 핵심 요소를 건강수명, 경제수명, 활동수명, 관계수명 등 4개 영역으로 구분하고 각 영역에 대한 객관적 준비 수준, 주관적 만족도, 준비계획 등을 측정하여 '행복

6 통계청, 2021년 생명표(보도자료, 2022. 12. 06)

수명지표'를 산출한다.[7]

이에 대해 실제 조사한 결과 우리나라의 평균 행복수명은 74.6세로 응답자의 평균 기대수명 83.1세보다 8.5세 정도 낮게 나타났다. 이는 노후생활 준비가 부족하여 노후에 평균 8.5년은 행복한 삶을 유지하기 어렵다는 것을 의미한다.

7 건강수명은 은퇴 이후 신체적, 정신적 건강을 기반으로 행복하게 살아갈 수 있는 기간, 경제수명은 은퇴 이후 경제적 안정을 기반으로 하여 행복하게 살아갈 수 있는 기간, 활동수명은 은퇴 이후 사회적 활동을 기반으로 하여 행복하게 살아갈 수 있는 기간 그리고 관계수명은 은퇴 이후 원만한 인간관계를 기반으로 하여 행복하게 살아갈 수 있는 기간을 말한다.

2 노후에 직면할 수 있는 주요위험

1 질병위험

생(生)-노(老)-병(病)-사(死) 인생 과정에서 고령자가 질병에 걸리는 횟수와 질병의 정도는 더욱 증가한다. 그러므로 고령자가 직접적으로 직면하게 되는 첫 번째 위험은 바로 질병위험이다. 통계청의 고령자 통계에 의하면 65세 이상 고령자의 2020년 사망원인 1위는 암으로 인구 10만 명 당 733.3명이 사망하였고, 그 다음은 심장질환(332명), 폐렴(257.5명), 뇌혈관질환(225.3명) 등의 순으로 나타났다.[8] 특히 암은 의료기술의 발전에도 불구하고 계속 고령자 사망원인 1위로 나타나고 있다. 질병위험은 질병 자체만으로도 큰 위협이지만 질병을 치료하는 과정에서 발생하는 치료비 부담도 매우 클 수 있다. 통계청의 고령자 통계 자료에 의하면 65세 이상 고령자 1인당 진료비는 계속 증가하여 2019년 기준 479만 6천원이며, 이는 전체 인구의 1인당 진료비에 비해 약 3배 높은 수준이다. 또한 초고령 사회로 진입하게 되면 전체 인구 진료비 대비 고령자 진료비 비중이 더욱 증가하여, 고령자 개인별 진료비 부담뿐만 아니라 국민건강보험의 재정부담도 가중될 것으로 예상된다.

8 통계청, 2021년 고령자 통계(보도자료, 2021. 10. 05)

<1인당 본인부담 의료비>

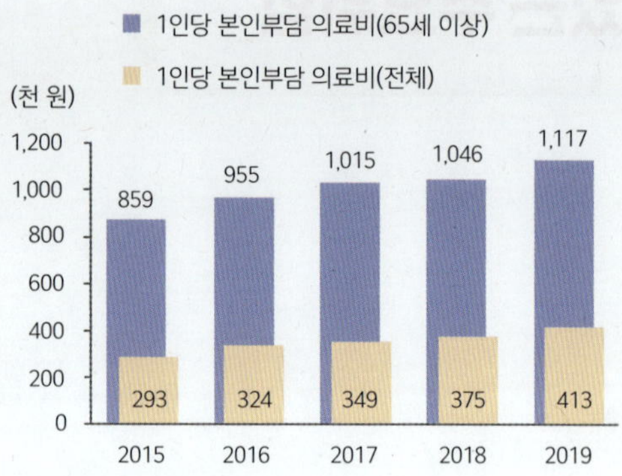

<진료비 중 본인부담금 비중>

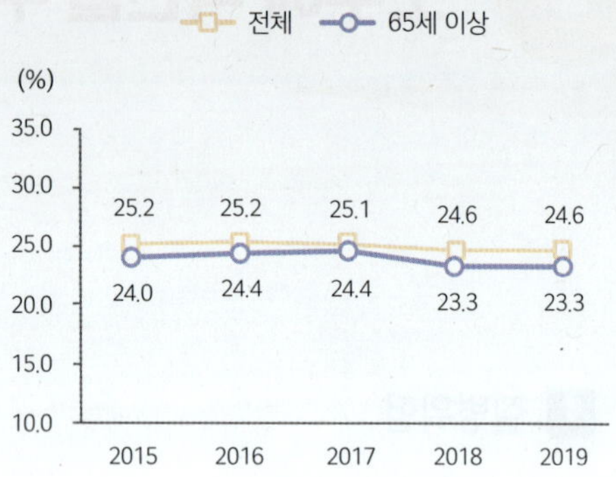

출처 : 통계청 '2021 고령자통계'

2 경제적 위험

노후에는 지속적인 소득창출이 어렵기 때문에 충분한 준비를 하지 못할 경우 장수는 축복이 아닌 재앙으로 다가올 수 있다. 치료비와 간병비, 생활비 등 다양한 비용은 지속적으로 발생하지만 이에 대한 대비가 미비하면 경제적 위험에 직면하게 된다. 은퇴 이후 필요한 노후 생활비는 개인별 건강상태 그리고 거주 지역의 물가 등에 따라 차이를 보인다. 국민 연금공단 국민연금연구원이 실시한 중고령자 대상 국민노후보장 패널 조사(2021년)에 따르면, 중고령자가 노후에 필요로 하는 최소 생활비는 개인기준 124만 3천원, 부부기준 198만 7천원이고, 적정 생활비는 개인 기준 177만원, 부부기준 277만원으로 나타났다.[9]

통계청의 자료[10]에 따르면 2021년 55~79세 고령자 중 연금 수령자 비율은 40%이며 월 평균 각종 연금 수령액은 58만 2천원으로, 노후생활을 위해 필요한 최소 금액과 큰 차이를 보였다. 고령자의 68.5%가 계속 일하기를 희망하며, 그 이유로는 생활비를 벌기 위함이 60%로 나타났다. 또한 계속 일하기를 희망하는 연령은 평균 73

9 노후생활비는 주관적 인식에 따라 노후에 필요로 하는 월 생활비 수준을 의미하며, 최소 생활비는 최저의 생활을 유지하는데 필요한 비용을, 적정 생활비는 표준적인 생활을 하는데 흡족한 비용을 말한다.

10 통계청, 2021년 5월 경제활동인구조사 고령층 부가조사 결과

세까지로 조사되었는데, 이는 노후에 직면할 수 있는 경제적 위험과 결코 무관하지 않은 것이다.

더 나아가 OECD의 「Pensions at a Glance 2017」 보고서에 의하면 한국의 노인빈곤율(oldage income poverty ratio)[11]은 45.7%로 OECD 평균인 12.5%의 약 3.6배로서 회원국 중 최고 수준이었다. 2019년 보고서 기준 노인빈곤율은 43.8%로 OECD 평균인 13.5%의 약 3.2배로 다소 개선되었지만, 최근 10년간 OECD 회원국 중 1위를 차지하고 있다. 이러한 노인빈곤 문제를 해소하기 위해 우리나라는 소득과 재산이 일정 수준 이하인 65세 이상 고령자를 대상으로 매월 일정액의 생활연금을 지급하는 기초연금제도를 2008년부터 시행하였으며, 국가의 재정 부담은 갈수록 가중될 것으로 보인다.

지금 힘들어도 노후 재무 설계는 꼭 해야

■ 지금도 힘들고 노후준비는 더 막막해요

평생직장이라고 생각했던 회사를 나온 지도 벌써 몇 해가 되었다. 50대 초반의 '임계장'이다. 남들이 그렇게 부르는 임시계약직 신분이다. 정말 열심히 하지 않으면 재계약이 어렵다.

지금이야 이렇게라도 벌어먹고 살지만, 나이가 더 들면 어떻게 살아갈까 걱정이다. 은퇴준비라는 것은 나에게는 사치로 생각된다. 과거에도 그랬고 지금도 그렇다. 당장 먹고 살기도 바빠 죽겠는데 어떻게 준비를 하나, 배부른 사람들이나 하는 소리지.

그런데 나이는 빠르게 먹어가고 있다. 나이 들면 크게 돈 들어갈 일 없겠지, 많이 먹어봐야 배탈만 날 것이고. 이렇게 스스로 위로도 해보지만, 그래도 노년이 걱정이다.

■ 여유가 없는데 어떻게 노후준비?… 여유 없을수록 노후 재무 설계가 더 필요

다람쥐는 가을에 곳곳에 양식을 저장해 놓는다. 다 먹어치우지 않고 틈만 나면 도토리를 자기만 찾기 쉬운 곳에다가 숨긴다. 추운 겨울 배고플 때 찾아 먹기 위해서다. 더러는 다른 다람쥐나 동물들한테 털리기도 하지만, 한곳에 보관해두지 않고 여러 곳에 보관해 둔다.

11 65세 이상 고령자 인구 중에서 국민 전체의 중위가처분소득(national median disposable household income)의 50% 수준에도 못 미치는 소득수준에 있는 고령자 수의 비율로 정의된다.

사람들도 춥고 힘든 노년을 대비해서 미리 경제적 준비를 해놔야 한다. 노후준비라는 것이 여유가 없는 사람들에게는 자존심을 건드리는 것이고 허탈감을 느끼게 할 수도 있다. 하지만 꼭 수입이 많아야 노후대비를 하는 게 아니다. 오히려 수입이 많은 사람은 노후설계가 덜 필요하다. 그냥 쌓아놓았다가 쓰면 되는 것이니까. 수입이 적으니 요리조리 생각해야 하는 재무 설계가 필요하지 않을까.

'피로스의 승리'라는 말이 있다. 역사상 가장 싸움을 잘하는 장군이라는 피로스는 치명적인 약점이 있었다. 자신이 왜 싸우는지를 모른다는 것이다. 자기 눈앞만 보고 한발 떨어져 자기 자신을 보지 못하면 흔히 빠지는 함정이다. 이 경우 전투에는 이기고 전쟁에는 지는 상처뿐인 영광밖에 거두지 못한다. 당장 사는 것도 중요하지만 전체 생애를 생각해야 한다. 어떻게 하든 노후의 여유자금 포트폴리오를 만들어보자.

노후를 위한 재무 설계에는 꼭 지켜야 할 몇 가지 원칙이 있다.

첫째, 은퇴 후 정기적인 소득을 얻을 수 있도록 현금흐름을 확보하는 것이다. 매달 받을 수 있는 국민연금은 물론이고, 작은 금액이더라도 세제혜택이 있는 연금저축도 계속 붓자. 여러 개의 통장을 만들어서 정기적으로 인출하는 것도 가능하지만 비계획적인 인출로 자금고갈의 위험을 맞게 될 수 있고, 원금 빼먹다보면 불안해서 좋지 않다.

둘째, 은퇴자산은 장기적인 관점에서 형성하고 관리해야 한다. 은퇴자금은 장기간에 걸쳐 형성해야 부담이 적으므로 시작은 빠를수록 좋다. 그리고 축적한 은퇴자산은 적어도 20~30년 넘게 관리하면서 사용하는 것으로 설계해야 한다. 은퇴 후의 삶이 그 정도 되기 때문이다. 팔 다리에 힘 빠지면 돈 쓸데가 없을 것 같지만, 병원비도 늘어나고 남에게 의탁해야 하는 비용도 만만치 않다.

셋째, 은퇴자산은 절대로 다른 목적으로 사용해서는 안 된다. 자녀에 대한 과도 학자금이나 결혼자금 지원, 출가한 자녀의 집 마련이나 사업자금으로 은퇴자금을 사용해서도 곤란하다. 자식들 공부시켜주고 집 사주고 사업자금 대주었다고 노후를 그들에게 의탁할 수는 없는 일이다. 내 노후는 내 스스로 책임져야 하는 시대다. 자식 일인데 어찌 모른 척할 수 있을까, 이랬다가는 분명 후회할 일이 생긴다.

넷째, 은퇴하기 전에 빚부터 없애야 한다. 빚이 있다면 퇴직 전 고정소득이 있을 때 모두 청산해야 하며, 새로운 부채를 만들지 말아야 한다. 그래야 인생 2막에 생활고를 겪지 않는다. '노년파산'이라는 말도 있지 않는가. 소득 없이 매일 빚 걱정하면서 살아가는 노년이 과연 행복할 수 있을까?

'산목숨에 거미줄 치랴!'라는 말이 있기는 하다. 하지만 생활비가 없어서 정부의 복지프로그램에 의존하며 살아가는 노년의 삶을 생각해 보라. 자존감은 땅에 떨어지고, 목숨이 붙어 있어 하는 수 없이 사는 세상, 서러워도 소리 내 울지도 못한다. '그냥 뭐 어떻게 되겠지'라고 생각한다면 오산이다. 현재가 어렵더라도 노후를 위한 은퇴 재무 설계는 꼭 필요하다.

[출처: 글로벌경제신문, 2021.06.30.]

[https://www.getnews.co.kr/news/articleView.html?idxno=533982]

3 노후준비와 연금

1 다층연금제도

노후준비의 가장 기본은 연금자산을 은퇴 이전에 미리 충분히 마련하는 것이다. 연금이란 가입자가 경제활동기에 꾸준히 일정 금액을 적립하면 노년기에 생활비 형태로 일정액을 나누어 지급하는 금융상품을 말한다. 정상적인 경제활동을 한 사람이라면 누구든지 체계적 연금제도에 의해 연금자산을 적립하게 된다. 여기서 연금제도는 공적연금제도(public pension plans)와 사적연금제도(private pension plans)로 나눌 수 있다. 공적연금제도로는 국민연금제도와 특수직역연금제도(공무원연금제도, 군인연금제도, 사립학교교직원연금제도, 별정우체국연금), 그리고 100% 조세에 의해 운영되는 기초연금제도가 있다. 그리고 사적연금제도로는 퇴직연금제도, 개인연금제도, 주택연금제도, 농지연금 등이 있다. 우리나라는 <표 10-2>와 같이 다층노후소득보장체계를 제도적으로 완비하고 있다. 1층 연금제도는 소득이 있는 국민이 의무적으로 가입해야 하는 국민연금이고, 2층 연금제도는 국민연금과는 별도로 안정적인 노후생활을 위해 노사합의로 가입하는 퇴직연금, 3층 연금제도는 은퇴 후 여유로운 생활을 위해 개인이 자발적으로 준비하는 개인연금(세제혜택이 주어지는 연금 저축을 의미함)이다. 이를 통합하여 3층 보장체계(3-pillar system)라고 한다. 이러한 연금자산을 종합적으로 연계하여 준비하면 일정 수준 이상의 노후생활을 유지할 수 있게 된다.

이러한 3층 연금체계는 모두 정기적으로 약정한 보험료(기여금)를 납입해야 하는 부담원칙(contribution principle)이 적용된다. 한편 보험료를 납입할 수 없는 열악한 경제 환경으로 노후에 대한 준비가 미비한 65세 고령자를 국가 책임 하에 구제하기 위한 노후복지제도가 기초연금제도이다. 이를 0층 연금제도라고 하며, 원칙적으로 특수직역연금의 대상은 제외된다. 특수직역 연금제도는 공무원, 군인 등 일반국민과는 달리 공적기관에 고용된 특정근로계층을 위해 차별적으로 도입되었으며 국민연금, 퇴직연금 그리고 기초연금 모두를 합쳐 놓은 연금제도로 이해할 수 있다. 위와 같은 다층적 연금제도가 실질적으로 노후소득을 보장하기 위해서는 국민들은 가입 가능한 기간 동안 해당 연금제도에 지속적으로 보험료(부담금)를 납입하고 국가나 금융회사는 그 적립금을 효율적으로 운영해야 한다. 이러한 과정을 통해 은퇴 이후에 수령하는 연금 총액은 은퇴 직전 월급의 약 70~80% 수준을 연금재정목표로 설정하는 것이 글로벌 스탠더드이다. 예컨대, 선진국의 퇴직 후 연금소득 대체율(개인의 생애평균소득 대비 연금액의 비율, pension replacement rate)은 약 75% 수준이지만, 우리나라의 경우는 이에 크게 미치지 못하는 수준이다.

| 표 10-2 | 우리나라 다층노후소득보장체계

<table>
<tr><th colspan="3">구분</th><th>근로소득자</th><th>자영업자</th><th>공무원/교직원/군인
/별정우체국직원</th></tr>
<tr><td rowspan="2">사적연금</td><td rowspan="3">3층보장
체계</td><td>3층</td><td colspan="3">• 개인연금(연금저축)
• 개인형퇴직연금(개인형IRP)</td></tr>
<tr><td>2층</td><td>퇴직연금</td><td>-</td><td rowspan="3">특수직역연금</td></tr>
<tr><td rowspan="2">공적연금</td><td>1층</td><td colspan="2">국민연금
(무소득자도 임의가입이 가능함)</td></tr>
<tr><td colspan="2">0층(공적 부조)</td><td colspan="2">기초연금
(65세 이상 소득하위 약 70% 국민)</td></tr>
</table>

국민연금제도

국민연금은 국민의 노령, 장애 또는 사망에 대하여 연금급여를 지급함으로써 국민의 생활안정과 복지증진에 이바지하는 것을 목적으로 1988년에 시행된 대표적인 사회보험제도이다. 국민연금제도의 설정과 운영에 필요한 사항은 「국민연금법」에 근거한다. 국민연금은 소득이 있는 시기에 보험료를 납입하면 노후에 매월 연금으로 지급받는 노령연금을 기본으로 하고 있으며, 이는 매년 물가 수준을 반영하여 조정되고 생존하는 동안 지급되는 종신연금(life annuity)으로 설계되어 있다. 가입 기간이 10년 이상이고 만 60세 이상이면 매월 노령연금을 수령할 자격이 주어진다. 즉, 국민연금은 만 60세를 경계점으로 보험료 납입의무가 해제되고 급여수급권이 발생하는 구조이며 건강보험, 고용보험, 노인 장기 요양보험료와 마찬가지로 본인 부담금은 전액 소득공제 대상이다. 가입대상은 국내에 거주하는 18세 이상 60세 미만 국민이며, 크게 사업장가입자, 지역가입자, 임의가입자 등으로 나뉜다. 정기적인 소득이 있으면 소득의 원천에 따라 아래의 사업장가입자 또는 지역가입자가 된다.

① **사업장가입자:** 1인 이상의 근로자를 사용하는 사업장의 근로자와 사용자를 말한다. 보험료는 근로자와 사용자가 근로자의 기준소득월액의 4.5%씩 총 9%를 만 60세에 도달할 때까지 매달 납입한다.

② **지역가입자:** 사업장가입자가 아닌 사람은 당연히 지역가입자이다. 주로 근로자를 사용하지 않는 자영업자가 대상이며 개별적으로 신고한 기준소득월액의 9%를 만 60세에 도달할 때까지 매달 납입하여야 한다.

③ **임의가입자:** 근로소득, 사업소득 등 소득이 없어 사업장 및 지역 등 당연가입 대상이 아니지만 본인의 선택에 의해 국민연금공단에 신청하여 가입한 사람을 말한다. 예컨대, 전업주부는 소득이 없으므로 당연가입자가 아니지만 본인이 신청하는 경우 가입이 가능하고, 보험료 수준은 전체 지역가입자의 기준소득월액의 중위소득 이상으로 본인이 소득수준을 결정하여 9%를 만 60세에 도달할 때까지 매달 납입할 수 있다.

| 표 10-3 | 노령연금 수급가능연령

출생연도	53년~56년생	57~60년생	61~64년생	65년~68년생	1969년 이후
노령연금	61세	62세	63세	64세	65세
조기노령연금	56세	57세	58세	59세	60세

출처: 국민연금공단(http://www.nps.or.kr)

사업장가입자를 제외한 가입자는 매월 만 60세 이전까지 보험료를 꾸준히 납부하기 어렵다면 납부예외를 신청하고 미납한 보험료를 차후에 한꺼번에 납입하여 미납기간을 가입기간으로 인정받는 추후납입제도를 활용할 수 있다. 또한 경력단절 전업주부의 경우는 임의가입자로 전환하여 가입기간을 연장할 수 있으며, 임의가입자는 의무가입대상이 아니기 때문에 본인이 원하는 시점에 언제든지 탈퇴할 수 있다.

평균수명이 급격히 연장되면서 국민연금 수급개시 연령을 점차 늦추고 있지만, 제도도입 초기 '저(低)기여-고(高)급여' 설계로 인해 연금재정의 고갈 우려가 지속 제기되고 있다. 국민 연금제도의 지속가능성과 국민의 신뢰를 제고하기 위해서는 연금급여 지출수준과 보험료 수입 수준 등 재정수지가 장기적으로 균형을 유지할 수 있는 방안을 마련할 필요가 있다.

퇴직연금제도

기존의 퇴직금제도는 근속년수 1년당 30일분 이상의 평균임금을 퇴직 시 일시에 지급하는 형태로 운영했으나, 이러한 제도는 사용자인 해당 회사가 파산하면 퇴직금을 받을 수 없게 되는 문제점이 있었다. 이러한 문제점을 해소하고 근로자의 퇴직금 수급권을 보호하기 위해 2005년부터 「근로자퇴직급여보장법」(이하 근퇴법)을 제정하여 퇴직연금제도를 도입하였다. 퇴직연금제도는 근로자의 안정적인 노후생활 보장을 목적으로 근로자의 퇴직금 재원을 금융회사인 퇴직연금사업자에 위탁하여 외부에서 운용하다가 퇴직자에게 일시금 또는 연금으로 지급하는 제도이다. 퇴직연금제도에는 확정급여형 퇴직연금제도, 확정기여형 퇴직연금제도 및 개인형 퇴직연금제도가 있다. 근로자를 고용한 사용자는 이들 중 1개 이상의 제도를 설정하여 운영해야 한다. 근로자는 재직 중 확정급여형, 확정기여형 중 본인이 선택할 수 있고, 퇴직 후에는 일시금 또는 연금 형태 중 선택하여 수령할 수 있다. 연금으로 수령하는 경우 퇴직자는 55세 이상이고 퇴직연금제도 가입기간이 5년 이상이어야 하며 연금은 최소 10년 이상 분할 수령하여야 한다. 이 경우 퇴직일시금으로 수령하는 경우보다 퇴직소득세 30% 감면 혜택을 받을 수 있다. 확정급여형퇴직연금제도(DB: defined benefit retirement pension plan)란 가입자인 근로자가 받을 퇴직급여의 수준이 사전에 결정되어 있는 퇴직연금제도를 말한다. 근퇴법에 따라 확정급여의 수준은 퇴직 시점에서 산정한 퇴직일시금이 계속근로기간 1년에 대하여 30일분 평균임금 이상이어야 하므로, '퇴직 직전 3개월 월 평균임금×근속연수'에 해당하는 금액을 최소한 보장하여야 한다. 사용자는 퇴직급여 재원을 퇴직연금사업자인 금융회사에 위탁하여 운용해야 한다. 확정급여형퇴직연금제도는 운용에 따른 투자손익이 전적으로 사용자에게 귀속되기 때문에, 운용실적에 상관없이 근로자는 정해진 퇴직급여를 받을 수 있다.

확정기여형퇴직연금제도(DC: defined contribution retirement pension plan)는 퇴직급여를 지급하기 위하여 사용자가 부담해야 할 부담금의 수준이 사전에 결정되어 있는 퇴직연금제도를 말한다. 근퇴법의 확정기여수준은 가입자인 근로자의 연간 임금총액의 12분의 1 이상이며 사용자는 반드시 매년 1회 이상 정기적으로 가입자의 퇴직연금계좌에 부담금을 납입하여야 한다. 근로자별로 조성된 확정기여형퇴직연금적립금은 근로자 본인이 운용하며 이에 대한 투자손익은 근로자 본인이 부담한다. 개인형퇴직연금제도(IRP: individual retirement pension plan)는 근로자가 재직 중에 자율로 가입하거나 퇴직 시 받은 퇴직급여를 계속해서 적립·운용할 수 있는 퇴직연금제도이다. 본인이 부담금을 추가로 납입하는 경우, 다음에 설명하는 개인연금제도와 합산하여 연간 700만 원까지 세액공제 혜택이 부여된다.

그림 10-1 **퇴직연금제도**

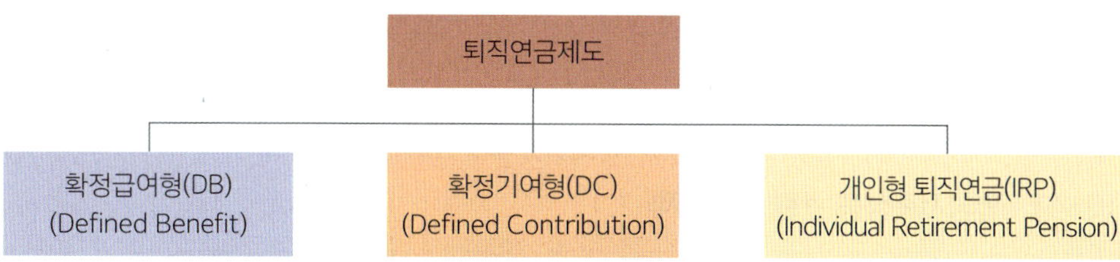

개인연금제도

개인연금제도는 국민연금, 공무원연금, 퇴직연금제도와 함께 노후대비를 위해 1994년에 도입된 연금제도이다. 개인연금제도는 개인이 납입하는 금액(납입액)에 세제혜택을 부여하는 세제적격 개인연금(연금저축상품)과 여기에 해당하지 않는 세제비적격 개인연금(연금보험상품)으로 양분된다. 개인연금제도의 세제혜택은 제도도입 초기에는 소득공제로 출발하였지만 현재는 <표 10-4>와 같이 세액공제(납입액의 일정비율에 해당하는 금액을 근로소득세 등에서 공제)가 제공된다. 적립기간 중 납입한 금액에 대해 세제혜택을 받은 만큼 연금을 수령할 때는 연금소득세를 과세한다. 다만 연금수령 시 비교적 낮은 세율의 연금소득세(3.3~5.5%)를 부과하는 반면, 일시금으로 수령하면 '세액공제를 받은 총 납입액과 연금저축계좌의 운용실적에 따라 증가된 금액의 합계액'에 대해 기타소득세(주민세 포함 16.5%)가 부과된다. 연금저축상품은 생명보험회사, 손해보험회사, 은행, 증권회사 등이 판매할 수 있다. <표 10-5>와 같이 은행에서 운용하는 연금저축신탁, 보험회사에서 운용하는 연금저축보험 그리고 자산운용회사에서 운용하는 연금저축펀드로 구분된다. 은행의 연금저축신탁은 원금보장과 함께 예금자보호제도가 적용되었으나 2018년부터 신규 판매가 중단된 상태이다. 연금 저축보험은 보험회사 자산운용 수익률이 반영되는 금리연동형으로 운영되고 최저보증이율이 있으며 예금자보호제도 또한 적용된다. 생명보험회사만 유일하게 종신연금 상품을 판매하고 있으며 생명보험회사 이외의 금융회사는 확정기간형 연금만 판매할 수 있다. 한편 연금저축 펀드계좌는 원금손실 가능성이 있는 집합투자증권을 운용하는 계좌이므로 예금자보호제도는 적용되지 않는다. 하지만 하나의 계좌 안에서 여러 펀드, ETF 등에 분산투자할 수 있고, 금융시장의 동향에 따라 주식형펀드, 채권형펀드, 혼합형펀드 등 투자대상 간 전환도 비교적 자유로워 적극적인 적립금 운용이 가능하다.

| 표 10-4 | 연금저축상품 관련 세액공제

<table>
<tr><th>구분</th><th colspan="3">세부 내용</th></tr>
<tr><td>종합소득
(근로소득)</td><td>4,000만 원 이하
(5,500만 원 이하)</td><td>4,000만 원 초과
(5,500만 원 초과)</td><td>10,000만 원 초과
(12,000만 원 초과)</td></tr>
<tr><td>납입 한도</td><td colspan="3">연 1,800만 원</td></tr>
<tr><td rowspan="2">세액공제대상
납입한도</td><td colspan="2">연 400만 원</td><td rowspan="2">연 300만 원</td></tr>
<tr><td colspan="2">50세 이상 가입자에 대해 연 600만 원
(2020~2022년 만 3년간 한시적 적용)</td></tr>
<tr><td>세액 공제율</td><td>15%(주민세 포함 16.5%)</td><td colspan="2">12%(주민세 포함 13.2%)</td></tr>
</table>

참고로 연금보험은 생명보험회사에서 취급하는 저축성보험이고 납입하는 보험료에 대한 세액공제 등의 세제혜택이 없다. 그러나 예외적으로 보험료를 한 번에 납입하는 일시납 연금 보험은 1억 원을 한도로, 그리고 매월 보험료를 납입하는 월납 연금보험은 매월 150만 원을 한도로 10년 이상 유지하면 저축성보험차익[12]에 대해 모두 비과세된다. 이러한 이유로 전업주부와 같은 소득이 없는 사람은 연금저축보다는 연금보험에 가입하는 것이 절세에 유리하다고 할 수 있다. 근로소득이 없으면 세액공제 혜택을 받지 못하며 연금저축상품의 경우 발생한 수익에 대해 연금소득세가 부과되지만, 연금보험은 보험차익 비과세 혜택을 받을 수 있기 때문이다.

| 표 10-5 | 금융권역별 연금저축상품 특성

구분	은행	자산운용회사	생명보험회사	손해보험회사
상품구분	연금저축신탁	연금저축펀드	연금저축보험	연금저축보험
주요 판매회사	은행	증권사, 은행, 보험사	증권사, 은행, 보험사	증권사, 은행, 보험사
납입 방식	자유적립식	자유적립식	정기납입	정기납입
적용 금리	실적배당	실적배당	공시이율	공시이율
연금수령 방식	확정기간형 (기간제한 없음)	확정기간형 (기간제한 없음)	확정기간형, 종신형	확정기간형 (최대 25년까지)
원금보장	비보장*	비보장	보장	보장
예금자보호	보호	비보호	보호	보호

*2017년까지 가입한 연금저축신탁은 원금보장이었으며, 2018년부터는 신규판매를 중단.

출처: 금융감독원 통합연금포털(http://100lifeplan.fss.or.kr)

12 만기환급금 또는 중도해지환급금과 납입한 보험료 총액과의 차이를 말한다.

금융꿀팁

연금저축 관리방법

1. 연금저축 중도해지 대신 납입중지 또는 납입유예제도를 활용한다.

일시적으로 연금저축 납입이 곤란하다고 무조건 중도해지하면 기타소득세 부담으로 손실을 입을 수 있다. 연금저축신탁 또는 연금저축펀드는 납입을 중단했다가 원할 때 납입을 재개할 수 있으며, 2014년 4월 이후 가입한 연금저축보험은 납입유예가 가능하므로 이를 활용한다.

2. 연금저축 가입 이후 필요시 연금계좌 간 이체제도를 이용하여 관리한다.

연금저축상품은 가입 이후 수익률을 비교하는 등 꾸준히 관리한다. 또 다른 은행, 증권, 보험사 등 금융회사에 계좌를 신설하고 연금계좌 간 이체를 신청하면 이전이 가능하며, 이는 중도해지로 보지 않으므로 기타소득세가 부과되지 않는다.

3. 연금 수령 시 연간 총 연금수령액을 1,200만 원 이내로 조정한다.

연금저축과 퇴직연금(본인추가납입액)에서 받는 연금수령액이 연 1,200만 원을 초과하면 낮은 세율의 연금 소득세 대신 종합소득세가 부과되므로, 총 1,200만 원을 초과하지 않도록 연금의 수령 시기 또는 수령기간을 조정하는 것이 유리하다.

확대보기

공적연금과 사적연금의 차이

공적연금(국민연금)과 사적연금(퇴직연금, 개인연금 등)은 도입목적 혹은 판매목적이 다르기 때문에 아래와 같은 차이가 있다. 첫째, 국민연금은 국민의 노후생활을 실질적으로 보호하는 것이 도입목적이므로 지급되는 연금액은 매년 물가상승률을 반영하여 조정된다. 그러나 사적연금은 물가상승률을 보험료와 급여에 반영하는 것이 현실적으로 어렵고 불확실하기 때문에 이를 반영하지 못한다. 둘째, 국민연금은 근본적으로 평생 동안 노후생활자금을 제공하는 종신지급형으로 설계하지만, 사적연금은 연금수급자의 성향에 따라 연금수령방법을 선택할 수 있다. 셋째, 사적연금은 보험료 납입기간 중에 혹은 연금 수령 이전에는 계약을 언제든지 해지할 수 있다. 그러나 국민연금과 같은 공적연금은 대부분 가입자 임의로 중도 해지하는 것이 불가능하다.

기초연금제도

기초연금이란 국민연금에 가입하지 못했거나 가입했더라도 가입기간이 짧아 충분한 연금을 받지 못하는 노인들을 위해 도입된 연금제도이다. 기초연금은 만 65세 이상이고 대한민국 국적을 가지고 국내에 거주하는 노인 중 가구의 소득 인정액이 선정 기준액 이하인 노인을 대상으로 한다. 소득 인정액이란 노인 가구의 각종 소득 평가액과 재산의 소득환산액을 합산한 금액이다. 2021년 기준 기초연금 선정 기준액은 단독가구의 경우 291만 원, 부부가구인 경우 450만 원 이하이며, 3인 가구는 약 602만 원, 4인가구는 약 726만 원 이하이다. 이에 소득인정액이 선정기준액 이하이면 기초연금을 수령할 수 있으며, 소득하위 40%에 해당하는 수급자 기준 기초연금액은 월 최대 30만 원이다.

주택연금제도

주택자산을 담보로 설정하고 필요경비를 지급하는 전통적인 금융상품으로 주택담보대출 상품과 역모기지상품이 있다. 역모기지 상품인 주택연금제도는 2007년 7월부터 한국주택금융공사가 운영하고 있다. 고령화와 맞물려 매년 수요가 늘고 있으며 주된 가입 대상은 집을 소유하고 있지만 안정적인 소득이 부족한 고령자이다. 이를 활용하면 평생 또는 일정 기간 동안 매월 생활연금을 지급받으며 주택거주 또한 보장받을 수 있다. 즉, 주택자산을 연금자산으로 유동화한다는 의미이다. 현재 가입조건은 만 55세 이상(주택소유자 또는 배우자 중 최소 1인)의 대한민국 국민이고 부부기준 소유주택(다주택 포함)의 합산 공시 가격이 9억 원 이하이면 가능하다. 단, 합산 공시 가격이 9억을 초과하면 3년 이내에 주택을 처분하여 9억 원 이하로 조정하면 가능하다. 주택연금 운영구조는 <그림 10-2>처럼 한국주택금융공사에서 연금가입자를 위해 은행에 보증서를 발급하고 은행은 공사의 보증서에 의해 가입자에게 주택연금을 지급하는 구조로 이루어진다. 가입자나 배우자 모두에게 해당 주택에 평생거주를 보장하고, 부부 중 한 명이 사망한 경우에도 기존 연금액은 감액 없이 100% 지급된다. 만약 가입자나 그 배우자가 모두 사망한 후 주택을 처분한 결과 연금수령액 등이 집값을 초과해도 상속인에게 그 차액을 청구하지 않으며, 반대로 주택을 처분한 값이 연금수령액보다 크면 남은 금액은 상속인에게 지급한다. 물론 주택가격의 상승 등으로 상속인이 주택을 다시 상속받고 싶은 경우에는 지급받은 연금총액을 상환하고 주택의 상속권을 돌려받을 수도 있다.

그림 10-2 **주택연금의 상품구조**

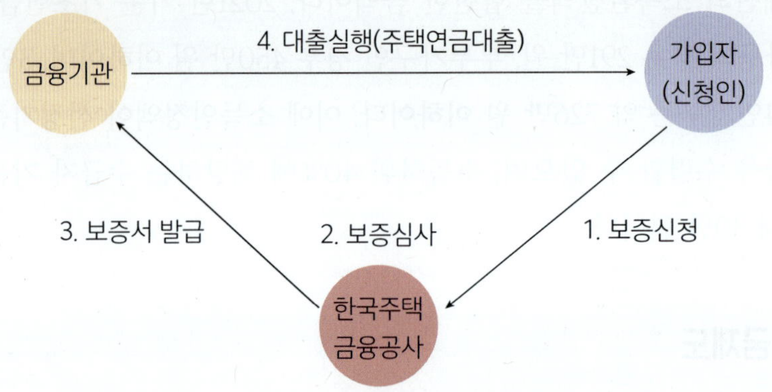

출처: 한국주택금융공사(https://www.hf.go.kr)

2 은퇴 연금설계

연금의 설계

근로소득이나 사업소득이 없는 상황에 대비하여 노후에 필요한 연금자산을 확보하는 것은 매우 중요한 은퇴설계이다. 실제로 은퇴설계의 핵심은 필요한 은퇴자금을 토대로 언제부터 얼마씩 모아야 할지, 언제부터 얼마씩 찾아 쓸지에 관한 연금설계로 집약된다. 이를 위해 가장 먼저 목표연금을 설정해야 한다. 목표연금을 산출하려면 우선 은퇴 후 예상되는 월 생활비와 필요자금을 조사하고, 은퇴 이후 생존가능기간(평균수명)을 기초로 산출해 보아야 한다. 두 번째로 내가 가입한 연금상품 현황을 확인해야 한다. 금융감독원의 '통합연금포털(100lifeplan.fss.or.kr)'을 활용하면 이미 가입한 모든 금융회사의 연금 상품을 한꺼번에 확인할 수 있다. 그런 다음 필요자금과 비교하여 부족한 금액을 개인연금 상품의 추가가입을 통해 보완한다.

|표 10-6| 노후생활자금을 위한 연금설계(예시)

구분	비고
① 목표연금(은퇴 이후 예상 월 생활비)	은퇴 직전 3년 평균 월 생활비 기준으로 적정 수준을 설정(예: 60~70%)
② 은퇴기간(=예상사망연령-은퇴연령)	개인별 상황 및 생명표의 기대여명 등을 참조
③ 목표 노후생활자금	월 생활비×12개월×은퇴기간(年)
④ 준비된 노후생활자금	통합연금포털을 통한 가입연금정보조회
⑤ 부족 노후생활자금	목표 노후생활자금-준비된 노후생활자금
⑥ 부족 노후생활자금 마련	개인연금 추가 가입, 주택연금 활용 등

연금의 선택

연금을 가입할 때에는 가장 먼저 금융상품을 가입하려는 목적이 무엇인지를 분명히 해야 한다. 만약 납입한 금액을 단기 또는 장기에 주택자금이나 자녀의 교육비, 결혼자금 등으로 활용할 목적이라면 연금이 아닌 적금이나 펀드 등을 활용하는 것이 유리하다. 노후자금은 중도에 해지하지 않고 장기간 운용할 수 있는 자금을 대상으로 해야 한다.

다음으로 세제혜택을 비교해 보아야 한다. 연금저축은 납입하는 동안 연말정산 등의 과정에서 세액공제 혜택이 주어지지만, 연금을 수령할 때에는 연금소득세를 납입해야 한다. 반면에 연금보험은 일정요건 충족 시에 저축기간 동안 발생한 보험차익에 대해 이자 소득세를 부과하지 않는다. 따라서 이 두 가지를 비교해 자신에게 더욱 유리한 쪽으로 선택한다.

또한 자신의 투자성향을 고려하여 철저하게 원금보장에 중점을 둘 것인지(위험회피형) 아니면 다소 위험부담은 있더라도 투자수익에 중점을 둘 것인지(위험 선호형)의 여부를 결정해야 한다. 만약 직장생활을 하는 동안 연말정산의 세액공제 혜택을 누리고 싶고 위험회피성향이라면 연금저축보험이 적합할 것이다. 반면에 연말정산의 세액공제와 함께 투자수익까지 고려한다면 증권회사의 연금저축펀드가 적합할 수 있다. 마지막으로 선택한 연금상품 유형 중에서 과거 투자수익, 판매 규모 등을 고려하여야 한다. 일반적으로 과거 투자성과가 좋고 시장성이 높은 규모가 큰 상품을 선택하는 것이 합리적이다. 연금저축보험의 경우는 '통합연금포털'의 통합공시 자료를 통해 확인할 수 있으며, 연금보험상품은 생명보험협회의 공시실(https://pub.insure.or.kr) 자료를 활용하면 상품별 유용한 비교정보를 얻을 수 있다. 최종적으로 판매접근성이나 전문성, 수수료 등을 고려하여 판매채널을 선택한 다음, 중도해지 가능성이나 연금수령기간과 예상 수령금액을 확인한 이후에 적합한 상품을 계약해야 한다.

적용하기

금융감독원 통합연금포털

연금 관련 온라인 원스톱 정보 서비스를 제공하는 금융감독원 통합연금포털(http://100lifeplan.fss.or.kr)을 활용해 보자. '내 연금조회' 메뉴에서 개인별 국민연금, 퇴직연금, 개인연금 가입내역 및 연금 수령 예상액을 조회하고, '노후 재무설계' 메뉴에서는 나이, 은퇴시기 등 간단한 정보만을 입력해도 노후 필요자금 및 월 필요생활비를 계산할 수 있다. 또한 '연금상품 비교공시' 메뉴를 통해 회사별, 상품별 수익률·수수료율을 비교할 수 있다.

통합연금포털

바로가기

그림 10-3 연금상품 선택절차

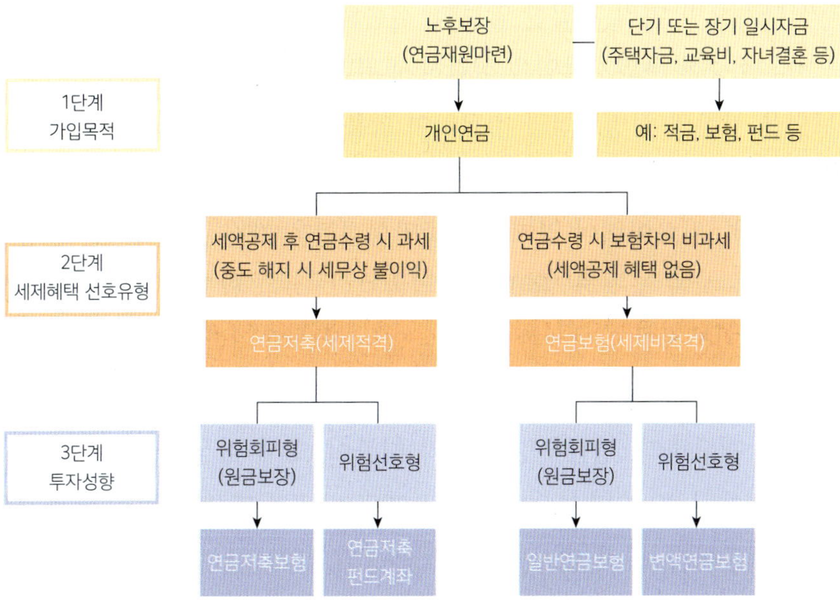

확대보기

호모 헌드레드와 연금

'호모 헌드레드'는 평균수명이 100세에 달하는 신인류를 일컫는 신조어다. 사람이 한 세기를 살아가려면 그만큼 여유자금이 충분히, 그리고 꾸준히 유지돼야 한다. 이제 '은퇴 준비'는 젊은 시절부터 해 나가야 하는 필수작업으로 여겨진다. 신한은행은 최근 '미래설계보고서 2020'을 내놓고 30~50대, 연령대별 은퇴준비 팁을 소개했다. 특히 한창 사회생활을 하고 있는 30대의 은퇴준비를 강조했다. 100세 인생을 이른바 '시즌1·2'로 나눈다면 첫 번째 시즌은 뒤이어 오는 시즌을 누리기 위한 준비기간으로 삼아야 한다는 것이다. 특히 연금에 대한 이해는 기초 중의 기초다. …(이하 생략)…

출처: 헤럴드경제, '소비요정' 접어두자…30대 연금설계 팁(2020.9.29.)

3 간병보험의 활용

노후가 다가오면 미리 가입한 암보험, 실손의료보험 등의 질병보험상품은 연금자산만큼이나 소중한 은퇴자산임을 실감하게 된다. 물론 고령자를 위해 특별히 설계된 질병보험을 기존의 질병보험과 비교하여 활용하는 것 또한 필요하다. 예컨대, 50세부터 최대 75세까지 고령층을 대상으로 요양병원 입원치료까지 포함하는 '고령자 실손의료보험', 치료이력이 있거나 경증만성질환을 가진 유병력자를 대상으로 자기부담금 범위를 상향 조정한 '유병력자 실손보험' 등을 활용할 수 있다. 또한 타인의 도움 없이는 기본적인 일상생활도 할 수 없는 상태에 처한 경우에 일정 수준의 간병비를 정기적으로 지급하는 장기간병보험(long-term care insurance)을 노후자산으로 준비하는 것이 필요하다. 평균수명 연장과 더불어 65세 이상 노인성 치매유병률이 2022년 10.33%에서 2040년 11.9% 그리고 2050년에는 15.06%로 증가할 것으로 예상되고 있기 때문이다. 공적 대비책으로 노인장기요양보험이 시행되고 있지만 현실적으로 노인성질환을 국가가 100% 보장할 수 없는 한계가 있다. 이에 장기간병보험의 핵심인 치매간병보험을 미리 준비하고 노인장기요양보험을 보완하는 노후설계가 요구된다. 현재 보험회사에서 판매하고 있는 치매간병보험의 핵심 보장내용은 진단비와 간병비이다. 피보험자의 치매상태가 확정되면(첫 진단 이후 90일간 그 치매상태가 지속되면 확정) 치매정도(경증치매, 중도치매, 중증치매)에 따라 약정한 진단비 전액을 지급하고 장기간병이 필요한 중증치매 또는 중증치매로 전이가 된 경우에는 약정한 치매간병비가 매월 지급된다.

학습내용정리

▶ 전체 인구 중 65세 이상 고령자의 비율이 7% 이상이면 '고령화사회', 14% 이상이면 '고령사회'라 하며, 20% 이상인 사회를 '초고령사회'라고 한다. 우리나라는 2017년에 고령사회로 진입하였고 2025년에 초고령사회로 진입할 것으로 예상된다.

▶ 기대수명이란 평균수명의 개념이며 특정 연도의 0세 출생자가 앞으로 생존할 것으로 기대되는 평균 생존연수를 말하고, 기대여명은 특정 연령에서의 평균 생존연수를 의미한다.

▶ 노후준비 과정에서 집중적으로 관리해야 할 위험으로 질병위험과 경제적 위험이 있다. 질병위험은 경제적 위험을 한층 더 가중시키므로 이에 대한 대비가 필요하다.

▶ 연금제도는 공적연금제도와 사적연금제도로 구분된다. 공적연금제도는 국민연금, 특수직역연금, 기초연금이 있으며, 사적연금제도는 퇴직연금, 개인연금, 주택연금 등이 있다.

▶ 연금을 설계할 때는 은퇴 후 예상하는 월 생활비를 산출하고 은퇴 후 잔여 생존가능기간을 산출하여 필요한 노후 자금을 우선 산출한다. 연금자산이 부족한 경우 추가적인 개인연금 가입, 주택연금 활용 등을 통해 필요한 연금을 준비한다.

▶ 노후생활에서 직면하게 될 의료비 부담을 경감하기 위해서는 고령자 실손의료보험, 치매간병보험 등을 적극적으로 활용하는 노후설계가 필요하다.

예시문제

서술형

1. 노후에 직면할 수 있는 주요 위험 한 가지 이상을 서술하시오.

2. 공적연금과 사적연금의 차이를 서술하시오.

3. 국민연금의 가입대상자 종류에 대하여 설명하시오.

4. 현재 우리나라의 고령화 현상에 대하여 서술하시오.

빈칸 채우기

1. 총인구 = (A   ) + (B   ) + (C   )

2. 총 인구 중 65세 이상의 고령인구가 차지하는 비율을 (A   )(이)라고 하며, 고령인구 구성비가 7% 이상인 사회를 (B   ), 14% 이상이면 (C   ), 20% 이상인 경우 (D   )(이)라고 한다.

3. (A   )(이)란 기대수명에서 질병이나 부상으로 인하여 활동하지 못하는 기간을 뺀 기간으로, 삶의 질을 반영하여 실제 일상생활 등을 영위하며 건강하게 생존해 있는 기간을 나타내는 지표이다.

4. (A   )(이)란 행복한 노후생활을 지표화한 것으로, 노후생활에 필요한 핵심요소를 건강수명, 경제수명, 활동수명, 관계수명 등 4개 영역으로 구분하고 각 영역에 대한 객관적 준비 수준, 주관적 만족도, 준비계획 등을 측정하여 (B   )를 산출한다.

예시문제

O·X 문항

1. 확정급여형퇴직연금제도란 퇴직급여를 지급하기 위하여 사용자가 부담해야 할 부담금의 수준이 사전에 결정되어 있는 퇴직연금제도를 말한다.

2. 연금보험은 생명보험회사에서 취급하는 저축성보험이고 납입하는 보험료에 대한 세액공제 등의 세제혜택을 받을 수 있다.

3. 개인연금은 개인의 노령, 장애 또는 사망에 대하여 연금급여를 지급함으로써 개인의 생활안정과 복지증진에 이바지하는 것을 목적으로 1988년에 시행된 대표적인 사회보험제도이다.

4. 개인형퇴직연금제도는 근로자가 퇴직 후에 가입할 수 있는 퇴직연금제도이다.

11

재무설계

1 재무설계의 개념과 필요성

2 재무 설계의 과정

3 20대의 재무 설계

학습개요

본 장에서는 재무설계의 중요성을 인식하고, 재무설계의 기본개념과 과정을 살펴본다. 그리고 20대에 적용할 수 있는 재무설계의 내용에 대해 알아본다.

학습목표

▶ 재무설계의 필요성과 과정을 이해할 수 있다.

▶ 20대에 필요한 재무설계를 실행할 수 있다.

1 재무설계의 개념과 필요성

1 재무설계의 개념

재무설계(financial planning)란 개인의 삶이나 가계의 생활 목표를 달성하기 위해 재무적·비재무적 자원을 효율적으로 관리하는 과정이다. 다시 말하면, 개인이 삶의 목표를 토대로 재무목표를 세우고, 이를 달성하기 위해 재무상태를 분석하여 행동계획을 수립, 실행 및 검토하는 과정을 말한다. 재무설계는 재테크와 다르다. 재무설계는 인생의 목표를 달성하기 위한 과정으로 가족의 연령, 직업, 자금여력, 생활방식, 위험에 대한 태도 등을 고려하여 이루어지는 미래에 대한 경제적 대비를 의미한다. 반면, 재테크는 부(富)를 이루는 수단인 재(財)와 기술이라는 뜻의 테크놀로지(technology)를 합성하여 이르는 말이다. 즉, 재산을 늘려나가는 기술을 의미하기 때문에 수립된 재무계획을 실행해 나가는 하나의 방법이라 할 수 있다.

2 재무설계의 필요성

미래에 대한 경제적 대비로서 재무설계를 해야 하는 이유는 무엇일까? 우리의 인생을 행복하게 하는 요소는 다양하다. 그중 경제적 측면을 보면, 합리적인 소비를 통해 만족을 극대화하고, 각종 위험에 대비하며, 자산을 건전하게 유지하고 안정적인 노후생활을 할 수 있어야 한다. 이런 관점에서 재무설계가 필요한 이유를 네 가지로 들 수 있다.

첫째, 생애소비의 만족을 극대화하기 위한 재무설계가 필요하다. 사람이 생존하기 위해서는 현재의 소비지출뿐만 아니라 일생에 걸쳐 안정적, 연속적으로 소비지출을 해야 한다. <그림 11-1>을 보면 사람의 인생주기는 준비기간(미혼기), 근로기간(가족

생활기), 은퇴기간(노후생활기)으로 구분할 수 있다. 하지만 각 시기에 소득과 소비 수준이 일치하지는 않는다. 소비 수준보다 소득이 더 높은 시기도 있고, 소득이 없는 시기에도 소비를 해야만 하는 것이다. 따라서 안정적으로 생활하기 위해서는 각 시기의 소득과 소비의 수준을 관리할 필요가 있다. 예를 들어, 준비기간(미혼기)에는 소비가 소득 수준보다 높은 것이 일반적이다. 이에 만약 미래에 소득이 증가할 것으로 예상된다면 대출 등 금융상품을 활용하여 합리적인 소비생활을 할 수도 있다. 근로기간(가족생활기)에 소득이 소비보다 클 경우에는 대출을 상환하고, 미래에 대비하여 저축과 투자 등을 한다. 또한 은퇴기간(노후생활기)에는 미리 축적해 둔 자산과 연금 등을 활용하여 안정적인 생활을 영위할 수 있도록 해야 한다. 이렇게 일생에 걸쳐 소득과 소비 수준의 불일치를 관리하고, 필요한 경우 금융상품을 활용하여 안정적이고 합리적인 경제생활을 할 수 있도록 하기 위해 재무설계가 필요하다.

둘째, 위험에 대비하기 위해 재무설계가 필요하다. 사람은 예측하지 못한 사고의 위험에 직면할 수 있다. 이로 인해 인적·물적 손실을 입거나 타인에게 보상해야 할 수도 있다. 이에 대비하여 보험에 가입하고, 금전적으로 대비하는 재무설계가 필요하다.

셋째, 자산과 부채를 합리적으로 관리하기 위해 재무설계가 필요하다. 재무설계를 하면 보유한 자산을 보호하고 증식할 수 있는 수단을 강구할 수 있을 뿐만 아니라, 과도한 부채로 인해 파산에 이르는 것을 방지하는 데 도움이 된다. 만약 재무상태가 양호하지 않으면 교육, 결혼, 자녀양육, 노후생활 등에 어려움을 겪는 경우가 많다. 이를 예방하고 인생의 목표를 달성할 수 있도록 하는 데 재무설계가 큰 도움이 된다.

넷째, 안정적인 노후생활을 영위하기 위해 재무설계가 필요하다. 사람의 평균 수명이 길어지면서 은퇴 이후의 경제적 조건이 더 중요해지고 있다. 이에 노후를 위한 금융상품과 공적연금 등을 통해 인간의 존엄성을 유지하면서 다소 여유로운 생활을 할 수 있도록 미리 대비해야 한다.

그림 11-1 인생주기에 따른 소득과 지출의 변화

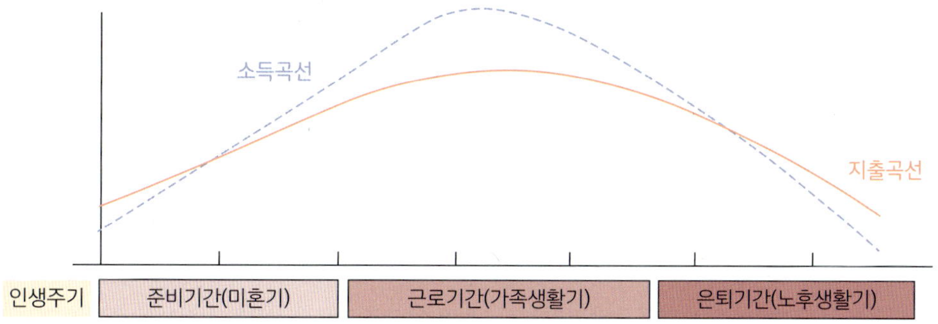

재무설계, 다시 시작!

2023년 한 해는 모두에게 다사다난한 해였다. 지난해를 돌아봤을 때 떠오르는 3가지 키워드는 코로나, 주식, 부동산이다. 코로나는 경제 전반을 위축시켰고 소득의 불확실성에 대한 근심을 낳았다. 극도의 위기 상황에도 불구하고 주식시장은 전 세계 어느 나라보다 활황이었다. 부동산 가격은 끝을 모를 만큼 치솟았고 많은 국민들을 잠 못 들게 했다. 30대 신혼부부는 영혼까지 끌어 모은 대출로 주택 구입을 서둘렀고 부동산 구입을 포기한 젊은 세대는 주식시장에 몰렸다.

개인과 가계의 경제가 참으로 힘든 한 해였다. 목표를 수립하고 이루려 한정된 자원을 효율적으로 배분한다는 재무설계의 가치가 무너졌다. 재무설계가 제대로 이뤄지지 않아 위기를 초래한 측면도 있다. 지금도 지속되는 코로나 위기에서 다시 한 번 재무관리의 원칙과 기준을 세우고 나아가야 할 때다.

첫 번째는 소득관리다. 위기에도 일정한 소득 흐름을 가질 수 있는 시스템을 구축해야 한다. 코로나 시대에 자영업자와 프리랜서들은 소득위기가 특히 심했다. 소득이 규칙적으로 유입되지 않아서다.

이는 지출을 막는 요인이자 월세·대출이자 등 고정 지출을 처리하지 못하는 상황으로 내몬다. 이로 인해 대출을 일으키고, 이 대출은 제도권 밖의 악성대출로 이어져 심각한 파탄 상황으로 몰고 가기도 한다.

소득이 불규칙한 상황에서도 최저 소득과 초과 소득을 구분해 볼 필요가 있다. 이를 구분함으로써 비상 예비자금을 만들고 규칙적인 소비지출의 규모를 측정해야 한다.

두 번째는 지출 관리이다. 지출예산을 정기와 비정기적 지출로 먼저 구분해야 한다. 그리고 내역을 반드시 기록으로 남겨야 한다. 기록과 동시에 예산을 인지할 수 있는 힘이 생긴다.

초과지출을 막을 수 있는 브레이크도 필요하다. 이 장치는 요즘 금융권에서 광고하는 자산관리 앱을 이용하면 좋을 것이다. 지출을 인식하는 것만으로도 위기관리에 많은 도움이 된다.

지출 항목별로 구분이 필요하다. 주거비, 식비, 교육비, 의류비 등 모든 항목의 지출이 고르게 나타나면 이것도 위험으로 존재한다. 어떤 항목을 어떤 상황에서 줄일 수 있을 지 고려해야 한다.

세 번째는 저축 및 투자의 관리다. 현재의 소득위기가 미래에도 발생될 수 있다. 저축은 필수, 투자도 필수로 준비해야 한다. 가정이나 기업의 위험관리는 보험이 기본이다. 보험 상품 준비로 해결될 수 없는 부분은 유동성의 위기인데 이는 저축과 투자로 준비해야 한다. 그래서 저축도 투자도 보험이 될 수 있다. 현재의 소득구조가 세금과 얼마나 밀접한 관계가 있는지, 미래에 수익이 사업소득일지 연금소득일지 등을 고려하는 것이 지금 준비해야할 연금과 저축, 그리고 투자 상품을 선택할 때 중요한 부분임을 깨달아야 한다. 그냥 준비하는 것이 아니라 미래를 고려해 상품을 선택할 수 있어야 한다. 국민연금과 연금저축을 꾸준히 납입, 관리하는 일이 무엇보다 중요함을 인지하고 어려운 상황에서 중단할 것이 아니라 납입금액을 줄여서라도 꾸준히 납입할 수 있어야 한다. 개인연금 관리는 이제 필수이며, 퇴직연금과 함께 관리할 수 있어야 한다.

끝으로 부채관리에 대한 고민이 있어야 한다. 대출 받기 전 정책 대출과 사업장에 맞는 정부지원 대출 등을 살펴보는 것이 좋다. 은행의 신용대출이 시간을 아껴 주고 접근성이 좋긴 하지만, 그보다는 제출서류가 많고 대출심사가 어렵더라도 정책금융에 대해 먼저 정보를 습득하고 이를 실행하는 것이 좋다. 요즘은 빚을 내 주식에 투자하는 이들이 많다. 남들에게 뒤질지도 모른다는 불안감과 주위에 모든 사람들이 주식에 투자하는 것처럼 느끼기 때문인데, 이는 절대 좋은 결과와 이어지지 않는다. 20대뿐만 아니라 모든 세대에서도 투자는 상황에 맞게 해야 하는데, 빚을 낸 주식투자는 무모함을 넘어 심각한 위험을 초래한다. 올해 많은 어려움이 훗날 어떻게 기억될지 모르지만 그래도 많은 학습효과가 있을 것 같다. 지금의 코로나 시대가 미래에는 좀 더 탄탄한 개인 경제의 바탕이 될 수 있도록 다시 한 번 재무설계를 통한 재정적 안정을 추구할 필요가 있다.

[출처: 매일신문, 2024. 01. 10]
[https://news.imaeil.com/page/view/2021010314255535096]

2 재무 설계의 과정

재무 설계는 먼저 재무목표를 설정하고, 현재의 재무 상태를 분석한다. 이를 토대로 재무설계안을 작성하여 실행하고, 재무생활을 평가하여 수정한다. 이러한 과정이 반복적으로 수행 되어 더 완전하고 현실적인 재무 설계가 되도록 개선한다.

1 재무 목표의 설정

재무설계의 첫 번째 단계는 삶의 목표를 토대로 재무목표를 설정하는 것이다. 재무목표는 교육자금 마련, 주택자금 마련과 같이 구체적으로 수립하고, 자신의 재무상태를 고려하여 적정한 수준으로 설정하도록 한다. 또한 재무목표는 달성기간을 명확하게 정해야 한다. 단기 · 중기 · 장기목표로 구분하고, 매년 또는 매월 얼마의 돈을 모아야 하는지 계산할 수 있도록 한다. 예를 들어, '3년 후에 사용할 여행자금 200만 원 모으기'라는 재무목표를 세웠다면 매월 5만 6천 원씩 모으면 된다. 개인마다 삶의 목표와 재무상태뿐만 아니라 인생주기의 단계도 다르다. 이에 각자의 상황에 비추어 적정한 재무목표를 설정하는 것이 필요하다. 예를 들어, 인생주기를 미혼기-가족생활기-노후생활기로 구분한다면 아래와 같이 재무목표를 설정할 수 있다.

그림 11-2 재무설계의 과정

1단계: 재무목표의 설정	삶의 목표를 고려하여 재무목표를 설정
2단계: 재무상태의 분석	소득지출표와 자산부채상태표를 작성하여 재무목표 달성을 위한 자원을 파악
3단계: 재무설계안의 작성	재무목표 달성을 위한 예산을 수립하고 금융상품을 선택
4단계: 재무설계안의 실행	재무목표 달성을 위한 계획을 실행하고 지속적으로 관리
5단계: 재무생활의 평가와 수정	목표달성 정도를 주기적으로 또는 수시로 평가하고 수정

| 표 11-1 | 인생주기별 재무목표

인생주기	주요이슈	주요 재무목표
미혼기	학업/취직/결혼/여행	학자금 마련/독립 및 주거자금 마련 /결혼자금 마련/여행자금마련
가족생활기	자녀출산 및 육아/내집마련/자녀교육/재산형성/자녀결혼/은퇴 및 노후대비	자녀양육자금 마련/주택구입자금 마련/부채상환(결혼, 주택관련)/자녀교육자금 마련/주택확장자금 마련/자녀결혼자금 마련/노후자금 마련
노후생활기	노후생활	은퇴 후 자산관리/상속

확대보기

재무목표 설정을 위한 SMART 원칙이란?

S(Specific) 재무목표는 막연히 '잘 먹고 잘 살고 싶다' 혹은 '행복하게 살고 싶다'가 아니라 구체적으로 무엇을 어떻게 얼마나 언제까지 달성할 것인지를 고려해 세워야 한다.

M(Measurable) 기간·금액 등 구체적으로 측정 가능한 목표를 세운다.

A(Action oriented) 어떻게 실행해 나갈 것인지에 대한 실천 계획(action plan)을 명확히 한다.

R(Realistic) 현재 자산 상태 및 소득 수준을 고려해 달성 가능한 현실적인 목표를 세운다.

T(Timely) 각 시기에 맞는 목표를 설정한다.

출처: 하이럼 W.스미스, 「성공하는 시간관리와 인생관리를 위한 10가지 자연법칙」에서 발췌

2 재무 상태의 분석

재무설계의 두 번째 단계는 재무상태를 분석하는 것이다. 현재의 재무상태를 평가하여 재무목표에 반영하고 재무설계안을 작성할 수 있다. 재무상태는 소득지출표와 자산부채상태표를 작성하여 평가하도록 한다.

소득지출표

소득지출표는 일정기간의 소득과 지출을 정리한 표이다. 일정기간의 소득지출상태는 가계부 앱(app) 등을 활용하여 쉽게 파악할 수 있다. 소득은 근로소득, 이자소득, 투자소득 등으로 구분하여 기재하며, 지출은 고정 지출과 변동지출로 구분한다. 고정 지출은 주거비나 대출 상환금처럼 정기적으로 지출하는 것으로서 쉽게 줄이기 어려운 지출이다. 반면 변동지출은 개인의 노력에 따라 금액조정이 가능한 지출을 말한다. 소득수준에 비해 지출이 많다면 고정 지출보다는 변동지출 항목에서 줄이는 방안을 강구한다. 소득지출표를 정리해서 수입에서 지출을 차감한 값이 양의 값인지 음의 값인지, 저축과 투자가 적정한지, 특정 항목에 너무 많이 지출하는지 등을 평가한다.

| 표 11-2 | 소득지출표의 예시(20xx.1월~20xx.12월 기준)

소득		
근로소득	2,500만 원	소득유형을 구분
이자소득	500만 원	
투자소득	30만 원	
소득합계	2,580만 원	
지출		
고정지출		
세금	200만 원	고정지출과 변동지출로 구분
건강보험료	100만 원	
연금보험료	100만 원	
대출상환금	200만 원	
관리비	120만 원	
고정지출합계	720만 원	

변동지출	
식비	500만 원
(외식비)	(200만 원)
피복신발비	150만 원
교양오락비	300만 원
보건의료비	50만 원
기타	300만 원
변동지출 합계	1,300만 원
지출합계	2,020만 원
순수입(지출)=수입-지출	**(+)560만 원**
저축과 투자	
보통예금(생활비)	56만 원
정기적금(여행자금마련)	60만 원
정기적금(결혼자금마련)	180만 원
적립식펀드(주택자금마련)	240만 원
청약저축(주택마련)	24만 원
저축과 투자의 합계	**560만 원**

순수입의 경우 저축 또는 투자를 어떻게 하는지 기재하고, 순지출의 경우 어떻게 해결하는지 기재

자산부채상태표

자산부채상태표는 특정 시점의 자산과 부채를 정리한 표이다. 자산은 금융자산과 실물자산으로 구분할 수도 있고, 현금성자산, 저축성자산, 투자자산, 사용자산, 보험자산 등으로 자세하게 구분할 수도 있다. 현금성자산에는 현금, 보통예금 등이 포함되고, 저축성자산에는 적금이나 정기예금이 포함된다. 투자자산에는 원금손실의 가능성이 있는 금융투자상품인 주식, 채권, 펀드 등과 투자목적으로 보유한 부동산이 포함된다. 사용자산은 거주주택자산이나 전세보증금, 자동차, 귀금속 등 생활에 이용하고 있는 자산을 말한다. 보험자산은 보험환급예상액, 연금 등 위험이나 노후에 대비하는 자산을 말한다. 또한 부채는 단기부채와 장기부채, 고금리 부채와 저금리 부채, 담보대출과 신용대출 등으로 구분하여 기재한다. 이처럼 보유하고 있는 자산과 부채의 특징에 따라 분류하여 기재하면 자산부채의 상태를 평가하기 쉽다. 자산부채상태표를 정리해서 자산과 부채 규모를 비교하고, 자산의 포트폴리오, 부채의 특징 등을 평가한다. 자산에서 부채를 차감한 순자산은 매년 주기적으로 평가하여 순자산

이 증가하고 있는지 분석한다. <표 11-3>에서 자산은 1억 3,306만 원이지만 부채가 8,950만 원이 있어 순자산은 4,356만 원이다.

| 표 11-3 | 자산부채상태표의 예시(20XX년 12월 31일 기준)

자산		부채	
항목	금액	항목	금액
현금성 자산		단기부채	
보통예금	56만 원	신용카드대금	150만 원
합계	56만 원	합계	150만 원
저축성자산		장기부채	
정기적금	800만 원	학자금대출	800만 원
청약저축예금	100만 원	전세자금대출	8,000만 원
정기예금	500만 원		
합계	1,400만 원	합계	8,800만 원
투자자산			
주식	70만 원		
펀드	480만 원		
합계	550만 원		
사용자산			
전세보증금	1억 원		
자동차	500만 원		
합계	1억500만 원		
보험자산			
개인연금	200만 원		
국민연금	600만 원		
합계	800만 원		
자산합계	**1억 3,306만 원**	**부채합계**	**8,950만 원**
순자산(자산-부채) 4,356만 원			

3 재무 설계안의 작성

재무설계의 세 번째 단계는 재무설계안을 작성하는 것이다. 재무설계안은 재무목표 달성을 위한 계획안을 말한다. 예를 들어, 결혼자금 2천만 원을 마련하기로 목표를 정했다면, 현재 재무상태를 바탕으로 목표 달성기간을 구체화해서 매월 저축 또는 투자할 금액을 정한다. 그리고 소득과 지출을 조정한 예산안을 수립하고, 어떤 금융상품을 활용해야 하는지 등의 방안을 찾는다. 여러 개의 목표를 정했을 경우에는 목표 간의 우선순위를 고려하여 저축 또는 투자규모를 배분하는 것도 필요하다. 재무 설계안을 작성할 때에는 재무목표와 경제 환경을 고려하여 적절한 금융상품을 활용하도록 한다. 금융시장에는 다양한 금융상품이 있고, 늘 새로운 상품이 등장한다. 경제상황에 따라 수익을 기대할 수 있는 상품과 그렇지 못한 상품이 있으므로 금융상품에 대해 알아보고 정보를 탐색하는 것이 필요하다. 금융상품을 선택할 때에는 안전성, 수익성 및 유동성을 고려하여 자신의 위험성향에 맞게 선택한다.

안정성

금융상품을 선택할 때 가장 먼저 고려해야 할 요인이다. 안전성은 미래에 원금 및 수익 지급이 보장되는지 여부에 달려 있으므로, 해당 금융상품이 원금손실 가능성이 있는지, 예금자 보호대상인지 등을 확인하여야 한다. 안정적으로 운영해야 할 자금은 투자 상품보다 저축상품을 이용하는 것이 바람직하다.

수익성

금융상품에 투자하는 궁극적인 목적은 수익을 추구하는 것이므로, 금융상품의 제공금리나 기대수익률을 물가상승률, 세금 등 기회비용 및 각종 비용 등과 비교하여 수익성이 있는지 따져보아야 한다. 자금의 용도와 운용할 기간, 위험성향에 따라 저축상품 또는 투자 상품을 선택한다.

유동성

유동성은 현금이 필요할 때 손실 없이 빨리 현금화할 수 있는 정도를 말한다. 단기에 필요하거나 수시로 사용해야 하는 자금은 반드시 유동성을 고려해 금융상품을 선택해야 한다. 저축상품인 은행의 보통예금은 수시로 현금을 인출할 수 있으므로 유동성이 높은 편이지만, 정기적금이나 정기예금은 약정된 예치기간 중 중도해지할 경우 약속한 이자를 받지 못하는 불이익이 있으므로 유동성이 비교적 낮은 상품에 해당한다. 또한 거래량이 풍부한 주식이나 채권은 필요 시 대부분 쉽게 매매할 수 있지만 팔 때 평가손실이 발생한 상태라면 손실을 감수하고 팔아야 한다. 펀드의 경우에도 자금이 필요하면 만기 이전에 환매할 수 있는 경우가 대부분이지만 환매할 때 손실이 발생한 상태일 수도 있고, 중도에 해지하면 환매수수료가 부과되어 유동성이 낮을 수 있다.

4 재무설계안의 시행

재무설계의 네 번째 단계는 재무설계안을 실행하는 것이다. 금융회사를 방문하거나 인터넷을 이용하여 금융상품을 선택하고 부채를 상환하는 등 계획의 실천이 이루어져야 한다. 이 단계에서는 재무설계안을 일상에서 쉽게 실천할 수 있도록 하기 위하여 여러 편리한 장치를 적극 활용하는 것이 바람직하다. 즉, 저축 또는 투자를 꾸준하게 하기 위하여 자동이체 등을 활용하고, 소비지출을 줄이기 위한 가계부 앱(App) 등을 활용하면 재무설계안을 실행하는 데 도움이 된다.

5 재무생활의 평가와 수정

재무 설계의 다섯 번째 단계는 재무 설계안을 제대로 실행하고 있는지 평가하고 재무 설계안을 수정하는 것이다. 적어도 1년에 1회 이상은 정기적으로 평가를 수행할 필요가 있으며, 경제 환경이나 취업, 결혼, 출산, 이직 등 개인적인 상황 등에 변화가 생기는 경우에는 수시로 평가해야 한다. 평가 시에는 재무목표 달성 정도를 점검하고, 목표를 달성하지 못했을 경우 문제점을 파악하여 수정하는 것이 필요하다.

적용하기

금융감독원의 '참 쉬운 재무진단'

금융감독원의 금융교육센터 홈페이지에서 본인의 재무상태를 간편하게 진단해 보자. 개인의 소득과 소비, 자산과 부채에 관한 재무정보를 입력하여 재무상태를 평가하고, 이를 바탕으로 재무설계안을 마련할 수 있다.

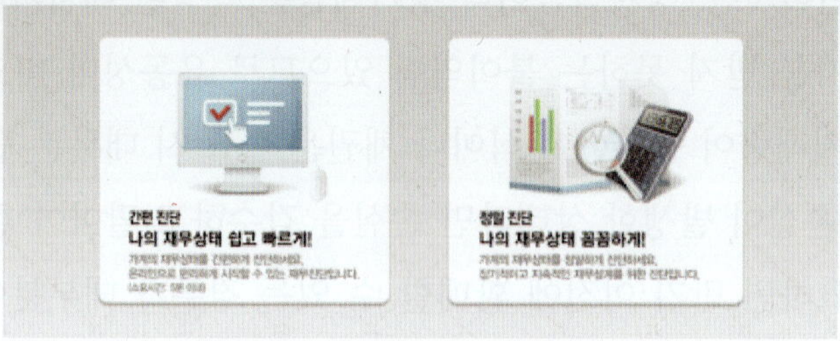

금융감독원 파인(fine.fss.or.kr) → 금융꿀팁 → 금융자문서비스 → 온라인 재무진단

라이프사이클에 맞는 3단계 재무 설계 "40대 말부터 자산운용 방식 바꿔야"

지금은 일반화된 재무 설계가 도입된 것은 1970~1980년대의 일이다. 재무 설계는 자녀 교육자금과 결혼·노후 자금 등 각 필요 자금을 분석하고 물가상승률과 수익률을 고려해 현시점에서 얼마의 돈이 필요한지를 계산하는 방법이다.

그런데 재미있는 점은 시간이 흘러갈수록 필요 자금의 크기가 커진다는 것이다. 일차적인 이유는 평균 수명의 증가다. 평균 수명이 늘어날수록 노후 자금의 크기가 커지니 재무 설계로 계산한 필요 자금도 고무줄처럼 늘어나기 십상이다.

전셋값이 올라도 필요 자금의 액수는 크게 달라진다. 아들을 둔 부모의 필요 자금은 전셋값에 따라 심지어 1억 원 정도도 변할 수 있다. 필요 자금 분석 결과에 따라 나온 많은 금액의 액수에 놀라지 말고 라이프사이클의 각 국면별 자산 운용 목표를 정확히 이해하는 것이 중요하다.

자산 운용의 관점에서 인생은 크게 3단계로 구성돼 있다. 1단계는 축적기다. 20대 중·후반에 직장 생활을 시작해 퇴직 시점까지다. 이 단계의 핵심은 퇴직 전 은퇴 자산을 축적하는데 있다. 국민연금·퇴직연금·개인연금 등 3층 연금을 기본으로 은퇴 자산을 불려나가야 한다. 투자 방법은 적립식으로 장기 투자하는 게 기본이다.

주택 문제와 자녀 교육 문제도 빼놓을 수 없다. 이 시기는 지속적으로 소득이 증가하면서 주거 및 교육비 등이 꾸준히 늘어나는 시기다. 주택 문제에서는 가격의 오르내림을 떠나 퇴직 시점 전까지 모든 대출을 정리해야 한다. 초산 연령이 늦어짐에 따라 과거와 달리 55세에 정년퇴직하더라도 아직도 자녀가 학생인 경우가 적지 않다.

퇴직과 동시에 수입이 단절되면 교육비 부담이 커질 수밖에 없다. 이것도 달리 방법은 없다. 퇴직 전까지 자녀 학자금을 최대한 모아 놓아야 한다. 사실 1단계는 사람마다 차이가 있지만 목표도 분명하고 투자 원칙도 간단하다. 돈을 더 벌기도 하고 덜 벌기도 하지만 주택 마련, 자녀 교육, 노후 준비 등 큰 방향은 어슷비슷하다.

수명의 증가로 재무 설계 '구조조정'

문제는 2단계다. 2단계는 정년퇴직 시점부터 후기 고령기가 시작되는 75세 전까지를 말한다. 이 시기는 그동안 모아 놓은 돈을 인출해 생활비로 써야 한다. 그런데 문제는 쓰기만 하면 그 돈이 금세 사라지므로 투자를 하지 않으면 안 된다는 점이다.

한마디로 인출과 운용(투자)이 동시에 이뤄져야 하는 시기다. 가장 좋은 해결책은 후기 고령기 전까지 일을 계속하는 것이다. 일을 하면 생활비를 벌 수 있기 때문에 그동안 벌어 놓은 돈을 까먹지 않을 수 있다. 그다음으로는 인출 계획과 투자 전략을 동시에 짜야 한다.

금리만 높으면 이런 문제는 쉽게 해결된다. 고금리 상품에 넣어두고 이자만 받아 생활하거나 아니면 원금 일부와 이자를 활용하면 된다. 그러나 우리는 초저금리 시대에 살고 있다. 이자 생활자들이 원하는 수준으로 금리가 오르기는 결코 쉽지 않을 것이다.

어쩔 수 없이 투자 상품을 활용해야 한다. 연 6~7% 정도 수익률 제공이 가능한 상품이 인출과 운용, 2가지를 고민하는 투자자들에게 대안으로 등장할 가능성이 높다.

75세 이후에는 오로지 인출만 하는 시기다. 물론 극소수의 사람들은 이 시기에도 돈을 벌거나 투자를 할 것이다. 그러나 일반적으로 보면 75세가 넘어서면 새로운 투자 의사결정을 하기보다 모아 놓은 돈에서 생활비를 조달하면서 살아가야 한다.

3가지 단계 중 노후 생활의 성패를 좌우하는 시기는 2단계다. 노후 생활은 20~30년으로 길지만 정작 성패는 5년 정도에 모든 것이 결판이 난다. 일을 갖고 있고 인출과 운용 전략을 동시에 갖고 있는 사람과 그렇지 않은 사람은 5~6년 이내에 삶의 수준이 크게 달라질 것이다.

수명의 증가는 자산 운용 방식에도 근본적인 변화를 요구하고 있다. 과거의 재무 설계에서는 축적이 끝남과 동시에 인출이 시작된다는 전제로 필요 자금을 분석했다. 그러나 이제는 축적과 인출 사이에 운용과 인출을 동시에 하는 새로운 구간이 등장했다.

이 구간에 어떤 금융 상품에 투자할 것인지, 어떻게 자산을 배분하고 포트폴리오를 짤 것인지에 대해 진지한 고민이 요구된다. 최소한 40대 말부터는 축적기의 자산 운용 방식에서 인출과 운용에 맞는 자산 운용 방식으로의 변화를 검토해야 한다.

[출처: 매거진한경, 2022. 09. 26]
[https://magazine.hankyung.com/business/article/202102245951b]

3 20대의 재무 설계

1 20대의 재무 목표

20대는 학업을 지속하거나 취업준비 또는 사회생활을 시작하는 시기이다. 또한 자기계발에 몰두하거나 결혼을 준비하는 등 가족생활기를 시작하기 이전의 미혼기이기도 하다. 이 시기의 재무목표는 주로 학자금 마련, 독립 및 주거자금 마련, 결혼자금 마련 등을 꼽을 수 있다.

학자금

한국대학교육협의회의 대학정보공시센터[1]에 따르면, 2022년 기준 전국 4년제 대학의 연간 평균 등록금은 약 6,763.1천 원으로, 사립대학은 약 7,523.7천 원, 국·공립대학은 약 4,195.7천 원으로 나타났다. 대학 등록금은 부모의 도움을 받는 경우와 장학금으로 충당하는 경우가 많지만, 대출을 이용하거나 스스로 마련하기도 한다. 따라서 학업을 유지하기 위해서 학자금을 마련하는 계획 수립이 필요하다. 만약, 학자금 대출로 돈을 마련하고자 할 경우 한국장학재단의 취업 후 상환학자금대출, 일반상환학자금대출 등 다양한 제도를 이용할 수 있다. 또한 아르바이트 등을 통해 스스로 학자금을 마련하는 경우, 어느 정도 기간에 돈을 얼마씩 모을 수 있는지 미리 계산해 보도록 한다.

1 대학알리미(https://academyinfo.go.kr)

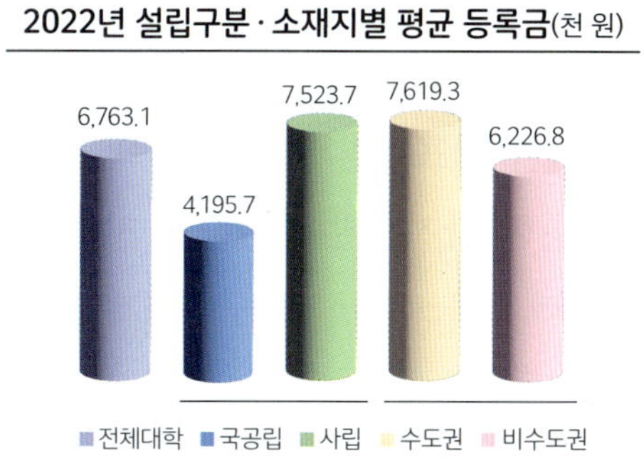

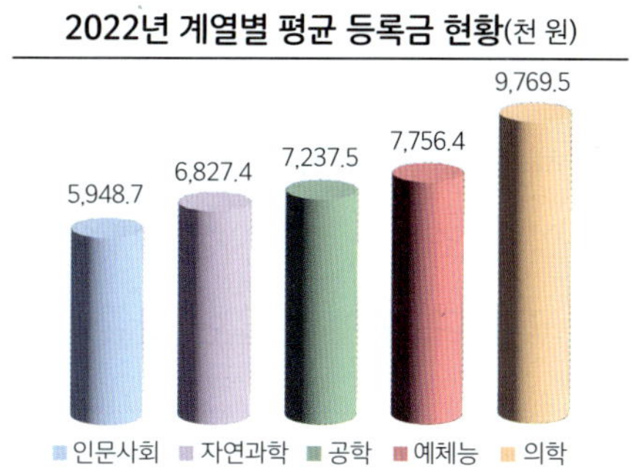

출처: 교육부 '2022년 4월 대학정보공시 분석 결과 발표'

독립 및 주거 자금

가족으로부터 독립하려면 주거공간이 마련되어야 한다. 보통 청년들의 주거형태는 전·월세가 많고, 자가의 비중은 낮다. 전·월세의 경우에 일정규모의 보증금이 필요하므로 독립을 위해서는 일정규모의 자금이 마련되어야 한다. 특히, 매월 임차료를 지불하는 월세에 거주한다면 20대의 소득수준이 비교적 낮으므로 월 소득에서 주거비용이 차지하는 비중이 매우 높아진다. 주거자금을 전액 마련하여 독립하기는 쉽지 않으므로 대출을 활용할 수 있는데, 이 때 대출조건과 상환가능성을 꼼꼼하게 따져야 한다. 또한 청년층을 대상으로 공공주택을 지원하거나 청년층 주거비 완화를 위한 전월세 전용 금융상품을 지원하는 정부의 주거지원 프로그램을 활용하는 방법도 있다.

결혼 자금

결혼자금 중 결혼식, 신혼여행, 예물 및 예단 등에 소요되는 비용은 개인차가 매우 크므로 자기 상황에 알맞게 자금을 마련하면 된다. 또한 결혼자금에서 신혼집 마련 자금이 차지하는 비중이 크므로 결혼자금과 주거자금 마련 계획을 함께 세우는 것이 필요하다. 결혼 상대자가 정해지지 않은 상태에서 결혼자금을 예상하기는 어렵지만, 관련 통계자료를 활용하여 목표 자금을 설정하고 자금 마련을 실행하면 도움이 된다.

자기계발자금

20대는 자신의 역량을 키우기 위해 지속적으로 노력하는 시기이다. 독서나 여행을 통해 경험을 축적하는 것이 자기계발을 위한 대표적인 사례이다. 최근의 라이프 스타일을 조사한 결과, 청년세대는 여행을 통한 자기계발에 자금을 지출할 의사가 크다고 한다. 이에 필요한 자금을 마련하는 계획을 수립하고 꾸준하게 실행하도록 한다.

노후 자금

노후자금은 먼 미래에나 필요한 자금으로 여겨질 수 있다. 하지만 100세 시대에는 은퇴 후 30~40년 동안 어떻게 살 것인가도 매우 중요하다. 준비기간이 길면 매월 적은 금액으로 실행할 수 있고 복리효과를 누릴 수도 있기 때문에, 노후준비는 일찍 시작할수록 좋다.

2 20대의 자산 관리 원칙

종잣돈 모으기

학자금, 독립 및 주거자금, 결혼자금 등 목돈을 마련하기 위해서는 적금이나 적립식 펀드 등을 활용하여 꾸준하게 자금을 모아야 한다. 자산관리의 첫 시작이 되는 목돈을 종잣돈(seed money)이라고 한다. 종잣돈이 마련되면 다양한 금융상품을 활용하여 재산을 증식하도록 한다. 이 경우 안전자산과 투자자산에 대한 적정한 배분이 필요하다.

확대보기

20대에는 얼마나 투자해야 할까?

투자는 저축에 비해 높은 수익을 기대할 수 있지만 원금 손실의 가능성도 있기 때문에 적정한 수준의 투자를 할 필요가 있다. 어느 정도가 적정한지에 대해서는 '100-연령의 법칙'을 참고할 수 있다. 이는 100에서 본인의 나이를 차감한 만큼의 비중으로 투자하라는 법칙으로, 연령이 높을수록 투자 비중을 줄이는 것이 바람직하다는 것을 의미한다. 예를 들어, 30세에는 자산의 70%를 투자자산에 배분하고, 30%는 안전자산에 배분하는 것이 좋다는 것이다.

투자를 하는 경우 원금 손실의 가능성이 있으므로 신중해야 한다. high risk high return의 의미를 되새길 필요가 있다. 또한 투자는 여유자금으로 해야 한다. 여유를 가지고 투자해야 손실이 발생하더라도 원금 회복을 기다릴 수 있기 때문이다. 즉, 단기간에 용도가 정해진 자금으로 투자하게 되면, 손실 발생 시 꼭 필요한 경우에 자금을 사용할 수 없는 상황에 직면할 수도 있게 된다.

선저축 후지출

종잣돈을 마련하려면 돈을 모으는 습관이 중요하다. 소득에서 먼저 소비하고 남는 돈을 저축하기보다는, 일정 금액을 먼저 저축하고 그 다음에 소비를 하는 것이 바람직하다. 계좌 자동이체를 활용하여 저축하면 도움이 되며, 미혼기에 형성된 저축습관은 평생 자산관리의 기초가 된다.

주거래 은행 정하기와 통장 쪼개기

주거래 은행을 정하여 거래하면 거래실적에 따라 금리우대나 수수료 감면 등의 혜택이 있다. 또한 자금을 용도별로 나누어 지출통장과 자산관리통장을 분리하여 관리하고, 재무목표에 따라 여러 개의 통장으로 나누어 관리하는 통장 나누기가 필수적이다. 자금의 용도를 구분하여 통장을 관리하면 재무목표 달성 여부를 체크할 수 있고, 예상치 못한 자금인출에 따른 손실도 최소화할 수 있기 때문이다.

신용카드보다는 체크카드 사용하기

신용카드를 쓰면 통장에 돈이 없어도 결제가 되기 때문에 충동구매를 할 가능성이 커진다. 반면 체크카드는 통장잔액 범위 내에서만 바로 결제되므로 통장에 돈이 없으면 결제가 되지 않는다. 또 근로소득이 생기면 매년 연말정산을 해서 소득세를 확정하게 되는데, 체크 카드 사용에 따른 세금혜택이 신용카드 사용에 대한 혜택보다 크기 때문에 체크카드를 사용하는 것이 유리하다.

신용관리

신용관리는 신용점수를 관리하는 것이다. 대출을 받을 때 대출가능 여부, 대출금액, 대출이자 등은 신용점수에 따라 결정되는 경우가 많다. 즉, 신용관리가 되어 있지 않으면 자금이 필요할 때 대출받기가 어렵고, 대출을 받아도 더 많은 이자를 부담할 수도 있다. 신용점수가 낮으면 신용카드가 발급되지 않거나, 발급되더라도 신용카드 이용한도가 낮다. 신용을 관리하기 위해서는 대출이자 또는 신용카드대금 결제를 연체하지 않는 것이 중요하다. 연체정보 등 신용점수에 영향을 주는 개인신용정보는 금융회사들이 공유하므로, 한 금융회사에서 연체가 발생한 경우 다른 금융회사도 이를 알게 된다.

소모성 대출 자제

마이너스 통장이나 신용카드를 이용하면 소비성향이 높아지기도 한다. 자금계획이 명확하지 않거나 꼭 필요한 상황이 아니라면 대출을 받지 않는 것이 바람직하다. 특히, 신용카드사에서 제공하는 카드대출, 대부업체의 고금리대출은 이자상환의 부담이 크고, 개인의 신용평가에도 나쁜 영향을 준다.

보장성 보험 가입하기

보장성 보험은 질병이나 사고 등에 대비하기 위한 보험이다. 20대에는 소득이 적으므로 종신보험 등 보험료가 많이 드는 상품보다는 보험료가 적고 실생활에 도움이 되는 실손의료 보험 등의 보장성 보험에 가입하는 것이 좋다.

학습내용정리

- 재무설계는 재무목표를 세우고, 이를 달성하기 위해 재무상태를 분석하여 행동계획을 수립, 실행 및 검토하는 과정이다.
- 재무설계안을 작성하기 위해서는 소득지출표와 자산부채상태표를 작성하여 개인의 재무상태를 분석하는 것이 필수적이다.
- 재무설계안을 작성할 때에는 재무목표 달성을 위한 예산을 수립하고, 안전성, 수익성 및 유동성을 고려하여 금융상품을 선택한다.
- 20대의 주요 재무목표로는 학자금 마련, 독립 및 주거자금 마련, 결혼자금 마련 등을 들 수 있다.

예시문제

서술형

1. 재무설계의 필요성에 대하여 서술하시오(두 가지 이상).

2. 재무목표 설정을 위한 SMART 원칙에 대하여 서술하시오.

3. 재무설계와 제테크의 차이점을 설명하시오.

빈칸 채우기

1. 자산부채 상태표의 빈칸을 채우시오.

자산		부채	
항목	금액	항목	금액
현금성 자산		단기부채	
보통예금	60만 원	신용카드대금	200만 원
합계	60만 원	합계	(B)만 원
저축성자산		장기부채	
정기적금	800만 원	학자금대출	1300만 원
청약저축예금	500만 원	전세자금대출	3,700만 원
정기예금	(A)만 원		
합계	2,000만 원	합계	5,000만 원

예시문제

투자자산			
주식	1,500만 원		
펀드	500만 원		
합계	2,000만 원		
사용자산			
전세보증금	1억 5000만 원		
자동차	(　　C　　)만 원		
합계	1억 6000만 원		
보험자산			
개인연금	200만 원		
국민연금	600만 원		
합계	800만 원		
자산합계	**2억 860만 원**	**부채합계**	**(　　D　　)만 원**
순자산 = (　　E　　)만 원			

2. (　　　　　　　　)는 일정기간의 소득과 지출을 정리한 표이다.

3. (　　　　　　　　)은/는 100에서 본인의 나이를 차감한 만큼의 비중으로 투자하라는 법칙이다.

O·X 문항

1. 수익성은 미래에 원금 및 수익 지급이 보장되는지에 대한 여부를 확인하는 것이다.
2. 노후준비는 은퇴 후 준비하는 것이 좋다.
3. 유동성은 현금이 필요할 때 손실 없이 빨리 현금화할 수 있는 정도를 말한다.

12

부동산 금융

1 부동산 투자

2 부동산금융

학습개요

인플레이션 헷지, 레버리지 효과, 소득 및 자본 이익에 대한 개념을 이해하고, 부동산 투자에 어떠한 영향을 미치는지 학습한다.

부동산 투자자들이 어떻게 현금 수지를 측정하고, 단위당 예상 임대료와 같은 지표를 통해 투자 가능성을 분석하는 방법을 학습한다.

부동산 투자의 가치를 측정하고, 현금 흐름을 고려한 순현가법 및 비율 분석법을 통해 투자의 가치를 평가하는 방법을 이해한다.

주택담보대출, MBS, 리츠, 부동산 펀드와 같은 소비자 및 투자금융 도구에 대한 이해와 부동산 투자와의 연관성을 학습한다.

프로젝트 파이낸싱(BOT, BTO, BLT, BOO)의 다양한 형태를 이해하고, 부동산 개발에 어떤 영향을 미치는지 파악한다.

학습목표

- 부동산 투자의 특성과 그로 인한 인플레이션 헷지, 레버리지 효과, 소득 및 자본 이익의 관계를 이해한다.
- 현금 수지 측정과 단위당 예상 임대료를 활용하여 부동산 투자의 가능성을 분석하는 능력을 기르고, 투자 가능성을 판단한다.
- 순현가법 및 비율 분석법을 이용하여 부동산 투자의 가치를 평가하고, 투자 결정을 내릴 수 있는 능력을 갖춘다.
- 주택담보대출, MBS, 리츠, 부동산 펀드 등을 이용한 부동산 투자와 금융 시장의 연결점을 이해하고, 투자 전략을 확립한다.
- 프로젝트 파이낸싱의 다양한 형태를 파악하고, 부동산 개발과 투자에 필요한 금융 도구를 이해한다.

1 부동산 투자

1 부동산 투자의 개요

부동산은 전통적인 금융상품인 주식, 채권, 현금성자산 등과는 다른 위험특성을 가지며 기존의 전통적 자산과 상관관계가 낮은 대표적인 대체투자(alternative investment)[1]상품으로서 새로운 투자수단으로 주목받고 있다. 특히 부동산투자는 인플레이션 헷지, 레버리지(지렛대)효과(leverage effect), 소득이익과 자본이익을 얻을 수 있는 특징을 갖고 있다.

① 인플레이션 헷지

부동산투자는 전반적인 물가가 상승하는 인플레이션을 헷지할 수 있다. 인플레이션이 발생하면 돈의 가치가 점점 떨어져서 구매력이 하락한다. 예를 들어, 오늘 10만 원으로 기름을 한 통 살 수 있으면 같은 10만 원으로 1년 후에는 반통정도 밖에 못 사는 경우이다. 이처럼 인플레이션이 발생할 경우 부동산과 같은 물건을 가지고 있으면 부동산 가격도 상승하게 되어 인플레이션을 방어할 수 있다.

② 레버리지 효과

부동산 투자는 레버리지효과가 있다. 레버리지 효과는 다른 사람으로부터 빌린 돈을 지렛대 삼아 자기자본에 대한 수익률을 높이는 것을 말한다.

---

1 대체투자는 주식 및 채권 등으로 대표되는 전통적 금융상품 이외의 다양한 유형의 투자대상을 모두 포괄하기 때문에 아직까지 통일된 분류체계는 존재하지 않지만, 일반적으로 부동산 및 사회간접자본(SOC) 등 부동산 관련 자산, 헷지펀드 및 사모펀드 등이 대체투자상품으로 분류될 수 있다. 대체투자는 기존의 투자대상에 포함되지 않는 새로운 투자대상에 투자함으로써 투자수단의 다변화를 통한 포트폴리오의 위험분산 및 수익률 제고, 인플레이션 헷지 효과 등의 특징이 있다.

예를 들어, 1억 원의 자기자본으로 2천만 원의 수익을 얻으면 자기자본에 대한 수익률은 20%(=2천만 원/1억 원)이다. 하지만, 자기자본 4천만원과 10% 이자를 주기로 한 타인자본 6천만원으로 구성된 1억원을 투자하여 2천만원의 수익이 발생할 경우에 자기자본투자에 대한 수익률은 35%(=(2천만 원-6천만 원*0.1)/4천만 원)로 확대된다.

따라서 타인자본, 즉 차입금에 대한 이자보자 높은 수익률을 얻을 것으로 예상되면 타인자본을 조달하여 투자하는 것이 유리하다. 다만, 부채비율이 과도하게 높아지면 금리상승으로 인한 부담이 증가하여 파산위험이 커질 수 있음에 주의해야 한다.

따라서 타인자본, 즉 차입금에 대한 이자보다 높은 수익률을 얻을 것으로 예상되면 타인자본을 조달하여 투자하는 것이 유리하다. 다만, 부채비율이 과도하게 높아지면 금리상승으로 인한 부담이 증가하여 파산위험이 커질 수 있음에 주의해야 한다.

③ 임대소득과 자본이득

부동산은 내구재로서 장기간 동안 부동산을 운영하여 임대료와 같은 임대소득(income gain)을 얻을 수 있다. 이는 채권보유 시 발생하는 이자나 주식보유 시 발생하는 배당에 해당한다고 볼 수 있다. 또한 부동산을 처분할 경우 얻게 되는 시세차익(=양도차익=매매차익)인 자본이득(capital gain)을 얻을 수 있다. 이와 같은 이득은 부동산에서만 발생하는 것이 아니고 모든 자산에서 공통적으로 나타날 수 있다.

2 부동산직·간접투자

부동산투자는 부동산의 취득·운영·처분을 모두 포함하며 부동산직접투자와 부동산간접투자로 구분할 수 있다.

① 부동산직접투자

일반적으로 부동산투자라고 하면 오피스텔이나 상가 등 부동산을 직접 분양받거나 사는 것을 떠올린다. 하지만 부동산직접투자는 부동산을 직접 사고파는 것뿐만 아니라 직접 투자자가 직접 부동산을 건설 및 개발하는 것까지 포함한다. 부동산에 직접투자를 할 경우에는 투자자가 직접 부동산의 취득, 운용, 관리, 처분 등을 모두 관리하고 모든 수익을 얻지만, 부동산에 대한 전문적인 지식이 부족할 경우 상대적으로 투자위험이 증가할 수 있다.

② 부동산간접투자

부동산 간접투자는 부동산 펀드(real estate fund) 및 부동산 투자회사(REITs: real estate investment trusts, 이하 리츠)를 통한 투자를 말한다. 간접투자는 부동산에 대한 전문지식을 가진 전문기관이 다수의 투자자를 대신하여 투자자금을 모아서 운용하기 때문에 소액으로도 대형 부동산에 대한 투자가 가능하고, 투자수익은 나누지만 위험은 낮아진다. 또 취득세 등의 감면으로 인한 세제혜택 및 투자지역별, 부동산 형태별로 포트폴리오를 구성함으로써 분산투자 효과도 누릴 수 있다.

확대보기

부동산 간접투자, 선택 아닌 '필수'

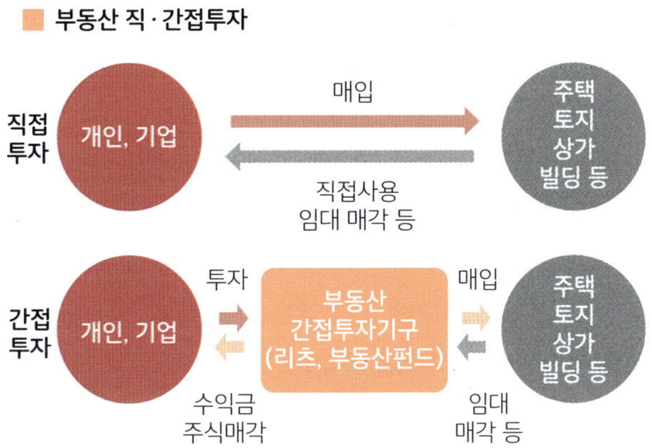

▲ 부동산 직·간접 투자 개요

한국형 부자의 가장 큰 특징은 하나같이 부동산을 발판으로 거액 자산가가 됐다는 것이다. 현재까지 "뭐니 뭐니 해도 부동산이 머니(돈)"라는 말이 나오는 것도 과거 시세차익과 개발이익 등으로 돈을 번 사람들이 많기 때문이다. 최근 KB금융경영연구소가 발표한 '2015 한국부자보고서'에 따르면, 2014년 말 금융자산 10억 원 이상을 보유한 부자 수는 18만 2000명으로 1년 전보다 8.7% 증가한 것으로 나타났다. 이들의 자산 구성은 부동산이 52.4%, 금융이 43.1%, 기타가 4.5%를 차지하며 해외 선진국과 비교해 여전히 부동산에 투자하는 비중이 높은 것으로 조사됐다. 특히 이들은 최근 자산 비중에서 부동산이 줄어들고 있기는 하지만 여전히 안정적인 투자처는 부동산 쪽이라는 평가가 많았다. 부자들은 앞으로 1년간 포트폴리오 운용과 관련, '투자용 부동산을 늘리겠다'는 응답이 38%로 가장 많았다. KB금융경영연구소 관계자는 "부동산 경기 회복에 대한 기대감과 저금리에 따른 예·적금 기대 수익률 하락이 국내 부자들의 투자 심리에 영향을 주고 있다"고 분석했다.

하지만 이들과 같이 부동산 투자로 자산을 불리기 위해서는 입장료로 최소 수천만 원 이상의 목돈이 필요하다. "부동산 투자는 돈 놓고 돈 먹기"라는 말이 여기에서 나온다. 월급쟁이와 같은 일반 직장인이나 은퇴자들의 경우 그만한 여윳돈이 없어 '불패(不敗)의 부동산 신화' 주역이 되지 못한다고 신세 한탄을 하는 이가 적지 않다. 하지만 적은 자금으로 안정적인 수익을 낼 수 있는 방법이 있다. 바로 부동산펀드나 리츠를 통해 간접적으로 수익을 얻을 수 있는 부동산 간접투자다.

건물 사고 땅 사서 돈 버는 시대는 갔다?

예금 금리가 물가상승률에도 미치지 못하는 시대가 도래했다. 2008년 글로벌 금융위기 이후 주택, 예금, 채권, 주식 등 전통적 투자수단의 수익률이 저조한 가운데 이들 시장이 크게 위축되고 있으며, 기준금리 또한 내리막길을 걸으면서 예금 금리 또한 하락하며 물가상승률을 감안한 실질금리는 실제 마이너스 수준으로 떨어지고 있다. 자금을 투자해 얻는 이자 수입이 낮아진다는 것은 투자자가 더 이상 은행이라는 울타리 안에 있기 어렵다는 것을 의미한다. 따라서 한 달 동안 열심히 일해서 받은 월급에서 얼마를 떼고 적금을 부어 집을 사던 시대는 이제 먼 나라 이야기가 됐다. 최근과 같은 초저금리 시대에서 단순한 예·적금으로는 세금이나 물가를 고려할 때 '플러스'보다는 '마이너스'에 가까운 수익을 내기 때문이다.

이와는 달리 최근 급성장하는 시장이 있어 주목된다. 리츠와 부동산펀드 등을 통해 간접적으로 임대수익이나 매각수익을 향유하는 부동산 간접투자 시장이다. 일반적으로 부동산 투자는 가계나 사업주체 등이 직접 매입하는 직접투자와, 펀드 등을 통해 간접적으로 투자하는 간접투자로 구분된다. 부동산 직접투자의 경우 개인이나 기업 등이 주거나 사업 목적으로 취득하거나 또는 임대소득 및 부동산 가격 상승에 따른 자본이득 취득을 목적으로 한다.

2008년 금융위기 이후 길고 긴 침체기를 겪었던 국내 부동산 시장은 현재 정부의 부동산 규제 완화와 저금리 기조에 힘입어 조금씩 침체를 탈출하는 분위기다. 하지만 최근 정부가 발표한 가계부채 관리 방안 발표 이후 주택 가격 상승폭은 둔화되고 있으며, 지나친 공급으로 인해 아파트 미분양 및 수익형 부동산 공실에 따른 임대수익 하락 우려도 곳곳에 도사리고 있다.

경기에 대한 후행성이 강한 부동산 시장은 주식 시장에 비하면 아직까진 큰 영향을 받고 있지는 않다. 하지만 경기하락세가 굳어질 경우 상당 기간에 걸쳐 부동산 가격에 완만한 하락 충격파를 받을 것이라는 것이 투자업계의 분석이다. 김규림 자본시장연구원 선임연구원은 "주택, 토지, 상가를 비롯한 부동산 직접투자는 과거 5년과 같은 장기상승 혹은 높은 투자수익률을 기대하기는 어려울 것으로 예측된다"며, "당분간 투자위험성이 높아졌다고 할 수 있다"고 설명했다.

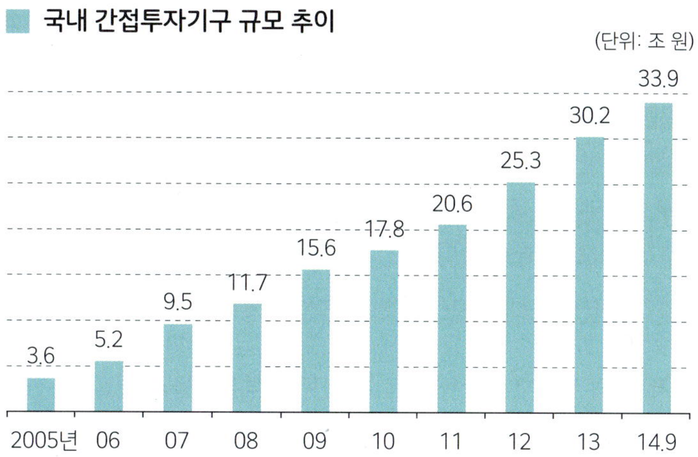

▲ 국내 간접투자기구 규모 비중

부동산 투자, '직접'→'간접'으로 무게중심 이동 중

부동산 간접투자는 부동산 직접투자와는 달리 개인이나 기업 등이 전문적인 부동산 간접투자기구에 돈을 맡겨 운용하고 임대나 매각수익을 돌려받는 투자 방식이다. 장기간 이어진 국내 부동산 경기 침체로 인해 최근 부동산 직접거래가 크게 위축되고 있음에도 불구하고 부동산 간접투자 시장은 빠르게 성장 중이다. 박덕배 현대경제연구원 연구위원은 "글로벌 금융위기 이후 주택, 예금, 채권, 주식 등 전통적 투자 수단의 수익률이 저조한 가운데 이들 시장이 크게 위축되고 있다"며, "이러한 상황에서도 리츠와 부동산펀드 등을 통해 간접적으로 임대수익이나 매각수익을 향유하는 부동산 간접투자 시장은 빠른 속도로 성장하고 있다"고 말했다.

금융투자업계에 따르면, 부동산 간접투자 대표 상품인 리츠는 2002년 국내 첫 도입 이후 미약하게 성장하다가 금융위기 직전부터 빠르게 성장하면서 2014년 6월 말 현재 수로는 86개, 순자산은 6.5조 원 수준을 기록하고 있다. 부동산펀드 또한 2004년 도입 이후 꾸준한 증가세를 지속하면서 2014년 9월 말 현재 펀드 수로는 563개, 순자산 규모도 같은 기간 0.9조 원에서 27.4조 원으로 급증했다.

이처럼 최근 부동산 간접투자 시장으로 자금이 몰리는 이유는 뭘까? 전문가들은 부동산 간접투자의 가장 큰 장점으로 ▲소액투자 가능 ▲저위험·안정성 ▲자산 포트폴리오 다양화 등을 우선적으로 꼽는다. 우선 부동산에 직접 투자할 경우 거액의 투자자금을 마련해야 하지만 부동산 간접투자 상품은 소액으로도 안정적인 배당수익을 얻을 수 있다. 개미들의 입장에서는 몇 백만 원만 있어도 고가의 부동산에 투자할 수 있다는 점이 최대 장점이라고 할 수 있다. 특히 투자 대상을 개인이 결정하는 부동산 직접투자와는 달리 간접투자는 각 계의 투자 전문가들이 운용하기 때문에 개인이 직접 투자를 할 때보다 정보나 수익률 측면에서 유리하다.

끝으로 위험 분산 효과방식이다. 부동산 역시 100% 안전한 투자 대상은 아니기 때문에 지역적 차별화에 따른 가격 양극화, 개발 지연이나 포기에 따른 손실비용, 금리와 경기변화에 따른 가격의 가변성, 환금성 제약 등 여러 가지 투자 리스크가 존재한다. 따라서 분산투자를 통한 리스크의 분산이 필요한데, 간접투자 방식을 이용하면 비교적 적은 비용으로도 지역별, 투자유형별에 따른 선택투자가 가능하다. 즉 개인의 자산 포트폴리오를 다양화할 수 있는 장점이 있다.

금융투자협회 관계자는 "금융위기 이전에는 집과 주식을 직접 사고파는 '직접투자'가 높은 성적을 거뒀다면 이후에는 안정성이 높은 '간접투자'가 더 효과적인 투자 수단이 됐다"며, "은행 금리는 계속 낮아지고 주식 시장은 박스권을 벗어나지 못한 채 정체되다 보니 중위험, 중수익을 추구하는 기관과 개인 투자자들의 자금이 부동산펀드 등 부동산 간접투자에 몰리고 있다"고 전했다. 김규림 자본시장연구원 선임연구원은 "최근 자본 시장의 기관화, 대체투자의 필요성, 그리고 자산운용산업의 성장에 따라 향후 투자 대상의 다각화와 해외 시장 진출을 중심으로 부동산 간접투자 시장이 확대될 것으로 예상된다"고 말했다.

■ **부동산 간접투자와 직접투자의 비교**

	부동산 직접투자	부동산 간접투자
안정성	개인에 의한 투자로 안정성 하락 및 투자위험 존재	대형 부동산에 간접투자가 가능하기 때문에 비교적 안정적인 배당수익과 매각차익 가능
전문성	개인의 투자능력에 따른 투자	부동산 각 사업분야별 전문지식을 가진 전문운용인력에 의한 리스크 관리가 가능
보유기간	개인의 판단에 따라 가능	보통 회사의 존속기간이 존재. 그 기간동안 투자 가능
투자비용	실물 부동산에 투자하기 때문에 거액의 투자비용 발생	적은 비용으로 투자 가능 발생이 적음
세제혜택	세제혜택 없음(토지분 누진과세, 종합부동산세 과세, 국민주택채권 매입의무)	취·등록세 30% 감면, 토지분 보유세 분리과세, 양도소득세 비과세(상장주식)

[출처: 이코노믹리뷰, 2015. 08. 19.]
[https://www.econovill.com/news/articleView.html?idxno=257588]

3 부동산투자분석

① 현금수지 측정

부동산투자분석 시 현금수지를 측정하는 것이 중요하다. 현금수지의 측정은 부동산의 내용연수 전체 기간에 대해서 분석하는 것이 아니라 투자자가 대상 부동산을 운영하는 예상 보유기간에 한하여 수행하며, 운영기간 동안 매년 영업을 통하여 발행하는 현금흐름을 <표 12-1>과 같이 계산한다.

| 표 12-1 | 영업수지계산

단위당 예상임대료 × 임대단위수
Ⅰ. 가능총소득 - 공실 및 대손충당금 + 기타수입
Ⅱ. 유효총소득 - 운영경비
Ⅲ. 순영업소득 - 부채서비스액
Ⅳ. 세전현금수지 - 운영소득세
Ⅴ. 세후현금수지

<표 12-1>에서 가능총소득은 투자한 부동산의 공실이 전혀 없이 100% 임대할 경우의 최대한 가능한 임대료 수입을 말한다. 여기에 투자기간 중 발생하는 공실률 및 임대료를 납입하지 못하는 경우에 발생하는 손실분인 대손충당금을 차감하고 주차료수입이나 자판기수입과 같은 임대료 외의 수입인 기타수입, 즉 영업외수입을 더하여 총유효소득을 계산하다.

영업경비에 해당하는 운용경비는 대상 부동산을 운영하는 데 필요한 경비로서, 유지비, 관리비, 재산세, 손해보험료, 광고비, 전화료, 전기료 등이 포함된다. 하지만

공실 및 불량부채 충당금, 부채서비스액(원금+이자), 영업소득세, 건물의 감가상각비, 자본적지출, 소유자 급여, 개인적 업무비는 영업경비에 포함하지 않는다.

② 순현가법

부동산투자결정을 할 때 투자에 소요되는 비용은 현금유출에 해당하고 투자로 벌어들이는 미래의 금액은 현금유입에 해당한다. 이때 현금유입과 현금유출의 발생 시점이 다르기 때문에 직접 비교할 수 없다. 따라서 투자로 인해 발생하는 모든 현금 유입과 현금유출을 적절한 할인율로 할인한 현재가치로 평가해야 한다.

즉, 식(12-1)과 같이 현금유입(+)의 현재가치와 현금유출(-)의 현재가치를 구하여 순현가(NPV)를 계산하다. 만일 현금유입의 현재가치가 현금유출의 현재가치보다 더 크다면 NPV는 양(+)의 값을 갖게 되어 가치를 창출하므로 이 투자안을 채택하는 것으로 의사결정을 한다.

$$NPV=PV(\text{현금유입})+PV(\text{현금유출})$$
$$=C_1/(1+r)^1+C_2/(1+r)^2+\cdots+C_n/(1+r)^n-C_0$$

③ 내부수익률법

내부수익률(IRR: internal rate of return)은 현금유입의 현재가치와 현금유출의 현재가치를 같게 만드는 할인율이다. 즉, NPV는 0으로 하는 할인율이므로 식(12-2)와 같이 계산된다.

$$NPV=0=C_1/(1+IRR)^1+C_2/(1+IRR)^2+\cdots+C_n/(1+IRR)^n-C_0 \quad (12\text{-}1)$$

예를 들어, 투자기간이 1년인 투자안이 있다. 현재 100만 원을 투자하여 1년도 말에 120만 원을 얻을 수 있다. 이 투자안의 내부수익률은 다음과 같이 구할 수 있다.

$$120/(1+IRR)-100=0 \rightarrow IRR=12\% \quad (12\text{-}2)$$

한편, 위의 예에서 투자수익률을 구하면 12%(=(120만 원-100만 원)/100만 원)로 내부수익률과 동일하다. 따라서 기본적으로 내부수익률은 투자 수익률이므로 내부수익률이 요구수익률(자본비용[2])보다 클 경우에는 투자안을 채택하는 의사결정을 한다.

---

2 자본비용은 새로운 투자로부터 최소한 벌어들여야 하는 수익률로서 투자자가 요구하는 요구 수익률(required

④ 비율분석법

㉠ 주택담보대출비율

주택담보대출비율(LTV: loan-to-value)은 자산의 담보가치 대비 대출금액 비율, 즉 주택 등을 담보로 해서 돈을 빌릴 수 있는 한도를 말하며, 담보인정비율, 대부비율, 대출비율, 차입비율, 융자비율, 저당비율이라고도 한다. 주택담보대출비율이 높을수록 차입자의 채무불이행 위험이 커지기 때문에 주택담보대출비율은 대출기관이 직면하는 잠재적인 채무불이행위험을 나타내는 지표로 사용된다.

주택담보대출비율=부채잔금(융자액)/부동산의 가치 (12-3)

예를 들어, 집을 담보로 은행에서 돈을 빌릴 때 집의 가치 대비 얼마까지 빌려 줄 것인가를 정하는 주택담보대출비율(LTV)이 60%라고 할 때, 시가 5억 원짜리 아파트를 구입할 경우 최대 3억까지만 빌릴 수 있다. 하지만 실제로 빌릴 수 있는 돈은 이보다 작을 수 있다. 왜냐하면 만약 돈을 빌리는 사람이 선순위채권(은행에서 빌리는 돈보다 먼저 갚아야 할 돈)과 임차보증금(세입자에게 갚아야 할 전세금액은 은행보다 우선권이 있음)을 보유하고 있을 경우 은행은 이 금액만큼을 차감하고 대출해 주기 때문이다.

확대보기

'가계 대출 조이기…은행 주택담보대출 금리 또 올라'

정부의 정책모기지인 특례보금자리론 우대형 금리가 0.25%포인트(p) 올랐습니다. 지난 9월 이은 두 달 만의 인상입니다. 이에 따라 최저 연 4.5%의 금리가 적용됩니다. 우리은행은 주택담보대출 우대 금리를 0.2~0.3%p 축소했습니다. 지난달 13일에 이어 3주 만에 대출 금리를 추가로 올린 겁니다. 5대 시중 은행들은 최근 줄줄이 주담대 금리를 인상하고 있습니다. 일부 은행의 주담대 변동금리 상단은 연간 7%를 넘어섰습니다. 가계대출 증가세가 꺾이지 않으면서 대출 조이기가 계속되는 상황입니다. 실제로 5대 은행의 지난달 말 기준 주담대 잔액은 521조 2,264억 원으로 한 달 새 3조 3,676억 원 늘었고, 가계대출 총 증가분의 91%를 주담대가 차지했습니다. 이에 당국이 가계부채 연착륙 정책으로 총부채원리금상환비율 DSR 산정 '예외 대상'을 축소할 것이라는 관측도 나옵니다.

rate of return)이라고도 한다.

<김대기 / 대통령 비서실장(지난달 29일)> "과거 정부에서 유행한 '영끌' 대출이라든지 '영끌' 투자 이런 행태는 정말로 위험합니다."

연말 시중은행 주담대 금리가 8%에 달할 수 있다는 전망마저 나오면서, 이른바 '영끌족'의 금리 압박 고통은 당분간 이어질 것으로 보입니다.

출처: https://www.yonhapnewstv.co.kr/news/MYH20231103015600641(2023. 11. 3)

ⓛ 총부채상환비율

총부채상환비율(DTI: dept to income)은 금융회사에 갚아야 하는 원리금 상환액이 개인의 연소득에서 차지하는 비율을 말한다. 예를 들어, 총부채상환비율(DBI)이 40%일 때 연간소득이 4,000만 원일 경우 총부채(=모든 주택담보대출의 연간 원리금 상환액+기타 부채의 연간 이자 상환액)의 연간 원리금상환액이 1,600만 원을 초과하지 않도록 대출 규모가 제한된다. 총부채상환비율(DBI)이 적용될 경우에는 소득이 충분하지 않으면 대출에 제한을 두기 때문에 담보가치가 높더라도 대출상환능력을 고려하여 대출한도를 정하게 된다.

총부채상환비율=주택대출 원리금상환액+기타 대출 연간이자/연간소득 (12-4)

확대보기

'DSR 가산금리에 하한 설정…대출한도 더 옥죈다'

금융 당국이 가계부채 관리를 위해 '스트레스 총부채원리금상환비율(DSR)'의 연내 도입을 추진하면서 일종의 최저하한 금리를 두는 방안을 검토한다. 기존 금리에 당국이 책정한 최소 금리를 얹어 대출 한도를 더욱 옥죄려는 취지다.

23일 금융 당국에 따르면 금융위원회와 금융감독원은 스트레스 DSR 제도를 연내 도입하면서 최저하한을 설정하는 방안을 함께 들여다보고 있다. 스트레스 DSR은 변동금리 대출 한도를 계산할 때 향후 금리 인상 가능성을 반영해 가산금리를 부과하는 것이다. 과거 금리가 높았던 시점의 금리와 현 시점의 금리를 비교한 뒤 그 차이만큼을 가산금리로 설정하는 형태가 유력하게 거론된다.

이와 함께 당국은 최저하한을 설정해 과거 시점과 현재 금리 차이가 일정 기준치에 미달하면 가산금리를 최저하한 금리로 대체하는 방안도 들여다보고 있다. 가령 과거 금리가 7%이고 현 시점 금리가 6.5%라면 가산금리는 0.5%포인트다. 하지만 당국이 최저하한 금리로 1%포인트를 설정한다면 과거와 현 시점 금리 차이가 0.5%포인트라도 1%포인트의 가산금리를 적용하는 식이다. 가산금리를 더하면 차주의 대출 한도는 더욱 줄어든다.

당국이 최저하한선을 두려는 것은 과거 금리만을 기준으로 볼 경우 앞으로의 상황을 낙관할 수 있기 때문이다. 지난 10여 년간 이례적인 저금리 기조가 이어졌기 때문에 과거 데이터에만 의존해서는 안 된다는 것이다. 금융 당국 관계자는 "과거 스트레스 총부채상환비율(DTI)을 도입할 때 기준 시점과 현재 금리차가 1%포인트보다 작으면 1%포인트를 적용하는 가이드라인을 함께 뒀다"면서 "스트레스 DSR을 설계할 때도 이 같은 방식을 준용하는 것을 고민하고 있다"고 말했다. 다만 이 관계자는 해당 안이 아직 확정되지는 않았다고 덧붙였다.

출처: https://www.sedaily.com/NewsView/29W2MDW6DV(2023. 10. 23)

2 부동산금융

일반적으로 부동산에 대한 투자는 다른 자산과 달리 투자규모가 크고 많은 자금이 필요하다는 특징이 있기 때문에 부동산의 매입부터 개발, 운영, 임대차, 처분 등의 전 과정의 수행 시 필요한 자금을 조달하고 운용하는 부동산금융이 매우 중요한 역할을 한다. 부동산금융은 행위주체에 따라 주택담보대출과 같은 소비자금융, 프로젝트 파이낸싱(project financing)과 같은 개발금융, 리츠 및 부동산 펀드와 같은 투자금융으로 나눌 수 있다.

1 소비자금융

① 주택담보대출

소비자금융은 부동산을 구매하여 소비하고자 하는 가계 등의 소비주체가 부동산을 담보로 부동산을 구매 및 조달하기 위한 금융이라 할 수 있다. 특히 실물자산인 토지에 노동 및 자본 등의 생산요소를 결합하여 아파트, 상업용 부동산 등과 같은 건물이나 시설 등을 건설하고 분양, 임대를 통하여 경제적 부가가치를 창출하는 부동산 개발사업의 경우 소비자 금융이 그동안 주를 이루어 왔다.

부동산 개발 사업을 할 경우 개발사업의 주체인 개발업체(사업주 혹은 시행사)는 개발 초기의 대상 토지 확보를 위해 지출하는 계약금 및 인허가 등에 드는 비용정도만 부담하고 나머지 개발에 필요한 자금, 즉 건설비용의 약 80% 정도는 소비자인 부동산 완공 후 분양 받을 사람이나 기업으로부터 계약금과 중도금으로 자금을 조달하였다.

소비자 입장에서도 분양 받을 부동산을 담보로 대출하여 개발업체에게 제공하는 주택담보대출은 수요가 공급을 초과하는 상황에서 부동산 가격의 하방경직성 및 우리나라 부동산의 과도한 가격상승으로 인하여 문제가 되지 않았다. 이에 2006년까지 부동산 가격급등과 저금리기조의 유지로 주택담보대출이 급격히 증가함에 따라 2007년부터 정부는 가계부채의 관리 및 부동산시장의 안정을 위해 주택담보대출비율(LTV) 및 총부채상환비율(DBI)을 규제하고 있다.

한편, 우리나라 주택담보대출은 CD수익률의 잦은 변동에 따른 대출이자율의 변동폭 심화로 CD 연동 대출을 2010년 2월에 도입된 코픽스 연동 대출로 상당부분 대체하였다. 또한, 일정기간은 변동이자율로, 나머지 일정기간은 고정이자율로 적용하는 금리혼합대출도 적용하고 있다.

② 주택저당증권

다양한 형태의 자산 예를 들어, 주식, 채권, 부동산, 주택담보대출(mortgage) 등을 기초자산으로 발행되는 증권을 자산유동화증권(ABS: asset-backed securities)이라고 한다. 이러한 다양한 자산 중 특히 주택담보대출을 기초자산으로 발행한 증권을 주택저당증권(MBS: mortgage-backed securities)이라고 한다.

은행의 입장에서 주택담보대출은 자산이지만 대출에 필요한 자금은 예금을 받거나 채권을 발행하여 조달한 단기부채이다. 더구나 은행 입장에서 자산인 주택담보대출도 은행 마음대로 쓸 수 있는 현금과 같은 자산이 아니므로 은행입장에서는 장기로 대출해야 하는 유인이 적다. 이에 은행은 대출을 꺼리게 되는데 이를 해결하기 위한 방법이 주택저당증권(MBS)이다.

즉, 대출하는 은행과 별도로 독립적인 회사를 만들어서 그 회사에 주택담보대출을 파는 것이다. 그렇게 되면 은행은 주택담보대출을 현금화할 수 있다. 별도의 독립적인 회사는 주택담보대출을 받은 사람들이 갚는 원리금을 담보로 새로운 증권(주택저단증권(MBS))을 발행한다. 이처럼 주택담보대출이라는 자산을 현금으로 전화하는 과정을 유동화라고 한다.

주택담보대출을 유동화하여 주택저당증권(MBS)을 발행할 경우 조기상환위험[3]이 분산된다. 예를 들어, 주택담보대출이 100개가 있고 평균대출원금이 1억 원이라고

3 조기상환위험은 유동화자산의 현금흐름이 예상 현금흐름보다 조기에 발생함에 따라 유동화 회사의 현금유출계획과 불일치(mismatch)가 발생하게 되는 위험이다.

할 때, 주택저당증권(MBS)을 1,000개 발행하였다면 주택저당증권(MBS) 1개의 가격은 1천만원(=(100개*1억 원)/1,000개)이 되어 주택담보대출의 조기상환위험을 1/1,000씩 분배하여 위험이 분산되고 크기가 작아진다.

2 개발금융

① 프로젝트 파이낸싱의 개요

개발금융은 토지매입, 부동산 건설 및 분양 등의 개발단계에서 부동산의 공급자인 건설사나 부동산개발업자에게 제공되는 금융으로 프로젝트 파이낸싱이 대표적이다. 그동안 우리나라 개발금융은 건설사나 부동산개발업자의 열악한 재무구조로 자금조달능력이 부족함에 따라 모기업(사업주)의 자산 혹은 지급보증이나 신용에 근거하여 조달하는 기업금융(corporate finance)이 주를 이루어왔다.

하지만 1997년 금융위기 이후 기업경영의 투명성 제고와 개발위험 회피 등으로 개발기능과 건설기능이 분화되기 시작했고 2000년 이후에는 은행, 보험사, 증권사, 등의 금융기관들이 새로운 수익권 창출을 위해서 프로젝트 파이낸싱에 적극 참여하고 있는 추세이다.

프로젝트 파이낸싱이란 특정 프로젝트로부터 발생하는 미래현금흐름을 담보로 해당 프로젝트를 수행하는 데 필요한 자금을 은행 등 금융회사로부터 조달하는 금융기법을 말한다. 따라서 프로젝트 자체의 수익성에 근거하여 자금을 조달하기 때문에 건설업체의 재무구조와 관계없이 자금조달이 가능하다. 프로젝트 파이낸싱은 1920~1930년대 미국에서 유전개발업자들에게 은행들이 향후 유전개발로 생산되는 석유판매대금을 상환재원으로 하고 매장된 석유를 담보로 유전개발에 필요한 자금을 대출하는 방식에서 시작되었다. 이후, 프로젝트 파이낸싱은 금융시장의 발전과 더불어 지속적으로 발전하여 선진국에서 자원개발 및 부동산 개발에 활용되고 있고, 1920년대 들어서는 동남아 개발도상국가들의 사회간접자본(SOC: social overhead capital)에 프로젝트 파이낸싱 기법이 적극 활용되고 있다.

우리나라는 사회간접자본에 필요한 민간자본을 유치하기 위해 1994년 '민자유치촉진법'제정 이후 본격화되어, 1995년 이화령터널 사업이 최초로 프로젝트 파이낸싱으로 자금조달하고 있다.

프로젝트 파인내싱의 경우 사업시행자가 자신이 소유한 모기업과 법적으로 별개의 독립된 기업을 설립하여 해당 프로젝트에 소요되는 자금을 프로젝트 자체의 수익성에 근거하여 자금을 조달하기 때문에 채권자(금융기관)는 프로젝트의 자산 및 현금흐름 내에서만 채권상환을 청구할 수 있다. 따라서 프로젝트 파이낸싱은 프로젝트가 도산하더라고 모기업은 채무를 부담하지 않는 비소구금융(소구권 제한)이다. 하지만 사업에 따라서는 모기업이 일정 수준의 부담을 지는 제한적 소구금융인 경우도 있다.

또한 프로젝트로 차입한 부채가 모기업의 재무상태표에 계상되지 않아 부외금융으로 자금을 조달할 수 있다. 따라서 모기업은 일반 대출에서 허용되는 차입금 한도를 초과하여 자금을 조달할 수 있어 채무수용능력이 높아진다. <표 12-2>에 프로젝트 파이낸싱과 기업금융의 차이점에 대해서 정리하였다.

| 표 12-2 | 프로젝트 파이낸싱과 기업금융의 차이점

구분	프로젝트 파이낸싱	기업금융
차입주체	프로젝트 회사	모기업 또는 프로젝트 회사
담보	해당 프로젝트 현금흐름 및 자산	차입자의 자산 및 신용, 제3자의 보증
상환재원	프로젝트의 현금흐름	기업의 전체 재원
소구권 행사	모기업에 대한 소구권 제한	모기업에 대한 소구권 행사
채무수용능력	부외금융으로 채무수용능력 제고	부채비율 등 기존차입에 의한 제한
대출심사 기준	사업성 평가(현금흐름, 자산가치)	담보가치, 차주의 신용도
차입기간	장기	단기, 장기
사후관리	참여기관에 의한 엄격한 사후관리	채무불이행 시 상황청구권 행사

② 프로젝트 파이낸싱의 종류

프로젝트 파이낸싱은 사업방식에 따라 BOT(build-operate-transfer), BTO(build-transfer-operate), BLT(build-lease-transfer) 등의 방식으로 진행된다.

BOT는 사업시행자가 프로젝트인 시설을 건설(build)하고 완공 후 직접 운영(operate)하여 얻은 수익으로 프로젝트의 투자비용을 회수한 후 계약기간 종료 시에는 국가나 공공기관에 양도(transfer)하는 방식이다.

BOT는 사업시행자가 프로젝트를 건설(build)하여 소유권을 주무관청에 양도(transfer)하고, 발주자인 정부 또는 공공기관은 사업시행자에게 일정기간 시설운영관리권을 부여(operate)하여 시설을 운영하는 방식이다.

BLT는 사업시행자가 프로젝트를 건설(build)하여 일정기간 동안 시설을 정부나 공공기관에 리스(lease)하고 리스기간 종료 후 시설의 소유권을 정부나 공공기관에 양도(transfer)하는 방식이다.

이외에도 사업시행자가 프로젝트를 건설(build)하여 사업시행자가 당해 시설의 소유권(own)을 갖고 시설을 운영(operate)하는 방식인 BOO(build-own-operate) 등이 있다.

부동산PF사태 핵심 '브릿지론' 괜찮을까?

증권, 캐피탈, 저축은행…업권 및 개별회사별 상황 상이

모니터링 대상 밖 열위 금융사 문제시 도미노 불보듯

금융업권별 부동산금융자산 비교(출처=한신평)

구분	상세	캐피탈	증권	저축은행
규제(감독규정)	PF한도	PF대출 및 채무보증 한도: 총 여신의 30%	부동산 관련 채무보증 ≤자기자본 (주택, 오피스텔 100%/ 그 외 50%)	1. PF대출 한도: 총여신의 20% 2. PF+건설업 + 부동산업 한도: 총여신의 50%
	차주 자기자본 조달의무	없음	없음	有, 자기자본 조달 20%
	개별차주 여신한도	없음	없음	개인사업자 및 법인 각각 50억 원, 100억 원 (자산 1조 원 이상 각각 60억 원, 120억 원)

현황	건당 평균 PF대출규모	건당 100~300억 원	건당 100~300억 원	건당 30억 원
	건당 평균 브릿지론 대출규모	건당 50~100억 원	건당 50~100억 원	건당 40억 원
	변제순위별 비중	선순위 60%/ 중후순위40%	선순위 60%/ 중후순위40%	선순위 96%/ 중후순위4%
	지역비중	서울 및 수도권 65%/ 기타지방 35%	서울 및 수도권 56%/ 기타지방 44%	서울 및 수도권 77%/ 기타지방 23%

미 실리콘밸리 은행(SVB), 크레딧 스위스(CS) 등 선진 금융시장의 중대형 은행들이 차례로 문을 닫으면서 국내 금융업은 안전한지 막연한 불안감이 커지고 있습니다. 뱅크런의 본질이 실제 위험 보단 '카더라'라는 유언비어가 불안 심리를 자극해 유동성 위기를 초래하는 것임을 상기할 때 마냥 안전하다고 볼 수 만은 없습니다.

특히 국내는 금리상승기 이른바 '영끌(영혼까지 끌어모으기)'을 통해 레버리지 극대화로 내집 장만에 나선 이후 부동산 가격이 하락하면서 부동산 PF시장, 특히 사업초기 고금리 대출사업인 '브릿지론'에 노출(Exposure)된 제2금융권(증권, 캐피탈, 저축은행)의 위기에 따른 도미노 현상을 우려하는 목소리가 큽니다.

한국신용평가가 내놓은 보고서와 전일 진행한 간담회 등에 따르면, 지난 2013년 41조 원에 불과했던 부동산 PF대출은 2022년 9월말 기준 141조까지 10년 사이 100조 원 가량 증가했습니다.

특히 1금융권 은행들은 PF에 대한 경고음이 커지자 관련 대출에 소극적이었으나, 고금리 상황에서 이익이 급감하고, 조달에 압박을 느낀 증권, 캐피탈, 저축은행 등은 상대적으로 수익성이 높은 PF대출에 적극성을 보였습니다.

특히 은행과 달리 수신기능이 없는 캐피탈사의 경우 증권사와 비교, 자기자본 대비 2배 이상의 부동산금융 비중을 가져간 결과 한신평이 분석하는 캐피탈사 26개 합산 약 28.6조 원으로 전체 영업자산의 20%를 부동산 금융에 할애하는 초강수 영업을 펼쳤습니다.

부동산 금융(PF, Project Financing)은 말 그대로 건설 사업(Project)을 하겠다는 청사진을 제시하고 이에 필요한 자금을 선제적으로 융통받는 일입니다. 큰 공사에는 돈이 필요한데 다 짓고나서 분양 후 입주를 마쳐 받은 대금을 받으면 돌려줄 것을 약정하고 일단 돈을 꾸는 일입니다. 사업성, 시공사 신용등급, 부동산 경기 등 많은 요소를 고려해 그에 적합한 금리가 책정됩니다.

PF라고 통칭하지만 크게 전단계인 '브릿지론'과 후속 단계인 '본 PF'로 나뉩니다.

브릿지론의 차주(돈 빌리는 주체)는 시행사입니다. 처음부터 시공사(건설사)가 나서는 것이 아니라 일단 돈이 없는 시행사가 개발 계획을 가지고 토지매입, 인허가 등 기초사업을 담당하는 동안 필요한 돈을 단기에 고금리로 빌려쓰게 됩니다. 이후 이른바 준공이 떨어져 본 사업으로 이어지면 해당 사업의 안정성과 신뢰도가 높아지므로 더 낮은 금리에 대규모 자금의 융통이 가능해집니다. 본 PF에 연결해주는 대출이라는 뜻에서 브릿지론입니다.

사업이 정상적으로 연결만 된다면 브릿지론은 꽤 괜찮은 사업입니다. 단기에 고금리의 이자를 수취할 수 있기 때문입니다. 증권사, 캐피탈, 저축은행 등이 여기에 매달리는 이유입니다.

다만 부동산 시장이 꺾일 때는 상황이 달라집니다.

부동산 공급은 공장에서 물건을 찍어내는 것과는 달라서 시장 상황이 좋다고 판단되면 공급이 과도하게 몰리고 활황기이니 인플레이션 영향으로 각종 기자재 가격 등도 올라 분양가가 높게 책정되게 마련입니다.

하지만 공사가 진행되는 과정에서 시장 상황이 아래로 향하면 당연히 그 가격 차이로 가격경쟁력이 사라지고 미분양 가능성이 커집니다. 전술했듯이 그 사업이 앞으로 잘될 가능성이 없으면 본PF로 가는 다리(Bridge)는 붕괴 위험해 처해집니다.

대표적으로 최근 1군 건설사인 대우건설이 손절한 울산 동구 일산동 아파트 개발사업이 이런 경우입니다. 시행사가 사업에 투자한 돈은 100억 원, 브릿지론으로 차입한 돈이 900억 원 입니다. 이중 매입한 토지를 담보로 빌린돈 460억 원, 시공사인 대우건설이 보증에 나선 돈이 440억 원이지만, 미분양 가능성이 커지자 차라리 440억 원을 포기하고서라도 사업을 접은 사례입니다. 가뜩이나 대구 및 경북 지역 부동산 침체가 심각하다는 불안감이 있던 상황에서 결정타가 된 사건입니다.

이렇게 부동산 시장에 문제가 생기자 어떤 사업장에 자기자본 규모가 얼마나 되는 금융회사가 얼마나 돈을 꾸어주었는지 살펴보는 일이 관심입니다. 이 과정에서 나오는 단어가 EOD(Events of defaulr) 즉 '기한이익상실' 입니다.

기한이익이란 말 그대로 돈을 빌려준 대주와 빌려쓴 차주 사이에 그 계약기간 동안 이자를 받는 대신 돈을 충분히 쓸 수 있는 권리입니다. 다만 만기가 돼도 그 돈을 제대로 받지 못할 것 같은 상황이 생기면 대주가 아익 기한이 남아 있어도 이를 중도에 회수해갈 수 있습니다. 다만 기회를 더 줘서 갚을 수 있을 것 같으면 이를 연장해 주는데 작년 하반기 부동산 PF 이슈가 불거졌을 때 상당수 금융회사들이 시행사에게 3개월, 6개월, 9개월 단위의 만기 연장 조치를 취했고 그 연장된 만기가 올해 상반기부터 도래하면서 상황에 따라 문제가 될 수 있다는 관측입니다.

조정 영업용순자본비율 저하 증권사(제공=한신평)

조정 영업용순자본비율 저하 업체 (스트레스 시나리오 기준 조정 영업용순자본비율 200% 이하)

업체명	22.09(%)	22.12(%)	기본 시나리오 (%)	기본 시나리오 저하폭(%p)[1]	스트레스 시나리오 (%)	스트레스 시나리오 저하폭 (%p)[1]
다올(A/S)	218.3	N/A	195.0	-23.3	177.3	-40.9
현대차 (AA-/S)	226.9	234.2	207.1	-19.8	189.0	-37.9
한화 (AA-/S)	216.5	211.6	203.9	-12.6	192.0	-24.5
하이 (A+/P)	260.7	245.5	216.1	-44.7	189.7	-71.0

주) 2022년 9월 말 대비

자료: 업무보고서, 당사 재가공

한신평이 분석한 제2금융권 중 증권사들의 브릿지론 상황을 살펴보면, 올해 PF 만기도래 금액 14조 원 중 약 58.4%가 브릿지론입니다.

전체 증권사 합산 부동산PF 규모는 28.5조 원으로 자본합산 73.1조 원의 39.0% 수준입니다.

28.5조 원 중 분양형 본PF가 15.9조 원(56%), 비분양형 본PF가 3.6조 원(12%), 브릿지론(토지담보포함)이 9.1조 원(32%) 수준입니다. 브릿지론 비중이 30% 남짓이지만 올해 만기 도래물량은 60%에 육박한다는 면에서 그 심각성이 있습니다.

한신평이 일반적인 상황과 유동성이 망가지는 스트레스 상황을 가정해 스트레스테스트를 진행한 결과, 일반적인 상황에서는 전체 증권사 손실합산(3.1조 원) 중 브릿지론 손실합산(2.5조 원)이 약 80%, 스트레스 상황에서는 증권사 손실합산(5.9조 원) 중 브릿지론 손실합산(3.7조 원)은 63%를 차지합니다. 브릿지론 규모가 본PF의 절반 수준임을 감안할 때 브릿지론의 단기 손실 위험 비중이 얼마나 막대한지 알 수 있습니다.

특히 대형 증권사대비 중소형 증권사들은 고LTV, 중후순위성 브릿지론 부담이 높아 부동산 시장 부진시 리스크가 급증하는 것으로 나타난다는게 분석 결과입니다.

한신평은 중소형사의 경우 비아파트 등 사업 유형과 입지가 열위해 분양 성과가 저조할 가능성이 높다고 보고 있습니다. 부동산시장 민감도가 높고 재무지표가 열위한 중소형사는 신용도에 하방 압력이 작용할 수 있고, 부동산PF 부실화로 인한 조정 영업용순자본비율 저하폭이 크거나, 조정 영업용순자본비율이 경쟁사 대비 낮아질 가능성이 있는 업체들에 대한 요주의가 필요하다는 의견입니다.

요주의 회사로 한신평이 제시한 곳은 한화투자증권, 하이투자증권, 현대차증권, 다올투자증권 등입니다. 다만 한화, 하이, 현대차 등은 유사시 계열 지원이 가능하고, 다올투자증권은 최근 핵심 자회사인 다올인베스트먼트를 우리금융그룹에 매각하는 등 선제적인 위기 대응에 나서 실탄을 마련한 상태입니다.

브릿지론 익스포져 모니터링 대상 캐피탈사(출처=한신평)

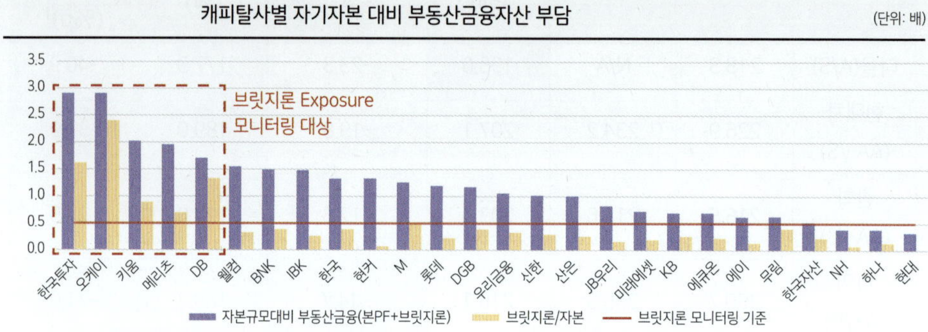

캐피탈사의 상황은 증권사보다 훨씬 심각합니다.

특히 미분양 등이 높은 지역, LTV수준이 높아 가치가 하락할 때 문제가 발생하는 현장, 변제순위 등을 고려할 때 한국투자캐피탈, 오케이캐피탈, 키움캐피탈, DB캐피탈 등은 관리대상입니다.

저축은행 부동산금융 잔액 추이(출처=한신평)

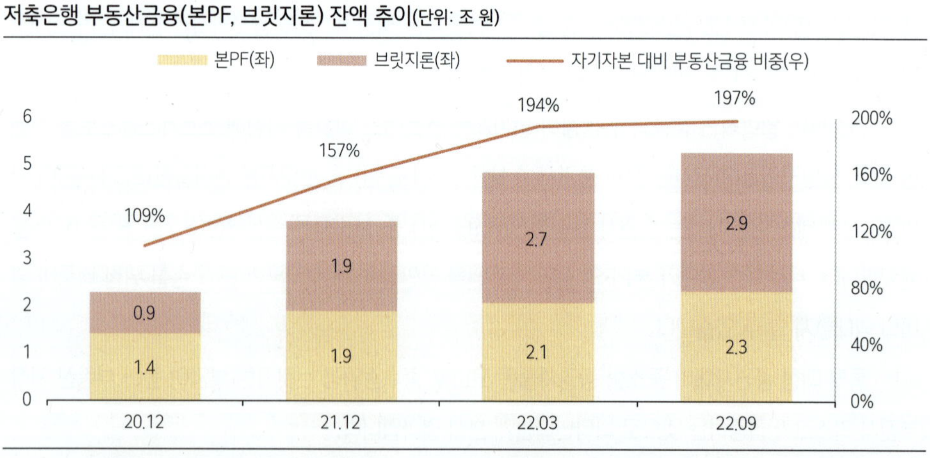

저축은행의 경우 증권사나 캐피탈사와는 구조가 다르다는 게 한신평 설명입니다.

증권사나 캐피탈사는 차주의 자기자본 조달의무가 없는 반면, 저축은행은 유일하게 차주가 20%의 자기자본을 조달해야 합니다. 엄격한 규제가 있지만 역으로 그러다 보니 더 작은 사업을 할 수 밖에 없고 그만큼 부동산 불경기에 위험도는 더 커집니다.

건당 평균 PF대출규모가 캐피탈사와 증권사 모두 100~300억 원 수준이지만, 저축은행은 건당 30억 원인 점, 브릿지론 대출규모도 증권사와 캐피탈사 평균이 건당 50~100억 원이지만, 저축은행은 건당 40억 원에 그치는 것이 이를 뒷받침합니다. 대신 선순위 비중이 월등히 높고, 서울 및 수도권 사업장 위주로 된 부분은 위안입니다.

한 금융지주 관계자는 "신평사에서 들여다보는 회사들은 어느정도 규모가 있고 제도권 내에서 모니터링 되는 회사들이지만 아예 그 레이더에도 들어오지 않는 회사들의 상황은 알 수 없다"며, "개별 회사의 이슈가 아니라 하나의 회사에서 문제가 생겼다는 이야기가 나오면 과거의 학습효과로 멀쩡한 회사에 돈을 맡긴 고객들이 뱅크런에 나설 수 있어 SVB사태가 한국에서 일어나지 말라는 법이 없다"고 말했습니다.

브릿지론은 부동산 개발사업에서 꼭 필요한 과정이지만, 시차를 두고 반복적으로 문제가 되고 있습니다. 우리가 관계하고 있는 금융사들이 튼튼한 다리를 가졌는지 그렇지 않은 붕괴 위험에 놓여 있는지 살펴볼 때입니다.

[출처: 스트레이트뉴스, 2023. 4. 4]
[https://www.straightnews.co.kr/news/articleView.html?idxno=228210]

3 투자금융

① 리츠

㉠ 리츠의 개요

리츠(REITs: real estate investment trusts, 부동산투자회사)는 2001년 4월 부동산 투자회사법이 제정되면서 부동산시장의 가격안정, 외환 위기로 인한 부실기업의 구조조정, 소액 투자자들에 대한 부동산 투자기회를 목적으로 국내에 처음 도입되었다. 이에 2002년 1월 9월 교보메리츠퍼스트리츠가 국내 1호 리츠로 설립되어 1월 30일에 주식시장에 상장되었다.

리츠는 다수의 투자자로부터 자금을 모아 부동산에 투자하거나, 주택저당증권(MBS), 부동산 관련 대출(mortgage loan) 등으로 운영하여 얻은 수익을 투자자들에게 배분하는 주식회사 형태의 부동산 집합투자기구, 즉 뮤추얼 펀드이다. 다시 말하면,

리츠(부동산투자회사)는 자산을 부동산에 투자하여 운용하는 것을 주된 목적으로 설립된 회사를 말한다.

일반적인 뮤추얼 펀드는 모집한 자금을 주식이나 채권 등에 투자하는 데 비해 리츠는 부동산에 모집한 투자자금의 70% 이상을 투자해야 하는 점이 다를뿐 기본적인 구조는 동일하다. 이처럼 리츠는 넓은 의미에서 보면 일종의 부동산 펀드로 볼 수 있지만, 우리나라에서의 설립근거, 법적 성격, 운용 등의 측면에서 부동산 펀드와 상이한 점이 있어 리츠와 부동산 펀드를 구분하고 있다.

일반 투자자를 대상으로 주식을 발행하여 자금을 조달하는 공모형 리츠는 한국거래소에 상장해야 한다. 장기 안정성 및 수익성을 추구하는 리츠의 특성 때문에 최근에는 특정 투자자를 대상으로 주식을 발행하여 자금을 조달하는 사모형 리츠가 선호되고 있다.

ⓛ 리츠의 종류

우리나라의 리츠는 주식회사 형태의 일반리츠와 기업구조조정리츠(CR리츠: corporate restructuring REITs)로 구분하고 있고, 일반리츠는 자기관리리츠와 위탁관리리츠로 구분하고 있다.

자기관리리츠를 설립하기 위해서는 국토교통부장관의 인가를 받아야 하고, 최저자본금 70억 이상이어야 한다. 자산운용전문인력 3인 이상의 상근 임직원을 둔 실체가 있는 회사로 자산의 투자운용을 상근 임직원이 직접 관리한다. 위탁관리 리츠는 최저자본금 50억 원 이상이어야 하며, 서류상의 회사이므로 자산의 투자 및 운용은 자산관리회사가 위탁받아 수행한다. 다만, 기업구조조정리츠는 기업의 구조조정용 부동산에 투자하여 얻은 수익을 나눠 준다는 점이 다르다.

② 부동산 펀드

㉠ 부동산 펀드의 개요

부동산 펀드는 2004년 1월 간접투자자산운용법 제정 시 펀드의 투자대상에 부동산이 포함됨에 따라 도입되었다. 다수의 투자자로부터 자금을 모아 그 자금의 50% 이상을 부동산 관련 자산에 투자하여 그 수익을 나눠주는 부동산 펀드와 리츠는 비슷해 보이지만 <표 12-3>에 나타낸 것과 같이 운용방식에 차이가 있다.

| 표 12-3 | 리츠와 부동산 펀드

<table>
<tr><th rowspan="3">구분</th><th colspan="3">리츠</th><th colspan="2">부동산 펀드</th></tr>
<tr><th colspan="2">일반리츠</th><th rowspan="2">기업구조조정 리츠</th><th rowspan="2">회사형 펀드</th><th rowspan="2">신탁형 펀드</th></tr>
<tr><th>자기관리리츠</th><th>위탁관리리츠</th></tr>
<tr><td>근거법</td><td>부동산투자회사법</td><td>좌동</td><td>좌동</td><td>자본시장법</td><td>좌동</td></tr>
<tr><td>주무부처</td><td>국토교통부</td><td>좌동</td><td>좌동</td><td>금융위원회</td><td>좌동</td></tr>
<tr><td>최저 자본금</td><td>70억 원</td><td>50억 원</td><td>좌동</td><td>(순자산) 10억 원</td><td>-</td></tr>
<tr><td>자산관리</td><td>직접 관리</td><td>외부 위탁</td><td>좌동</td><td>외부 위탁</td><td>좌동</td></tr>
<tr><td>투자대상</td><td>부동산(총자산의 70% 이상), 부동산 관련 유가증권, 현금(총자산의 80% 이상)</td><td>좌동</td><td>기업구조조정 부동산(총자산의 70% 이상), 부동산 관련 유가증권, 현금(총자산의 80% 이상)</td><td>부동산(총자산의 50% 이상 70% 미만), 부동산신탁수익권, 부동산 프로젝트 파이낸싱 대출</td><td>부동산, 부동산신탁 수익권, 부동산프로젝트 파이낸싱 대출</td></tr>
<tr><td>개발사업 투자</td><td>총자산의 30% 이하(개발전문리츠의 경우 100% 가능)</td><td>좌동</td><td>좌동</td><td>제한 없음</td><td>좌동</td></tr>
</table>

부동산 펀드는 수익증권과 뮤추얼 펀드 형태가 모두 가능하다. 하지만 뮤추얼 펀드 형태의 경우 리츠와 구분하기 위해 부동산 펀드 자산의 50% 이상 70% 이하로만 부동산에 투자할 수 있다.

부동산 펀드의 자금조달은 공모와 사모 모두 가능하다. 하지만 펀드 설정 후 만기까지 중도환매가 된다고 할 경우 해당 부동산을 중도환매를 위해 매각하는 것이 불가능하기 때문이다. 공모형태로 자금을 조달한 경우에는 펀드 설정일로부터 90일 이내에 펀드를 한국거래소에 상장해야 하지만, 투자자 입장에서는 투자금 회수에 제약이 있을 수 있다.

따라서 부동산 펀드는 소액투자를 할 수 있다는 특징이 있으나, 원금 및 수익보장형 상품이 아니고 중도환매가 제한되어 있어 주식이나 채권보다 현금화가 어려운 단점이 있다.

ⓛ 부동산 펀드의 종류

부동산 펀드는 그 투자하는 대상에 따라 실물형 부동산 펀드, 대출형 부동산 펀드, 권리형 부동산 펀드, 증권형 부동산 펀드, 파생상품형 부동산 펀드로 구분한다. 첫째, 실물형 부동산 펀드는 부동산 펀드의 투자대상으로 가장 기본적으로 부동산 자체에 투자하여 투자한 부동산을 운용함으로써 수익을 획득한다. 매매형 부동산 펀드[4], 임대형 부동산 펀드[5], 개량형 부동산 펀드[6], 경공매형 부동산 펀드[7], 개발형 부동산 펀드[8]가 여기에 해당한다.

둘째, 대출형 부동산 펀드는 프로젝트 파이낸싱형 부동산 펀드라고도 불린다. 주로 아파트, 상가, 오피스텔 등 부동산 개발에 필요한 자금을 대출해 주고 대출원리금을 상환받아 투자자에게 돌려주는 펀드이다. 일반적으로 은행예금 금리보다 더 높은 수익률을 제공한다.

셋째, 권리형 부동산 펀드는 펀드재산의 50% 이상 70% 미만을 지상권, 지역권, 전세권, 임차권, 분양권 등에 투자하거나 채권금융기관이 채권자인 부동산을 담보로 한 금전채권에 투자하는 펀드이다.

넷째, 증권형 부동산 펀드는 펀드재산의 50% 이상 70% 미만을 부동산과 관련된 증권에 투자하는 펀드이다.

다섯째, 파생상품형 부동산 펀드는 펀드재산의 50% 이상 70% 미만을 부동산을 기초자산으로 하는 선물, 옵션, 스왑에 투자하는 펀드를 말한다.

---

4 펀드재산의 50% 이상 70% 미만을 부동산에 투자하여 취득한 후 매각을 통하여 수익을 획득하는 부동산 펀드이다.

5 펀드재산의 50% 이상 70% 미만을 부동산에 투자하여 취득한 후 임대한 한 후 매각하는 부동산 펀드이다.

6 펀드재산의 50% 이상 70% 미만을 부동산에 투자하여 취득한 후 부동산의 개량으로 부동산 가치를 증대시켜 매각하거나 임대 후 매각하는 부동산 펀드이다.

7 펀드재산의 50% 이상 70% 미만을 경매나 공매로 싸게 나온 부동산에 투자하여 취득한 후 매각하거나 임대 후 매각하는 부동산 펀드이다.

8 펀드재산의 50% 이상 70% 미만을 부동산에 투자하여 취득한 후 개발사업을 통한 분양이나 매각 또는 임대 후 매각하는 부동산 펀드이다.

부동산 펀드는 다양한 종류의 부동산에 전문가가 투자함으로써 위험을 주링고 안정적인 수익을 기대할 수 있다. 하지만 이 경우에도 부동산 투자로 인한 위험을 완전히 제거할 수는 없음을 항상 염두에 두어야 한다.

예를 들어, 임대형 부동산 펀드의 경우 공실 위험 및 임차인의 신용도의 문제, 매각 시 시장환경 변화에 따른 부동산 가치하락 등의 위험이 존재한다. 개발형 부동산 펀드의 경우 관리 부실 및 개발사업 실패로 원금의 손실을 볼 수 있다. 대출형 부동산 펀드는 부동산개발회사의 프로젝트가 원활하게 진행되지 않거나 부동산 개발회사의 지급보증력이 약화될 경우에는 자금회수가 어렵기 때문에 투자손실의 위험이 존재한다.

학습내용정리

▶ 부동산 특징: 인플레이션 헷지, 레버리지효과, 소득이익과 자본이익

▶ 부동산부자분석

- 현금수지 측정

단위당 예상임대료 x 임대단위수
Ⅰ. 가능총소득 - 공실 및 대손충당금 + 기타수입
Ⅱ. 유효총소득 - 운영경비
Ⅲ. 순영업소득 - 부채서비스액
Ⅳ. 세전현금수지 - 운영소득세
Ⅴ. 세후현금수지

- 순현가법
  → NPV = PV(현금유입) + PV(현금유출)
  $= C_1/(1+r)^1 + C_2/(1+r)^2 + \cdots + C_n/(1+r)^n - C_0$
- 내부수익률
  → $NPV = 0 = C_1/(1+IRR)^1 + C_2/(1+IRR)^2 + \cdots + C_n/(1+IRR)^n - C_0$
- 비율분석법
  → 주택담보대출비율 = 부채잔금(융자액)/부동산의 가치
  → 총부채상환비율 = 주택대출 원리금상환액+기타 대출 연간이자/연간소득

▶ 소비자금융: 주택담보대출, 주택저당증권(MBS)

▶ 개발금융: 프로젝트 파이낸싱(BOT, BTO, BLT, BOO)

▶ 투자금융

- 리츠: 자금의 70% 이상을 부동산 관련 자산에 투자
  → 일반리츠(자기관리리츠, 위탁관리리츠), 기업구조조정리츠
- 부동산 펀드: 자금의 50% 이상을 부동산 관련 자산에 투자
  → 실물형 부동산 펀드, 대출형 부동산 펀드, 권리형 부동산 펀드, 증권형 부동산펀드, 파생상품형 부동산 펀드

예시문제

서술형

1. 부동산 투자에서의 레버리지 효과는 무엇을 의미하는가?

2. 부동산 간접투자와 직접투자의 주요 차이점은 무엇인가?

빈칸 채우기

1. (　　　　　) 는 2001년 4월 부동산 투자회사법이 제정되면서 부동산시장의 가격안정, 외환 위기로 인한 부실기업의 구조조정, 소액 투자자들에 대한 부동산 투자기회를 목적으로 국내에 처음 도입되었다.

2. (　　　　　)은 금융회사에 갚아야 하는 원리금 상환액이 개인의 연소득에서 차지하는 비율을 말한다.

O·X 문항

1. 부동산은 주식 및 채권과 강한 상관관계를 가지고 있어 대체투자로서 주목받지 않는다. □

2. 부동산 간접투자는 부동산 전문가의 관리 하에 이루어지며, 투자자가 직접 부동산을 운영, 관리하게 된다. □

3. 총부채상환비율(DBI)이 40%일 때 연간소득이 4,000만 원일 경우 총부채(=모든 주택담보대출의 연간 원리금 상환액+기타 부채의 연간 이자 상환액)의 연간 원리금상환액이 1,600만 원을 초과하지 않도록 대출규모가 제한된다. □

13

디지털금융

1 기술혁명과 금융

2 디지털기술

학습개요

핀테크의 핵심 원리, 주요 기술 및 금융 서비스에서의 응용 방법을 이해한다.

빅데이터, 인공지능, 블록체인 등의 디지털 기술에 대한 기본 지식을 습득하고, 이를 금융 분야에 어떻게 적용하는지 학습한다.

금융과 디지털 기술이 어떻게 상호작용하며 현재 금융 시장에서 어떤 변화를 가져오고 있는지 이해한다.

자산 운용, 금융 데이터 분석, 신용평가, 금융 서비스 제공 및 이상탐지 등 핀테크 서비스의 종류와 그 기능을 파악한다.

핀테크가 가져다주는 혁신과 함께 윤리적 측면과 정보 보안에 대한 중요성을 이해한다.

학습목표

▶ 핀테크의 핵심 개념과 원리를 이해하여 기본적인 지식을 습득한다.

▶ 빅데이터, 인공지능, 블록체인과 같은 디지털 기술의 작동 방식과 금융 분야 적용 방법을 숙지한다.

▶ 금융 서비스에서의 실제 핀테크 적용 사례를 분석하고, 그 결과로 인한 변화를 이해한다.

▶ 자산 운용, 데이터 분석, 신용평가, 이상탐지 등의 핀테크 서비스가 어떻게 운영되며 현재 시장에서 어떤 역할을 하는지 파악한다.

▶ 핀테크의 혁신과 함께 정보 보안과 윤리적 문제에 대한 인식을 갖춘다.

1 기술혁명과 금융

1 산업혁명

1차 산업혁명은 1960~1840년 기간에 영국에서 방적기 및 증기기관의 발명과 철도건설을 중심으로 기계에 의한 생산과 공장시스템이 도입됨으로써 기존의 농업사회가 산업사회로 전환된 사건을 말한다. 이후 1870~1914년에 미국에서의 전기, 전화, 내연기관, 자동차, 생산조립라인에 의한 대량생산 등으로 혁신적 기술을 통한 생산성 향상과 생활수준의 획기적인 개선의 가져온 사건을 2차 산업혁명이라고 부른다. 3차 산업혁명은 1960년대부터 2000년대 초반까지의 기간 동안에 반도체기술의 급속한 발전으로 컴퓨터와 인터넷을 통한 정보통신기술(ICT: information & communication technology) 혁명을 의미한다.

4차 산업혁명이라는 용어는 2016년 세계경제포럼(World Economic Forum: WEF)의 Klaus Schwab 회장에 의하여 처음 사용된 용어로서, 디지털 트랜스포메이션(digital transformation[1])에 의한 전 산업의 변화뿐 아니라 일하는 방식의 변화, 사회·정치적 변화까지를 아우르는 포괄적 개념으로 일반적으로 정의한다. 4차 산업혁명의 기반이 되는 핵심기술로 빅데이터, 인공지능(AI: artificial intelligence), 블록체인, 사물인터넷(IoT: internet of things), 생명공학기술, 양자컴퓨팅 등이 있다.

1 농업, 제조업, 서비스업 등 전 산업에 정보통신기술이 결합하여 기존의 아날로그 방식이 디지털 방식으로 전환되는 것

그림 13-1 기술혁신과 금융서비스의 변화

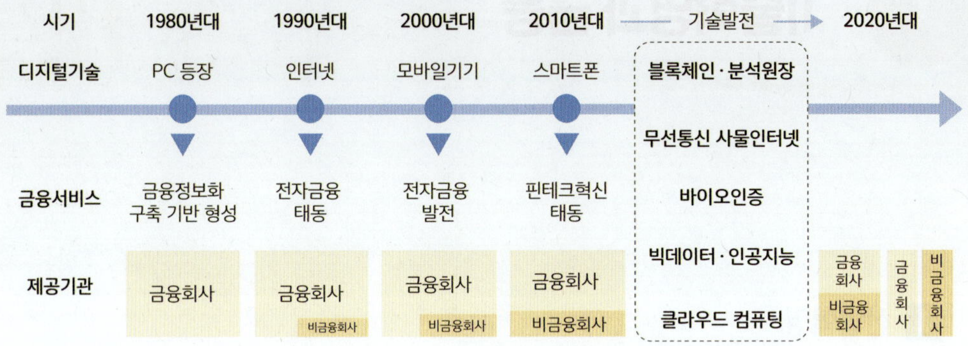

2 핀테크의 개념

핀테크(fintech)는 금융(finance)과 기술(technology)이 합쳐진 말로서, 핀테크의 개념은 2005년부터 있었으나 2010년대 들어 스마트폰의 대중화로 누구나 상시적으로 인터넷 접근이 가능해짐에 따라 핀테크가 관심을 받게 되었다. 핀테크는 IT가 금융을 돕는다는 측면에서 새로운 IT기술을 금융산업이 채택하여 금융산업의 혁신을 달성하고자 한다.

하지만, 금융분야에서는 핀테크라는 용어가 사용되기 이전부터 인터넷뱅킹이나 모바일뱅킹을 통한 자금거래 혹은 HTS나 MTS를 통한 주식거래가 이루어져 왔고, 최근에는 빅데이터와 인공지능, 블록체인, 무선통신기술과 사물인터넷, 바이오인증, 클라우드 컴퓨팅 등이 대표적으로 금융부문에서 디지털혁신을 주도하고 있는 기술로 평가받고 있다.

최근 디지털 혁신을 주도하고 있는 기술들은 디지털플랫폼, 거래정보 분산 기록, 모바일 지급, 생체정보 이용 인증, 로보어 드바이저, 크라우드펀딩[2] 등 다양한 형태의 금융서비스에 활용되고 있다.

2 기존 중개기관을 거치지 않고 온라인 플랫폼을 통해 다수의 개인으로부터 직접 자금을 조달하는 금융서비스

핀테크, 향후 10년 경제 강국 결정

핀테크는 향후 10년 동안 어떤 나라가 경제 강국이 될지를 결정할 것이다. 최근 드비어 그룹의 최고경영자이자 설립자인 나이젤 그린이 태국 정부 기관인 국가혁신청(NIA)의 고문으로 임명된 이후 그의 논평을 내 놓았다.

지금 우리의 미래를 바꿀 전쟁이 격렬하게 일어나고 있는데 먼저 떠오를 수 있는 것은 무기를 쓰는 전쟁보다는 기술과 혁신 전쟁이다. 특히 사회적, 정치적 혼란, 공중보건 비상사태, 기후변화, 경제적 혼란과 같은 광범위한 위기와 도전에 직면하여, 전 세계 국가들은 정치적, 문화적으로 그리고 경제적으로 그들의 지배력을 도장 찍는데 점점 더 집중하고 있다.

이 영향력의 싸움에서 승자는 어느 나라가 더 뛰어난 기술을 가지고 있느냐로 귀결될 것이다. 기술이 좋을수록 군대는 더 정교해 진다. 정치적, 사회적, 문화적 영향력이 더 광범위하고 효과적이다. 더 강력하고 적응력이 뛰어나며 미래에 대비한 경제를 만들 수 있다.

우리가 돈을 관리, 사용 및 액세스하는 방식을 포함하여 우리 삶의 모든 것의 디지털화 속도가 엄청나게 빨라짐에 따라 대부분의 주요 국가들이 이미 핀테크 (금융 기술) 우위를 점하기 위한 소프트 전쟁에 참여하고 있다는 것은 기정 사실이다. 2021년 핀테크에 대한 글로벌 투자는 915억 달러로 정점을 찍은 것으로 추정되며, 가장 많이 투자한 국가는 향후 10년 동안 더 성공하고 경쟁력이 더 높아질 것이다.

금융 부문은 현재 역사상 가장 심오한 변화를 겪고 있다. 무엇이 이러한 산업 진화를 주도하고 있는가? 핀테크는 기술을 사용하여 소비자에게 금융 서비스를 제공하는 것이다. 모바일 뱅킹, 저축 및 투자 앱, 전자 결제, P2P 대출, 암호화폐, 로보어드바이저, 크라우드 펀딩 등의 분야에서 근본적인 방식으로 재정의하고 재구성하고 있다.

경제는 어떻게 핀테크로부터 이익을 얻을 수 있는가?

경제 전반에 걸쳐 광범위한 혁신과 경쟁을 촉진하는 동시에 위험을 관리할 수 있다. 그것은 또한 당국이 안전하고 효율적이며 포괄적인 금융 시스템을 육성할 수 있도록 규제 감독을 확대할 수 있으며, 이는 경제를 부양하는 데 도움이 될 것이다. 게다가, 그것은 금융 서비스 부문 내의 현대화, 경쟁 및 생산성을 장려하기 위해 시장을 능동적으로 형성하는 데 도움이 될 수 있다. 또한 그것은 공공 부문과 민간 부문 사이의 격차를 해소하는 데 도움이 될 수 있어 더 민첩한 경제를 창출하고 강력한 국경 간 조정과 정보 및 모범 사례의 공유에 도움이 될 것이다.

이러한 이유로, 강력한 핀테크 산업을 가진 경제가 우세할 것이다. 즉 분명히 말하면, 강력한 재정과 금융 산업이 없다면, 한 국가는 제한된 영향력을 가질 수 있다. 금융의 미래는 기술이다. 이와 같이 핀테크는 향후 10년간의 강력한 경제를 좌우할 것이다.

[출처: Korea IT Times, 2022. 10. 22][http://www.koreaittimes.com]

2 디지털기술

1 빅데이터

데이터마이닝은 데이터 속에서 의미 있는 정보를 추출하는 일련의 작업을 말한다. 1990년대 말 인터넷의 보급으로 인한 데이터양의 증가와 더불어 정보통신기술(IT: information technology)이 발전됨에 따라 기존에 활용되지 못하고 버려졌던 데이터에 대한 경제적 가치가 강조되어 데이터마이닝이 주목을 받았으나, 기대와 달리 광범위하게 활용되지는 못하였다.

이후, 디지털 환경에서 생성 주기가 짧고 대규모로 생성되는 자료로 수치자료뿐만 아니라 문자나 영상자료까지를 모두 포함하는 대규모 자료를 의미하는 빅데이터(big data)가 2009년 전후로 등장하였다. <그림 13-2>의 구글트렌드에 나타난 빅데이터와 데이터마이닝에 관한 사람들의 관심을 보면 2004년도 시점의 데이터마이닝에 대한 높은 관심이 지속적으로 하락하고 있고, 2012년을 기점으로 빅데이터에 대한 관심이 증가하다가 최근에는 다소 하락하는 모습을 보이고 있음을 알 수 있다.

그림 13-2 **빅데이터와 데이터마이닝에 대한 관심**

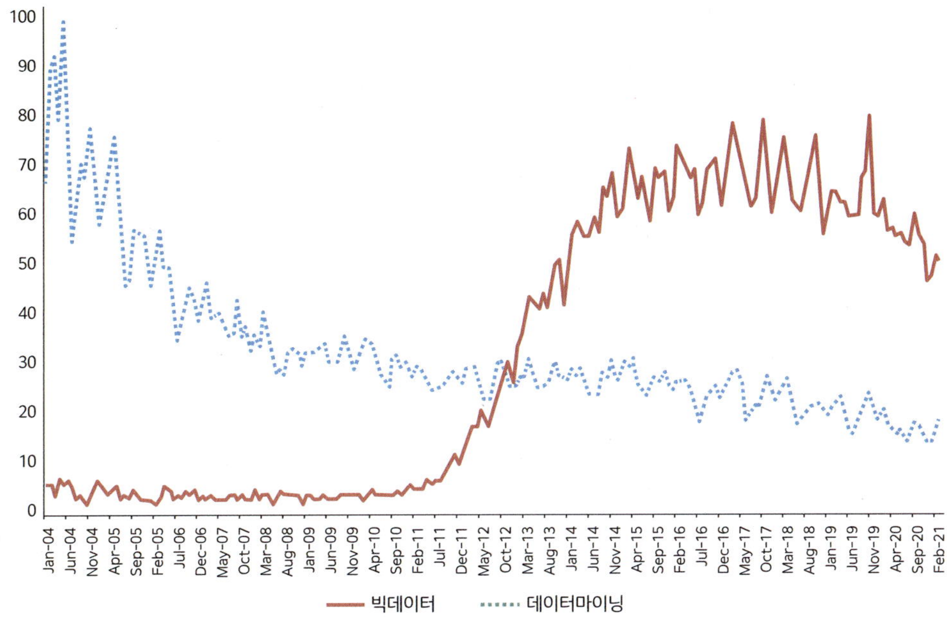

빅데이터는 기존의 기술로 처리하는 능력을 넘어서는 대량의 정형·비정형화된 자료에서 가치를 추출하고 결과를 분석하는 기술로서 규모(volume), 속도(velocity), 다양성(variety)에서 기존의 기술과 차별화된 특징을 갖는다. 즉, 빅데이터는 일반적인 기술로는 저장, 관리 분석이 어려울 정도로 방대한 규모의 자료를 처리할 수 있고, 자료의 생성속도가 빨라 실시간 분석이 가능하면, 수치화된 자료뿐만 아니라 사진, 음성, 영상 등 비정형적 자료가 큰 비중을 차지하는 특징을 갖는다. 따라서 대규모의 다양한 형태의 자료를 생성, 수집, 분석, 표현하는 빅데이터의 발전으로 현대 사회에 대한 정확한 예측과 사회 구성원에게 맞춤형 정보를 제공할 수 있게 되었다.

빅데이터를 분석하는 기법은 크게 기술분석(descriptive analytice), 예측분석(predictive analytics), 최적화(optimization) 등이 있다. 기술분석은 과거 자료를 가지고 현재 상황을 분석하고 사용자가 가장 관심을 두는 정보를 단순하게 추출하여 표현하거나 설명하는 분석기법을 말한다. 기술분석은 과거 자료를 가지고 현재 상황을 분석하고 사용자가 가장 관심을 두는 정보를 단순하게 추출하여 표현하거나 설명하는 분석기법을 말한다. 기술분석은 문제의 원인이나 해답을 찾는 가장 초기적인 분석기법으로 알려져 있으며, 이 기술분석이 빅데이터 분석방법들 중에서 약 80% 정도를 차지하는 것으로 알려져 있다.

기술분석 방법으로 임의질의(ad hoc query), 대용량자료에서 변수들 간의 연관규칙을 발견하는 기법으로 군집분석에 의해 그룹화된 무리(cluster)를 대상으로 그룹에 대한 특성을 분석하는 방법인 연관분석(association analysis), 최종사용자가 대용량 데이터베이스에 직접 접근하여 대화식으로 정보를 분석하고 의사결정에 활용하는 기법인 OLAP(online analytical processing), 문장에서 긍정적이거나 부정적인 감정을 감지하는 프로세스인 감정분석(sentiment analysis), 통계분석(statistical analysis) 등이 있다.

예측분석은 과거자료와 현재자료를 이용하여 미래의 발생 가능한 사건을 예측하는 방법이다. 예측분석 방법으로 자료를 나무구조로 도표화하여 분석하는 방법으로 수집된 자료를 분석하여 자료들 사이에 존재하는 속성의 조합으로 분류하는 의사결정나무(decision tree), 자료를 수집하여 통계적 모델을 만들어서 확률론적 기법을 적용하여 미래의 가능한 결과는 행동을 예측하는 통계분석기법인 예측모델링(predictive modeling), 단말기로부터 생성된 자료 중 즉시 활용해야 할 자료는 서버(serve)로 보내기 전에 게이트웨이(gateway)에서 실시간으로 분석하고 선별적으로 제공하는 임베디드분석(embedded analytics), 자료의 시각화를 활용하여 자료를 탐색하고 분석하는 시각화분석(visual analytice), 문자·도형·음성 등의 외부정보를 컴퓨터에 인식시켜 특징을 식별하는 프로그램인 패턴인식(pattern recognition), 감정분석(sentiment analytics), 대량의 자료에서 컴퓨터가 패턴을 학습하고 이를 바탕으로 결과값을 예측하거나 최적의 의사결정을 도출하는 기계학습(machine learning), 인간의 언어를 컴퓨터가 이해할 수 있는 방식으로 변환하는 프로그램인 자연어 처리(natural language procession) 등이 있다.

최적화는 목표와 제약조건을 고려하여 의사결정에 따라 다르게 발생할 수 있는 미래 이벤트를 예측하고 가치를 극대화 할 수 있는 가장 최적의 의사결정을 도출하는 분석기법이다.

이외에도 텍스트나 이미지, 동영상 등과 같은 컨텐츠를 분석하여 새로운 유행이나 패턴을 발견하는 기법인 컨텐츠 분석(contents analytics)과 의사결정하기 전까지 생성된 모든 자료를 활용하여 빠른 상황변화에 적시에 대처할 수 있도록 하는 실시간 분석(real-time analytics) 등이 빅데이터 분석방법으로 이용되고 있다.

빅데이터가 새로운 경제성장 동력으로 강조되는 가운데 다음과 같은 회의적인 시각도 제시되고 있다.[3] 첫째, 데이터 품질이 좋지 않으면 잘못된 결과가 도출될 수 있고 이로 인해 경제적 피해가 발생할 수 있다. 처리 가능한 데이터의 절대적 규모가 크다고 해서 반드시 데이터의 측정 오류(measurement errors), 유효성(validity), 신뢰성(reliability), 의존성(dependency)과 같이 데이터 분석에서 근본적으로 제시되는 이슈들이 무시될 수 있는 것은 아니다.

예를 들어, 글로벌 금융서비스 기업인 Knight Capital Group은 2012년 알고리즘 트레이딩 시스템이 잘못된 데이터 입력을 걸러내지 못해 4.4억만 달러의 손실을 입은 바 있으며, 2016년 미국 대선 결과가 빅데이터에 기반한 대선 예측과 다르게 나타난 것도 트럼프를 지지하지만 이를 표현하지 않는 유권자(shy Trump)를 고려하지 못했기 때문이라는 분석도 있다.

둘째, 데이터와 분석기법에 대한 잘못된 결과를 도출할 수 있다. 빅데이터 분석기법은 인과관계(causation)보다는 상관관계(correlation) 분석에 크게 의존한다. 이 경우 상관관계 분석 결과가 반드시 두 변수 간의 인과관계를 설명하는 것이 아니기 때문에 통계적으로 유의한 상관관계가 반드시 의미 있다고 해석될 수 없다.

예를 들어, 2006년과 2011년 기간 중 미국의 연간 살인사망자와 웹 디자이너 살사망자는 MS의 인터넷 익스플로러 시장점유율과 높은 상관관계를 보이는 것으로 조사(OECD: 2015b; Marcus & Davis, 2014)되었으나 세 변수 간에 명확한 인과관계가 존재한다고 설명하기는 어렵다. 이러한 허구적인 상관관계(spurious correlation)는 데이터 분석에서 언제든지 나타날 수 있다. 그만큼 상관관계 분석을 중시하는 빅데이터 분석기법에 대해 회의적인 시각이 존재할 수밖에 없다.

3 이성복, 「해외 자본시장의 빅데이터 도입 현황 및 시사점」, 자본시장연구원(2016), pp. 41-44 요약정리.

2 인공지능

인공지능(AI: artificial intelligence)은 1956년 다트머스대 John McCarthy 교수가 처음 사용한 용어로 현재는 인간처럼 행동하는 시스템, 즉 알고리즘을 통해 인지·학습·추론 등 인간 고유의 지적 능력을 컴퓨터로 구현하는 기술로 정의하고 있다. 인공지능에 대한 연구는 1960년대 중반까지 큰 인기를 끌었지만 기술의 한계와 성과 부족으로 쇠퇴하기 시작하여 1974~1980년의 기간 동안 인공지능의 과도한 낙관론에 대한 비판과 함께 인공지능의 한계가 수학적으로 증명되면서 인공지능에 대한 연구자금 지원이 중단되었다. 이어 1980년대 등장한 전문가 시스템(expert system)으로 인해 인공지능이 다시 활성화되었으나 1987~1993년에 걸쳐 비효율성과 높은 유지보수 비용 문제로 다시 쇠퇴하였다.

이후 2000년대에 등장한 심화학습(deep learning)[4] 기술로 2012년 6월 구글이 개발한 인공신경망은 사람의 도움 없이 유튜브에 업로드 되어 있는 1천만 개가 넘는 동영상 중에서 고양이를 스스로 성공적으로 인식하여 심화학습과 인공지능이 주목받기 시작하였고, 심화학습은 2016년 '알파고 대 이세돌'의 바둑대결 이벤트로 인공지능의 성장을 견인하고 있다. <그림 13-3>에는 인공지능에 대한 사람들의 관심을 구글 트랜드를 통해 살펴보면 2012년 본격적으로 심화학습이 주목받으면서 인공지능에 대한 관심이 지속적으로 증가함을 알 수 있다.

4 기계학습 기술의 한 종류로서 인공신경망 이론에 기반하여 인간 두뇌의 작동 메커니즘과 유사한 방식으로 컴퓨터가 스스로 학습함으로써 최적의 결과물을 산출하도록 유도하는 기술

그림 13-3 인고지능(AI)에 대한 관심

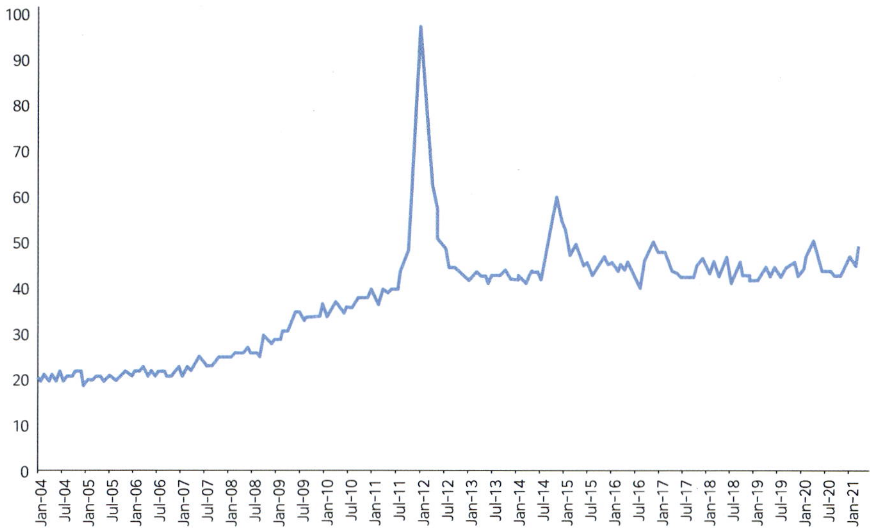

현재 인공지능 기술은 1959년 IBM 연구원 Arthur Samuel이 처음 사용한 용어인 기계학습 방식으로 많이 구현되고 있다. 최근에는 인간의 두뇌 작동방식을 모방한 기계학습의 진화한 형태인 심화학습 기술로 인공지능을 구현함으로써 여러 변수가 동시에 영향을 미치는 복잡한 환경에서 상대적으로 정확한 해답을 제시해 주고 있다.

네이버 'AI 회의록 관리 서비스, 클로바노트' 정식 출시...서비스 업데이트 진행

네이버(대표 최수연)가 AI 회의록 관리 서비스 '클로바노트'를 지난 6일 정식 출시하고 업데이트를 진행했다고 13일 밝혔다.

클로바노트는 음성인식, 자연어처리를 비롯한 네이버의 다양한 AI 기술이 접목된 서비스다. 길고 비정형화된 문장을 인식하는 데 특화한 음성인식 엔진, 참석자 목소리 차이를 구분하는 화자분리 기술 등 우수한 자체 음성 AI 기술을 적용해 지난 2020년 'AI 음성기록' 서비스로 출발했다. 특히, 초대규모 AI '하이퍼클로바(HyperCLOVA)'가 적용된 회의록 요약을 비롯해 노트 공유, 하이라이트 표시, 메모 등의 기능 추가로 특히 업무 환경에서의 사용성 증가와 함께 'AI 회의록 관리' 서비스로 진화했다.

나아가 이번 정식 버전 업데이트를 통해 회의록 요약을 넘어 AI가 회의나 대화 내용을 바탕으로 핵심 주제와 다음 할 일까지 정리하는 기능이 제공되어, 업무 도구로서의 사용성은 한층 더 향상될 전망이다. 예를 들어 서비스 만족도 조사를 언제, 어떤 방식으로 실시할지부터 그 결과를 어떻게 활용할지까지 다양한 논의를 진행한 회의를 녹음하고, 이후 텍스트로 변환된 노트에서 'AI 요약하기' 버튼을 선택하면 클로바노트가 회의의 핵심 주제를 '설문 진행 일정 논의', '설문 내용 피드백 반영'과 같이 정리해 보여주고, '설문 문항 작성', '설문 이미지 작업' 등 다음 할 일을 추천한다. 회의의 주요 내용을 소제목과 함께 한눈에 보기 쉽게 요약하는 기능도 기존 버전과 마찬가지로 제공된다.

또한 정식 버전에서는 클로바노트로 직접 회의를 녹음하고, 녹음이 진행되는 동안 중요한 내용을 메모할 수 있는 기능을 PC와 모바일 앱에서 모두 지원한다. 노트를 더욱 체계적으로 관리할 수 있도록 사용성도 개선됐다. 생성된 노트를 날짜별로 쉽게 조회할 수 있는 기능이 추가됐고, 공유받은 노트들을 폴더 단위로 분류할 수 있는 기능도 도입됐다.

네이버는 클로바노트 정식 버전을 통해 향후 여러 서비스 플랜을 순차적으로 선보일 계획이다. 클로바노트 서비스를 이끌고 있는 네이버클라우드 한익상 이사는 "다양한 사용자 수요를 고려해 개인 및 기업용 서비스 플랜을 각각 준비하고 있다."며 "작업 관리, 코멘트 작성, 공동 편집 등 협업에 필요한 기능을 확대하고 초대규모 언어모델을 활용해 사용자 편의도 지속적으로 향상시킬 것"이라고 말했다. 또한 "업무용 협업 도구 네이버웍스에서 사용자가 편리하게 클로바노트 기능을 활용할 수 있도록 여러 연동 시나리오를 논의 중"이라며 생산성 도구로서 발전 방향성을 강조했다.

한편, 클로바노트 정식 버전 이용자에게는 프로모션 기간 동안 월 최대 600분의 무료 사용 시간이 제공되며, 사용 시간이 소진되어도 클로바노트 앱 또는 PC 웹을 이용한 녹음은 무제한 변환이 가능하도록 지원한다.

[출처 : 인공지능신문, 2023. 11. 13]
[https://www.aitimes.kr]

11 빅데이터 활용기업으로 나서는 금융권

■ 하나. 빅데이터 활용기업으로 나서고 있는 금융권

국제품질및생산력센터(IQPC, International Quality and Productivity Center)가 발표한 'Big Data Analytics for Finance Service Survey Report 2018'에 따르면 빅데이터 활용기업으로 나서는 금융권 기업들의 전환은 증가하는 추세다. 2017~2018 금융권 기업전체 중 약 27%는 자사의 빅데이터 시스템으로의 전환이 In production 단계에 있다고 응답했다. 지난해 보다 1%p 증가한 수치다. 실험적인 단계에 있는 기업은 44%로 이 역시 지난해 보다 1%p 증가했다. 다소 느리지만, 데이터의 실제 활용 및 실험적 단계로의 진입이 확대되고 있는 양상을 보인다.

전체 금융권 기업들이 빅데이터를 생산, 분석하고 활용하는 과정 중 우선순위로 꼽은 항목별 비중 변화도 눈여겨볼 만하다. 2017년 높은 우선순위 비중을 차지한 '빅데이터를 통한 수익 창출' 부문의 경우 2017년 38%에서 더욱 확대되어 2018년 47%를 기록했다.

그뿐만 아니라 그 외 항목들의 비중 변화를 보면 금융권 기업이 빅데이터 활용을 본격화하면서 마주하는 실제적인 이슈에 관심을 갖게 된 것을 알 수 있다. 예로 빅데이터 품질 보안문제를 우선순위라고 대답한 기업은 2017년 37%에서 2018년 51%로 증가하였고, 빅데이터 활용 효과를 극대화하기 위한 프로세스에 대해서는 2017년 13%에서 2018년 47%로 매우 큰 폭으로 증가하였다.

금융권 기업들은 경쟁력을 증가시키기 위해서 새로운 비즈니스모델과 서비스를 혁신하고 고객중심경영을 실현하는 것으로 평가하고 있다. 고객중심경영은 2017년 14%에 불과했으나 2018년 29%로 크게 상승하였다. 특히 금융권 기업은 고객중심경영을 위해서 필요한 고객분석, 고객행동예측 등에 빅데이터를 활용하고, 이를 바탕으로 한 단계 더 나은 고객만족과 마케팅에 대한 높은 기대를 갖고 있다. 빅데이터 활용의 핵심 전략 분야를 묻는 질문에 전체 금융권 기업 중 44%가 고객분석분양에 빅데이터를 활용하고 있다고 응답했다.

■ 둘. 그렇다면 금융권은 빅데이터를 어떻게 활용하고 있을까?

금융권에서 빅데이터를 활용하는 대표적 사례는 맞춤형 마케팅을 위한 고객분석 용도이다. 비교적 여러 사례를 통해 알려져 있는 분야이다. 이외에도 최근에는 트렌드 예측, 기업 리스크 및 운영 관리 등의 분양에서도 빅데이터의 활용을 시도하고 있다. 고객 맞춤형 마케팅에서 빅데이터는 고객의 특징을 찾는 데 활용된다. 고객의 금융 거래, 카드 소비 등의 데이터를 분석해 고객의 특징을 찾고, 이를 맞춤형 마케팅의 근거로 활용한다.

신한은행은 금융권 가운데에서도 빅데이터 활용에 적극적으로 나서고 있는 기업이다. 신한은행은 지난해 고객의 금융 검색 여정을 추적해 이탈 가능성이 높은 고객을 붙잡는 고객 이동경로(Customer Journey) 분석 프로젝트를 시범 추진한 결과로 올해에는 분석 솔루션구축을 진행하고 있다. 인지→탐색→신규→거래 등 고객의 이동경로를 기준으로 데이터를 분석하고 고객이 처한 각각의 상황에 적합한 마케팅을 통해 기존 고객 관리뿐만 아리라 신규 고객 유입을 목표로 한다. 예를 들어, 은행 애플리케이션으로 환율 조회를 하는 사람에게 여행 적금 권유 메시지를 발송하여 상품 가입을 유도하는 마케팅을 진행한다. 또 고객 이탈률이 높은 상황을 데이터로 포착하고, 이탈을 방지하고 고객으로 전환을 유도하기도 한다. 은행 애플리케이션에서 고객이 평균 2.5회 투자 상품을 검색한 뒤 이탈하는 고객 비율이 높다는 인사이트를 바탕으로, 고객이 투자 상품을 3회 검색하는 순간 모바일 상담 쪽지를 보내 이탈을 방지한다.

NH농협은행은 빅데이트를 활용해 고객 거래 패턴 변화 등을 감지하고 맞춤형 상품을 제안하는 이벤트 기반 마케팅(EBM)을 진행하고 있다. 카드 사용 명세서 등 면세점 구매 정보를 이용해 해외여행을 갈 가능성이 높은 고객을 대상으로 환전 및 신용카드 사용 마케팅을 진행 결과, 환전율 58% 향상, 모바일앱 올원뱅크 가입률 2배, 카드 이용률 9% 증가하는 성과를 냈다. 뿐만 아니라 최근 NH농협은행은 인공지능(AI) 기반 빅데이터 플랫폼을 오픈, 2,200만 개인과 소호(SOHO) 기업 고객의 대출 및 소비 성향 등 고객 통합 분석체계를 마련하였다. 이 역시 고객 데이터 분석을 바탕으로 개인 고객별 맞춤형 상품 추천과 고객 이탈 예측을 하기 위함이다. 신한은행, NH농협은행 사례로 알 수 있듯이 금융권의 빅데이터 기반의 고객 맞춤형 마케팅은 파일럿 형태의 실험적이고 단기적인 시도에서 이제는 장기적 차원에서의 데이터 관리 및 분석을 위한 플랫폼 구축의 방향으로 나아가고 있다. 고객 맞춤형 마케팅 이외에 빅데이터 활용이 이루어지고 있는 사례로서 여신심사, 기업 내 의사결정을 위한 기반 자료로서의 활용을 덧붙여 이야기할 수 있다. 여신심사란 여신이나, 어음할인, 보증 여신 등의 신용을 제공하기 전에 소정 기준과 절차에 따라 신청인의 자격과 상환능력, 담보의 적정성 유무를 심사하고 여신의 조건을 결정하는 일련의 과정을 말한다. 지난 3월 우리은행은 국내 최초로 빅데이터를 활용한 기업진단시스템 '빅아이(Big Eye)'를 기업여신 리스크 관리에 도입했다. 기업 관련 빅데이터를 통합, 200여 개의 리스크 지표를 분석해 기업의 부실 가능성을 4단계 등급으로 파악하는 시스템으로 여신심사와 사후관리에 활용하고 있다.

케이뱅크는 개인 여신 심사에 빅데이터 분석을 도입해 효과를 거두고 있다. 케이뱅크는 주주사인 KT, 비씨카드의 통신요금 납부 실적과 신용카드 결제 정보 등 빅데이터를 활용한 자체 신용평가시스템(CSS)을 바탕으로 중금리 대출을 공급하고 있다. 이 결과로 지난 3월 기준 케이뱅크 전체 신용대출 중 금리 연 6% 이상 중금리 대출이 차지하는 비중은 41.5%를 기록했다. 이는 10%대의 주요 시중 은행과 매우 큰 격차다.

기업 내 의사결정을 위한 근거 자료로 빅데이터를 활용한 사례에서는 데이터 시각화가 눈에 띈다. 데이터 시각화는 방대한 양의 데이터를 시각적인 요소(도형 요소, 컬러 등)로 표현하는 것이다. 숫자 형태로 된 데이터를 일일이 살피지 않고서도 데이터의 의미(인사이트, insight)를 빠르고 쉽게 찾을 수 있어, 데이터 활용의 효율성과 효과를 극대화하기 위해 필수적인 기술이다.

해외 사례로서 글로벌 생활용품 기업 P&G는 데이터 시각화 회의실인 '비즈니스 스피어(business sphere)'를 운영하고 있다. P&G는 전세계 80여 곳 사업장, 40억 명의 소비자로부터 취합한 시장 관련 지표와 경쟁사 상활을 빅데이터로 가공해 실시간으로 확인할 수 있는 대형 스크린을 본사 및 현지 법인에 설치하고, 의사 결정의 근거로 활용하고 있다. P&G는 이 결과로 신제품 출시 주기가 경쟁사보다 2배 짧아졌고, 시가총액 역시 배 이상 늘었다.

지난해 신한은행은 임원진이 경영 관련 빅데이터를 시각화 자료로 실시간 모니터링하고, 의사 결정할 수 있는 '빅데이터 워룸(war room)'을 만들었다. 경영실적과 고객 현황 정보를 실시간으로 취합, 각종 그래프와 이미지 등 시각화 자료로 볼 수 있는 '비주얼 분석(VA) 시스템'도 도입했다. 데이터를 보다 효과적으로 활용하기 위한 방법으로 데이터 시각화 활용을 시도한 사례이다.

KEB하나은행도 데이터 시각화 기술을 적용한 '하나 빅 인사이트'를 구축했다. 하나 빅 인사이트는 은행 핵심 경영지표, 조직 단위별 영업 실적 모니터링, 고객 특성에 따른 비정형분석 같은 은행 내부 데이터를 기존 숫자가 아닌 그래프로 시각화 형태로 확인할 수 있는 비즈니스 인텔리전스(BI) 시스템이다. 숫자 데이터 그대로 보았을 때 찾기 어려운 인사이트를 직관적으로 도출할 수 있다는 시각화의 장점으로 업무 효율성 향상 효과와 데이터 기반의 의사결정 체계를 만들었다.

■ 셋. 금융권 기업, 데이터 활용 가치 창출은 데이터 시각화로

특히 지난 3월부터 '데이터 시각화 프로젝트'를 진행하면서 가공되지 않은 형태의 Raw 데이터를 그대로 영업 현장에 적용하고 있다. 이는 기존에 통계를 집계한 뒤 사후에 활용하는 빅데이터 운용 방식을 벗어나는 것으로 데이터 시각화 관점에서도 의미 있는 시도로 보인다. Raw 형태의 데이터는 효과적인 시각화를 위해 필요한 형태이기 때문이다. 통계 데이터에 비해 비교적 데이터 탐색 범위와 가능성이 넓어, 데이터 시각화를 기반으로 한 효과적인 데이터 인사이트 도출을 위해 이 같은 형태의 데이터 활용에 익숙해질 필요가 있다.

일반적으로 '데이터 시각화'하면 사람들이 떠올리는 차트는 주로 자료를 보는 사람으로 하여금 쉽게 데이터를 이해할 수 있도록 하는 것을 목적으로 한다. 임원진의 의사결정을 돕기 위해 구축한 데이터 모니터링 시스템에서 데이터 시각화가 주요하게 활용된 이유이기도 하다. 데이터 분석에 대한 전문성이 없을지라도, 시각화 차트를 통해 누구나 데이터를 직관적으로 이해할 수 있고, 데이터 기반의 의사결정을 할 수 있다.

데이터 시각화는 데이터가 내포하고 있는 인사이트를 도출하기 위한 방법론으로서도 큰 역할을 한다. 동일한 데이터라고 할지라도 어떤 형태로 시각화하느냐에 따라 다양한 인사이트를 도출할 수 있다. 이는 데이터를 탐색하고 분석하는 과정에서 데이터 시각화를 활용하는 것으로, 이를 두고 시각적 분석(visual analytics)이라고 칭한다.

시각적 분석을 잘 하기 위해서는 데이터 시각화에 대한 정확한 이해가 필요하나다. 가령 데이터 시각화에 적합한 데이터 형태가 Raw 데이터인 이유, 데이터 시각화 차트를 만드는 원리, 시각화 기반으로 인사이트를 도출하는 방법 등에 대한 명확한 이해가 선행될 때, 효과적으로 데이터 인사이트를 도출할 수 있다. 궁극적으로 데이터 인사이트의 활용이 새로운 상품, 서비스, 마케팅 등의 기회로 이어짐을 감안할 때, 금융권 기업이 데이터를 시각화를 적극적으로 활용해야 하는 이유에 쉽게 공감할 수 있다.

[출처: B Bloter, 2018. 7. 15.]
[www.bloter.net]

3 블록체인

블록체인의 기념은 1991년에 문서의 최종생성 및 수정일자를 고정하기 위해서 Harber and Stornetta[5]에 의해서 제안된 이래 Satoshi Nakamoto라는 미지의 인물이 2008년 가치이전의 기술로 사용하여 최초의 암호통화(cryptocurrency) 혹은 가상통화(virtual currency)인 비트코인(bitcoin: 2009년 1월 3일 최초의 블록(genesis block)이 채굴됨)을 구동하는 메커니즘으로 사용되었다.

<그림 13-4>를 보면 블록체인 기술에 대한 일반인의 관심은 사실 크지 않고 이 기술을 적용한 가상화폐인 비트코인에 대한 관심이 블록체인에 비해 큼을 알 수 있다. 비트코인에 대한 관심의 경우도 비트코인 출현 이후 10여 년의 시간이 경과하면서 초기 높은 관심이 진정됨과 함께 블록체인의 한계와 문제점들이 드러나면서 블록체인의 본격적인 활용이 당초 기대보다 상당히 느리게 진행되고 있는 것으로 보인다.

그림 13-4 블록체인과 비트코인에 대한 관심

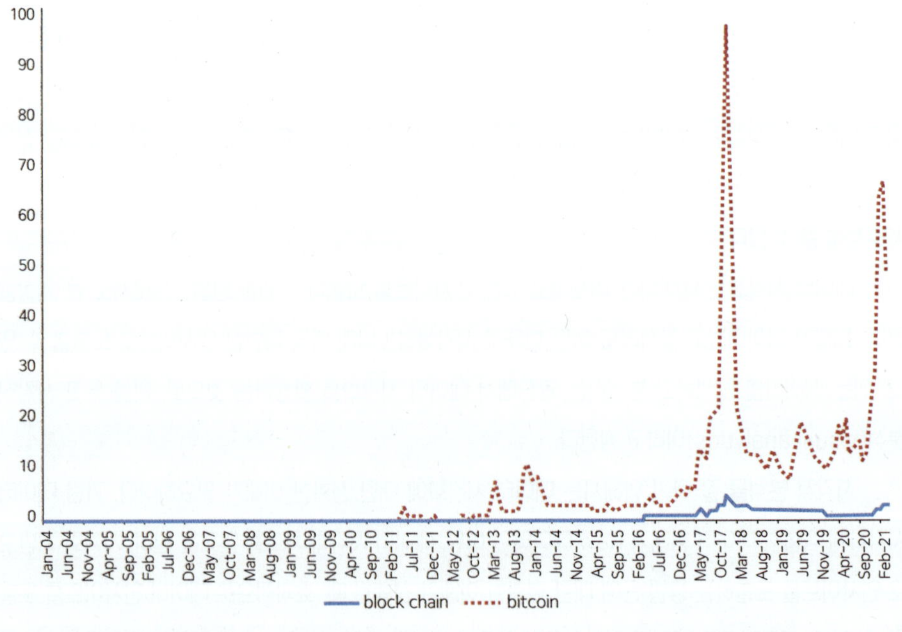

5 Stuart Haber and W. Scott Stornetta, "How To Time-Stamp a Digital Document," Journal of Cryptology, 3, 1991,

가상화폐인 비트코인의 기반 기술로 적용된 블록체인의 원리를 간단하게 살펴보자. 비트코인 네트워크상의 노드(node: 블록체인 네트워크 참여자)들이 비트코인을 이용한 거래들을 모아 기록·저장하는 블록(block)을 생성한다. 블록체인은 네트워크 참가자들이 수행한 매 10분마다의 거래들(블록)을 하나로 모아서 해시함수 결과값을 암호로 하여 체인으로 연결하기 때문에 붙여진 이름이다.

블록을 생성할 때 정확하고 정직하게 기록된 거래내역을 담고 있음을 입증(작업증명(proof of work))하여야 하는데, 작업증명은 해시함수(hash function)[6]를 사용하여 증명한다. 즉, 해시함수 결과값(예: 000068a73k1…)의 앞부분이 0000…으로 시작하는 것과 같은 특정조건을 만족하는 난수(nonce)라고 부르는 정수값을 변화시키면서 찾는 과제를 자동적으로 부과한다. 현재는 해시함수 결과값의 앞부분 0의 개수가 40개까지 늘어났는데 이는 난수(nonce)값을 변화시키며 해시값 계산을 1조 번 반복 시도해야 찾을 수 있는 크기의 난이도이다.

이처럼 새로운 원장(블록)을 채택한다. 업데이트된 우너장은 노드들이 모두 공유한다. 즉, 모든 네트워크 참가자가 동일한 원본데이터를 보유 즉, 장부를 분산저장함으로써 거래의 투명성을 보장받는다.

실제로 작업증명을 수행하는 데에는 엄청난 컴퓨터 연산능력 및 노력과 전력 등의 비용이 소요되기 때문에 새로운 블록이 만들어질 때(작업증명이 해결될 때)마다 그 노드에게 비트코인을 신규로 시스템에서 발행하여 지급한다. 작업증명이 성공하면 새로운 비트코인이 발행되는 것이 마치 금광에서 금을 캐는 것에 비유된다고 하여 작업증명 과정을 채굴(mining)이라고 부른다.

비트코인의 총발행한도는 2천 1백만 개로 설정되어 있고 10분마다 블록을 생산하도록 하여 첫 4년(2009년~2012년) 동안은 블록이 만들어지는 매 10분 단위로

---

6 해시함수는 임의의 길이를 갖는 메시지를 입력하여 고정된 길이의 해시함수 결과값을 출력하는 함수를 말한다. 현재 사용되고 있는 SHA-1과 같은 표준 해시함들은 160비트 내지 256비트의 해시값을 출력하는데, 비트코인이 채택한 SHA-256함수는 어떤 크기의 문서라도 함수에 통과시키면 결과값(hash value)을 0과 1로 이루어진 256자리 숫자로 변화시켜 출력한다(https://www.convertstring.com/Hash/SH256). 이와 같은 해시함수 결과값은 입력정보가 한 글자만 바뀌어도 전혀 다른 결과값으로 나오고, 하나의 입력정보로 항상 동일한 하나의 결과값만 나오며, 결과값을 토대로 입력정보를 예측할 수 없다는 특징을 갖는다.

새로운 비트코인 50개를 지급하도록 설정되어 있기 때문에 이 기간에 비트코인은 총 10,512,000개(=50개×6×24시간×365일×4년)가 발행된다. 이후 매 4년마다 절반(1/2)으로 축소하도록 설계되어 있기 때문에 2013~2016년에는 10분 단위로 25개, 2017~2020년에는 10분 단위로 12.5개를 지급하도록 설계되어 있다. 1비트코인 가격이 65,000,000원이라면 12.5비트코인은 815,500,000원에 해당한다.

비트코인의 기반 기술로소의 블록체인이 갖는 한계와 문제점[7]으로 가장 많이 언급되는 것은 첫째, 채굴(작업증명)에 너무 많은 자원이 투입되고 낭비되는 것이다. 작업증명을 위한 수많은 노드들은 막대한 컴퓨터 연산능력과 전력을 투입하고, 작업증명에 성공하여 비트코인(혹은 다른 가상통화)을 획득하는 노드는 단 하나이며, 나머지 수많은 노드들이 투입한 컴퓨터 연산능력과 전력은 그대로 소비되어 버려진다. 예를 들어, 비트코인의 작업증명에서 소비되는 전력은 연간 22~73THW(TeraWatt-Hour)이며 73THW는 오스트리아 국가 전체의 전력소비와 비슷한 수준이다. 비트코인 외에도 이더리움에서는 21THW의 전력을 소비한다.

이외에도 작지 않은 크기의 원장 파일(2018년 9월 말 현재 비트코인의 원장 파일크기는 약 185 기가바이트)을 수많은 노드들이 동시에 업데이트하고 보관하는 고정에서 발생하는 데이터 트래픽 등을 고려하면 하나의 블록체인 시스템을 유지하기 위하여 투입되는 자원의 합은 제3자 기관이 존재하는 기존 시스템에서 소요되는 자원의 합보다 클 가능성이 높다.

둘째, 블록체인의 확장성(scalavility)에 문제가 있다. 블록체인이 갖는 기술적 한계와 관련하여 가장 많이 제기되는 것은 거래처리 용량(capacity) 혹은 속도의 문제이다. 모든 거래가 개별적으로 승인되고 블록에 기록되는 순수한 P2P 블록체인 플랫폼이 제3자 기관에 집중된 기존 시스템(플랫폼)의 거래처리 속도와 비교할 때 현저하게 느린 것으로, 신용카드 사용이나 주식거래와 같이 1초당 수만 건 이상의 거래가 이루어지는 곳에서는 블록체인을 사용하기 곤란하다.

그리고, 기존 시스템에서는 시스템 운영에 필요한 하드웨어와 소프트웨어가 제3

---

7 권민경, 조성훈, 「4차 산업혁명과 자본시장 -인공지능과 블록체인-」, 자본시장연구원(2018), pp. 59-61 요약 정리.

자에 집중되어 있어 간단하게 업그레이드가 이루어지는 반면, 블록체인에서는 개별 노드의 자발적 업그레이드에 의존해야 하고, 노드별로 상당한 성능 차이도 존재한다.

또한 블록체인에서 일단 블록에 기록된 거래를 취소하려면 거래당사자 간에 반대 방향의 거래를 다시 일으키는 수밖에 없다. 실수나 착오에 의한 거래를 수정하기 위해서는 원장자체를 수정해야 하는데 다수의 거래 참여자가 관련된 수많은 거래가 이루어지는 유통시장에서의 이러한 거래정정방식은 매우 비효율적이다.

셋째, 블록체인 자체의 안성, 즉 원장의 무결성에 대한 의문이 제기되고 있다. 전 세계적으로 채굴능력의 집중화가 급속도로 진행되면서 51% 공격(attack)이 실제로 발생할 가능성이 존재한다는 우려를 제기하고 있다. 51% 공격은 악의적 공격자가 전체 네트워크의 50%를 초과하는 강력한 해시연산능력을 보유하여 다른 정직한 노드들보다 더 빠른 속도로 새로운 블록을 생성하여 네트워크에 전파하면 다른 노드들은 위·변조된 거래내역이 포함된 블록을 채택하게 된다는 것을 말한다. 최근 국제결제은행(BIS: Bank of International Settlement)도 작업증명을 통하여 신뢰를 확보하거나 대체할 수 없다는 입장을 표명한 바 있다.

한편, 가상화폐는 돈의 기능 중 가치척도 기능을 수행할 수 없음에 주의해야한다. 예를 들어, 비트코인은 총발행한도 2천 1백만 개가 될 때까지 계속 발행만 하여 화폐가 증가만하고 줄일 수 없다. 일반적으로 중앙은행은 시중의 돈의 양에 따라 돈의 가치 하락이나 상승 시에 통화정책을 통하여 돈이 항상 일정한 가치를 유지하도록 하여 가치척도 기능을 수행하는 데 문제가 없도록 하고 있다. 이에 비해 비트코인은 증가만 되기 때문에 돈의 가치를 일정하게 유지시킬 수 없다.

확대보기

CEBC 등장 때 비트코인 운명은…"디지털 휴지조각" vs "더 널리 쓰일 것"

CBDC(Cental Bank Digital Currency·중앙은행 발행 가상화폐)의 등장과 함께 이는 가장 큰 궁금증은 CBDC가 과연 비트코인을 '디지털 휴지 조각'으로 만들 것인가 하는 것이다. 비트코인은 민간에서 만들었다는 속성 때문에 정부의 화폐 주권에 위협이 된다. 상당수 국가 정부와 비트코인에 비판적인 것도 이 때문이다. 비트코인에 돈이 몰리고, 범죄 자금이 유통되면서 건전한 기업 활동에 대한 투자가 줄어들 수도 있다.

이런 와중에 CBDC를 도입하려는 움직임은 점점 빨라지고 있다. 국제결제은행(BIS)은 최근 설문조사를 통해 "전 세계 중앙은행 10곳 2곳이 3년 내 디지털 화폐를 발행할 것으로 보인다"고 전망했다. 경제학계 일각에서는 "CBDC가 나오면 비트코인 같은 가상화폐가 '디지털 수집품'으로 전락할 것"이라는 의견이 나오는 반면, 가상화폐 업계에선 "CBDC와 민간의 가상화폐는 특성과 용도가 다르다"면서 "두 화폐가 공존하게 될 것"이라고 맞서고 있다.

■ **비관론 "CBDC로 비트코인은 소멸"**

비트코인의 치명적인 약점은 가치가 널뛴다는 것이다. 공급이 크게 늘지 않는 상황에서 투기에 의해 수요가 급등락하기 때문이다. 불과 하루 사이에 10~20% 넘게 가치가 급등락하는 날이 수두룩하고, 때때로 그 이유도 불분명하다. 거래할 때마다 발생하는 수수료도 걸림돌이다. 현 시스템상에선 달러나 원화를 비트코인으로 바꾸는 과정에서 거래소를 거치기 때문에 거래액의 0.04~0.05%가 수수료로 나간다. 소액 결제 시 기존 화폐보다 더 많은 돈을 내야하고, 거래량이 많아지면 수수료가 오르기도 한다.

이처럼 안정적인 가치 척도 및 집루 편의성이라는 화폐의 기초적 기능에 결함이 있어 비트코인은 기존 화폐를 대체할 수 없다는 것이 기존 경제학계의 평가다. 실제로 상당수 경제학자가 "CBDC가 등장하면 비트코인은 설 자리를 잃는다"고 본다. 누리엘 루비니 뉴욕대 교수는 "CBDC는 미래의 모든 가상화폐를 대체하게 될 것"이라며 "일부 광신도들이 CBDC의 등장을 '비트코인의 승리'라고 여기지만, 내 전망은 정반대"라고 말했다. 짐 오닐 영국 왕립경제연구소 소장도 "비트코인은 오로지 투기 목적을 위한 자산"이라며 "화폐를 대체할 가능성은 없다"고 했다.

일부 국가들이 비트코인 등 민간의 가상화폐를 퇴출하는 것도 비트코인의 장래를 어둡게 한다. 중국은 지난 2017년 9월 가사화폐의 신규 발행과 거래를 전면 금지한 데 이어, 올해초에는 중국 네이멍구(内蒙古)자치구의 가상화폐 채굴장을 4월 말까지 전면 폐쇄하겠다고 발표했다. 인도 정부는 또 가상화폐의 거래는 물론, 보유까지 불법화하는 법안을 추진 중이다. 인도엔 약 800만 명이 14억 달러(약 1조 5,926억 원) 규모의 가상화폐를 보유한 것으로 추산된다. 프란치스코 블랑슈 뱅크오브아메리카 연구원은 "비트코인의 돈세탁 우려, 채굴에 따른 환경 비용 등 여러 요소를 감안할 때 규제는 지금보다 더 많아질 것"이라고 내다봤다.

■ 낙관론 "CBDC와 비트코인 공존 가능"

그러나 CBDC의 시대가 와도 비트코인이 사라지지 않을 것이란 전망도 만만치 않다. 인류역사에서 민간과 국가의 화폐 발행이 상당 기간 공존했다는 것이다. 미국은 1863년 이전까지 정부가 아닌 민간은행들이 화폐를 자유롭게 발행했다. 호주와 스코틀랜드 등 상당수 국가도 20세기에 들어서야 정부가 화폐 제조를 독점했다. IMF의 토비어스 에이드리언 금융자본시장국 국장은 "민간 회사들이 중앙은행 화폐보다 더 편리한 지불·결제 수단을 발명 해내면서 민간의 혁신과 중앙은행의 법정화폐가 공존할 가능성이 있다"고 내다봤다.

제도이사회 의장은 최근 "CBDC와 기존 현금이 공존하면서, 혁신적인 결제 시스템을 만들어내는 것이 주된 목표"라며 "(CBDC를 도입하려면) 의회와 정부, 광범위한 대중으로부터 인정을 받아야 한다"고 했다.

비트코인 업계는 CBDC의 등장이 비트코인의 '승리'라는 주장도 한다. 가상화폐 투자사인 퍼스트 블록의 창업자 마크 반 데 치즈는 Mint 인터뷰에서 "CBDC의 등장은 디지털 화폐사용을 보편화해 사람들이 비트코인에 더 익숙해지게 할 것"이라며 "이 과정에서 사람들이 CBDC와 달리 비트코인이 '디플레 화폐(시간이 흐르면 가치가 오르는 화폐)'라는 점을 깨달으면 더 많은 사람이 비트코인을 쓰게 될 것이라고 생각한다"고 말했다.

일부 비트코인 강세론자는 CBDC 도입 소식에도 가격 전망을 높여 잡고 있다. 트럼프 행정부 백악관 대변인이었던 앤서니 스카라무치 스카이브리지 캐피털 대표는 올해 전망치를 10만 달러(약 1억 1,285만 원)로 제시했다. 캐시 우드 아크자산운용 CEO는 한술 더 떠 "비트코인 가격이 25만 달러(약 2억 8,212만 원)에 달할 것"이라고 전망했다. 이는 미국 기업이 현금의 10%를 비트코인에 투자했을 경우의 전망치다.

[출처: 「조선일보(www.chosun.com)」, 2021. 3. 26.]

<15년 동안 틈새에서 주류로 성장한 비트코인의 여정>

비트코인은 탄생 이후 15년 동안 틈새 디지털 화폐에서 광범위한 응용 분야를 가진 중요한 금융 자산으로 발전했습니다. 비트코인의 여정은 2008년 10월 31일 사토시 나카모토가 백서를 통해 비트코인을 소개한 글로벌 금융 위기(GFC) 속에서 시작되었습니다. 기존 은행의 탈중앙화되고 투명한 대안으로 설계된 비트코인은 2009년 1월 3일, GFC에 대응하기 위해 신뢰가 필요 없는 금융 시스템으로 공식 출시되었습니다.

비트코인을 사용한 최초의 실제 거래는 2010년부터 2012년 사이 초창기에 라즐로 하녜츠가 10,000비트코인을 피자 두 판으로 거래한 것으로 유명합니다. 또한 이 시기에는 공급량을 조절하기 위한 첫 번째 비트코인 반감기가 있었고, 비트코인의 가치는 16달러로 정점을 찍었습니다. 2013년에는 비트코인이 1,000달러를 돌파하면서 기관 투자자들의 관심을 끌었고, 2017년에는 19,892달러로 최고치를 기록했습니다.

비트코인의 세 번째 반감기는 2020년에 발생했으며, 2021년에는 사상 최고치인 68,789달러를 기록했습니다. 오늘날 비트코인은 수많은 실제 사용 사례를 통해 가장 가치 있는 자산 중 하나로 인정받고 있습니다. 비트코인의 원칙은 금융 산업에 영향을 미쳤을 뿐만 아니라 비트코인의 한계를 해결하기 위한 다양한 블록체인 프로젝트에도 영감을 불어넣었습니다.

비트코인의 부상과 함께 퀀텀 아스트랄과 같은 플랫폼이 등장하여 개인이 시장에 쉽게 참여할 수 있게 되었습니다. 익명성 문제로 인한 초기 회의론에도 불구하고 라이트닝 네트워크와 같은 기술 발전은 블록체인 기술의 잠재력을 부각시켰습니다. 비트코인과 탈중앙화 금융(DeFi) 원칙의 통합은 경제적 불확실성 속에서 해결책을 제시했습니다.

2017년과 2019년 사이에는 보안 침해와 시장 변동성 같은 도전과 성숙의 시기가 있었습니다. 이러한 문제에도 불구하고 보안이 강화되면서 비트코인 캐시, 비트코인 SV와 같은 변형이 등장했습니다. 지난 몇 년 동안 기관들이 비트코인을 경제 불확실성에 대한 헤지 수단으로 인식하기 시작하면서 비트코인의 입지는 더욱 공고해졌습니다. 주목할 만한 이정표로는 테슬라의 비트코인에 대한 15억 달러 투자, 페이팔의 암호화폐 거래 허용 등이 있습니다.

비트코인의 역사는 비트코인의 탄력성과 적응력을 입증하는 증거이며, 주류 수용으로의 변화와 디지털 시대의 화폐에 대한 재구상을 반영합니다.

출처: https://kr.investing.com/news/cryptocurrency-news/article-93CH-966772, 2023. 11. 11

4 금융과 디지털기술

① 자산운용

금융시장에서 발생하는 사건(event)은 과거에 발생한 사건들과 달리 완전히 새롭게 자주 발생한다. 효율적 시장가설에 따르면 과거 정보가 이미 자산가격에 반영되어 있으므로, 미래의 가격 예측에 오래 전부터 사용되어 온 머신러닝의 결과는 그다지 좋지 않다.

자산가격의 과거분포가 유사하다는 보장이 전혀 없기 때문에 이미지 인식이나 자연어 처리 분야에서 과거자료를 분석하여 의미 있는 패턴을 찾아내어 미래를 예측하는데 상당한 성공을 이룬 인공신경망을 이용하여도 자산 가격에 포함된 많은 정보 예를 들어, 기업실적, 관련 뉴스, 소문, 각종 거시지표 변화, 투자심리 등을 모두 포함된 자료를 분석하여 미래를 예측하기에는 아직 한계가 있다.

② 금융데이터 분석 및 신용평가

일반적으로 애널리스트는 정성적 분석에 더하여 정량적 평가모형을 통하여 기업의 신용도를 평가한다. 창업초반의 소규모 회사나 개인과 같은 경우에는 금융회사를 통한 거래, 공과금납부 및 연체 내역 등의 자료를 이용하여 대출를 위한 신용등급을 평가하기 때문에 실제 상환능려력과 무관하게 낮은 신용등급을 받아 대출이 안될 수도 있다. 이러한 문제점을 해결하기 위하여 기존의 금융거래를 통한 정보를 이용하여 대출자의 신용등급을 평가하는 것 외에도 빅데이터를 추가로 활용하고 있다.

예를 들어, 영국의 신용평가 전문 스타트업 기업인 비주얼 DNA는 대출의 기초가 되는 신용평가 등급을 측정하기 위해 좋아하는 색이나 취미 등 몇 가지 질문을 하며, 이를 토대로 심리학의 성격이론과 빅데이터 분석을 결합하여 대출자의 성격 특성을 파악하고 대출금 상환의지를 측정함으로써 신용평가를 실시하여 대출기관의 부도율을 낮추고 있다.

이처럼 빅데이터를 이용한 신용평가는 자연어 처리 기술을 수반하고, 사람의 감정이나 성격 등을 추정하는 작업을 위해 인공신경망을 이용한 인공지능을 필요로 한다. 하지만 컴퓨터과학 분야에서 발전되어 오고 있는 인공지능을 빅데이터를 이용하여 신용평가에 적용할 경우 기존의 금융 및 경제학 이론에 기반한 신용평가가 아니기 때문에 비록 결과예측이 많이 향상된다 하여도 그 이유를 설명하지 못하는 단점이 존재한다.

③ 금융서비스 제공 및 이상탐지

로보어드바이저(robo-advisior)는 로봇(robot)과 어드바이저(advisor)를 합친 말로 자산관리나 투자자문을 해주는 금융서비스를 말한다. 2016년 알파고와 이세돌의 바둑 대결을 계기로 인공지능에 대한 관심이 높아짐에 따라 금융기관에서 인공지능을 이용하여 시장상황 및 투자자 성향 등을 분석하고 이를 바탕으로 투자자에게 가장 적합한 포트폴리오를 만들어주거나 자문해주는 자산관리 서비스인 로보어드바이저가 주목받게 되었다.

금융기관은 로보어드바이저와 같은 자동화된 플랫폼을 구축하고 인공지능 기술을 적용함으로써 많은 인력투입 없이 다수의 고객에게 저렴한 비용으로 투자자문 서비스를 제공하고 있다. 이외에도 챗봇을 통한 효율적 일처리로 투자자들은 쉽고 빠르게 원하는 금융서비스를 받을 수 있다.

한편, 갈수록 교모해지는 사이버 보안 위협에 대응하거나 각종 금융사고 탐지 및 내부 직원 모니터링에도 인공지능 기술이 효과적으로 적용될 수 있다. 특히 자본시장에서 발생하는 각종 거래자료를 효과적으로 모니터함으로써 이상탐지를 할 수 있다. 예를 들어, 2018년 5월 한국거래소는 의사결정나무모형을 이용한 기계학습 기반의 시장감시시스템을 구축하여 기존 시스템으로 발견되지 않았던 신종 불공정거래 유형을 탐색해 내었다고 발표하였다.

은행은 없다. 테크기업만 있다. AI날개 단 뱅크오브아메리카

■ 코로나가 '금융 AI' 가속화

230년의 역사를 가진 미국의 대표적 상업은행 뱅크 오브 아메리카(BoA)는 지난 10년간 디지털과 AI에 적극 투자해왔습니다. 핀테크 기업들의 위협이 상존하는 등 금융산업 자체의 패러다임 변화가 아날로그 기업 BoA에 끊임없는 변신을 요구했던 겁니다.

이들이 일찍 간파한 건 데이터의 중요성이었습니다. 과거 은행들은 운용자산 및 관리자산 규모가 클수록 대형 은행으로 간주했습니다. 하지만 디지털과 AI시대에는 데이터의 양과 규모가 그 은행의 비중을 드러냅니다. 데이터가 풍부해 분석거리가 많은 은행이 절대 강자입니다. BoA가 디지털과 AI 관련 특허를 확보하려고 노력한 건 바로 이런 연유에서였습니다.

그 사이 미국은 AI와 핀테크 기술이 비약적으로 발전했지만 소비자들은 디지털금융을 그다지 선호하지 않았습니다. 첵(수표)으로 결제하는 것도 보편화돼 있는 데다, 카드 결제 로그인을 요구하는 등 불편했기 때문이죠. 은행 지점도 많습니다. 2019년 세계은행 자료에 따르면 미국 인구 10만 명당 은행들의 점포수는 30개입니다. 한국 15개의 두 배가량입니다. BoA도 미국 전역에 4,300개의 소매 금융센터를 갖고 있습니다.

이런 상황에서 신종 코로나바이러스 감염증이 덮쳤습니다. 미국 은행들은 지점을 휴업하고 다시 열었다가 휴업하는 작업을 반복했습니다. 이용자들은 금융거래를 하기 위해 디지털 서비스를 이용하지 않을 수 없게 됐습니다. 미국의 소비자 금융 판도가 확 바뀌어 버린 겁니다.

■ 킬러앱 '에리카' 진가 발휘

한발 앞서 디지털 전환을 실행해온 BoA의 핵심 역량이 진가를 발휘하기 시작한 시점입니다. BoA가 지난해 판매한 금융 상품과 대출은 50%가 온라인을 경유했습니다. 2019년의 27%에서 거의 두배로 늘어난 셈입니다. 무엇보다 모바일 앱인 '에리카'의 사용이 획기적으로 늘었습니다. 에리카를 쓰는 고객은 2020년 말 기준 전년 대비 67% 증가한 1,700만 명이나 됐습니다. 고객 대응도 전년 대비 두 배인 하루 40만으로 껑충 뛰었습니다.

에리카는 2018년 BoA가 애플의 모바일 음성인식 비서 시리(Siri)를 본떠 만든 업계 최초의 금융거래 앱입니다. 이 앱을 활용하면 대화형으로 손쉽게 금융 업무를 볼 수 있습니다. 계좌 조회나 송금 등의 단순 업무에서 대출 연장, 이자 상환 등 상담원이 전담하던 업무까지 모두 다룰 수 있습니다. 계좌의 상황 조회나 월별 각종 수수료 확인 및 송금, 각종 청구서 알림 설정 등도 할 수 있습니다. 투자자문까지 해줍니다. 최근에는 재난지원금 문의나 대출 이자 연기 등이 인기 분야라고 합니다.

에리카는 고객 눈높이 서비스에 주력하지만 그만큼 빅데이터를 모으는 부수입도 올립니다. 작년 한 해 동안 새로 에리카에 가입한 고객의 25%가 만 55세 이상의 베이비 붐 세대였습니다. 이들은 BoA의 핵심 고객층이면서도 디지털뱅킹을 그동안 하지 않아 은행에서 데이터를 많이 확보하지 못한 세대였습니다. 이들이 에리카를 쓰면서 그만큼 귀중한 데이터를 확보하게 됐습니다. 또한 에리카를 통해 미국의 은행공동 결제 및 P2P(개인 대 개인) 송금앱인 '젤레(Zelle)'에 접속이 쉬워졌습니다. 가령 다른 은행 계좌에 수백달러를 송금하려면 에리카를 통해 젤레에 접속해서 보내게 됩니다. 이 과정에서 BoA는 고객들의 데이터를 수집합니다. BoA가 갖고 있는 특허에서 음성인식이나 네트워크 트래픽 분석 등 모바일 가상비서(챗봇) 에리카와 관련한 특허들이 많은 이유도 여기에 있습니다.

■ 부동산 거래·투자자만에 활용

브라이언 모이니한 CEO는 지난해 12월 9일 미국인들의 지출이 오히려 지난해보다 증가하고 있다며 놀라운 수준의 재정 회복력을 보이고 있다고 전했습니다. 이런 사실을 뒷받침하는 통계는 물론 BoA가 갖고 있는 계좌들의 현금흐름 분석을 통해서였습니다. 미국의 어떤 경제 통계 조사기관보다 정확하고 살아있는 경제 데이터를 통해 알아낸 것이죠, BoA는 그만큼 데이터 분석과 활용에 집중하고 있습니다. BoA가 금융회사의 주요 산업이라고 할 모기지(부동산담보대출)를 쉽게 할 수 있는 시스템도 이런 데이터를 기반으로 만들어졌습니다. 지난해 BoA에서 이뤄진 부동산 대출의 68%가 디지털로 이뤄졌습니다. 2019년 36%의 두 배에 가깝습니다. 고객이 은행의 모바일 앱 또는 온라인에서 모기지를 신청하면 AI를 활용하는 시스템 덕분입니다. BoA는 대출 전문가와 소통해서 대출 조건을 맞춤 형태로 만들어 잠재적으로 하루 이내에 조건부 승인을 받을 수 있도록 했습니다.

데이터를 활용해 개발한 또 다른 대표적 아이템은 IPO(기업공개)의 적정 가치를 식별하는 거래

예측시스템 '프라암(PRIAM)'입니다. 기존 IPO에서 투자자들은 주로 그 기업의 성장성과 재무실적 등을 중심으로 분석을 합니다. 하지만 프리암은 그동안 IPO에 투자한 투자자들의 투자 동향 데이터 등을 분석하고 가격 및 수량 등의 수요를 예측합니다. 이를 토대로 투자자문을 하고 있습니다. BoA가 갖고 있는 방대한 데이터가 있기 때문에 가능한 일입니다. 이것뿐 아니라 금융사기를 모니터링하고 보안을 강화하는 데서도 AI를 활용하는 사례가 늘고 있습니다.

■ 6000만 명 자문하는 맞춤형 AI

BoA가 내세우는 건 새로운 차원의 '유저 프렌들리(user friendly)' 전략입니다. AI를 충분히 활용해 사용자의 눈높이에 맞게 편리하게 다가가는 친숙한 은행으로 거듭나자는 겁니다. 우선 음성비서 에리카의 기능을 확장해 6,000만 개의 개인 맞춤 킬러 앱을 만드는 게 목표입니다. 현재 에리카는 고객 개개인의 지불능력과 사용 출처 등을 분석해 어떻게 절약하고 저축해야 하는지, 그리고 펀드에서 어디에 투자해야 할지 등에 대해 안내합니다. BoA는 여기서 한걸음 더 나아가 인생 재무 설계를 상담하고 조언하는 라이프 플랜(life plan)을 지난해 내놓았습니다. 주택구입이나 육아 등의 목표를 정하고 이를 성취하는 과정을 계속 모니터링하는 도구입니다.

과거에 은행은 고객을 유치하고 유지하기 위한 수단으로 가격과 속도 접근성을 중시했지만 이제는 개인 맞춤화와 금융 이상의 서비스를 제공하며 각종 인생 설계 상담까지 응해주는 단계로 나아가고 있습니다. 그 핵심에는 인공지능(AI)이 있습니다.

[출처: 「한국경제」, 2021. 3. 11.]
[hankyung.com]

학습내용정리

▶ 핀테크는 금융(finance)과 기술(technology)을 결합한 합성어이며, 발전단계에 따라 전통적 핀테크와 신흥 핀테크로 구분된다.

▶ 디지털기술에서는 시스템을 설계하고 제어하는 인프라 소프트웨어 기술이 중심이 되며, 대표적인 기술로서 빅데이터, 인공지능, 블록체인을 꼽을 수 있다.

▶ 핀테크는 초지능, 초연결, 대융합을 특징으로 하는 4차 산업혁명, 급속한 컴퓨터 연산능력 향상, 스마트폰 이용의 확산, 밀레니얼세대의 등장, 금융위기에 따른 대안금융의 부상 등을 배경으로 성장하였다.

▶ 주요 핀테크 서비스 분야로 비대면 종합은행업무를 수행하는 인터넷전문은행, 모바일기기 등을 활용한 간편결제 및 송금, 자금조달 및 대출, 자산운용, 금융데이터 분석 및 신용평가, 금융서비스 제공 및 이상탐지 등이 있다.

▶ 핀테크는 금융서비스의 접근성과 편리성 개선, 관련비용의 절감 등을 통해 지리적 혹은 경제적 이유 등으로 소외되어 있던 금융소비자를 포용할 수 있다. 또한 금융시장의 경쟁을 촉진하여 효율성을 증진시키고 상품 및 서비스 공급환경을 개선하는 등 금융산업의 측면에서도 긍정적이다. 반면, 핀테크는 관련 기업이 적절한 보안기준을 준수하지 않을 경우, 개인정보 유출로 인한 금융소비자 피해를 야기할 수 있으며, 이를 이용한 금융범죄 또한 증가시킬 수 있다. 금융산업의 측면에서도 발전된 기술로 일자리가 감소할 수 있으며, 복잡한 기술의 이용에 따른 운영리스크가 증가할 수 있다.

예시문제

서술형

1. 빅데이터란 무엇을 의미하며, 어떤 기술적 특징을 갖고 있는가?

2. 빅데이터 분석의 주요 방법에는 어떤 것들이 있으며, 각각은 어떤 목적으로 사용되는가?

빈칸 채우기

1. (　　　　　　)은 1960~1840년 기간에 영국에서 방적기 및 증기기관의 발명과 철도건설을 중심으로 기계에 의한 생산과 공장시스템이 도입됨으로써 기존의 농업사회가 산업사회로 전환된 사건을 말한다.

2. (　　　　　　)은 금융(finance)과 기술(technology)이 합쳐진 말로서, 이 개념은 2005년부터 있었으나 2010년대 들어 스마트폰의 대중화로 누구나 상시적으로 인터넷 접근이 가능해짐에 따라 관심을 받게 되었다.

O·X 문항

1. 기술분석은 빅데이터 분석 방법 중 약 80% 정도를 차지하고 있다.

2. 텍스트나 이미지, 동영상 등과 같은 컨텐츠를 분석하여 새로운 유행이나 패턴을 발견하는 기법은 '실시간 분석'이다.

3. 과거에 은행은 고객을 유치하고 유지하기 위한 수단으로 가격과 속도 접근성을 중시했지만 이제는 개인 맞춤화와 금융 이상의 서비스를 제공하며 각종 인생 설계 상담까지 응해주는 단계로 나아가고 있다.

14

금융소비자보호

1 금융소비자보호의 개요

2 금융소비자 보호를 위한 장치

3 금융소비자의 금융역량 제고

4 금융소비자보호 관련 주요 이슈

학습개요

본 장에서는 금융소비자보호법의 주요 내용과 금융소비자의 권리에 대하여 알아본다. 또, 금융소비자 보호와 피해구제에 관한 장치 및 금융소비자의 역량을 높이는 방안에 대해서도 알아본다.

학습목표

- 금융소비자의 권리에 대해 이해하고 설명할 수 있다.
- 금융소비자보호를 위해 금융회사가 준수할 내용에 대해 이해하고, 금융피해를 입었을 때 구제방법을 알고 이용할 수 있다.
- 금융교육을 받을 수 있는 기회를 넓히고, 금융정보를 제공받아 금융생활에 활용할 수 있다.
- 개인정보보호에 대한 인식을 높이고, 금융사기 피해를 예방할 수 있다.

1 금융소비자보호의 개요

1 금융소비자보호법

금융소비자보호의 필요성

금융시장에서는 금융회사가 금융상품을 판매하고 금융소비자는 이를 이용하는 금융거래가 일어난다. 이 때 금융회사와 금융소비자 간의 금융거래는 공정하게 이루어져야 한다. 그러나 금융회사는 금융상품의 구조와 금융시장의 상황에 대해 금융소비자보다 많은 정보를 가지고 있고 금융거래 조건을 결정하는 교섭력도 금융소비자보다 우위에 있는 것이 일반적이다. 따라서 상대적으로 열위에 놓인 금융소비자를 보호하는 장치를 마련하여 금융거래가 공정하게 이루어질 수 있도록 할 필요가 있다. 뿐만 아니라, 금융회사가 우월적 지위를 남용하여 금융소비자에게 피해가 발생할 경우 금융회사에 대한 신뢰가 무너져 금융 산업과 금융 시장 전체에 부정적인 영향을 미칠 수 있으므로 금융소비자보호는 전체 금융시스템의 안정을 위해서도 필요하다. 또한, 금융기술의 발달에 따라 새로운 금융상품이 등장하고 금융거래 환경이 급속하게 변화하고 있다. 반면, 금융소비자의 금융역량은 이에 미치지 못할 뿐만 아니라 고령, 자산·소득 부족, 금융지식 부족 등으로 금융시장에서 소외되는 금융소비자도 늘어나고 있다. 금융 기술이 발달하면서 금융거래의 방식이나 금융시장의 환경도 변화하기 때문에 금융소비자를 보호하는 방법도 진화할 필요가 있다.

금융소비자보호법의 개요

금융시장에서 건전한 금융거래가 이루어지기 위해서는 금융소비자의 피해를 예방하거나 구제하는 금융소비자보호 체계가 실효성 있게 확보되어야 한다. 이를 위해 2020년 3월 금융 소비자보호에 관한 법률(이하 '금융소비자보호법')이 제정되어 2021년 3월부터 시행된다. 이 법에서는 금융소비자의 권익 증진과 건전한 시장질서 구축을 위하여 금융 상품 판매업자등의 영업에 관한 준수사항, 금융소비자의 권익보호를 위한 금융소비자 정책, 금융 분쟁 조정절차 등에 관한 사항을 정하고 있다. 금융소비자보호법에서 금융소비자[1]는 금융상품판매업자 등이 제공하는 금융상품을 이용하는 소비자를 의미한다. 금융소비자보호법에서는 모든 금융상품을 예금성 상품, 투자성 상품, 보장성 상품 및 대출성 상품으로 재분류하고 있다. 예금성 상품은 은행 예금 등 원금이 보장되며 이자수익이 발생하는 상품이고, 투자성 상품은 펀드 등 원금이 보장되지 않으며 투자손익이 발생하는 상품이다. 보장성 상품은 보험료를 납입하고 장래 보험사고가 발생할 경우에 보험금을 받는 상품이며, 대출성 상품은 먼저 금융회사 등에서 돈을 빌려 사용한 후원금과 이자를 추후에 상환하는 상품이다. 또한, 금융소비자보호법에서 금융상품 판매업자등(이하 '금융회사')은 은행, 보험사 등과 같이 금융소비자에게 직접 금융상품을 판매하는 직접판매업자, 보험설계·중개사 등과 같이 금융상품 판매를 중개하거나 금융회사의 위탁을 받아 판매를 대리하는 판매대리·중개업자, 금융소비자가 자신에게 적합한 상품을 구매할 수 있도록 자문을 제공하는 자문업자로 재분류된다. 이는 금융소비자 입장에서 금융상품 및 판매행위를 재분류하여 동일한 기능에 대해 동일하게 규제하는 체계를 도입하기 위한 것이다. 또한, 금융소비자보호법은 금융소비자에게 사전 정보제공을 강화하고, 금융상품 판매행위를 규제하며, 금융소비자의 사후 권리구제를 강화하는 등 금융소비의 다양한 과정에서 금융소비자를 보호하는 체계를 갖추고 있다.

2 금융소비자의 권리

금융소비자의 권리와 책무

금융소비자보호법은 금융소비자의 권익을 증진하기 위해 금융소비자의 기본

1 금융상품에 관한 계약의 체결 또는 계약 체결의 권유를 하거나 청약을 받는 것에 관한 금융상품판매업자 등의 상대방을 말한다.

적 권리를 규정하고 있다. 금융소비자는 금융회사의 위법한 영업행위로 인한 재산상 손해로부터 보호받을 권리, 금융상품을 선택하고 소비하는 과정에서 필요한 지식 및 정보를 제공받을 권리 그리고 금융상품의 소비로 인하여 입은 피해에 대하여 신속·공정한 절차에 따라 적절한 보상을 받을 권리가 있다. 뿐만 아니라, 금융소비생활에 영향을 주는 국가 및 지방자치단체의 정책에 대하여 의견을 반영시킬 권리와 금융소비자 스스로의 권익을 증진하기 위하여 단체를 조직하고 이를 통하여 활동할 수 있는 권리도 있다. 또, 금융 소비자는 합리적인 금융 소비 생활을 위하여 필요한 교육을 받을 권리가 있다. 또한, 금융소비자보호법에서는 금융소비자의 책무도 정하고 있다. 금융소비자는 금융회사와 더불어 금융시장을 구성하는 주체임을 인식하여 금융상품을 올바르게 선택하고, 금융소비자의 기본적 권리를 정당하게 행사해야 한다고 규정하고 있다. 뿐만 아니라, 금융소비자는 스스로의 권익을 증진하기 위하여 필요한 지식과 정보를 습득하도록 노력하여야 한다는 점도 분명히 하고 있다.

국가와 금융회사의 역할

금융소비자보호법에서는 국가와 금융회사가 금융소비자의 권리를 보장하기 위한 역할도 규정하고 있다. 국가는 금융소비자의 권익 증진을 위한 시책 수립·실시, 관련 법령 제·개정, 필요한 조직 운영 및 금융소비자의 조직 활동 지원 등을 해야 한다. 그리고 금융회사는 공정한 금융환경 조성, 재산피해 예방조치, 공정한 거래, 금융상품 정보 제공 및 개인정보 보호 등의 책무를 다해야 한다.

"금소법 도입으로 금융사 비용 급증할 것…장기적으론 긍정적"

금융소비자보호법(금소법)이 이달 25일부터 본격적으로 도입된 가운데 금소법 영향으로 인한 비용 발생은 필연적이고 서비스 공급에 불편을 초래할 가능성이 커졌다고 전문가들은 말한다.

다만 금소법 도입이 단기적으로는 금융업종에 부정적이지만 장기적으로는 경쟁강도가 완화되고, 정부의 가격 규제 빈도가 줄어들면서 긍정적 효과를 기대할 수 있다고 말한다.

키움증권 서영수 연구원은 26일 "금소법 도입 이후 소비자보호 마련을 위해 금융회사의 비용이 향후 크게 늘어날 것"이라고 전망했다. 이어 "가격 전가가 어려울 경우 서비스 공급이 줄어들 것이며 소비자보호 마련을 위한 장치 강화로 서비스 불편 초래와 함께 금융혁신이 퇴보될 수 있다"고 우려했다.

서 연구원은 금소법 도입이 자산시장과 금융산업 구조 변화의 계기로 작용할 것으로 전망하고 있다. 그는 "선진국과 같이 금융회사의 자발적인 약탈적 대출에 대한 규제 강화로 대출 한도 축소, 금리 상승 등이 가속화될 것"이라며 "신용 증가로 인하여 발생했던 부동산 및 주식시장 자금 유입이 축소, 반전의 계기로 작용할 수 있다"고 지적했다.

하지만 장기적으로는 은행업종에 긍정적인 영향을 줄 수 있다고 말한다. 서 연구원은 "은행(지주) 업종은 단기적으로 부정적이지만 장기적으로는 경쟁강도가 완화되고, 정부의 가격 규제 빈도가 줄어드는 긍정적인 측면이 더 크다"고 전망했다.

그는 "대출 성장보다 가격 인상을 통한 수익 증가는 금융회사의 배당 여력을 높일 수 있다는 점에서 주목할 필요가 있다"며 "업종 내에서는 소비자 보호 여력이 많고, 위탁중개 비중이 높은 증권사를 보유한 대형금융지주가 유리하며 채무상환능력이 낮은 고객 비중이 많은 지방은행지주가 상대적으로 불리할 것"이라고 내다봤다.

[출처: 쿠키뉴스, 2021. 03. 26]
[https://www.kukinews.com/newsView/kuk202103260031]

2 금융소비자 보호를 위한 장치

금융소비자 보호를 위한 장치는 크게 사전적 예방조치와 사후적 구제장치로 구분할 수 있다. 사전적 예방조치는 금융소비자가 금융회사와 거래할 때 발생하는 위험요소를 없애기 위해 금융거래 관행과 제도를 합리적으로 개선하고 금융거래의 안전성을 확보하는 것이다. 구체적으로 금융회사의 영업행위 규제, 공시의무 부과 그리고 금융교육 등을 통한 금융소비자의 금융역량 제고 등이 있다. 사후적 구제장치는 금융소비자의 불만을 해소하고 피해를 구제하는 것으로서 금융민원 처리 및 분쟁조정, 손해배상책임, 예금자보호제도 등이 있다. 「은행법」, 「자본시장과 금융투자에 관한 법률」, 「보험업법」 등 각 금융업법과 「금융회사의 지배구조에 관한 법률」, 「개인정보보호법」 등 각 기능별 법률에서는 금융회사의 영업행위 또는 건전성 등에 대한 규제를 통해 직·간접적으로 금융소비자를 보호하는 장치를 마련하고 있다. 따라서 이들 법률에서 금융소비자 보호에 관하여 특별히 정하는 경우에는 이들 법에 따르고, 별도로 정한 바가 없는 경우에는 금융소비자 보호에 관한 기본법인 금융소비자보호법을 적용한다. 여기에서는 금융소비자보호법에서 규정하고 있는 금융상품 판매행위 규제와 금융피해구제에 대하여 설명한다.

1 금융상품 판매행위 규제

금융소비자보호법에서는 금융상품을 판매하는 금융회사의 영업행위를 규제하여 금융소비자의 피해를 예방하거나 보상받을 수 있도록 하고 있다. 금융소비자는 금융상품을 이용하면서 금융회사가 영업행위 준수사항을 이행하는지 확인하여 불완전판매의 피해를 입지 않도록 해야 한다. 금융회사가 시켜야 할 금융상품 유형별 영업행위 준수사항은 적합성 원칙, 적정성 원칙, 설명의무, 불공정영업행위의 금지, 부당권유행위 금지 그리고 금융상품 등에 관한 광고 관련 준수사항 등이다.

적합성 원칙

금융회사가 금융소비자와 금융상품의 계약 체결(또는 자문)을 하려면 먼저 금융소비자를 전문금융소비자 또는 일반금융소비자[2]로 구분해야 한다. 적합성 원칙은 일반금융소비자에게 적용되는데, 금융회사가 금융소비자에게 금융상품 계약 체결을 권유할 때 금융소비자의 재산 상황, 투자경험(투자성 상품의 경우), 신용 및 변제계획(대출성 상품의 경우) 등을 고려하여야 한다는 원칙이다. 일반금융소비자에게 적합하지 않은 금융상품을 권유해서는 안 된다. 예를 들어, 위험성향이 낮은 금융소비자에게 위험등급이 높은 금융상품을 권유해서는 안 되고, 대출 상품을 권유하는 경우에는 금융소비자의 신용이나 변제계획을 고려해야 한다.

적정성 원칙

적정성 원칙은 금융회사가 금융상품을 권유하지는 않지만 일반금융소비자가 스스로 금융상품을 선택할 경우에 적용되는 원칙이다. 이 경우에도 금융소비자의 재산 상황, 투자 목적과 경험 등에 관한 정보를 파악하여 금융소비자에게 적정하지 않은 금융상품이라고 판단되면 그 사실을 금융소비자에게 알려야 한다.

설명 의무

설명의무는 금융회사가 금융소비자와 금융거래계약을 체결할 때 금융상품을 충분히 이해하고 중요사항을 설명해야 하는 금융회사의 의무이다. 이때 중요사항을 거짓, 왜곡, 누락하여 설명해서는 아니 된다. 금융소비자가 이해할 수 있도록 설명해야 하고, 금융소비자가 이해하였다는 것을 확인받고, 핵심설명서를 교부하여야 한다. 중

2 전문금융소비자는 국가나 한국은행, 금융회사 등 전문성이 있고 자산규모가 큰 금융소비자를 말하고, 일반금융소비자는 전문금융소비자가 아닌 소비자로서 개인이나 기업 등을 포함한다.

요사항은 <표 14-1>과 같다. 금융소비자는 금융회사의 설명과 제공된 정보를 통해 금융상품을 잘 이해하고 나서 서류에 서명하도록 한다.

| 표 14-1 | 금융소비자가 알아야 하는 중요사항

금융상품의 종류	중요사항
예금성 상품	예금성 상품의 내용, 이자율, 수익률 등
투자성 상품	투자성 상품의 내용, 투자에 따른 위험, 위험등급, 수수료 등
보장성 상품	보장성 상품의 내용, 보험료, 보험금지급제한 사유 및 지급절차, 위험보장의 범위, 위험보장 기간 등
대출성 상품	대출성 상품의 내용, 상환방법, 담보, 대출계약으로 인한 부담총액, 계약해지사항 등
제휴 상품	연계·제휴서비스 등의 내용, 연계·제휴서비스 등의 이행책임에 관한 사항, 연계·제휴서비스 등의 제공기간 등
금융소비자보호사항	청약 철회의 기한·행사방법·효과에 관한 사항

불공정영업행위 금지

불공정영업은 금융회사의 우월적 지위를 이용하여 금융소비자의 권익을 침해하는 영업행위를 말한다. 금융회사는 금융소비자가 대출받을 때 원하지 않는데도 다른 금융상품을 계약 하도록 강요하거나(구속성 상품 또는 끼워팔기) 부당한 담보·연대보증 요구 또는 대출금 상환방식 강요, 부당한 중도상환수수료 부과 등을 해서는 안 된다. 또, 업무와 관련하여 편익을 요구·제공받거나 연계·제휴서비스를 부당하게 축소·변경해서는 안 된다.

부당권유행위 금지

부당권유는 금융소비자가 금융상품을 오인하거나 잘못 이해할 수 있도록 하는 행위를 말한다. 금융회사는 불확실한 사항에 대하여 단정적 판단을 제공하거나 금융소비자가 확실하다고 오인하게 할 소지가 있는 내용을 알려서는 안 되고, 금융상품의 내용을 사실과 다르게 알려서도 안 된다. 또, 금융상품의 가치에 중대한 영향을 미치는 사항을 알리지 않거나 객관적인 근거 없이 다른 금융상품과 비교해서도 안 된다. 이 뿐만 아니라, 추가적으로 금지되는 행위도 있다. 보장성 상품의 경우에는 금융소비자의 계약전 알릴의무(고지의무)[3]를 방해 또는 알리지 않거나 부실하게 알리도록 권유해서는 아니 된다. 예를 들어, 금융소비자가 질병이 있는 경우 보험상품을 계약할 수 없는 경우가 있지만, 보험설계사가 실적을 높이기 위해 금융소비자가 고지의무를 이행하지 않도록 유도하여 계약체결을 성사시키는 경우가 이에 해당된다. 금융소비자는 고지의무 불이행으로 보험금을 지급받지 못하게 될 수도 있다. 투자성 상품의 경우에는 금융소비자가 원하지 않는 방문·전화를 하거나 계약체결을 거절하였는데도 계속 권유해서는 아니 된다. 적합성·적정성 원칙과 관련하여 금융소비자가 자신의 정보를 조작하도록 유도하는 행위와 금융소비자가 적합성 원칙의 적용을 원치 않는다는 동의를 받는 행위도 해서는 안 된다.

광고 규제

금융소비자가 금융상품의 내용을 오해하지 아니하도록 명확하고 공정하게 전달하여야 한다. 광고에는 금융상품 설명서 및 약관을 읽어볼 것을 권유하는 내용과 금융회사의 명칭과 금융상품의 내용을 반드시 포함하여야 한다. 보장성 상품의 경우 보험료 등이 인상되거나 보장내용이 변경될 수 있다는 내용, 투자성 상품의 경우 투자에 따른 위험과 과거의 운용실적이 미래의 수익률을 보장하는 것이 아니라는 내용, 예금성 상품의 경우 만기지급금 등을 예시하여 광고하는 경우에는 해당 예시된 지급금 등이 미래의 수익을 보장하는 것이 아니라는 내용 그리고 대출성 상품의 경우 대출조건 등이 표시되어야 한다. 또한 광고에서 대리·중개업자 또는 연계·제휴서비스업자 등을 부각시켜 소비자가 직접 판매업자로 오인하게 만드는 것은 금지된다.

---

3 보험계약을 하는 경우 보험소비자는 건강상태나 연령 등을 보험회사에 알려야 하는데 이를 고지의무라고 한다. 보험회사는 소비자가 알려준 정보를 바탕으로 보험계약의 체결 여부와 보험료를 결정한다.

|표 14-2| 금융상품 판매행위 규제(6대 판매원칙)의 주요 내용

적합성 원칙 (금융회사의 권유가 있는 경우)	고객정보를 파악하고, 부적합한 상품은 권유 금지
적정성 원칙 (금융회사의 권유가 없는 경우)	고객이 청약한 상품이 부적합할 경우 그 사실을 고지
설명의무	상품 권유 시 또는 소비자 요청 시 상품의 중요사항을 이해할 수 있도록 설명
불공정영업행위금지	금융회사의 우월적 지위를 이용한 부당요구(중도상환수수료 부과, 개인 연대보증 요구 등) 금지
부당권유행위 금지	불확실한 사항에 단정적 판단을 제공하는 행위 등
광고 규제	광고 내용 필수 포함사항 및 금지행위

판매행위 규제위반의 제재

금융회사가 판매행위 규제를 위반한 경우 금융소비자는 위법계약해지권을 행사할 수 있고, 금융당국은 금융회사에 대하여 판매제한명령, 징벌적 과징금 및 과태료 부과를 할 수 있다. 또한 설명의무 위반에 따른 손해배상청구소송에서 고의·과실의 입증책임을 금융회사에게 지우고 있다. 금융회사가 판매원칙을 위반한 경우 금융소비자는 일정 기간 내에 해당 계약에 대한 해지 요구를 할 수 있고, 이에 대해 금융회사가 정당한 사유를 제시하지 못하는 경우에는 금융소비자가 일방적으로 계약을 해지할 수 있다. 금융당국은 금융소비자의 재산상 현저한 피해가 발생할 우려가 있다고 명백히 인정되는 경우에는 금융상품 계약체결 제한·금지를 명령하여 금융상품 판매과정에서 금융소비자의 피해가 가시화되거나 확대되는 것을 미연에 방지할 수 있다. 또한 설명의무, 불공정영업행위 금지 등 6대 판매원칙을 위반한 경우에는 해당 금융상품 판매로 얻은 수입 등의 50%까지 징벌적 과징금, 1억 원 이하 또는 3천만 원 이하의 과태료를 부과할 수 있다.

> **확대보기**
>
> **청약철회권**
>
> 금융소비자의 선택권을 확대하기 위한 청약철회권이 보장되고 있다. 금융소비자가 금융상품 계약을 철회하는 경우 금융회사는 이미 받은 금전·재화 등을 반환하여야 한다. 청약철회권은 대출성·보장성 상품에 원칙적으로 모두 적용되고, 투자성 상품의 경우에는 비금전신탁계약, 고난도 펀드·금전신탁계약·투자일임계약에 적용된다. 대출성 상품은 14일 이내, 보장성 상품은 15일 이내 그리고 투자성 상품은 7일 이내에 행사할 수 있다.

2 금융소비자 피해 구제

금융소비자가 금융거래와 관련하여 손해를 입은 경우 금융거래의 당사자인 금융소비자와 금융회사 간에 직접 해결하는 것이 바람직하다. 금융소비자는 금융회사의 소비자불만 접수 창구를 통해 이의를 제기하고, 금융회사의 대응으로 피해를 구제하는 방안을 찾는 것이 일반적이다(1단계). 그러나 당사자 간의 해결이 원만하지 않은 경우에는 금융민원과 금융분쟁조정이라는 피해구제 방법이 있다. 금융민원은 주로 금융감독원에 신청하지만 한국소비자원, 금융협회, 소비자단체를 이용하기도 한다. 금융분쟁조정은 금융감독원을 통해 금융거래 당사자의 합의를 이끌어 내는 방법이다(2단계). 이후에도 해결이 되지 않을 경우에는 소송을 제기하여 재판을 통해 구제받는 방법도 있다(3단계). 소송을 제기하면 시간과 비용이 많이 들기 때문에 금융민원이나 금융분쟁조정의 방법을 이용하는 것이 도움이 된다.

금융민원

금융소비자는 금융회사의 업무와 관련한 질의, 건의, 요청, 이의신청, 정보, 고발 등에 관한 민원을 금융감독원에 제기할 수 있다. 금융위원회와 금융감독원이 운영하는 e-금융민원센터(https://www.fcsc.kr) 또는 전화(1332)를 이용하거나 금융감독원 금융민원센터를 방문하여 상담 또는 민원을 접수할 수 있다. 금융민원센터는 은행, 금융투자회사, 보험회사, 카드회사, 상호저축은행, 신용협동조합, 신용정보회사 등과 관련된 금융민원을 모두 처리한다. 그러나 우체국과 관련된 민원은 우정 사업본부, 새마을금고와 관련된 민원은 새마을금고중앙회, 등록된 대부업자에 대한 민원은 관할 시·도 등 지방자치단체에서 처리한다. 금융민원은 원칙적으로 14일 이내에 처리된다. 단, 분쟁조정이 필요한 민원은 30일 이내, 분쟁조정위원회의 조정결정이 필요한 민원은 60일 이내에 처리된다. 이 기간에는 서류 보완, 사실관계 조사 등의 시간과 공휴일 및 일요일이 제외된다.

확대보기

어떤 금융민원이 제기되나?

금융감독원에 접수된 금융민원은 2020년 상반기에만 4만 6천여 건으로 전년 동기(2019년 상반기 4만여 건)보다 15.0% 증가하는 등 매년 금융민원이 증가하고 있다. 보험회사와 관련된 민원이 절대적으로 많지만 특히, 은행과 금융투자회사와 관련된 민원이 30.7%와 83.2% 각각 증가하였다. 보험회사의 경우에는 보험금의 산정과 지급에 관한 민원이 많았고, 은행과 금융투자회사의 경우에는 코로나19로 인한 경제적 어려움 때문에 대출거래 관련 민원(예: 대출만기연장, 상환유예, 금리인하요구 등)과 펀드 환매지연이나 WTI원유선물 연계상품 관련 민원이 많았다. 금융소비자는 금융상품을 선택할 때에 금융회사의 설명을 충분히 듣고 그 내용을 잘 이해하는 것이 중요하다.

그림 14-1 금융회사 권역별 민원 건수와 비중(2020년 상반기)

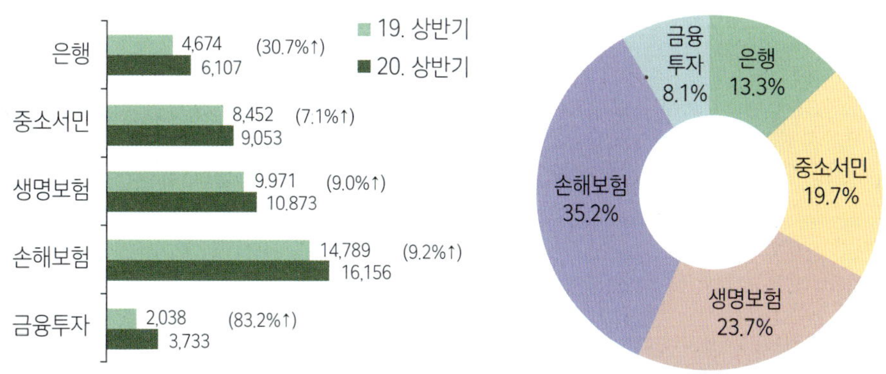

출처: 금융감독원. 2020년 상반기 금융민원 동향(보도자료, 2020.9.15.)

금융분쟁조정

금융분쟁조정은 금융소비자와 금융회사가 금융거래와 관련한 분쟁이 있을 경우 금융감독원이 당사자에게 조정 의견을 제시하고, 당사자가 수락하여 합의하도록 하는 금융소비자 피해구제 방법이다. 금융거래와 관련한 분쟁은 금융소비자의 권리·의무 또는 이해관계가 발생하는 경우 금융회사를 상대로 제기하는 것을 말한다. 이러한 금융분쟁의 조정에 관한 사항을 심의·의결하기 위하여 금융감독원 내에 금융분쟁조정위원회라는 법적 기구를 두고 있다. 금융분쟁조정위원회는 30인 이내로 구성되는데 판·검사·변호사, 소비자보호단체의 임원, 금융회사와 금융관계기관에서 15년 이상 근무경력이 있는 자, 금융전문가, 전문의 등으로 구성된다. 금융분쟁의 당사자가 금융분쟁조정위원회의 조정결정을 수락하면 재판상의 화해와 같은 효력이 발생되므로 그 결과를 이행하지 않을 경우 강제 집행할 수 있고 당사자는 소송을 제기할 수 없게 된다.

그림 14-1 **금융분쟁조정 절차**

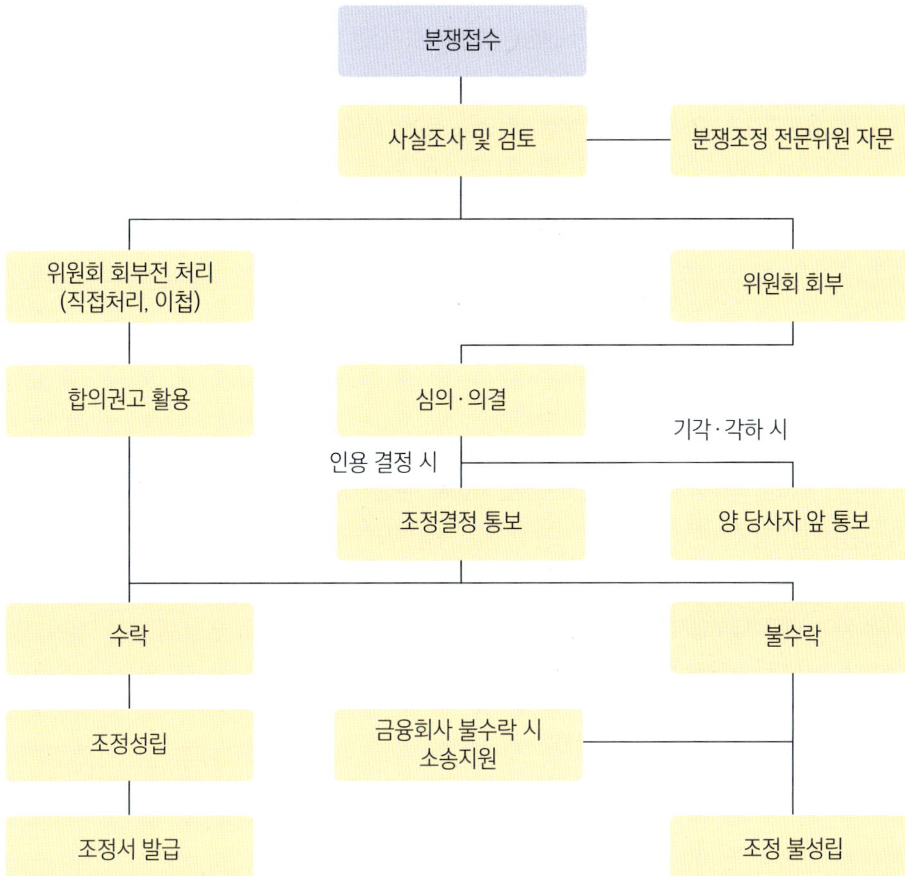

출처: 금융감독원 금융소비자보호처(http://consumer.fss.or.kr)

확대보기

금융소비자의 권리구제 강화

분쟁조정이 진행되는 중에 금융회사가 법원에 소송을 제기하면 조정절차가 중지된다. 이러한 점을 이용하여 금융회사는 불리한 조정결정이 예상되면 소송을 제기하여 분쟁조정제도를 무력화하는 사례가 있었다. 이를 방지하고 분쟁조정·소송 과정에서 금융소비자의 정보접근을 보장하기 위한 장치가 금융소비자보호법에 새로이 마련되었다.

- 소송중지제도: 분쟁조정이 신청된 사건에 대하여 소송이 진행 중일 경우 법원이 그 소송을 중지할 수 있는 제도이다.
- 조정이탈금지제도: 금융소비자가 신청한 소액분쟁(2천만 원 이내)은 분쟁조정이 완료될 때까지 금융회사가 소송을 제기하지 못하도록 하는 제도이다.
- 자료열람요구권: 금융소비자가 분쟁조정·소송 등에 대응할 목적으로 금융회사가 유지·관리하는 자료를 열람하도록 요구하면 금융회사는 이에 응해야 한다. 다만, 금융회사의 영업비밀을 현저하게 침해할 우려가 있는 경우에는 거절·제한된다.

확대보기

소송지원제도

금융소비자의 손해가 금융분쟁조정으로도 원만히 해결되지 않을 경우, 민사소송을 제기할 수 있다. 금융분쟁조정위원회가 제시하는 조정 의견을 금융회사가 부당하게 거부하면 금융분쟁조정위원회는 금융소비자의 소송비용을 지원하도록 의결하여 금융감독원이 금융소비자의 소송비용을 지원하게 된다. 한편, 대부업자로부터 법정 최고금리(24%, '21.7월부터 20%로 인하)를 넘는 대출을 받아 불법추심으로 피해를 입은 경우에는 법률구조공단의 변호사를 선임하여 무료로 법률서비스를 받을 수 있다.

3 금융소비자의 금융역량 제고

1 금융 교육

금융교육의 필요성

금융소비자가 금융상품을 제대로 선택하여 활용할 수 있으려면 금융역량(financial capability)을 갖추어야 한다. 이를 금융이해력(financial literacy)이라고도 하며, 금융소비자가 합리적인 금융생활을 하는 데 필요한 금융지식, 건전한 금융생활을 위해 바람직한 금융태도 및 금융행위를 말한다. 금융감독원과 한국은행은 2014년부터 2년마다 공동으로 전 국민 금융이해력 조사를 실시해 왔는데, OECD 산하 금융교육 국제 협의체인 INFE[4]가 제정한 기준에 따라 우리나라 성인(18세~79세)을 대상으로 금융이해력 수준을 측정하고 있다. 2022년 기준 전국민 금융이해력 조사 결과 성인의 금융이해력 점수는 66.5점(100점 만점 기준)인데, 이는 OECD가 제시한 최소 목표점수(66.7점)와 유사한 수준이다. 금융이해력 차원별 점수는 금융지식 차원이 75.5점으로 가장 높으며, 금융행위 차원은 65.8점, 금융태도 차원은 52.4점이다. 연령별로 금융이해력 점수를 살펴보면, 30~50대의 금융이해력 점수가 높은 편이고, 18~29세의 금융이해력은 70대의 금융이해력 다음으로 낮은 편이다. 또한 성별을 기준으로 살펴보면 금융지식 차원에서는 남성의 점수가 여성의 점수에 비해 높으나, 금융행위와 금융태도 차원에서는 여성의 점수가 약간 높다. 20대와 고령층의 금융이해력 점수는 과거 조사에서도 다른 연령에 비해 낮게 평가되어 온 것을 볼 때, 금융소비자의 금융역량을 높이기 위해서는 생애주기별 맞춤형의 실용적인 금융교육을 실시할 필요가 있다.

4 INFE(International Network on Financial Education): 경제·금융교육 관련 국가 간 정부 교환 및 국제표준(모범사례) 개발 등을 목적으로 2008년 5월 설립되었다.

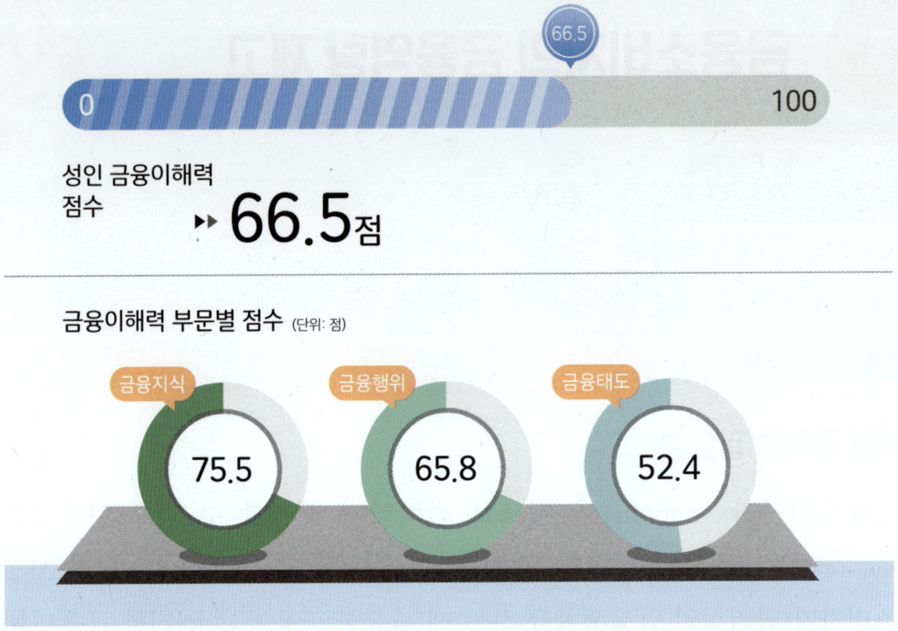

출처: 한국은행 & 금융감독원, '2022년 전 국민 금융 이해력 조사'

금융 교육의 실태

금융교육은 학교와 사회에서 이루어지고 있다. 학교에서의 금융교육은 학생들이 조기에 경제나 금융에 대한 올바른 인식과 관심을 가질 수 있도록 하는 데 큰 의의가 있다. 초·중·고등학교에서는 사회와 실과(기술·가정) 과목에 금융 내용이 일부 포함되어 있으며, 금융감독원은 전국의 초·중·고교와 금융회사 간 결연을 통해 학교에서 체계적·지속적으로 금융교육 을 실시하는 '1사 1교 금융교육' 프로그램을 운영하고 있다. 또한 '대학생을 위한 실용금융' 강좌를 개설하는 대학에 강의 교재 및 강사 등을 지원하는 등 체계적인 교육을 실시하고 있다. 사회에서의 금융교육은 주로 금융회사와 직장, 지역사회 교육기관 등을 통해 실시된다.

금융감독원은 초·중·고·대학교뿐만 아니라 교사, 성인 등 다양한 대상을 위한 교육과 금융강사를 육성하는 사업을 하며 금융감독원 금융교육센터(www.fss.or.kr/edu)를 운영하고 있다. 서민금융진흥원 금융교육포털(www.edu.kinfa.or.kr)은 대출이용자 교육과 미소금융, 햇살론 교육 등의 정보를 제공하고, 전국투자자교육협의회(www.kcie.or.kr)는 투자판단능력 향상과 재무 설계에 도움을 주는 교육을 위주로 운영되고 있다. 또한 경제교육지원법에 따라 전국 15개 지역 경제교육센터에서 금융교육을 포함한 경제교육이 실시되고 있다. 금융소비자보호법에서 정부가 금융교육을 위한 재정지원과 추진체계를 갖추도록 함에 따라 2009년부터 정부부처와 금융교육 유관기관들의 협의체 역할을 해왔던 금융교육협의회가 법적 기구로 전환되었다. 이 협의회는 금융위원회, 공정거래위원회, 기획재정부, 교육부 등 8개 정부부처 소속 고위공무원과 금융감독원 소비자보호 담당 부원장을 위원으로 하여 우리나라 금융교육의 추진·평가, 제도 개선에 관한 사항을 심의·의결한다. 학교, 사회 및 정부의 금융교육뿐만 아니라 가정에서의 금융교육도 무엇보다도 중요하다. 소비와 금융생활이 가정에서 시작되고, 부모가 자녀에게 심어주는 금융에 대한 인식은 자녀가 건전한 사회인으로 성장할 수 있는 가치관 형성에 중요한 역할을 하기 때문이다.

적용하기

금융감독원의 '금융교육센터'

금융감독원의 금융교육센터 홈페이지(https://www.fss.or.kr/edu)를 활용해 보자. 금융교육교재, 동영상 등 다양한 금융교육콘텐츠를 이용할 수 있다. 또한 금융감독원의 현장 금융교육과 더불어 범 금융권에서 실시 중인 여러 금융교육 프로그램을 한눈에 파악할 수 있다.

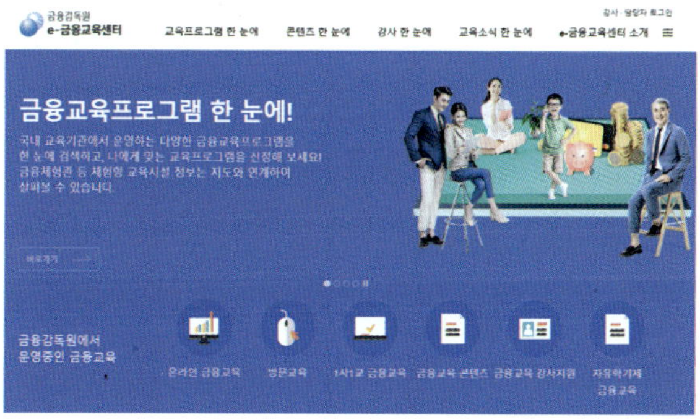

2 금융 정보의 제공

금융 정보의 필요성

금융소비자가 금융상품을 선택하거나 금융거래의 의사결정을 한 경우 그 결과는 장기간에 걸쳐 나타나게 되고 경제적 효과가 불확실하다. 뿐만 아니라, 개별 금융소비자의 재무상태, 금융이해력 수준, 위험에 대한 태도, 생애주기 단계별 재무목표에 따른 자금 조달과 운용 계획 등에 따라 금융상품 선택이나 금융거래의 의사결정 효과는 다르게 나타날 수 있다. 그리고 금융소비자가 금융지식을 갖추었다고 하더라도 빠른 금융기술의 변화로 인해 금융거래를 하기 위해서는 최신의 정보가 필요하다. 따라서 금융소비자는 금융정보를 충분히 이해하고 활용할 수 있어야 한다. 이를 위해서는 금융소비자의 이해력 수준과 활용 능력을 감안하여 충분성, 실효성, 객관성 및 공공성 등을 갖춘 금융정보를 제공할 필요가 있다. 그리고 최신의 정보가 지속적으로 제공되어야 금융소비자가 금융역량을 제대로 발휘할 수 있게 된다.

금융 정보의 제공 현황

금융정보 공시는 금융소비자에게 사전에 충분한 금융정보를 제공함으로써 금융소비자의 선택권을 보장하는 제도이다. 금융정보에 관한 공시는 개별공시와 비교공시로 나눌 수 있다. 개별공시는 개별 금융회사가 주체가 되어 해당 금융상품에 관한 정보를 금융소비자에게 제공하는 것이고, 비교공시는 해당 금융권역에 속한 전체 금융회사들의 금융상품 정보를 종합·비교할 수 있도록 제공하는 것이다. 금융소비자보호법에서는 금융소비자가 금융상품의 주요 내용을 알기 쉽게 비교할 수 있도록 금융상품의 유형별로 금융상품의 주요 내용을 비교하여 공시하도록 하고 있다. 금융상품의 주요 내용에는 금융소비자의 계약 체결 여부 판단에 중요한 영향을 줄 수 있는 사항(이하 '비교항목')으로서 이자율, 보험료, 수수료 또는 기타사항을 포함한다. 비교공시의 내용은 ① 금융소비자가 필요로 하는 정보를 간단명료하게 전달하고, ② 보통의 주의력을 가진 일반적인 금융소비자가 알기 쉽도록 하며, ③ 내용의 정확성·중립성·적시성을 유지하고, ④ 일관되고 통일된 기준에 따라 산출된 정보여야 한다. 그리고 ⑤ 일반금융소비자가 비교공시 내용의 신뢰성 및 유용성을 확보하는 데 필요한 사항이어야 한다.

적용하기

금융감독원 금융소비자 정보포털 파인

금융소비자 정보포털 파인(http://fine.fss.or.kr)을 활용해 보자. 파인(FINE, Financial Information NEtwork)은 금융소비자를 위하여 금융상품 거래단계별 핵심정보와 은행·카드, 보험·증권, 연금, 소비자보호, 금융꿀팁, 서민·중소기업, 금융회사 관련 정보 등 금융소비자에게 유용한 정보를 종합하여 제공한다.

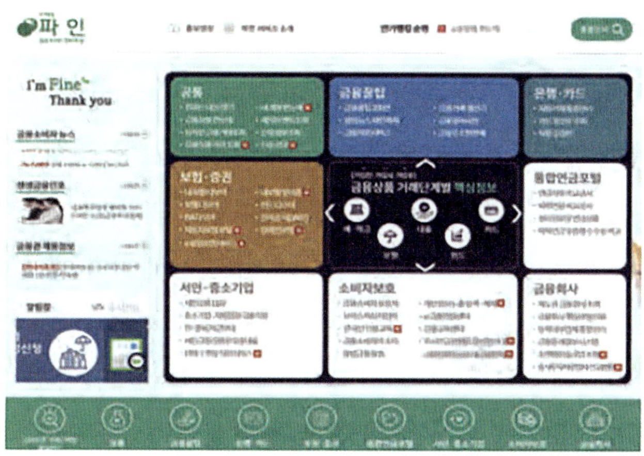

4 금융소비자보호 관련 주요 이슈

1 개인정보 보호

개인 정보의 중요성과 보호 체계

개인정보는 특정 개인에 관한 것으로서 그 개인을 식별할 수 있는 정보이며, 전자상거래, 고객관리, 금융거래 등을 위한 필수적인 요소이다. 그러나 개인정보가 다른 사람에 의해 부정적으로 이용되거나 유출될 경우 개인의 안전과 재산에 피해를 줄 수 있다. 개인에게 원치않는 광고성 정보가 끊임없이 전송되거나 각종 범죄행위에 악용될 우려도 있다. 또한 4차 산업혁명의 시대로 나아감에 따라 개인정보의 범위와 영역이 확장되고 있으며, 대량의 정보를 처리하는 과정에서 개인정보 침해의 규모와 피해 정도는 더욱 커질 것으로 예상된다. 이에 개인정보가 유출되지 않도록 유의하고 개인정보가 유출되는 경우 신속하게 대처할 필요성은 점점 커지고 있다.

「개인정보보호법」은 개인정보 관련 공공부문과 민간부문을 포괄적으로 규율하고 개인정보 보호의 원칙을 담고 있다. 이에 따르면 개인정보의 처리 목적을 명확하게 하여야 하고 그 목적에 필요한 범위에서 최소한의 개인정보만을 적법하고 정당하게 수집·처리하며, 그 목적 외의 용도로 활용하여서는 안 된다. 또한 개인정보를 처리하는 경우 개인정보의 정확성, 완전성 및 최신성이 보장되도록 하고, 개인정보의 처리에 관한 사항을 공개하며 열람청구권 등 개인의 권리를 보장하여야 한다. 이 외 「신용정보의 이용 및 보호에 관한 법률」(이하 '신용정보법'), 「의료법」 등에서도 개인정보에 대해 규율하고 있다.

개인정보의 개념과 유형

개인정보보호법에서 정의하는 개인정보는 살아 있는 개인에 관한 정보로서 ① 성명, 주민 등록번호 및 영상 등을 통하여 개인을 알아볼 수 있는 정보와 ② 해당 정보만으로는 특정 개인을 알아볼 수 없더라도 다른 정보와 쉽게 결합하여 알아볼 수 있는 정보를 말한다. ① 또는 ②를 가명 처리함으로써 원래의 상태로 복원하기 위한 추가 정보의 사용, 결합 없이는 특정 개인을 알아볼 수 없는 정보인 가명정보도 있다. 개인정보의 주체는 자연인이어야 하므로 법인의 상호, 영업 소재지, 임원정보, 영업실적 등의 정보는 개인정보보호법에서 보호하는 개인정보에 해당되지 않는다. 다만, 법인에 관한 정보이면서 동시에 개인에 관한 정보(예: 대표자의 성명, 주민등록번호 등)는 상황에 따라 개인정보로 취급될 수 있다. 또한 개인정보는 개인의 성명, 주민등록번호 등 인적 사항에서부터 사회·경제적 지위, 교육, 건강·의료, 재산, 문화 활동 및 정치적 성향 등에 이르기까지 매우 다양하다.

개인 신용정보에 대한 권리보장

금융거래와 관련된 개인정보보호에 대해서는 개인정보보호법 외에도 신용정보법에서 정하고 있다. 개인신용정보는 기업 및 법인에 관한 정보를 제외한 살아 있는 개인에 관한 신용정보로서 해당 정보의 성명, 주민등록번호 및 영상 등을 통하여 특정 개인을 알아볼 수 있는 정보 또는 해당 정보만으로는 특정 개인을 알아볼 수 없더라도 다른 정보와 쉽게 결합하여 특정 개인을 알아볼 수 있는 정보를 말한다. 여기에서 신용정보는 금융거래 등 상거래에서 거래 상대방의 신용을 판단할 때 필요한 정보를 말한다. 이에는 특정 신용정보주체를 식별할 수 있는 정보(다음 어느 하나에 해당하는 정보와 결합되는 경우만 신용정보에 해당), 신용거래정보(대출, 담보제공, 금융거래 금액, 신용카드 거래내역 등), 신용도판단정보(채무불이행, 연체, 부도 등), 신용능력정보(개인의 직업, 재산, 채무, 소득 등), 기타 신용을 판단할 때 필요한 정보(세금납부실적 등)가 있다. 다른 특별한 규정이 없다면, 개인정보의 보호에 관하여는 개인정보보호법이 적용되지만 금융거래에 있어서는 신용정보법이 특별법으로서 개인정보보호법보다 우선 적용된다. 금융소비자는 개인신용정보의 제공·활용에 대한 동의, 개인신용정보 이용·제공사실의 조회, 개인신용정보 제공 동의 철회, 연락중지 청구, 개인신용정보의 열람 및 정정 청구, 개인 신용정보의 삭제 요구, 개인신용정보 조회사실의 통지 요청, 개인정보 누설 시 알 권리, 개인 신용정보 전송 요구권, 기타 권리 등을 활용하여 자신의 개인신용정보를 보호할 수 있다.[5]

금융꿀팁

개인신용정보 권리보장제도 활용하기

1. 개인신용정보의 제공·활용에 대한 동의

금융소비자는 개인신용정보의 처리에 관한 동의 여부, 동의 범위 등을 선택하고 결정할 권리가 있다. 금융회사가 제3자에게 금융소비자의 개인신용정보를 제공하려는 경우에는 개인신용정보를 제공할 때마다 금융소비자로부터 미리 개별적으로 동의를 받아야 하는 것이 원칙이다.

2. 개인신용정보 이용 및 제공사실의 조회

금융소비자는 본인의 개인신용정보 이용·제공 내역을 요청할 수 있다. 각 금융회사 홈페이지 또는 영업점 방문접수를 통해 상세 내용을 확인할 수 있다.

3. 개인신용정보 제공 동의 철회와 연락중지청구

금융소비자는 금융회사를 대상으로 기존에 동의한 개인신용정보 제공에 대한 철회를 요청할 수 있다. 또한 금융회사에 상품소개 등 마케팅 목적으로 연락하는 것을 중지하도록 요구할 수 있다. 해당 금융회사의 홈페이지, 영업점 방문접수 등을 통해 신청할 수 있고, '금융권 연락중지청구 시스템인 두낫콜(Do Not Call) 홈페이지 (www.donotcall.or.kr)도 활용할 수 있다.

4. 개인신용정보 열람 및 정정청구

금융소비자는 금융회사 홈페이지 등을 통해 해당 금융회사가 보유하고 있는 자신의 개인신용정보를 열람하고 해당 정보가 사실과 다른 경우 이에 대한 정정을 청구할 수 있다.

5. 개인신용정보의 삭제 요구

금융소비자는 법령상 보유기간(통상 금융거래 종료 후 5년)이 경과한 개인신용정보에 대해 금융회사에 삭제를 요구할 수 있고, 금융소비자는 개인신용정보 삭제 요청을 한 금융회사로부터 해당 결과를 통지받을 수 있다.

5 신용정보법 제6장에서 자세히 규정하고 있다. 한편, 개인정보보호법(제4조)에서는 1) 개인정보의 처리에 관한 정보를 제공받을 권리, 2) 개인정보의 처리에 관한 동의 여부, 동의 범위 등을 선택하고 결정할 권리, 3) 개인정보의 처리 여부를 확인하고 개인정보에 대하여 열람(사본의 발급을 포함한다)을 요구할 권리, 4) 개인정보의 처리 정지, 정정·삭제 및 파기를 요구할 권리, 5) 개인정보의 처리로 인하여 발생한 피해를 신속하고 공정한 절차에 따라 구제받을 권리 등, 다섯 가지의 권리를 명시하고 있다.

6. 개인신용정보 조회사실의 통지 요청

금융소비자는 개인신용평가회사에 금융회사 등이 자신의 개인신용정보를 조회하는 것을 차단하거나, 본인의 신용정보 조회 시 해당 내용을 문자, 이메일 등을 통해 통지해 줄 것을 요청할 수 있다.

7. 개인정보 누설 시 알 권리

금융회사는 금융소비자의 개인정보가 누설된 경우 어떤 정보가 언제, 어떻게 누설되었는지 금융소비자에게 바로 알려주어야 한다. 또한, 누설로 인하여 발생할 수 있는 피해를 최소화하기 위하여 개인이 할 수 있는 방법, 피해 구제절차, 신고접수처 등을 통지하여야 한다.

8. 개인신용정보 전송 요구

금융소비자는 금융회사 등에 대하여 금융회사가 보유하고 있는 본인에 관한 개인신용정보를 본인, 다른 금융 회사, 본인신용정보관리회사 등에게 전송하여 줄 것을 요구할 수 있다.

9. 자동화 평가에 대응할 권리

금융소비자는 금융회사 등에게 개인신용평가나 금융거래 관련 컴퓨터 등 정보처리장치만을 활용하여 자동화 평가를 하는지 여부 및 관련 주요 기준, 평가 결과 등에 대한 설명을 요구할 수 있다.

출처: 신용정보법 및 금융감독원, 「실생활에 유용한 금융꿀팁」 (2019)에서 발췌

개인정보 침해 피해와 구제

법적 근거 없이 개인정보를 수집 · 이용 · 제공하거나 개인정보를 유출 · 오남용 · 불법유통 하는 등의 개인정보 침해는 개인정보를 처리하는 모든 과정에서 발생할 수 있다. 시장경제가 발전하고 IT 기술이 급격히 발달하면서 개인정보 침해로 인한 피해도 빠르게 늘어나고 그 규모도 점차 커지고 있다. 이러한 개인정보 침해는 개인의 정신적 피해뿐만 아니라 명의 도용, 보이스피싱, 유괴 등 각종 범죄 노출로 인한 추가 피해를 불러올 수 있다. 또한 기업에게는 고객의 신뢰 및 기업 의 이미지 훼손, 다수 피해자에 대한 집단적 손해배상 등으로 기업 경영에 큰 타격을 입힐 수 있고, 국가에는 IT산업의 해외수출 애로, 전자정부의 신뢰성 하락, 국가 브랜드 하락 등 으로 이어질 수 있다. 따라서 사전에 개인정보의 침해를 예방하는 것이 중요하다.

개인정보 침해는 개인정보를 유출 · 오남용 · 불법 유통하는 등 불법행위 외에도 개인정보를 홈페이지나 서류에 노출된 채로 허술하게 관리 또는 방치하는 경우에도

발생한다. 개인정보침해 신고센터인 한국인터넷진흥원에 접수된 개인정보 침해신고 자료에 따르면 주민등록번호 등 타인정보를 도용하였다는 경우가 대부분이고, 개인정보 무단이용제공, 개인정보 무단수집, 회원탈퇴 또는 정정 요구 불응 등도 있다.[6] 개인정보 침해피해에 대한 구제방법으로는 손해배상, 분쟁조정 및 단체소송 등이 있다. 개인정보처리자의 개인정보보호법 위반 행위로 손해를 입으면 개인 정보 처리자에게 손해배상을 청구할 수 있다. 개인정보처리자의 고의 또는 중대한 과실로 인하여 개인정보가 분실·도난·유출·위조·변조 또는 훼손된 경우로서 개인에게 손해가 발생한 때에는 법원은 그 손해액의 3배 이내에서 손해배상액을 정할 수 있다. 또한 개인정보분쟁조정 위원회는 개인정보에 관한 분쟁의 조정을 위하여 설치된 준사법적 기구로서 개인정보 침해행위의 중지, 원상회복, 손해배상 그 밖에 필요한 구제조치와 비슷한 침해의 재발방지를 위한 조치를 하도록 조정안을 작성할 수 있다. 개인의 피해 또는 권리침해가 다수에게 같거나 비슷한 유형으로 발생하는 경우에는 집단분쟁조정을 신청할 수 있다. 집단분쟁조정의 당사자가 단체이며 분쟁 조정이 성립되지 아니한 경우 법원에 권리침해 행위의 금지·중지를 구하는 단체소송을 제기할 수 있다.

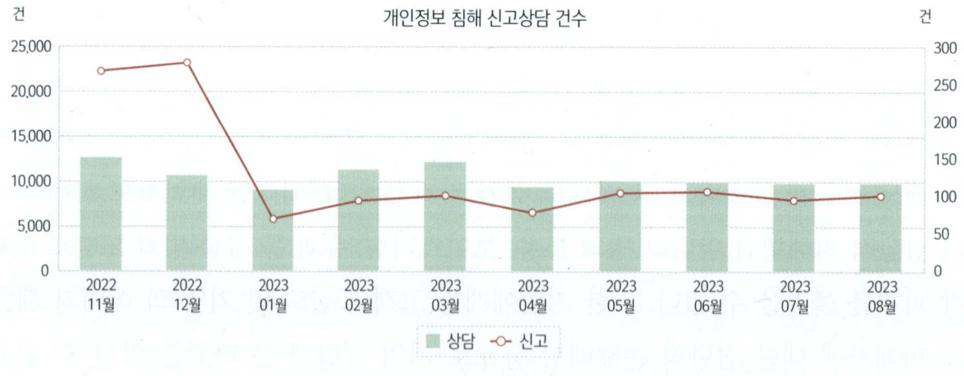

출처 : 개인정보보호위원회(한국인터넷진흥원 개인정보침해신고센터 접수자료)

6 이상의 내용은 개인정보보호 포털(www.privacy.go.kr) 알림마당/개인정보 바로알기, e-나라지표

2 금융사기 피해 예방

금융사기는 금융거래에서 사람을 속이거나 착각하게 하여 이득을 취하려는 불법적인 행위이다. 금융사기의 종류에는 대출사기, 전기통신금융사기, 대포통장사기, 투자사기, 보험사기 등으로 다양하다.

대출사기

대출사기는 대출을 핑계로 사람을 속여 이익을 취하는 불법행위이다. 대출을 받을 때는 직접 금융회사를 방문하거나, 온라인으로 대출상품을 이용하는 경우에는 신뢰할 수 있는지 확인하여야 한다. 만약, 대출사기를 당한 경우에는 1332(금융감독원)이나 112(경찰청)로 신고하여 피해를 줄이도록 한다.

① 대출을 미끼로 한 금전 가로채기

대출을 희망하는 사람에게 신용이 낮아 대출이 어려우므로 보증금, 보증보험료 등이 필요하다거나, 신용정보 조회기록이 많아 대출이 어렵다며 조회기록 삭제 또는 신용점수 상향 조정 명목으로 금전을 요구하는 사기이다. 정상적인 금융회사는 대출을 해준다며 어떠한 명목으로도 선입금을 요구하지 않는다는 것을 명심할 필요가 있다.

사례 A는 oo저축은행 직원이라는 사람으로부터 A의 신용이 낮은데도 대출받게 해준다며 보증보험료와 선납이자로 먼저 일정 금액을 입금하라는 전화를 받았다. 또 대출금이 승인되었지만 이를 지급하려면 신용점수를 높여야 하고, 금융거래실적이 필요하다며 돈을 요구해서 이를 송금했다. 그러나 전화를 한 사람은 저축은행 직원이 아니라 보이스피싱 사기범이었고, A는 송금한 돈을 돌려받지 못하였다.

② 대출금 가로채기

고금리 대출을 받고 있는 사람에게 저금리 대출로 전환해 주겠다고 유혹하고 대출 전환과정에서 사기범이 대출금을 가로채는 유형 등이다. 또한 사기범이 대출신청자의 재직증명서, 급여명세서 등의 서류를 위조 또는 변조하여 금융회사로부터 대출을 받게 해주고 대출금의 일부를 가로채는 '작업대출'도 있다. 이 경우 대출신청자도 문서 위·변조에 따른 형사처벌을 받을 수 있으므로 주의해야 한다.

사례 대학생 B는 돈이 급하게 필요했지만 소득이 없어 대출받기 어려웠다. 사기범은 B의 재직증명서와 급여통장 입출금내역서를 허위로 만들어 B로 하여금 은행에 제출하여 대출을 받게 하였다. 또한 B는 수수료 명목으로 사기범에게 대출금의 30%를 지급하였다.

③ 개인정보 악용하기

대출모집 자격이 없는 자가 대출모집인을 사칭하여 대출서류를 수집하거나, 취업 등을 미끼로 개인정보를 수집하여 피해자 명의로 대출을 받아 잠적하는 유형이다. 따라서 대출모집인 통합조회시스템(www.loanconsultant.or.kr)을 통해 대출모집인 등록 여부를 확인하고 거래해야 한다. 또한 대출 상담 시 상대방이 일방적으로 개인 신용정보를 먼저 요구하면 의심해볼 필요가 있다.

사례 미성년자인 C는 부모 명의 휴대전화와 신분증이 있으면 대출을 받을 수 있다는 광고를 보고 사기범에게 부모의 신분증 사진을 송부하였다. 사기범은 부모 명의의 휴대전화에 원격조정 앱을 설치하게 한 뒤 앱을 통해 금융회사에 부모 명의의 비대면 대출을 신청하여 피해를 입혔다.

전기통신금융사기

① 보이스피싱 및 메신저피싱

보이스피싱 또는 메신저피싱은 전화 또는 메신저로 상대방을 속여 돈을 요구하는 수법이다. 피싱(phishing)은 인터넷, 이메일 등을 통해 개인정보 또는 돈 등을 빼내는 사기이다. 보이스피싱 또는 메신저피싱은 주로 수사기관, 금융당국 등의 직원을 사칭하거나 가족, 지인 등으로 위장하여 송금을 요구한다. 그 수법이 종전보다 더 정교해지고 변형·융합되는 등 진화 하고 있어 각별한 주의가 요구된다.

사례 D는 신용카드 해외 결제 안내문자를 받았으나 해외에서 신용카드를 사용한 적이 없기 때문에 이를 확인하려고 문자에 기재된 전화번호를 눌렀다. 전화를 받은 사기범은 D의 명의가 도용된 것 같으니 경찰에 신고하겠다고 하였다. 잠시 후 경찰이라며 전화를 한 다른 사기범은 D의 계좌가 범죄에 이용되었는지 확인한다며 휴대전화에 원격조정 앱을 설치하도록 하고, 이를 이용하여 신용카드대출을 신청하였고 이를 인출하여 잠적했다.

금융꿀팁

보이스피싱 및 메신저피싱 관련 행동 요령

1. 가족 및 지인 등이 문자 또는 메신저로 금전 및 개인(신용)정보를 요구하는 경우, 먼저 유선통화 등을 통해 반드시 확인하고, 휴대전화 고장, 분실 등의 사유로 연락이 어렵다고 하면 보이스피싱이 의심되므로 메시지 대화를 중단한다.
2. 상대방이 출처가 불분명한 앱 설치를 요구하면 무조건 거절하고, 휴대전화 보안 상태 검사를 실시한다.
3. 보이스피싱 또는 메신저피싱 피해를 입은 경우 송금 또는 입금 금융회사 콜센터 및 금융감독원 콜센터(☎1332)에 전화하여 해당 계좌에 대한 지급정지 요청 및 피해구제신청을 접수한다.
4. 본인이 모르게 개설된 계좌 또는 대출을 확인하기 위해서는 '계좌정보통합관리서비스'(www.payinfo.or.kr)를 활용한다.
5. 개인정보 유출에 따른 추가 피해를 막기 위해 금융감독원 정보포털 파인의 '개인정보노출자 사고예방시스템'에 등록한다.
6. 본인이 알지 못한 휴대전화 개통 여부는 한국정보통신진흥협회에서 운영하는 명의도용방지서비스(www.msafer.or.kr)에 접속하여 가입사실 현황을 조회할 수 있다.

출처: 금융감독원, 문자 또는 카카오톡 등 에신저를 통해 가족 또는 친구를 사칭하는 보이스피싱에 유의하세요! (보도자료, 2020. 11. 04.)

② 스미싱

스미싱(smishing)은 문자메시지(SMS)와 피싱(phishing)을 합성한 단어이며, 악성 앱 주소가 포함된 SMS를 전송한 후 수신자가 악성 앱을 설치하거나 전화를 걸도록 유도하여 개인정보 또는 돈을 털취하는 사기이다. 정부, 공공기관 등을 빙사하거나 쿠폰, 상품권 증정, 지원금 지급 등을 내세우기도 한다. 따라서 출처가 불분명한 문자 메시지에 링크된 웹사이트로 접속하거나 확인이 되지 않은 앱은 설치하지 않도록 주의한다.

사례 E는 '000치킨 첫 행사 1만 원 할인 쿠폰 제공' 문자를 받았다. E는 문자 중 링크를 클릭하여 앱을 설치했는데 실행되지 않아 그대로 종료하였으나 그 이후 게임머니 구매 용도로 돈이 결제되었다는 청구를 받았다.

③ 파밍 및 큐싱

파밍(pharming)은 피싱(phishing)과 조작하다(farming)를 합성한 단어이며, PC나 휴대전화를 악성코드로 감염시켜 정상적인 홈페이지 주소를 입력하여도 가짜 홈페이지에 접속되도록 하는 수법이다. 이용자가 이를 모르고 금융거래를 하기 위해 비밀번호, 보안카드번호 등 금융거래 정보를 입력하면 이 정보가 가짜 홈페이지를 통해 사기범에게 전달된다. 한편 QR코드(Quick Response Code)로 악성 앱 설치를 유도해 개인정보와 금융정보를 빼내는 큐싱(Qshing)도 있다. 스캔할 QR코드에 악성 앱 다운로드 URL을 숨겨두었다가 사용자가 QR코드를 읽으면 자동으로 URL에 연결되어 악성 앱이 다운로드 된다. 이를 예방하기 위해서는 OTP(일회성 비밀번호생성기)나 보안토큰(비밀정보 복사방지)을 사용하고, PC, 이메일 등에 인증서, 보안카드 사진, 비밀 번호 등을 저장하지 않도록 한다.

사례 F는 인터넷뱅킹을 하려고 인터넷 즐겨찾기에 있는 은행의 홈페이지를 눌렀다. 그러나 가짜 홈페이지 접속이 되었는데, 이를 알지 못하고 계좌번호, 비밀번호, 보안카드 번호 등을 입력하였다. 사기범은 이 정보를 이용하여 F의 계좌에서 돈을 인출하였다.

대포통장사기

대포통장은 제3자의 명의를 도용하여 통장 명의자와 실제 사용자가 다른 통장을 말한다. 사기범은 다양한 수법을 동원하여 대포통장을 사기이용계좌로 활용한다. 즉, 온라인 상거래 목적으로 공개된 계좌번호를 활용해 금융사기 피해금을 일부러 이체한 뒤 착오송금을 사유로 재이체를 요구하거나, 아르바이트, 취업 등을 핑계로 업무의 일부라고 속이고 금융사기 피해금을 이체한 후 현금 전달을 요구하기도 한다. 또한 단기 고수익을 명목으로 통장 대여를 요구하거나, 통장을 개설한 뒤 돈을 받고 팔도록 권하는 경우도 있다. 따라서 타인에게 통장을 양도·대여하는 행위는 불법이며, 대포통장 명의인이 되는 경우 금융거래 제한 및 형사처벌 대상이 될 수 있음을 기억하고 주의해야 한다.

사례 G는 구직사이트를 통하여 아르바이트를 하게 되었다. 사기범은 아르바이트 업무가 구매대행, 세금감면업무라고 소개하며 G씨의 통장 계좌번호를 확보한 뒤 자금이 이체되면 재이체 또는 현금인출 후 전달을 요구하였다. 그러나 이는 보이스피싱 피해자의 피해금이었고 G는 대포통장 명의인으로 등록되어 피해를 입었다.

금융꿀팁

대포통장 관련 행동 요령

1. 통장 대여·양도나 본인계좌를 통한 자금의 이체 또는 현금 전달은 불법이므로 거절한다.
2. 본인이 모르는 돈이 이체된 후 출처가 불분명한 전화번호로 전화가 와서 재이체 또는 현금인출 후 전달을 요구하는 경우 즉시 거절하고 바로 해당 송금은행에 착오송금 사실을 전달한다.
3. 정식 채용 이전 단계에서 신분증 사본, 통장 계좌번호 등을 요구한다면 주의한다.
4. 구매대행, 환전 아르바이트 등을 제시하며 통장 대여를 유도하면 거절한다.
5. 개인정보 유출이 의심되는 경우 금융감독원 금융소비자 정보포털 파인의 개인정보노출자 사고예방시스템을 활용한다.

출처: 금융감독원, 나도 모르게 대포통장 범죄자가 될 수 있으니 조심하세요!(보도참고자료, 2020. 07. 06)

투자사기

제도권 금융회사가 아닌 업체가 원금보장 및 고수익 등을 약속하고 자금을 모으는 유사수신행위는 일종의 투자사기라 할 수 있다. 이러한 불법업체는 가입자가 다른 가입자를 계속 모집하게 만드는 피라미드 다단계 방식으로 운영하거나, 초기에 기존 가입자에게 원금 및 수익금을 신규 가입자의 투자금으로 지급하다가 추후 지급을 멈추고 잠적하는 폰지사기 행태를 보인다. 또한 합법적인 신규 금융상품을 권유하는 것처럼 가장하거나 다양한 허위사실을 내세워 투자금을 모집하는데, 이러한 유사수신 업체와의 거래로 인해 발생한 피해는 금융감독원 분쟁조정절차 등에 따른 피해구제를 받을 수 없으므로 유의해야 한다.

금융꿀팁

고수익 보장을 미끼로 한 금융사기를 당하지 않으려면

1. 원금과 고수익 보장을 약속하면 일단 의심한다.
2. 실체가 불분명한 업체의 투자권유를 받을 경우 금융감독원 금융소비자 정보포털 파인에서 제도권 금융회사 조회를 통해 정식으로 등록된 금융회사인지 확인한다.
3. 다양한 금융사기 수법에 유의한다.
    - ㅇㅇ% 수익 확정지급, 원금보장, 금융회사 지급보증 등 강조
    - FX마진거래, 선물옵션 등 첨단 금융기법 과시
    - 기술개발, 특허취득, 사업 인·허가 예정 등 그럴듯한 사업계획 제시
    - 외국 정부로부터 각종 권리취득 또는 글로벌 기업과의 업무제휴 과시
    - 투자자 모집 및 추천수당 지급 등을 약속하는 다단계 방식 활용
    - 주식시장 상장 추진, 자사주 배정 등으로 현혹
    - 정부 등록 또는 인·허가 업체임을 강조
    - 유명 연예인을 동원한 광고 치중 또는 정 관계 유력인사 등과의 친분 과시
    - 종합금융컨설팅, 재무설계전문가 등 그럴듯한 호칭 사용
    - 크라우드펀딩, P2P대출 등 인터넷을 통한 자금모집
4. 미심쩍으면 금융감독원 불법금융피해신고센터(21332)에 문의한다.

출처: 금융감독원, 「실생활에 유용한 금융꿀팁」(2019)에서 발췌

보험 사기

보험사기는 보험회사를 속여서 보험금을 청구하는 것이다. 금융소비자가 보험계약을 체결 할 때는 병력 등의 고지의무를 준수해야 하는데 이를 알리지 않거나 허위로 알려 보험에 가입하는 것은 보험계약의 사기적 체결로서 보험사기에 해당된다. 또한 신체의 상해, 사고 등을 일으켜 보험사고를 고의적으로 유발하거나, 사고가 발생하지 않았는데 발생한 것처럼 속여서 보험사고를 날조하여 보험금을 청구하는 경우도 있다. 또한 과잉진료를 받거나 치료기간을 연장하여 보험금을 과다하게 청구하는 등 보험사고를 과장하는 행위도 보험사기에 해당된다. 평범한 금융소비자가 스스로 또는 병원, 손해사정사, 전직 보험설계사 등에게 이끌려 보험사기에 가담하는 경우 보험사기특별법에 따라 형사처벌을 받게 된다.

금융꿀팁

보험사기 피해예방

<자동차 사고 관련>

1. 교통사고를 당했을 경우 경찰과 보험회사에 알려 도움을 요청한다.
2. 현장에서 고액의 현금을 요구하면 거절하고, 합의는 시간적 여유를 갖고 신중하게 결정한다.
3. 현장에 대한 증거자료와 목격자를 확보하여 분쟁에 대비한다.

<자동차 수리 관련>

1. 차량을 무상으로 수리해주겠다는 제안은 의심한다. 차량사고를 허위로 접수하거나 과장하여 보험금을 청구할 경우 정비업체와 함께 보험사기로 처벌 받을 수 있으므로, 차량을 무상으로 수리해주겠다는 제안은 의심한다.
2. 허위로 렌트계약서를 작성하여 보험금을 나누어 갖자는 제안은 거절한다.
3. 허위 또는 과장 수리를 하는 정비업체는 이용하지 않는다.

〈병원 진료 관련〉

1. 불필요하게 보험가입 여부를 확인하거나 보험금으로 무료시술을 받게 해주겠다는 제안은 의심한다.
2. 진료받은 사실과 내용이 다른 진료확인서는 요구하지도 받지도 않는다.
3. 의심스러운 병원은 피하고 사기가 의심되는 경우 신고한다.

출처: 금융감독원, 「실생활에 유용한 금융꿀팁」(2019)에서 발췌

금감원 "금융소비자 체감할 보호체계 마련"

금융감독원이 2022년 업무계획을 발표했다. 금감원은 올해 금융감독 목표를 '금융안정, 금융혁신, 금융소비자 보호의 빈틈없는 달성'으로 정하고 ▲사전·사후 금융감독의 조화 ▲금융의 미래 준비 지원 및 실물경제 지원 기능 강화 ▲국민이 체감하는 금융소비자보호 ▲가계부채 등 금융시스템 내 잠재 위험요인에 촘촘한 대비를 목표 달성을 위한 4대 핵심 전략으로 제시했다.

코로나19 금융지원 연착륙 지원…소상공인 모니터링 대응 강화

코로나19로 피해를 본 소상공인과 중소기업들의 대출만기가 3월 말로 예정됐다. 금감원은 가계·기업부채의 안정적 관리 및 코로나19 금융지원의 연착륙을 추진하고, 미래 위기상황에 대비한 금융회사의 복원력 강화를 유도할 방침이다.

먼저 가계·기업부채의 안정적 관리를 위해 소상공인의 영업·재무상황을 면밀히 분석하고 잠재된 부실이 일시에 현실화 되지 않도록 선제적인 금융부담 경감방안을 마련한다. 구체적으로 만기연장·상환유예 등 코로나 금융지원 조치 정상화 과정에서 소상공인 차주들이 급격한 상환부담을 겪지 않도록 연착륙 방안을 모색한다는 계획이다. 또한 유동성 규제(LCR 등) 정상화시 급격한 대출 축소 등이 없도록 단계적 정상화도 진행한다.

금융회사 위기대응능력 확충을 위한 가이드라인도 마련한다. 코로나19 장기화 및 취약차주 상환유예 종료 등에 따른 건전성 악화 가능성에 대비해 금융회사의 충분한 충당금 적립을 유도한다. 여기에 은행지주 및 은행의 자체정상화 및 정리계획 제도 관련 감독프로세스 구축, 은행지주에 대한 연결기준 원화·외화유동성 규제 도입도 추진한다.

종합금융투자사업자에 대한 BIS 자본규제 도입도 예고했다. 금감원은 ▲보험회사의 IFRS17 시행 대비 감독제도 개편 ▲저축은행 회계기준 및 건전성규제 선진화 ▲상호금융 조합 자산규모 및 영업형태를 고려한 감독차등화를 진행한다는 계획이다.

국민이 체감하는 금융소비자보호 체계 만든다

금감원은 '소비자 중심 금융생태계'를 조성하고, 금융양극화 완화 및 자본시장의 신뢰도 제고 등을 통해 국민이 체감하는 소비자보호를 구현한다는 계획이다.

이를 위해 금감원은 적합성, 적정성 원칙, 설명의무 등 금융소비자보호법상 6대 판매원칙 운영상

보완방안을 마련하고, 소비자보호실태평가 3년 주기제 도입에 따른 그룹별 평가 및 자율진단을 실시한다. 여기에 은행의 보이스피싱 예방체계의 실효성을 제고하고, 경찰청·은행과 공조 및 문진제도 강화 등을 통한 대면편취형 보이스피싱 대응역량도 확충한다.

금융양극화 완화를 위해 계층별 맞춤형 소비자보호 및 취약차주 등에 대한 금융·위기관리 지원도 실시한다. 대표적으로 디지털금융에 익숙하지 않은 노년층들을 위해 은행 점포 및 ATM 축소 대안을 마련한다. 또한 건강 취약계층 및 파트타임 배달원 대상 보험상품(On-Off 보험) 개발 지원 등 보장사각지대 해소도 실시한다.

코로나19로 경영 애로를 겪는 기업을 위해 금융지원 프로그램(신속금융지원, 프리워크아웃) 활성화 유도와 금리상승에 따른 가계 취약 차주 지원방안도 준비할 예정이다.

자본시장 신뢰증가를 위한 방안도 마련한다. 정치테마주 및 공모주 청약 등 관련 불공정거래 행위 모니터링을 강화하고 필요 시 조사 신속한 조사에 들어간다.

여기에 상장 후 실적 악화 기업, 계열사간 부당거래 기업 등 분식 가능성이 높은 기업에 대한 모니터링 강화 및 엄정한 감리 실시를 진행하고, 내부회계관리제도 감사가 원활히 시행되도록 실무가이드 등을 통해 지원한다.

금감원 관계자는 금감원 관계자는 "시장 불안요인을 조기 진단하고 취약부문의 선제적 리스크관리 등을 통한 금융산업의 건전한 발전을 유도하겠다"며 "또한 앞으로 개인사업자대출의 각종 리스크 요인과 LTI 운용을 점검하고, 그 결과에 따라 종합적인 개선방안을 강구할 것"이라고 설명했다.

[출처: 쿠키뉴스, 2022. 02. 14]
[https://www.kukinews.com/newsView/kuk202202140232]

학습내용정리

▶ 2021년 3월부터 시행되는 금융소비자보호법은 금융소비자의 권익 증진과 건전한 시장질서 구축을 위하여 제정되었다. 이 법에서는 금융회사의 영업에 관한 준수사항, 금융소비자의 권익보호를 위한 금융소비자정책, 금융분쟁조정절차 등에 관한 사항을 정하고 있다.

▶ 금융소비자의 피해는 금융회사가 금융상품을 판매하는 과정에서 비롯되는 경우가 많다. 금융회사는 금융상품 계약을 체결할 때 적합성 원칙, 적정성 원칙, 설명의무를 준수하고, 불공정영업행위, 부당권유행위, 허위 · 과장광고를 하지 않아야 한다. 금융회사가 이를 위반하여 금융소비자에게 손해가 발생하는 경우 금융소비자는 위법계약해지권을 행사할 수 있고, 금융당국은 금융회사에 대하여 판매제한명령, 징벌적 과징금 및 과태료 부과를 할 수 있다.

▶ 금융소비자는 금융교육을 통하여 금융역량을 제고하고 최신의 금융정보를 활용하여 합리적인 금융생활을 하도록 노력하여야 한다.

▶ 정보통신기술의 발전에 따라 개인정보 침해로 인한 피해 가능성 및 규모가 커지고 있으므로 개인 정보 보호를 위한 노력이 필요하다.

▶ 금융사기는 대출사기, 전기통신금융사기, 대포통장사기, 투자사기, 보험사기 등으로 사람을 속여서 재산을 탈취하는 불법행위이다. 금융사기의 유형이 다양해지고 피해규모가 증가하고 있으므로 각별히 주의하고, 피해를 당한 경우에는 신속하게 신고하여 피해를 최소화해야 한다.

예시문제

서술형

1. 금융소비자의 정보접근을 보장하기 위해 금융소비자보호법에 새로이 마련된 장치에 대하여 서술하시오. (두 가지 이상)

2. 소송지원제도에 대하여 서술하시오.

3. 금융정보가 필요한 이유를 서술하시오.

4. 대출성, 보장성 상품에 원칙적으로 모두 적용되며, 투자성 상품의 경우에는 비금전신탁계약, 고난도 펀드, 금전신탁계약, 투자일임계약에 적용된다. 대출성 상품은 14일 이내, 보장성 상품은 15일 이내 그리도 투자성 상품은 7일 이내에 행사할 수 있는 금융소비자의 선택권은 무엇인가?

빈칸 채우기

1. (　　　　　)은 금융회사의 우월적 지위를 이용하여 금융소비자의 권익을 침해하는 영업행위를 말한다.

2. (　　　　　)은 금융소비자와 금융회사가 금융거래와 관련한 분쟁이 있을 경우 금융감독원이 당사자에게 조정 의견을 제시하고 당사자가 수락하여 합의하도록 하는 금융소비자 피해구제 방법이다.

3. (　　　　　)은 문자메시지와 피싱을 합성한 단어이며, 악성 앱 주소가 포함된 SMS를 전송한 후 수신자가 악성 앱을 설치하거나 전화를 걸도록 유도하여 개인정보 또는 돈을 탈취하는 사기이다.

4. 제도권 금융회사가 아닌 업체가 원금보장 및 고수익 등을 약속하고 자금을 모으는 유사수신행위는 일종의 (　　　　　)라 할 수 있다.

예시문제

O·X 문항

1. 보장성 상품의 경우에는 금융소비자가 계약 전 고지의무를 이행하지 않아도 된다.

2. 적정성 원칙은 일반금융소비자에게 적용되는데, 금융회사가 금융소비자에게 금융상품 계약 체결을 권유할 때 금융소비자의 재산상황, 투자경험, 신용 및 변제계획 등을 고려하여야 한다는 원칙이다.

3. 부당권유는 금융소비자가 금융상품을 오인하거나 잘못 이해할 수 있도록 행위를 말한다.

4. 금융소비자가 금융상품의 내용을 오해하지 아니하도록 명확하고 공정하게 전달하지 않아도 된다.

부록

(해설)

1장 [정답 및 해설]

서술형

1. 국민경제의 순환 과정에 대해 서술하시오.

   풀이) 기업은 재화와 서비스를 생산한다. 기업이 이러한 재화와 서비스를 생산하기 위해서는 노동력, 자본과 같은 생산요소가 필요하다. 이를 투입하기 위해 기업은 생산을 통해 벌어들인 소득을 가계에 배분하는데, 근로자에게는 임금/급여를, 자본가에게는 이자, 배당금, 임대료 등의 형태로 배분이 이루어진다. 또한 법인세 등의 형태로 정부에 납부하기도 한다. 기업으로부터 임금이나 급여를 받은 가계는 소득세와 재산세 등을 정부에 낸다. 각종 세금의 형태로 정부에 이전된 자금 중 일부는 정부보조금, 수혜금의 형태로 가계에 흘러가기도 한다. 이렇게 경제 내에서 생산된 소득은 가계, 기업, 정부 상호간에 순환된다.

2. 실물거래와 금융거래를 비교하시오.

   풀이) 실물거래의 경우 재화나 서비스의 제공이 자금의 이전과 동시에 발생하지만, 금융거래의 경우 차입자 또는 투자대상으로부터 미래의 회수를 전제하여 자금이 일방적으로 이전된다.

3. 주가지수를 구하는 공식을 쓰시오.

   풀이) 주가지수 = 비교시점의 시가총액 / 기준시점의 시가총액 x 100

빈칸 채우기

1. 경기순환에서 (확장)국면은 완만하고 길게 진행되는 반면, (수축)국면의 기간은 짧은 경향이 있다.

   풀이) 교재 p.5 - 확대보기

2. 우리가 신용카드로 물품을 구입하는 것도, 인터넷 뱅킹이나 모바일 뱅킹을 이용하여 송금하는 것도, 자동이체 서비스로 매달 아파트 관리비를 내는 것도 모두 (금융)을 통한 거래 행위이다.

   풀이) 교재 p.12

3. 돈을 빌린 사람이 일정기간 동안 돈을 사용한 대가로 돈을 빌려준 금융회사에 지급하는 것을 (이자)라고 하며, 기간당 원금에 대한 이자의 비율을 이자율 또는 (금리)라고 한다.

   풀이) 교재 p.17

O·X 문항

1. 재화와 서비스를 생산하는 주된 주체는 가계이다. (X)

   풀이) 재화와 서비스를 생산하는 주된 주체는 기업이다.

2. 경제활동은 실물을 매개로 이루어진다. (X)

풀이) 경제활동은 금융(자금의 융통)을 매개로 이루어진다.

3. 소득의 변동성은 소비나 교육 등의 지출 행위를 크게 제약한다. (O)

풀이) 교재 p.15

2장 [정답 및 해설]

서술형

1. 화폐의 세 가지 기능을 서술하시오.

풀이) 주식: 첫째, 화폐는 재화와 서비스로 교환할 수 있으므로 교환의 매개 기능을 가지고 있다. 두 번째 화폐의 기능은 가치의 저장 수단이다. 때로는 재화와 서비스를 보유하는 것이 어려울 때가 있다. 마지막 화폐의 기능은 가치의 척도이다.

2. 화폐수량설의 요지를 간단히 설명하시오.

풀이) 통화량/명목 GDP의 일정한 것과 깊은 관련이 있는 화폐이론으로 화폐 수요가 안정적이면 인플레이션율은 통화량 증가율과 경제성장률의 차이가 된다는 것을 핵심으로 하는 이론이다.

3. 통화량에 대해서 설명하고 통화량에 포함되는 요소 세 가지를 서술하시오.

풀이) 통화량(money supply)은 시중에 유통되는 화폐 혹은 돈의 양이다. 통화량에 포함되는 요소는 첫째 현금, 둘째, 현금과 비슷한 성격을 가진 지불수단인 요구불예금, 그리고 요구불예금 이외의 수많은 다른 계좌들을 포함한다. 예를 들어, 저축성예금, Money Market Mutual Fund(시장금리에 따라 이자가 지급되는 금융상품) 등이 있다. 현금, 요구불예금, 여행자수표를 합하여 M1이라 부르고, M1에 저축성예금, 정기예금, Money Market Mutual Fund 등을 추가하여 M2라고 칭한다.

4. 한국의 통화정책 결정 기구의 이름, 역할 그리고 정해지는 방식을 서술하시오.

풀이) 통화정책은 주로 장래 경제전망을 기초로 경제안정에 적정한 금리 수준을 결정하는 일이므로 정책 결정을 위해 수많은 경제 동향자료의 연구·조사가 필요하고 균형 있는 판단을 내리는 것이 중요하다. 이를 위해 무엇보다 현재의 경제 상황 및 장래 전망에 대한 전문가적 시각과 정책대안에 대한 다양한 견해가 반영되도록 정부, 경제 단체, 금융계 등 각계의 추천을 받은 7인의 경제전문가들이 의사결정기구를 구성한다. 이런 목적을 가지고 한국은행의 통화정책에 관한 주요 사항을 심의하고 의결하는 기구를 금융통화위원회(금통위)라고 한다. '금통위는 한국은행의 운영, 은행권 발권, 지급준비율, 통화안정증권 등에 대한 사항을 결정한다.

빈칸 채우기

1. 명목 GDP 성장률 = A + B (A와 B에 들어갈 단어를 적으시오.)

   풀이) A: 인플레이션율 B: 실질 GDP 성장률

2. 통화정책은 넓은 의미에서 화폐공급을 조절하는 정책을 말한다. 가장 대표적인 정책수단은 ( )이다.

   풀이) 공개시장운영

3. 인류는 물물교환(barter) 같은 원시적인 거래방법으로 시작해 금이나 은 등의 귀금속을 거래수단으로 사용하다 지금은 중앙은행이 발행하는 ( )를 사용하고 있다.

   풀이) 법정화폐

4. 고전학파는 통화량이 변화하면 화폐 단위로 측정되는 명목변수들은 영향을 받지만, 실질변수들은 통화량 변화의 영향을 받지 않는다고 보았다. 이 주장을 ( )이라고 부른다.

   풀이) 화폐의 중립성

O · X 문항

1. 금융기관이 현금이나 현금에 준하는 자산의 일정 비율을 한국은행에 예치하는 제도를 지급준비제도라고 한다. (O)

2. 금통위가 인플레이션이 과도하게 높다고 판단하면 기준금리를 인하한다. (X)

   풀이) 인플레이션이 과도하게 높다고 판단하면 기준금리를 인상한다.

3. 고전학파는 화폐 수요가 소비에 의해 결정된다고 보았다. (X)

   풀이) 고전학파는 화폐 수요가 소득에 의해 결정된다고 보았다.

4. 인플레이션이 높을 때는 화폐가치가 하락하고 재화와 서비스는 비싸진다. (O)

3장 [정답 및 해설]

서술형

1. 주식과 채권의 특징과 두 증권의 차이점을 설명하시오.

   풀이) 주식: 회사의 소유권을 나타내기 위해 회사 이름으로 주주에게 발행하는 증서

   채권: 정부, 지방자치단체, 금융기관 또는 주식회사가 투자자를 대상으로 비교적 장기의 자금을 차용하기 위해 발행한 증권

   채권은 발행 시점에 미래가치와 이자율이 정해져 있어 주식과 대비하여 무위험 자산이다.

2. 기본적 분석과 기술적 분석의 특징을 각각 설명하시오.

풀이) 기업 가치분석을 위해 기업의 재무제표와 미래 전망을 분석하는 방법을 기본적 분석(fundamental analysis)이라고 한다. 기업가치보다는 과거 주가와 주식거래량 등을 이용해 미래의 가격을 예측할 수 있다고 보고 주가예측을 시도하는 방법을 기술적 분석(technical analysis)이라고 한다.

3. 밀어내기 효과(crowding out) 에 대해서 설명하시오.

풀이) 정부가 재정적자를 메우기 위해 민간으로부터 돈을 빌리면 가계와 기업이 빌릴 자금이 줄어들어 대부자금 공급이 축소된다고 볼 수 있다. 이렇게 정부 차입 때문에 민간 투자가 감소하는 현상을 밀어내기 효과(crowding out) 라고 한다.

4. 체계적위험과 비체계적위험의 차이점에 대해 설명하시오.

풀이) 개별기업에만 국한되는 위험을 비체계적 위험(unsystematic risk)이라고 한다. 임직원의 경영능력이나 사업 고유의 불확실성을 비체계적 위험의 예로 들 수 있다. 반대로 체계적 위험(systematic risk)은 개별기업뿐만 아니라 모든 기업에 동시에 영향을 미치는 위험이다. 그 어떤 기업도 피해갈 수 없는 위험인데 경기 변동, 인플레이션, 이자율 등 거시경제 불확실성이 대표적인 체계적 위험이다.

빈칸 채우기

1. (　　　)은 가계, 기업, 정부의 여유자금이 거래되는 시장으로 여유자금을 필요한 사람에게 공급해주는 역할을 한다.

풀이) 금융시장

2. 가계가 미래 경제 상황에 대해 비관적인 기대를 가지면 저축은 증가한다. 이런 종류의 저축을 (　　　)이라고 한다.

풀이) 예비적 저축

3. (　　　)는 사모펀드의 일종으로 자산가나 여유자금이 있는 재단, 대학 등의 기관이 조성한 펀드이다.

풀이) 헤지펀드

4. 금융시장에서 차지하는 거래액으로 (　　　)가 매우 큰 비중을 차지하는데, 우리나라에서는 증권사 등이 이 역할을 담당하고 있다.

풀이) 자산관리회사

O·X 문항

1. 국민건강보험, 화재보험, 사망보험은 모두 가입자의 의지로 자발적으로 가입해야 한다. (X)

   풀이) 국민건강보험은 의무적으로 가입해야 한다.

2. 행동 재무학은 시장 참여자들이 합리적이라는 기본 가정에서 출발한다. (X)

   풀이) 행동 재무학은 시장 참여자들의 비합리적 행동을 설명하기 위해 등장하였다.

3. 기업이 미래에 대한 비관적인 기대를 하게 되면 투자를 늘리기 위해 차입을 하게 된다. (X)

   풀이) 기업이 미래에 대한 낙관적인 기대를 할 때 차입을 하게 된다.

4. 금융기관은 통상 예금 금융기관과 비예금 금융기관으로 나뉜다. (O)

4장 [정답 및 해설]

서술형

1. 금융상품의 종류를 세 가지 이상 나열하시오.

   풀이) 저축상품, 대출상품, 금융투자상품, 보험상품, 연금상품

2. 직접금융과 간접금융을 비교하여 서술하시오.

   풀이) 직접금융은 기업과 같이 자금의 수요자가 발행하는 증권을 자금의 공급자가 직접 매수하여 자금을 이동시키는 방법이다. 금융시장에서 회사채나 주식 발행을 통해 자금을 조달하는 것이 대표적인 사례이다. 간접금융은 직접금융에 대비되는 개념으로서 자금의 공급자와 수요자 사이에 은행 등의 금융회사가 개입하는 형태이다. 은행이 일반인으로부터 예금을 받아 자금이 필요한 기업에게 대출해 주는 것이 대표적인 사례이다.

3. 금융감독원의 설립 목적에 대해 서술하시오.

   풀이) 금융감독원의 설립 목적은 금융산업을 선진화하고 금융시장의 안정성을 도모하며, 건전한 신용질서, 공정한 금융거래관행 확립과 예금자 및 투자자 등 금융수요자를 보호함으로써 국민경제에 기여하는 데 있다.

빈칸 채우기

1. (오픈뱅킹)은 금융회사(정보제공기관)가 보유하는 고객의 금융정보를 고객의 동의를 받아 제3자(정보수취기관)에게 API(Application Programming Interface)를 사용하여 제공하는 것을 의미한다.

   풀이) p.112 - 확대보기

2. 콜(Call), 기업어음(Commercial Paper), 양도성예금증서(Certificate of Deposit) 등은 통상 만기 (1)년 이내에 거래된다.

3. (보험회사)는 사람의 생존과 사망을 보상하는 생명보험, 사고로 인하여 발생하는 손해를 보상하는 손해보험 등 보험업을 취급하는 금융회사이다.

풀이) p.135 - 학습내용정리

O·X 문항

1. 은행 등 금융회사는 위험에 노출될 위험이 비교적 적은 편이다. (X)

풀이) 은행 등 금융회사는 자산변환 기능을 제공하면서 만기의 차이에 따른 금리위험, 유동성 차이에 따른 유동성 위험 및 부도위험 등 다양한 위험에 노출될 수 있다.

2. 유통시장은 주식이나 채권을 발행하여 투자자로부터 돈을 빌리는 시장이다. (X)

풀이) 발행시장은 주식이나 채권을 발행하여 투자자들로부터 돈을 빌리는 시장이고, 유통시장은 이미 발행된 채권이나 주식이 투자자들 사이에서 거래되는 시장이다.

3. 국민은행은 우리나라의 중앙은행으로 화폐를 독점적으로 발행하는 발권 은행이다. (X)

풀이) 한국은행은 우리나라의 중앙은행으로 화폐를 독점적으로 발행하는 발권 은행이다.

5장 [정답 및 해설]

서술형

1. 임시소득(비경상소득)에 대해 서술하시오.

풀이) 일시적 요인으로 인해 발생하는 소득으로 경조금이나 퇴직금, 어떤 특별한 경우만 지급되는 일회성 보너스 등이 포함된다. 임시소득은 예측이 어렵고 불확실하기 때문에 가계의 지출과 저축 및 투자계획 수립 시 포함하지 않는 것이 좋다. 예상 밖의 임시소득이 생길 경우에는 부채상환이나 미래를 위한 준비자금 등으로 사용하는 것이 바람직하다.

2. 어떤 가계의 소득이 50만 원에서 60만 원으로 증가하고, 같은 기간 물가지수는 100에서 150으로 올랐다면, 실질소득은 증가했다고 할 수 있는가?

풀이) 명목소득은 10만 원 증가했으나, 현재의 실질소득을 계산해보면 60만 원/150*100=40만 원이 되어 결국 명목소득이 늘어났을지라도 물가상승을 감안해 보면, 오히려 실질소득은 감소했다.

3. 확정된 이자율을 보장받는 저축과 달리 투자는 어떤 특징을 가지고 있는가? 저축과 투자의 차이점에 대해 서술하시오.

풀이) 투자는 미래의 현금흐름에 불확실성이 존재한다. 저축으로 발생하는 이자보다 더 많은 수익이 발생할 수도 있지만, 반대로 원금손실이 발생할 수 있다. 수익이 발생하더라도 얼마가 발생할지 확신할 수 없다.

4. 가로저축에 대해 서술하시오.

풀이) 가로저축은 생애 주기별로 목적 자금을 고려해 결혼, 주택, 자녀교육, 노후자금 등 여러 저축 계획을 동시에 수립하고, 자금을 목적별로 분산해 저축하는 방식이다. 단기·중기·장기로 나눠 상황 및 목적에 맞게 자금을 분산해 저축하기 때문에 효율적인 관리가 가능하고, 급한 목돈부터 노후자금까지 대비할 수 있다.

가로저축은 이자에 이자가 붙는 복리효과와 함께 각 목적에 따라 목돈을 차곡차곡 쌓아나갈 수 있다는 장점이 있다. 그러나 단기·중기·장기 계획을 동시에 진행하는 만큼 저축금액을 무리하게 설정하면 단기자금 목표도 달성하지 못해 결국 중, 장기도 제대로 실현하지 못하게 되는 불상사가 생길 수 있다.

빈칸 채우기

1. (   )은/는 다른 사람들이 사는 물건은 구입하지 않고 남들과 구별될 수 있는 특별한 물건을 구매하여 다른 사람과 스스로를 차별화시키려는 소비행동이다.

풀이) 스놉효과

2. 100만 원을 연 3%의 이자율로 5년 동안 단리로 저축하면, 100만 원의 5년 후 미래가치는 얼마가 되는가?

풀이) 1,000,000 * (1 + (0.03*5)) = 1,150,000원

3. 우리나라의 대표적인 비과세 금융상품으로 (   )가 있다. 19세 이상 거주자면 누구든지 소득에 상관없이 가입이 가능하며, 본 계좌를 통해 다양한 금융상품에 가입할 수 있다.

풀이) 개인종합자산관리계좌(ISA)

4. (   )은/는 보험계약에 따라 만기 또는 보험의 계약기간 중에 받는 보험금 또는 계약기간 중도에 해당 보험계약이 해지됨에 따라 받는 환급금이 납입한 보험료 총액을 초과하는 금액을 말한다.

풀이) 보험차익

O·X 문항

1. 100만 원의 돈을 연 5%의 복리상품에 넣는다고 가정하자. 원금의 2배인 200만 원으로 불어나는 시간은 10년이다. (X)

풀이) 72의 법칙은 복리를 계산해 원금이 두 배가 되는 시기를 알 수 있다. 72/금리로 계산하면 72/5로 정답은 14.4년이다.

2. 개인종합자산관리계좌(ISA)는 5년 이상 유지 시 비과세된다. (X)

풀이) 3년 이상 유지 시 비과세된다.

3. CMA의 최대 장점은 가입 및 환매가 청구 당일에 즉시 이루어지므로 입출금이 자유로우면서 실적에 따라 이자가 붙는다는 점이다. (X)

풀이) MMF에 대한 설명이다.

4. 양도성예금증서는 최소 발행단위가 1,000만원이고, 최장 만기는 제한이 없으나 최소 10일 이상이어야 한다. (X)

풀이) 최장 만기는 제한이 없으나 최소 30일 이상이어야 한다.

5. 주택청약종합저축의 장점은 연말정산에서 소득공제를 받을 수 있다는 것이다. 연간 소득 5천만 원 이하 근로자인 무주택 세대주는 당해연도 주택청약종합저축 납입금액의 40%를 연 300만 원 한도로 소득공제를 받을 수 있다. (X)

풀이) 소득공제 소득범위는 연간 소득 7천만 원이다.

6장 [정답 및 해설]

서술형

1. 1년전 10만원에 구입한 주식이 오늘 11만 5천원에 매도하고 이 주식을 보유하는 동안 2,000원의 배당금을 받았다면, 1년 동안의 투자수익률은 얼마인가? (거래수수료 1,000원, 그 외의 비용은 고려하지 않는다.)

풀이) 16%

(115,000-100,000+2,000-1,000)/10,000 *100= 16%

2. 기대수익률에 대해 설명하시오.

풀이) 1) 미래에 평균적으로 예상되는 수익률

2) 기대수익률 = 무위험 수익률 + 리스크 프리미엄

3. 비체계적 위험과 체계적 위험을 설명하시오.

풀이) 1) 비체계적 위험은 경영자의 횡령, 산업재해, 근로자의 파업 등 특정 기업이나 산업의 가치에만 고유하게 미치는 위험을 의미한다.

2) 체계적 위험은 세계경제위기나 천재지변, 전쟁 등과 같이 모든 자산이나 투자 대상의 가치에 영향을 미치는 위험을 의미한다.

4. 주식과 채권을 설명하고, 이 둘의 차이를 설명하시오.

풀이) 1) 주식은 주식회사가 발행한 출자증권으로서 주식회사는 주주들에게 자본금 명목으로 돈을 받고 그 대가로 주식을 발행한다. 주식은 기업에 대한 소유지분권을 나타내는 증권이므로 주식 소유자는 주주로서 회사의 중요사항에 대하여 의사결정에 참여할 수 있다.

2) 채권은 정부, 공공기관, 특수법인 등과 주식회사가 비교적 거액의 장기자금을 일시에 대량으로 조달하기 위하여 발행하는 일종의 차용증서이다.

3) 주식과 달리 채권은 발행기관의 순이익 발생 여부와 관계없이 이자를 지급해야 한다.

5. 투자의 개념과 투자에 대한 관심이 높아지고 있는 이유에 대하여 서술하시오.

풀이) 투자란 미래에 긍정적인 이익이 발생하길 바라며, 불확실성을 무릅쓰고 경제적 가치가 있는 자산을 운용하는 것을 말한다. 최근 전 세계적으로 저금리가 고착화되기 시작하면서 낮은 수익률을 보이는 저축보다는 어느 정도 리스크를 부담하더라도 수익률을 높일 수 있는 투자에 대해 관심이 모아지고 있다.

6. 기회비용의 개념에 대해 서술하고, 예시를 하나 적으시오.

풀이) 기회비용(opportunity cost)란 어떤 행위를 하기 위해 포기해야 하는 다른 기회의 가치를 의미한다. 예시로는 주식투자를 위해 들인 많은 시간과 돈 등이 있다.

7. 주식투자를 통해 얻을 수 있는 수익에 대하여 서술하시오.

풀이) 주식투자를 통해 얻을 수 있는 수익에는 자본이득과 배당금이 있다. 자본이득은 주식의 매매차익으로 주식의 가격이 변동하여 차익이 발생하는 것을 말한다. 소위 싸게 사서 비싸게 팔면 매매차익이 발생한다. 배당금은 기업에 이익이 발생할 경우 주주에게 나누어 주는 돈으로, 주식회사는 보통 사업연도가 끝나고 결산을 한 후에 이익이 남으면 주주들에게 배당금을 분배한다. 배당금을 받기 위해서는 기업에서 정하는 배당기준일까지 주식을 보유하고 있어야 한다.

빈칸 채우기

1. (   )란 국가가 재정정책의 일환으로 발행하는 채권으로 정부가 원리금의 지급을 보증한다.

풀이) 국채

2. (   )란 일정기간 동안 기업이 달성한 경영성과를 나타내는 보고서이다.

풀이) 포괄손익계산서

3. 주식 거래체결방식 중 단일가 매매는 08:30~09:00와 (   )에 거래한다.

풀이) 15:20 ~ 15:30

4. 금융투자상품은 원금초과손실가능성 유무에 따라 증권과 (   )으로 구분된다.

풀이) 파생상품

5. 보유기간수익률 = (매도금액 - 매입금액 보유기간 중 현금흐름) / (매입금액) x 100

풀이) p.215

6. 기대수익률 = 무위험 수익률 + (리스크 프리미엄)

풀이) p.218

7. 기업이 성장하고 보다 많은 자금이 필요해지면 불특정다수인을 대상으로 주식을 모집 (또는 매출)하는 (최초기업공개 또는 IPO)를 하게 되고 거래소에 상장하게 된다.

O·X 문항

1. 채권은 발행자의 파산 시 법적으로 원리금 상환을 보장받는다. (X)

2. 주가이익비율은 주가를 주당순자산으로 나눈 값이다. (X)

3. 기본적 분석이란 시장에서 증권에 대한 수요와 공급에 의해서 결정되는 시장가격이 그 증권의 내재가치와 동일하지 않을 수 있다는 전제하에 증권의 내재가치를 중점적으로 분석하는 방법이다. (O)

4. 투자는 과도한 이익을 목표로 비합리적인 자금 운용을 하는 것도 해당한다. (X)

5. 투자는 경제활동을 위한 정상적인 자금의 흐름을 방해하며, 경제 곳곳에 가격 거품을 형성하여 사회의 경제적 안정성을 해칠 수 있다. (X)

   풀이) 투기는 경제활동을 위한 정상적인 자금의 흐름을 방해하며, 경제 곳곳에 가격 거품을 형성하여 사회의 경제적 안정성을 해칠 수 있다.

6. 리스크란 불확실성에 노출된 정도를 의미하며 부정적 상황 외에 긍정적 가능성도 내포한다. (O)

7. 주식은 기업에 대한 소유지분권을 나타내는 증권이므로 주식 소유자는 주주로서 회사의 중요사항에 대하여 의사결정에 참여할 수 있다. (O)

7장 [정답 및 해설]

서술형

1. 개인신용평가점수 평가요소에 대해 서술하시오.

풀이) 개인신용을 평가하는 요소에는 신용행동, 신용여력, 그리고 신용싱황이 있다. 먼저 신용행동은 대출이나 신용카드 사용 등 부채를 빌리고 갚은 신용거래 이력을 뜻하는데 상환이력정보, 현재부채 수준, 신용거래기간, 신용거래형태로 구분할 수 있다. 신용여력은 입증된 소득에서 지출수준을 고려한 미래 가처분소득을 의미한다. 마지막으로 신용성향은 소비자 개인의 신용개선을 위한 노력 정도를 의미한다.

2. 신용관리방법에 대해 세 가지 이상 서술하시오.

풀이) 갚을 능력을 고려해 적정한 채무 규모를 설정한다. 인터넷, 전화 등을 통한 대출은 신중하게 결정한다. 소액이라도 절대 연체하지 않는다. 연체를 상환할 때에는 오래된 것부터 상환한다. 주거래 금융회사를 정해 이용한다. 연락처가 변경되면 반드시 거래 금융회사에 통보한다. 건전한 신용거래 이력을 꾸준히 쌓는다. 자신의 신용정보 현황을 확인한다.

3. 한국장학재단이 제공하는 신용회복지원서비스에는 무엇이 있는지 쓰시오.

풀이) 분할상환제도, 신용도판단정보 회복제도, 정상화(기한이익회복)제도

빈칸 채우기

1. (신용)이란 미래 어느 시점에 돈을 갚겠다고 약속하고 현재 돈을 빌릴 수 있는 능력으로 개인의 경제활동에 대한 사회적 평가를 의미한다.

풀이) p.289

2. 개인신용정보는 개인의 경우 연 (3)회까지 무료로 자신의 신용정보를 확인할 수 있다.

풀이) p.294

3. 법인의 (개인회생 및 개인파산면책제도)는 사채를 포함하여 채무조정을 하기 때문에 사채가 많은 경우 등 신용회복위원회의 채무조정서비스를 받기 어려운 개인이 이용하기에 적합한 신용회복지원제도이다.

풀이) p.303

O·X 문항

1. 개인신용정보의 종류 중 공공정보는 성명, 주소, 주민등록번호, 성별, 국적 등 개인을 식별할 수 있는 정보를 포함한다. (X)

풀이) 개인신용정보의 종류 중 식별정보에 관한 내용이다.

2. 신용평가회사들은 신용평가 시 일정한 가점을 부여하는 신용평가 가점제를 운용하고 있는데, 대표적인 것이 통신, 공공요금 성실 납부 실적을 꾸준히 제출하면 가점을 받을 수 있는 제도이다. (O)

3. 일반적으로 연체정보는 연체금 완납 시 해제된다. 하지만 동시에 삭제되지 않는 경우도 있다. (O)

8장 [정답 및 해설]

서술형

1. 부채 발생 요인을 두 가지 이상 서술하시오.

풀이) **시간선호**: 부채의 발생에는 현재의 소비와 미래의 소비 중 어떤 것을 더 선호하는지를 의미하는 시간선호요인이 작용한다. 동일한 조건을 가진 개인 혹은 가계라도 미래보다는 현재소비를 중시하는 경우 현재소비를 위해 부채를 가질 가능성이 높다.

소득부진: 기본적으로 개인 혹은 가계가 대출을 받는 이유는 소득부족에서 비롯된다고 할 수 있다. 우리나라의 경우 가계의 소득부족이 지속되면서 생활비 등을 위한 신용대출 수요가 증가했을 것으로 판단된다. 우리나라 가계소득 증가율은 2010년 이후 낮아지고 있으며, 2015년 3분기 이후로는 0%대의 증가율을 나타내고 있다. 반면, 신용대출을 포함한 예금취급기관의 기타대출(담보대출을 제외한 가계대출) 증가율은 2013년 이후 지속적으로 상승하는 추세를 보였다. 이는 가계소득의 부진이 생활비 등을 위한 대출 수요 확대로 이어졌을 가능성을 시사한다.

이자율: 돈은 다른 물품처럼 돈의 가격이라고 할 수 있는 이자율에 따라 그 수요의 규모가 변하게 된다. 예를 들어 저금리는 가계의 금융비용을 낮추어 가계의 대출수요가 늘어나게 하고 저축 의지의 감소 및 소비의 촉진으로 가계부채를 증가시킬 수 있다. 또한 예금 등의 자산에 비해 부동산, 주식 등과 같은 투자자산의 가치가 상대적으로 높아지므로 돈을 빌려서라도 투자하 려는 경향이 나타나면서 부채가 증가할 가능성이 커진다.

물가상승률: 일정기간 동안 물가가 상승한 비율을 나타내는 물가상승률도 가계부채에 영향을 미친다. 향후 물가가 지속적으로 오를 것으로 기대되면 보유한 화폐의 가치가 감소하기 때문이다. 따라서 자산을 돈으로 갖고 있는 것보다 금이나 부동산 등의 실물을 보유하려는 경향이 강하게 나타날 수 있다. 또한 물가상승으로 인한 화폐가치의 하락은 채무자에게는 유리하게 작용하므로 개인이나 가계가 물가상승이 지속되리라 생각할 경우 부채를 져서라도 실물을 더 많이 보유하려고 하기 때문에 부채가 증가할 수 있다.

부동산 정책: 부동산 관련 세금 정책이나 대출규제의 변화 등도 가계부채에 큰 영향을 미칠 수 있다. 예를 들어, 과거 정부는 2013년 각종 정책을 통해 취득세 인하, 다주택자 양도세 중과 폐지, 최초 주택구입자 자금지원 확대 등을 추진하여 가계의 부동산 매매를 적극적으로 장려하였고, 2014년에는 주택담보대출 규제를 완화하였는데 이는 가계가 부채를 적극적으로 활용하는 요인이 되었을 것이다. 한편 부동산 시장이 과열됨에 따라 2017년 6월 이후 2020년까지 발표한 정책은 가계부채 및 부동산 가격 안정화를 도모할 목적으로 이루어졌다. 이에 부동산 관련 취득세, 양도소득세, 종합부동산세 등 각종 세금을 인상하였다. 또한 주택담보대출 관련 대출 목적, 규제지역 해당 여부, 보유주택 수, 실수요 여부, 고가주택 여부 등에 따라 대출 규제를 대폭 강화하였는데 이는 가계의 부채 활용을 제한하는 요인으로 작용할 수 있다.

2. 고정금리와 변동금리에 대하여 서술하시오.

풀이) 대출을 받을 때 금리적용 방식을 결정하게 되는데 크게 고정금리와 변동금리로 나눌 수 있다. 고정금리는 대출기간 동안 약정한 금리가 일정하게 유지되며, 변동금리는 대출기간 동안 적용 금리가 시장 상황에 따라서 달라지는데 통상 3개월이나 6개월의 주기로 조정되는 방식이다. 따라서 일반적으로 앞으로 금리가 하락할 것으로 예상된다면 변동금리로 대출을 받는 것이 유리할 수 있으나, 금리가 상승할 것으로 예상되는 경우에는 고정금리로 대출을 받는 것이 유리하다.

3. 대출 상황방식 두 가지에 대하여 서술하시오.

풀이) 대출금리가 같더라도 대출상환방식에 따라 실제 납부하는 대출 이자액은 달라진다. 대출 상환방식은 크게 일시상환과 분할상환으로 구분한다. 일시상환이란 대출기간 중에는 이자만 내고 원금은 만기에 일시에 갚는 방식으로 만기일시상환이라고도 한다. 한편 분할상환이란 빌린 돈을 조금씩 나누어 갚는 방식으로 원리금 균등분할 상환과 원금 균등분할 상환으로 나눌 수 있다. 원리금 균등분할 상환은 매월 원금과 이자를 합해 동일한 금액을 갚는 방식인데, 이자는 남아있는 원금에 대해 부과되기 때문에 결국 원금 균등분할 상환에 비해 많은 이자를 부담하게 된다. 반면 원금 균등분할 상환은 원금을 대출기간으로 나누어 매월 일정한 금액의 원금을 갚고 이자는 대출잔액에 대해 계산하는 방식이다. 대출기간 뒤로 갈수록 남아있는 원금이 줄어들기 때문에 이자도 점점 줄어든다. 이처럼 대출기간과 대출금리가 동일하더라도, 원금이 먼저 상환되는 방식이 이자가 먼저 상환되는 방식보다 총 이자부담액이 적다. 따라서 일시상환보다 분할상환이 유리하며, 같은 분할상환이라도 원리금 균등분할상환보다 원금 균등분할 상환이 이자상환 금액이 적다.

4. 부채가 가계에 미치는 영향에 대하여 서술하시오.

풀이) 가계에 미치는 영향 가계대출이 증가하면 가계의 현금흐름과 실물자산(주로 주택)의 가치가 외부충격에 쉽게 노출된다. 즉, 부채상환단계에서 가계소득에 외부충격이 발생하면 소비 또는 저축에 악영향을 주어 삶의 질을 악화시킬 뿐만 아니라, 부채상환의 불이행으로 이어질 가능성이 높다. 나아가 담보자산의 경매 등으로 자산 가치가 급락할 수도 있다. 이러한 위험에 대한 노출은 개별 가계의 원리금 상환에 대한 부담의 정도와 보유자산 등에 따라 다르며, 사회초년생, 고령층, 저소득층에 대한 부채의 부정적인 영향은 매우 크다고 할 수 있다. 현재 우리나라 자영업자의 경우 가처분소득 대비 금융부채가 상용근로자의 2배에 이르고 자영업자 수가 지속적으로 증가하고 있어, 시장환경 변화에 따라 자영업자의 사업 성이 악화될 경우 현금흐름 충격에 노출될 위험이 매우 높다.

빈칸 채우기

1. LTV 비율 = (A/B)*100

풀이) A: **대출 취급 가능금액**, B: **주택의 담보가치**

2. DSR 비율 = A/B*100

풀이) A: 금융회사 대출의 연간 대출 원리금 상환액, B: 연소득

3. 대출금리 = A + B - C

   풀이) 대출금리 = 기준금리 + 가산금리 - 우대금리

4. 신용대출의 경우 현금을 매개로 이루어지는지의 여부에 따라 A과 B로 나눌 수 있다.

   풀이) A: 소비자 금융 B: 판매신용

O·X 문항

1. 부채액을 일정기간 일정 횟수에 걸쳐 상환하는 부채를 비할부신용이라고 한다. (X)

   풀이) 비할부신용은 일시불로 갚거나 신용카드의 일부결제금액 이월약정 서비스처럼 여러 회에 걸쳐 원하는 만큼씩 갚아 나가는 부채이다.

2. 포괄계약형은 매번 거래마다 대출금액, 대출이자, 대출기간, 상환방법 등에 대해 계약을 체결해야 하는 것으로 일반 대출상품이 이에 속한다. (X)

   풀이) 포괄계약형은 미리 대출한도액, 대출기간, 대출조건 등을 정해 놓고 대출기간 동안 대출한도액 내에서 자유롭게 돈을 인출해서 사용하고 상환할 수 있도록 하는 대출상품이다.

3. 기준금리와 가산금리는 개별 금융회사가 직접 결정하며 고객별로 다르게 결정된다. (X)

   풀이) 기준금리는 개별 금융회사가 결정하는 것이 아니며, 시장 전체의 자금조달비용 등이 반영되어 결정된 것이다.

4. 금리인하요구권은 대출을 받은 후 신용상태가 개선되지 않아도 누구나 신청가능하다. (X)

   풀이) 개인이 대출을 받은 후 취업, 승진, 재산 증가 또는 신용평가점수 상승 등 신용상태의 개선이 나타났다고 인정되는 경우 금융회사에 본인 대출에 대한 대출금리 인하를 요구할 수 있다.

9장 [정답 및 해설]

서술형

1. 리스크관리 방법을 두 가지 이상 서술하시오.

   풀이) 1) 리스크보유(risk retention): 리스크보유는 손실빈도와 손실심도가 모두 낮은 경우에 적용하는 가장 보편적인 리스크관리 방법이다. 가령 연필을 잃어버릴 위험에 대비하기 위하여 우리는 별도의 대책을 강구하지는 않는데, 이는 연필을 잃어버리는 경우가 자주 발생하는 것도 아니고, 설사 연필을 잃어버린다 하더라도 다시 구입하는 데 드는 비용도 매우 낮기 때문이다. 이렇게 특정 리스크에 대해 아무런 조치를 취하지 않는 것을 리스크보유라고 한다. 리스크보유는 발생 가능한 리스

크를 확인하고 그 정도를 평가하여 능동적으로 대처하는 적극적 리스크보유와 관련 리스크에 대한 무지, 무관심, 태만 등으로 수동적으로 떠안게 되는 소극적 리스크보유로 구분할 수 있다. 적극적 리스크보유의 대표적 유형에는 자체적으로 리스크를 산출하여 합당한 자금을 정기적으로 적립하는 자가보험(self insurance)이 있다.

2) 리스크회피(risk avoidance): 리스크회피는 손실빈도와 손실심도가 모두 높아서 그 리스크를 회피하는 것을 말하며, "피할 수 있으면 피하는 것이 상책"이라는 표현과 잘 맞는 리스크관리 방법이다. 가령 전쟁 지역에 가면 포탄이나 총탄에 맞을 확률이 매우 높고 한 번 피해를 입으면 큰 부상을 입거나 사망하는 등 그 피해 또한 심각하다. 이렇게 인적손실의 리스크빈도와 심도가 매우 높은 지 역에는 여행을 가지 않는 것이 합리적이다. 실제로 리스크빈도가 높지는 않지만 심리적인 영향으로 리스크심도가 높은 상황을 회피하는 경우도 있다. 가령 항공기 추락 가능성을 회피하기 위하여 항공기를 탑승하지 않는 것을 예로 들 수 있다. 이에 리스크회피는 리스크관리 방법 중 가장 소극적이지만, 가장 확실한 결과를 예측할 수 있는 방법이다.

3) 리스크감소(risk reduction): 리스크감소는 손실빈도 또는 손실심도를 줄이는 방법을 말하며, 손실통제(loss control)라고도 한다. 이 방법은 손실방지, 손실경감, 리스크분산 등 세 가지 방법으로 구분할 수 있다. 손실방지(loss prevention)는 가장 근본적인 방법으로 손실빈도를 감소시키는 조치이다. 예를 들어, 독감예방 접종을 실시하여 겨울철에 독감에 걸릴 가능성을 줄이는 행위, 다중 이용시설에 CCTV를 설치하여 도난 범죄를 예방하는 등의 조치이다. 또한 화재사고 예방을 위해 정기적으로 화재예방교육을 실시하거나 화재경보장치를 설치하는 것도 이에 해당한다. 손실경감(loss reduction)은 사고의 발생을 사전에 예방하는 차원이 아니라 이미 발생한 사고에 대하여 손실이 확대되는 것을 방지하기 위한 조치를 말한다. 예를 들어, 건물 내의 스프링쿨러 장치나 방화벽은 화재가 발생한 경우에 주변으로 화재피해가 확산되는 것을 방지하기 위한 시설물이다. 실제로 손해보험계약에서는 자동차의 에어백장치 설치, 소화설비 설치 등 손실경감 노력에 대한 보상으로 보험료 할인혜택이 주어지고 있다. 리스크분산(risk diversification)은 분실, 파손, 해킹 등으로부터 관리해야 할 대상을 시간, 장소, 기술 등을 통해 분산하여 리스크를 관리하는 방법이다. 예를 들면, 금융회사는 중요 정보를 다수 서버에 정기적으로 업데이트하여 분산 보관함으로써 서버 가동 중단 등 각종 사고에 대비할 수 있다.

4) 리스크전가(risk transfer): 리스크전가란 개인이나 조직의 리스크를 제3자에게 전가시키는 것을 말한다. 이는 손실 심도 또는 손실빈도에 영향을 주지 않고, 스스로 부담해야 할 경제적 손실을 제3자에게 넘기는 방법이다. 리스크를 전가할 때에는 손실빈도 및 손실심도를 합리적으로 평가하여 적정 비용을 지불하여야 거래가 성립할 것이다. 대표적인 예로는 보험 가입을 꼽을 수 있다. 암으로 진단될 것을 우려하는 사람이 보험료를 부담하고 암보험에 가입함으로써 암 관련 치료비 부담 등 경제적 리스크를 리스크집단 전체에 전가할 수 있다. 또한 주채무자가 채권자에 대한 채무불이행리스크를 보증인에게 전가하는 보증계약도 리스크전가의 한 예이며, 보증계약을 보험형식으로 전환한 것이 보증보험이다.

2. 보험가입자의 5대 권리 중 2가지 이상을 서술하시오.

풀이) 1) 청약철회권리 보험계약자는 불필요한 보험에 가입한 경우 보험증권을 받은 날로부터 15일 이내에 보험계약의 청약을 철회할 수 있다. 다만, 청약을 한 날로부터 30일 이내인 경우에만 청약철회를 할 수 있다,

* 보험계약을 체결할 때 건강진단을 실시한 계약, 보험기간이 1년 미만인 계약 등은 청약철회가 불가

2) 청약철회 후에도 보장받을 권리 보험계약자와 피보험자가 다른 사람인 경우, 보험계약자가 사고 발생 사실을 모르고 청약철회한 경우에는 청약철회를 신청했더라도 보험계약이 그대로 유지되어 보험약관에서 정한 바에 따라 보장을 받을 수 있다.

3) 품질보증해지권리 보험 가입 시 약관 및 계약자 보관용 청약서가 계약자에게 전달되지 않았거나, 약관의 중요 내용 설명이 없 었거나, 보험계약자가 청약서에 자필(전자)서명을 하지 않는 등 불완전 판매행위가 발생한 경우, 보험계약이 성립된 날로부터 3개월 이내에 그 계약을 취소할 수 있다.

4) 기존 계약 부활권리 보험설계사 등의 부당한 권유로 기존 보험을 해지하고 동일한 보험회사의 유사한 보험에 신규 가입한 경 우, 보험계약자는 보험계약이 해지된 날로부터 6개월 이내에 소멸된 기존 계약을 부활하고 새로운 계약을 취소할 수 있다.

5) 승낙전 보장받을 권리 보험계약이 체결되지 않아 보험증권을 받기 이전에 발생한 보험사고라 할지라도, 보험계약자가 청약 시 최초 보험료를 이미 낸 경우에는 보험계약이 성립된 것과 동일하게 보장받을 수 있다.

3. 제3보험에 대하여 두 가지 이상 서술하시오.

풀이) 1) 상해보험: 상해보험은 피보험자가 보험기간 중에 급격하고도 우연한 외래의 사고로 신체에 상해(상해 사망 포함)가 발생한 경우에 보험금이 지급되는 보험이다. 상해보험에서 보장하는 보험사고는 상해사고이며 우연성, 외래성 그리고 급격성 요건을 모두 충족하여야 하므로 피보험자의 신체 내부에서 기인한 사고는 보장되지 않는다. 상해보험에는 사고의 종류나 담보하는 보장항목에 따라 일반상해보험, 교통상해보험, 여행보험, 운전자보험 등이 있다.

2) 질병보험: 우리는 살아가면서 가벼운 감기에서부터 심각한 중증질환까지 다양한 유형의 질병에 노출될 수 있다. 질병은 상해사고와는 달리 유전적 요인이나 환경적 요인, 연령, 성별 등에 따라 그 발병률이 다르다. 질병에 걸리게 되면 질병으로 인한 진단, 수술, 입원, 통원 등에 대하여 보상하는 보험이 질병보험이다. 대표적 질병보험은 실손의료보험, 암보험 등이 있다.

3) 간병보험: 간병보험은 질병이나 상해 등으로 더 이상 일상생활(ADL) 12을 할 수 없게 된 상태에 도달하여 타인의 간병 없이는 일상생활을 할 수 없는 상태를 보험사고로 정의하고 매일매일 발생하는 일상간병비를 보장하는 보험이다. 최근 건강보험심사평가원의 65세 이상 고령자 분기 별 입원진료비 통계에 의하면 치매입원진료비가 가장 높다. 또한 65세 이상 노인의 치매유병률은 2012년 9.18%에서 2020년 10.39%, 2040년 11.9%, 2050년 15.06%로 급등할 것이라는 암울한 전망과 함께 '치매국가책임제13'가 시행되면서 치매상태가 되었을 때 진단비와 간병비를 지급하는 치

매간병보험에 대한 국민적 관심이 증가하고 있다. 앞에서 살펴본 바와 같이 제3보험은 국민건강보험과 노인장기요양보험의 국가적 건강보장을 보완하고 있다. 실손의료보험, 질병보험 및 상해보험은 국민건강보험의 보완재, 치매간 병보험은 노인장기요양보험의 보완재로 활용되고 있다.

4. 보험 가입 시 확인사항 세 가지 이상을 서술하시오.

풀이) 리스크 인식 및 가입목적 명확화, 보험료 수준 및 변동 여부 확인, 보장내용 및 보험금 지급방식 확인, 비용, 수수료 등 공제금액 확인, 계약전 알릴의무(고지의무) 및 계약후 알릴의무(통지의무) 준수, 보험정보 비교.

빈칸 채우기

1. 영업보험료 = A+B = C+D+B

풀이) A: **순보험료**, B: **부가보험료**, C: **위험보험료**, D: **저축보험료**

2. 실손의료보험은 국민건강보험의 보완재로서 피보험자가 질병 또는 상해로 의료기관에서 입원 또는 통원치료를 받은 경우 실제 부담한 의료비를 보상하는 보험이다. 현재 판매되고 있는 대부분의 실손의료보험은 갱신주기가 (A)년으로 (A)년마다 보험료가 갱신되며, 재가입 주기 (B)년으로 (B)년마다 보장내용이 변경될 수 있다.

풀이) A: **1년**, B: **15년**

3. 우리나라 사회보험제도에는 A, B, C, D, E 이/가 있다.

풀이) A: **국민건강보험**, B: **산업재해보상보험**, C: **고용보험**, D:**노인장기요양보험**, E: **국민연금보험**.

4. 생명보험회사가 판매할 수 있는 보험종목은 A과/와 B이다.

풀이) A: **생명보험**, B: **연금보험**.

O·X 문항

1. 여러 개의 실손의료보험을 가입하면 실제 부담한 의료비를 초과하여 보상을 받을 수 있다. (X)

풀이) 여러 개의 실손의료보험을 가입했다고 하여도 정액보험이 아니므로 실제 부담한 의료비를 초과하여 보상받지 못하게 되어 불필요한 보험료 지출을 야기한다.

2. 순보험료는 보험영업에 필요한 판매수수료 등 사업비를 충당하기 위한 재원으로 사용된다. (X)

풀이) 부가보험료는 보험영업에 필요한 판매수수료 등 사업비를 충당하기 위한 재원으로 사용된다.

3. 보험사고 발생빈도가 높아지거나 보험금을 지급하는 규모가 커지면 위험보험료가 감소하여 보험계약자가 납입하는 보험료는 감소한다. (X)

풀이) 빈도가 높아지고 보험료 지급의 규모가 커지면 위험보험료와 보험계약자가 납입하는 보험료는 증가한다.

4. 자동차보험은 형사합의금, 변호사 선입비용 등 운전자 자신의 형사상의 책임을 보전함에 있다. (X)

풀이) 자동차종합보험은 상대방의 손해배상을 위한 '대인배상 I&II', '대물배상'과 자신의 손해를 보상하는 '자기신체 상해', '자기차량 손해', '무보험자동차 상해' 등 총 6개의 보장종목으로 구성되며, 운전자의 민사상 책임을 보전하는 것을 주된 목적으로 한다.

10장 [정답 및 해설]

서술형

1. 노후에 직면할 수 있는 주요 위험 한 가지 이상을 서술하시오.

풀이) 1) 질병위험: 생(生)-노(老)-병(病)-사(死) 인생 과정에서 고령자가 질병에 걸리는 횟수와 질병의 정도는 더욱 증가한다. 그러므로 고령자가 직접적으로 직면하게 되는 첫 번째 위험은 바로 질병위험이다. 통계청의 고령자 통계에 의하면 65세 이상 고령자의 2019년 사망원인 1위는 암으로 인구 10만 명당 750명이 사망하였고, 그 다음은 심장질환(335명), 폐렴(283명), 뇌혈관질환(232명) 등의 순으로 나타났다. 특히 암은 의료기술의 발전에도 불구하고 계속 고령자 사망원인 1위로 나타나고 있다. 질병위험은 질병 자체만으로도 큰 위협이지만 질병을 치료하는 과정에서 발생하는 치료비 부담도 매우 클 수 있다. 통계청의 고령자 통계 자료에 의하면 65세 이상 고령자 1인당 진료비는 계속 증가하여 2018년 기준 448만원이며, 이는 전체 인구의 1인당 진료비에 비해 약 3배 높은 수준이다. 또한 초고령사회로 진입하게 되면 전체 인구 진료비 대비 고령자 진료비 비중이 더욱 증가하여, 고령자 개인별 진료비 부담뿐만 아니라 국민건강보험의 재정부담도 가중될 것으로 예상된다.

2) 경제적 위험: 노후에는 지속적인 소득창출이 어렵기 때문에 충분한 준비를 하지 못할 경우 장수는 축복이 아닌 재앙으로 다가올 수 있다. 치료비와 간병비, 생활비 등 다양한 비용은 지속적으로 발생하지만 이에 대한 대비가 미비하면 경제적 위험에 직면하게 된다. 은퇴 이후 필요한 노후생활비는 개인별 건강상태 그리고 거주 지역의 물가 등에 따라 차이를 보인다. 국민연금공단 국민연금연구원이 실시한 중고령자 대상 국민노후보장 패널 조사(2019년)에 따르면, 중고령자가 노후에 필요로 하는 최소 생활비는 개인기준 117만 원, 부부기준 195만 원이고, 적정 생활비는 개인 기준 165만 원, 부부기준 268만 원으로 나타났다. 상대적으로 물가수준이 높은 서울은 최소 생활비가 개인기준 137만원, 부부기준 224만 원에 달했다. 통계청의 자료에 따르면 2019년 55~79세 고령자 중 연금 수령자 비율은 47.1%이며 월 평균 각종 연금 수령액은 63만 원으로, 노후생활을 위해 필요한 최소 금액과 큰 차이를 보였다. 고령자의 67.4%가 계속 일하기를 희망하며, 그 이유로는 생활비를 벌기 위함이 60%로 나타났다. 또한 계속 일하기를 희망하는 연령은 평균 73세까지로 조사되있는데, 이는 노후에 직면할 수 있는 경제적 위험과 결코 무관하지 않은 것이다. 더 나아가 OECD의 「Pensions at a Glance 2017」 보고서에 의하면 한국의 노인빈곤율(oldage income

poverty ratio)은 45.7%로 OECD 평균인 12.5%의 약 3.6배로서 회원국 중 최고 수준이었다. 2019년 보고서 기준 노인빈곤율은 43.8%로 OECD 평균인 13.5%의 약 3.2배로 다소 개선되었지만, 최근 10년간 OECD 회원국 중 1위를 차지하고 있다. 이러한 노인빈곤 문제 를 해소하기 위해 우리나라는 소득과 재산이 일정 수준 이하인 65세 이상 고령자를 대상으로 매월 일정액의 생활연금을 지급하는 기초연금제도를 2008년부터 시행하였으며, 국가의 재정 부담은 갈수록 가중될 것으로 보인다.

2. 공적연금과 사적연금의 차이를 서술하시오.

풀이) 공적연금(국민연금)과 사적연금(퇴직연금, 개인연금 등)은 도입목적 혹은 판매목적이 다르기 때문에 아래와 같은 차이가 있다. 첫째, 국민연금은 국민의 노후생활을 실질적으로 보호하는 것이 도입목적이므로 지급되는 연금액은 매년 물가상승률을 반영하여 조정된다. 그러나 사적연금은 물가상승률을 보험료와 급여에 반영하는 것이 현실적으로 어렵고 불확실하기 때문에 이를 반영하지 못한다. 둘째, 국민연금은 근본적으로 평생 동안 노후생활자금을 제공하는 종신지급형으로 설계하지만, 사적연금은 연금수급자의 성향에 따라 연금수령방법을 선택할 수 있다. 셋째, 사적연금은 보험료 납입기간 중에 혹은 연금 수령 이전에는 계약을 언제든지 해지할 수 있다. 그러나 국민연금과 같은 공적연금은 대부분 가입자 임의로 중도 해지하는 것이 불가능하다.

3. 국민연금의 가입대상자 종류에 대하여 설명하시오.

풀이) 1) 사업장가입자: 1인 이상의 근로자를 사용하는 사업장의 근로자와 사용자를 말한다. 보험료는 근로자와 사용자가 근로자의 기준소득월액의 4.5%씩 총 9%를 만 60세에 도달할 때까지 매달 납입한다.

2) 지역가입자: 사업장가입자가 아닌 사람은 당연히 지역가입자이다. 주로 근로자를 사용하지 않는 자영업자가 대상이며 개별적으로 신고한 기준소득월액의 9%를 만 60세에 도달할 때까지 매달 납입하여야 한다.

3) 임의가입자: 근로소득, 사업소득 등 소득이 없어 사업장 및 지역 등 당연가입대상이 아니지만 본인의 선택에 의해 국민연금공단에 신청하여 가입한 사람을 말한다. 예컨대, 전업주부는 소득이 없으므로 당연가입자가 아니지만 본인이 신청하는 경우 가입이 가능하고, 보험료 수준은 전체 지역가입자의 기준소득월액의 중위소득 이상으로 본인이 소 득수준을 결정하여 9%를 만 60세에 도달할 때까지 매달 납입할 수 있다.

4. 현재 우리나라의 고령화 현상에 대하여 서술하시오.

풀이) 우리나라는 2000년에 고령화사회를 거쳐 2017년에는 고령사회로 진입하였으며, 2020년 65세 이상 고령인구는 우리나라 인구의 15.7%이다. 또한 고령인구 구성비는 2025년에 20.3%에 이르러 초고령사회에 진입하고, 2036년에 30%, 2051년에는 40%를 초과할 것으로 예측된다. 선진국은 고령사회에서 초고령사회로 진입하는 데 약 30년이 걸린 반면에 우리나라는 8년 만에 초고령사회가 될 것으로 예상된다. 뿐만 아니라 중위연령(median age)도 2017년 42.0세에서 2031년 50.0세를 넘어 2067년 62.2세까지 증가할 것으로 추정된다. 이러한 고령화의 속도로 인하여 2017년에 처음으로 고령인구가 유소년인구를 넘어섰고 2067년에는 고령인구가 유소년인구의 5.7배에 이를 것으로 전망된다. 우리나라의 인구 피라미드 구조는 이러한 추세에 따라 점차적으로 60세 이상이 두터워지는 역삼각형 구조로 변화하고 있다.

빈칸 채우기

1. 총인구 = A + B + C

   풀이) 총인구 = 유소년인구 + 생산연령인구 + 고령인구

2. 총 인구 중 65세 이상의 고령인구가 차지하는 비율을 A (이)라고 하며, 고령인구 구성비가 7% 이상인 사회를 B, 14% 이상이면 C, 20% 이상인 경우 D (이)라고 한다.

   풀이) A: 고령인구 구성비, B: 고령화사회, C: 고령사회, D: 초고령사회

3. A (이)란 기대수명에서 질병이나 부상으로 인하여 활동하지 못하는 기간을 뺀 기간으로, 삶의 질을 반영하여 실제 일상생활 등을 영위하며 건강하게 생존해 있는 기간을 나타내는 지표이다.

   풀이) A: 건강수명

4. A (이)란 행복한 노후생활을 지표화한 것으로, 노후생활에 필요한 핵심요소를 건강수명, 경제수명, 활동수명, 관계수명 등 4개 영역으로 구분하고 각 영역에 대한 객관적 준비 수준, 주관적 만족도, 준비계획 등을 측정하여 B로 산출한다.

   풀이) A: 행복수명, B : 행복수명지표

O·X 문항

1. 확정급여형퇴직연금제도란 퇴직급여를 지급하기 위하여 사용자가 부담해야 할 부담금의 수준이 사전에 결정되어 있는 퇴직연금제도를 말한다. (X)

   풀이) 위 설명은 확정기여형퇴직연금제도에 대한 설명이다.

2. 연금보험은 생명보험회사에서 취급하는 저축성보험이고 납입하는 보험료에 대한 세액공제 등의 세제혜택을 받을 수 있다. (X)

   풀이) 세제 혜택을 받을 수 없다.

3. 개인연금은 개인의 노령, 장애 또는 사망에 대하여 연금급여를 지급함으로써 개인의 생활안정과 복지증진에 이바지하는 것을 목적으로 1988년에 시행된 대표적인 사회보험제도이다. (X)

   풀이) 위에 대한 설명은 국민연금제도에 대한 것이다.

4. 개인형퇴직연금제도는 근로자가 퇴직 후에 가입할 수 있는 퇴직연금제도이다. (X)

풀이) 재직 중에 자율로 가입이 가능하다.

11장 [정답 및 해설]

서술형

1. 재무설계의 필요성에 대하여 서술하시오(두 가지 이상).

풀이) 생애소비의 만족을 극대화, 위험에 대비, 자산과 부채를 합리적으로 관리, 안정적인 노후생활.

2. 재무목표 설정을 위한 SMART 원칙에 대하여 서술하시오.

풀이)
- S(Specific): 재무목표는 막연히 '잘 먹고 잘 살고 싶다' 혹은 '행복하게 살고 싶다'가 아니라 구체적으로 무엇을 어떻게 얼마나 언제까지 달성할 것인지를 고려해 세워야 한다.
- M(Measurable): 기간·금액 등 구체적으로 측정 가능한 목표를 세운다.
- A(Action oriented): 어떻게 실행해 나갈 것인지에 대한 실천 계획(action plan)을 명확히 한다.
- R(Realistic): 현재 자산 상태 및 소득 수준을 고려해 달성 가능한 현실적인 목표를 세운다.
- T(Timely): 각 시기에 맞는 목표를 설정한다.

3. 재무설계와 제테크의 차이점을 설명하시오.

풀이) 재무설계는 인생의 목표를 달성하기 위한 과정으로 가족의 연령, 직업, 자금여력, 생활방식, 위험에 대한 태도 등을 고려하여 이루어지는 미래에 대한 경제적 대비를 의미한다. 반면, 재테크는 부(富)를 이루는 수단인 재(財)와 기술이라는 뜻의 테크놀로지(technology)를 합성하여 이르는 말이다. 즉, 재산을 늘려나가는 기술을 의미하기 때문에 수립된 재무계획을 실행해 나가는 하나의 방법이라 할 수 있다.

빈칸 채우기

1. 자산부채 상태표의 빈칸을 채우시오.

풀이) A : 700, B : 200, C : 1000, D : 5200, E : 1억 5660

2. (   )는 일정기간의 소득과 지출을 정리한 표이다.

풀이) 소득지출표

3. (   )은/는 100에서 본인의 나이를 차감한 만큼의 비중으로 투자하라는 법칙이다.

풀이) 100-연령의 법칙

O·X 문항

1. 수익성은 미래에 원금 및 수익 지급이 보장되는지에 대한 여부를 확인하는 것이다. (X)

2. 노후준비는 은퇴 후 준비하는 것이 좋다. (X)

3. 유동성은 현금이 필요할 때 손실 없이 빨리 현금화할 수 있는 정도를 말한다. (O)

12장 [정답 및 해설]

서술형

1. 부동산 투자에서의 레버리지 효과는 무엇을 의미하는가?

풀이) 레버리지 효과는 다른 사람으로부터 빌린 돈을 지렛대 삼아 자기자본에 대한 수익률을 높이는 것을 말한다. 예를 들어, 1억 원의 자기자본으로 2천만 원의 수익을 얻으면 자기자본에 대한 수익률은 20%(=2천만 원/1억 원)이다. 하지만, 자기자본 4천만 원과 10% 이자를 주기로 한 타인자본 6천만 원으로 구성된 1억 원을 투자하여 2천만 원의 수익이 발생할 경우에 자기자본투자에 대한 수익률은 35%(=(2천만 원-6천만 원*0.1)/4천만 원)로 확대된다.

2. 부동산 간접투자와 직접투자의 주요 차이점은 무엇인가?

풀이) 1) 부동산 직접투자: 일반적으로 부동산투자라고 하면 오피스텔이나 상가 등 부동산을 직접 분양받거나 사는 것을 떠올린다. 하지만 부동산 직접투자는 부동산을 직접 사고파는 것뿐만 아니라 직접 투자자가 직접 부동산을 건설 및 개발하는 것까지 포함한다. 부동산에 직접투자를 할 경우에는 투자자가 직접 부동산의 취득, 운용, 관리, 처분 등을 모두 관리하고 모든 수익을 얻지만, 부동산에 대한 전문적인 지식이 부족할 경우 상대적으로 투자위험이 증가할 수 있다.

2) 부동산 간접투자: 부동산 간접투자는 부동산 펀드(real estate fund) 및 부동산 투자회사(REITs: real estate investment trusts, 이하 리츠)를 통한 투자를 말한다. 간접투자는 부동산에 대한 전문지식을 가진 전문기관이 다수의 투자자를 대신하여 투자자금을 모아서 운용하기 때문에 소액으로도 대형 부동산에 대한 투자가 가능하고, 투자수익은 나누지만 위험은 낮아진다. 또 취득세 등의 감면으로 인한 세제혜택 및 투자지역별, 부동산 형태별로 포트폴리오를 구성함으로써 분산투자 효과도 누릴 수 있다.

빈칸 채우기

1. ( ) 는 2001년 4월 부동산 투자회사법이 제정되면서 부동산시장의 가격안정, 외환 위기로 인한 부실기업의 구조조정, 소액 투자자들에 대한 부동산 투자기회를 목적으로 국내에 처음 도입되었다.

풀이) 리츠(REITs: real estate investment trusts, 부동산투자회사)

2. (   )은 금융회사에 갚아야 하는 원리금 상환액이 개인의 연소득에서 차지하는 비율을 말한다.

풀이) 총부채상환비율(DTI: dept to income)

O·X 문항

1. 부동산은 주식 및 채권과 강한 상관관계를 가지고 있어 대체투자로서 주목받지 않는다. (X)

풀이) 상관관계가 낮은 대표적인 대체투자(alternative investment) 상품으로서 새로운 투자수단으로 주목받고 있다.

2. 부동산 간접투자는 부동산 전문가의 관리 하에 이루어지며, 투자자가 직접 부동산을 운영, 관리하게 된다. (X)

풀이) 부동산 직접투자에 대한 설명이다.

3. 총부채상환비율(DBI)이 40%일 때 연간소득이 4,000만 원일 경우 총부채(=모든 주택담보대출의 연간 원리금 상환액+기타 부채의 연간 이자 상환액)의 연간 원리금상환액이 1,600만 원을 초과하지 않도록 대출규모가 제한된다. (O)

13장 [정답 및 해설]

서술형

1. 빅데이터란 무엇을 의미하며, 어떤 기술적 특징을 갖고 있는가?

풀이) 빅데이터는 기존의 기술로 처리하는 능력을 넘어서는 대량의 정형·비정형화된 자료에서 가치를 추출하고 결과를 분석하는 기술로서 규모(volume), 속도(velocity), 다양성(variety)에서 기존의 기술과 차별화된 특징을 갖는다. 즉, 빅데이터는 일반적인 기술로는 저장, 관리 분석이 어려울 정도로 방대한 규모의 자료를 처리할 수 있고, 자료의 생성속도가 빨라 실시간 분석이 가능하면, 수치화된 자료뿐만 아니라 사진, 음성, 영상 등 비정형적 자료가 큰 비중을 차지하는 특징을 갖는다. 따라서 대규모의 다양한 형태의 자료를 생성, 수집, 분석, 표현하는 빅데이터의 발전으로 현대 사회에 대한 정확한 예측과 사회 구성원에게 맞춤형 정보를 제공할 수 있게 되었다.

2. 빅데이터 분석의 주요 방법에는 어떤 것들이 있으며, 각각은 어떤 목적으로 사용되는가?

풀이) 빅데이터를 분석하는 기법은 크게 기술분석(descriptive analytice), 예측분석(predictive analytics), 최적화(optimization) 등이 있다. 기술분석은 과거 자료를 가지고 현재 상황을 분석하고 사용자가 가장 관심을 두는 정보를 단순하게 추출하여 표현하거나 설명하는 분석기법을 말한다. 기술분석은 과거 자료를 가지고 현재 상황을 분석하고 사용자가 가장 관심을 두는 정보를 단순하게 추출하여 표현하거나 설명하는 분석기법을 말한다. 기술분석은 문제의 원인이나 해답을 찾는 가장 초기적인 분석기법으로 알려져 있으며, 이 기술분석이 빅데이터 분석방법들 중에서 약 80% 정도를 차지하는 것으로 알려져 있다.

빈칸 채우기

1. (　　　)은 1960~1840년 기간에 영국에서 방적기 및 증기기관의 발명과 철도건설을 중심으로 기계에 의한 생산과 공장시스템이 도입됨으로써 기존의 농업사회가 산업사회로 전환된 사건을 말한다.

   풀이) 1차 산업혁명

2. (　　　)은 금융(finance)과 기술(technology)이 합쳐진 말로서, 이 개념은 2005년부터 있었으나 2010년대 들어 스마트폰의 대중화로 누구나 상시적으로 인터넷 접근이 가능해짐에 따라 관심을 받게 되었다.

   풀이) 핀테크

O·X 문항

1. 기술분석은 빅데이터 분석 방법 중 약 80% 정도를 차지하고 있다. (O)

2. 텍스트나 이미지, 동영상 등과 같은 컨텐츠를 분석하여 새로운 유행이나 패턴을 발견하는 기법은 '실시간 분석'이다. (X)

   풀이) 컨텐츠 분석

3. 과거에 은행은 고객을 유치하고 유지하기 위한 수단으로 가격과 속도 접근성을 중시했지만 이제는 개인 맞춤화와 금융 이상의 서비스를 제공하며 각종 인생 설계 상담까지 응해주는 단계로 나아가고 있다. (O)

14장 [정답 및 해설]

서술형

1. 금융소비자의 정보접근을 보장하기 위해 금융소비자보호법에 새로이 마련된 장치에 대하여 서술하시오. (두 가지 이상)

   풀이) 1) 소송중지제도: 분쟁조정이 신청된 사건에 대하여 소송이 진행 중일 경우 법원이 그 소송을 중지할 수 있는 제도이다.

   2) 조정이탈금지제도: 금융소비자가 신청한 소액분쟁(2천만 원 이내)은 분쟁조정이 완료될 때까지 금융회사가 소송을 제기하지 못하도록 하는 제도이다.

   3) 자료열람요구권: 금융소비자가 분쟁조정·소송 등에 대응할 목적으로 금융회사가 유지·관리하는 자료를 열람하도록 요구하면 금융회사는 이에 응해야 한다. 다만, 금융회사의 영업비밀을 현

저하게 침해할 우려가 있는 경우에는 거절 · 제한된다.

2. 소송지원제도에 대하여 서술하시오.

풀이) 금융소비자의 손해가 금융분쟁조정으로도 원만히 해결되지 않을 경우, 민사소송을 제기할 수 있다. 금융분쟁 조정위원회가 제시하는 조정 의견을 금융회사가 부당하게 거부하면 금융분쟁조정위원회는 금융소비자의 소송 비용을 지원하도록 의결하여 금융감독원이 금융소비자의 소송비용을 지원하게 된다. 한편, 대부업자로부터 법정 최고금리(연 24%)를 넘는 대출을 받아 불법추심으로 피해를 입은 경우에는 법률구조공단의 변호사를 선임하여 무료로 법률서비스를 받을 수 있다.

3. 금융정보가 필요한 이유를 서술하시오.

풀이) 금융소비자가 금융상품을 선택하거나 금융거래의 의사결정을 한 경우 그 결과는 장기간에 걸쳐 나타나게 되고 경제적 효과가 불확실하다. 뿐만 아니라, 개별 금융소비자의 재무상태, 금융이해력 수준, 위험에 대한 태도, 생애주기 단계별 재무목표에 따른 자금 조달과 운용 계획 등에 따라 금융상품 선택이나 금융거래의 의사결정 효과는 다르게 나타날 수 있다. 그리고 금융소비자가 금융지식을 갖추었다고 하더라도 빠른 금융기술의 변화로 인해 금융거래를 하기 위해서는 최신의 정보가 필요하다. 따라서 금융소비자는 금융정보를 충분히 이해하고 활용할 수 있어야 한다. 이를 위해서는 금융소비자의 이해력 수준과 활용 능력을 감안하여 충분성, 실효성, 객관성 및 공공성 등을 갖춘 금융정보를 제공할 필요가 있다. 그리고 최신의 정보가 지속적으로 제공되어야 금융소 비자가 금융역량을 제대로 발휘할 수 있게 된다.

4. 대출성, 보장성 상품에 원칙적으로 모두 적용되며, 투자성 상품의 경우에는 비금전신탁계약, 고난도 펀드, 금전신탁계약, 투자일임계약에 적용된다. 대출성 상품은 14일 이내, 보장성 상품은 15일 이내 그리도 투자성 상품은 7일 이내에 행사할 수 있는 금융소비자의 선택권은 무엇인가?

풀이) 청약철회권

빈칸 채우기

1. (　　　)은 금융회사의 우월적 지위를 이용하여 금융소비자의 권익을 침해하는 영업행위를 말한다.

풀이) 불공정영업

2. (　　　)은 금융소비자와 금융회사가 금융거래와 관련한 분쟁이 있을 경우 금융감독원이 당사자에게 조정 의견을 제시하고 당사자가 수락하여 합의하도록 하는 금융소비자 피해구제 방법이다.

풀이) 금융분쟁조정

3. (　　　)은 문자메시지와 피싱을 합성한 단어이며, 악성 앱 주소가 포함된 SMS를 전송한 후 수신자가 악성 앱을 설치하거나 전화를 걸도록 유도하여 개인정보 또는 돈을 탈취하는 사기이다.

풀이) 스미싱

4. 제도권 금융회사가 아닌 업체가 원금보장 및 고수익 등을 약속하고 자금을 모으는 유사수신행위는 일종의 (   )라 할 수 있다.
풀이) 투자사기

O·X 문항

1. 보장성 상품의 경우에는 금융소비자가 계약 전 고지의무를 이행하지 않아도 된다. (X)

2. 적정성 원칙은 일반금융소비자에게 적용되는데, 금융회사가 금융소비자에게 금융상품 계약 체결을 권유할 때 금융소비자의 재산상황, 투자경험, 신용 및 변제계획 등을 고려하여야 한다는 원칙이다. (X)

3. 부당권유는 금융소비자가 금융상품을 오인하거나 잘못 이해할 수 있도록 행위를 말한다. (O)

4. 금융소비자가 금융상품의 내용을 오해하지 아니하도록 명확하고 공정하게 전달하지 않아도 된다. (X)

저자 소개

김홍수

약력

고려대학교 융합경영학부 교수

주요 논문

2022년 9월 "Research on technology contribution evaluation model for commercialization", International Journal of Advanced and Applied Sciences, 9(9)

2022년 8월 "Technology valuation for intellectual property commercialization", International Journal of Advanced and Applied Sciences, 9(8)

2018년 10월 "Valuation of Strategic Objectives for Estimating Transaction Value for Licensing and Enhancing Corporate Value", International Journal of Pure and Applied Mathematics, Volume 120(6)

2017년 12월 "Trademark Valuation for Revitalization", International Journal of Applied Business and Economic Research, Volume 15(20)

2017년 12월 "Valuation of Intellectual Property for Investment in Kind", International Journal of Applied Business and Economic Research, Volume 15(25)

2016년 12월 "Process-oriented Algorithm Entrepreneurship Curriculum Design", Indian Journal of Science and Technology, Vol 9(46)

2016년 9월 "지식재산권 활성화를 위한 기업상표권 가치평가 모형 개발", 디지털융복합연구, 14(9) 외 다수

저서

성공창업과 금융, 2024(개정판), 박영사
캡스톤디자인의 이해, 2023(개정판), 박영사
기술경영과 전략, 2014, 조선대학교
창업과 비즈니스, 2013, 한국학술정보
감정평가론, 2008, 시그마프레스
자산경제론, 2008, 시그마프레스
무형자산가치평가론, 2005, 부연사

경제금융의 이해

초판발행 2024년 5월 30일

지은이 김홍수
펴낸이 안종만·안상준

편 집 탁종민
기획/마케팅 정연환
표지디자인 이영경
제 작 고철민·조영환

펴낸곳 (주) 박영사
서울특별시 금천구 가산디지털2로 53, 210호(가산동, 한라시그마밸리)
등록 1959.3.11. 제300-1959-1호(倫)
전 화 02)733-6771
f a x 02)736-4818
e-mail pys@pybook.co.kr
homepage www.pybook.co.kr
ISBN 979-11-303-1950-6 93320

정 가 40,000원